Peter Müller

W0236029

Einstieg in WordPress 5

Liebe Leserin, lieber Leser,

Sie haben sich für WordPress entschieden, und das ist eine gute Wahl. Das Content-Management-System ist aktuell der Standard für die Erstellung von Internetseiten. Und es ist bestens für Einsteiger geeignet: WordPress ist besonders leicht zu bedienen, und Sie können damit bequem eigene Projekte im Netz umsetzen. Dieses Buch macht Ihnen den Zugang noch leichter. Sie brauchen dazu keine besonderen Vorkenntnisse in der Webentwicklung.

Peter Müller erklärt Ihnen in seiner unnachahmlichen und unterhaltsamen Art, wie Sie Ihre erste Website mit WordPress erstellen. Dabei zeigt er Ihnen den gesamten Prozess: von der ersten Planung über die Installation der Software, die Befüllung der Website mit Texten, Bildern, Videos und Musik sowie die Anpassung des Layouts bis hin zur Erweiterung mit Plugins und vorgefertigten Modulen (Widgets). Zahlreiche Schritt-für-Schritt-Anleitungen helfen Ihnen bei der praktischen Umsetzung spannender Features. Auf *www.rheinwerk-verlag.de/4594* finden Sie zudem die verwendeten Materialien zum Buch.

Um die Qualität unserer Bücher zu gewährleisten, stellen wir stets hohe Ansprüche an Autoren und Lektorat. Falls Sie dennoch Anmerkungen und Vorschläge zu diesem Buch formulieren möchten, so freue ich mich über Ihre Rückmeldung.

Und nun wünsche ich Ihnen viel Spaß und Erfolg mit WordPress!

Ihr Stephan Mattescheck
Lektorat Rheinwerk Computing

stephan.mattescheck@rheinwerk-verlag.de
www.rheinwerk-verlag.de
Rheinwerk Verlag · Rheinwerkallee 4 · 53227 Bonn

Auf einen Blick

TEIL I   WordPress kennenlernen

1   WordPress – der Motor für Ihre Website 26
2   Ihre Website: Planung, Domain und Webspace 42
3   WordPress installieren 54
4   Die ersten Schritte im Backend von WordPress 82

TEIL II   Inhalte: Texte, Bilder und Multimedia

5   Die ersten Seiten und Beiträge 110
6   Texte schreiben in WordPress 155
7   Die Mediathek: Bilder und Galerien 192
8   Multimedia: Sounds und Videos 235
9   Inhalte gestalten mit dem Block-Editor 249
10 Quelltext: HTML im Editor von WordPress 279
11 Kommentare: Interaktion mit Besuchern 300

TEIL III   Themes: Das Design Ihrer Website

12 Themes anpassen mit dem »Customizer«: Theme-Optionen,
    Menüs und Widgets 322
13 »Hemingway«: Ein neues Theme hinzufügen 351
14 Auf der Suche nach dem richtigen Theme 377

TEIL IV   Plugins: WordPress erweitern

15 WordPress erweitern: Plugins installieren 394
16 Kontaktformular, Beiträge teilen, Spamschutz und Besucherstatistik ... 422
17 SEO – die Optimierung für Suchmaschinen 447

TEIL V   Systemverwaltung und Tipps & Tricks

18 Backups, Updates und Optimierung 474
19 Tipps und Tricks 503

Wir hoffen, dass Sie Freude an diesem Buch haben und sich Ihre Erwartungen erfüllen. Ihre Anregungen und Kommentare sind uns jederzeit willkommen. Bitte bewerten Sie doch das Buch auf unserer Website unter **www.rheinwerk-verlag.de/feedback**.

An diesem Buch haben viele mitgewirkt, insbesondere:

Lektorat Stephan Mattescheck, Anne Scheibe
Fachgutachten Annette Schwindt, Bonn
Korrektorat Petra Bromand, Düsseldorf
Herstellung Denis Schaal
Typografie und Layout Vera Brauner
Einbandgestaltung Julia Schuster
Coverbild iStock: 612619528 © South_agency, 648272128 © ferrantraite
Satz Typographie & Computer, Krefeld
Druck Beltz Grafische Betriebe, Bad Langensalza

Dieses Buch wurde gesetzt aus der TheAntiquaB (9,35/13,7 pt) in FrameMaker.
Gedruckt wurde es auf chlorfrei gebleichtem Offsetpapier (90 g/m²).
Hergestellt in Deutschland.

Das vorliegende Werk ist in all seinen Teilen urheberrechtlich geschützt. Alle Rechte vorbehalten, insbesondere das Recht der Übersetzung, des Vortrags, der Reproduktion, der Vervielfältigung auf fotomechanischen oder anderen Wegen und der Speicherung in elektronischen Medien.

Ungeachtet der Sorgfalt, die auf die Erstellung von Text, Abbildungen und Programmen verwendet wurde, können weder Verlag noch Autor, Herausgeber oder Übersetzer für mögliche Fehler und deren Folgen eine juristische Verantwortung oder irgendeine Haftung übernehmen.

Die in diesem Werk wiedergegebenen Gebrauchsnamen, Handelsnamen, Warenbezeichnungen usw. können auch ohne besondere Kennzeichnung Marken sein und als solche den gesetzlichen Bestimmungen unterliegen.

Bibliografische Information der Deutschen Nationalbibliothek:
Die Deutsche Nationalbibliothek verzeichnet diese Publikation in der Deutschen Nationalbibliografie; detaillierte bibliografische Daten sind im Internet über *http://dnb.dnb.de* abrufbar.

ISBN 978-3-8362-6155-5

3., aktualisierte Auflage 2019, 3., korrigierter Nachdruck 2021
© Rheinwerk Verlag, Bonn 2019

Informationen zu unserem Verlag und Kontaktmöglichkeiten finden Sie auf unserer Verlagswebsite **www.rheinwerk-verlag.de**. Dort können Sie sich auch umfassend über unser aktuelles Programm informieren und unsere Bücher und E-Books bestellen.

Inhalt

Materialien zum Buch 20

Geleitwort 21

Vorwort 22

TEIL I   WordPress kennenlernen

1   WordPress – der Motor für Ihre Website   26

1.1   Das Web ist ein weltweites Gewebe aus Hyperlinks 26

    1.1.1   Das Web besteht aus Webseiten und Hyperlinks 27

    1.1.2   Verwirrende Begriffe: Webseite und Website 28

    1.1.3   Webseiten werden auf einem Webspace gespeichert 29

    1.1.4   Webseiten bestehen aus Quelltext – WordPress schreibt ihn für Sie 29

    1.1.5   Responsiv: Webseiten passen sich ihrer Umgebung an 31

1.2   WordPress vereinfacht das Veröffentlichen im Web 32

    1.2.1   Content-Management-Systeme (CMS) erleichtern das Webpublishing 32

    1.2.2   Ein Blog ist ein CMS mit einfacher Bedienung und viel Interaktion 33

    1.2.3   WordPress ist sehr flexibel und sowohl Blog als auch CMS 34

1.3   Es gibt zwei WordPress-Varianten: WordPress.org und WordPress.com 35

    1.3.1   WordPress ist Open Source und kann kostenlos genutzt werden 35

    1.3.2   Das Eigenheim: WordPress auf »wordpress.org« 36

    1.3.3   Die Mietwohnung: WordPress auf »wordpress.com« 38

1.4   In diesem Buch geht es um WordPress.org 39

1.5   Auf einen Blick 41

2   Ihre Website: Planung, Domain und Webspace   42

2.1   Die Rahmenbedingungen: Ziele, Zeit und Zaster 42

2.2   Der rote Faden: Inhalt, Gestaltung, Funktionen und Technik 43

2.3   Inhalt: Überlegungen zu Titel und Untertitel der Website 44

2.4	**Gestaltung: »Themes« bestimmen das Design Ihrer Webseiten**	45
2.5	**Funktionen: Plugins erweitern die Fähigkeiten von WordPress**	46
2.6	**Technik (1): So finden Sie einen passenden Domain-Namen**	47
	2.6.1 Der Aufbau von Domain-Namen: »www.mein-name.de«	47
	2.6.2 Einen Domain-Namen auswählen: »mein-name.tld«	48
2.7	**Technik (2): So finden Sie einen passenden Webspace**	50
	2.7.1 Probieren: Kann man das Angebot kostenlos testen?	50
	2.7.2 Preise: »Null Euro Sternchen« kostet auch Geld	51
	2.7.3 Angebote: Einige konkrete Beispiele für Webhosting mit WordPress	52
2.8	**Auf einen Blick**	53

3   WordPress installieren

54

3.1	**Bequem: WordPress vorinstalliert oder als 1-Klick-Installation**	55
	3.1.1 Schlüsselfertig: Ein vorinstalliertes WordPress	55
	3.1.2 Halbautomatisch: WordPress als 1-Klick-Installation	56
3.2	**Manuell: WordPress auf einem Online-Webspace installieren**	58
	3.2.1 Schritt 1: WordPress herunterladen und entpacken	58
	3.2.2 Schritt 2: Eine FTP-Verbindung zum Webspace herstellen	60
	3.2.3 Schritt 3: WordPress-Dateien per FTP auf den Webspace kopieren	61
	3.2.4 Schritt 4: Das Installationsprogramm von WordPress aufrufen	63
	3.2.5 Schritt 5: Die Zugangsdaten für die Datenbank eingeben	65
	3.2.6 Schritt 6: Titel der Website eingeben und Administrator anlegen	68
3.3	**Offline: WordPress auf Ihrem Computer installieren**	71
	3.3.1 XAMPP oder MAMP: Webspace auf Ihrem Rechner einrichten	72
	3.3.2 Windows: Offline-Webspace mit XAMPP	73
	3.3.3 macOS: Offline-Webspace mit MAMP	75
	3.3.4 Überblick: Die wichtigsten Daten zu XAMPP und MAMP	76
	3.3.5 Die lokale Installation von WordPress	77
3.4	**phpMyAdmin: Datenbanken erstellen und verwalten**	78
	3.4.1 So starten Sie phpMyAdmin	79
	3.4.2 Super einfach: Datenbank erstellen mit phpMyAdmin	80
	3.4.3 Gefährlich einfach: Datenbank löschen mit phpMyAdmin	80
3.5	**Auf einen Blick**	81

4   Die ersten Schritte im Backend von WordPress   82

4.1   WordPress besteht aus Frontend und Backend 82
   4.1.1   Das Frontend ist die Website, so wie Ihre Besucher sie sehen 83
   4.1.2   Das Backend ist die Verwaltungsabteilung 84

4.2   Das Backend von WordPress im Überblick 85
   4.2.1   Die Werkzeugleiste am oberen Bildschirmrand 86
   4.2.2   Die Menüleiste ist die Schaltzentrale im Backend 87
   4.2.3   Das Dashboard – alles Wichtige auf einen Blick 88

4.3   Das Menü »Einstellungen« im Überblick 90

4.4   »Einstellungen • Allgemein«: Titel der Website & Co. 91
   4.4.1   Der Name für Ihre Website: »Titel der Website« und »Untertitel« 92
   4.4.2   Allgemeine Einstellungen für Zeit, Datum und Sprache der Seite 94

4.5   »Einstellungen • Lesen«: Beiträge, Newsfeed, Suchmaschinen 95

4.6   »Einstellungen • Permalinks«: Aussagekräftige URLs 97
   4.6.1   Der Aufbau einer Webadresse (URL) 97
   4.6.2   »Gebräuchliche Einstellungen« für Permalinks in WordPress 99

4.7   Das Menü »Benutzer«: Ihr Benutzerprofil im Überblick 102
   4.7.1   »Persönliche Optionen«: Farbschema für das Backend und mehr 103
   4.7.2   Der Name der User: Der Bereich »Name« im Benutzerprofil 104
   4.7.3   »Kontaktinfo«, »Über Dich« und Passwort ändern 105

4.8   Auf einen Blick 107

TEIL II   Inhalte: Texte, Bilder und Multimedia

5   Die ersten Seiten und Beiträge   110

5.1   Beiträge und Seiten: So verwaltet WordPress Inhalte 111
   5.1.1   Beiträge werden chronologisch umgekehrt untereinander ausgegeben   111
   5.1.2   Statische Seiten waren als Ergänzung zu Beiträgen gedacht 112

5.2   Eine neue Seite erstellen: »Über mich« 113
   5.2.1   Das Menü »Seiten • Erstellen«: Eine neue Seite erstellen 114
   5.2.2   Schritt 1: Den Titel der Seite eingeben 115
   5.2.3   Schritt 2: Der erste Block – ein ganz normaler Absatz 117

5.2.4	Schritt 3: Einen zweiten Absatz-Block einfügen	119
5.2.5	Schritt 4: Permalink überprüfen und die Seite veröffentlichen	120
5.2.6	Das Menü »Seiten • Alle Seiten« im Überblick	122
5.3	**Eine Seite bearbeiten: »Beispiel-Seite« wird »Impressum«**	123
5.3.1	Schritt 1: Titel und Permalink der »Beispiel-Seite« bearbeiten	123
5.3.2	Schritt 2: Die auf der Seite vorhandenen Blöcke löschen	125
5.3.3	Schritt 3: Den Inhalt der »Beispiel-Seite« bearbeiten – Blöcke einfügen	127
5.4	**Beiträge bearbeiten: »Hallo Welt!« wird »Der Block-Editor«**	129
5.4.1	Die Übersicht im Menü »Beiträge • Alle Beiträge«	129
5.4.2	»Beitrag bearbeiten«: Einen vorhandenen Beitrag verändern	130
5.5	**Beiträge neu erstellen: »Die Blockauswahl«**	133
5.6	**Beiträge im Frontend: Übersicht und Einzelansicht**	135
5.6.1	Auf der Beitragsseite stehen die Beiträge untereinander	135
5.6.2	Jeder Beitrag hat eine Einzelansicht mit eigenem Permalink	137
5.7	**Eine klassische Website: Startseite und Newsbereich**	138
5.7.1	WordPress mit einer statischen Startseite und einem Newsbereich	139
5.7.2	Vorbereitung: »Deine Startseite zeigt ...« in »Einstellungen • Lesen«	140
5.7.3	Schritt 1: »Willkommen« – eine neue Seite für die Startseite erstellen	140
5.7.4	Schritt 2: »News« – eine neue Seite für die Beitragsseite erstellen	141
5.7.5	Schritt 3: Startseite und Beitragsseite in den Einstellungen zuweisen	142
5.8	**»QuickEdit«: Die Reihenfolge der Seiten festlegen**	144
5.8.1	Die Übersicht in »Seiten • Alle Seiten«	144
5.8.2	»QuickEdit« enthält nützliche Abkürzungen	145
5.8.3	Die Reihenfolge der Seiten im Menü »Seiten • Alle Seiten«	145
5.9	**Hauptmenü: Eine Navigation für die Website erstellen**	147
5.9.1	Schritt 1: Den Customizer aufrufen	148
5.9.2	Schritt 2: Das Hauptmenü erstellen und veröffentlichen	149
5.9.3	Schritt 3: Die Navigation auf schmaleren Bildschirmen prüfen	151
5.10	**Know-how: Verschiedene Seitentypen in WordPress**	152
5.11	**Auf einen Blick**	154

6 Texte schreiben in WordPress 155

6.1	**Schreiben im Web für Menschen**	156
	6.1.1 Wie Menschen Texte lesen	156
	6.1.2 Webseiten werden nicht gelesen, sondern überflogen	157
6.2	**Der Block-Editor von WordPress im Überblick**	157
	6.2.1 Die Symbole zum Bearbeiten des Inhalts links oben in der Editorleiste	159
	6.2.2 »Weitere Werkzeuge und Optionen«: Das 3-Punkte-Menü rechts oben	160
6.3	**Texte schreiben im visuellen Editor**	162
	6.3.1 »Lorem Ipsum unterwegs« – Überschrift und Text	162
	6.3.2 Zwischenüberschriften lockern einen längeren Fließtext auf	165
	6.3.3 Weiterlesen: Teaser erstellen mit dem Block »Mehr«	167
6.4	**»Revisionen«: Unfallhilfe für Beiträge und Seiten**	169
6.5	**Hyperlinks erstellen im visuellen Editor**	171
	6.5.1 Das Dialogfeld zum Einfügen von Hyperlinks im visuellen Editor	171
	6.5.2 Übung: »Lorem Ipsum« – einen externen Hyperlink erstellen	172
	6.5.3 Hyperlinks und das Klicken-Sie-hier-Syndrom	174
6.6	**Die Optionen zum Speichern und Veröffentlichen**	175
	6.6.1 Die Editorleiste bei Entwürfen und bei veröffentlichten Dokumenten	175
	6.6.2 »Status und Sichtbarkeit« von Dokumenten	176
	6.6.3 Einen Beitrag fixieren: »Beitrag oben halten«	178
6.7	**Kategorien und Schlagwörter im Überblick**	179
6.8	**Kategorien erstellen und verwalten**	180
	6.8.1 Das Menü »Beiträge • Kategorien« in der Übersicht	180
	6.8.2 Kategorien erstellen im Menü »Beiträge • Kategorien«	181
	6.8.3 Kategorien zuweisen: Im Editor oder per »QuickEdit«	182
	6.8.4 Den Beiträgen der Beispielsite Kategorien zuweisen	184
6.9	**Schlagwörter erstellen und verwalten**	185
	6.9.1 Beiträge bearbeiten: Schlagwörter erstellen und zuweisen	186
	6.9.2 Schlagwörter zuweisen mit der Funktion »QuickEdit«	188
	6.9.3 Schlagwörter verwalten: Das Menü »Beiträge • Schlagwörter«	189
6.10	**Auf einen Blick**	190

7 Die Mediathek: Bilder und Galerien 192

7.1 Schnelldurchgang: Ein Bild auf »Über mich« einfügen 193

7.1.1 Vorbereitung: »Einstellungen • Medien«: Die Bildgrößen überprüfen 194

7.1.2 Schritt 1: Auf der Seite »Über mich« einen Block »Bild« einfügen 195

7.1.3 Schritt 2: Ein Bild einfügen mit dem Block »Bild« 196

7.1.4 Schritt 3: Die »Bild-Einstellungen« bearbeiten 198

7.1.5 Schritt 4: Den Bild-Block im Inhaltsbereich ausrichten 200

7.2 Vor dem Hochladen: Bilder optimieren 201

7.2.1 Wie Sie Dateinamen und Dateigrößen von Bildern optimieren 202

7.2.2 Die Ausgangssituation: Das Beispielfoto für die Optimierung 203

7.2.3 Schritt 1: Umbenennen – den Dateinamen optimieren 204

7.2.4 Schritt 2: Skalieren – die Bildgröße reduzieren 204

7.2.5 Schritt 3: Komprimieren – die Dateigröße reduzieren 204

7.2.6 Das Beispielfoto nach der Optimierung 205

7.3 Die Mediathek von WordPress 206

7.3.1 Dateien hochladen direkt in der Mediathek 206

7.3.2 Die Medienübersicht: Listenansicht oder Gridansicht 207

7.3.3 Detailinfos für Bilder: Titel, Beschriftung, Alt-Text und Beschreibung 208

7.3.4 WordPress erzeugt für jede Mediendatei eine Anhang-Seite 212

7.4 Bilder einfügen über die »Mediathek« 213

7.4.1 Einen neuen Beitrag mit einem Block »Bild« erstellen 213

7.4.2 »Medien hinzufügen«: Ein Bild aus der Mediathek einfügen 214

7.4.3 Die »Bild-Einstellungen« und »Link-Einstellungen« anpassen 216

7.4.4 Den Bild-Block auf der Seite ausrichten 218

7.5 Beitragsbilder sind besondere Bilder 221

7.5.1 Beitragsbilder erscheinen im Editor nicht im Inhaltsbereich 221

7.5.2 Ein Beitragsbild für einen Beitrag festlegen 222

7.6 Bildergalerien erstellen und bearbeiten 223

7.6.1 Schritt 1: Einen neuen Beitrag mit einem Block »Galerie« erstellen 223

7.6.2 Schritt 2: Bilder zur Galerie hinzufügen 224

7.6.3 Schritt 3: »Galerie bearbeiten« – die Reihenfolge der Bilder ändern 226

7.6.4 Schritt 4: Die Einstellungen für den Block »Galerie« anpassen 228

7.6.5 Schritt 5: Die Galerie im Frontend aufrufen und überprüfen 228

7.7 Bilder direkt in WordPress bearbeiten 229

7.7.1 Die Seite »Dateianhang-Details« zum Bearbeiten eines Bildes 229

7.7.2 Option 1: »Bild skalieren« – die Bildgröße verändern 231

7.7.3   Option 2: »Bildausschnitt« – das Bild zuschneiden 231

7.7.4   Option 3: »Vorschaubild-Einstellungen« –
         nur das Vorschaubild ändern 232

7.8   Auf einen Blick 234

8   Multimedia: Sounds und Videos   235

8.1   Audiodateien aus der Mediathek einbinden 235

8.1.1   Schritt 1: Einen Beitrag mit dem Block »Audio« erstellen 236

8.1.2   Schritt 2: Eine MP3-Datei in einen Beitrag oder eine Seite einfügen 237

8.2   Videodateien aus der Mediathek einbinden 240

8.3   So können Sie Medien datenschutzkonform einbinden 242

8.3.1   Einbettungen in WordPress – extrem bequem und ein Problem 243

8.3.2   Kein Problem: Ein Link zum Medium ist erlaubt 245

8.3.3   YouTube hat einen »Erweiterten Datenschutzmodus« 246

8.4   Auf einen Blick 248

9   Inhalte gestalten mit dem Block-Editor   249

9.1   Ein echter Blickfang: der Block »Cover« 250

9.1.1   Schritt 1: Einen Cover-Block mit Bild und Text hinzufügen 251

9.1.2   Schritt 2: Das Cover-Bild gestalten 252

9.1.3   Schritt 3: Den Text im Cover-Block gestalten 254

9.1.4   Nützlich: Die »Block-Navigation« in verschachtelten Blöcken 255

9.2   Mehrspaltige Layouts: der Block »Spalten« 256

9.2.1   Schritt 1: Einen Block »Spalten« einfügen 257

9.2.2   Schritt 2: Die Block-Navigation für den Block »Spalten« kennenlernen 259

9.2.3   Schritt 3: Den Block »Spalten« und eine einzelne Spalte markieren 260

9.2.4   Schritt 4: Die Spalten mit Inhalten füllen 261

9.2.5   Schritt 5: Einen Block hinzufügen unterhalb des Blocks »Spalten« 262

9.3   Text hervorheben: die Blöcke »Zitat« und »Pullquote« 263

9.3.1   Der Block »Zitat« 263

9.3.2   Der Block »Pullquote« bietet zahlreiche Gestaltungsmöglichkeiten 265

9.4   Nebeneinander: der Block »Medien und Text« 266

9.5   Eine Aufforderung für Besucher: der Block »Button« 268

9.6   »Wiederverwendbare Blöcke«: Blöcke recyceln 271

    9.6.1   Schritt 1: Einen wiederverwendbaren Block erstellen 271

    9.6.2   Schritt 2: Einen wiederverwendbaren Block einfügen 273

    9.6.3   Schritt 3: Einen wiederverwendbaren Block bearbeiten 274

    9.6.4   Wiederverwendbare Blöcke als Vorlage:
    »In normalen Block umwandeln« 276

9.7   Auf einen Blick 278

10   Quelltext: HTML im Editor von WordPress

279

10.1   Der Aufbau von HTML-Elementen 279

    10.1.1   Einen neuen Beitrag erstellen 280

    10.1.2   Quelltext im Browser anschauen 281

    10.1.3   HTML-Elemente bestehen aus Anfangs-Tag, Inhalt und Ende-Tag 283

10.2   HTML-Elemente im Editor von WordPress 284

    10.2.1   Visueller Editor: Die Code-Ansicht für einen einzelnen Block aktivieren   284

    10.2.2   Den Code-Editor für den ganzen Beitrag aktivieren 285

10.3   HTML für Überschriften, Absätze und Hervorhebungen 286

    10.3.1   Überschriften und Zwischenüberschriften 286

    10.3.2   Absätze und Hervorhebungen: »p«, »strong« und »em« 287

    10.3.3   HTML-Elemente verschachteln: zuerst geöffnet, zuletzt geschlossen   288

10.4   Listen: Aufzählungen und Nummerierungen 289

    10.4.1   Aufzählungen: ungeordnete Listen mit »ul« und »li« 289

    10.4.2   Eine Nummerierung ist eine geordnete Liste 290

    10.4.3   Verschachtelte Listen: eine Liste in einer Liste 291

    10.4.4   Verschachtelte Listen im Quelltext 292

10.5   Links, Bilder und andere nützliche HTML-Elemente 294

    10.5.1   Hyperlinks – das Besondere am World Wide Web 294

    10.5.2   Die Wegbeschreibung zum Bild: »img« 295

    10.5.3   Zitate werden von »blockquote« umgeben 296

    10.5.4   Beginne eine neue Zeile mit »br« 297

    10.5.5   Sonderzeichen im HTML-Quellcode: » « und Kollegen 297

10.6   Auf einen Blick 299

11 Kommentare: Interaktion mit Besuchern 300

11.1	**Die Kommentarfunktion kennenlernen**	300
	11.1.1 Einen neuen Kommentar erstellen	301
	11.1.2 Neuer Kommentar – Benachrichtigung per E-Mail	304
	11.1.3 Neue Kommentare – Benachrichtigung im Backend	305
11.2	**Kommentare verwalten: Genehmigen, löschen etc.**	306
	11.2.1 Das Menü »Kommentare« im Überblick: die Verwaltungszentrale	306
	11.2.2 Kommentare kommentieren: Auf einen Kommentar antworten	308
11.3	**Das Menü »Einstellungen • Diskussion«**	310
	11.3.1 »Einstellungen • Diskussion«, Teil 1: Grundlegende Einstellungen	310
	11.3.2 »Einstellungen • Diskussion«, Teil 2: Moderation von Kommentaren und Spam	312
	11.3.3 »Einstellungen • Diskussion«, Teil 3: Avatare	314
11.4	**Kommentare für einzelne Seiten oder Beiträge deaktivieren**	316
	11.4.1 Für einzelne Beiträge oder Seiten mit der Funktion »QuickEdit«	316
	11.4.2 Für einzelne Beiträge oder Seiten im Bereich »Diskussion« im Editor	317
11.5	**Die Kommentarfunktion von WordPress deaktivieren**	318
11.6	**Pingbacks – Vernetzung mit anderen Blogs**	319
11.7	**Auf einen Blick**	320

TEIL III   Themes: Das Design Ihrer Website

12 Themes anpassen mit dem »Customizer«: Theme-Optionen, Menüs und Widgets 322

12.1	**»Twenty Nineteen« – ein Theme kennenlernen**	323
	12.1.1 Die Website zum Theme: Über ein Theme informieren	323
	12.1.2 Responsives Layout: »Twenty Nineteen« auf mobilen Geräten	324
	12.1.3 »Design • Themes«: Die »Theme-Details« von »Twenty Nineteen«	325
12.2	**Der »Customizer«: Themes anpassen mit Live-Vorschau**	327
12.3	**»Website-Informationen«: Titel der Website, Untertitel, Logo und Website-Icon**	328
	12.3.1 Die Einstellungen für Logo, Titel und Untertitel der Website	329

12.3.2 »Website-Icon« – ein Minilogo für Ihre Webseiten 330

12.4 **»Farben« anpassen im Customizer** 331

12.5 **»Menüs« – eine Navigation für die Website erstellen** 333

12.5.1 Schritt 1: Hauptmenü erweitern – ein Untermenü für die Seite »News« 334

12.5.2 Schritt 2: Ein Social-Links-Menü mit Links erstellen 336

12.5.3 Schritt 3: Ein Footer-Menü mit Link zum »Impressum« 338

12.6 **»Widgets« verwalten im »Customizer«** 340

12.6.1 Widgets in der Übersicht 340

12.6.2 Die Widgets in Twenty Nineteen 341

12.6.3 Widgets im Widget-Bereich anpassen und entfernen 343

12.6.4 Widgets hinzufügen: Das Widget »Text« 343

12.6.5 Weitere Widgets im Überblick 345

12.7 **Widgets als Block im Editor einfügen** 346

12.8 **Auf einen Blick** 350

13 »Hemingway«: Ein neues Theme hinzufügen 351

13.1 **Informieren: Themes suchen und kennenlernen** 352

13.1.1 Das Theme-Verzeichnis auf WordPress.org 352

13.1.2 Jedes Theme hat eine Detailseite mit Links und Infos zum Theme 353

13.1.3 Das Theme »Hemingway« von Anders Norén 355

13.2 **Installieren: Das Theme auf den Webspace kopieren** 356

13.2.1 Das Menü »Design • Themes« im Backend 357

13.2.2 Themes aus dem Backend heraus hinzufügen 358

13.2.3 Vor dem Hinzufügen: Die Theme-Vorschau (»Theme Preview«) 359

13.2.4 Ein Theme hinzufügen: Meist genügt ein Klick 359

13.3 **Ausprobieren: Im Customizer mit der »Live-Vorschau«** 361

13.3.1 In der »Live-Vorschau« können Sie das Theme in Ruhe ausprobieren ... 361

13.3.2 »Live-Vorschau«: Ein eigenes Header-Bild einfügen 363

13.3.3 Menü zuweisen: Die Navigation in der »Live-Vorschau« 364

13.3.4 Widgets in der »Live-Vorschau« einfügen und verschieben 365

13.3.5 Widgets einfügen in den drei Widget-Bereichen im Footer 367

13.3.6 Das Widget »Navigationsmenü« bindet die Menüs »Social-Media-Profile« und »Rechtliches« ein 369

13.4 **Aktivieren: »Hemingway« gestaltet das Frontend** 370

13.5 **Feintunen: Das neue Theme perfektionieren** 372

13.5.1 Der Cover-Block auf der Startseite 372

13.5.2 Das Seiten-Template »Keine Seitenleiste«: »Impressum« ohne Sidebar 373

13.5.3 Optional: Eine Archiv-Seite mit allen Inhalten erstellen 374

13.6 **Auf einen Blick** 375

14 Auf der Suche nach dem richtigen Theme 377

14.1 **Wissenswertes zu WordPress-Themes** 377

14.1.1 Informieren: Worauf Sie bei Themes achten sollten 378

14.1.2 Der Preis: Kostenlos, Premium, Freemium oder Mitgliedschaft 379

14.1.3 WordPress, Themes und die Rolle der Pagebuilder 379

14.1.4 Die Antwort auf die Frage »Welches Theme ist das?« 380

14.2 **Kostenlose Themes: das Standard-Theme »Twenty Seventeen«** 381

14.3 **Freemium-Themes: »Astra«, »GeneratePress« und »OceanWP« –
erst testen, dann kaufen** 384

14.3.1 »Astra«: Eine gute Basis für die Arbeit mit Blöcken 384

14.3.2 »GeneratePress«: Schlank, schnell und stabil 386

14.3.3 »OceanWP«: Jede Menge Features 387

14.4 **Weitere kommerzielle Anbieter und Marktplätze** 388

14.4.1 GPL-Themes mit kommerziellem Support auf WordPress.org 389

14.4.2 An der GPL orientiert, aber nicht auf WordPress.org erhältlich 390

14.4.3 Jenseits der GPL: Themes von einem Marktplatz wie ThemeForest 390

14.5 **Auf einen Blick** 392

TEIL IV   Plugins: WordPress erweitern

15 WordPress erweitern: Plugins installieren 394

15.1 **Wissenswertes zu Plugins** 394

15.1.1 Das Plugin-Verzeichnis auf WordPress.org 395

15.1.2 Worauf Sie bei einem Plugin achten sollten 395

15.2	**Das Menü »Plugins« im Backend**	397
15.2.1	Das Menü »Plugins«: Zwei Plugins sind bereits installiert	397
15.2.2	Plugins müssen nach der Installation aktiviert werden	398
15.2.3	Hello Dolly – ein Plugin aktivieren, deaktivieren und löschen	398
15.3	**»Coming Soon Page«: Ein Hinweis für Ihre Besucher**	399
15.3.1	Schritt 1: So installieren Sie ein neues Plugin	400
15.3.2	Schritt 2: Das installierte Plugin aktivieren	401
15.3.3	Schritt 3: »Inhalt« – Coming-Soon-Seite aktivieren und Text eingeben	402
15.3.4	Schritt 4: »Design« – Coming-Soon-Seite gestalten	404
15.3.5	»Coming Soon Page« und »Maintenance Mode« – der Unterschied	404
15.4	**»Simple Lightbox«: Bildschirmfüllende Diashows**	405
15.5	**Ein Werkzeugkasten für Layouts: »Kadence Blocks«**	407
15.5.1	»Kadence Blocks« – die Blöcke in der Übersicht	408
15.5.2	Der Block »Icon List«: hübsche und gestaltbare Listen	411
15.5.3	Viel Inhalt auf wenig Platz: die Blöcke »Tabs« und »Accordion«	412
15.5.4	Mehrspaltige Layouts: der Block »Row Layout«	415
15.5.5	Weitere Plugins rundum den Block-Editor (Gutenberg)	418
15.6	**Immer einen Schritt voraus: »Gutenberg« als Plugin**	420
15.7	**Auf einen Blick**	421

16 Kontaktformular, Beiträge teilen, Spamschutz und Besucherstatistik 422

16.1	**Eine Kontaktseite mit Kontaktformular: »WP Forms«**	422
16.1.1	Kontakt: Eine neue Seite erstellen und dem Hauptmenü hinzufügen	422
16.1.2	Schritt 1: »WP Forms lite« aktivieren und konfigurieren	423
16.1.3	Schritt 2: Ein neues Kontaktformular erstellen	425
16.1.4	Schritt 3: Felder zum Kontaktformular hinzufügen	426
16.1.5	Schritt 4: Allgemeine Einstellungen und Spamschutz	428
16.1.6	Schritt 5: Einstellungen für die E-Mail zur »Benachrichtigung«	429
16.1.7	Schritt 6: »Bestätigung« für Ihre Besucher nach dem Abschicken	431
16.1.8	Schritt 7: Das Kontaktformular auf der Seite »Kontakt« einbinden	432
16.1.9	Schritt 8: Das Kontaktformular im Frontend aufrufen und testen	434
16.2	**Weitersagen: Beiträge teilen mit »Shariff Wrapper«**	436

16.2.1 Schritt 1: Die Basiseinstellungen für »Shariff Wrapper« 438

16.2.2 Schritt 2: Design – Aussehen der Buttons festlegen 439

16.2.3 Schritt 3: Das Weitersagen mit den Shariff-Buttons ausprobieren 440

16.3 Müllvermeidung: »Antispam Bee« gegen Kommentarspam 441

16.4 Statistiken mit »Statify« 444

16.5 Auf einen Blick 446

17 SEO – die Optimierung für Suchmaschinen 447

17.1 Schreiben im Web für Maschinen 448

17.1.1 Suchmaschinen denken nicht, sie vergleichen Zeichen 448

17.1.2 Suchmaschinenrobots können nicht lesen 450

17.1.3 Suchmaschinen analysieren den »head«-Bereich im Quelltext 451

17.1.4 Suchergebnis, Seitentitel, URL und Seitenbeschreibung 452

17.2 Ranking: Die Reihenfolge der Suchergebnisse 453

17.2.1 Der Kern der Sache: Google mag Hyperlinks 453

17.2.2 »Backlinks«: Hyperlinks, die auf Ihre Webseiten zeigen 454

17.2.3 »Mobile friendly«: Ist die Seite responsiv? 455

17.2.4 »Performance«: Ist die Webseite schnell? 455

17.3 Das Plugin »All in One SEO Pack« im Überblick 456

17.3.1 Das Plugin »All in One SEO Pack« installieren und aktivieren 457

17.3.2 Die »Haupteinstellungen« für das All in One SEO Pack im Überblick 458

17.4 SEO: Seitentitel und -beschreibung optimieren 459

17.5 »Social Meta«: Beiträge für Social Media optimieren 461

17.5.1 »OG« steht für »Open Graph«: Metadaten für Facebook, Twitter & Co. 461

17.5.2 Das All-in-One-SEO-Modul »Social Meta« aktivieren 462

17.5.3 »Social Meta • Bildeinstellungen«: Ein Standardbild definieren 463

17.5.4 Die »Settings für Social Media« für Beiträge und Seiten 464

17.6 SEO: »XML-Sitemap« als Inhaltsverzeichnis der Website 466

17.6.1 Das All-in-One-SEO-Modul »XML Sitemaps« aktivieren 466

17.6.2 Eine XML-Sitemap erstellen mit All in One SEO Pack 467

17.6.3 So prüfen Sie Ihre Website bei Google: »site:ihre-domain.de« 469

17.6.4 »Google Search Console«: So sieht Google Ihre Website 469

17.7 Auf einen Blick 472

TEIL V   Systemverwaltung und Tipps & Tricks

18   Backups, Updates und Optimierung 474

18.1   Sicher ist sicher: Backups erstellen mit »UpdraftPlus« 474

18.1.1   Backup erstellen: Vom Webhoster, von Hand oder per Plugin 475

18.1.2   Schritt 1: UpdraftPlus installieren und aktivieren 476

18.1.3   Schritt 2: »Jetzt sichern« – ein manuelles Backup erstellen 477

18.1.4   Schritt 3: Das Backup herunterladen 478

18.1.5   Überblick: Was UpdraftPlus alles sichert (und was nicht) 480

18.2   Im Notfall: Backup wiederherstellen mit »UpdraftPlus« 480

18.2.1   Option 1: Wiederherstellen mit funktionierendem
WordPress-Backend 481

18.2.2   Option 2: Wiederherstellen, wenn das Backend nicht mehr
funktioniert 482

18.3   Updates: WordPress aktualisieren 483

18.3.1   Automatische Sicherheitsupdates sind unbedingt empfehlenswert 483

18.3.2   Das Ein-Klick-Update: WordPress per Mausklick aktualisieren 485

18.4   Die Benutzerverwaltung von WordPress 487

18.4.1   Die fünf Benutzerrollen von WordPress und ihre Rechte 487

18.4.2   Sicher ist sicher: Verwaltung als »Admin«, Schreiben als »Redakteur« 488

18.4.3   Praktisch: Beiträge und Seiten einem anderen Benutzer zuweisen 490

18.5   Import/Export: Inhalte in ein anderes WordPress übertragen 491

18.5.1   Schritt 1: Daten aus WordPress exportieren 491

18.5.2   Schritt 2: Daten in einem anderen WordPress importieren 492

18.6   Seiten beschleunigen: »Autoptimize« und »Cache Enabler« 494

18.6.1   Das Plugin »Autoptimize« optimiert den Quelltext 495

18.6.2   »Cache Enabler« als Ergänzung zu »Autoptimize« 496

18.6.3   »Autoptimize« und »Cache Enabler« sind eine gute Kombination 497

18.7   Datenbank aufräumen: »WP-Optimize« 498

18.8   Zusätzliche Sicherheit für WordPress: »WP Security« 499

18.9   Auf einen Blick 501

19 Tipps und Tricks 503

19.1 »Classic Block«: Inhalte in Blöcke umwandeln 503

19.1.1 Bei einem Update auf WordPress 5 werden Inhalte nicht verändert 504

19.1.2 Der Block »Classic« als Auffanglager für Inhalte aus dem alten Editor 504

19.1.3 »In Blöcke umwandeln«: Der Classic Block wird zerteilt 505

19.2 Datenschutzerklärung und DSGVO-Kompatibilität 506

19.2.1 Der Entwurf für die Seite »Datenschutzerklärung« 506

19.2.2 Hilfe bei der Datenschutzerklärung: »datenschutz-generator.de« 507

19.2.3 Die Seite »Datenschutzerklärung«: Text einfügen und Menü erweitern 508

19.2.4 »Cookie Notice«: Der Cookie-Hinweis für Besucher 509

19.2.5 »WP GDPR Compliance« für DSGVO-kompatible Kommentarformulare 510

19.3 Weitere nützliche Plugins zur Systemverwaltung 512

19.3.1 Beiträge und Seiten duplizieren und bearbeiten: »Duplicate Post« 512

19.3.2 Links überprüfen: »Broken Link Checker« 513

19.3.3 Eine WordPress-Installation zieht um: »Duplicator« 514

19.4 Know-how: Quelltext von Themes bearbeiten 515

19.4.1 Der Bereich »Zusätzliches CSS« im Customizer 515

19.4.2 Nur für Fortgeschrittene: Themes anpassen in »Design • Editor« 516

19.4.3 »Child-Themes«: Theme-Anpassungen dauerhaft speichern 517

19.5 Checkliste für die Freischaltung einer WordPress-Site 517

19.5.1 Checkliste für das Frontend 518

19.5.2 Checkliste für Interaktionen 518

19.5.3 Checkliste für das Backend 518

19.5.4 Checkliste für SEO 519

19.6 Sie sind nicht allein: Die WordPress-Community 520

19.7 Auf einen Blick 521

Index 522

Materialien zum Buch

Auf der Webseite zu diesem Buch stehen folgende Materialien für Sie zum Download bereit:

▶ alle Beispielprogramme

Gehen Sie auf *www.rheinwerk-verlag.de/4594*. Klicken Sie auf den Reiter MATERIALIEN ZUM BUCH. Sie sehen die herunterladbaren Dateien samt einer Kurzbeschreibung des Dateiinhalts. Klicken Sie auf den Button HERUNTERLADEN, um den Download zu starten. Je nach Größe der Datei (und Ihrer Internetverbindung) kann es einige Zeit dauern, bis der Download abgeschlossen ist.

Auf der Webseite *einstieg-in-wp.de/links-fuer-leser/* gibt es aktuelle Informationen zu WordPress und zum Buch. Hier finden Sie Links zu Korrekturen, Updates und anderen interessanten Beiträgen rund um WordPress.

Geleitwort

Da hat uns WordPress aber ganz schön zappeln lassen. Immer wieder wurde der für WordPress 5 angekündigte Block-Editor verschoben. Als er Ende 2018 endlich veröffentlicht wurde, war er weiterhin so unausgereift, dass man auf alternative Plugins zurückgreifen musste. Inzwischen kann man aber gut mit dem neuen Tool arbeiten und wir dürfen gespannt sein, welche Neuerungen noch folgen werden. Denn der neue Editor ist nur der erste Schritt des groß angelegten Projekts *Gutenberg*, das WordPress grundlegend verändern wird.

Für den Autor dieses Buchs, Peter Müller, gab es daher einiges gegenüber dem *Einstieg in WordPress 4* zu aktualisieren, ja sogar komplett neu zu schreiben. Hinzu gekommen sind zum Beispiel die mit der DSGVO aktualisierten Datenschutzregeln, die an verschiedenen Stellen Anpassungen notwendig machen. Außerdem ist die Bedeutung des Customizers weiter gestiegen. Es geht also bei Weitem nicht nur darum, dass das Schreiben von Beiträgen und Seiten mit dem Block-Editor jetzt anders funktioniert als früher.

Die Zusammenarbeit mit Peter Müller lief, wie schon in den beiden vorherigen Auflagen, super! Das »Annabellisieren«, wie Peter meine Arbeit als Fachgutachterin scherzhaft nach Reinhard Meys Zeilen »Annabelle, komm sei so gut, mach meine heile Welt kaputt« getauft hat, lief diesmal – statt über Dropbox, Trello und E-Mail – zu großen Teilen per WhatsApp. So konnten wir kleinere Absprachen direkt »auf dem kurzen Dienstweg« erledigen.

Das Ergebnis ist eine äußerst anschauliche und leicht umsetzbare Anleitung, sowohl für WordPress-Einsteiger als auch für erfahrenere Nutzer, die sich mit der Umstellung auf den Block-Editor anfreunden möchten. Ich werde auch diese Auflage sehr gerne weiterempfehlen.

Danke Dir, Peter! Jederzeit wieder! You rock!

Bonn,
Annette Schwindt

Vorwort

WordPress ist ein Phänomen. Das 2003 von Matt Mullenweg gestartete Projekt ist quasi zum Standard geworden und inzwischen der Motor hinter etwa 33 % *aller* Websites im World Wide Web.

Dieses Buch ist Ihre Eintrittskarte für das WordPress-Universum. Schritt für Schritt werden Sie mit übersichtlichen ToDo-Kästchen durch den gesamten Prozess der Erstellung einer WordPress-Website geführt: von der Planung über die Installation, den Aufbau der Website, das Füllen mit Inhalten, die Gestaltung mithilfe von Themes und die Erweiterung mit Plugins bis hin zur Wartung der fertigen Website.

Für wen ist dieses Buch?

»Einstieg in WordPress« ist für alle, die gerne eine professionelle Website mit WordPress hätten, z. B.:

▶ Privatpersonen
▶ Schulen und Vereine
▶ kleine und mittlere Firmen
▶ Läden, Kneipen und Cafés
▶ öffentliche und kirchliche Einrichtungen (Kindergärten etc.)
▶ Selbstständige, Berater und Existenzgründer

Aber auch wenn Sie bereits eine Website haben oder schon mit WordPress arbeiten, kann Ihnen das Buch weiterhelfen:

▶ Sie haben von WordPress gehört und möchten wissen, ob das vielleicht auch für Ihre Website in Frage kommt.
▶ Sie erstellen bereits Inhalte mit WordPress, haben aber das Gefühl, dass eine gut strukturierte Einführung Ihnen weiterhelfen würde.
▶ Sie haben schon eine WordPress-Website, möchten das Programm aber gerne einmal so richtig gründlich kennenlernen.

Sollten Sie sich bisher noch nicht angesprochen fühlen, blättern Sie einfach ein wenig. Wenn Sie das, was Sie dort lesen, interessant finden, dann ist dieses Buch für Sie.

Was Sie bereits wissen sollten

Die mit Abstand wichtigsten Voraussetzungen zur Lektüre dieses Buches sind Spaß am Lernen und der Wunsch, eine eigene WordPress-Website erstellen und betreiben zu wollen.

Das Buch erfordert keinerlei Vorwissen in Sachen Webdesign, und Sie müssen nichts über Sprachen wie HTML, CSS, JavaScript oder PHP wissen. Sie sollten mit einem Computer umgehen können, und Dinge wie Ordner erstellen, Dateien kopieren und verschieben, Programme installieren oder ZIP-Dateien entpacken sollten Ihnen keine Schwierigkeiten bereiten.

Außerdem sollten Sie einen nicht zu langsamen Internetzugang haben und mit einem modernen Browser wie Google Chrome, Mozilla Firefox, Safari oder Microsoft Edge regelmäßig im Web unterwegs sein, idealerweise auch mit Tablet und Smartphone.

Kurzum: Je mehr Sie sich im Web zu Hause fühlen, desto leichter wird es Ihnen fallen, bei der Erstellung Ihrer Website die richtigen Entscheidungen zu treffen.

Der Aufbau des Buches

Das Buch besteht aus fünf großen Teilen:

▶ **Teil I – WordPress kennenlernen** ist die Einleitung: Sie sehen, dass es zwei WordPress-Varianten gibt und dass dieses Buch von WordPress.org handelt, machen sich ein paar Gedanken zu Ihrer Website, installieren WordPress und richten es ein.

▶ **Teil II – Inhalte: Texte, Bilder und Multimedia**: Von der Erstellung der ersten Seiten und Beiträge geht die Reise vom Schreiben von Texten im Block-Editor über die Mediathek und das Einfügen von Bildern, Audio und Video bis zu einem kurzen Crashkurs zum Arbeiten mit HTML im WordPress-Editor und der Verwaltung von Kommentaren.

▶ **Teil III – Themes: Das Design Ihrer Website**: *Themes* bestimmen das Aussehen Ihrer WordPress-Website, und es gibt buchstäblich Millionen davon. Sie lernen, wie man Themes installiert und anpasst, wie man Menüs zur Navigation erstellt, was Widgets sind und wie man sie einfügt und worauf Sie bei der Suche nach einem passenden Theme achten sollten.

▶ **Teil IV – Plugins: WordPress erweitern**: *Plugins* erweitern WordPress um neue Funktionen. Sie installieren Plugins, fügen ein Kontaktformular hinzu, schützen sich vor Spam und optimieren Ihre Beiträge und Seiten für Suchmaschinen und das Teilen in den sozialen Netzen.

▶ **Teil V – Systemverwaltung und Tipps & Tricks**: Im letzten Teil geht es um die *Systemverwaltung*: die Erstellung einer Sicherheitskopie, das Updaten von WordPress, Themes und Plugins und die Optimierung der Site. Zum Abschluss lernen Sie noch einige Tipps und Tricks zur Arbeit mit WordPress kennen.

Die dritte Auflage: WordPress 5, »Gutenberg« und der Block-Editor

Für die dritte Auflage wurde das Buch *komplett* überarbeitet, aktualisiert, an einigen Stellen gestrafft und an anderen erweitert.

Auf der jährlichen WordPress-Konferenz kündigte Matt Mullenweg im Dezember 2016 das »Projekt Gutenberg« an: WordPress sollte von Grund auf erneuert und ein noch einfacher zu bedienendes Werkzeug werden.

Nach einigen Verzögerungen erschien im Dezember 2018 mit WordPress 5.0 das erste greifbare Resultat dieser Veränderung. Die wichtigste Neuerung ist der neue Block-Editor, der den Inhalt von WordPress-Seiten in kleine, *Blöcke* genannte Bausteine aufteilt, die einzeln bearbeitet, verwaltet und verschoben werden können. Das Prinzip erinnert an Legosteine: simple Bausteine, die zu komplexen Strukturen kombiniert werden können.

Der Block-Editor wird manchmal auch als »Gutenberg« bezeichnet, aber das ist nicht ganz korrekt, denn er ist nur die erste Phase der Veränderung von WordPress. In den nächsten Phasen wird der Block-Editor verfeinert und »die wunderbare Welt der Blöcke« auch außerhalb des Editors sichtbar, z. B. bei den Widgets.

Wie genau das aussehen wird, ist im Moment noch nicht deutlich, sicher hingegen ist, dass WordPress sich auch in den nächsten Versionen weiter verändern und noch einfacher werden wird.

Die Website zum Buch: »einstieg-in-wp.de«

Auf der Website zum Buch werde ich Sie über diese Veränderungen auf dem Laufenden halten:

▶ *einstieg-in-wp.de*

Hier finden Sie Beispieldateien zum Herunterladen, aktuelle Infos zu WordPress und Updates zum Buch. Schauen Sie mal vorbei.

Vielen Dank

An die weltweite WordPress-Community, dafür, dass es WordPress gibt.

An Annette Schwindt als Fachlektorin für die wie immer tolle Zusammenarbeit.

An meinen Lektor Stephan Mattescheck für die Idee zu diesem Buch.

An Anne Scheibe von Rheinwerk für die Betreuung des Manuskripts.

Und an Sie als Leser.

Ich wünsche Ihnen viel Spaß und Erfolg bei der Erstellung Ihrer Website mit WordPress.

TEIL I

WordPress kennenlernen

Kapitel 1
WordPress – der Motor
für Ihre Website

Worin zunächst die wichtigsten Begriffe zum World Wide Web vorgestellt werden. Außerdem erfahren Sie, warum WordPress so beliebt ist und was der Unterschied zwischen WordPress.org und WordPress.com ist.

Die Themen im Überblick:

▶ Das Web ist ein weltweites Gewebe aus Hyperlinks, Seite 26

▶ WordPress vereinfacht das Veröffentlichen im Web, Seite 32

▶ Es gibt zwei WordPress-Varianten: WordPress.org und WordPress.com, Seite 35

▶ In diesem Buch geht es um WordPress.org, Seite 39

▶ Auf einen Blick, Seite 41

WordPress ist der Motor hinter mehr als 33 % aller Websites. Wie es dazu kam und welche beiden verschiedenen Arten von WordPress es gibt, erfahren Sie in diesem Kapitel. Aber zunächst ein paar einführende Worte zum World Wide Web selbst, damit die wichtigsten Begrifflichkeiten rund ums Web dem Spaß am Lernen nicht im Wege stehen.

1.1 Das Web ist ein weltweites Gewebe aus Hyperlinks

Ihre Website wird ein Teil des World Wide Web sein, und deshalb möchte ich Ihnen zunächst in aller Kürze die wichtigsten Grundbegriffe zum Web vorstellen.

Falls Ihnen Begriffe wie *Websites, Webseiten, URL, Webspace* und *Webserver, Quelltext* oder *responsives Webdesign* geläufig sind, überfliegen Sie diesen Abschnitt einfach kurz. WordPress kommt direkt danach in Abschnitt 1.2.

1.1.1   Das Web besteht aus Webseiten und Hyperlinks

Das Grundprinzip des Web ist ebenso genial wie einfach:

- Alle Informationen werden auf Webseiten dargestellt.
- Jede Webseite hat eine weltweit einmalige Adresse.
- Ein Hyperlink ist ein Querverweis auf eine Webadresse.
- Hyperlinks verbinden die Webseiten miteinander.

Um eine Webseite zu betrachten, verwendet man einen *Browser* wie Google Chrome, Mozilla Firefox, Apples Safari, Microsoft Edge oder den weithin bekannten, aber inzwischen veralteten Internet Explorer. Es gibt Milliarden solcher Webseiten, die auf über die ganze Welt verteilten Computern gespeichert und über Hyperlinks miteinander verbunden sind.

Hyperlinks verknüpfen Webseiten miteinander, und durch diese virtuellen Verknüpfungen entsteht ein weltweites Gewebe aus Webseiten, das *World Wide Web*. Anders ausgedrückt:

Hyperlinks sind die Fäden, aus denen das World Wide Web gesponnen wird.

Abbildung 1.1 zeigt ein einfaches Beispiel mit fünf Webseiten.

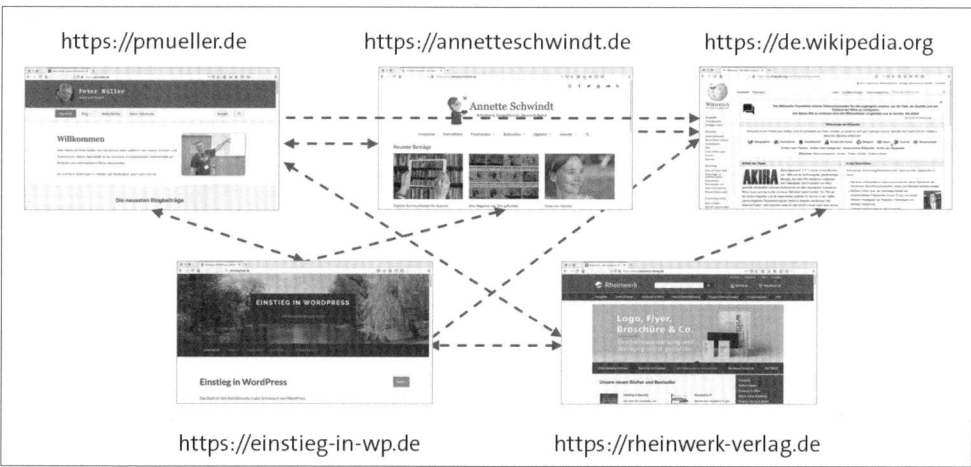

Abbildung 1.1 Hyperlinks – die Fäden, aus denen das Web gesponnen wird

Um andere Leute auf eine bestimmte Webseite aufmerksam zu machen, klicken Sie einfach oben ins Adressfeld des Browsers, kopieren die Adresse und fügen sie in einer E-Mail, einem Tweet, bei Facebook oder irgendwo anders wieder ein.

Webadressen werden auch URL oder Permalink genannt

Webadressen werden in Fachkreisen und Fehlermeldungen auch als *URL* bezeichnet, kurz für *Uniform Resource Locator*. Von WordPress erzeugte URLs heißen *Permalink*, kurz für *permanente Links*.

1.1.2   Verwirrende Begriffe: Webseite und Website

Im Englischen sind die Begriffe rund ums Web recht eindeutig:

▶ Das Web besteht aus *Webseiten* (*web pages*).

▶ Mehrere Webseiten zusammen bilden eine *Website* (*web site*).

Eine *site* ist ein *Grundstück* oder ein *Platz*, eine *camping site* ist ein Platz für Zelte, und eine *web site* somit ein Platz für Webseiten.

Im deutschen Sprachgebrauch ist dieser einfache Sachverhalt hingegen etwas komplizierter, denn *web page* wurde korrekt mit *Webseite* eingedeutscht, *web site* hingegen als *Website* einfach übernommen, und das führt zu Verwirrungen:

▶ Im Englischen besteht zwischen *web page* und *web site* keinerlei Verwechslungsgefahr.

▶ Im Deutschen kommen wir durch die klangliche Ähnlichkeit von *Website* und *Webseite* ständig durcheinander.

Viele Surfer halten die scharfe Aussprache *webssssseiht* eher für einen Sprachfehler und benutzen anstelle von *Website* kurzerhand einen eigentlich falschen Begriff wie *Homepage* oder *Webseite* oder auch komplette Neuschöpfungen wie *Webauftritt* oder *Internetpräsenz* (siehe Abbildung 1.2).

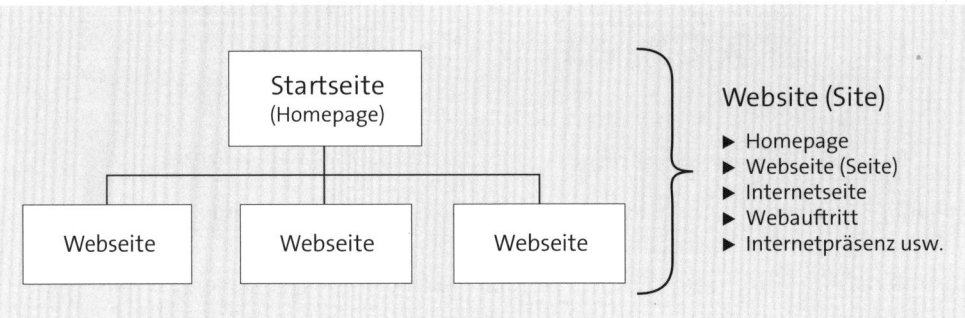

Abbildung 1.2 Website, Webseite und Homepage im Überblick

1.1.3   Webseiten werden auf einem Webspace gespeichert

Webseiten werden auf einem sogenannten *Webspace* gespeichert, der in der Wikipedia definiert wird als: »Speicherplatz für Dateien auf einem Server, auf den über das Internet zugegriffen werden kann«. Dieser Speicherplatz wird mit einem Domain-Namen wie *mein-name.de* verbunden.

Wenn ein Besucher den Domain-Namen im Browser eingegeben hat, wird diese Anfrage von einem *Webserver* entgegengenommen, der anschließend die Startseite an den Besucher ausliefert. Ein Webserver ist also ein Programm auf einem Webspace, das buchstäblich *Webseiten serviert*, und *Webseiten-Servierer* wäre eine durchaus treffende Übersetzung (siehe Abbildung 1.3).

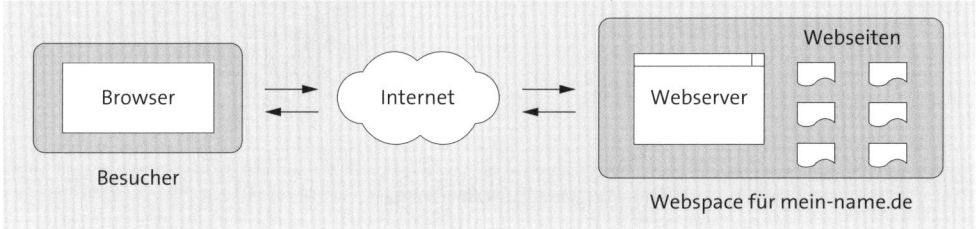

Abbildung 1.3 Webseiten werden auf einem Webspace gespeichert.

1.1.4   Webseiten bestehen aus Quelltext – WordPress schreibt ihn für Sie

Webseiten werden nicht so ausgeliefert, wie der Betrachter sie im Browserfenster sieht. Abbildung 1.4 zeigt meine Website in einem Browser auf einem Desktop-Rechner. Surfen Sie ruhig einmal kurz hin:

▶ *pmueller.de*

Der Browser erhält vom Webserver wie gesagt nicht die in Abbildung 1.4 dargestellte fertige Webseite, sondern lediglich den sogenannten *Quelltext*, eine Art Bauplan, der aus den drei Sprachen HTML, CSS und JavaScript besteht. Der Browser analysiert diesen Bauplan und erstellt daraus eine Webseite.

Sie können sich diesen Quelltext anschauen, indem Sie mit der rechten Maustaste irgendwo im Browserfenster auf die Webseite klicken und im Kontextmenü einen Befehl wie QUELLCODE ANZEIGEN oder SEITENQUELLTEXT ANZEIGEN suchen. Probieren Sie es ruhig einmal aus, aber erschrecken Sie nicht, denn es sieht ziemlich kompliziert aus. Abbildung 1.5 zeigt einen kurzen Ausschnitt aus dem Quelltext für die in Abbildung 1.4 gezeigte Webseite.

Abbildung 1.4 Meine Website – »pmueller.de«

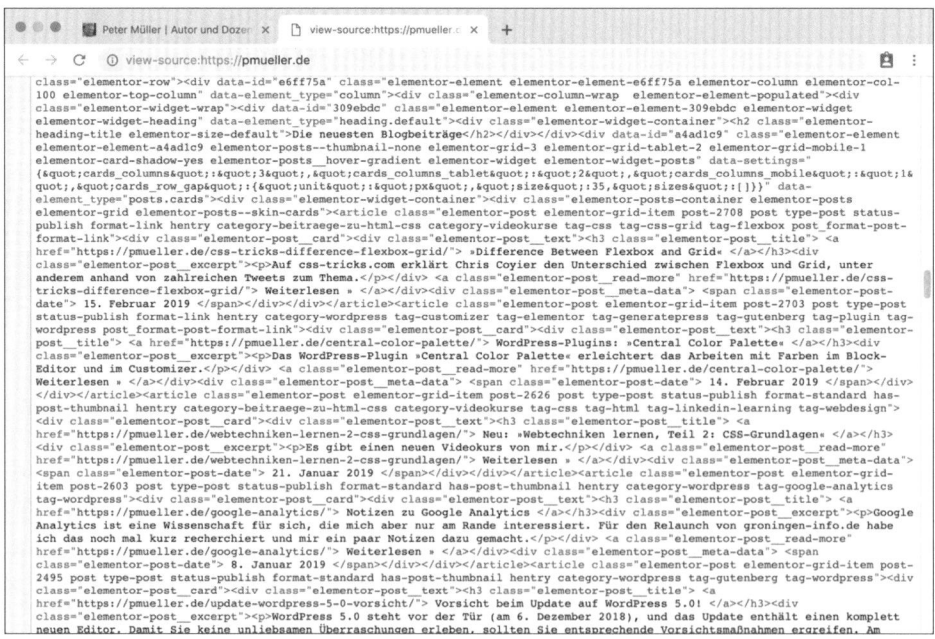

Abbildung 1.5 Jede Webseite besteht aus Quelltext.

Wenn Sie eine Webseite erstellen, erzeugen Sie Quelltext. Immer. Ohne Ausnahme. Auch wenn Sie das Wort noch nie gehört und Quelltext noch nie gesehen haben. In gewisser Weise *ist* der Quelltext also die Webseite.

Die gute Nachricht ist, dass WordPress die Erstellung des Quelltextes für Sie übernimmt:

▶ Sie schreiben einfach nur den Inhalt der Beiträge.

▶ WordPress erzeugt den Quelltext automatisch.

Kenntnisse in Sprachen wie HTML, CSS, JavaScript oder PHP benötigen Sie nur, wenn Sie den von WordPress erzeugten Quelltext über die Standardvorlage hinaus individualisieren möchten.

1.1.5   Responsiv: Webseiten passen sich ihrer Umgebung an

Was man im Browserfenster sieht, ist also genau genommen die *Interpretation des Quelltextes* vom gerade benutzten Browser auf dem gerade benutzten Gerät mit den jeweils aktuellen Einstellungen.

Da Webseiten auf sehr verschiedenen Geräten betrachtet werden, gestalten Webdesigner sie idealerweise so, dass sie sich der jeweiligen Umgebung flexibel anpassen. Webdesigner nennen das *responsiv*, was auf Deutsch so viel heißt wie *anpassungsfähig*.

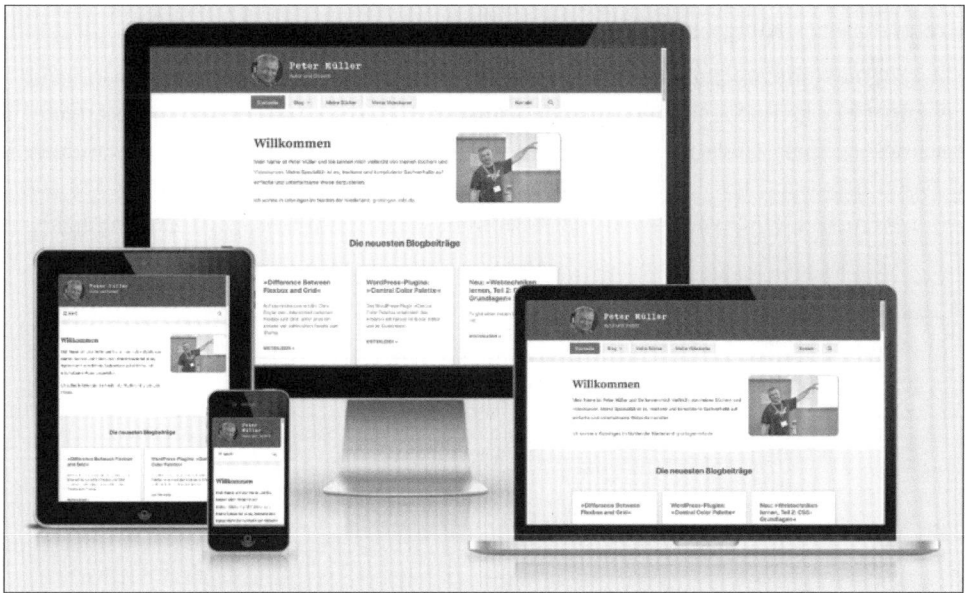

Abbildung 1.6 »pmueller.de« auf verschiedenen Geräten

So passt sich auch meine Website auf Desktops, Notebooks, Tablets und Smartphones dem zur Verfügung stehenden Platz an. Abbildung 1.6, die mithilfe der Website *ami.responsivedesign.is* erstellt wurde, zeigt auf einen Blick, wie die Startseite auf verschiedenen Geräten aussieht.

1.2   WordPress vereinfacht das Veröffentlichen im Web

So viel zu den wichtigsten Begriffen rund um das World Wide Web. Ein wesentlicher Grund für den Erfolg von WordPress ist, dass es das Veröffentlichen im Web vereinfacht, sodass damit (fast) jeder professionelle Websites erstellen und verwalten kann.

1.2.1   Content-Management-Systeme (CMS) erleichtern das Webpublishing

Webpublishing war um die Jahrtausendwende eher etwas für Spezialisten, aber gleichzeitig wuchs bei immer mehr Freiberuflern, Firmen, Vereinen und anderen Organisationen der Wunsch, die Inhalte auf ihren Webseiten selbst ändern zu können. Um diesen Wunsch Wirklichkeit werden zu lassen, wurden sogenannte *Content-Management-Systeme* (CMS) erfunden.

Ein solches CMS ist ein Programm, das auf dem Webspace installiert wird, die Inhalte in einer Datenbank speichert und die Webseiten automatisch zusammenbaut, wenn sie von einem Besucher angefordert werden. WordPress ist so ein CMS. Andere bekannte Vertreter dieser Gattung sind z. B. Joomla, TYPO3 oder Drupal.

Die Installation eines CMS auf dem Webspace ist zwar nicht ganz ohne, aber das muss nur ein einziges Mal gemacht werden. Danach benötigt man zum Ändern von Inhalten oder um schnell ein paar Gedanken zu veröffentlichen, nur noch eine Internetverbindung und einen Browser. Das Verwalten der Inhalte einer Website ist mit einem CMS wie WordPress nicht viel schwieriger als das Schreiben einer E-Mail (siehe Abbildung 1.7).

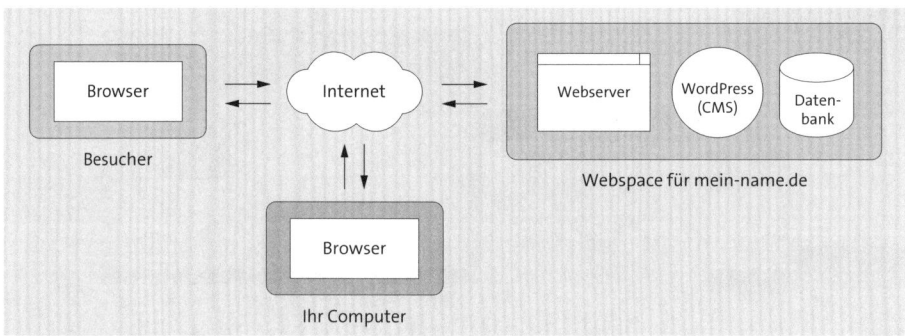

Abbildung 1.7 Webpublishing mit einem CMS im Überblick

1.2.2   Ein Blog ist ein CMS mit einfacher Bedienung und viel Interaktion

Anfang 2003 war ein amerikanischer Student namens Matt Mullenweg auf der Suche nach einer guten Möglichkeit zur Verwaltung seiner Website und installierte ein Programm namens *b2*, ein sogenanntes *weblog tool. Weblog* ist kurz für *Web-Logbuch* und wurde schon bald zu *Blog* verkürzt.

Technisch gesehen ist ein solches *Blogtool* ein einfaches CMS, bei dem der Schwerpunkt auf unkomplizierter Bedienung und Interaktion liegt – und zwar auf Interaktion mit Besuchern, anderen Blogs und Suchmaschinen. Blogs haben gegenüber einer klassischen Website denn auch einige besondere Features:

- In einem Blog werden Inhalte in Beiträgen gespeichert.
- Kern eines Blogs ist die *chronologisch umgekehrte Ausgabe* dieser Beiträge. Neue Beiträge werden oben eingefügt, ältere Beiträge rutschen dadurch langsam nach unten und verschwinden irgendwann im *Archiv*.
- Eine *Kommentarfunktion* bietet Besuchern die Möglichkeit, auf einen Beitrag zu reagieren.
- Beiträge bekommen *Kategorien* und *Schlagwörter*, die zum Filtern der Beiträge und zur Navigation auf der Website verwendet werden können.
- Eine *Suchfunktion* erleichtert das Auffinden bestimmter Beiträge.

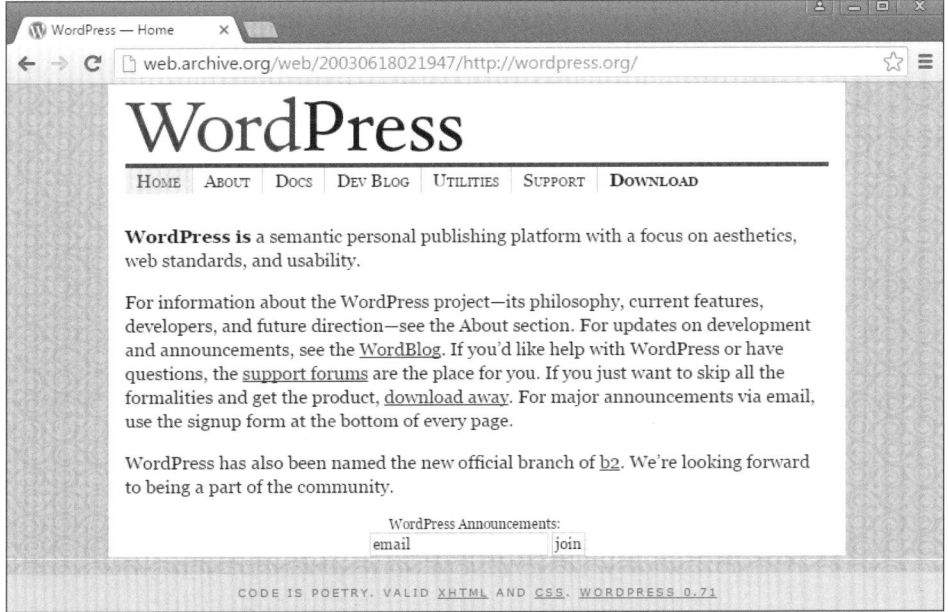

Abbildung 1.8 WordPress ist geboren – »wordpress.org« im Juni 2003

Matt Mullenweg war mit b2 sehr zufrieden, und als der ursprüngliche Programmierer Michel Vadrighi keine Zeit mehr für die Weiterentwicklung hatte, signalisierte Mullenweg seine Bereitschaft, das Projekt zu übernehmen. Er nannte das Programm fortan *WordPress*, mit großem W und großem P, und der Rest ist, wie man so schön sagt, Geschichte (siehe Abbildung 1.8).

1.2.3 WordPress ist sehr flexibel und sowohl Blog als auch CMS

Blogtools waren ursprünglich kein vollwertiges CMS, da sie nur eine einzige Webseite zur Ausgabe der Blogbeiträge erzeugen konnten und zusätzliche Seiten, wie z. B. *Impressum* oder *Über mich*, nur mit einigem Aufwand möglich waren.

WordPress war zwar ursprünglich ein solches reines Blogsystem, kann aber seit der Version 1.5 zusätzliche Seiten in beliebigen Mengen erstellen. Spätestens mit der Einführung der Menüverwaltung in Version 3.0 ist auch die Verwaltung dieser Seiten kein Problem mehr, und WordPress kann problemlos nicht nur als Blog, sondern auch als echtes CMS eingesetzt werden.

Wenn Sie irgendwo etwas lesen von »WordPress als CMS«, dann ist damit meistens gemeint, dass der Schwerpunkt nicht auf Blogbeiträgen und der Interaktion mit den Besuchern liegt, sondern auf normalen Webseiten. Die Beiträge werden dann z. B. nur für einen Newsbereich eingesetzt oder auch ganz weggelassen. Mit WordPress können Sie sowohl ein Blog als auch eine klassische Website betreiben. Oder auch eine Mischung davon. WordPress ist da sehr flexibel.

Im Showcase auf *wordpress.org* können Sie sich einige der besten mit WordPress erstellten Websites anschauen (siehe Abbildung 1.9):

▶ *wordpress.org/showcase/*

Sie können dort nach Belieben stöbern oder sich mithilfe der Optionen in der Sidebar auch nur bestimmte Websites anzeigen lassen.

Fazit: WordPress ist der Motor hinter sehr verschiedenen Websites, von kleinen persönlichen Blogs bis hin zu großen internationalen Unternehmenswebsites. Und bald gehört Ihre auch dazu.

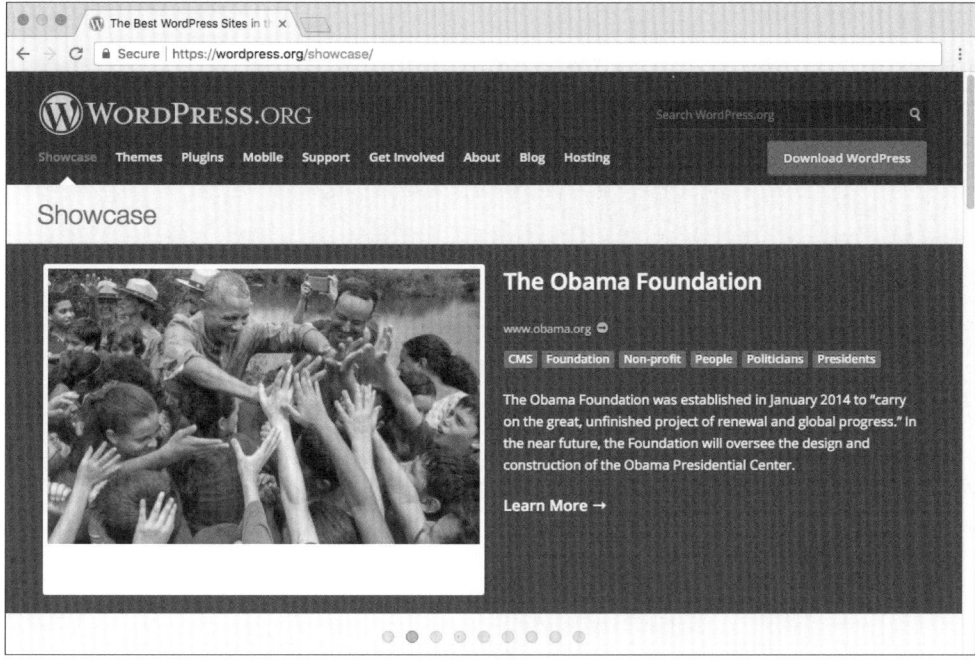

Abbildung 1.9 Showcase – Beispiele für mit WordPress erstellte Websites

1.3   Es gibt zwei WordPress-Varianten: WordPress.org und WordPress.com

WordPress gibt es in zwei unterschiedlichen Varianten auf *wordpress.org* und *wordpress.com*, was bei Einsteigern oft zu Verwirrung führt.

In den folgenden Abschnitten möchte ich die Unterschiede sowie die Vor- und Nachteile dieser beiden WordPress-Varianten kurz erläutern.

1.3.1   WordPress ist Open Source und kann kostenlos genutzt werden

WordPress ist zunächst einmal ein Open-Source-Content-Management-System, das im Web auf der Website *wordpress.org* zu Hause ist. Auf dieser Website kann jeder die Software kostenlos herunterladen (siehe Abbildung 1.10).

Open Source bedeutet, dass der Quellcode von WordPress öffentlich zugänglich ist. Er wird von einer großen, über den gesamten Planeten verteilten Gemeinschaft von Entwicklern gepflegt und weiterentwickelt, neudeutsch auch *Community* genannt.

Abbildung 1.10 Die Startseite von »de.wordpress.org«

WordPress.org ist also keine Firma, sondern dahinter stehen viele freiwillige Helfer und eine Non-Profit-Stiftung namens *WordPress Foundation*, die die Aktivitäten rund um WordPress koordiniert.

Die WordPress Foundation regelt unter anderem die Markenrechte

Die WordPress Foundation ist unter anderem für die Richtlinien zum Markenrecht des Begriffs WordPress verantwortlich. So ist es z. B. nicht erlaubt, den Begriff *wordpress* in einem Domain-Namen zu verwenden, und deshalb enthalten Websites zum Thema WordPress stattdessen das Kürzel *wp*, wie z. B. *einstieg-in-wp.de*.

1.3.2   Das Eigenheim: WordPress auf »wordpress.org«

Auf *wordpress.org* können Sie die Software WordPress herunterladen und dann selbst installieren. Das können Sie sich wirklich so vorstellen:

▶ Sie mieten ein Grundstück, den so genannten *Webspace.*

▶ Auf diesem Grundstück bauen Sie mit WordPress ein Haus, das sie fast nach Belieben anpassen können.

Das mit dem Hausbau ist übrigens gar nicht so schwierig. WordPress ist berühmt für seine »5-Minuten-Installation«, die auch technisch nicht sonderlich versierten Anwendern gelingt, und viele Firmen bieten inzwischen Webspace mit einem einfach zu installierenden (»1-Klick«) oder gar einem fix und fertig vorinstallierten WordPress an (siehe Kapitel 3, »WordPress installieren«).

Der größte Vorteil von WordPress auf dem eigenen Webspace ist die Flexibilität, denn es ist buchstäblich fast alles möglich. Von einer einfachen Bloghütte über ein komfortables Einfamilienhaus bis zur ausgewachsenen Firmenzentrale kann man mit WordPress so ziemlich alles bauen:

▶ Mit *Themes* können Sie das Aussehen der Webseiten fast nach Belieben ändern und so die Fassade ganz einfach neu streichen.

▶ Mit *Plugins* erweitern Sie den Funktionsumfang von WordPress fast beliebig. Die Palette reicht dabei vom einfachen Kontaktformular bis zum ausgewachsenen Onlineshop.

In Ihrem WordPress-Eigenheim können Sie nach Belieben Wände einreißen oder den Garten umpflügen und neu bepflanzen und müssen nicht erst einen Vermieter um Erlaubnis bitten.

Aber die Sache hat natürlich nicht nur Vorteile: Sie können zwar alles machen, aber Sie sind auch selbst dafür verantwortlich, dass es funktioniert. Ein CMS auf dem eigenen Webspace erfordert Know-how auf den verschiedensten Gebieten, und Probleme tauchen häufig erst im laufenden Betrieb auf, also *nach* der Installation.

So müssen WordPress, Themes und Plugins z. B. regelmäßig mit Updates versorgt werden, um Sicherheitslöcher zu stopfen, damit nicht unbefugte Eindringlinge Zugang zu Ihrem Webspace bekommen. Diese Updates sind in der Regel mit wenigen Klicks erledigt, aber es kann dabei auch mal was kaputtgehen.

Anders ausgedrückt: Wenn bei klirrender Kälte plötzlich die Heizung ausfällt, müssen *Sie* sich darum kümmern und sie entweder eigenhändig reparieren oder reparieren lassen. Die eigenhändige Reparatur erfordert eine Kombination aus Know-how, Zeit, Lernbereitschaft und Frustrationstoleranz, die nicht jedermanns Sache ist. Reparieren lassen hingegen spart zwar Zeit und Nerven, kostet dafür aber Geld.

1.3.3   Die Mietwohnung: WordPress auf »wordpress.com«

Viele WordPress-Nutzer schätzen zwar die Möglichkeiten eines selbst installierten WordPress, empfinden aber technische Tätigkeiten wie Installieren und Systemverwaltung eher als lästig, etwa auf einer Stufe mit Abwaschen, und hätten dafür am liebsten eine Geschirrspülmaschine.

Als Antwort auf diesen Wunsch bietet *Automattic*, die Firma von Matt Mullenweg, auf *wordpress.com* eine fix und fertig vorinstallierte Version von WordPress an. *WordPress.com* (mit großem W und großem P) ist ein Service, eine Dienstleistung, die Sie auf der Website *wordpress.com* (mit kleinem w und kleinem p) finden. Abbildung 1.11 zeigt einen Ausschnitt der Startseite.

Abbildung 1.11 Auf der Startseite von »de.wordpress.com«

WordPress.com ist also eine Art *Website-Baukasten* und konkurriert mit anderen Vertretern dieser Gattung wie *jimdo.com*, *squarespace.com* oder *weebly.com*.

Wenn WordPress auf dem eigenen Webspace ein Eigenheim ist, dann entspricht WordPress.com einer Mietwohnung, und das bietet einige Vorteile:

▸ Keine Installation. Nach einer Registrierung bekommen Sie kostenlos eine Adresse wie *mein-name.wordpress.com* und können dann als Untermieter sofort loslegen.

▸ Keine Updates. Um den ganzen technischen Kram kümmert sich der Vermieter Automattic, und der macht das richtig gut.

▶ Speicherplatz inklusive. WordPress.com stellt Ihnen Speicherplatz zur Verfügung, und bei Bedarf können Sie mehr kaufen.

▶ Hunderte von ausgesuchten Themes warten darauf, Ihrer Website das gewünschte Aussehen zu verleihen. Viele davon sind zumindest in der Basisversion kostenlos.

▶ Das Plugin-Bundle *Jetpack* ist auf WordPress.com bereits vorinstalliert. Wichtige Funktionen wie Kontaktformular, Spamschutz, Sharebuttons etc. sind also bereits vorhanden und müssen nicht erst nachgerüstet werden.

WordPress.com kostet im Tarif *Free* wirklich nichts. Null. Niente. Und wenn die Features im kostenlosen Tarif nicht mehr ausreichen, können Sie jederzeit in einen der kostenpflichtigen Tarife umsteigen, ohne die Website neu erstellen zu müssen. Mehr zu aktuellen Preisen und Funktionen von WordPress.com erfahren Sie auf *de.wordpress.com/pricing/*.

Klingt gut? Nun, kein Vorteil ohne Nachteil. Auf WordPress.com gibt es unter anderem folgende Beschränkungen:

▶ In der kostenlosen Version wird auf den Webseiten Werbung geschaltet.
Wie und wo und was, bestimmt Automattic.

▶ Sie können keine eigenen Themes oder Plugins installieren, sondern nur welche aus dem Angebot von WordPress.com auswählen.

▶ Sie haben keinen FTP-Zugang zu Ihrem Webspace, mit dem Sie Dateien auf Ihrem Webspace direkt selbst verwalten können.

▶ Sie dürfen keine Werbung von anderen Werbenetzwerken wie Google AdSense schalten.

Ein kostenloses Konto auf WordPress.com ist gut geeignet zum Ausprobieren und um zu sehen, ob das mit einem Blog oder einer Website etwas für Sie sein könnte. Falls Ihnen das dann gefällt, können Sie entweder auf einen kostenpflichtigen Tarif umsteigen – oder WordPress herunterladen, installieren und auf einem eigenen Webspace betreiben.

1.4   In diesem Buch geht es um WordPress.org

In diesem Buch geht es um ein selbst installiertes WordPress auf dem eigenen Webspace. Der in diesem Buch beschriebene neue Block-Editor und die grundlegenden Funktionsprinzipien wie Beiträge, Seiten und Themes sind bei beiden WordPress-Varianten mehr oder weniger gleich, aber jenseits davon sind die Unterschiede in den letzten Jahren eher größer geworden.

So hat WordPress.com vor einiger Zeit eine neue, ganz in Blau gehaltene Verwaltungsabteilung namens Calypso erhalten, die nicht nur anders aussieht, sondern auch komplett andere Klickwege hat als die von Haus aus schwarze WP-Admin-Oberfläche eines selbst installierten WordPress.

Eine Website auf WordPress.com ist deshalb besonders für Einsteiger als Grundlage zum Durcharbeiten des Buches leider nicht besonders gut geeignet. Schade drum, aber nichts dran zu drehen.

Abbildung 1.12 zeigt die Download-Seite von WordPress.org, und in den folgenden Kapiteln geht es darum, wie Sie mit einem selbst installierten WordPress eine eigene Präsenz im World Wide Web erstellen, von der Planung und der Installation über die Erstellung der Inhalte, die Gestaltung mit Themes und die Erweiterung mit Plugins bis hin zur Systemverwaltung im Alltag. Ich wünsche Ihnen viel Spaß dabei.

Abbildung 1.12 Die Download-Seite auf WordPress.org

1.5 Auf einen Blick

Die wichtigsten Themen noch einmal im Überblick:

- ▶ Das Web ist ein weltweites Gewebe aus Hyperlinks.
  - – Informationen werden auf Webseiten dargestellt.
  - – Jede Webseite hat eine weltweit einmalige Adresse (URL).
  - – Hyperlinks verknüpfen die Webseiten miteinander.
  - – Programme zum Betrachten von Webseiten heißen *Browser*.
  - – Eine *Website* besteht aus *Webseiten*.
- ▶ Webseiten werden auf einem Webspace gespeichert:
  - – *Webspace* ist unter einem Domain-Namen wie *mein-name.de* erreichbar.
  - – Ein *Webserver* serviert Webseiten.
  - – Webseiten bestehen aus Quelltext.
  - – WordPress schreibt den Quelltext Ihrer Webseiten für Sie.
  - – Responsive Webseiten passen sich ihrer Umgebung automatisch an.
- ▶ WordPress vereinfacht das Veröffentlichen im Web (Webpublishing):
  - – Webpublishing war um die Jahrtausendwende etwas für Spezialisten.
  - – Ein Content-Management-System (CMS) erleichtert die Verwaltung von Inhalten auf Webseiten.
  - – Ein Blogtool ist ein einfaches CMS mit Schwerpunkt auf Interaktion.
  - – WordPress ist Blogtool und CMS in einem.
- ▶ WordPress gibt es in zwei Varianten:
  - – Auf *wordpress.org* erhalten Sie die Software WordPress als Download zur Installation auf dem eigenen Webspace. Das ist wie ein Eigenheim. Sie dürfen alles machen, sind aber selbst dafür verantwortlich, dass alles funktioniert.
  - – Auf *wordpress.com* ist WordPress bereits fertig installiert: registrieren und loslegen. Das ist vergleichbar mit einer Mietwohnung, bei der der Vermieter sich um die Technik kümmert.
- ▶ In diesem Buch geht es um die Erstellung und die Verwaltung einer Website mit einem selbst installierten WordPress von *wordpress.org*.

Kapitel 2

Ihre Website: Planung, Domain und Webspace

Worin Sie sich ein paar Gedanken über Ihre Website machen und Wissenswertes zu Domain-Namen und Webspace erfahren.

Die Themen im Überblick:

▶ Die Rahmenbedingungen: Ziele, Zeit und Zaster, Seite 42

▶ Der rote Faden: Inhalt, Gestaltung, Funktionen und Technik, Seite 43

▶ Inhalt: Überlegungen zu Titel und Untertitel der Website, Seite 44

▶ Gestaltung: »Themes« bestimmen das Design Ihrer Webseiten, Seite 45

▶ Funktionen: Plugins erweitern die Fähigkeiten von WordPress, Seite 46

▶ Technik (1): So finden Sie einen passenden Domain-Namen, Seite 47

▶ Technik (2): So finden Sie einen passenden Webspace, Seite 50

▶ Auf einen Blick, Seite 53

Eine Website hat Ähnlichkeit mit einem öffentlich zugänglichen Gebäude. Beide werden gebaut, um Besucher zu empfangen, und beide erfordern vor dem Bau ein wenig Vorbereitung.

2.1 Die Rahmenbedingungen: Ziele, Zeit und Zaster

Am besten beginnen Sie damit, sich in aller Kürze ein paar Notizen zu den Rahmenbedingungen für das Projekt »Website erstellen« zu machen. Das muss nicht länger als ein paar Minuten dauern und dreht sich im Wesentlichen um die drei Faktoren *Ziele*, *Zeit* und *Zaster*.

Nehmen Sie die Fragen aus Tabelle 2.1 als Anregung, und notieren Sie sich die Antworten, aber halten Sie sich nicht zurück, falls Ihnen mehr einfällt.

Ziele	▶ Was wollen Sie mit der Website erreichen?
	▶ Wer ist Ihre Zielgruppe?
	▶ Warum sollte diese Zielgruppe Ihre Website besuchen?
	▶ Bei welchen Suchbegriffen möchten Sie gefunden werden?
Zeit	▶ Wann soll die Website online sein?
	▶ Wie viel Zeit haben Sie für die Pflege der Website (pro Woche)?
Zaster	▶ Was dürfen Erstellung und Betrieb der Website maximal kosten?
	▶ Wie hoch ist das Budget für die laufenden Kosten (pro Monat)?

Tabelle 2.1 Fragen zur Skizzierung der Rahmenbedingungen

WordPress ist kostenlos, die Website aber nicht

WordPress selbst ist kostenlos, aber der laufende Betrieb einer Website kostet nicht nur Zeit, sondern auch Geld: Einen Webspace mit eigener Domain bekommt man nicht umsonst, und auch bei Themes und Plugins wird jenseits einer kostenlosen Basisversion oft ein Entgelt fällig.

2.2   Der rote Faden: Inhalt, Gestaltung, Funktionen und Technik

Sind die Rahmenbedingungen skizziert, geht es weiter mit der Planung. Wie intensiv diese ausfällt, hängt natürlich von Wichtigkeit und Größe des Projekts ab, aber über die folgenden vier Bereiche sollten Sie sich auf jeden Fall ein paar Gedanken machen:

▶ **Inhalt**: Weiter unten in Abschnitt 2.3 machen Sie sich zunächst ein paar Gedanken um den Titel Ihrer Website, da Sie diesen bereits in Kapitel 3 während der Installation von WordPress benötigen. Später erfahren Sie in Kapitel 5 bis Kapitel 11 alles Wichtige über die Erstellung und Verwaltung von Texten und Grafiken im neuen Block-Editor von WordPress.

▶ **Gestaltung**: Bei WordPress wird die Gestaltung der Website durch ein *Theme* geregelt. In diesem Kapitel gibt es in Abschnitt 2.4 eine kurze Einführung, von Kapitel 12 bis Kapitel 14 wird die Arbeit mit Themes in WordPress ausführlich geschildert.

▶ **Funktionen**: Der Funktionsumfang von WordPress wird über Plugins erweitert. In Abschnitt 2.5 weiter unten in diesem Kapitel wird dies kurz geschildert, von Kapitel 15 bis Kapitel 17 spielen Plugins dann die Hauptrolle.

▶ **Technik**: Bei der Technik geht es z. B. um Domain-Namen (Abschnitt 2.6) und Webspace (Abschnitt 2.7). Später folgen in Kapitel 3 die Installation von WordPress und von Kapitel 18 bis Kapitel 19 weitere eher technische Themen wie SEO (*Search Engine Optimization*), Systemverwaltung, Sicherheit, Backups und Updates.

Diese vier Bereiche dienen während der Arbeit an Ihrer Website und in diesem Buch als roter Faden. Abbildung 2.1 zeigt die vier Bereiche und einige Stichworte.

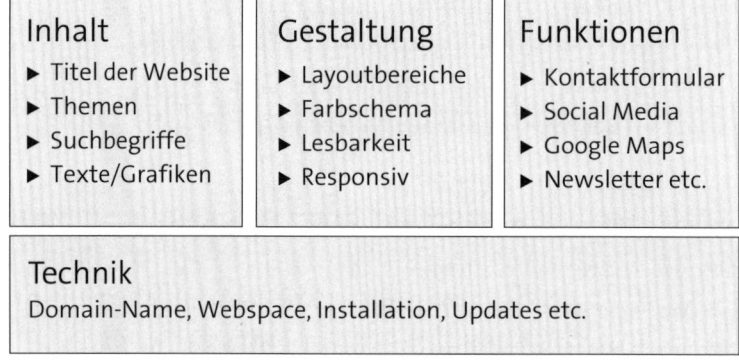

Abbildung 2.1 Die vier Bereiche bei der Erstellung einer Website

2.3   Inhalt: Überlegungen zu Titel und Untertitel der Website

Jede WordPress-Website hat einen Titel und einen Untertitel:

▶ Der *Titel der Website* begrüßt den Besucher und wird von den meisten Themes als große Überschrift im Kopfbereich dargestellt.

▶ Der *Untertitel* erläutert den Titel in wenigen Worten und wird oft etwas kleiner darunter oder daneben angezeigt. Auf kleinen Bildschirmen wird er in manchen Themes bei Platzmangel auch weggelassen.

Zumindest über den Titel der Website sollten Sie sich vorab schon ein paar Gedanken machen, da Sie ihn bereits während der Installation eingeben. Sie können Titel und Untertitel nach der Installation wieder ändern, aber überlegen Sie ruhig schon mal, was für Sie passen könnte.

Abbildung 2.2 zeigt den Titel der Website ❶ und den Untertitel ❷ auf *ma.tt*, dem Blog von WordPress-Gründer und Automattic-Chef Matt Mullenweg.

Die weiteren im Laufe der Zeit auf Ihrer Website veröffentlichten Inhalte bestehen aus Texten, Bildern, Sounds und Videos, die in WordPress als Beiträge oder Seiten gespeichert werden. Wie das genau geht und was es dabei alles zu berücksichtigen gibt, erfahren Sie wie gesagt ab Kapitel 5.

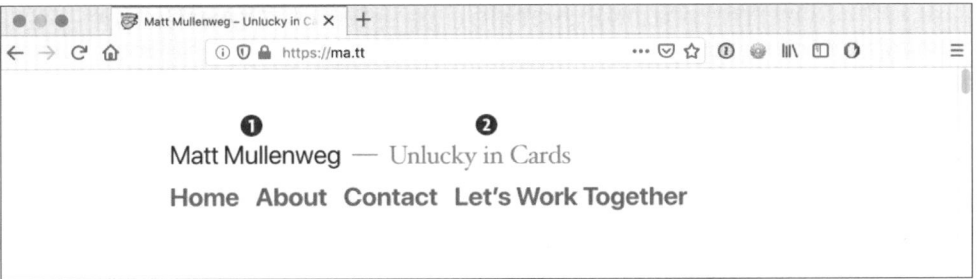

Abbildung 2.2 Titel der Website und Untertitel auf »ma.tt«

2.4   Gestaltung: »Themes« bestimmen das Design Ihrer Webseiten

Bei WordPress wird die Gestaltung der Website durch sogenannte *Themes* geregelt, und ein Grund für den großen Erfolg von WordPress ist, dass es davon mehr als genug gibt.

Sie haben bei WordPress-Themes buchstäblich die Qual der Wahl, aber erste Anlaufstelle für Einsteiger ist das in Abbildung 2.3 gezeigte offizielle Theme-Verzeichnis:

▸ *de.wordpress.org/themes/*

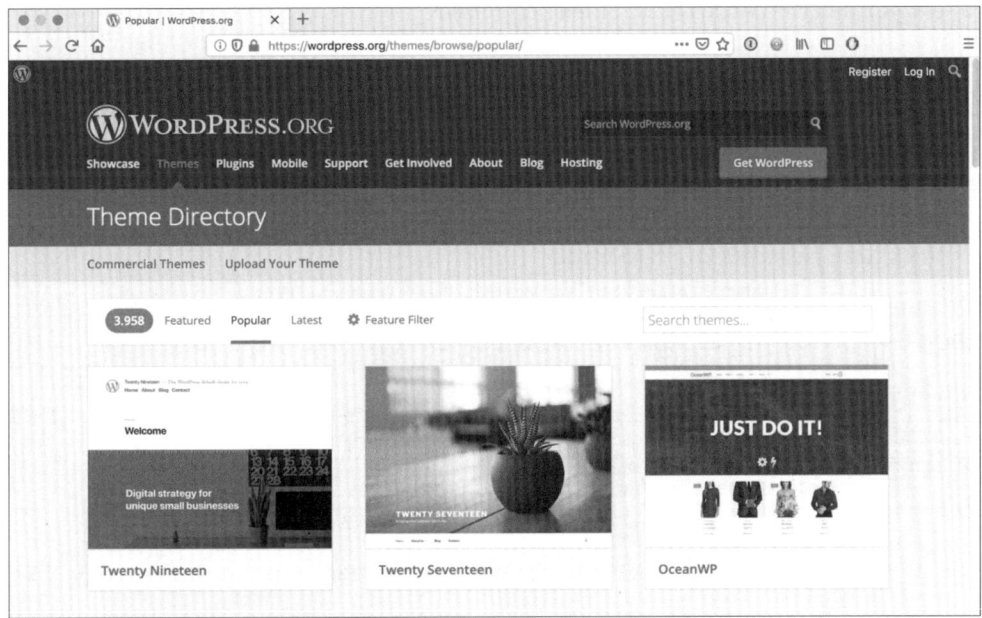

Abbildung 2.3 Das Theme-Verzeichnis auf »de.wordpress.org/themes«

Das Aussehen einer Website ist natürlich nicht unwichtig, aber nicht das einzig wichtige Kriterium. Auf Webseiten ist die Gestaltung kein Selbstzweck, sondern dient in erster Linie dazu, den Inhalt in einem positiven Licht erscheinen zu lassen. Eine übersichtliche Navigation und die Lesbarkeit der Texte auf allen Geräten sind für die meisten Besucher wichtiger als ein in stundenlanger Feinarbeit genial gewählter Farbton für den Hintergrund.

Kurzum: Achten Sie im Web darauf, was Ihnen gefällt, aber denken Sie daran, dass hübsch auszusehen nicht alles ist. Letztlich zählen die inneren Werte, also der Inhalt.

Mehr über Themes erfahren Sie ab Kapitel 12

Wie Sie Themes an Ihre Vorstellungen anpassen können, wo Sie ansprechende Themes finden und worauf Sie bei der Auswahl eines Themes achten sollten, wird von Kapitel 12 bis Kapitel 14 erklärt.

2.5   Funktionen: Plugins erweitern die Fähigkeiten von WordPress

Die interaktiven Bestandteile Ihrer Website wie Kontaktformular, Kommentarfunktion und dergleichen werden als *Funktionen* bezeichnet.

WordPress kommt mit einem schlanken Kern und hat von Haus aus eigentlich nur eine Suchfunktion und eine Kommentarfunktion an Bord. Alles andere kann (und muss) man mit Plugins nachrüsten.

Überlegen Sie vorab schon einmal kurz, was Sie noch so alles brauchen könnten: Kontaktformular, Buttons zum Weitersagen von Beiträgen in den sozialen Netzen, Anfahrtsskizze, Newsletter und so weiter.

Abbildung 2.4 zeigt das Plugin-Verzeichnis auf WordPress.org, in dem es derzeit über 54.000 Erweiterungen gibt, Tendenz steigend:

▶ *de.wordpress.org/plugins/*

Plugins werden ab Kapitel 15 vorgestellt

Die Arbeit mit Plugins stelle ich Ihnen ab Kapitel 15, »WordPress erweitern: Plugins installieren«, genauer vor.

Abbildung 2.4 Das Plugin-Verzeichnis auf »de.wordpress.org/plugins«

2.6   Technik (1): So finden Sie einen passenden Domain-Namen

Webspace und Domain-Namen bekommen Sie bei einem sogenannten *Webhoster*. Das ist eine Firma, die sich auf die Vermietung von Webspace spezialisiert hat. Wörtlich übersetzt ist ein *Host* ein Gastgeber, und der Webhoster ist demzufolge Ihr Gastgeber im Web. Andere Begriffe, die dasselbe meinen, sind z. B. *Webspace Provider* oder auch nur *Provider*.

Webhoster machen unter anderem drei Dinge:

▶ Sie registrieren einen Domain-Namen wie *mein-name.de* für Sie.

▶ Sie koppeln den Domain-Namen an den Webspace.

▶ Sie sorgen dafür, dass Ihre Website im Internet unter dem registrierten Domain-Namen erreichbar ist.

Im Folgenden zeige ich Ihnen, wie Domain-Namen aufgebaut sind und wie Sie testen können, ob Ihr Wunschname noch frei ist. Anschließend gebe ich Ihnen noch einige Tipps zur Auswahl von Webhoster und Webspace.

2.6.1   Der Aufbau von Domain-Namen: »www.mein-name.de«

Ein Domain-Name wie *www.pmueller.de* ist hierarchisch aufgebaut und besteht aus mehreren Teilen, die jeweils durch einen Punkt voneinander getrennt werden (siehe Abbildung 2.5).

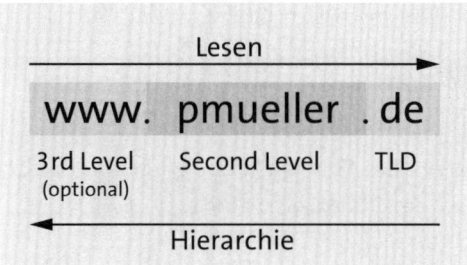

Abbildung 2.5 Der Aufbau eines Domain-Namens

Ungewöhnlich ist, dass Domain-Namen zwar wie üblich von links nach rechts gelesen werden, die Hierarchie aber *von rechts nach links* aufgebaut ist:

▶ Ganz rechts steht die oberste Ebene, die *Top Level Domain* (TLD).

▶ Links davon ist der eigentliche Name (*Second Level Domain*).

▶ Davor gibt es eventuell noch eine *Third Level Domain*, die oft auch *Subdomain* genannt wird.

Ein Domain-Name besteht also immer mindestens aus einem Namen für die Second Level Domain plus einer Top Level Domain, getrennt durch einen Punkt. Im Beispiel wäre das *pmueller.de*.

Als Subdomain ist im Web das Kürzel *www* weit verbreitet, sodass der gesamte Name dann *www.pmueller.de* wäre, aber die Subdomain ist wie gesagt optional. Ein guter Webspace wird vom Webhoster so eingerichtet, dass er mit und ohne *www* davor erreichbar ist.

Auch eine andere Subdomain als *www* ist möglich. Bei einem kostenlosen Konto auf WordPress.com bekommen Sie z. B. eine Subdomain in Form von *mein-name.wordpress.com*.

> **Domain-Namen gelten auch für E-Mails**
> Domain-Namen gelten nicht nur für das World Wide Web, sondern auch für E-Mails. Wenn Sie also einen eigenen Domain-Namen haben, können Sie sich verschiedene E-Mail-Adressen wie *info@mein-name.de* oder *kontakt@mein-name.de* einrichten.

2.6.2   Einen Domain-Namen auswählen: »mein-name.tld«

Der erste Schritt ist, dass Sie sich einen Domain-Namen ausdenken und dann prüfen, ob er noch frei ist.

Die Registrierung der Domain übernimmt meist der Webhoster, bei dem Sie auch Ihren Webspace mieten, aber die Verfügbarkeit eines Domain-Namens können Sie ganz einfach bei einem Domain-Spezialisten wie *checkdomain.de* oder *united-domains.de* schnell überprüfen.

Wenn Sie die Website für eine Firma erstellen, sollten Sie am besten den Namen der Firma wählen, z. B. *meine-firma.de*. Für eine persönliche Website hingegen ist wahrscheinlich *ihr-name.de* besser geeignet. Probieren Sie es einfach aus.

Wenn Sie z. B. *Waldemar Weber* heißen und eine persönliche Website erstellen möchten, zeigt Abbildung 2.6, dass »waldemarweber« in vielen Top Level Domains (TLD) noch verfügbar ist: *waldemarweber.de* wäre ebenso frei wie *waldemarweber.com*.

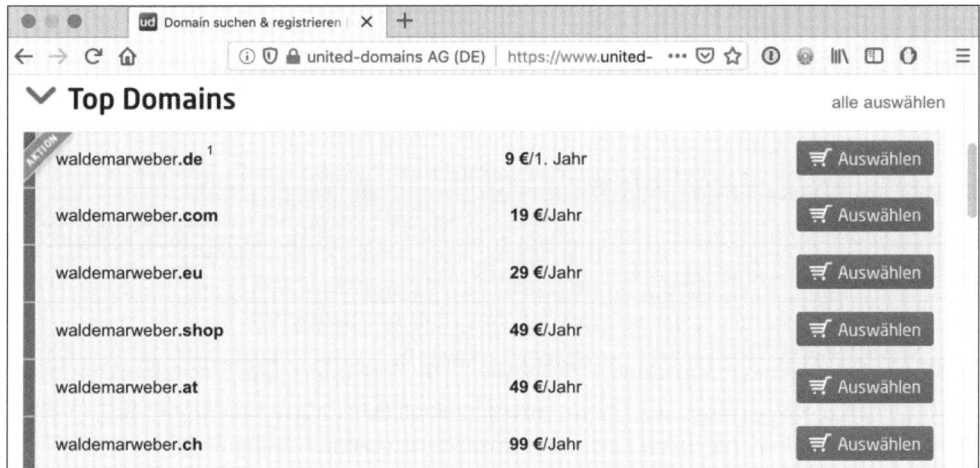

Abbildung 2.6 »waldemarweber« ist in vielen Top Level Domains noch frei.

Sollte Ihr Wunschname schon vergeben sein, können Sie entweder eine andere Variante in derselben Top Level Domain probieren, z. B. *waldemar-weber.de* mit Bindestrich, oder denselben Namen in einer anderen TLD, z. B. *waldemarweber.info*. Oder Sie gehen zu einem Marktplatz für Domain-Namen wie *sedo.de* und versuchen, sich den gewünschten Namen zu kaufen.

Umlaute sind in Domain-Namen übrigens seit einigen Jahren erlaubt, aber nicht sehr gebräuchlich, da es dabei besonders international immer wieder zu Problemen kommt.

Bei der im nächsten Abschnitt beschriebenen Auswahl eines Webhosters sollten Sie auch darauf achten, dass Sie dort die von Ihnen gewünschten Domain-Namen registrieren können und ob dafür eventuell zusätzliche Kosten entstehen.

> **Die sieben goldenen Regeln für Domain-Namen**
>
> Bei der Registrierung von Domain-Namen kann es auch einige juristische Fallstricke geben. Der folgende Blogbeitrag fasst einige davon zusammen:
>
> ▶ »Die Sieben goldenen Domain-Regeln«
>   *domain-recht.de/domain-recht/die-sieben-goldenen-domain-regeln*
>
> Je kommerzieller Ihr Vorhaben, desto ausführlicher sollten Sie zu diesem Thema recherchieren.

2.7   Technik (2): So finden Sie einen passenden Webspace

Zunächst ganz kurz die empfohlenen technischen Voraussetzungen, die ein Webspace für WordPress haben sollte:

▶ PHP Version 7.3 oder höher

▶ MySQL ab Version 5.6 oder MariaDB ab Version 10.0 als Datenbank

▶ Apache oder Nginx (gesprochen *engine-ex*) als Webserver mit aktiviertem Modul *mod_rewrite* für aussagekräftige Permalinks

▶ HTTPS-Unterstützung (wird auch als *SSL-Zertifikat* bezeichnet)

WordPress funktioniert zwar auch mit älteren PHP-Versionen oder Datenbanken und auch ohne HTTPS, aber diese Empfehlungen sind eine gute Richtlinie. Auf der folgenden Seite können Sie überprüfen, ob sich diese Anforderungen inzwischen geändert haben:

▶ *de.wordpress.org/about/requirements/*

Dort finden Sie auch eine Textvorlage mit diesen Angaben, die Sie kopieren und als E-Mail an den Webhoster Ihrer Wahl schicken können.

2.7.1   Probieren: Kann man das Angebot kostenlos testen?

Technische Daten sind bei der Beurteilung von Webspace zwar nicht unwichtig, aber sie sagen manchmal wenig darüber aus, wie gut der Webspace im Alltag wirklich funktioniert.

So ist z. B. die Verwaltungsoberfläche für den Webspace, mit der Sie wichtige Einstellungen vornehmen, bei einigen Webhostern benutzerfreundlicher als bei anderen, und auch weitere wichtige Faktoren wie Geschwindigkeit, Verlässlichkeit oder die Qualität des Supports lassen sich erst im laufenden Betrieb richtig beurteilen, in der Regel also *nach* Vertragsabschluss.

Achten Sie darum bei der Auswahl eines Webhosting-Pakets darauf, ob es eine Möglichkeit gibt, den gewünschten Tarif *vor* Vertragsabschluss kostenlos auszuprobieren. Das gibt es häufiger, als man denkt.

2.7.2   Preise: »Null Euro Sternchen« kostet auch Geld

Zur Orientierung gleich mal eine »Hausnummer« vorweg: Guter Webspace für Word-Press kostet zwischen ca. 5 und 10 € pro Monat. Natürlich gibt es auch günstigere Anbieter, die deshalb nicht gleich schlecht sein müssen, aber 5 bis 10 € pro Monat sind realistisch. Nach oben ist die Skala wie immer offen.

Vorsicht bei Lockangeboten: Wenn ein Webhosting-Angebot mit »0 Euro *« beworben wird, ist das Sternchen eine Art Joker, und Sie können ziemlich sicher sein, dass Ihr Konto nach Vertragsabschluss um mehr als null Euro erleichtert wird.

Ein Webhoster ist kein wohltätiger Verein, sondern eine Firma, und die muss Geld verdienen, denn sonst geht sie pleite. Um die verschiedenen Hosting-Angebote übersichtlicher und vor allem vergleichbarer zu machen, können Sie sich eine kleine Tabelle als Kosten-Checkliste mit den folgenden Punkten erstellen:

▸ **Einmalige Einrichtungsgebühr**: von gar nicht bis zu zweistelligen Euro-Beträgen

▸ **Monatliche Gebühr**: Was kostet der Vertrag wirklich pro Monat, und zwar *nach* Ablauf vergünstigter Sonderfristen? Achten Sie auch darauf, welche und wie viele Domain-Namen enthalten sind und ob ein SSL-Zertifikat zusätzliche Kosten verursacht.

▸ **Vertragslaufzeit**: Je kürzer, desto besser. 24 Monate sind lang. Wenn der Vertrag nach Ablauf automatisch verlängert wird, werden gleich wieder 24 Monatsbeiträge fällig, und zwar ohne Sternchen.

▸ **Kündigungsfrist**: Vier Wochen zum Vertragsende sind üblich. Abweichende Fristen sind meist gut versteckt und zu lang.

▸ **Zahlungsweise**: Jährlich ist durchaus üblich, aber es gibt auch monatliche oder halbjährliche Zahlungskonditionen, abhängig von der Vertragslaufzeit.

Aus allen diesen Angaben errechnen Sie dann die Gesamtkosten, und zwar am besten für ein ganzes Jahr, denn das ist schneller rum, als man glaubt. Die Summe teilen Sie dann durch zwölf, und schon haben Sie die tatsächlichen monatlichen Kosten.

Wenn irgendetwas unklar ist, fragen Sie den Webhoster

Wenn Ihnen an einem Angebot etwas nicht klar ist, dann sollten Sie nicht zögern, den Anbieter zu fragen. Dabei machen Sie bereits die ersten Erfahrungen mit der Firma, und das kostet außer ein bisschen Zeit noch nichts:

- Wie schwierig ist es, eine gute Kontaktmöglichkeit zu finden?
- Wie schnell bekommen Sie eine Antwort auf Ihre Frage?
- Wie kompetent ist die Antwort, und wie freundlich ist der Service?

Wenn Ihre Fragen *vor* Vertragsabschluss nicht beantwortet werden, ist die Chance auf Besserung *nach* Vertragsabschluss eher gering.

2.7.3   Angebote: Einige konkrete Beispiele für Webhosting mit WordPress

Viele Webhoster haben inzwischen spezielle Angebote für WordPress. Im Folgenden möchte ich Ihnen in alphabetischer Reihenfolge einige konkrete Beispiele vorstellen, die aber naturgemäß nur einen winzigen Ausschnitt aus einer fast unüberschaubaren Menge an Angeboten darstellen (Stand: April 2019):

- Alfahosting.de: *alfahosting.de/wordpress-hosting/*
  Alle *Multi-Tarife* sind für WordPress geeignet und haben eine 1-Klick-Installation. Ab 3,99 €/Monat bei 12 Monaten Laufzeit, mit SSL-Zertifikat (Let's Encrypt) ab 6,99 €. Bei kürzerer Laufzeit ein paar Euros mehr. Kostenloser Test-Account für 45 Tage.

- all-inkl.com: *all-inkl.com/wordpress-hosting/*
  Renommierter Webhoster mit bekannt gutem Support. Alle Tarife von all-inkl.com eignen sich für WordPress und haben eine 1-Klick-Installation. Ab 4,95 €/Monat, mit SSL-Zertifikat (Let's Encrypt) ab 7,95 €. Keine Mindestvertragslaufzeit, aber Rabatt bei Vorauszahlung. Kostenloser Test-Account für drei Monate.

- Mittwald.de: *mittwald.de/wordpress-hosting*
  Renommierter Webhoster für Agenturen und Gewerbetreibende. Mit pfiffigem Onlinetarifberater und ohne Lockangebote. Ab 4,99 €/Monat plus Mehrwertsteuer bei zwölf Monaten Vertragslaufzeit, inklusive Domain und SSL-Zertifikat (Let's Encrypt). Kostenloser Test-Account für 30 Tage.

- WP-Webhosting.de von Interwerk: *wp-webhosting.de*
  Auf WordPress spezialisierter Webhoster mit vorinstalliertem WordPress und sehr günstigen Tarifen ab knapp 2 €/Monat bei 12-monatiger Mindestvertragslaufzeit. Ein SSL-Zertifikat ist im Preis bereits enthalten, Domains kosten extra.

»Managed WordPress Hosting« übernimmt auch die Updates

Ein *Managed WordPress-Hosting* übernimmt nicht nur die Installation, sondern erledigt auch die Updates von WordPress, Themes und Plugins für Sie. In Deutschland gibt es das z. B. bei *hostpress.de* oder *raidboxes.de*. Dieser Service hat natürlich seinen Preis und ist ab ca. 25 bis 30 € pro Monat verfügbar.

2.8   Auf einen Blick

Die wichtigsten Themen noch einmal im Überblick:

▶ Die Rahmenbedingungen für das Projekt »Website erstellen« werden durch die drei Faktoren *Ziele*, *Zeit* und *Zaster* bestimmt.

▶ Als roter Faden bei der Erstellung der Websites dienen die vier Bereiche *Technik*, *Inhalt*, *Gestaltung* und *Funktionen*.

▶ Domain-Namen werden von links nach rechts gelesen, die Hierarchie geht aber von rechts nach links.

▶ Webspace zur Installation von WordPress können Sie von einem *Webhoster* mieten, der manchmal auch *Webspace Provider* oder nur *Provider* genannt wird.

▶ Guten Webspace für WordPress gibt es für ungefähr 5 bis 10 € pro Monat, je nach Anforderung aber auch etwas günstiger oder sehr viel teurer.

Kapitel 3
WordPress installieren

Worin Sie verschiedene Wege zu einem funktionierenden WordPress kennenlernen.

Die Themen im Überblick:

- ▶ Bequem: WordPress vorinstalliert oder als 1-Klick-Installation, Seite 55
- ▶ Manuell: WordPress auf einem Online-Webspace installieren, Seite 58
- ▶ Offline: WordPress auf Ihrem Computer installieren, Seite 71
- ▶ phpMyAdmin: Datenbanken erstellen und verwalten, Seite 78
- ▶ Auf einen Blick, Seite 81

In diesem Kapitel möchte ich Ihnen verschiedene Wege vorstellen, die allesamt zu einem funktionsfähigen WordPress führen:

1. *Bequem:* Haben Sie bereits einen Online-Webspace mit einem vorinstallierten WordPress oder mit einer 1-Klick-Installation? Dann springen Sie zu Abschnitt 3.1.
2. *Manuell:* In Abschnitt 3.2 wird die manuelle Installation von WordPress auf einem Online-Webspace ausführlich beschrieben.
3. *Offline:* Falls Sie WordPress zum Ausprobieren gerne auf Ihrem eigenen Rechner installieren möchten, finden Sie eine detaillierte Anleitung dazu in Abschnitt 3.3.

WordPress speichert seine Daten in einer Datenbank, und deshalb endet das Kapitel mit einem Blick auf das Programm phpMyAdmin, das zur Erstellung und Verwaltung von Datenbanken dient.

Sie müssen nicht alle drei Möglichkeiten ausprobieren

Ziel dieses Kapitels ist es, dass Sie am Ende des Kapitels ein funktionierendes WordPress haben, mit dem Sie die folgenden Kapitel durcharbeiten können. Sie müssen daher nicht alle gezeigten Installationsvarianten ausprobieren. Nehmen Sie einfach die Variante, die am besten zu Ihren Bedürfnissen passt.

3.1 Bequem: WordPress vorinstalliert oder als 1-Klick-Installation

Die in diesem Abschnitt beschriebenen Varianten mit einem vorinstallierten Word-Press oder einer 1-Klick-Installation können Sie nur ausprobieren, wenn der von Ihnen gemietete Webspace das anbietet.

3.1.1 Schlüsselfertig: Ein vorinstalliertes WordPress

Der wohl einfachste Weg zu einem WordPress auf einem eigenen Webspace ist ein fix und fertig vorinstalliertes WordPress. Ihr Webhoster übernimmt dabei die ganze Arbeit:

1. Der Webhoster kopiert die WordPress-Dateien auf Ihren Webspace.
2. Der Webhoster installiert WordPress für Sie.
3. Sie bekommen eine E-Mail mit allen Adressen und Zugangsdaten.

Ein vorinstalliertes WordPress kommt meist relativ schmucklos daher, weil während der Installation einfach nur ein Standard-Theme zugewiesen wird. Abbildung 3.1 zeigt eine mögliche Variante.

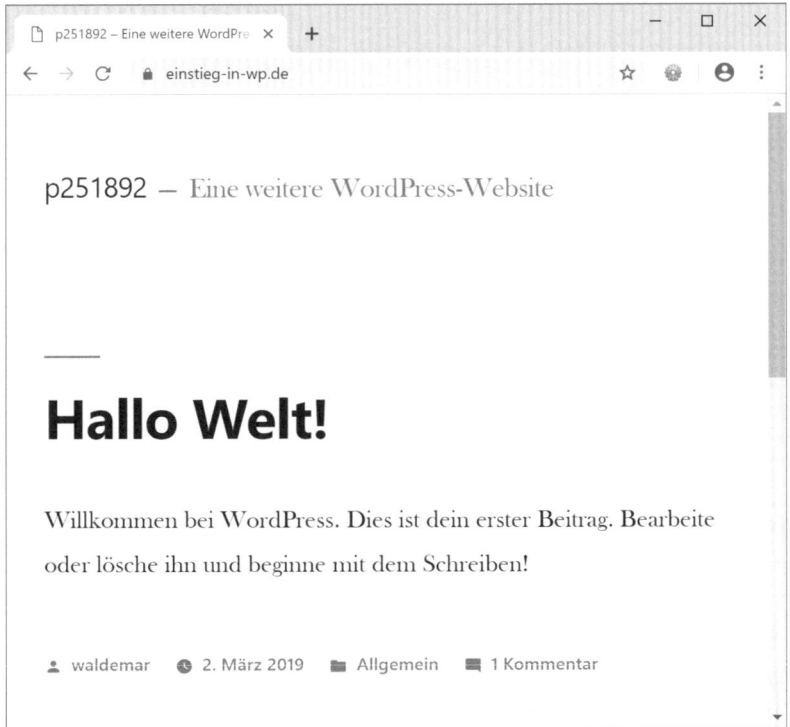

Abbildung 3.1 So könnte ein vorinstalliertes WordPress aussehen.

Sie haben in diesem Fall ein funktionierendes WordPress, ohne es selbst installiert zu haben. *Nach* der Installation sind Sie dann aber selbst für die Wartung von WordPress verantwortlich.

> **Webspace mit vorinstalliertem WordPress? Weiter geht's in Kapitel 4!**
>
> Wenn Sie sich für einen Webspace mit vorinstalliertem WordPress entschieden haben, können Sie direkt zu Kapitel 4, »Die ersten Schritte im Backend von WordPress«, springen, in dem Sie das Frontend und die Anmeldung am Backend kennenlernen. Wir sehen uns dann dort.

3.1.2   Halbautomatisch: WordPress als 1-Klick-Installation

Nicht ganz so bequem wie ein vorinstalliertes WordPress ist eine sogenannte *1-Klick-Installation*. Die Bezeichnung *1-Klick* sollten Sie übrigens nicht zu wörtlich nehmen, denn ein paar mehr Klicks sind es dann meistens doch. Im Prinzip geht eine 1-Klick-Installation so vor sich:

1. Sie loggen sich in die Verwaltungsoberfläche für Ihren Webspace ein.
2. Sie wählen dort die Option zur Installation von WordPress.
3. Sie füllen ein Formular mit den zur Installation benötigten Daten aus.
4. Der Webhoster installiert WordPress auf Ihrem Webspace.

Die genaue Vorgehensweise unterscheidet sich von Webhoster zu Webhoster, sodass ich Ihnen hier nur ein paar allgemeine Anhaltspunkte geben kann. Falls dabei Fragen auftauchen, wenden Sie sich an den Support Ihres Webhosters.

Abbildung 3.2 zeigt ein Formular für eine 1-Klick-WordPress-Installation, und auch wenn das Formular anders aussehen sollte, werden bei den meisten Webhostern ähnliche Informationen abgefragt.

Das Formular in Abbildung 3.2 fragt Details ab, die für eine Installation von WordPress benötigt werden:

▶ *Datenbank* ❶: WordPress muss wissen, welche Datenbank es bei der Installation benutzen kann (*db141394*) und welche Vorsilbe die Datenbanktabellen darin haben sollen (*wp_*).

▶ *Domain/Ordner* ❷: Vor der Installation müssen Sie angeben, unter welcher Domain WordPress erreichbar sein soll (*mein-name.de*) und in welchen Ordner die WordPress-Dateien kopiert werden sollen (Pfad */webseiten/wordpress*).

▶ *Weitere Informationen* ❸: Hier werden z. B. der *Titel der Website* (Blog-Name), der *Untertitel* (Beschreibung) sowie Angaben zum Account für den Administrator (Betreiber-Mail, Benutzername und Passwort) abgefragt.

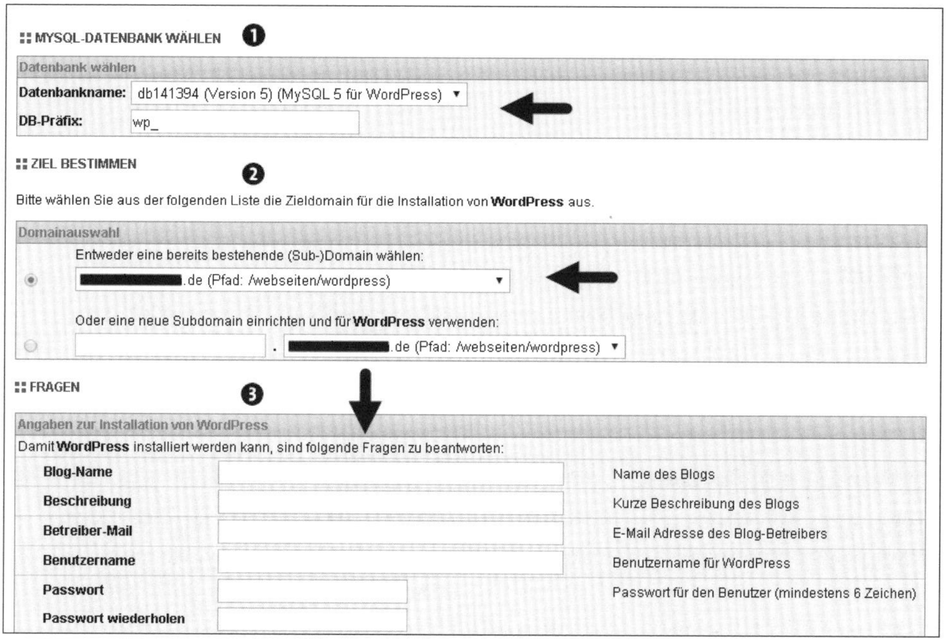

Abbildung 3.2 Ein Beispiel für eine 1-Klick-Installation von WordPress

Eine gut durchdachte 1-Klick-Installation ist bequemer als eine manuelle Installation, aber manche 1-Klick-Varianten verursachen letztlich mehr Arbeit, als sie sparen. Bei Fragen zu oder Problemen mit einer 1-Klick-Installation wenden Sie sich an den Support Ihres Webhosters.

Falls die Details für das Administratorkonto nicht abgefragt werden, sondern stattdessen eine Standardkombination wie *admin* und *passwort* vergeben wird, sollten Sie Benutzernamen und Passwort nach der Installation unbedingt sofort ändern (siehe Abschnitt 4.7, »Das Menü ›Benutzer‹: Ihr Benutzerprofil im Überblick«) oder WordPress am besten gleich manuell installieren (siehe Abschnitt 3.2).

Vorinstalliert? 1-Klick-Installation hat geklappt? Weiter in Kapitel 4!

Wenn Sie ein vorinstalliertes WordPress haben oder die 1-Klick-Installation geklappt hat, können Sie den Rest dieses Kapitels überspringen.

In Kapitel 4, »Die ersten Schritte im Backend von WordPress«, erfahren Sie, wie Sie das Frontend aufrufen und sich am Backend anmelden können.

3.2   Manuell: WordPress auf einem Online-Webspace installieren

Die manuelle Installation von WordPress auf einem Online-Webspace ist nicht wirklich schwierig und erfolgt in sechs Schritten:

1. Sie laden WordPress herunter und entpacken die ZIP-Datei auf Ihrer Festplatte.
2. Sie stellen eine FTP-Verbindung zu Ihrem Webspace her. Was es damit auf sich hat, wird weiter unten kurz erklärt.
3. Wenn die Verbindung steht, kopieren Sie die entpackten WordPress-Dateien von Ihrer Festplatte auf den Webspace.
4. In einem Browser starten Sie das Installationsprogramm von WordPress.
5. Sie geben die Zugangsdaten für die Datenbank ein.
6. Sie geben den Titel der Website sowie den Benutzernamen, das Passwort und die E-Mail-Adresse für den Administrator ein.

Fertig.

Ist Ihr Webspace fit für WordPress?

Wenn Sie Ihren Webspace schon vor längerer Zeit gemietet haben, sollten Sie vor der Installation kurz prüfen, ob er die in Abschnitt 2.7, »Technik (2): So finden Sie einen passenden Webspace«, beschriebenen Voraussetzungen für WordPress erfüllt. Falls Sie sich nicht sicher sind, fragen Sie Ihren Webhoster.

3.2.1   Schritt 1: WordPress herunterladen und entpacken

Zunächst einmal müssen Sie WordPress herunterladen. Das machen Sie am besten auf der deutschen Version der offiziellen Website von WordPress:

▶ *de.wordpress.org*

Im folgenden ToDo laden Sie WordPress herunter und entpacken die ZIP-Datei auf Ihrer Festplatte.

ToDo: WordPress herunterladen und entpacken

1. Starten Sie einen Browser, und surfen Sie zu *de.wordpress.org/download/*.
2. Klicken Sie auf die farbig hervorgehobene Download-Schaltfläche mit der Beschriftung WORDPRESS 5.x.x HERUNTERLADEN.
3. Speichern Sie die ZIP-Datei auf Ihrer Festplatte in einem Ordner Ihrer Wahl.
4. Entpacken Sie die ZIP-Datei, und suchen Sie in den entpackten Dateien einen Ordner namens *wordpress*.

Nach dem Entpacken des Download-Archivs erhalten Sie im Ordner */wordpress/* die in Abbildung 3.3 gezeigten Dateien und Ordner. Je nach Versionsnummer von WordPress kann es dabei leichte Unterschiede geben.

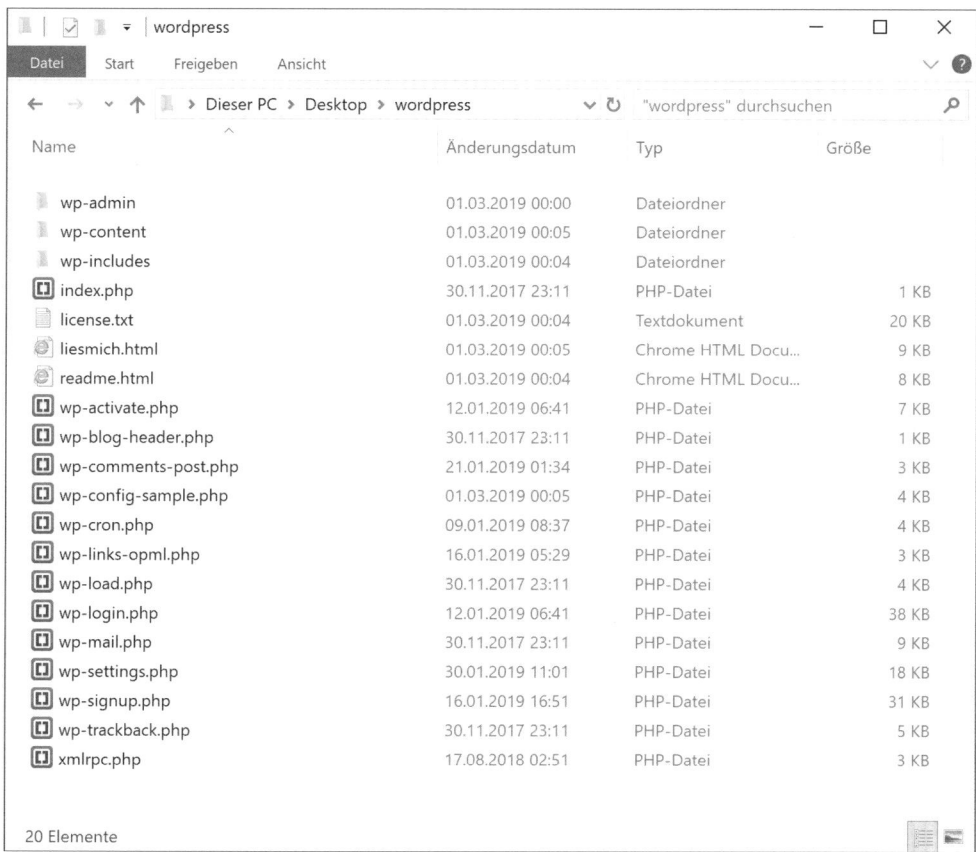

Abbildung 3.3 Nach dem Entpacken – Dateien und Ordner in »/wordpress/«

Die Ordnerstruktur von WordPress im Überblick

Im Ordner *wordpress* liegen zahlreiche Dateien und die folgenden drei Unterordner:

▸ *wp-admin* enthält die Dateien für das Backend.

▸ *wp-content* beinhaltet alle Themes, Plugins und Uploads wie z. B. Bilder.

▸ *wp-includes* ist ein Ordner mit wichtigen Systemdateien.

3.2.2   Schritt 2: Eine FTP-Verbindung zum Webspace herstellen

Um die im Ordner *wordpress* enthaltenen Dateien und Unterordner auf Ihren Webspace zu kopieren, benutzen Sie ein sogenanntes FTP-Programm. *FTP* steht für *File Transfer Protokoll*, was frei übersetzt so viel wie *Regeln zum Übertragen von Dateien* bedeutet. Vereinfacht gesagt dient ein FTP-Programm zum Kopieren von Dateien über das Internet.

In diesem Schritt stellen Sie zunächst einmal eine FTP-Verbindung zu Ihrem Webspace her, im nächsten kopieren Sie dann die Dateien. Zum Herstellen einer FTP-Verbindung benötigen Sie zwei Dinge:

► Ein FTP-Programm. Falls Sie noch keines haben, ist das kostenlose *FileZilla* eine gute Wahl, das Sie am besten von folgender Adresse herunterladen, da diese Version definitiv keine zusätzliche Werbesoftware enthält:

heise.de/download/filezilla.html

Bei einem Download von anderen Adressen sollten Sie bei der Installation von File-Zilla darauf achten, Felder zur Installation zusätzlicher Software (Adware etc.) abzuwählen bzw. nicht anzuwählen.

► Die FTP-Zugangsdaten, die Sie von Ihrem Webhoster/Provider erhalten haben: Server, Benutzername und Passwort.

Wenn Sie beides haben, kann es losgehen. Falls möglich, wählen Sie dabei eine Variante wie SFTP, damit die eingegebenen Zugangsdaten während der Übertragung verschlüsselt werden.

Im folgenden ToDo starten Sie FileZilla, geben die Zugangsdaten in der Quickconnect-Leiste ein (siehe Abbildung 3.4) und stellen anschließend eine Verbindung zum Webspace her.

Abbildung 3.4 Die Zugangsdaten in der Quickconnect-Leiste eintragen

Falls die Verbindung zum Webspace nicht klappt, überprüfen Sie, ob wirklich alle Daten korrekt eingegeben wurden. Falls es auch dann nicht funktioniert, zögern Sie nicht, den Support Ihres Webhosters zu kontaktieren.

> **ToDo: FTP-Verbindung zum Webspace herstellen**
>
> 1. Starten Sie FileZilla.
> 2. Geben Sie in der Quickconnect-Leiste die FTP-Zugangsdaten zu Ihrem Webspace ein (siehe Abbildung 3.4).
> 3. Das Feld PORT können Sie frei lassen, solange der FTP-Standardport 21 benutzt wird. Bei SFTP müssen Sie hier wahrscheinlich 22 eingeben.
> 4. Klicken Sie auf die Schaltfläche VERBINDEN rechts außen.

3.2.3   Schritt 3: WordPress-Dateien per FTP auf den Webspace kopieren

Nach dem Herstellen der Verbindung stellt sich die Frage, in welchen Ordner die Word-Press-Dateien kopiert werden sollen, und dabei gibt es zwei Möglichkeiten, die ich zunächst kurz erläutern möchte.

Möglichkeit 1: Nur eine Website? Installation im Hauptordner

Möglichkeit Nummer 1 ist die Installation in den Hauptordner auf dem Webspace. Gemeint ist damit der Ordner, in dem die Webseiten gespeichert werden. Dieser Ordner wird manchmal auch *Document Root* genannt, frei übersetzt *Hauptordner für Webseiten*. In diesem Ordner schaut der Webserver nach, wenn ein Besucher eine URL wie *http://mein-name.de/* eingibt.

Gängige Namen für den Hauptordner sind *websites*, *webseiten*, *html*, *htdocs* oder *www*. Falls Sie sich nicht sicher sind, wie dieser Ordner auf Ihrem Webspace heißt, schauen Sie in den Unterlagen Ihres Webhosters nach oder fragen den Support.

Am einfachsten ist es, alle WordPress-Dateien in diesen Hauptordner zu kopieren, denn dann müssen Sie meistens an der Konfiguration des Webspace nichts ändern. Wenn Sie sicher wissen, dass Sie auf diesem Webspace nur diese eine Domain mit diesem einen WordPress betreiben werden, spricht nicht viel dagegen, die Dateien in den Hauptordner zu kopieren.

Wenn Sie aber später eventuell noch weitere Websites mit anderen Domain-Namen auf demselben Webspace betreiben möchten, ist Möglichkeit 2 besser.

Möglichkeit 2: Vielleicht mal mehrere Websites?
Installation im Unterordner und Domain-Zuweisung

Möglichkeit Nummer 2 ist es, die Dateien nicht in den Hauptordner für Webseiten zu kopieren, sondern in einen Unterordner, den Sie z. B. *beispielsite* nennen.

Da die Website dann aber zunächst einmal unter der etwas umständlichen URL *mein-name.de/beispielsite/* erreichbar wäre, sollten Sie anschließend in der Verwaltungssoftware für Ihren Webspace die Domain *mein-name.de* auf den Unterordner *htdocs/beispielsite* umleiten. Falls Sie die Option zur Zuweisung von Domain und Ordner nicht finden, fragen Sie den Support Ihres Webhosters. Die sollten das wissen.

Durch eine solche Umleitung wird der Webserver angewiesen, für Anfragen an die Domain *mein-name.de* nicht mehr im Hauptordner *htdocs* nachzuschauen, sondern direkt in dem Unterordner *htdocs/beispielsite*.

Der größte Vorteil der Installation von WordPress in einen Unterordner mit Domain-Zuweisung ist, dass Sie bei der Nutzung des Webspace auf Dauer mehr Möglichkeiten haben. So können Sie z. B. problemlos weitere Domains einrichten und ihnen einfach andere Unterordner zuweisen. Hier ein Beispiel:

▶ Für *mein-name.de* schaut der Webserver in *htdocs/beispielsite/*.

▶ Für *zweite-site.de* liegen die Seiten z. B. in *htdocs/zweitesite/*.

Wenn Sie WordPress, wie in Möglichkeit 1 beschrieben, im Hauptordner installieren, ist das nicht so ohne weiteres möglich oder zumindest unübersichtlicher.

Und Action! – WordPress-Dateien auf den Webspace kopieren

Egal, ob Sie sich für den Hauptordner oder für einen Unterordner mit Domain-Zuweisung entscheiden, wirklich wichtig ist, dass die Ordnerstruktur lokal und auf dem Webspace identisch ist (siehe Abbildung 3.5).

ToDo: WordPress per FTP auf den Webspace kopieren

1. Starten Sie gegebenenfalls das FTP-Programm, und stellen Sie, wie in Abschnitt 3.2.2 beschrieben, eine Verbindung her.

2. Öffnen Sie im linken Fenster (Lokal, ❶) den Ordner *wordpress* mit den entpackten WordPress-Dateien.

3. Öffnen Sie im rechten Fenster (Server, ❷) den Ordner, in den Sie WordPress installieren möchten.

4. Markieren Sie im linken Fenster (Lokal, ❶) alle Dateien und Ordner.

5. Klicken Sie mit rechts auf die Markierung, und wählen Sie aus dem Kontextmenü den Befehl Hochladen.

Nach diesem ToDo sollten die beiden Fenster in FileZilla etwa so aussehen wie in Abbildung 3.5.

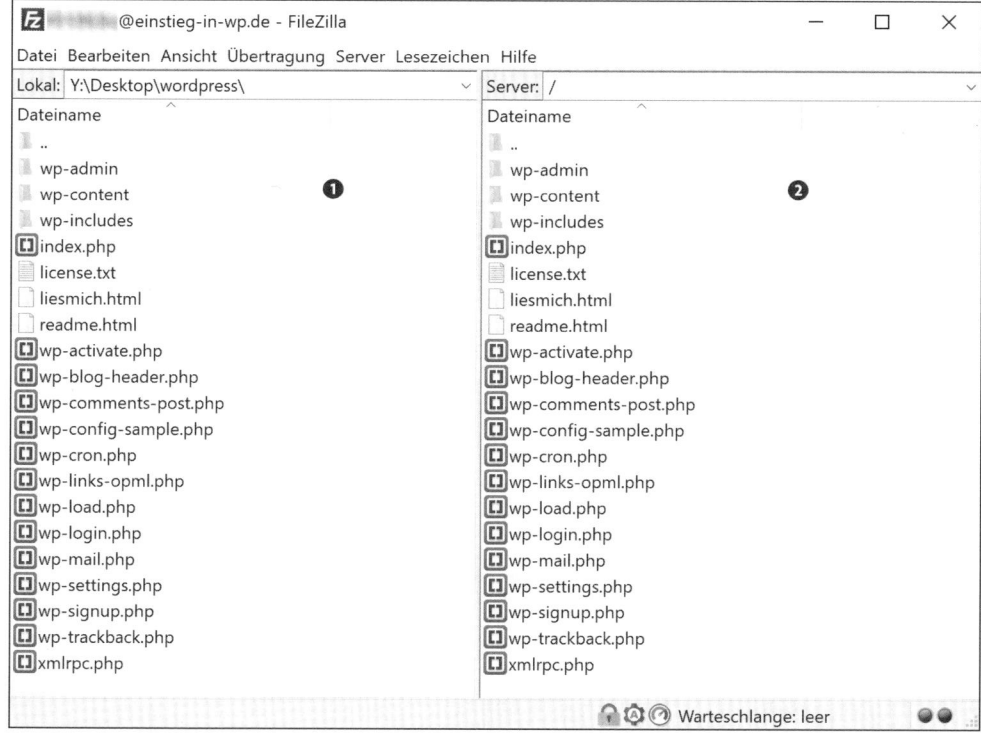

Abbildung 3.5 WordPress wurde auf den Webspace kopiert.

Die FTP-Zugangsdaten in FileZilla abspeichern

Die in diesem Abschnitt gezeigte Quickconnect-Leiste wird ihrem Namen gerecht und ermöglicht den schnellen FTP-Zugang zum Webspace. FileZilla bietet im Menü DATEI • SERVERMANAGER... aber auch die Möglichkeit, die Zugangsdaten für Ihren FTP-Account in einem Profil abzuspeichern. Dann müssen Sie sie nicht jedes Mal eingeben und können z. B. auch eine verschlüsselte FTP-Übertragung einrichten, sofern Ihr Webhoster das anbietet.

3.2.4   Schritt 4: Das Installationsprogramm von WordPress aufrufen

Um die eigentliche Installation zu starten, rufen Sie das Installationsprogramm von WordPress auf. Dazu gibt es zwei Möglichkeiten:

1. Im Normalfall geben Sie im Browser nur den Domain-Namen ein:

   http://mein-name.de/

2. Falls Sie WordPress in einem Unterordner installiert und die Domain nicht umgeleitet haben, geben Sie den Ordnernamen mit ein:

http://mein-name.de/wordpress/

WordPress schaut dann, ob auf dem Webspace eine Konfigurationsdatei namens *wp-config.php* vorhanden ist.

Wenn es diese Datei noch nicht gibt, wird automatisch das Installationsprogramm gestartet. Im Browserfenster erscheint daraufhin eine Willkommensseite mit einigen lesenswerten Hinweisen (siehe Abbildung 3.6).

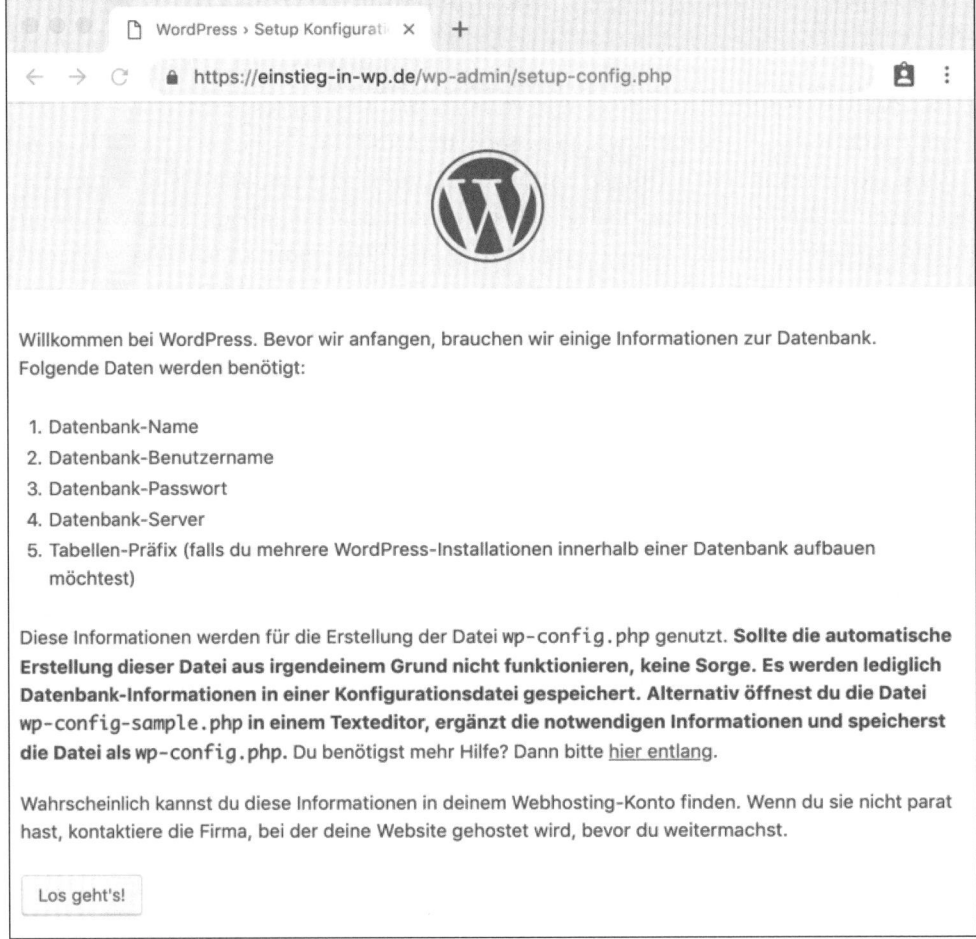

Abbildung 3.6 Die Willkommensseite der WordPress-Installation

Das Installationsprogramm benötigt fünf Informationen von Ihnen:

1. DATENBANK-NAME: Das ist der Name der MySQL-Datenbank, die Ihr Webhoster Ihnen auf Ihrem Webspace zur Verfügung stellt. Falls noch keine Datenbank existiert, müssen Sie in der Verwaltungsoberfläche erst eine erstellen. Bei Unklarheiten fragen Sie den Support Ihres Webhosters.

2. DATENBANK-NUTZERNAME: Der Benutzername für die Datenbank ist oft identisch mit dem Datenbanknamen, muss es aber nicht sein.

3. DATENBANK-PASSWORT: Ihr Passwort zur Anmeldung an der MySQL-Datenbank.

4. DATENBANK-SERVER: Der Name des Servers, auf dem die Datenbank läuft. Das ist oft *localhost*, aber es kann auch ein Domain-Name in der Art von *dbserver.provider.de* sein.

5. TABELLEN-PRÄFIX: Mit diesen Buchstaben beginnen alle Datenbanktabellen. Die Standardvorgabe ist *wp_*, aber das können und werden Sie gleich ändern.

Mit diesen Informationen versucht WordPress gleich in Schritt 5, die Datei *wp-config.php* zu erstellen.

ToDo: Informationen zur Datenbank bereithalten

1. Lesen Sie die Willkommensseite des Installationsprogramms.
2. Lesen Sie weiter oben die Erklärungen zu den fünf Punkten.
3. Halten Sie die benötigen Informationen zur Datenbank bereit.
4. Wenn alles klar ist, klicken Sie auf die Schaltfläche LOS GEHT'S!

Falls Sie noch keine Datenbank haben …

Sollte es auf Ihrem Webspace noch keine Datenbank geben, müssen Sie mit der Verwaltungsoberfläche für Ihren Webspace eine erstellen. Dabei kommt häufig ein Programm namens phpMyAdmin zum Einsatz. Wie Sie mit phpMyAdmin eine Datenbank erstellen, wird in Abschnitt 3.4 beschrieben.

3.2.5   Schritt 5: Die Zugangsdaten für die Datenbank eingeben

In diesem Schritt geben Sie die in Schritt 4 gezeigten Informationen zur Datenbank in ein Onlineformular ein:

▶ DATENBANK-NAME und BENUTZERNAME sind wie gesagt oft identisch, müssen es aber nicht sein. Füllen Sie die beiden Felder entsprechend den Angaben Ihres Webhosters aus.

▶ Das PASSWORT wird nur in der *wp-config.php* gespeichert, und Sie müssen es nirgendwo manuell eingeben. Falls Sie das Passwort also selbst vergeben können, wählen Sie ruhig ein langes und kompliziertes. Sie müssen es nur ein einziges Mal hier im Formular richtig schreiben.

▶ Falls der DATENBANK-HOST nicht *localhost* ist, müssen Sie im Formularfeld den tatsächlichen Namen des Datenbankservers eintragen.

▶ Ergänzen Sie aus Sicherheitsgründen das TABELLEN-PRÄFIX *wp_* um ein paar beliebige Zeichen. So erschweren Sie einen möglichen Angriff auf die Datenbank.

Abbildung 3.7 zeigt das Formular mit einigen Beispieldaten. Bitte ersetzen Sie diese durch Ihre eigenen.

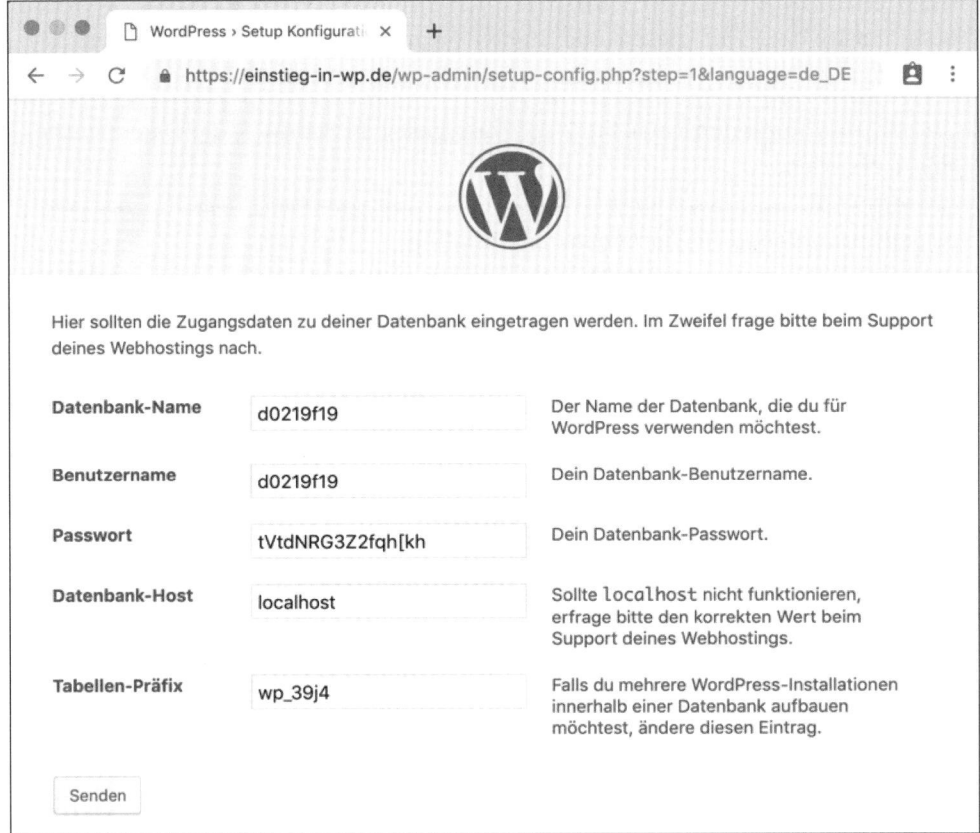

Abbildung 3.7 Ein Beispiel für Zugangsdaten zur Datenbank

Im folgenden ToDo füllen Sie das Formular aus und schicken es ab.

ToDo: Formular für die Zugangsdaten zur Datenbank abschicken

1. Füllen Sie das Formular für die Zugangsdaten zur Datenbank aus.
2. Überprüfen Sie alle Informationen.
3. Notieren Sie sich alle Informationen, und bewahren Sie sie an einem sicheren Platz.
4. Wenn Sie das Formular nach bestem Wissen und Gewissen ausgefüllt und alles notiert haben, klicken Sie auf die Schaltfläche SENDEN.
5. Das Installationsprogramm versucht, auf dem Webspace die Datei *wp-config.php* zu erstellen, in der diese Informationen gespeichert werden. Wenn alles glattgeht, erscheint kurz danach die in Abbildung 3.8 dargestellte Seite.
6. Klicken Sie auf INSTALLATION DURCHFÜHREN.

Wenn anstelle der in Abbildung 3.8 gezeigten Erfolgsmeldung eine Mitteilung erscheint, dass *wp-config.php* nicht beschreibbar sei, lesen Sie bitte den folgenden Hinweiskasten.

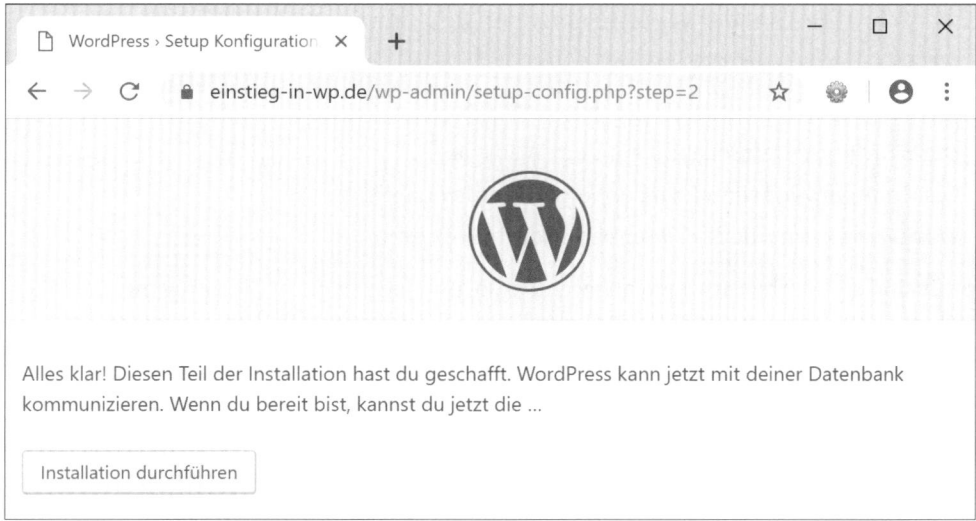

Abbildung 3.8 Alles okay. WordPress hat eine Verbindung zur Datenbank.

Die Datei »wp-config.php« ist nicht beschreibbar? Keine Panik!

Je nach Konfiguration des Webspace kann es sein, dass Sie anstelle der in Abbildung 3.8 dargestellten Erfolgsmeldung den folgenden Hinweis bekommen:

Tut mir leid, aber die wp-config.php kann nicht geschrieben werden.

In diesem Fall haben Sie zwei Möglichkeiten:

▶ Sie erstellen auf Ihrem eigenen Rechner eine Datei namens *wp-config.php*, kopieren die auf der Meldungsseite angezeigten Daten hinein, speichern die Datei und kopieren sie per FTP in den WordPress-Ordner auf dem Webspace.

▶ Sie fragen Ihren Webhoster, wie Sie diese Meldung auf Ihrem Webspace umgehen können. Eine mögliche Lösung wäre es, PHP nicht als Apache-Modul, sondern als (Fast-)CGI zu betreiben. Das funktioniert auch, wenn man nicht versteht, was damit gemeint ist.

Die zweite Möglichkeit dauert zwar länger, ist auf Dauer aber besser, denn wenn die *wp-config.php* nicht beschreibbar ist, kann es später auch Probleme beim Hochladen und Ändern von Grafiken, Themes oder Plugins geben. Eine WordPress-Installation auf dem eigenen Webspace erfordert wie gesagt manchmal etwas Geduld.

3.2.6   Schritt 6: Titel der Website eingeben und Administrator anlegen

Wenn Sie bei diesem Schritt angekommen sind, haben Sie alle wirklich großen Hürden genommen:

▶ Die WordPress-Dateien sind auf dem Webspace.

▶ Die Konfigurationsdatei *wp-config.php* wurde erstellt.

▶ WordPress kann mit der Datenbank kommunizieren.

Damit sind alle Vorbereitungen abgeschlossen, und jetzt beginnt die berühmte 5-Minuten-Installation von WordPress: Sie müssen nur noch das in Abbildung 3.9 dargestellte Formular zur Einrichtung der Website ausfüllen und abschicken.

Im ersten Textfeld geben Sie den gewünschten TITEL DER WEBSITE ein. Was immer Sie hier eingeben, wird in großen Lettern im Kopfbereich der Webseiten erscheinen. Sie können den Titel der Website im Backend von WordPress später problemlos ändern (siehe Abschnitt 4.4, »›Einstellungen • Allgemein‹: Titel der Website & Co.«).

Mit den Angaben aus den Feldern BENUTZERNAME und PASSWORT sowie der E-Mail-Adresse erstellt das Installationsprogramm ein Administratorkonto. Sie können den Benutzernamen später nicht ohne weiteres ändern und sollten deshalb einen ernsthaften (nicht *schnulli42*) und schlecht zu erratenden Benutzernamen (nicht *admin*) eingeben.

Und wählen Sie ein wirklich sicheres Passwort. Das Installationsprogramm prüft Ihr ein-gegebenes Passwort, und wenn dieses zu schwach sein sollte, erscheint ein Kontroll-kästchen mit der Aufforderung, die Verwendung des schwachen Passwortes zu be-stätigen. Am besten wählen Sie in dem Fall ein anderes.

Abbildung 3.9 Das Formular zur 5-Minuten-Installation von WordPress

Bevor Sie weitermachen, notieren Sie sich kurz den Benutzernamen und das Passwort für den Administrator:

BENUTZERNAME: ....

PASSWORT: ....

Im Feld DEINE E-MAIL-ADRESSE tragen Sie eine gültige E-Mail-Adresse ein, auf die Sie zugreifen können. Die Adresse muss nicht doppelt eingegeben werden und sollte deshalb dreimal überprüft werden.

Bleibt noch die Option SICHTBARKEIT FÜR SUCHMASCHINEN:

▶ Falls Sie sofort loslegen und mit Ihrer Website die Welt erobern möchten, deaktivieren Sie die Option SUCHMASCHINEN DAVON ABHALTEN, DIESE WEBSITE ZU INDEXIEREN. Dann werden nach dem Veröffentlichen eines Beitrags die Suchmaschinenrobots benachrichtigt.

▶ Falls Sie erst einmal in Ruhe üben möchten, sollten Sie diese Option ankreuzen, auch wenn es an den Suchmaschinen liegt, ob sie dieser Bitte Folge leisten.

Mehr zu dieser Option erfahren Sie in Abschnitt 4.5, »›Einstellungen • Lesen‹: Beiträge, Newsfeed und Suchmaschinen«. Dort können Sie die Einstellung auch ganz einfach wieder ändern, wenn Sie die Suchmaschinen später einladen möchten.

Im folgenden ToDo geben Sie die benötigten Informationen ein und beenden damit die manuelle Installation von WordPress.

ToDo: Titel der Website eingeben und Admin-Konto einrichten

1. Geben Sie im Feld TITEL DER WEBSITE eben diesen ein.
2. Geben Sie im Feld BENUTZERNAME den Benutzernamen für den Administrator ein.
3. Geben Sie im Feld PASSWORT ein Passwort für das Admin-Konto ein.
4. Geben Sie im Feld DEINE E-MAIL-ADRESSE Ihre E-Mail-Adresse ein.
5. Überlegen Sie, ob Suchmaschinen diese Webseite indizieren sollen oder lieber erst einmal nicht. Diese Einstellung ist später leicht zu ändern.
6. Wenn alles stimmt, klicken Sie auf WORDPRESS INSTALLIEREN.

Das war's. Wenn alles stimmt, erhalten Sie kurz danach die in Abbildung 3.10 dargestellte Meldung »Installation erfolgreich«.

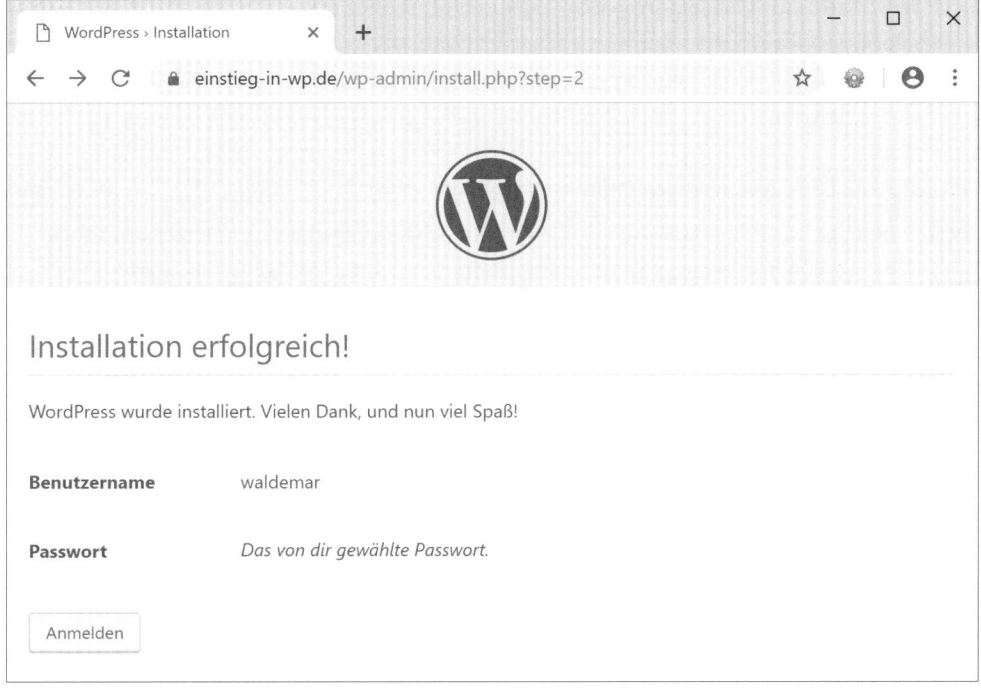

Abbildung 3.10 Die WordPress-Installation hat geklappt.

Alles geklappt? Dann geht es weiter in Kapitel 4.

Wenn Sie Abbildung 3.10 im Browser sehen, war die Installation von WordPress erfolgreich. Weiter geht es dann in Kapitel 4 mit der Überprüfung des Frontend und den ersten Schritten im Backend.

3.3   Offline: WordPress auf Ihrem Computer installieren

In diesem Abschnitt möchte ich Ihnen zeigen, wie Sie WordPress lokal, also auf dem eigenen Rechner, installieren. Eine lokale Installation ist für Besucher aus dem Internet nicht erreichbar und in erster Linie zum Testen und Ausprobieren von WordPress, Plugins und Themes gedacht.

Mit einer lokalen Installation können Sie …

▸ … offline mit WordPress arbeiten, also ohne Internetverbindung.

▸ … WordPress, Themes und Plugins ausprobieren und testen.

So ein WordPress auf dem eigenen Computer ist aber eher etwas für ambitionierte Einsteiger, denn auf Ihrem Rechner gibt es keinen Webspace, und deshalb müssen Sie den vor der Installation von WordPress mit XAMPP (Windows) oder MAMP (macOS) zunächst einrichten.

WordPress: Umzug auf einen Online-Webspace

Wenn Sie eine lokale Installation nicht nur zum Testen benutzen, sondern damit Ihre Website erstellen, muss diese irgendwann auf einen Online-Webspace umziehen. Wie man das macht, wird auf der Website zum Buch in folgendem Beitrag beschrieben (siehe auch Abschnitt 19.3.3):

▶ *einstieg-in-wp.de/wordpress-umzug/*

Und jetzt viel Erfolg mit XAMPP und MAMP.

3.3.1 XAMPP oder MAMP: Webspace auf Ihrem Rechner einrichten

Um WordPress auf Ihrem Computer betreiben zu können, benötigen Sie drei Dinge:

1. einen Webserver, z. B. Apache
2. einen PHP-Interpreter
3. eine Datenbank wie MySQL

Da es eher mühsam ist, alle Komponenten einer solchen Serverumgebung einzeln zu installieren und dann auch noch zur Zusammenarbeit zu bewegen, haben die Macher von XAMPP und MAMP Ihnen diese Arbeit abgenommen und ein Komplettpaket geschnürt.

XAMPP und MAMP sind Abkürzungen für eine Kombination verschiedener Komponenten, die für eine Serverumgebung häufig benötigt werden:

▶ X oder M. Der erste Buchstabe bezieht sich auf das Betriebssystem. Das M von MAMP steht für *Mac*, das X von XAMPP ist ein Platzhalter für verschiedene Betriebssysteme.

▶ A ist der erste Buchstabe des Webservers *Apache*.

▶ M steht für den Datenbankserver, *MySQL* oder *MariaDB*.

▶ P steht für die Programmiersprache *PHP*. Das zweite P von XAMPP steht übrigens für die Programmiersprache *Perl*.

Es gibt zwar auch XAMPP für den Mac und MAMP für Windows, aber in den folgenden Abschnitten zeige ich Ihnen, wie Sie die Pakete auf dem Betriebssystem installieren, auf dem sie zu Hause sind: XAMPP für Windows und MAMP für macOS.

3.3.2 Windows: Offline-Webspace mit XAMPP

XAMPP wird im Englischen wie *Champ* gesprochen, und Sie finden es im Web unter der folgenden Adresse:

▶ *www.apachefriends.org*

Falls Sie eine 32-Bit-Windows-Version installiert haben, müssen Sie die 32-Bit-Version von XAMPP herunterladen, die Sie unter MORE DOWNLOADS finden.

Die Installation von XAMPP ist recht simpel. Melden Sie sich an Ihrem Rechner als Administrator an, und arbeiten Sie die folgenden Schritte ab:

1. Starten Sie die Installationsdatei mit einem Doppelklick.

2. Eventuelle Hinweise auf einen Virenscanner und die Windows-Benutzerkontensteuerung (UAC) bestätigen Sie nach der Lektüre mit der entsprechenden Schaltfläche.

3. Im Willkommensbildschirm klicken Sie auf NEXT.

4. Stellen Sie sicher, dass im Dialogfeld SELECT COMPONENTS die Komponenten APACHE, MySQL, PHP und PHPMYADMIN angekreuzt sind. Der Rest ist optional. Bestätigen Sie die Auswahl mit einem Klick auf NEXT.

5. Als Ziel der Installation wird *C:\xampp* vorgeschlagen, und sofern es keine wirklich guten Gründe dagegen gibt, sollten Sie diesen Vorschlag übernehmen.

6. Im Fenster BITNAMI FOR XAMPP können Sie ein Fertigpaket zur Installation von WordPress auswählen. Das fertige Paket enthält bereits diverse Plugins, die Sie wahrscheinlich nicht alle brauchen. Für die in diesem Abschnitt gezeigte manuelle Installation von WordPress sollten Sie das Kontrollkästchen LEARN MORE ABOUT BITNAMI FOR XAMPP deaktivieren, bevor Sie auf NEXT klicken.

7. Bestätigen Sie die Mitteilung, dass jetzt alles fertig zur Installation ist, mit einem Klick auf NEXT. Daraufhin werden die Dateien entpackt, was eine ganze Weile dauern kann.

8. Prüfen Sie auf dem folgenden Bildschirm, ob die Option zum Starten des Control Panels aktiviert ist, und beenden Sie dann das Installationsprogramm mit einem Klick auf FINISH.

Falls irgendetwas nicht klappen sollte, finden Sie die FAQ zu XAMPP für Windows unter der folgenden Adresse im Web:

▶ *www.apachefriends.org/faq-xampp-windows.html*

Wenn das XAMPP Control Panel nicht automatisch erscheint, können Sie es mit einem Doppelklick auf die Datei *xampp-control.exe* im Ordner *C:\xampp* aufrufen. Im XAMPP Control Panel starten Sie dann die beiden Komponenten Apache und MySQL:

▶ Starten Sie zuerst den Webserver Apache mit einem Klick auf die Schaltfläche START. Kurze Zeit später wird der Begriff APACHE im Control Center hellgrün hinterlegt, und die Schaltfläche STARTEN heißt dann STOPPEN.

▶ Falls sich beim Starten eine Firewall meldet, sollten Sie einen Moment innehalten, die Meldung lesen und dann die Ausführung von Apache erlauben, denn sonst wird er nicht funktionieren.

▶ Starten Sie danach den Datenbankserver MySQL. Falls sich beim Apache eine Firewall gemeldet hat, tut sie das jetzt wahrscheinlich auch wieder. Erlauben Sie auch die Ausführung von MySQL.

Wenn das XAMPP Control Panel nach diesen Schritten so ähnlich aussieht wie in Abbildung 3.11, hat alles geklappt.

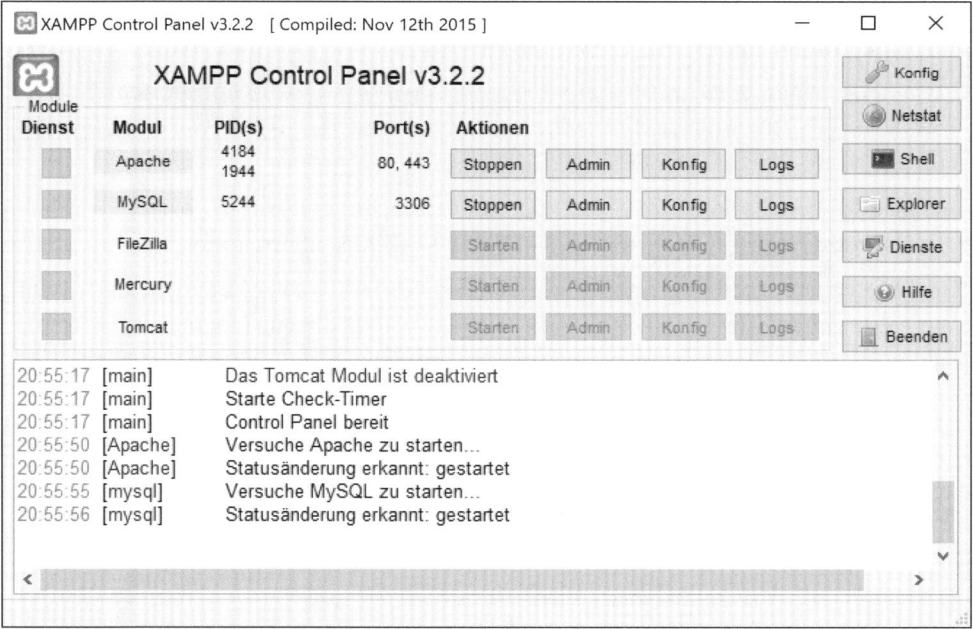

Abbildung 3.11 Das XAMPP Control Panel – Apache und MySQL laufen.

Gewöhnungsbedürftig ist, dass ein Klick auf das × ganz rechts oben im Fenster das XAMPP Control Panel nicht beendet, sondern verkleinert und es ganz rechts unten in den Infobereich der Taskleiste von Windows schickt. Um das Control Panel wirklich zu beenden, stoppen Sie zuerst alle aktiven Server und klicken dann auf die Schaltfläche BEENDEN.

Wenn der Apache nicht startet

Falls der Apache nicht startet, ist wahrscheinlich der Port 80, den ein Webserver braucht, schon belegt. Kandidaten dafür sind z. B. Fernwartungs- oder Telefonieprogramme, wie Skype. Zur Beseitigung des Problems starten Sie einfach zuerst Apache und dann Skype. Oder wählen Sie in den Skype-Einstellungen einen anderen Port.

3.3.3 macOS: Offline-Webspace mit MAMP

Das Download-Paket von MAMP finden Sie im Web auf:

▶ *www.mamp.info*

Sofern Sie als Administrator angemeldet sind, ist die Installation von MAMP sehr einfach. Das einzige Hindernis könnten die strengen Sicherheitsvorkehrungen auf einem modernen macOS sein, aber auch dafür gibt es einfache Abhilfe. Und so installieren Sie MAMP:

1. Entpacken Sie das im Finder heruntergeladene ZIP-Paket.

2. Starten Sie die entpackte Datei *MAMP*.pkg* mit einem Doppelklick. Wenn die Sicherheitseinstellungen auf Ihrem Mac das nicht erlauben, weil das Programm nicht von einem »verifizierten Entwickler« stammt, bestätigen Sie zunächst die entsprechende Meldung mit OK. Um das Installationsprogramm trotzdem zu starten, drücken Sie die Taste ⌨️ctrl und klicken auf das Programmsymbol (oder klicken Sie mit der rechten Maustaste). Wählen Sie aus dem Menü den Befehl ÖFFNEN, und bestätigen Sie den Warnhinweis mit OK.

3. Klicken Sie auf dem Willkommensbildschirm auf FORTFAHREN, und installieren Sie das Programm in den nächsten Schritten mit den vorgegebenen Einstellungen. Wahrscheinlich benötigen Sie während der Installation das Admin-Passwort für macOS.

4. Am Ende der Installation erhalten Sie den Hinweis, dass MAMP erfolgreich installiert wurde. Beenden Sie das Installationsprogramm mit einem Klick auf SCHLIESSEN.

Falls irgendetwas nicht klappen sollte, finden Sie die FAQ zu MAMP unter der folgenden Adresse im Web:

▶ *documentation.mamp.info/en/MAMP-Mac/FAQ/*

Nach dem Starten von MAMP erscheint das Programmfenster (siehe Abbildung 3.12). Kurz nach dem Programmstart sollten die kleinen Quadrate APACHE und MYSQL rechts oben im Fenster grün werden. Dann laufen sowohl der Apache- als auch der MySQL-Server.

Um zu testen, ob alles funktioniert hat, klicken Sie im Programmfenster von MAMP auf die Schaltfläche WEBSTART ÖFFNEN. Daraufhin wird ein Browser gestartet, der Ihnen die Startseite von MAMP präsentiert.

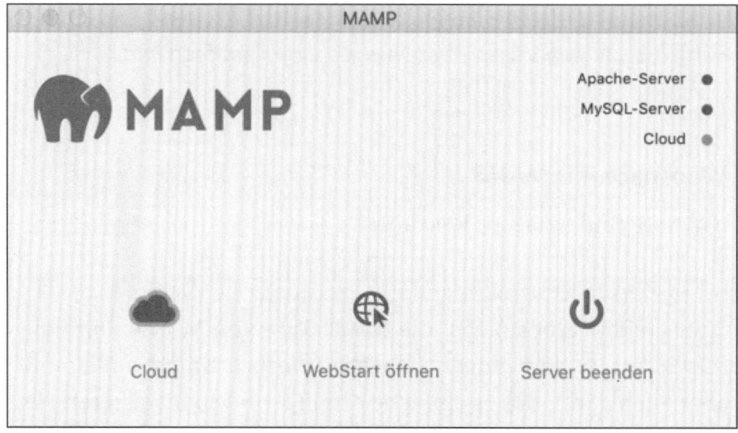

Abbildung 3.12 Das Programmfenster von MAMP

MAMP benutzt spezielle Ports

Bemerkenswert ist, dass MAMP besondere Ports benutzt:

▶ Der Apache-Webserver läuft nicht wie üblich auf Port 80, sondern auf Port 8888. Im Browser müssen Sie deshalb die Portnummer mit angeben, und zwar nach einem Doppelpunkt: *http://localhost:8888/*.

▶ Der MySQL-Server läuft nicht auf dem Standardport 3306, sondern auf Port 8889. Der MySQL-Benutzer heißt *root*, und das Passwort ist auch *root*.

Die Informationen zu MySQL benötigen Sie zur Installation von WordPress.

3.3.4 Überblick: Die wichtigsten Daten zu XAMPP und MAMP

Bevor Sie gleich phpMyAdmin kennenlernen und WordPress installieren, möchte ich die wichtigsten Infos zu XAMPP und MAMP kurz zusammenfassen:

▶ Die Server Apache und MySQL starten Sie bei XAMPP im Control Panel, bei MAMP direkt im Programmfenster.

▶ Um zu testen, ob der Webserver funktioniert, geben Sie bei XAMPP *http://localhost* ein, bei MAMP hängen Sie noch mit einem Doppelpunkt die Portnummer *8888* hintendran: *http://localhost:8888*.

▸ XAMPP finden Sie in *C:\xampp*, MAMP in */Programme/MAMP/*.

▸ Der Hauptordner für Webseiten (*Document Root*) heißt sowohl bei XAMPP als auch bei MAMP *htdocs*, und er liegt jeweils direkt unterhalb des Programmordners (siehe auch Tabelle 3.1).

▸ Bei beiden Varianten heißt der MySQL-Benutzer *root*. Bei XAMPP gibt es nach der Installation kein Passwort, bei MAMP ist das Passwort *root*, genau wie der Benutzername.

▸ Zur Verwaltung der Datenbanken gibt es bei XAMPP und MAMP das Programm phpMyAdmin, das in Abschnitt 3.4 kurz vorgestellt wird.

Tabelle 3.1 zeigt diese Informationen und weitere Details im Überblick.

Komponente	XAMPP	MAMP
Server starten	via XAMPP Control Panel	via Programm MAMP
Webserver-Port	80 (Standardport)	8888
Webserver testen	*http://localhost*	*http://localhost:8888*
Startseite mit Infos	*http://localhost/xampp*	*http://localhost/MAMP/*
Programmordner	*C:\xampp*	*/Programme/MAMP/*
Ordner für Webseiten	*C:\xampp\htdocs*	*/Programme/MAMP/htdocs/*
MySQL-Benutzer	*root*	*root*
MySQL-Passwort	kein Passwort	*root*
MySQL-Portnummer	3306 (Standardport)	8889
phpMyAdmin starten	im Control Panel: MySQL • ADMIN	im Programm MAMP: WEBSTART ÖFFNEN

Tabelle 3.1 XAMPP und MAMP im Überblick

3.3.5   Die lokale Installation von WordPress

Die Installation von WordPress läuft im Prinzip genauso, wie in Abschnitt 3.2 beschrieben, abgesehen davon, dass Sie kein FTP-Programm benötigen, sondern die Dateien einfach mit dem Explorer oder dem Finder in den Ordner für Webseiten kopieren können.

Hier die einzelnen Schritte im Überblick:

1. Installieren Sie XAMPP oder MAMP.

2. Starten Sie die Server Apache und MySQL.

3. Erstellen Sie mit phpMyAdmin eine neue (leere) Datenbank, die Sie z. B. *db_wpbuch* nennen. Das wird weiter unten in Abschnitt 3.4.2 beschrieben.

4. Erstellen Sie unterhalb des Hauptordners für Webseiten *htdocs* einen neuen Ordner, den Sie z. B. *wpbuch* nennen.

5. Kopieren Sie die WordPress-Dateien in diesen Ordner.

6. Starten Sie das Installationsprogramm von WordPress:
   - XAMPP: *http://localhost/wpbuch/*
   - MAMP: *http://localhost:8888/wpbuch/*

Der Rest der Installation entspricht der normalen WordPress-Installation, und zwar ab Schritt 4 (siehe Abschnitt 3.2.4, »Schritt 4: Das Installationsprogramm von WordPress aufrufen«).

Weitere Websites auf dem eigenen Rechner einzurichten ist ganz einfach.
Falls Sie auf dem eigenen Rechner weitere WordPress-Websites einrichten möchten, wiederholen Sie einfach die weiter oben beschriebenen Schritte mit einer weiteren Datenbank (Schritt 3) und einem weiteren Ordner (Schritt 4). Fertig.

3.4   phpMyAdmin: Datenbanken erstellen und verwalten

Zur Verwaltung von Datenbanken auf dem Webspace gibt es bei wohl fast jedem Webhoster und auch bei XAMPP und MAMP eine Webanwendung namens *phpMyAdmin*. Da das Programm so weit verbreitet ist und man oft doch irgendwann mal etwas mit der Datenbank machen muss, möchte ich Sie hier kurz mit dem Programm bekannt machen.

phpMyAdmin erleichtert das Leben eines jeden Webentwicklers, auch wenn der Name eher verwirrend ist: Das Programm ist eine in PHP geschriebene Webanwendung zur Administration von MySQL-Datenbanken, und somit wäre eigentlich ein Name wie *phpMySQLAdmin* passender.

phpMyAdmin wird als Webanwendung über einen Browser bedient. Es gibt im Web unzählige verschiedene Versionen und Oberflächen für phpMyAdmin, aber sie haben letztlich alle eine ähnliche Menüstruktur.

3.4.1   So starten Sie phpMyAdmin

Zum Starten von phpMyAdmin gibt es verschiedene Möglichkeiten:

▶ Auf Ihrem Webspace gibt es ziemlich sicher irgendwo eine Option zum Starten von phpMyAdmin. Falls Sie sie nicht finden, fragen Sie Ihren Webhoster.

▶ Im XAMPP Control Panel klicken Sie in der Zeile für MySQL auf die Schaltfläche ADMIN, oder Sie geben im Browser folgende Adresse ein:

http://localhost/phpmyadmin

▶ Bei MAMP klicken Sie im Programmfenster auf WEBSTART ÖFFNEN und dann auf der Webseite in der horizontalen Navigationsleiste im Menü TOOLS auf den Link PHP-MYADMIN, oder geben Sie im Browser folgende Adresse ein:

http://localhost:8888/phpMyAdmin/

Abbildung 3.13 zeigt phpMyAdmin unter XAMPP.

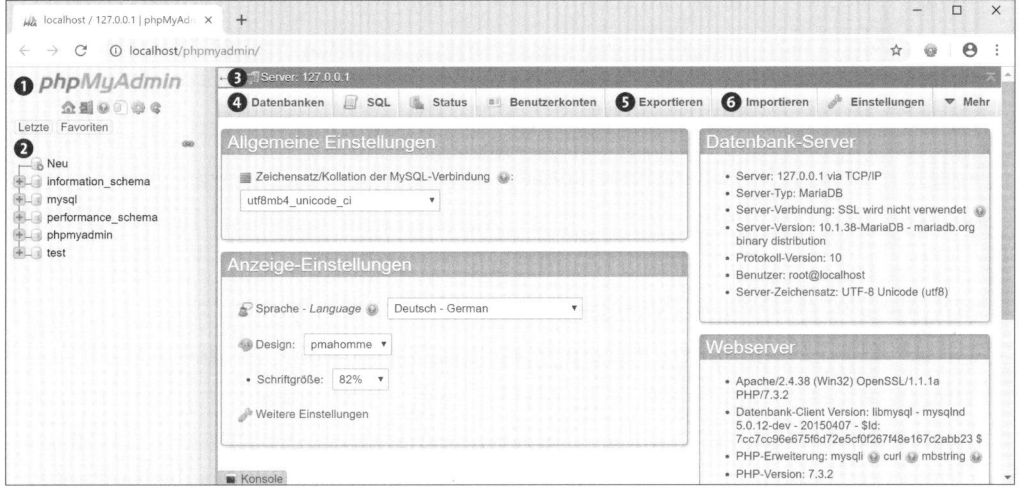

Abbildung 3.13 phpMyAdmin unter XAMPP

Unter MAMP und auf Ihrem Webspace sieht phpMyAdmin auf den ersten Blick vielleicht etwas anders aus, aber der Aufbau der Benutzeroberfläche ist identisch, und spätestens auf den zweiten Blick offenbaren sich die Ähnlichkeiten:

▶ In der linken Spalte führt ein Klick auf das Logo PHPMYADMIN ❶ zurück zur Startseite der Applikation.

▶ Direkt darunter sehen Sie eine Liste der vorhandenen Datenbanken ❷.

▶ In der rechten Spalte sehen Sie oben, auf welchem Server Sie sich gerade befinden (*localhost* oder *127.0.0.1* ❸).

Darunter erscheint die horizontale Navigation, und bei der Arbeit mit WordPress sind drei Menüpunkte besonders wichtig:

▶ Im Bereich DATENBANKEN ❹ legt man eine neue Datenbank an.

▶ EXPORTIEREN ❺ bietet Optionen, um die SQL-Daten aus der Datenbank herauszuholen (Backup).

▶ IMPORTIEREN ❻ ermöglicht das Gegenteil, nämlich ein vorhandenes Backup wieder einzuspielen.

3.4.2   Super einfach: Datenbank erstellen mit phpMyAdmin

Mit phpMyAdmin können Sie eine neue Datenbank anlegen, in der dann vom Word-Press-Installtool während der Installation die benötigten Tabellen und Felder angelegt werden:

1. Klicken Sie in der oberen Navigationsleiste von phpMyAdmin auf DATENBANKEN.

2. Geben Sie in das Eingabefeld DATENBANKNAME unterhalb von NEUE DATENBANK ANLEGEN den gewünschten Namen der Datenbank ein, z. B. »db_wpbuch«.

3. Klicken Sie auf die Schaltfläche ANLEGEN.

Fertig. Links in der Sidebar erscheint danach in der Liste der Datenbanken ein neuer Eintrag namens DB_WPBUCH.

3.4.3   Gefährlich einfach: Datenbank löschen mit phpMyAdmin

Falls Sie die eben erstellte Datenbank wieder löschen möchten, ist auch das mit php-MyAdmin ganz einfach:

1. Klicken Sie auf der Startseite von phpMyAdmin links in der Übersicht auf die zu löschende Datenbank DB_WORDPRESS. Daraufhin ändert sich rechts die horizontale Navigation.

2. Klicken Sie in der neuen Navigationsleiste auf OPERATIONEN.

3. Klicken Sie auf den Link DATENBANK LÖSCHEN (DROP).

4. Es erscheint noch eine Frage, ob Sie das wirklich tun möchten. Sie möchten. Klicken Sie also auf OK.

Und schon ist die Datenbank wieder weg. Das geht so einfach, dass man doppelt und dreifach prüfen sollte, ob man die richtige Datenbank ausgewählt hat.

3.5   Auf einen Blick

Die wichtigsten Themen noch einmal im Überblick:

- ▶ Eventuell erlaubt Ihr Online-Webspace eine der beiden folgenden Möglichkeiten:
  - – ein vorinstalliertes WordPress
  - – eine 1-Klick-Installation
- ▶ Eine manuelle WordPress-Installation besteht aus den folgenden Schritten:
  - – Schritt 1: WordPress herunterladen und entpacken
  - – Schritt 2: FTP-Verbindung zum Webspace herstellen
  - – Schritt 3: WordPress-Dateien per FTP auf den Webspace kopieren
  - – Schritt 4: Das Installationsprogramm von WordPress aufrufen
  - – Schritt 5: Die Zugangsdaten für die Datenbank eingeben
  - – Schritt 6: Titel der Website eingeben und Administratorkonto anlegen
- ▶ Eine Installation von WordPress auf dem eigenen Computer ist gut zum Testen von WordPress, Themes und Plugins, aber nicht ganz einfach, da mit XAMPP oder MAMP erst ein Webspace eingerichtet werden muss.
- ▶ phpMyAdmin dient der Verwaltung von Datenbanken auf einem Webspace.

Kapitel 4

Die ersten Schritte im Backend von WordPress

Worin Sie sich mit dem Backend vertraut machen, die wichtigsten Einstellungen vornehmen und Ihr Benutzerprofil anpassen.

Die Themen im Überblick:

- ▶ WordPress besteht aus Frontend und Backend, Seite 82
- ▶ Das Backend von WordPress im Überblick, Seite 85
- ▶ Das Menü »Einstellungen« im Überblick, Seite 90
- ▶ »Einstellungen • Allgemein«: Titel der Website & Co., Seite 91
- ▶ »Einstellungen • Lesen«: Beiträge, Newsfeed, Suchmaschinen, Seite 95
- ▶ »Einstellungen • Permalinks«: Aussagekräftige URLs , Seite 97
- ▶ Das Menü »Benutzer«: Ihr Benutzerprofil im Überblick, Seite 102
- ▶ Auf einen Blick, Seite 107

In diesem Kapitel machen Sie die ersten Schritte mit Ihrem funkelnagelneuen WordPress, lernen die wichtigsten Bereiche im Backend kennen und erledigen dabei gleich die wichtigsten Einstellungen.

4.1 WordPress besteht aus Frontend und Backend

WordPress besteht immer aus einem Frontend und einem Backend:

- ▶ Das *Frontend* ist die Fassade, die ganz normale Website, die die Besucher sehen.
- ▶ Das *Backend* ist der Verwaltungsbereich, der passwortgeschützt und nur für Mitarbeiter zugänglich ist.

Diese beiden Bereiche möchte ich Ihnen in diesem Abschnitt kurz vorstellen.

4.1.1   Das Frontend ist die Website, so wie Ihre Besucher sie sehen

Das Frontend ist die ganz normale Website, so wie Ihre Besucher sie sehen, und es ist nach der Installation meist unter dem Domain-Namen, wie z. B. *mein-name.de*, erreichbar.

WordPress bekommt jedes Jahr ein nach der Jahreszahl benanntes neues Standard-Theme. Abbildung 4.1 zeigt die Startseite mit dem aktuellen Standard-Theme *Twenty Nineteen* direkt nach der Installation im Browserfenster auf einem Desktop-Rechner. Falls es bei Ihnen anders aussieht, erfahren Sie im Hinweiskasten oben auf der nächsten Seite, wie Sie Twenty Nineteen aktivieren. In Abbildung 4.1 sehen Sie den *Titel der Website* ❶, den *Untertitel* ❷, einen ersten, automatisch erstellten *Beitrag* ❸, einen *ersten, automatisch erstellten Kommentar* ❹, eine *Suchfunktion* ❺ und eine Linkliste für *Neue Beiträge* ❻.

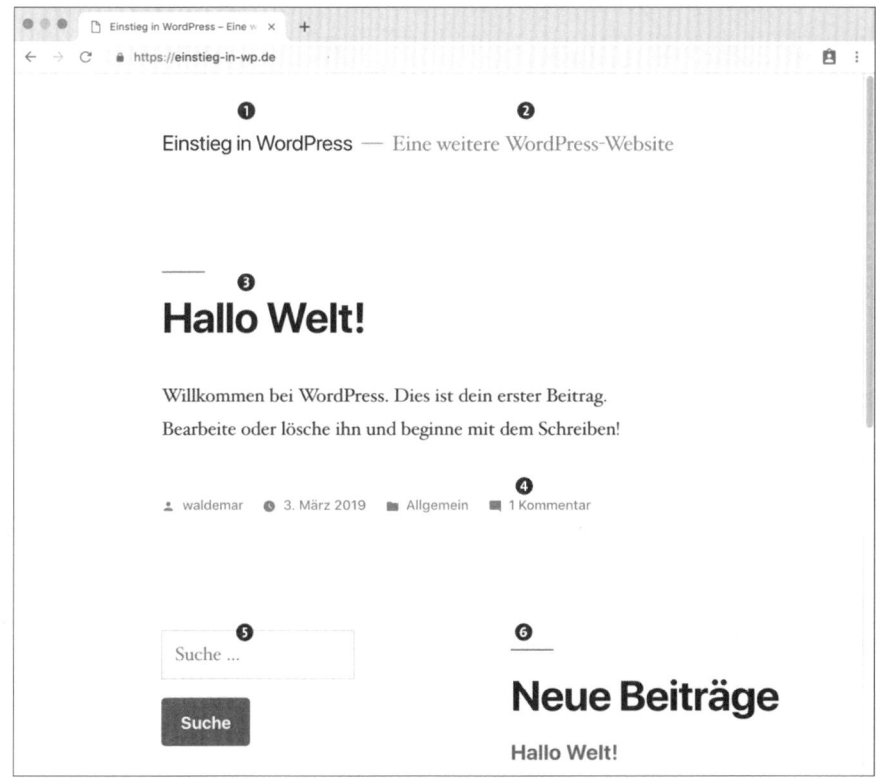

Abbildung 4.1 Das Frontend von WordPress nach der Installation

Weiter unten auf der Seite gibt es noch weitere Linklisten mit den Überschriften *Neue Kommentare*, *Archive*, *Kategorien* und *Meta*. Den Abschluss der Seite bildet eine Fußzeile mit dem Titel der Website, einem Komma und dem Slogan *Stolz präsentiert von WordPress*.

Das Standard-Theme »Twenty Nineteen« aktivieren

Die Abbildungen im Buch basieren auf dem Standard-Theme Twenty Nineteen. Um dieses Theme zu aktivieren, wechseln Sie im Backend, das Sie gleich in Abschnitt 4.1.2 kennenlernen, in das Menü DESIGN, fahren mit der Maus auf das Theme Twenty Nineteen und klicken auf die Schaltfläche AKTIVIEREN. Nach einem Neuladen sieht das Frontend im Browser dann so aus wie in Abbildung 4.1.

4.1.2   Das Backend ist die Verwaltungsabteilung

Das *Backend* von WordPress ist der Verwaltungsbereich im Hintergrund, den Sie in diesem Kapitel näher kennenlernen, und wird auch *WP Admin* genannt. Das Backend dient den Mitarbeitern zur Pflege der Website; und damit Unbefugte keinen Zutritt zu diesem Bereich haben, gibt es eine Anmeldung, bei der man sich mit Benutzernamen und Passwort als Mitarbeiter ausweisen muss.

Die Anmeldungsseite können Sie auf verschiedenen Wegen erreichen. Am einfachsten ist es, im Frontend in der Sidebar ganz unten im Bereich META auf den Link ANMELDEN zu klicken. Da dieser Link aber nicht in jedem Theme vorhanden ist, können Sie das Backend mit den folgenden Adressen auch direkt aufrufen:

- *mein-name.de/wp-login.php*
- *mein-name.de/wp-admin*

Bei vielen Installationen funktioniert auch *mein-name.de/login*. Nehmen Sie einfach die Variante, die Sie sich am besten merken können, und speichern Sie sie als Lesezeichen im Browser.

Alle drei Adressen führen zu der in Abbildung 4.2 gezeigten Anmeldung am Backend. Hier geben Sie BENUTZERNAME ODER E-MAIL-ADRESSE und PASSWORT ein, und zwar so, wie es während der Installation für das WordPress-Admin-Konto festgelegt wurde.

Passwort vergessen? Klicken Sie auf den Link.

Wenn Sie das Passwort für die Anmeldung am Backend von WordPress vergessen haben, klicken Sie einfach auf den unscheinbaren Link PASSWORT VERGESSEN? direkt unterhalb des Anmeldeformulars. Sie werden dann gebeten, Ihren Benutzernamen oder die E-Mail-Adresse einzugeben. Dann bekommen Sie eine E-Mail zugesandt, mit deren Hilfe Sie ein neues Passwort erstellen können.

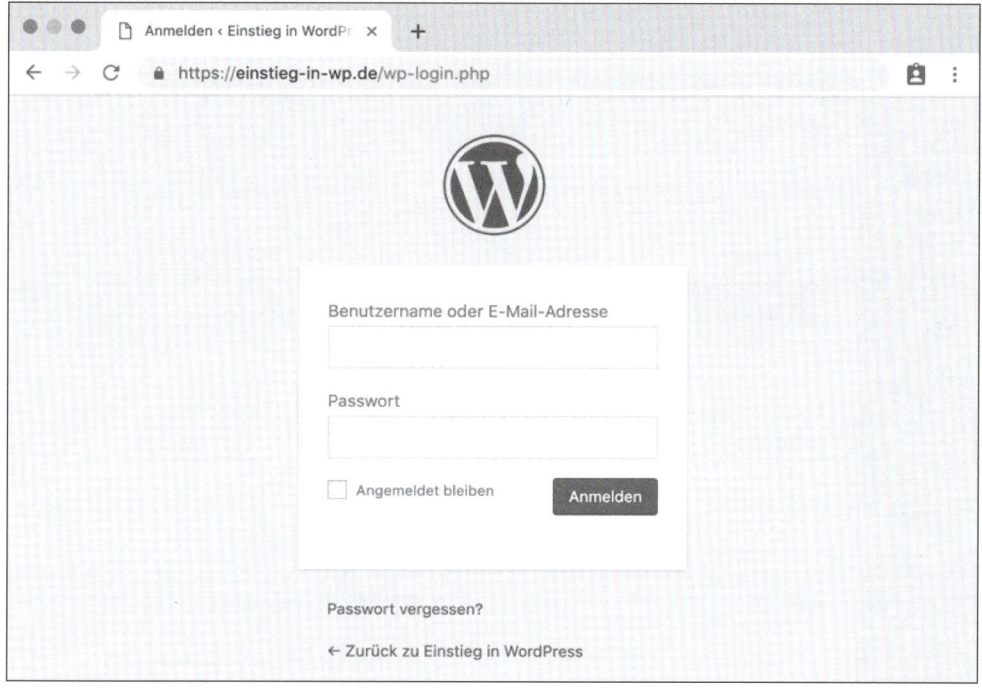

Abbildung 4.2 Die Anmeldung am Backend

4.2 Das Backend von WordPress im Überblick

Im Backend von WordPress werden Sie viel Zeit verbringen, denn hier werden Seiten und Beiträge geschrieben, Bilder eingebunden, Kommentare verwaltet und vieles mehr. Kurzum: Alles, was die Besucher im Frontend sehen, wird hier im Backend erstellt und verwaltet.

Das Backend eines selbst installierten WordPress besteht nach einer erfolgreichen Anmeldung aus drei großen Bereichen:

► Werkzeugleiste (Admin-Toolbar) ❶
► Menüleiste ❷
► Inhaltsbereich ❸

Abbildung 4.3 zeigt diese drei Bereiche im Überblick, wobei in der Menüleiste der Menüpunkt DASHBOARD ausgewählt ist.

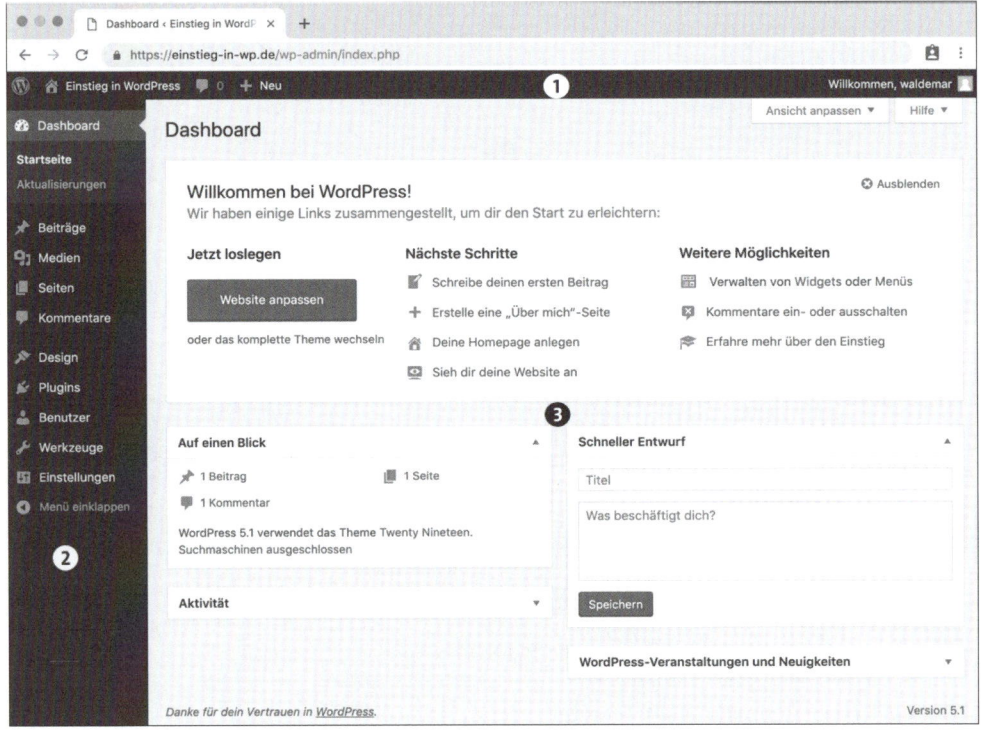

Abbildung 4.3 Das Backend – WordPress auf dem eigenen Webspace

4.2.1 Die Werkzeugleiste am oberen Bildschirmrand

Abbildung 4.4 zeigt die Werkzeugleiste am oberen Rand des Browserfensters. Sie wird oft auch *Admin-Leiste* oder *Admin-Toolbar* genannt.

Die Werkzeugleiste erscheint, wenn Sie im Backend angemeldet sind, auch im Frontend und ist sehr praktisch zum Wechseln zwischen Front- und Backend.

Abbildung 4.4 Die Werkzeugleiste von WordPress.org

Diese Werkzeugleiste bietet folgende Optionen:

▶ Das WordPress-Logo ❶ ganz links ist ein Dropdown-Menü mit einigen Links wie ÜBER WORDPRESS, der Infos über die aktuelle WordPress-Version enthält, und SUP-PORT-FOREN bzw. FEEDBACK, die zu WordPress.org führen.

▶ Rechts daneben sehen Sie ein Häuschen mit dem Titel der Website ❷. Ein Klick darauf öffnet das Frontend im selben Browserfenster, und im Frontend führt derselbe Link wieder zurück ins Backend.

Wenn Sie vor dem Klick die Taste `Strg` bzw. `cmd` drücken, wird der Link in einem neuen Browser-Tab geöffnet, und Front- und Backend sind dann jeweils in einem eigenen Tab.

▶ Die Sprechblase ❸ steht für Kommentare, und die Zahl daneben zeigt die Anzahl der noch nicht als öffentlich freigegebenen Kommentare. Ein Klick auf den Link bringt Sie direkt ins Menü KOMMENTARE.

▶ + NEU ❹ ist ein Dropdown-Menü mit verschiedenen Links, mit denen Sie schnell einen neuen *Beitrag*, eine neue *Datei* (gemeint ist das Hochladen von Medien), eine neue *Seite* und einen neuen *Benutzer* erstellen können.

▶ WILLKOMMEN, WALDEMAR ❺ ganz außen rechts ist ein Dropdown-Menü mit den Links PROFIL BEARBEITEN und ABMELDEN.

Viele Links in der Werkzeugleiste sind Abkürzungen zu häufig benutzten Menübefehlen, die Sie im Laufe des Buches näher kennenlernen werden.

4.2.2 Die Menüleiste ist die Schaltzentrale im Backend

Die Menüleiste am linken Bildschirmrand ist die Schaltzentrale im Backend (Abbildung 4.5).

Abbildung 4.5 Die Menüleiste von WordPress

Der aktuell ausgewählte Menüpunkt wird farblich hervorgehoben, und am rechten Rand zeigt ein kleines Dreieck darauf. Das Menü DASHBOARD ❶ wird gleich in Abschnitt 4.2.3 ausführlich vorgestellt, die restlichen Menüs lernen Sie im weiteren Verlauf des Buches kennen.

Unterhalb des Dashboards lässt sich die Menüleiste in zwei große Abschnitte unterteilen:

▶ Im ersten Abschnitt ❷ geht es in den Menüs BEITRÄGE, MEDIEN, SEITEN und KOMMENTARE um die *Inhalte* Ihrer Website.

▶ Die Menüs im zweiten Abschnitt ❸ darunter kümmern sich um die *Konfiguration der Website*. Hier gibt es Menüs für DESIGN, PLUGINS, BENUTZER, WERKZEUGE und EINSTELLUNGEN.

Mit dem Befehl MENÜ EINKLAPPEN ganz unten in der Menüleiste können Sie, tja, das Menü einklappen. Sie sehen dann lediglich die Symbole, was besonders auf Geräten mit kleinen Bildschirmen nützlich sein kann. Wenn das Browserfenster nicht breit genug ist, passiert das von alleine.

4.2.3   Das Dashboard – alles Wichtige auf einen Blick

Nach der Anmeldung am Backend wird das Menü DASHBOARD angezeigt. Dashboard heißt auf Deutsch *Armaturenbrett*, und das Symbol daneben ist dazu passend ein Tacho.

Das Dashboard hat zwei Unterseiten namens STARTSEITE und AKTUALISIERUNGEN. In Abbildung 4.6 sehen Sie die Seite DASHBOARD • STARTSEITE. Oben im Inhaltsbereich ist der Bereich ANSICHT ANPASSEN bereits ausgeklappt.

Auf der Startseite gibt es zahlreiche Bereiche, von denen viele mit einem Klick auf das kleine Dreiecksymbol rechts oben ein- und ausgeklappt werden. Abbildung 4.6 zeigt die wichtigsten Bereiche im Überblick:

▶ WILLKOMMEN BEI WORDPRESS! ❶ enthält einige Links, die besonders am Anfang hilfreich sein können. Wenn Sie das Backend besser kennengelernt haben, können Sie den Bereich über den Link AUSBLENDEN oder über die entsprechende Option im Bereich ANSICHT ANPASSEN ❻ ausblenden.

▶ AUF EINEN BLICK ❷ zeigt Ihnen, wie viele Beiträge, Seiten und Kommentare es gibt, welche WordPress-Version installiert ist, welches Theme verwendet wird und ob die Website momentan von Suchmaschinen durchsucht werden kann oder nicht.

▶ AKTIVITÄT ❸ zeigt kürzlich veröffentlichte Beiträge und Kommentare.

▶ SCHNELLER ENTWURF ❹ ist ideal, um Ideen für Beiträge festzuhalten. Sie geben einfach einen Titel und ein paar Stichworte ein und klicken auf SPEICHERN. Der Text wird als Entwurf gespeichert und kann später im Menü BEITRÄGE weiterbearbeitet werden.

▶ Die WORDPRESS-VERANSTALTUNGEN UND NEUIGKEITEN ❺ werfen einen Blick über den Tellerrand und zeigen Schlagzeilen von Blogs und Websites, die mit WordPress zu tun haben.

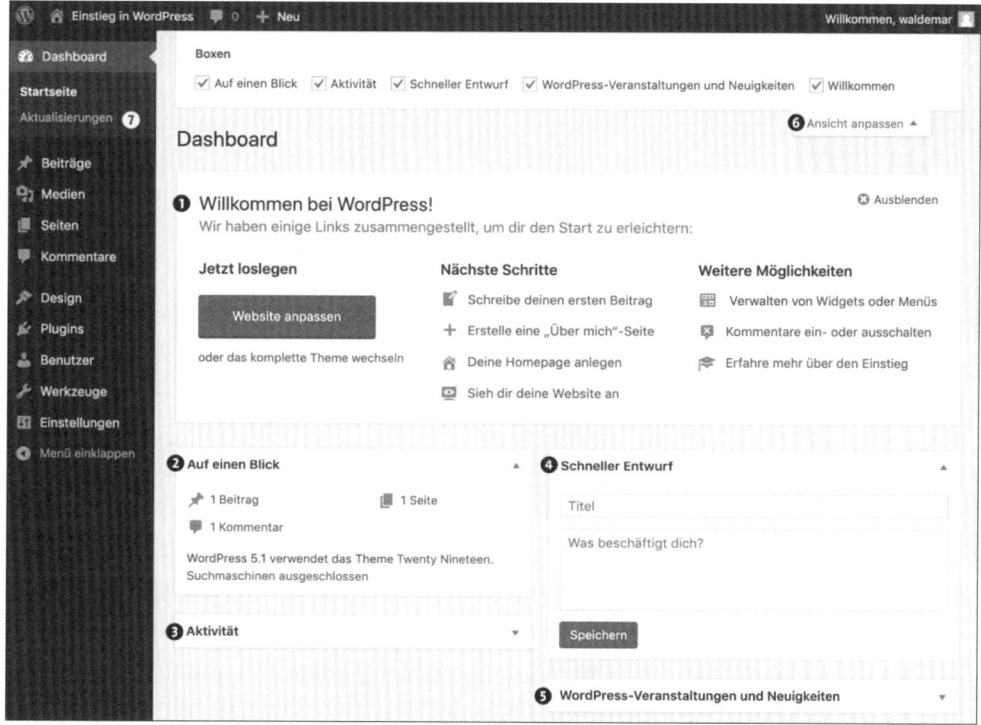

Abbildung 4.6 Das Dashboard im Backend von WordPress

Im Bereich ANSICHT ANPASSEN ❻ rechts oben können Sie auf jeder Backend-Seite die zur Verfügung stehenden Bereiche auch ganz ein- und ausblenden und die Seiten so übersichtlicher machen.

Auf der zweiten Seite im Dashboard, AKTUALISIERUNGEN ❼, finden Sie eine Übersicht eventuell anstehender Updates für WordPress, Plugins, Themes oder Übersetzungen.

4.3   Das Menü »Einstellungen« im Überblick

Bevor Sie sich ab dem nächsten Kapitel dem Erstellen von Inhalten in allen seinen Facetten widmen, werfen Sie zunächst einen Blick auf die wichtigsten Einstellungen, damit Ihre Website von Anfang an auf einem soliden Fundament steht.

Das Menü EINSTELLUNGEN dient der Konfiguration von WordPress und ist in die sechs Bereiche ALLGEMEIN, SCHREIBEN, LESEN, DISKUSSION, MEDIEN, PERMALINKS und DATENSCHUTZ unterteilt (Abbildung 4.7).

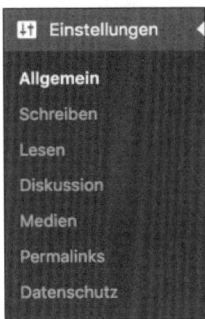

Abbildung 4.7 Das Menü »Einstellungen«
hat diverse Unterpunkte.

Im Menü EINSTELLUNGEN gibt es unzählige Optionen, mit denen Sie das Verhalten von WordPress beeinflussen können. In diesem Kapitel lernen Sie zunächst nur die wichtigsten Einstellungen aus den Bereichen ALLGEMEIN, LESEN und PERMALINKS kennen:

▶ Im Menü ALLGEMEIN geht es dabei unter anderem um den Titel der Website, den Untertitel und einige Einstellungen zu Datumsformaten (siehe Abschnitt 4.4).

▶ Bei den Optionen in LESEN geht es um die Anzahl der auszugebenden Blogbeiträge pro Seite, ob die Startseite die Blogbeiträge oder statische Inhalte darstellen soll, den Newsfeed und die Sichtbarkeit in Suchmaschinen. Diese Optionen lernen Sie in Abschnitt 4.5 kennen.

▶ PERMALINKS sind die Adressen (URLs) für Beiträge in der Einzelansicht, und in diesem Bereich stellen Sie ein, nach welchem Schema WordPress die Permalinks erstellen soll (siehe Abschnitt 4.6).

Die anderen Bereiche lernen Sie später im Rahmen der dazugehörigen Themen genauer kennen:

▶ Im Bereich SCHREIBEN werden unter anderem Feinheiten zur Eingabe und Wege zur Erstellung von Beiträgen wie VIA E-MAIL SCHREIBEN beschrieben, die eher selten benutzt werden.

▶ Im Bereich DISKUSSION geht es um Kommentare und Avatare, die ich Ihnen in Kapitel 11 ausführlich vorstelle.

▶ Im Bereich MEDIEN werden die Bildgrößen für das Hochladen von Bildern festgelegt, und die entsprechenden Einstellungen werden in Kapitel 7 erläutert.

▶ Im Bereich DATENSCHUTZ können Sie festlegen, welche Seite für die Datenschutzerklärung genutzt werden soll. Mehr dazu erfahren Sie in Kapitel 19.

Los geht es mit einigen wichtigen allgemeinen Einstellungen.

4.4   »Einstellungen • Allgemein«: Titel der Website & Co.

In diesem Abschnitt stelle ich Ihnen die Optionen aus dem Menü EINSTELLUNGEN • ALLGEMEIN vor. Abbildung 4.8 zeigt zunächst die obere Hälfte des Menüs.

Abbildung 4.8 Die obere Hälfte von »Einstellungen • Allgemein«

Die Optionen zu TITEL DER WEBSITE und UNTERTITEL ❶ werden etwas weiter unten in Abschnitt 4.4.1 ausführlich beschrieben, die anderen gleich hier kurz erläutert:

▶ WORDPRESS-ADRESSE (URL) und WEBSITE-ADRESSE (URL) ❷: Diese beiden Adressen sind in der Regel identisch, und Sie können und sollten sie unverändert lassen. Sie sind nur relevant, wenn WordPress in ein Unterverzeichnis installiert wurde, aber über das Hauptverzeichnis aufgerufen werden soll. Und selbst dann wäre es in den meisten Fällen eleganter, das Problem nicht hier, sondern mit der Zuweisung einer Domain in der Webspace-Verwaltungsoberfläche zu lösen (siehe Abschnitt 3.2.3, »Schritt 3: WordPress-Dateien per FTP auf den Webspace kopieren«).

▶ E-MAIL-ADRESSE ❸: Diese Adresse dient der Administration und ist von außen nicht sichtbar. WordPress schickt allgemeine Nachrichten zur Verwaltung und Pflege der Website an diese Adresse, z. B. wenn Kommentare von einem Admin freigegeben werden müssen. Für Sie als Administrator ist diese Adresse meist identisch mit der für benutzerspezifische Nachrichten in Ihrem Benutzerprofil (siehe Abschnitt 4.7.3, »›Kontaktinfo‹, ›Über Dich‹ und Passwort ändern«).

▶ MITGLIEDSCHAFT und STANDARDROLLE EINES NEUEN BENUTZERS ❹: Hier stellen Sie ein, ob sich Besucher auf Ihrer Website registrieren können und – wenn ja – welche Benutzerrolle ihnen dann standardmäßig zugewiesen wird. Auf Ihrer eigenen Website sind Sie in der Regel Administrator, der alles kann und alles darf. Mehr über die anderen Rollen erfahren Sie in Abschnitt 18.4, »Die Benutzerverwaltung von WordPress«. Ohne guten Grund sollten Sie diese Optionen nicht aktivieren.

Weiter unten auf der Seite folgen noch Einstellungen zu Datums- und Zeitangaben, die in Abschnitt 4.4.2 vorgestellt werden.

4.4.1   Der Name für Ihre Website: »Titel der Website« und »Untertitel«

Die Optionen TITEL DER WEBSITE und UNTERTITEL sind Ihnen im Laufe des Buches bereits mehrfach begegnet:

▶ bei der Planung Ihrer Website in Abschnitt 2.3

▶ bei der Installation von WordPress in Kapitel 3

Der *Titel der Website* wurde in älteren WordPress-Versionen auch *Blog-Titel* oder *Seitentitel* genannt. Gemeint ist hier der Titel für die gesamte *Website*, der in fast allen Themes an sehr prominenter Stelle im Frontend ausgegeben wird. Typische Titel wären z. B. »Gitarrenschule Online«, »Einstieg in WordPress« oder »In Sachen Kommunikation«.

Der Untertitel sollte den Titel der Website in wenigen Worten ergänzen und den Besuchern kurz und knapp erzählen, worum es auf der Website geht. Er steht meist etwas kleiner darunter oder daneben, wird aber in manchen Themes auch gar nicht ausgegeben.

Seit WordPress 4.4 lautet der Untertitel von Haus aus *Eine weitere WordPress-Website*, und er sollte auf jeden Fall geändert werden, auch wenn er im Frontend nicht zu sehen ist. Im Quelltext der Webseite ist er nämlich trotzdem vorhanden, und daher wird er von den Suchmaschinen erfasst und spätestens auf deren Ergebnisseiten wieder sichtbar. Die Google-Suche in Abbildung 4.9 zeigt, dass mehr als 28.000 WordPress-Admins diesen Untertitel nach der Installation nicht geändert haben.

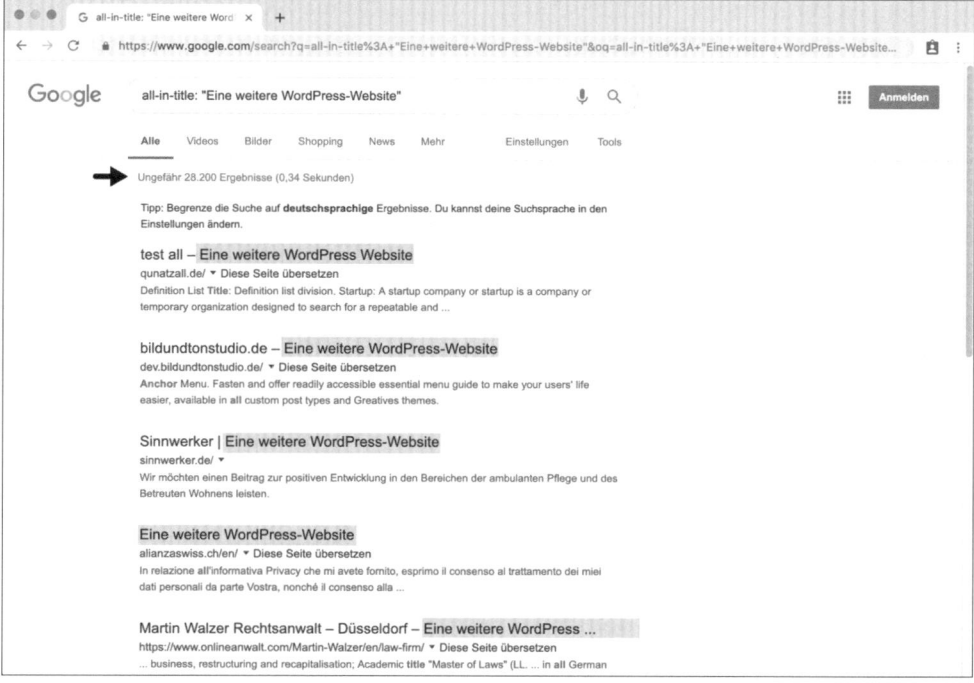

Abbildung 4.9 Der Untertitel erscheint bei Google in den Suchergebnissen.

Im folgenden ToDo überprüfen Sie den Titel der Website, den Untertitel und die E-Mail-Adresse für administrative Zwecke.

ToDo: Titel der Website, Untertitel und E-Mail-Adresse überprüfen

1. Öffnen Sie im Backend das Menü EINSTELLUNGEN • ALLGEMEIN.

2. Überprüfen Sie den im Feld TITEL DER WEBSITE eingetragenen Text, und tragen Sie dort Ihren eigenen Titel der Website ein.

3. Geben Sie einen passenden UNTERTITEL ein. Sollten Sie keinen Untertitel wünschen, löschen Sie den bestehenden Eintrag, und lassen Sie das Feld leer.

4. Überprüfen Sie, ob im Feld E-MAIL-ADRESSE eine geeignete Adresse steht.

5. Lassen Sie alle anderen Optionen unverändert.

6. Speichern Sie die Änderungen mit einem Klick auf die Schaltfläche ÄNDERUNGEN ÜBERNEHMEN ganz unten auf der Seite, und überprüfen Sie die Änderungen anschließend im Frontend.

4.4.2   Allgemeine Einstellungen für Zeit, Datum und Sprache der Seite

In der unteren Hälfte der Seite EINSTELLUNGEN • ALLGEMEIN geht es um verschiedene Einstellungen zur Zeitzone und zum Datums- und Zeitformat. Außerdem wird festgelegt, mit welchem Tag die Woche beginnt und welche Sprache die Website haben soll.

Die in Abbildung 4.10 gezeigten Optionen sind für eine Website im deutschsprachigen Raum durchaus sinnvoll:

▶ SPRACHE DER WEBSITE ❶ ist wahrscheinlich DEUTSCH.

▶ ZEITZONE ❷ ist z. B. BERLIN. Die in der Dropdown-Liste gezeigte koordinierte Weltzeit (UTC) entspricht übrigens der Greenwich Mean Time (GMT) und ist deren offizieller Nachfolger.

▶ Beim DATUMSFORMAT ❸ wählen Sie das, was Sie auf Ihrer Website am liebsten sehen würden. Im deutschsprachigen Raum üblich ist die Reihenfolge *Tag-Monat-Jahr*. Die kryptischen Zeichen dahinter sind die Parameter zur Datumsformatierung in der Programmiersprache PHP, in der WordPress geschrieben wurde.

▶ Unter ZEITFORMAT ❹ stellen Sie das gewünschte Zeitformat ein.

▶ Die WOCHE BEGINNT AM ❺ MONTAG, meistens jedenfalls.

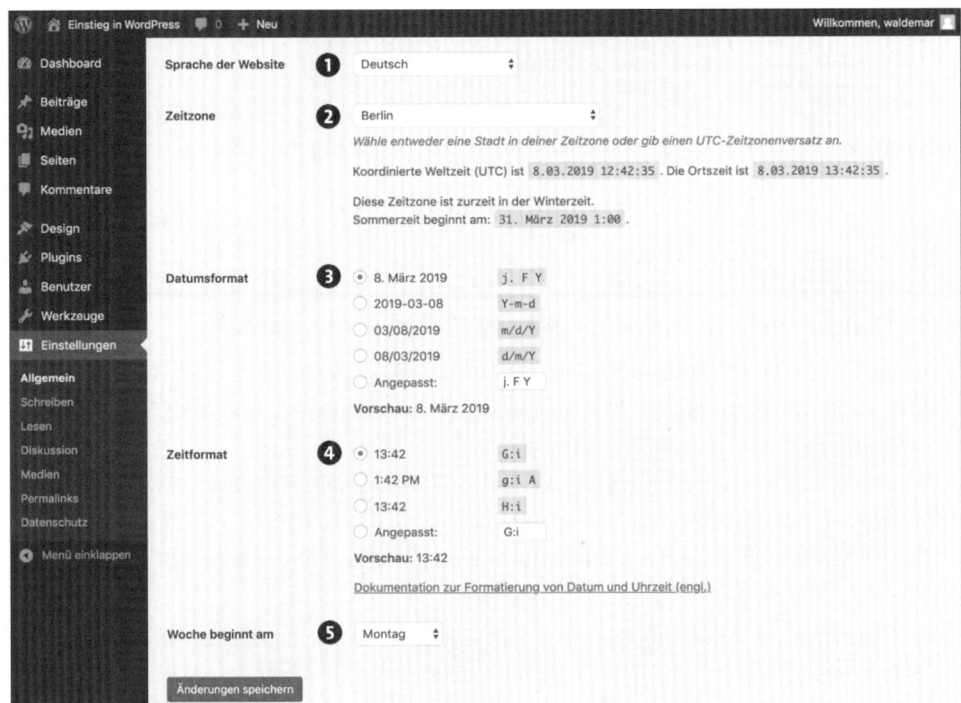

Abbildung 4.10 Die untere Hälfte von »Einstellungen • Allgemein«

Im folgenden ToDo überprüfen Sie die Datums- und Zeitformate.

ToDo: Datums- und Zeitformate überprüfen

1. Öffnen Sie im Backend das Menü EINSTELLUNGEN • ALLGEMEIN.

2. Überprüfen Sie, ob bei der Option ZEITZONE eine zutreffende Stadt oder Zeitzone ausgewählt wurde, z. B. BERLIN.

3. Wählen Sie bei DATUMSFORMAT das von Ihnen gewünschte Format aus.

4. Überprüfen Sie, ob das gewählte ZEITFORMAT Ihren Vorstellungen entspricht.

5. Prüfen Sie, ob der Wochenanfang und die SPRACHE DER WEBSITE stimmen.

6. Speichern Sie die Einstellungen mit einem Klick auf die Schaltfläche ÄNDERUNGEN ÜBERNEHMEN ganz unten auf der Seite.

4.5   »Einstellungen • Lesen«: Beiträge, Newsfeed, Suchmaschinen

Abbildung 4.11 zeigt die Optionen im Menü EINSTELLUNGEN • LESEN.

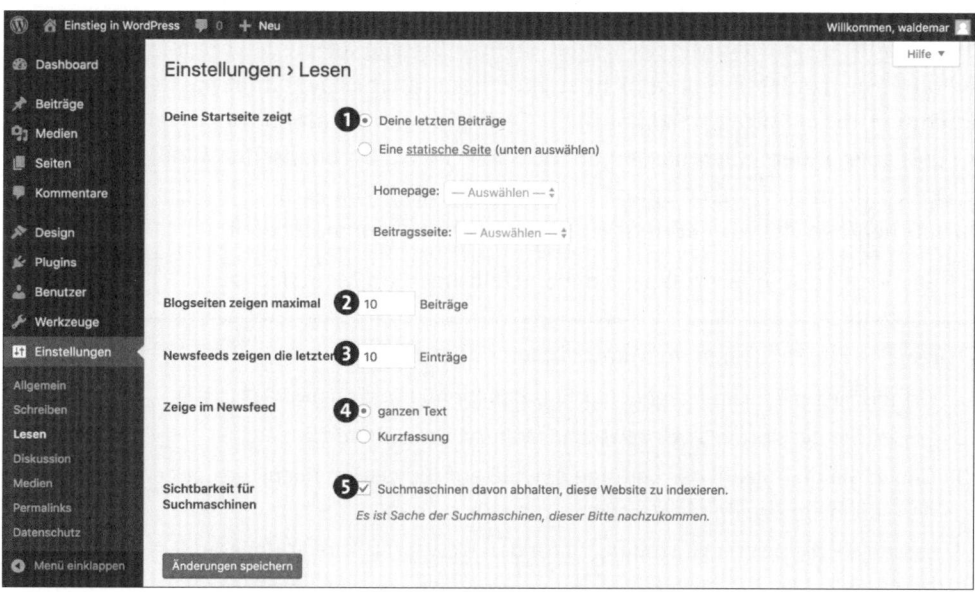

Abbildung 4.11 Die Optionen im Menü »Einstellungen • Lesen«

Insgesamt gibt es im Menü LESEN fünf Bereiche. Die Optionen von DEINE STARTSEITE ZEIGT ❶ werden in Abschnitt 5.7, »Eine klassische Website: Startseite und Newsbereich«, ausführlich erklärt, bleiben also noch vier weitere:

▶ BLOGSEITEN ZEIGEN MAXIMAL XX BEITRÄGE ❷: Hier können Sie bestimmen, wie viele Beiträge pro Seite angezeigt werden. Die voreingestellte »10« ist für den Anfang völlig in Ordnung.

▶ NEWSFEEDS ZEIGEN DIE LETZTEN XX EINTRÄGE ❸: WordPress erzeugt aus den Blogbeiträgen automatisch einen Beitrags-Feed (RSS), den Ihre Besucher abonnieren können (siehe Abschnitt 5.1, »Beiträge und Seiten: So verwaltet WordPress Inhalte«). Hier können Sie einstellen, wie viele Beiträge in diesem Newsfeed angezeigt werden.

▶ ZEIGE IM NEWSFEED ❹ gibt an, ob der Newsfeed den ganzen Text eines Beitrags enthält oder nur eine Kurzfassung. Im Zweifelsfall bleiben Sie bei der Standardeinstellung GANZEN TEXT.

▶ SICHTBARKEIT FÜR SUCHMASCHINEN ❺: Solange Sie in Ruhe experimentieren möchten, können Sie diese Option ruhig aktivieren. Nach der Anmeldung am Backend finden Sie dann im DASHBOARD-Bereich AUF EINEN BLICK den Hinweis SUCHMASCHINEN AUSGESCHLOSSEN. Sie sollten später nicht vergessen, die Option zu deaktivieren, sonst findet Sie niemand über die Suchmaschinen.

Das Häkchen vor der Option SUCHMASCHINEN DAVON ABHALTEN, DIESE WEBSITE ZU INDEXIEREN ist übrigens keine absolute Garantie, dass die Seiten nicht in den Suchmaschinen auftauchen. WordPress sendet diverse Signale an die Suchmaschinenrobots und bittet sie damit, die Seiten nicht zu indizieren, aber es liegt im Ermessen der Suchmaschinen, dieser Bitte nachzukommen. Seriöse Suchmaschinen wie Google oder Bing tun das, aber andere Suchmaschinen vielleicht nicht. Im englischen WordPress heißt die Option denn auch DISCOURAGE SEARCH ENGINES FROM INDEXING THIS SITE. *To discourage* heißt so viel wie *entmutigen*, *abschrecken* oder *demotivieren*.

Im folgenden ToDo überprüfen Sie die Einstellungen im Menü LESEN.

ToDo: Die Einstellungen im Menü »Lesen« überprüfen

1. Öffnen Sie im Backend gegebenenfalls das Menü EINSTELLUNGEN • LESEN.
2. Lassen Sie die Option STARTSEITE ZEIGT vorerst unverändert.
3. Geben Sie die Anzahl der Beiträge ein, die auf Blogseiten höchstens angezeigt werden sollen. Im Zweifelsfall lassen Sie die »10« stehen.
4. Lassen Sie die beiden Einstellungen für den NEWSFEED vorerst unverändert.
5. Prüfen Sie, ob die Option SUCHMASCHINEN DAVON ABHALTEN, DIESE WEBSITE ZU INDEXIEREN aktiviert ist. Solange Sie noch in der Testphase sind, ist das empfehlenswert.
6. Speichern Sie die Einstellungen mit einem Klick auf die Schaltfläche ÄNDERUNGEN ÜBERNEHMEN ganz unten auf der Seite.

4.6 »Einstellungen • Permalinks«: Aussagekräftige URLs

Permalink ist kurz für *permanenter Link* und bezeichnet in WordPress die Webadresse für Seiten und Beiträge in der Einzelansicht. Ein Permalink ist also eine Adresse, unter der Seite oder Beitrag permanent erreichbar sind. Da ein Permalink an sich eine ganz normale Webadresse ist, möchte ich zunächst kurz den Aufbau einer solchen URL schildern.

4.6.1 Der Aufbau einer Webadresse (URL)

Jede Webseite hat eine weltweit einmalige Adresse, die auch als *URL* bezeichnet wird. Da die naheliegende Aussprache »uhrrl« schwer von der Zunge geht, haben sich für URL zwei gebräuchliche Ausprachevarianten eingebürgert:

▶ *uh-er-el*, alle Buchstaben einzeln auf Deutsch

▶ *you-are-al*, alle Buchstaben einzeln auf Englisch

URLs sind in erster Linie für Browser und nicht für Benutzer gedacht, was ihren geringen Merkwert und ihren etwas kryptisch anmutenden Aufbau erklärt. Abbildung 4.12 zeigt ein Beispiel.

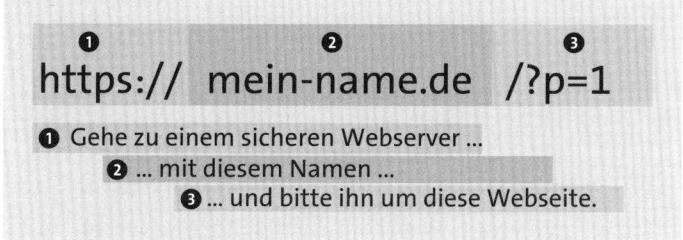

Abbildung 4.12 Der Aufbau einer Webadresse (URL)

Die URL aus Abbildung 4.12 besteht aus drei Teilen: Protokoll, Domain-Name und gewünschte Webseite.

1. Protokoll

https bedeutet so viel wie »Gehe zu einem sicheren Webserver«, und *Doppelpunkt* und *Doppelslash* sagen dem Browser, dass der erste Teil der URL zu Ende ist.

2. Domain-Name

Der Name, unter dem der Webserver erreichbar ist. Er beginnt *nach* dem doppelten Schrägstrich und endet mit einer Top Level Domain *vor* dem ersten einfachen Schrägstrich.

3. Die gewünschte Webseite

Nach dem ersten einfachen Schrägstrich folgen bei statischen Webseiten Ordner- und Dateinamen, bei WordPress stehen dort von Haus aus aber nur ein Fragezeichen und ein Parameter wie p=1. Dieser Parameter teilt WordPress mit, was genau gewünscht wird. p=1 bedeutet z. B. »den Beitrag (post) mit der ID-Nummer 1«.

Noch eine Anmerkung zum Protokoll: Die Variante *https* mit einem SSL-Zertifikat wird immer selbstverständlicher, da die Übertragung der Daten über das Internet dann verschlüsselt erfolgt. Bei einer solchen sicheren URL zeigen die Browser in der Adresszeile meist ein Schloss, und mit einem Klick auf dieses Schloss kann der Benutzer Detailinfos zur Verbindung mit dem Webserver abfragen (siehe Abbildung 4.13).

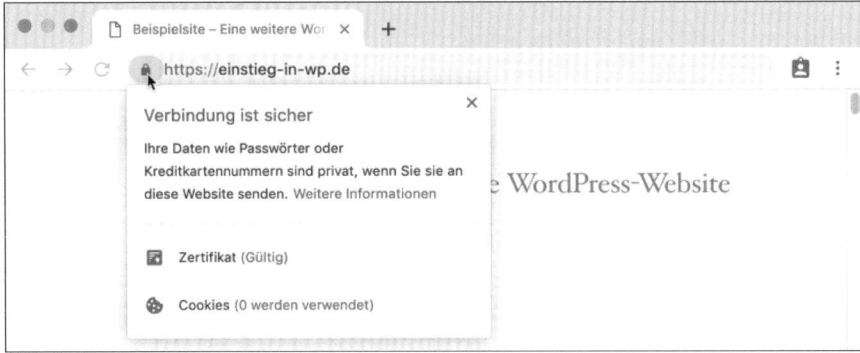

Abbildung 4.13 Eine sichere Verbindung mit https im Browser

Bei http ohne s werden die Daten während der Übertragung nicht verschlüsselt, und entsprechende Websites werden in modernen Browsern in der Adresszeile oft mit einem Zusatz wie NICHT SICHER versehen. Das Protokoll *http* wird dabei oft ausgeblendet (siehe Abbildung 4.14).

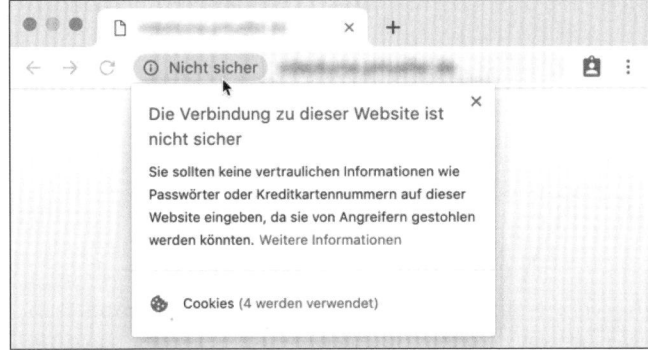

Abbildung 4.14 Eine nicht sichere Verbindung mit http im Browser

4.6.2 »Gebräuchliche Einstellungen« für Permalinks in WordPress

Bei den Einstellungen für Permalinks geht es darum, wie WordPress den dritten Teil der URL erzeugt. Abbildung 4.15 zeigt die verschiedenen Möglichkeiten in der Übersicht des Menüs EINSTELLUNGEN • PERMALINKS. Damit diese Einstellungen funktionieren, muss auf dem Webspace das Apache-Modul *mod_rewrite* aktiviert sein (siehe Abschnitt 2.7, »Technik (2): So finden Sie einen passenden Webspace«), aber das ist heute fast immer der Fall.

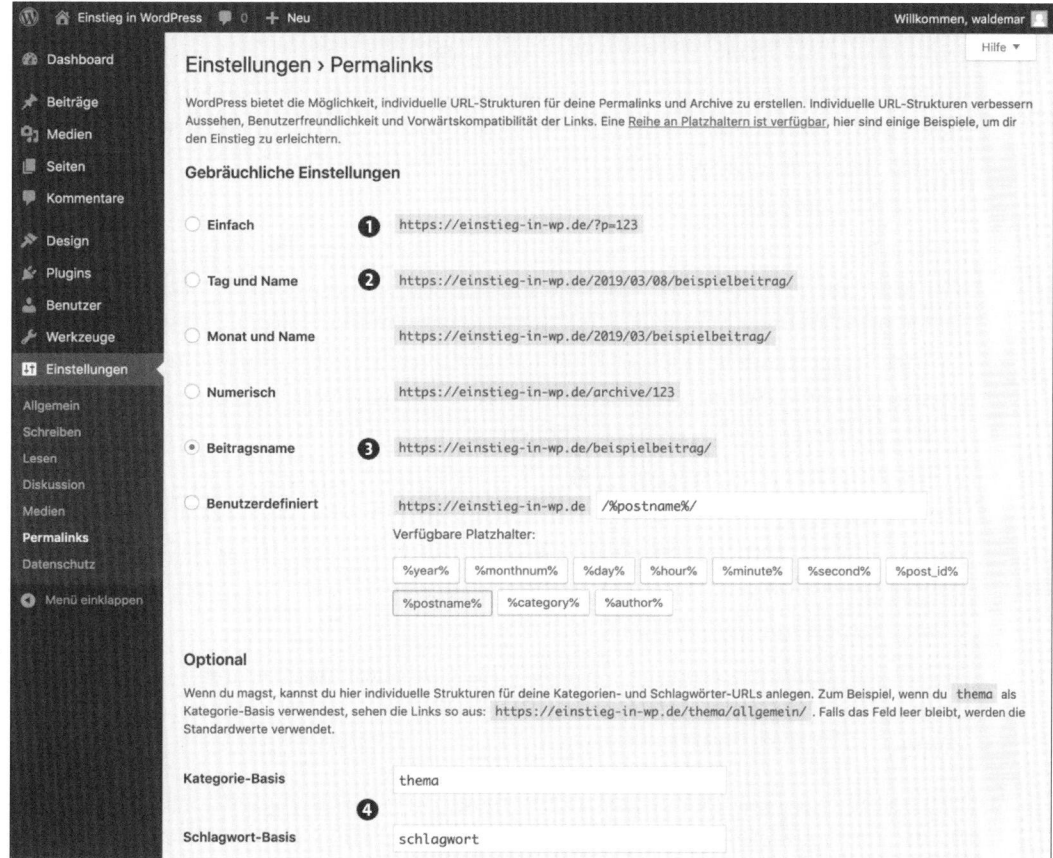

Abbildung 4.15 Die Möglichkeiten zur Einstellung der Permalinks

Die Adressen für Beiträge und Seiten sollten möglichst aussagekräftig sein. So bekommt ein Besucher im Idealfall nur durch den Permalink schon eine Vorstellung davon, was ihn inhaltlich in dem Beitrag oder auf der Seite erwartet, und auch in Suchmaschinen bekommen Sie Zusatzpunkte, wenn die Suchbegriffe in der URL auftauchen.

Die folgende Aufzählung zeigt die häufigsten Einstellungen für Permalinks im Überblick:

▶ EINFACH: */?p=123* ❶

Diese Einstellung ist zwar nicht hübsch, funktioniert aber auf jedem Webspace:

https://mein-name.de/?p=123

Damit weiß WordPress, dass auf der gewünschten Seite der Beitrag mit der ID 123 dargestellt werden soll, aber die URL lässt keine Rückschlüsse auf den Inhalt dieses Beitrags zu.

▶ TAG UND NAME: */2019-03-08/beispielbeitrag/* ❷

In dieser Option geht es um das Tagesdatum der Beitragserstellung in der URL. Für einen Beitrag mit dem Titel »Hallo Welt«, der am 31. Mai 2019 geschrieben wurde, erzeugt die Option TAG UND NAME folgende URL:

https://mein-name.de/2019/05/31/hallo-welt/

Diese Adresse ist wesentlich aussagekräftiger als die Standardeinstellung, denn Besucher und Suchmaschinen können so auf Anhieb sehen, wann der Beitrag erstellt wurde und wovon er handelt. Leerstellen und Umlaute im Beitragstitel werden automatisch umgewandelt. Nachteil dieser Variante ist, dass das Datum in der URL bei nachträglichen Aktualisierungen des Beitrags nicht geändert wird und der Beitrag so vielleicht älter erscheint, als er tatsächlich ist.

▶ BEITRAGSNAME: */beispielbeitrag/* ❸

Die Option BEITRAGSNAME verwendet den Titel eines Beitrags zur Erzeugung der URL. Für den automatisch erstellten Beitrag mit dem Titel »Hallo Welt« lautet der Permalink wie folgt:

https://mein-name.de/hallo-welt/

Mit dieser Variante bekommen Besucher und Suchmaschinen immer noch eine Vorstellung vom Beitragsinhalt, aber die URL gibt keinen Hinweis mehr auf das Alter des Beitrags.

Diese Einstellungen gelten übrigens nur für Blogbeiträge. Bei Seiten wird bei der Option EINFACH der Parameter *page_id* verwendet und bei allen anderen Optionen der Titel der Seite ohne Datumsangabe.

Unterhalb der Einstellungen für Permalinks können Sie noch Wünsche bezüglich der KATEGORIE-BASIS und SCHLAGWORT-BASIS ❹ eingeben. Damit können Sie die URL für Beiträge bei der Anzeige von Kategorien bzw. Schlagwörtern beeinflussen. Beide lernen Sie in Kapitel 6, »Texte schreiben in WordPress«, kennen.

Im folgenden ToDo aktivieren Sie die gewünschte Einstellung für die Permalinks und ändern die Einträge für Kategorien und Schlagworte auf *thema* bzw. *schlagwort*.

ToDo: Die Einstellungen für Permalinks ändern

1. Öffnen Sie im Backend das Menü EINSTELLUNGEN • PERMALINKS.

2. Aktivieren Sie die gewünschte Einstellung für Permalinks. Beliebt sind die weiter oben beschriebenen Optionen TAG UND NAME sowie BEITRAGSNAME.

3. Geben Sie im Feld KATEGORIE-BASIS den Text »thema« ein.

4. Geben Sie im Feld SCHLAGWORT-BASIS den Text »schlagwort« ein.

5. Speichern Sie die Einstellungen mit einem Klick auf die Schaltfläche ÄNDERUNGEN ÜBERNEHMEN ganz unten auf der Seite.

6. Wechseln Sie ins Frontend.

7. Rufen Sie einen Beitrag mit einem Klick auf den Beitragstitel in der Einzelansicht auf.

8. Prüfen Sie den Permalink in der Adressleiste des Browsers. Viele moderne Browser verstecken Teile der Adresse. Falls Sie also nicht die ganze Adresse sehen sollten, klicken Sie in die Adresszeile, um sie sichtbar zu machen.

Nach diesem ToDo haben die Beiträge in der Einzelansicht bereits eine aussagekräftige Adresse (siehe Abbildung 4.16).

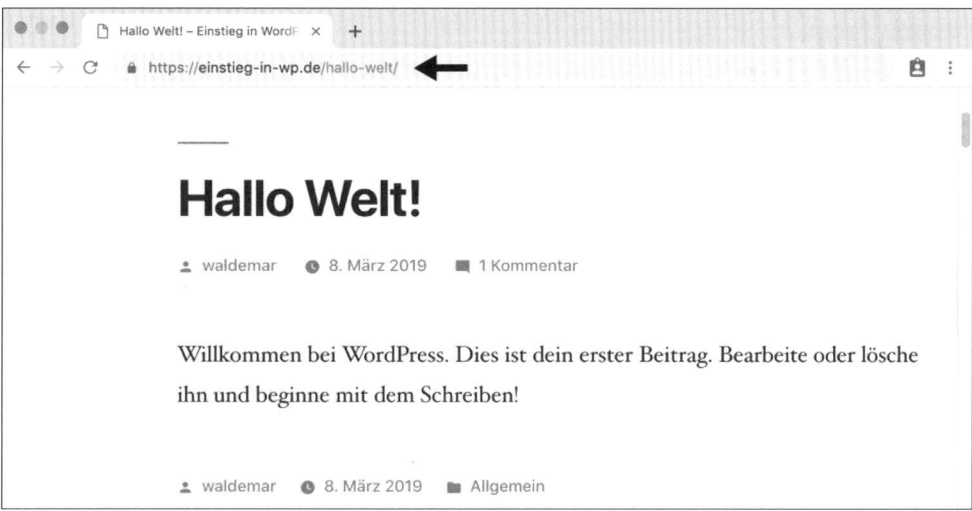

Abbildung 4.16 Ein Beitrag mit einer aussagekräftigen Adresse

Permalinks nach der Aufnahme in den Suchmaschinen nicht mehr ändern

WordPress arbeitet intern übrigens unabhängig von der gewählten Option weiterhin mit der Beitrags-ID. Auf diese Weise ist sichergestellt, dass die Beiträge gefunden werden, auch wenn Sie nachträglich die Permalink-Struktur ändern.

Trotzdem sollten Sie mit den Einstellungen für die Permalinks nicht zu viel rumspielen, und besonders nach der Aufnahme der Inhalte in den Suchmaschinen sollten die Permalinks nicht mehr geändert werden.

4.7   Das Menü »Benutzer«: Ihr Benutzerprofil im Überblick

In diesem Abschnitt überprüfen Sie die Einstellungen in Ihrem Benutzerprofil, von denen einige nur internen Verwaltungszwecken dienen, andere hingegen auch für Besucher sichtbar sind. Ihr Benutzerprofil können Sie aufrufen, indem Sie rechts oben auf den Link WILLKOMMEN, ... oder links in der Menüleiste auf den Link BENUTZER klicken. In beiden Fällen landen Sie auf der Seite BENUTZER (siehe Abbildung 4.17).

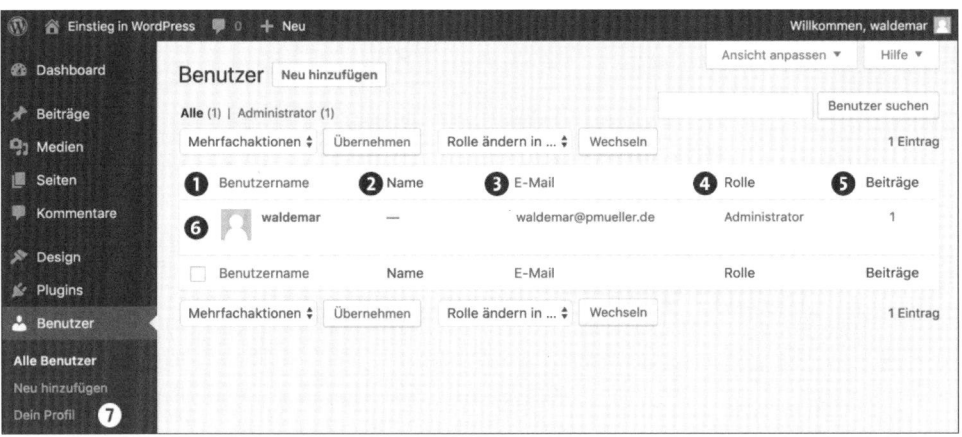

Abbildung 4.17 Das Menü »Benutzer« in der Übersicht

Auf der Seite BENUTZER sehen Sie eine Übersicht aller Benutzer mit BENUTZERNAME ❶, NAME ❷, E-MAIL ❸, ROLLE ❹ und Anzahl der BEITRÄGE ❺.

Um das Profil für einen Benutzer zu ändern, fahren Sie mit der Maus auf den Benutzernamen und klicken auf den BENUTZERNAMEN ❻ oder auf den Link BEARBEITEN, der beim Berühren mit der Maus darunter erscheint. Um Ihr eigenes Profil zu ändern, klicken Sie auf Ihren Benutzernamen oder auf den Befehl DEIN PROFIL ❼ in der Menüleiste links unten.

4.7.1   »Persönliche Optionen«: Farbschema für das Backend und mehr

Nach einem Klick zur Bearbeitung Ihres Benutzerprofils kommen Sie auf die Seite Pro-FIL, die oben mit dem Abschnitt PERSÖNLICHE OPTIONEN beginnt (siehe Abbildung 4.18).

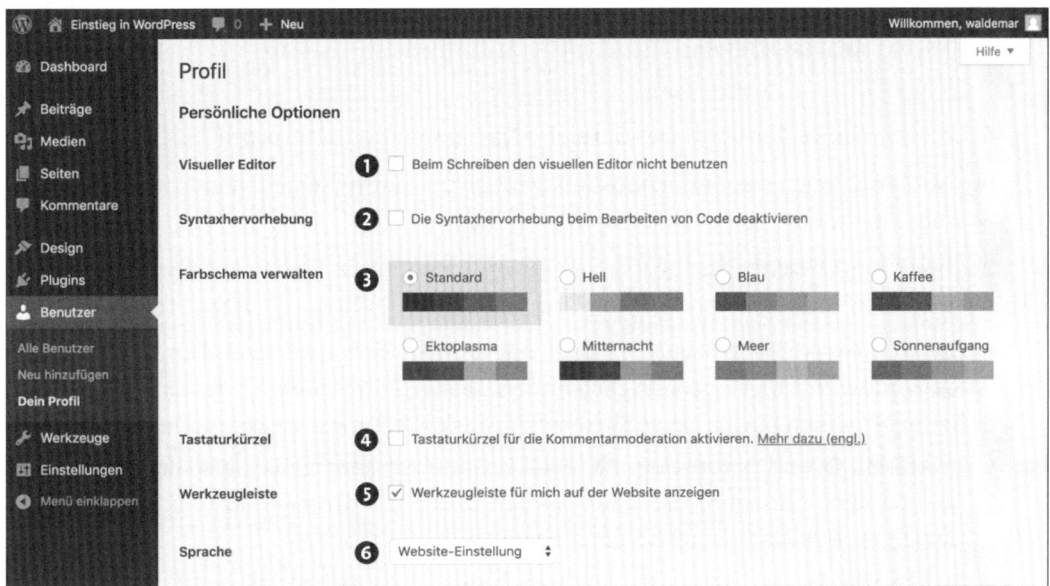

Abbildung 4.18 »Persönliche Optionen« im Benutzerprofil

Im ersten Abschnitt des Profils geht es um einige persönliche Vorlieben:

▶ VISUELLER EDITOR ❶ meint die visuelle Ansicht des neuen Block-Editors, mit dem man die Inhalte im Backend bei der Bearbeitung weitgehend so sieht, wie sie später im Frontend dargestellt werden. Falls Sie lieber puren HTML-Quelltext schreiben, können Sie den visuellen Editor hier ausstellen.

▶ SYNTAXHERVORHEBUNG ❷: Beim Bearbeiten von Quelltext bietet WordPress eine übersichtliche Syntaxhervorhebung an, die man hier per Benutzer deaktivieren kann.

▶ FARBSCHEMA VERWALTEN ❸: Hier können Sie ein Farbschema für das Backend wählen. Probieren Sie aus, was Ihnen am besten gefällt. Sie können es jederzeit wieder ändern. Auch mehrmals täglich.

▶ TASTATURKÜRZEL ❹: Bei der Moderation von Kommentaren können Sie auch mit Tastaturkürzeln arbeiten, aber das lohnt sich erst, wenn Sie tagtäglich wirklich viele Kommentare bekommen.

▶ WERKZEUGLEISTE ❺ ist die Admin-Toolbar am oberen Rand. Diese Leiste ist während der Bearbeitung der Website sehr praktisch, lässt sich hier bei Bedarf aber ausblenden.

▶ SPRACHE ❻ dient zur Einstellung der Backend-Sprache für den Benutzer.

Zum Speichern eventueller Änderungen gibt es ganz unten auf der Seite die Schaltfläche PROFIL AKTUALISIEREN.

4.7.2   Der Name der User: Der Bereich »Name« im Benutzerprofil

Im zweiten Bereich des Benutzerprofils geht es um die verschiedenen Namen, die ein Benutzer in WordPress hat.

In Abbildung 4.19 sehen Sie diverse Namensoptionen, deren Vielfalt auf den ersten Blick etwas verwirrend sein kann. Hier ein Überblick:

▶ BENUTZERNAME ❶: Das ist der Name, mit dem Sie sich am Backend anmelden, und Sie können ihn nicht nachträglich ändern. Falls Sie trotzdem gerne einen anderen Benutzernamen hätten, lesen Sie den Hinweiskasten etwas weiter unten.

▶ VORNAME ❷ und NACHNAME ❸: Hier können Sie Ihre ganz normalen Vor- und Nachnamen eintragen, die dann weiter unten in diversen Kombinationen als ÖFFENTLICHER NAME angeboten werden.

▶ SPITZNAME ❹: Der Spitzname (engl. *nickname*) ist aus historischen Gründen eine Pflichtangabe und standardmäßig identisch mit dem Benutzernamen, muss es aber nicht bleiben. Ein Spitzname bietet die Möglichkeit, den Benutzernamen nach außen zu verbergen, ohne den Vor- und Nachnamen einzusetzen.

▶ ÖFFENTLICHER NAME ❺: Das ist der Name, der im Frontend unter Beiträgen und Kommentaren nach außen hin sichtbar wird. Die Dropdown-Liste bietet den Benutzernamen, den Spitznamen und Vor- und Nachnamen in verschiedenen Kombinationen zur Auswahl.

Abbildung 4.19 Die verschiedenen Namensoptionen im Benutzerprofil

Im folgenden ToDo überprüfen Sie die Einstellungen für die Namen.

ToDo: Die Einstellungen für Namen im Benutzerprofil überprüfen

1. Öffnen Sie im Backend das Menü Benutzer.
2. Rufen Sie Ihr Benutzerprofil zur Bearbeitung auf.
3. Überprüfen Sie, ob die Namen Ihren Wünschen entsprechen.
4. Speichern Sie die Einstellungen mit einem Klick auf die Schaltfläche Profil aktualisieren ganz unten im Browserfenster.
5. Überprüfen Sie im Frontend, ob alle Einstellungen korrekt übernommen wurden.

Sie würden gerne Ihren Benutzernamen ändern?

Den Benutzernamen kann man bei WordPress nicht einfach nachträglich ändern. Falls Sie trotzdem gerne einen anderen Benutzernamen hätten, müssen Sie einen kleinen Umweg gehen:

▶ Sie legen einen neuen Benutzer an.
▶ Sie übertragen Ihre Beiträge und Seiten dem neuen Benutzer.
▶ Sie löschen den alten Benutzer.

Mehr zur Benutzerverwaltung erfahren Sie in Kapitel 18, »Backups, Updates und Optimierung«.

4.7.3   »Kontaktinfo«, »Über Dich« und Passwort ändern

Im unteren Bereich der Profilseite können Sie Ihre Kontaktdaten speichern, einige biografische Angaben machen und das Passwort ändern (siehe Abbildung 4.20).

Abbildung 4.20 zeigt die Optionen im Überblick:

▶ Im Bereich Kontaktinfo tragen Sie im Feld E-Mail ❶ eine E-Mail-Adresse ein, an die WordPress *benutzerspezifische Nachrichten* verschickt. Für Sie als Administrator ist diese Adresse meist identisch mit der im Menü Einstellungen • Allgemein definierten Adresse für *allgemeine Nachrichten* (siehe Abschnitt 4.4, »›Einstellungen • Allgemein‹: Titel der Website & Co.«).

▶ Im Feld Website ❷ können Sie die URL zu einer Homepage eintragen. Das kann z. B. bei Redakteuren sehr nützlich sein oder falls dieses Blog nicht Ihre Haupt-Website ist.

▶ Bei Biografische Angaben ❸ können Sie in wenigen Worten etwas über sich erzählen. Diese Angaben werden in einigen Themes im Frontend angezeigt, und zwar z. B. in dem Autorenkasten unter einem Beitrag. Viele Themes zeigen die Bio-Info erst im Frontend, wenn es mehrere Benutzer gibt, die jeweils mindestens einen Beitrag geschrieben haben.

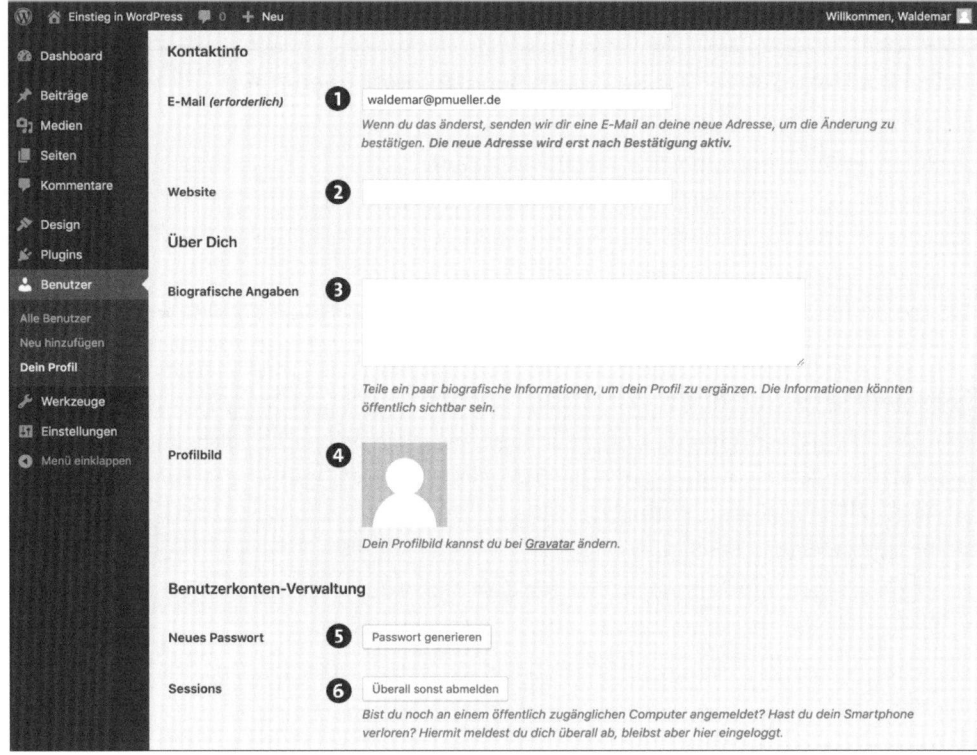

Abbildung 4.20 »Kontaktinfo« und »Über Dich« im Profil

▶ PROFILBILD ❹. Diese Option erscheint nur, wenn in EINSTELLUNGEN • DISKUSSION die Option AVATARE ANZEIGEN aktiviert ist, was standardmäßig aber der Fall ist. Als Profilbild wird der dort definierte Standard-Avatar verwendet. Zur Änderung des Profilbildes nutzt WordPress den Dienst *gravatar.com*, dessen Nutzung datenschutzrechtlich aber bedenklich ist. Bevor Sie also hier mithilfe von *gravatar.com* Ihr Profilbild ändern, sollten Sie den Abschnitt 11.3.3 zu Avataren, Gravatar.com und Datenschutz lesen.

▶ Falls Sie Ihr Passwort ändern möchten, klicken Sie rechts neben NEUES PASSWORT auf die Schaltfläche PASSWORT GENERIEREN ❺. Während der Änderung wird darunter live die PASSWORTSTÄRKE überprüft und angezeigt.

Vergessen Sie nicht, sich das neue Passwort aufzuschreiben, und am besten testen Sie es gleich, indem Sie sich einmal ab- und wieder anmelden.

▶ Die Option ÜBERALL SONST ABMELDEN ❻ im Bereich SESSIONS zeigt Ihnen, ob Sie eventuell noch von anderen Geräten aus am Backend angemeldet sind. Das könnte z. B. der Fall sein, wenn Sie an einem anderen Gerät im Backend gearbeitet und vergessen haben, sich wieder abzumelden.

Im folgenden ToDo überprüfen Sie diese Einstellungen im Benutzerprofil.

ToDo: Die restlichen Einstellungen im Benutzerprofil überprüfen

1. Öffnen Sie im Backend das Menü BENUTZER.
2. Rufen Sie Ihr Benutzerprofil zur Bearbeitung auf.
3. Überprüfen Sie, ob die Felder E-MAIL-ADRESSE und WEBSITE korrekt ausgefüllt sind.
4. Erzählen Sie im Feld BIOGRAFISCHE ANGABEN kurz etwas über sich.
5. Speichern Sie die Einstellungen mit einem Klick auf die Schaltfläche PROFIL AKTUALISIEREN ganz unten im Browserfenster.
6. Überprüfen Sie im Frontend, ob alle Einstellungen korrekt übernommen wurden.

4.8   Auf einen Blick

Die wichtigsten Themen noch einmal im Überblick:

▶ Das Backend von WordPress besteht aus drei Bereichen:
 – Werkzeugleiste oben (auch Admin-Toolbar genannt)
 – Menüleiste links mit diversen Menüs
 – Inhaltsbereich mit den verschiedensten Inhalten

▶ Im Menü EINSTELLUNGEN können Sie WordPress konfigurieren. Es gibt diverse Menüpunkte:
 – Im Bereich ALLGEMEIN definieren Sie den Titel der Website, den Untertitel und Zeit- und Datumsformate.
 – Unter LESEN geht es unter anderem um die Sichtbarkeit für Suchmaschinen.
 – Im Bereich PERMALINKS definieren Sie die URLs für Seiten und Beiträge.

▶ Jeder Benutzer hat ein Benutzerprofil. Dort können Sie unter anderem …
 – … das Farbschema für das Backend festlegen.
 – … den im Frontend verwendeten Namen definieren.
 – … einige Kontaktinfos für einen Benutzer eingeben.
 – … das Passwort für einen Benutzer ändern.

TEIL II

Inhalte: Texte, Bilder und Multimedia

Kapitel 5
Die ersten Seiten und Beiträge

Worin Sie die ersten Seiten und Beiträge erstellen und bearbeiten und den Block-Editor von WordPress kennenlernen. Anschließend richten Sie eine statische Startseite ein, geben die Beiträge auf einer anderen Seite aus und erstellen eine Navigation.

Die Themen im Überblick:

- Beiträge und Seiten: So verwaltet WordPress Inhalte, Seite 111
- Eine neue Seite erstellen: »Über mich« , Seite 113
- Eine Seite bearbeiten: »Beispiel-Seite« wird »Impressum«, Seite 123
- Beiträge bearbeiten: »Hallo Welt!« wird »Der Block-Editor«, Seite 129
- Beiträge neu erstellen: »Die Blockauswahl«, Seite 133
- Beiträge im Frontend: Übersicht und Einzelansicht, Seite 135
- Eine klassische Website: Startseite und Newsbereich, Seite 138
- »QuickEdit«: Die Reihenfolge der Seiten festlegen, Seite 144
- Hauptmenü: Eine Navigation für die Website erstellen, Seite 147
- Know-how: Verschiedene Seitentypen in WordPress, Seite 152
- Auf einen Blick, Seite 154

In diesem Kapitel erstellen Sie die ersten Seiten und Beiträge und lernen dabei den neuen Block-Editor kennen:

- Bis inklusive der Version 4.9 hatte WordPress einen Editor, der an die Arbeit mit Word erinnerte: Text und Bilder wurden in einem einzigen Editorfenster eingegeben und mithilfe von Symbolleisten gestaltet.
- Seit Version 5.0 setzt WordPress auf einen Block-Editor, der den Inhalt in einzelne Blöcke aufteilt. Anfangs ist das nicht ganz so intuitiv wie der alte Editor, aber die wunderbare Welt der Blöcke bietet tolle Möglichkeiten zur Erstellung von interessanten Layouts. Wie Legosteine werden die Blöcke zu komplexeren Strukturen kombiniert.

Nach der Erstellung und Bearbeitung der ersten Seiten und Beiträge erfahren Sie, wie Sie eine klassische Website mit Startseite und Newsbereich erstellen. Zum Abschluss fügen

Sie noch ein Menü hinzu, das die Navigation zwischen den Seiten ermöglicht und die kleine Website komplettiert.

> **»Coming Soon Page« – falls Sie erst einmal in Ruhe probieren möchten**
>
> Wenn WordPress auf einem Online-Webspace installiert wurde, ist Ihre Website bereits weltweit erreichbar.
>
> Falls Sie lieber erst einmal ohne Zuschauer alles in Ruhe ausprobieren möchten, springen Sie kurz zu Kapitel 15, »WordPress erweitern: Plugins installieren«, und installieren dort in Abschnitt 15.3 ein Plugin namens *Coming Soon Page*.
>
> Das Plugin zeigt Besuchern eine Hinweisseite, während Sie selbst im Front- und Backend ganz normal an der Website arbeiten. So können Sie erst einmal ungestört Beiträge und Seiten erstellen, ohne dass gleich die ganze Welt mitliest.

5.1 Beiträge und Seiten: So verwaltet WordPress Inhalte

Inhalte werden bei WordPress entweder in einem Beitrag oder auf einer statischen Seite gespeichert, die im Menü BEITRÄGE bzw. im Menü SEITEN verwaltet werden. Bevor Sie in diesem Kapitel die ersten Seiten und Beiträge erstellen und bearbeiten, zeige ich Ihnen zunächst den Unterschied zwischen beiden.

5.1.1 Beiträge werden chronologisch umgekehrt untereinander ausgegeben

WordPress war ursprünglich ein reines Blogsystem und hat Inhalte ausschließlich in Beiträgen gespeichert. Diese Beiträge sind auch heute noch ein wichtiger Bestandteil von WordPress.

Beiträge werden im Frontend chronologisch umgekehrt untereinander ausgegeben. Neue Beiträge werden oben eingefügt, und die älteren rutschen dadurch immer weiter nach unten, wie auf einer Schriftrolle oder einem unendlich langen Blatt Papier (siehe Abbildung 5.1).

Die Seite, auf der die Beiträge ausgegeben werden, heißt in WordPress offiziell *Beitragsseite*, wird aber häufig auch *Blogseite* (engl. *Blog Main*) genannt.

Jeder Beitrag hat besondere Eigenschaften wie Datum, Autor, Kategorien und Schlagwörter. Die Besucher der Website können Beiträge auf Wunsch nach Datum, Autor, Kategorien oder Schlagwörtern filtern und sich so nur bestimmte Beiträge anzeigen lassen. Wie das geht, erfahren Sie in Kapitel 6, »Texte schreiben in WordPress«.

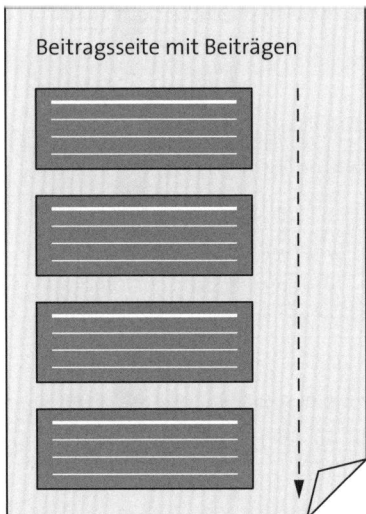

Abbildung 5.1 Beiträge stehen auf der Beitragsseite untereinander.

Wenn mehr als die in EINSTELLUNG • LESEN festgelegte Anzahl von Beiträgen pro Seite erreicht ist, erstellt WordPress automatisch eine neue Seite und fügt unterhalb des letzten Beitrags eine Navigation ein (*Paginierung*), mit der man zwischen den Seiten navigieren und so ältere Beiträge aufrufen kann.

RSS-Feed: Beiträge können abonniert werden

Ihre Besucher können Beiträge abonnieren und so auf dem Laufenden bleiben, ohne die Website im Browser zu besuchen. WordPress erzeugt dazu automatisch einen *RSS-Feed*, *Newsfeed* oder *Feed* genannten Nachrichtenstrom und stellt im Bereich META den Link BEITRAGS-FEED (RSS) zur Verfügung.

Zum Abonnieren eines RSS-Feeds benötigt man einen *Feedreader* oder einen browserbasierten Dienst wie Feedly (*feedly.com*). Mehr zu RSS erfahren Sie bei Bedarf in der Wikipedia:

▶ *de.wikipedia.org/wiki/RSS_(Web-Feed)*

5.1.2 Statische Seiten waren als Ergänzung zu Beiträgen gedacht

Ursprünglich hatten Blogtools nur eine Beitragsseite, aber es gibt auf jeder Website Inhalte wie *Über mich*, die einen eher statischen Charakter haben und deshalb nicht im Strom der Beiträge mitschwimmen sollen. Für diese Inhalte wurden in WordPress die

Seiten eingeführt, die im Menü SEITEN verwaltet werden und mit vollem Namen *statische Seiten* heißen, um sie von automatisch generierten Seiten zu unterscheiden (siehe Abbildung 5.2).

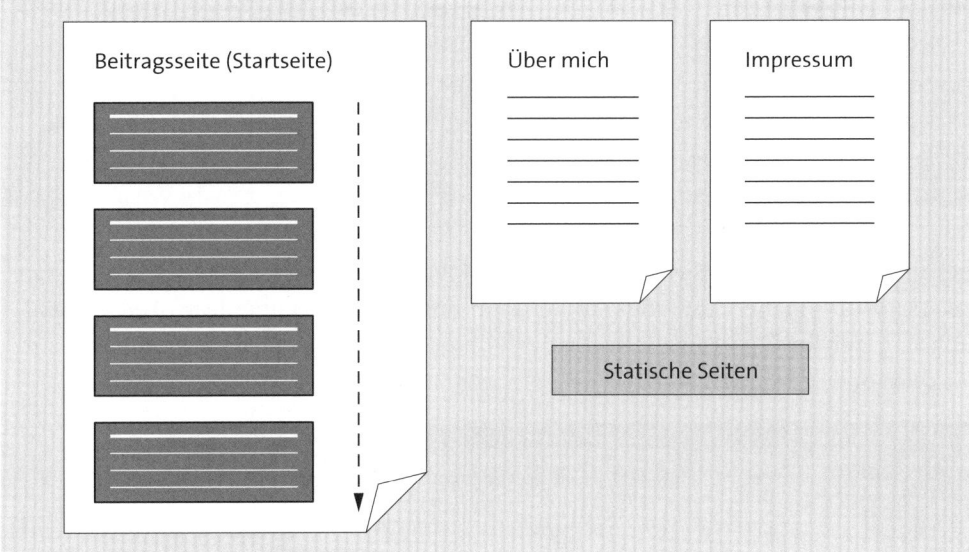

Abbildung 5.2 Beitragsseite mit Beiträgen und zwei statische Seiten

Typische Beispiele für solche Inhalte sind Seiten wie *Über mich, Impressum* oder eine *Datenschutzerklärung,* aber eine statische Seite kann natürlich auch andere Inhalte wie die Darstellung von Produkten oder eine Bildergalerie enthalten.

Statische Seiten haben im Gegensatz zu Beiträgen keine Kategorien oder Schlagwörter, mit denen man sie filtern könnte. Auch das Erstelldatum und der Autor werden im Frontend meist nicht automatisch angezeigt. Seiten können auch nicht wie Beiträge abonniert werden.

Im Folgenden lernen Sie zunächst den Umgang mit statischen Seiten kennen, und danach kommen dann die Beiträge dran.

5.2   Eine neue Seite erstellen: »Über mich«

In diesem Abschnitt erstellen Sie eine neue Seite mit dem Titel *Über mich* und lernen dabei quasi nebenbei die Arbeit mit dem neuen Block-Editor kennen. Dabei beschränken Sie sich erst einmal auf die wichtigsten Befehle. Ausführlich vorgestellt wird der Block-Editor ab Kapitel 6, »Texte schreiben in WordPress«.

5.2.1 Das Menü »Seiten • Erstellen«: Eine neue Seite erstellen

Im folgenden ToDo erstellen Sie zunächst einmal eine neue, komplett leere Seite, die Sie dann mit ein bisschen Inhalt füllen.

ToDo: Eine neue Seite erstellen

1. Melden Sie sich gegebenenfalls am Backend an.
2. Klicken Sie in der Menüleiste auf das Menü SEITEN. WordPress blendet dann die Befehle ALLE SEITEN und ERSTELLEN ein.
3. Klicken Sie auf den Befehl ERSTELLEN.

Nach diesem ToDo sehen Sie im Backend den Block-Editor, der vielleicht im Vollbildmodus erscheint und die schwarzen Menüleisten links und oben überdeckt. Die in Abbildung 5.3 gezeigten Tipp-Fenster sind durch Pop-up-Fenster ersetzt worden, die Sie beim Block-Editor willkommen heißen.

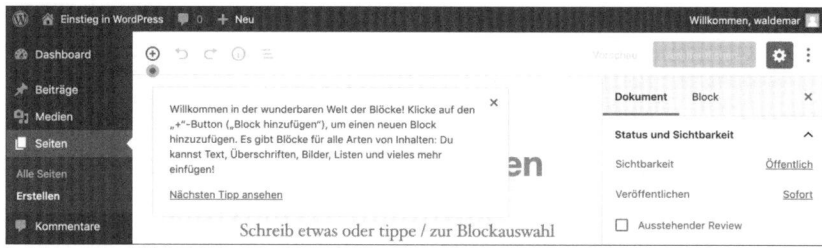

Abbildung 5.3 »Willkommen in der wunderbaren Welt der Blöcke«

Um den Vollbildmodus auszuschalten, klicken Sie in der Editorleiste ❶ oben im Block-Editor ganz rechts außen auf das Drei-Punkte-Menü und dann auf den Menüpunkt VOLLBILDMODUS. Danach sieht der Editor etwa so aus wie in Abbildung 5.4.

Abbildung 5.4 Der Block-Editor hat drei große Bereiche.

Der Block-Editor besteht aus drei großen Bereichen (siehe Abbildung 5.4):

▶ Die *Editorleiste* ❶ ganz oben enthält links und rechts diverse Bedienelemente, die Sie nach und nach kennenlernen. Links ist momentan nur das Plus-Symbol im Kreis ⊕ zum Hinzufügen von Blöcken anklickbar.

▶ Die Seitenleiste für die *Einstellungen* ❷ rechts am Rand zeigt die Einstellungen, und zwar entweder für das gesamte DOKUMENT oder nur für den gerade ausgewählten BLOCK.

▶ Der *Inhaltsbereich* ❸ enthält den Inhalt der Seite oder des Beitrags.

Das erste Element im Inhaltsbereich von Seiten und Beiträgen ist *immer* der *Titel*. Auf einer leeren Seite steht dort *Titel hier eingeben*.

Unterhalb des Titels werden dann nach und nach Blöcke eingefügt, wobei es für verschiedene Inhalte verschiedene Block-Typen gibt. So gibt es Blöcke für einen Absatz, ein Bild, eine Liste, ein Zitat, eine Galerie oder auch ein mehrspaltiges Layout. Der Titel selbst zählt nicht als Block.

Der erste Block ist bereits vorhanden, und er enthält die Aufforderung: *Schreib etwas oder tippe / zur Blockauswahl*. Bevor Sie dieser Aufforderung folgen, geben Sie der Seite im nächsten Schritt erst einmal einen Titel.

5.2.2   Schritt 1: Den Titel der Seite eingeben

In WordPress fangen alle Seiten und alle Beiträge mit einem Titel an, und es ist eine gute Angewohnheit, diesen Titel gleich am Anfang einzugeben, denn WordPress benutzt ihn zur Erzeugung des Permalinks. Bei Bedarf können Sie Titel und Permalink später noch ändern.

Im folgenden ToDo fügen Sie den Titel für die neue Seite ein: »Über mich«.

ToDo: Den Titel für die Seite »Über mich« eingeben

1. Erstellen Sie gegebenenfalls eine leere Seite.
2. Platzieren Sie den Cursor gegebenenfalls im Feld *Titel hier eingeben*.
3. Geben Sie dort den Text »Über mich« ein, ohne die Anführungsstriche.
4. Speichern ist eigentlich immer eine gute Angewohnheit, aber speichern Sie die Seite (ausnahmsweise) jetzt noch nicht.

Abbildung 5.5 zeigt die Seite nach diesem ToDo. Beachten Sie oben in der Editorleiste den Link SPEICHERN, der dort nur erscheint, wenn die Seite noch nicht veröffentlicht wurde und nicht gespeicherte Änderungen vorhanden sind.

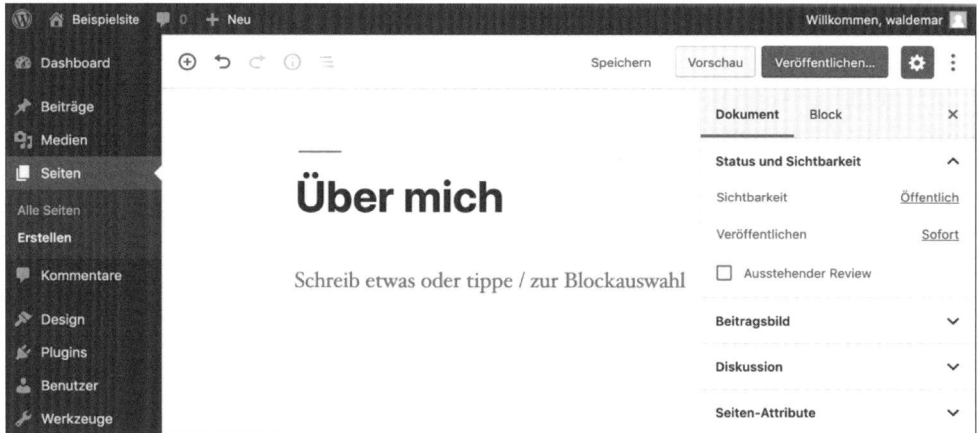

Abbildung 5.5 Eine neue Seite mit dem Titel »Über mich«

Durch die Eingabe des Titels hat sich in der oberen Editorleiste einiges verändert:

▶ Auf der linken Seite ist das Symbol für Rückgängig ↶ jetzt anklickbar.

▶ Auf der rechten Seite erscheint der Link Speichern. Dieser Link wird sichtbar, sobald im Dokument nicht gespeicherte Änderungen vorhanden sind. Ansonsten steht dort der Hinweis ✓ Gespeichert.

▶ Rechts neben dem Link sind die Schaltflächen Vorschau und Veröffentlichen... jetzt anklickbar.

Um das Dokument im Frontend zu sehen, klicken Sie auf die Schaltfläche Vorschau. Das Dokument wird dabei falls nötig automatisch als Entwurf gespeichert.

Das Frontend wird in einem neuen Tab angezeigt, und Abbildung 5.6 zeigt, dass der Titel im Frontend genauso aussieht wie im Backend.

Die kurze Linie links oben über dem Titel

Das momentan verwendete Standardtheme *Twenty Nineteen* verziert den Titel und später auch einige Überschriften mit einer kurzen horizontalen Linie. Falls Sie diese Linie nicht mögen, erfahren Sie in Kapitel 12, »Themes anpassen mit dem »Customizer«: Theme-Optionen, Menüs und Widgets«, wie man sie entfernt.

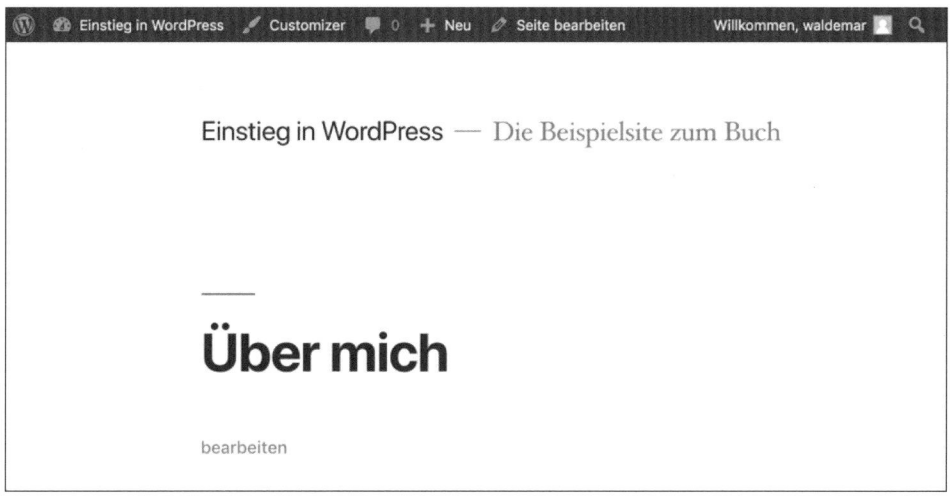

Abbildung 5.6 Der Titel sieht im Frontend genauso aus wie im Backend

5.2.3   Schritt 2: Der erste Block – ein ganz normaler Absatz

Aber zurück zum Backend: Die Arbeit mit den Blöcken beginnt unterhalb des Titels. Der erste Block ist dort bereits vorhanden, und er enthält die Aufforderung: *Schreib etwas oder tippe / zur Blockauswahl.*

Die Blockauswahl mit dem Schrägstrich lernen Sie weiter unten in Abschnitt 5.5 kennen, im folgenden ToDo schreiben Sie erst einmal etwas.

ToDo: Den ersten Block auf der Seite »Über mich« eingeben

1. Klicken Sie unterhalb des Titels in den Block mit dem Text *Schreib etwas oder tippe / zur Blockauswahl.*

2. Geben Sie ein bisschen Text ein, und erzählen Sie dabei etwas über sich. Falls Ihnen gerade nichts einfällt, können Sie den folgenden Text als Vorlage nehmen und die drei Punkte durch Ihren Namen ersetzen:
   »Mein Name ist … und ich mache auf dieser Website meine ersten Gehversuche auf einer eigenen Website.«

3. Sobald Sie etwas getippt haben und den Mauszeiger bewegen oder Text markieren, bekommt der Block einen Rahmen und eine Symbolleiste mit Bedienelementen. Beim Tippen verschwinden diese Elemente wieder, und Sie sehen nur den Text.

4. Drücken Sie nach der Eingabe des Textes noch *nicht* ENTER, denn damit erzeugen Sie gleich den nächsten Block. Wenn Sie bereits einen zweiten Block eingefügt haben, können Sie ihn mit einem Klick auf den Pfeil RÜCKGÄNGIG oder einfach mit der ⌫ wieder entfernen.

Abbildung 5.7 zeigt das Backend mit dem Titel und dem ersten Block, in dem der Cursor blinkt.

Abbildung 5.7 Eine neue Seite mit Titel und einem Block

In allen drei Bereichen der Benutzeroberfläche hat es Änderungen gegeben:

▶ **Editorleiste**: Links oben sind die Symbole INHALTLICHE STRUKTUR ⓘ und BLOCK-NAVIGATION ≡ anklickbar. Sie können sie gerne ausprobieren, aber mit nur einem Block ist dort noch nicht viel zu sehen.

▶ **Inhaltsbereich**: Der Block, in dem der Cursor sich gerade befindet, bekommt einen hellgrauen Rahmen. Oberhalb des Blocks erscheint eine Symbolleiste mit Bedienelementen, die beim Tippen verschwindet. Wenn Sie kurz die Maus bewegen oder Text markieren, wird sie wieder eingeblendet. Die Symbolleisten im Block-Editor werden in WordPress manchmal auch als *Werkzeugleisten* bezeichnet.

▶ **Seitenleiste**: Das Register BLOCK wurde aktiviert, und darin werden die Einstellungen für den aktuellen Block gezeigt. Der Block-Typ ABSATZ hat dort drei Bereiche: TEXTEINSTELLUNGEN, FARBEINSTELLUNGEN und ERWEITERT.

Bevor Sie sich die Seite wieder im Frontend anschauen, fügen Sie im folgenden Schritt noch schnell einen zweiten Block mit Text ein.

5.2.4 Schritt 3: Einen zweiten Absatz-Block einfügen

Ein Block kommt selten allein, und deshalb fügen Sie im nächsten ToDo gleich einen zweiten Absatz und somit einen zweiten Block ein.

Wenn der Cursor am Ende des ersten Blocks steht, können Sie mit ⏎ ganz einfach einen neuen Absatz erzeugen, genau wie in einem traditionellen Editor oder Word. Für einen neuen Absatz erzeugt WordPress im Hintergrund automatisch auch einen neuen Block, aber davon merken Sie beim Schreiben fast nichts.

ToDo: Den zweiten Block auf der Seite »Über mich« eingeben

1. Platzieren Sie den Cursor am Ende des ersten Blocks.
2. Drücken Sie ⏎, um einen Absatz und einen neuen Block zu erzeugen.
3. Geben Sie ein bisschen Text ein, z. B. etwas in dieser Art:
   »Offline kann ich mit Texten ganz gut umgehen, aber dieser Block-Editor ist doch noch ziemlich neu. Ich bin echt gespannt.«
4. Klicken Sie in der oberen Editorleiste auf den Link SPEICHERN, oder drücken Sie die Tastenkombination Strg + S bzw. cmd + S.

Abbildung 5.8 zeigt die Seite mit dem Titel und zwei Blöcken. Der Cursor blinkt im zweiten Absatz mit einem Rahmen drumherum und der Symbolleiste darüber. Über dem ersten Absatz schwebt der Mauszeiger. Der Block erhält dann links eine hellgraue Linie, und mit einer kleinen Verzögerung wird links oben angezeigt, um was für einen Block es sich handelt. In Abbildung 5.8 steht dort grau hinterlegt das Wort ABSATZ.

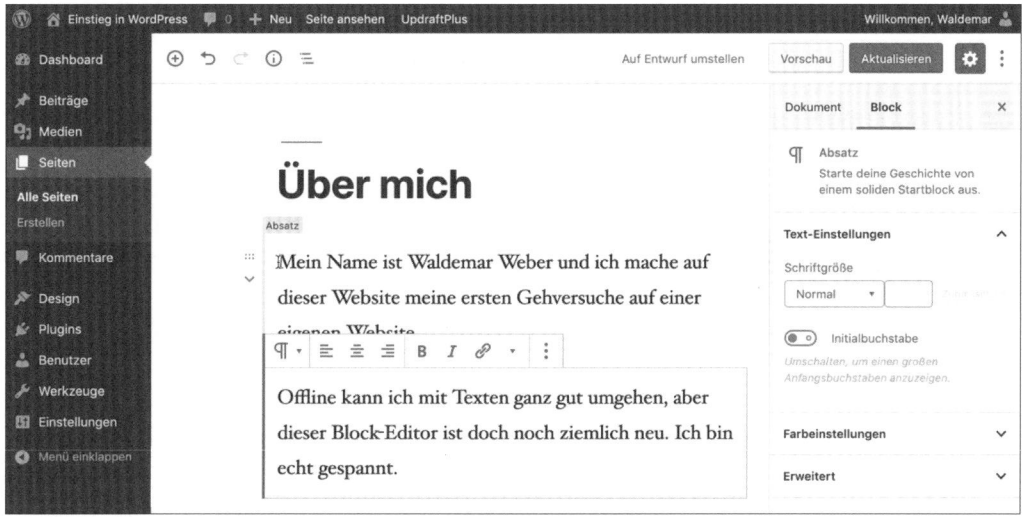

Abbildung 5.8 Die Seite »Über mich« mit zwei Blöcken vom Typ »Absatz«

5.2.5   Schritt 4: Permalink überprüfen und die Seite veröffentlichen

Mit der Schaltfläche VORSCHAU können Sie sich diesen Entwurf im Frontend anschauen, aber für Besucher wird sie erst sichtbar, wenn sie veröffentlicht wurde. Falls nötig, wird die Seite von WordPress vorher automatisch gespeichert.

Vor der Veröffentlichung überprüfen und korrigieren Sie im folgenden ToDo zunächst den Permalink, denn der sollte nach der Veröffentlichung möglichst nicht mehr geändert werden.

ToDo: Permalink überprüfen und die Seite »Über mich« veröffentlichen

1. Klicken Sie in den Titel der Seite.
2. Öffnen Sie rechts in der Seitenleiste im Register für die Seite den Bereich PERMALINK.
3. Ändern Sie im Feld URL-TITELFORM den Text zu »ueber-mich« (ohne die Anführungsstriche).
4. Klicken Sie oben in der Editorleiste auf den Link ENTWURF speichern.
5. Klicken Sie in der Editorleiste auf die Schaltfläche VERÖFFENTLICHEN…
6. Daraufhin erscheint rechts außen ein Panel mit dem Titel *Bereit zur Veröffentlichung?*, das ein versehentliches Veröffentlichen verhindert. Hier können Sie auch noch die SICHTBARKEIT einstellen und das Datum der VERÖFFENTLICHUNG festlegen. Lassen Sie beide Optionen unverändert.
7. Bestätigen Sie die Einstellungen mit einem Klick auf die Schaltfläche VERÖFFENTLICHEN. Nach diesem Klick ist die Seite *Über mich* öffentlich sichtbar.

Abbildung 5.9 zeigt das Backend nach diesem ToDo.

Nach der Veröffentlichung der Seite erfolgen diverse Änderungen:

▶ Im Panel rechts außen steht: ÜBER MICH IST JETZT LIVE ❶. Die Seite ist somit für alle Besucher der Website sichtbar.

▶ Um die Seite im Frontend zu betrachten, gibt es zwei Möglichkeiten: rechts im Panel die Schaltfläche SEITE ANSEHEN ❷ oder links im Inhaltsbereich in der grün hinterlegten Meldung den Link SEITE ANSEHEN ❸. Um die Seite in einem neuen Tab zu öffnen, halten Sie während des Klicks `Strg` bzw. `cmd` gedrückt.

▶ Sie können den LINK KOPIEREN ❹, um ihn z. B. in einer E-Mail oder einem Social-Media-Beitrag wieder einzufügen.

Mit zwei Klicks auf ein × können Sie das Panel ❺ und die Meldung im Inhaltsbereich ❻ schließen. Abbildung 5.10 zeigt die Seite im Backend.

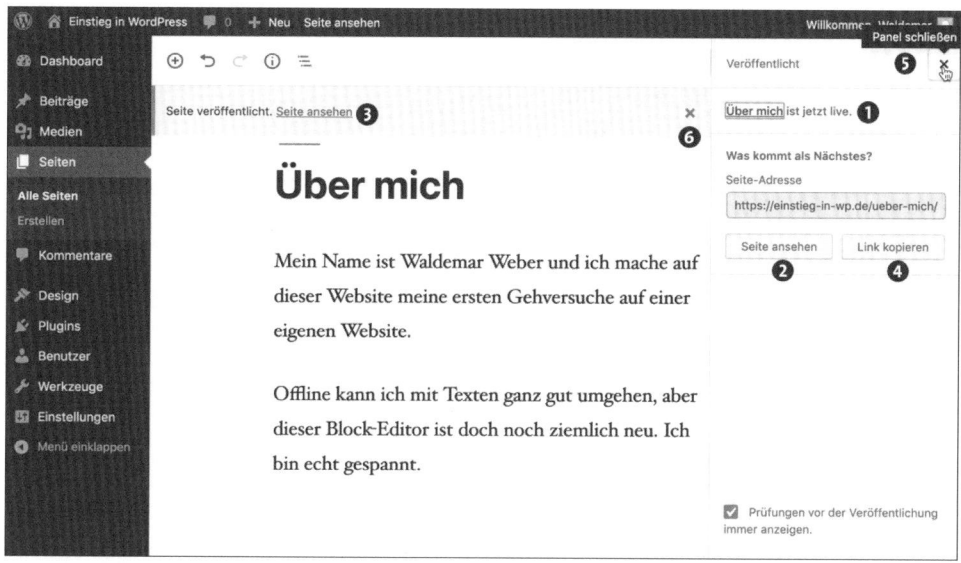

Abbildung 5.9 Die Seite »Über mich« ist veröffentlicht.

Abbildung 5.10 Der Inhalt der Seite »Über mich« im Backend

▶ In der rechten Hälfte der oberen Editorleiste sehen Sie jetzt den Link AUF ENTWURF UMSTELLEN ❼.

▶ Die Schaltfläche VERÖFFENTLICHEN heißt jetzt AKTUALISIEREN ❽. Sobald eine nicht gespeicherte Änderung im Dokument ist, wird die Schaltfläche wieder anklickbar.

▶ Mit einem Klick auf das Zahnrad ❾ können Sie die Seitenleiste mit den EINSTELLUN-GEN ein- und ausblenden. Ohne diese Seitenleiste sieht der Inhalt der Seite im Backend fast genauso aus wie im Frontend.

5.2.6   Das Menü »Seiten • Alle Seiten« im Überblick

Bevor Sie im nächsten Abschnitt ein Impressum erstellen, möchte ich Ihnen noch kurz das Menü SEITEN vorstellen.

Das in Abbildung 5.11 dargestellte Menü ALLE SEITEN ❶ zeigt alle vorhandenen statischen Seiten im Überblick. Inzwischen gibt es dort bereits drei Seiten: die eben erstellte Seite *Über mich*, den Entwurf für eine *Datenschutzerklärung* und eine Beispielseite mit dem eher schlichten Titel *Beispiel-Seite*.

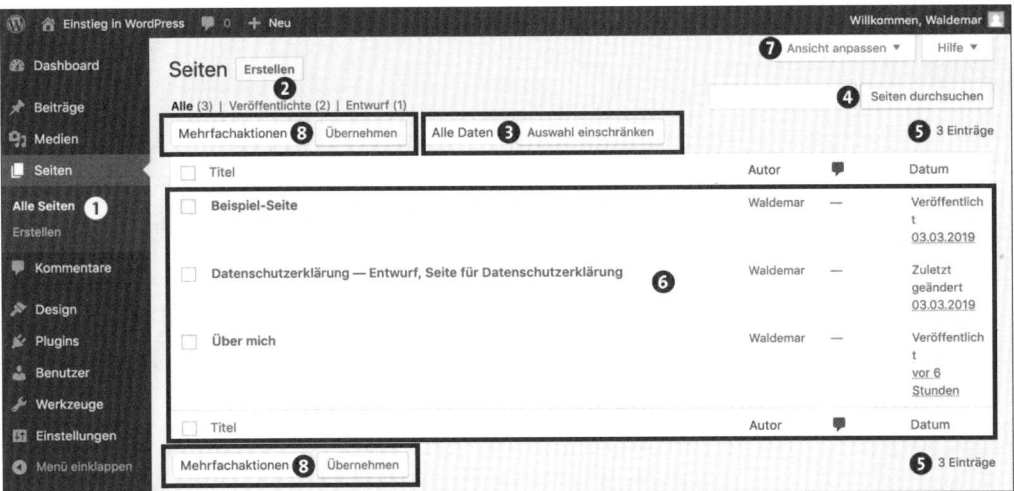

Abbildung 5.11 »Alle Seiten« zeigt die statischen Seiten in der Übersicht.

Die Übersicht der statischen Seiten sieht ähnlich aus wie die weiter unten beschriebene Übersicht für Beiträge:

▶ *Status der Veröffentlichung* ❷: Es werden ALLE Seiten angezeigt, aber Sie können nach den Kriterien VERÖFFENTLICHTE bzw. ENTWURF filtern. Weitere Filter wie z. B. PAPIERKORB, PRIVAT oder GEPLANT erscheinen erst, wenn sie mindestens eine Seite enthalten.

▶ *Filter für Datum* ❸: Um die Darstellung der Seiten nach Datum zu filtern, wählen Sie eine Option aus der Liste ALLE DATEN und aktivieren sie mit der Schaltfläche AUSWAHL EINSCHRÄNKEN.

▶ *Seiten durchsuchen* ❹: Um eine bestimmte Seite zu finden, geben Sie das gewünschte Suchwort ein und klicken auf SEITEN DURCHSUCHEN.

▶ *Anzahl der Seiten* ❺: Momentan gibt es 3 EINTRÄGE.

▶ *Übersichtstabelle* ❻ mit einer Zeile pro Seite: Einige Spalten können Sie über ANSICHT ANPASSEN ❼ am oberen Bildschirmrand ein- bzw. ausblenden. Dort können Sie auch die Anzahl der angezeigten Seiten festlegen.

Außerdem gibt es ober- und unterhalb der Tabelle noch die Dropdown-Liste MEHRFACH-AKTIONEN ❽, mit der Sie mehrere Seiten auf einmal bearbeiten oder löschen können. Ausgeführt wird die gewählte Aktion mit einem Klick auf die Schaltfläche ÜBERNEHMEN rechts daneben.

5.3   Eine Seite bearbeiten: »Beispiel-Seite« wird »Impressum«

Eine Website unterliegt in deutschen Landen in der Regel der Impressumspflicht. Zur Abwechslung erstellen Sie das Impressum nicht als neue Seite, sondern auf Basis der bereits vorhandenen *Beispiel-Seite*. Dabei üben Sie auch gleich noch einmal das Ändern von Titel und Permalink und das Löschen von Blöcken.

5.3.1   Schritt 1: Titel und Permalink der »Beispiel-Seite« bearbeiten

Um die bereits vorhandene *Beispiel-Seite* zu bearbeiten, öffnen Sie das Menü SEITEN • ALLE SEITEN und klicken in der Übersichtstabelle auf den Namen der Seite. WordPress öffnet daraufhin die Beispiel-Seite im Editor.

In Abbildung 5.12 lautet der Titel der Seite *Beispiel-Seite* ❶. Der in der Abbildung oberhalb des Titels angezeigte Permalink ❷ ist nur noch rechts in der Seitenleiste zu finden. Unterhalb des Titels stehen bereits diverse Blöcke ❸.

Eine Vorschau der Seite bekommen Sie auf zwei verschiedene Arten:

▶ Über den Link SEITE ANSEHEN ❹ ganz oben in der dunklen Admin-Toolbar erscheint die Seite im Frontend im selben Browserfenster. Bei nicht gespeicherten Änderungen gibt es einen Warnhinweis im Browser, dass beim Verlassen Richtung Vorschau diese nicht gespeicherten Änderungen verloren gehen.

▶ Die Schaltfläche VORSCHAU ❺ rechts oben in der hellen Editorleiste öffnet die Seite in einem neuen Browser-Tab. Nicht gespeicherte Änderungen im Block-Editor werden meist automatisch mit angezeigt. Wenn nicht, müssen Sie die Seite zunächst speichern und dann die Vorschau öffnen.

Abbildung 5.12 Eine vorhandene Seite bearbeiten

Im folgenden ToDo ändern Sie zunächst den Titel und den Permalink, der Inhalt mit den Blöcken kommt dann etwas weiter unten.

ToDo: Die »Beispiel-Seite« in »Impressum« umbenennen

1. Öffnen Sie die vorhandene Beispiel-Seite im Editor.

2. Ändern Sie zunächst den Titel in »Impressum«.

3. Öffnen Sie rechts in der Seitenleiste den Bereich PERMALINK.

4. Ändern Sie den Eintrag von »Beispiel-Seite« in »Impressum«, und bestätigen Sie die Änderung mit einem Klick auf SPEICHERN.

5. Klicken Sie in der oberen Editorleiste auf AKTUALISIEREN, um die Änderungen zu speichern.

6. Klicken Sie auf die Schaltfläche VORSCHAU, um die Seite in einem neuen Tab zu betrachten.

> **Den Permalink bearbeiten Sie in den »Einstellungen«**
>
> Im Register mit den Einstellungen für die Seite oder den Beitrag gibt es wie gesehen einen Bereich Permalink, in dem Sie genau diesen ändern können.

Abbildung 5.13 zeigt die Vorschau mit neuem Titel ❻ und Permalink ❼.

Abbildung 5.13 Die Seite »Impressum« mit dem Permalink »/impressum/«

5.3.2   Schritt 2: Die auf der Seite vorhandenen Blöcke löschen

Unterhalb des Titels beginnt wie gesagt die wunderbare Welt der Blöcke, und auf der inzwischen *Impressum* genannten Beispiel-Seite gibt es bereits fünf davon, drei Absätze und zwei Zitate.

Einzelne Blöcke löschen

Da Sie diese Blöcke für das Impressum nicht benötigen, ist es eine gute Gelegenheit, das Löschen von Blöcken zu üben. Abbildung 5.14 zeigt, dass dazu drei Klicks genügen:

▸ Klicken Sie in den zu löschenden Block ❶, damit die Symbolleiste oberhalb des Blocks erscheint.

▸ In der Symbolleiste direkt über dem Block klicken Sie ganz rechts auf das 3-Punkte-Menü ❷, das weitere Optionen anzeigt.

▸ In dem Menü klicken Sie ganz unten auf den Befehl Block entfernen ❸.

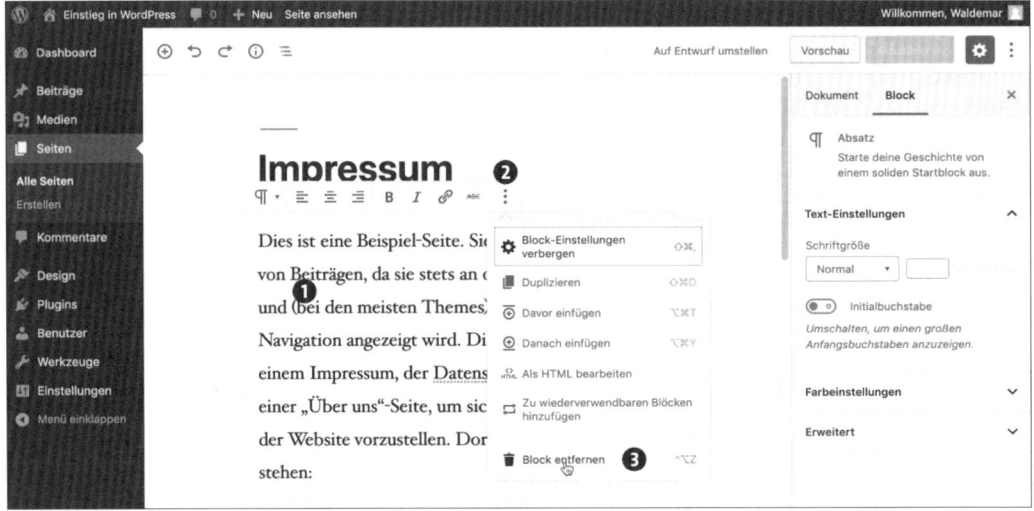

Abbildung 5.14 So löschen Sie einen einzelnen Block.

Mehrere Blöcke auf einmal löschen

Da es auf Dauer ein bisschen mühsam ist, jeden Block einzeln zu löschen, kann man auch mehrere Blöcke markieren und diese dann zusammen mit einem Klick löschen:

▸ Fahren Sie mit gedrückter Maustaste über die zu löschenden Blöcke ❶, wobei markierte Blöcke hellblau hinterlegt werden. Rechts in den Block-Einstellungen steht, wie viele Blöcke markiert sind ❷ (und wie viele Wörter darin enthalten sind).

▸ Zum Löschen der markierten Blöcke per Tastatur drücken Sie einfach die ⌫ .

▸ Zum Löschen per Maus klicken Sie auf das in der Symbolleiste links oberhalb des ersten Blocks erscheinende 3-Punkte-Menü ❸ und auf den Befehl BLOCK ENTFERNEN ❹.

Abbildung 5.15 zeigt diesen Vorgang im Überblick.

Im folgenden ToDo löschen Sie die fünf auf der Seite enthaltenen Blöcke.

ToDo: Die Blöcke auf der Seite »Impressum« löschen

1. Öffnen Sie gegebenenfalls die Seite *Impressum* im Editor.

2. Löschen Sie wie oben beschrieben zunächst ein oder zwei einzelne Blöcke.

3. Probieren Sie, einzelne Löschungen auch wieder rückgängig zu machen. Das geht entweder per Klick auf das RÜCKGÄNGIG-Symbol oben links in der Editorleiste oder per Tastenkürzel Strg + Z (Windows) bzw. cmd + Z (macOS).

4. Wenn alle Blöcke gelöscht sind und nur noch der Titel vorhanden ist, speichern Sie die Änderungen mit einem Klick auf AKTUALISIEREN rechts oben in der Editorleiste.

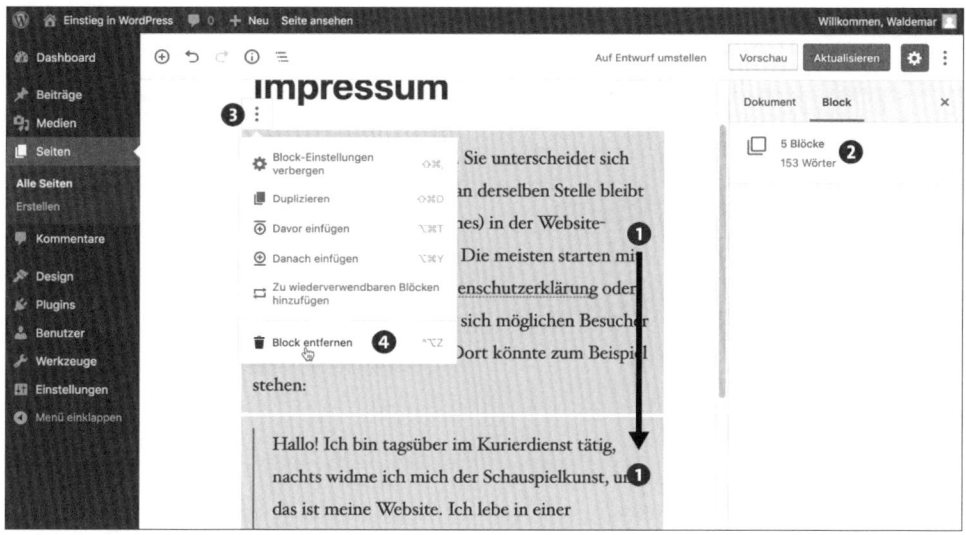

Abbildung 5.15 So löschen Sie mehrere Blöcke auf einmal.

Nach diesem ToDo gibt es auf der Seite nur noch den Titel und keine Blöcke mehr. Höchste Zeit, das eigentliche Impressum einzufügen.

Das 3-Punkte-Menü auf der Block-Symbolleiste

Mit dem 3-Punkte-Menü auf der Block-Symbolleiste können Sie einen Block nicht nur entfernen, sondern auch duplizieren. Außerdem gibt es dort unter anderem noch Befehle zum Hinzufügen von Blöcken vor bzw. nach dem aktuellen Block.

5.3.3 Schritt 3: Den Inhalt der »Beispiel-Seite« bearbeiten – Blöcke einfügen

Falls Sie sich nicht sicher sein sollten, was alles in so ein Impressum gehört, gibt es einige hilfreiche Websites, wie z. B. *www.impressum-generator.de*. Schritt für Schritt werden dort die gesetzlich erforderlichen Angaben zu Website und Betreiber abgefragt. Das Ergebnis könnte z. B. so aussehen wie in Abbildung 5.16.

Das Impressum in Abbildung 5.16 besteht aus drei Absatz-Blöcken:

▶ Der erste Block enthält den fett gedruckten Text *Angaben gemäß §5 TMG* (Telemediengesetz) und die Postadresse ❶.

▶ Im zweiten Block sind die weiteren Kontaktmöglichkeiten enthalten ❷.

▶ Der letzte Block gibt an, wer nach §55 RStV (Rundfunkstaatsvertrag) verantwortlich für den Inhalt ist. Dieser Hinweis ist erforderlich, wenn man redaktionelle oder journalistische Inhalte veröffentlicht, also bei Websites und besonders bei Blogs fast immer ❸.

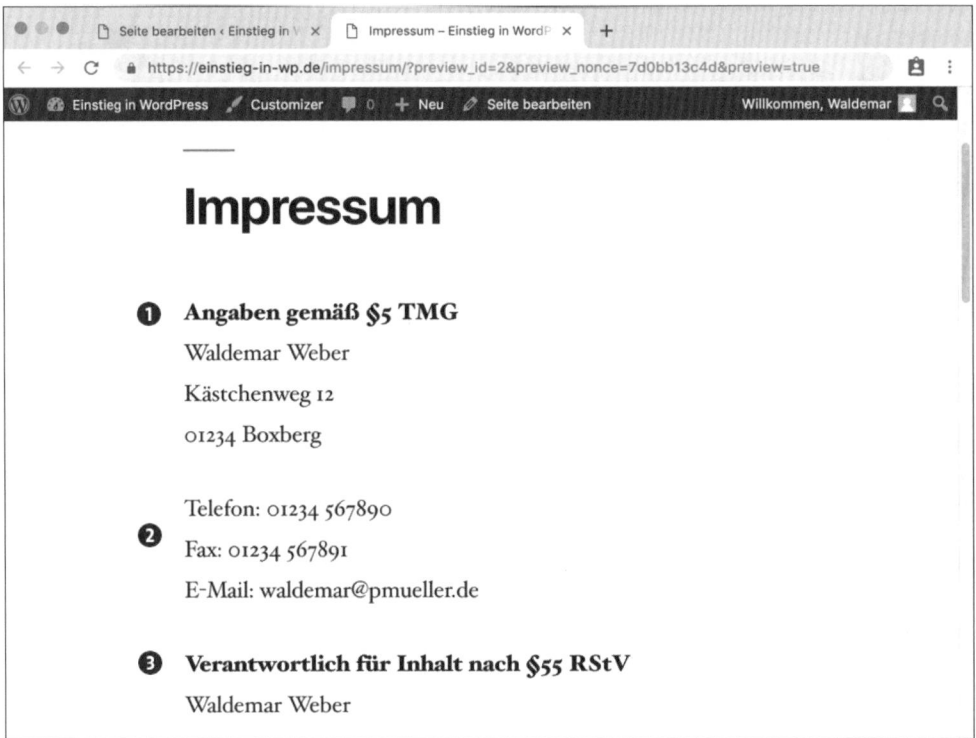

Abbildung 5.16 Das fertige Impressum im Frontend

Da das Drücken der Taste `⏎` im Block-Editor automatisch einen neuen Block erzeugt, benutzen Sie für eine neue Zeile innerhalb eines Blocks das Tastenkürzel `⇧` + `⏎`.

Los geht's im folgenden ToDo mit der Erstellung des Impressums.

ToDo: Die Blöcke für den Inhalt auf der Seite »Impressum« einfügen

1. Öffnen Sie gegebenenfalls die Seite *Impressum* im Editor.

2. Platzieren Sie den Cursor in den ersten Block unterhalb des Titels.

3. Geben Sie den Text für das Impressum ein. Denken Sie daran: Mit `⏎` erzeugen Sie einen neuen Block, mit `⇧` + `⏎` eine neue Zeile.

4. Zum Fettdrucken markieren Sie den gewünschten Text und klicken in der Symbolleiste oberhalb des Blocks auf das B (für *bold*, auf Deutsch fett). Per Tastatur geht das per `Strg` + `B` (Windows) bzw. `cmd` + `B` (macOS).

5. Wenn alles okay ist, klicken Sie auf die Schaltfläche AKTUALISIEREN und überprüfen die Seite im Frontend.

Das Impressum sieht schon gut aus, aber gemäß geltender Rechtsprechung sollte es von jeder Seite aus mit einem Klick erreichbar sein. Das ist im Augenblick noch nicht der Fall, wird aber später in Kapitel 12, »Themes anpassen mit dem ›Customizer‹: Theme-Optionen, Menüs und Widgets«, behoben.

> **Eine Website benötigt auch eine Datenschutzerklärung**
>
> Bevor Sie online gehen, sollten Sie zusätzlich zum Impressum noch eine Datenschutzer-klärung erstellen. Mehr dazu erfahren Sie in Kapitel 19, »Tipps und Tricks«.

5.4   Beiträge bearbeiten: »Hallo Welt!« wird »Der Block-Editor«

WordPress speichert geschriebene Inhalte wie gesagt entweder in einem Beitrag oder auf einer statischen Seite. Nach dem Kennenlernen der Seiten in den vorherigen Abschnitten geht es um Beiträge. Zunächst bearbeiten Sie den bereits vorhandenen Beitrag *Hallo Welt!* und speichern ihn unter dem Titel *Der Block-Editor*.

> **Beitrag heißt auf Englisch »post«**
>
> Im englischen Original wird ein Beitrag in WordPress *post* genannt. Daher nennt man das Veröffentlichen von Beiträgen auch *posten*.

5.4.1   Die Übersicht im Menü »Beiträge • Alle Beiträge«

Der Kern eines jeden Blogs oder Newsbereichs sind die Beiträge, die im Frontend in chronologisch umgekehrter Reihenfolge ausgegeben werden. Die Erstellung und Verwaltung dieser Beiträge erfolgen, vielleicht nicht ganz unerwartet, im Menü Beiträge.

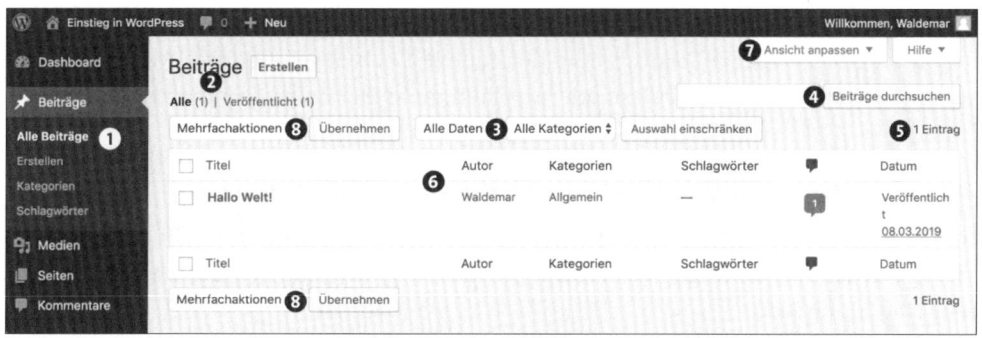

Abbildung 5.17 »Beiträge • Alle Beiträge« – alle Beiträge in der Übersicht

Nach einem Klick auf das Menü BEITRÄGE wird der Bereich ALLE BEITRÄGE angezeigt, in dem es bereits einen Beitrag mit dem schönen Titel *Hallo Welt!* gibt, der während der Installation automatisch angelegt wurde (siehe Abbildung 5.17).

Im Bereich BEITRÄGE • ALLE BEITRÄGE ❶ haben Sie die folgenden Optionen:

▶ *Status der Veröffentlichung* ❷: Hier können Sie ALLE Beiträge anzeigen lassen oder nur bereits veröffentlichte Beiträge. Weitere Optionen wie PAPIERKORB, ENTWURF etc. erscheinen automatisch, sobald ein Beitrag in den Papierkorb gelegt oder als Entwurf gespeichert wird.

▶ *Filter für Datum oder Kategorie* ❸: Um die in der Übersicht angezeigten Beiträge zu filtern, wählen Sie die gewünschten Filterkriterien aus den Dropdown-Listen und klicken dann auf AUSWAHL EINSCHRÄNKEN.

▶ *Beiträge durchsuchen* ❹: Um die Beiträge nach einem bestimmten Wort zu durchsuchen, geben Sie das gewünschte Suchwort ein und klicken auf BEITRÄGE DURCHSUCHEN.

▶ *Anzahl der Beiträge* ❺: Die Zahl gibt an, wie viele Beiträge in der Übersicht gerade angezeigt werden (1 EINTRAG).

▶ Die *Übersichtstabelle* ❻ zeigt in einer Zeile einige Detailinformationen zum Beitrag:
  – AUTOR des Beitrags ist *Waldemar*.
  – Der Beitrag gehört zur KATEGORIE *Allgemein* und hat noch keine SCHLAGWÖRTER.
  – Es gibt bereits einen KOMMENTAR zum Beitrag, der während der Installation automatisch erstellt wurde.
  – DATUM: Der Beitrag ist am 08.03.2019 veröffentlicht worden.

▶ Über den Befehl ANSICHT ANPASSEN ❼ können Sie einzelne Spalten der Tabelle ein- bzw. ausblenden. Dort können Sie auch wählen, wie viele Beiträge pro Seite angezeigt werden sollen und ob Sie die Beitragsübersicht als LISTENANSICHT (Standard) oder als KURZFASSUNG mit einem Textauszug sehen möchten.

Außerdem gibt es ober- und unterhalb der Tabelle noch das Dropdown-Menü MEHRFACHAKTIONEN ❽ zum Bearbeiten oder Löschen mehrerer Beiträge auf einen Schlag.

5.4.2   »Beitrag bearbeiten«: Einen vorhandenen Beitrag verändern

Um den Beitrag *Hallo Welt!* zu bearbeiten, klicken Sie in der Übersichtstabelle einfach auf den Namen des Beitrags. WordPress öffnet den Beitrag zur Bearbeitung im Editor (siehe Abbildung 5.18).

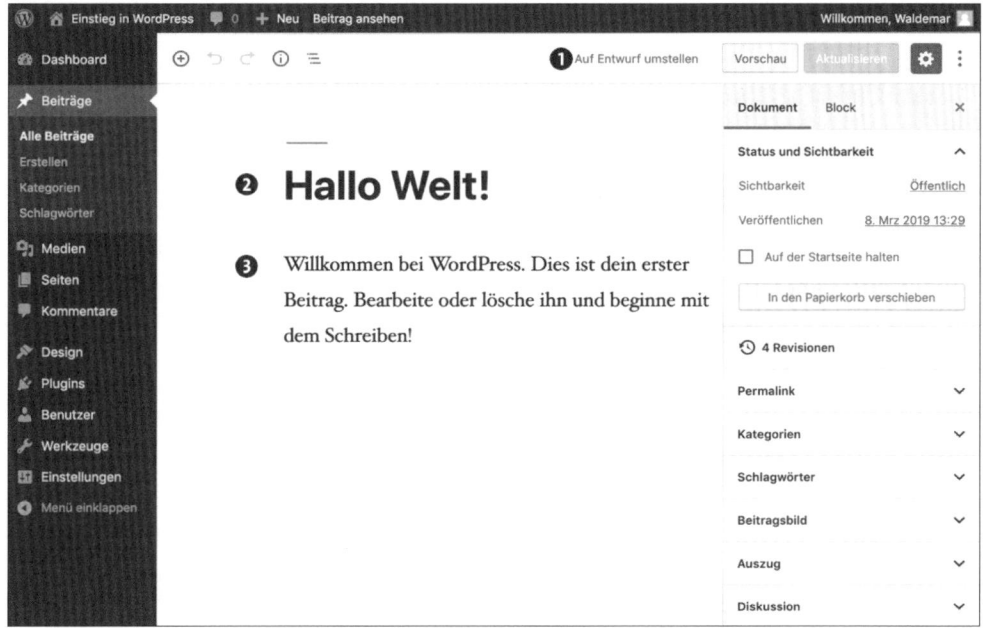

Abbildung 5.18 Einen vorhandenen Beitrag bearbeiten

Ganz oben sehen Sie die Editorleiste ❶, die die gleichen Bedienelemente enthält wie beim Erstellen und Bearbeiten von Seiten in Abschnitt 5.1. Darunter sehen Sie den Beitrag selbst, der aus einem Titel ❷ und einem einzigen Block ❸ besteht.

Im folgenden ToDo ändern Sie Titel, Permalink und Text des vorhandenen Beitrags und speichern die Änderungen in der Datenbank. Falls Ihnen gerade nichts einfällt, worüber Sie schreiben könnten, bauen Sie einfach das Beispiel aus Abbildung 5.19 nach.

ToDo: Einen vorhandenen Beitrag bearbeiten

1. Öffnen Sie den Beitrag *Hallo Welt!* im Editor.

2. Ändern Sie zunächst den Titel. In Abbildung 5.19 lautet er »Der Block-Editor«.

3. Ändern Sie den bereits vorhandenen Permalink mit einem Klick auf die Schaltfläche BEARBEITEN rechts neben dem Link.

4. Löschen Sie den bereits vorhandenen Absatz-Block.

5. Geben Sie mindestens zwei Blöcke beliebigen Text ein, oder bauen Sie den Inhalt aus Abbildung 5.19 nach.

6. Wenn der Beitrag fertig ist, klicken Sie auf die Schaltfläche zum AKTUALISIEREN des Beitrags. Daraufhin erscheint oberhalb des Titels die farblich hinterlegte Meldung BEITRAG AKTUALISIERT.

Um den Beitrag im Frontend zu betrachten, gibt es wie bei den Seiten zwei Möglichkeiten:

▶ Der Link BEITRAG ANSEHEN in der farblich hinterlegten Meldung oder in der Admin-Toolbar zeigt den Beitrag im selben Browserfenster. Wenn noch nicht gespeicherte Änderungen vorhanden sind, erhalten Sie einen Warnhinweis, dass diese beim Verlassen der Website verloren gehen.

▶ Die Schaltfläche VORSCHAU rechts oben in der Editorleiste hingegen öffnet einen neuen Browser-Tab. Noch nicht gespeicherte Änderungen werden meist automatisch auch im Frontend angezeigt. Falls nicht, müssen Sie den Beitrag kurz speichern und dann die Vorschau aufrufen.

Abbildung 5.19 zeigt den Beitrag nach einem Klick auf VORSCHAU in einem neuen Browser-Tab.

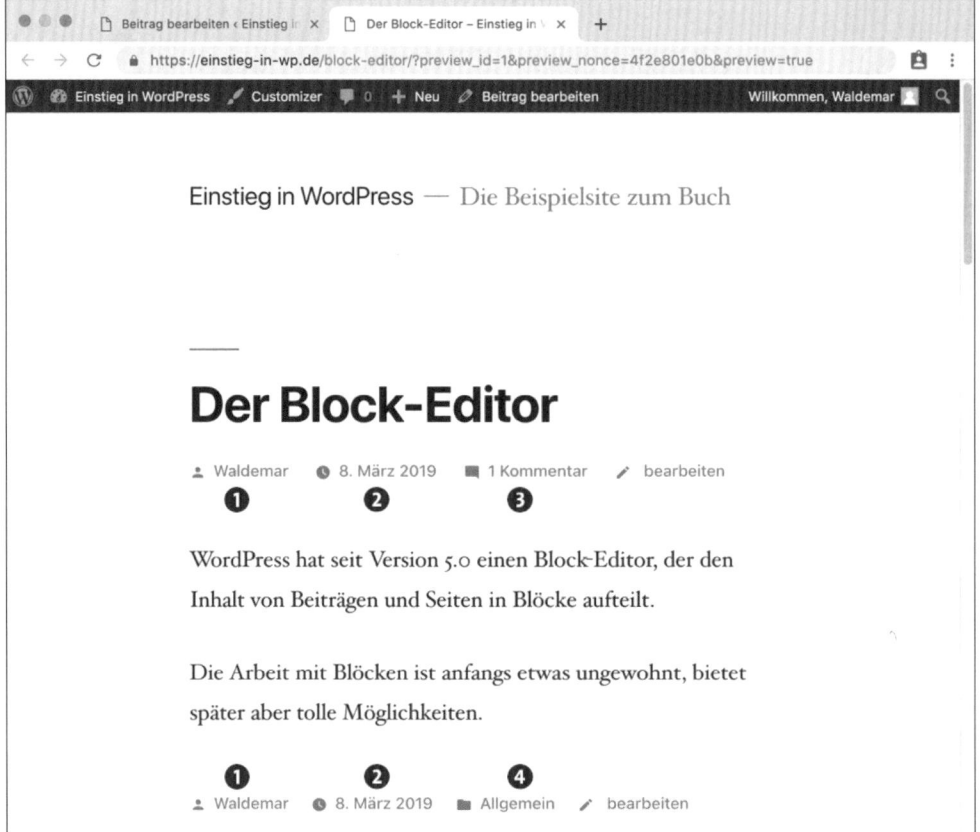

Abbildung 5.19 Der Beitrag »Der Block-Editor« im Frontend

Anders als bei einer Seite erscheinen bei einem Beitrag automatisch zusätzliche Informationen wie z. B. der Autor des Beitrags ❶, das Erstelldatum ❷, die Anzahl der vorhandenen Kommentare ❸ oder die Kategorie ❹.

> **»Kategorien«, »Schlagwörter« und »Beitragsbild« kommen später dran**
>
> In der Seitenleiste rechts neben dem Inhalt gibt es im Register DOKUMENT noch Bereiche wie KATEGORIEN, SCHLAGWÖRTER oder BEITRAGSBILD. Diese Bereiche lernen Sie in Kapitel 6, »Texte schreiben in WordPress«, und Kapitel 7, »Die Mediathek: Bilder und Galerien«, der Reihe nach kennen.

5.5   Beiträge neu erstellen: »Die Blockauswahl«

Es gibt viele Wege, einen neuen Beitrag zu erstellen. Im Backend fast immer in Reichweite sind das Menü BEITRÄGE • ERSTELLEN links in der Menüleiste oder der Befehl + NEU oben in der Admin-Toolbar. Welchen Weg Sie wählen, spielt keine Rolle, denn Sie kommen immer zum selben Ziel.

Der Block-Editor funktioniert in einem Beitrag genauso wie auf einer Seite, und auf den ersten Blick sieht es hier auch fast genauso aus wie beim Erstellen einer Seite (siehe Abbildung 5.20):

▶ Die obere Editorleiste enthält links und rechts die gleichen Symbole und Schaltflächen ❶.

▶ Im Inhaltsbereich gibt es einen Titel und darunter Blöcke ❷.

▶ Rechts neben dem Inhalt ist eine Seitenleiste mit EINSTELLUNGEN für das DOKUMENT und den aktuellen BLOCK ❸.

Sie haben bereits gesehen, dass ein leerer Block die Aufforderung *Schreib etwas oder tippe / zur Blockauswahl* enthält. Geschrieben haben Sie bereits, jetzt ist es an der Zeit, diese Blockauswahl ❹ kennenzulernen.

Im folgenden ToDo erstellen Sie einen neuen Beitrag, der neben normalen Absätzen auch eine Aufzählung enthält, zu deren Erstellung Sie die mit einem Schrägstrich (/) aktivierte Blockauswahl nutzen.

Abbildung 5.20 Die mit einem Schrägstrich aktivierte Blockauswahl

---

ToDo: Einen neuen Beitrag erstellen und die Blockauswahl benutzen

1. Erstellen Sie einen neuen Beitrag: BEITRÄGE • ERSTELLEN.

2. Geben Sie einen Titel ein, z. B. »Die Blockauswahl«.

3. Speichern Sie den Beitrag, und prüfen Sie den Permalink.

4. Geben Sie im ersten Block etwas Text ein, z. B. den aus Abbildung 5.21: »Sehr praktisch ist die Blockauswahl mit einem Schrägstrich. Eine Liste erstellen Sie damit wie folgt:«

5. Drücken Sie ⏎ , um einen neuen Block zu erzeugen.

6. Geben Sie einen Schrägstrich (/) ein, um die Blockauswahl aufzurufen. Daraufhin erscheint ein Auswahlfeld mit zehn verschiedenen Block-Typen.

7. Drücken Sie ein kleines »l« (wie in Liste), und bestätigen Sie die Auswahl mit ⏎ . Sie können die Markierung mit den Pfeiltasten ändern oder einen Eintrag einfach mit der Maus anklicken.

8. Im Block erscheint dann ein Aufzählungszeichen, und Sie können anfangen, die Liste zu schreiben (siehe Abbildung 5.21).

9. Einen neuen Listenpunkt erhalten Sie mit ⏎ . Sie beenden die Liste mit zweimal ⏎ .

10. Wenn der Inhalt okay ist, veröffentlichen Sie den Beitrag.

Abbildung 5.21 zeigt den Beitrag im Backend nach diesem ToDo.

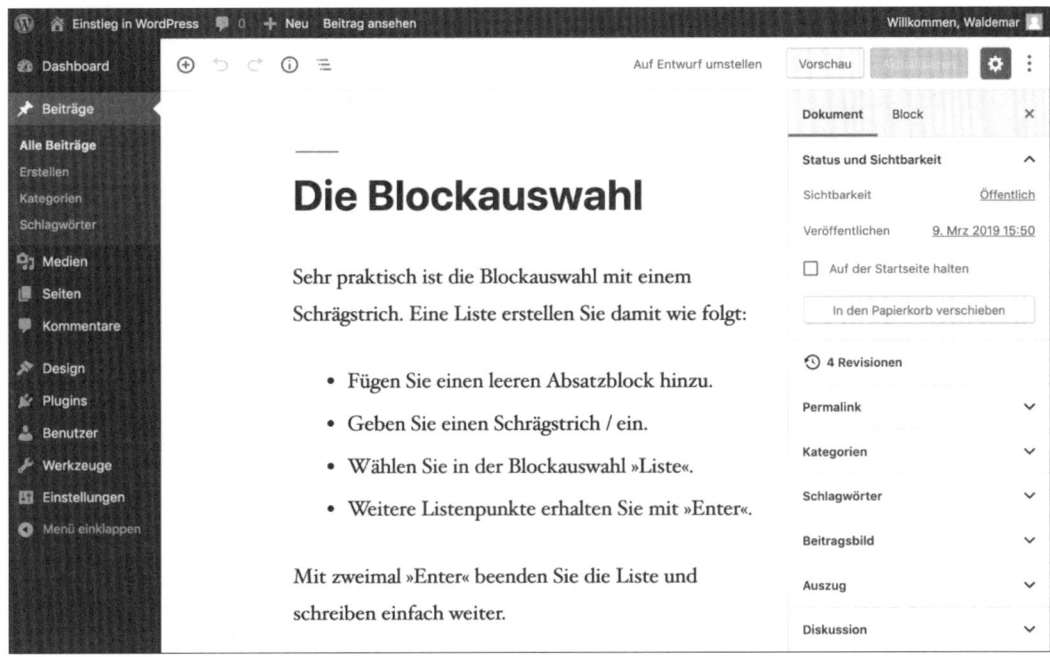

Abbildung 5.21 Der Beitrag zur Blockauswahl

5.6   Beiträge im Frontend: Übersicht und Einzelansicht

Beiträge werden im Frontend auf zwei verschiedene Arten ausgegeben. Auf der Beitragsseite stehen alle Beiträge in einer Übersicht untereinander. Für jeden Beitrag gibt es aber auch eine Einzelansicht mit einer eigenen URL.

5.6.1   Auf der Beitragsseite stehen die Beiträge untereinander

Stellen Sie zunächst sicher, dass Sie auf der Startseite sind, die in WordPress standardmäßig auch gleichzeitig die Beitragsseite ist. Ein Klick auf den Titel der Website ❶ links oben bringt Sie immer zur Startseite.

Abbildung 5.22 zeigt eine Übersicht der zwei vorhandenen Beiträge im Frontend:

▶ Der neue Beitrag *Die Blockauswahl* wurde oben eingefügt ❷.

▶ Der ältere Beitrag *Der Block-Editor* rutscht dadurch nach unten ❸.

Das ist die »chronologisch umgekehrte Reihenfolge« der Beiträge in einem Blog. Wie auf einer endlosen Schriftrolle fließen die Beiträge von oben nach unten.

WordPress hat weiter unten auf der Startseite die Bereiche LETZTE BEITRÄGE und ARCHIVE übrigens automatisch aktualisiert.

Der Link BEARBEITEN ❹ bei den Metainformationen zu einem Beitrag erscheint nur, wenn Sie im selben Browser am Backend angemeldet sind. Ihre Besucher sehen diese Links also nicht.

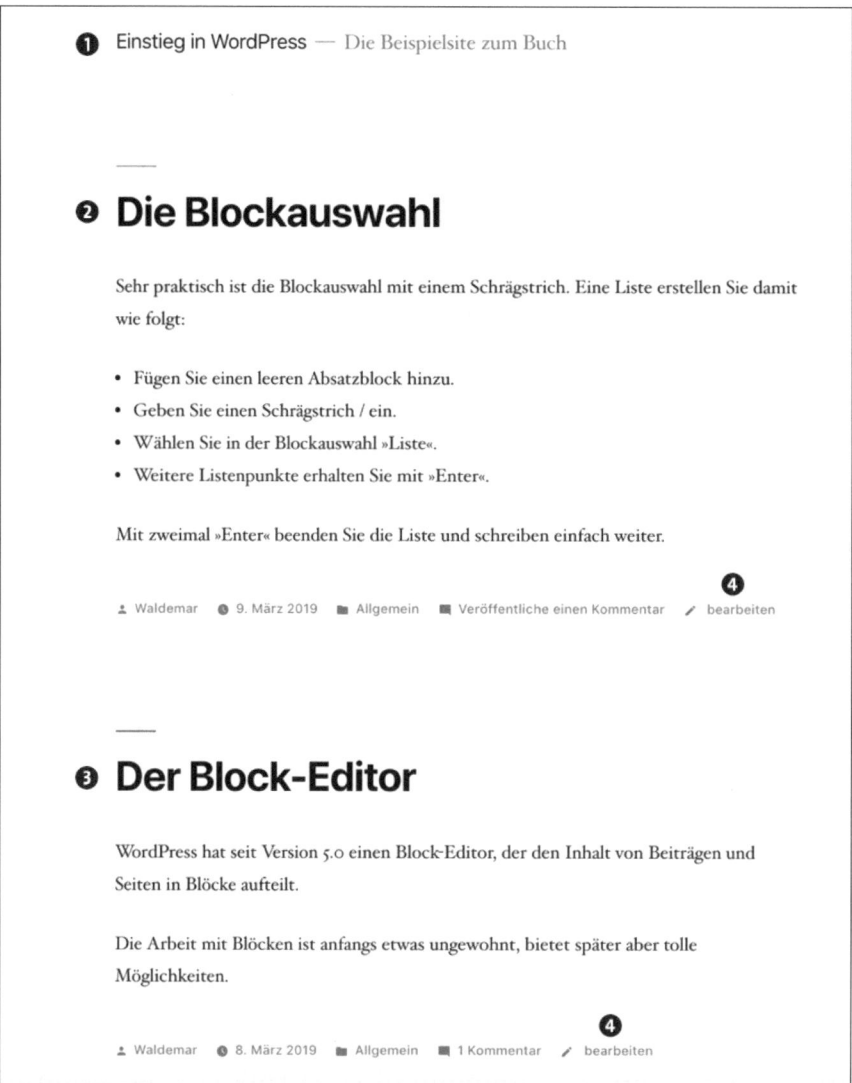

Abbildung 5.22 Die Startseite mit zwei Beiträgen, der neuere steht oben.

5.6.2   Jeder Beitrag hat eine Einzelansicht mit eigenem Permalink

Neben der Beitragsübersicht auf der Startseite gibt es für jeden Beitrag eine Einzelansicht, auf der der komplette Beitrag angezeigt und meist auch gelesen wird. Klicken Sie dazu in der Beitragsübersicht einfach auf den Titel des gewünschten Beitrags.

Abbildung 5.23 zeigt die obere Hälfte des Beitrags *Der Block-Editor* in der Einzelansicht:

► Oben sehen Sie den Titel des Beitrags ❶.

► Unter dem Beitrag befindet sich eine Navigation mit einem Link zum nächsten bzw. vorherigen Beitrag ❷, sofern welche vorhanden sind.

Abbildung 5.23 Ein Beitrag in der Einzelansicht (Teil 1/2)

In Abbildung 5.24 sehen Sie die untere Hälfte des Beitrags:

► Unterhalb des Beitrags werden die Kommentare im Theme *Twenty Nineteen* mit der Überschrift *Beteilige dich an der Unterhaltung* ❸ gelistet.

► Unterhalb der Kommentare finden Sie ein Formular zur Eingabe eines neuen Kommentars ❹.

Abbildung 5.24 Ein Beitrag in der Einzelansicht (Teil 2/2)

In der Einzelansicht hat jeder Beitrag einen Permalink

In der Einzelansicht hat ein Beitrag einen *Permalink*, einen *permanenten Link*, mit dem der Beitrag auf anderen Webseiten oder in Social-Media-Postings verlinkt werden kann. Ein Besucher, der über einen solchen Link kommt, sieht den Beitrag direkt in der Einzelansicht.

5.7   Eine klassische Website: Startseite und Newsbereich

Nach der Installation von WordPress erscheinen die Beiträge direkt auf der Startseite, aber in diesem Abschnitt sehen Sie, dass das nicht so bleiben muss.

5.7.1   WordPress mit einer statischen Startseite und einem Newsbereich

Auf einer klassischen Website werden die Besucher auf einer hübsch gestalteten Startseite oft mit einer Übersicht zu den wichtigsten Inhalten begrüßt. In WordPress können Sie zu diesem Zweck eine statische Seite zur Startseite befördern und diese mit ganz normalem Inhalt füllen. Die Beiträge geben Sie dann auf einer anderen Seite aus, die Sie z. B. *Blog*, *News* oder *Aktuelles* oder so ähnlich nennen (siehe Abbildung 5.25).

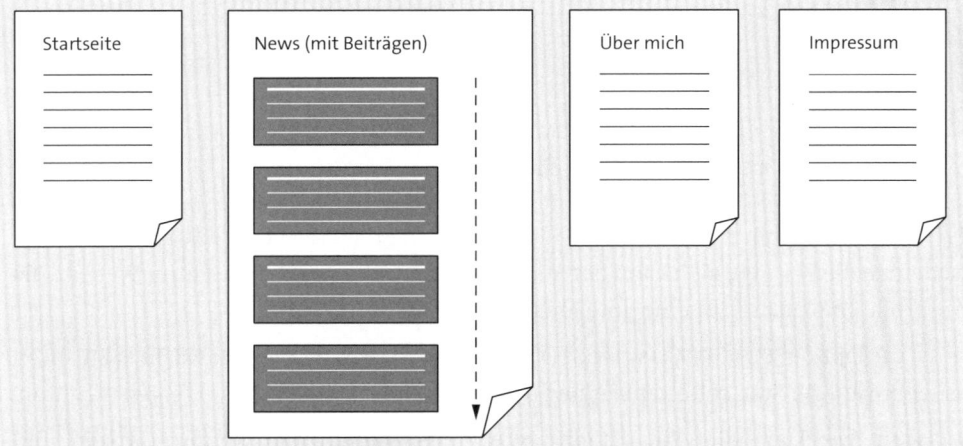

Abbildung 5.25 WordPress mit statischen Seiten und einer Beitragsseite

WordPress komplett ohne Newsbereich: nur Seiten, keine Beiträge.

Falls Sie Ihre Website eher als eine Art Visitenkarte im Web einsetzen und nicht vorhaben, ab und an neue Beiträge zu veröffentlichen, können Sie die Beitragsseite natürlich auch ganz weglassen und nur mit statischen Seiten arbeiten. Abbildung 5.26 zeigt das als Schema.

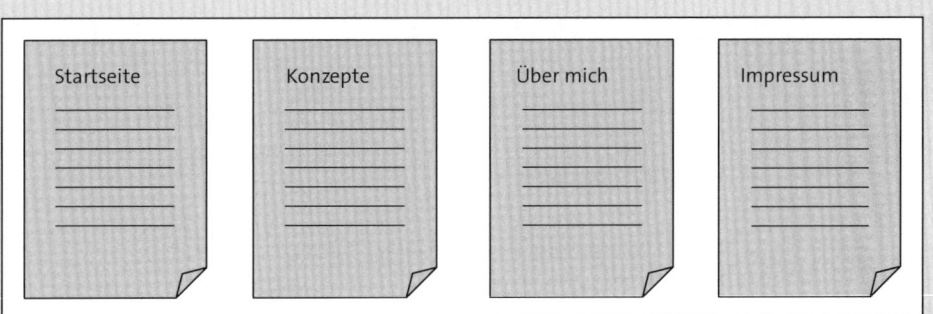

Abbildung 5.26 WordPress nur mit statischen Seiten

5.7.2   Vorbereitung: »Deine Startseite zeigt …« in »Einstellungen • Lesen«

Im Menü Einstellungen • Lesen finden Sie ganz oben die Option Deine Startseite zeigt, mit der Sie festlegen können, ob die Startseite Deine letzten Beiträge oder Eine statische Seite anzeigen soll (siehe Abbildung 5.27).

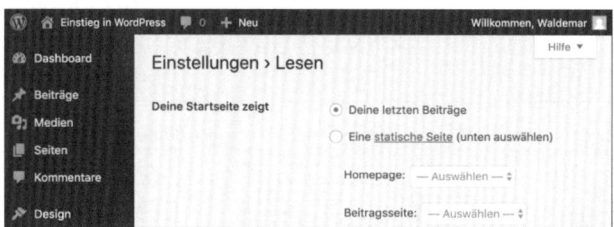

Abbildung 5.27 Die Option »Deine Startseite zeigt … «

Die Standardeinstellung von WordPress ist Deine letzten Beiträge, und darum erscheinen die Beiträge gleich auf der Startseite. Wenn die Beiträge auf Ihrer Website die Hauptrolle spielen, ist das eine gute Einstellung.

Die zweite Option, Eine statische Seite (unten auswählen), ist ideal, falls Sie Ihren Besuchern auf der Startseite lieber eine hübsch gestaltete statische Seite zeigen möchten.

Zu diesem Zweck erstellen Sie erst einmal zwei neue Seiten, eine für die Startseite und eine für die Beitragsseite. Diese Seiten weisen Sie dann hier in Einstellungen • Lesen entsprechend zu. Im Folgenden zeige ich Ihnen Schritt für Schritt, wie das geht.

5.7.3   Schritt 1: »Willkommen« – eine neue Seite für die Startseite erstellen

Im ersten Schritt erstellen Sie zunächst einmal eine neue Seite für die Startseite, die schlicht und einfach »Willkommen« heißen soll. Abbildung 5.28 zeigt die Seite im Block-Editor.

Abbildung 5.28 Die Seite »Willkommen« im Editor

Im folgenden ToDo erstellen Sie diese Seite.

ToDo: Eine neue Seite namens »Willkommen« erstellen

1. Erstellen Sie eine neue Seite.
2. Als Titel geben Sie z. B. »Willkommen« ein, aber Sie können auch gerne einen anderen Titel wählen.
3. Schreiben Sie ein bisschen Text auf die Seite. Der Inhalt ist momentan noch nicht wichtig und dient vorerst nur als Platzhalter.
4. Wenn alles fertig ist, klicken Sie auf VERÖFFENTLICHEN.

5.7.4   Schritt 2: »News« – eine neue Seite für die Beitragsseite erstellen

Im zweiten Schritt erstellen Sie eine neue Seite, die *News* heißen und als Beitragsseite dienen soll. Abbildung 5.29 zeigt die Seite im Block-Editor.

Im folgenden ToDo erstellen Sie die Seite zur Darstellung der Beiträge.

ToDo: Eine neue Seite namens »News« erstellen

1. Erstellen Sie eine neue Seite.
2. Geben Sie als Titel der Seite einfach »News« ein. Gängige Alternativen für eine zukünftige Beitragsseite wären z. B. *Blog*, *Aktuelles* oder *Neues*.
3. Im Textbereich können Sie sich einfach eine Notiz machen, dass diese Seite als Beitragsseite dient. Diese Notiz wird im Quelltext und im Frontend nicht angezeigt, da WordPress auf einer Beitragsseite im Inhaltsbereich nur die Beitragsübersicht ausgibt.
4. Klicken Sie auf die Schaltfläche VERÖFFENTLICHEN.

Abbildung 5.29 Die neue Beitragsseite im Editor

5.7.5   Schritt 3: Startseite und Beitragsseite in den Einstellungen zuweisen

Nach der Erstellung der beiden Seiten weisen Sie die beiden Seiten jetzt in den Einstellungen den Optionen Homepage und Beitragsseite zu (siehe Abbildung 5.30).

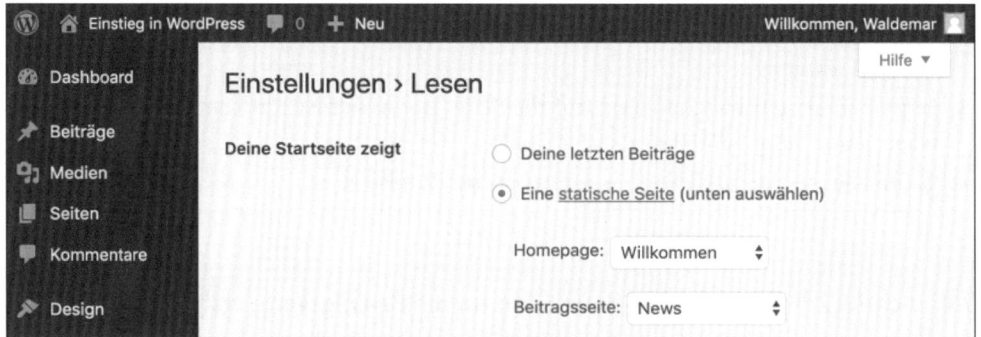

Abbildung 5.30 Die Option »Startseite zeigt ... Eine statische Seite«

Im folgenden ToDo setzen Sie diese Einstellungen um.

Im Backend sehen Sie auch im Menü Seiten • Alle Seiten, welche Seite als Startseite ❶ bzw. Beitragsseite ❷ definiert wurde (siehe Abbildung 5.31).

ToDo: Start- und Beitragsseite in »Einstellungen • Lesen« zuweisen

1. Öffnen Sie das Menü Einstellungen • Lesen.
2. Aktivieren Sie im Bereich Deine Startseite zeigt die Option Eine statische Seite (unten auswählen).
3. Wählen Sie als Homepage, also als Startseite, die Seite *Willkommen*.
4. Wählen Sie als Beitragsseite die Seite *News*.
5. Bestätigen Sie die Änderungen mit einem Klick auf Änderungen übernehmen.

Wenn alle Optionen richtig eingestellt sind, haben sich im Frontend jetzt zwei Dinge geändert:

▶ Die frisch erstellte Seite *Willkommen* ist jetzt die Startseite der Website. Ein Klick auf den Titel der Website bringt den Besucher immer zurück zu dieser statischen Startseite.

▶ Auf der Seite *News* werden die Beiträge dargestellt (und nicht der im Editor eingegebene Text).

Abbildung 5.32 zeigt die Seite *Willkommen* ❸ mit dem Platzhaltertext ❹ statt der Beiträge, die man aber über die Linkliste Neue Beiträge ❺ aufrufen kann.

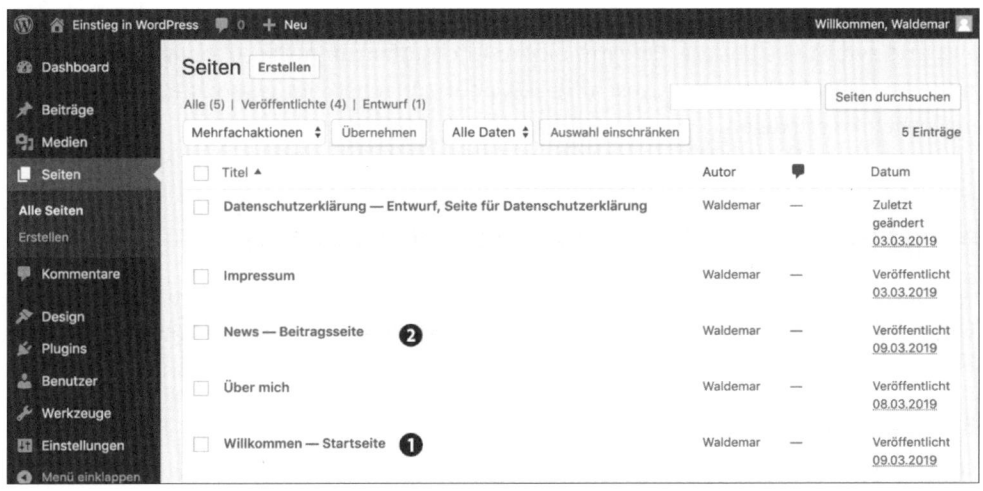

Abbildung 5.31 Die Seite »News« mit Beiträgen und Seitenleiste

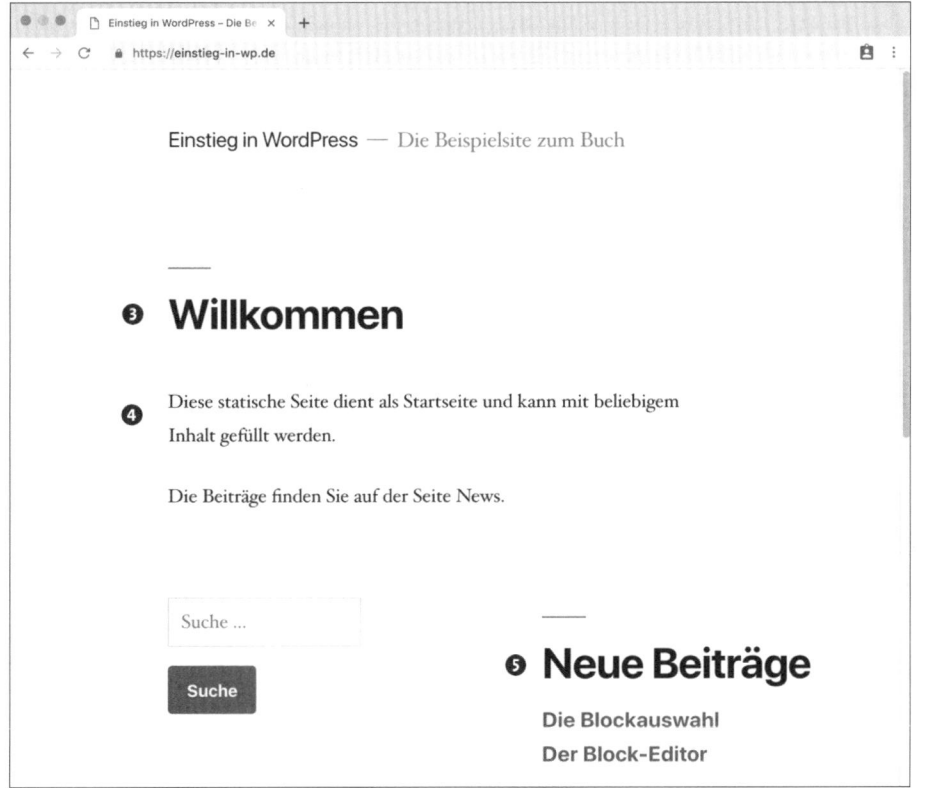

Abbildung 5.32 Die statische Startseite – mit Text und ohne Beiträge

Was noch fehlt, ist eine Navigation, die es ermöglicht, die Startseite, die Beitragsseite *News* und eventuelle andere Ziele mit einem Klick aufzurufen. Diese Navigation erstellen Sie etwas weiter unten in Abschnitt 5.9, aber zunächst gibt es noch etwas Verwaltungsarbeit zu erledigen.

5.8   »QuickEdit«: Die Reihenfolge der Seiten festlegen

In diesem Abschnitt möchte ich Ihnen kurz die Funktion QuickEdit vorstellen, mit der Sie die wichtigsten Einstellungen für Seiten auf die Schnelle bearbeiten können.

5.8.1   Die Übersicht in »Seiten • Alle Seiten«

Wechseln Sie dazu, wie in Abbildung 5.33 gezeigt, in das Menü Seiten • Alle Seiten. Hier sehen Sie die vorhandenen Seiten in alphabetischer Reihenfolge.

Sie können die Einträge in dieser Tabelle mit einem Klick auf die Spaltenüberschrift nach Titel, Autor, Anzahl der Kommentare oder Datum sortieren, aber eine eigene Reihenfolge ist auf den ersten Blick nicht möglich. Diese Möglichkeit ist gut versteckt in der Funktion QuickEdit, die Sie nur sehen, wenn der Mauszeiger über einem Seiteneintrag schwebt.

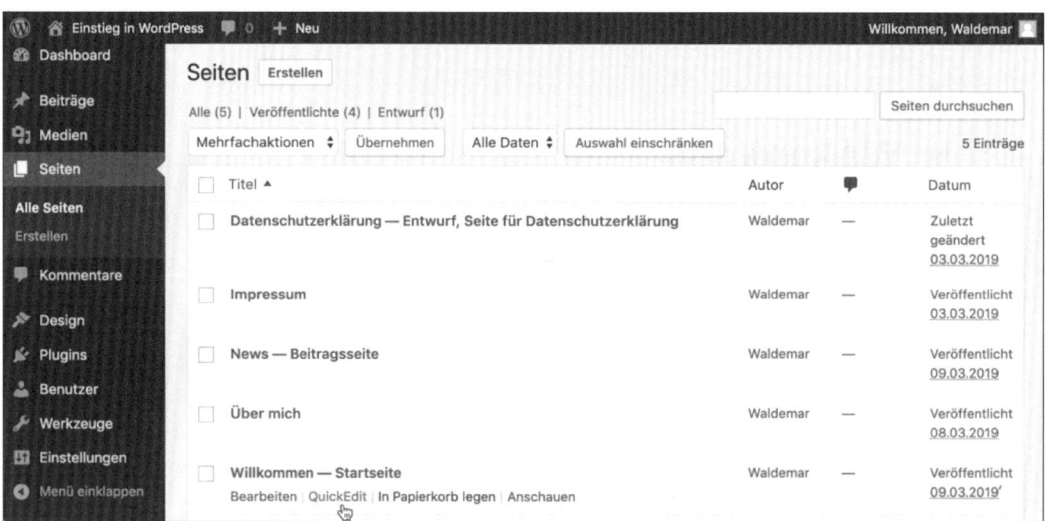

Abbildung 5.33 »QuickEdit« in der Übersicht der statischen Seiten

5.8.2   »QuickEdit« enthält nützliche Abkürzungen

Nach dem Klick auf den Link QUICKEDIT erscheint eine Eingabemaske (siehe Abbildung 5.34), in der Sie die Metainformationen wie TITEL ❶, TITELFORM ❷ (den letzten Teil des Permalinks), DATUM ❸, STATUS DER VERÖFFENTLICHUNG ❹ oder REIHENFOLGE ❺ ändern können. Diese Optionen können Sie allesamt auch im Block-Editor ändern, aber hier im *QuickEdit* geht es im Alltag manchmal einfach schneller.

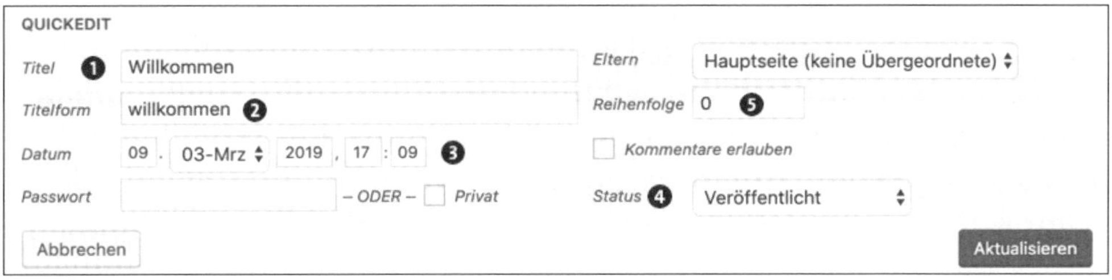

Abbildung 5.34 Die Änderung des Permalinks mit »QuickEdit«

5.8.3   Die Reihenfolge der Seiten im Menü »Seiten • Alle Seiten«

Jede Seite hat im QuickEdit ein Feld namens REIHENFOLGE, in dem WordPress bei der Erstellung der Seite automatisch eine »0« einträgt. Dieser Wert bleibt in vielen Websites unberührt, sodass da jede Menge Nullen vor sich hinschlummern, aber das kann man ändern.

Sie können für die Reihenfolge der Seiten beliebige positive ganze Zahlen eingeben, wobei eine höhere Zahl weiter unten in der Übersicht erscheint. Die Seite mit der *Reihenfolge:0* steht also ganz oben, die Seite mit der *Reihenfolge:1* darunter und so weiter.

Bei den Werten für die Reihenfolge sollten Sie ein bisschen Luft lassen. Vergeben Sie also nicht die Werte 1, 2, 3 und so weiter, sondern lieber 10, 20, 30 und so weiter. Seiten wie Impressum oder Datenschutz, die meist ganz unten stehen sollen, können auch 100 oder so etwas bekommen.

Das hat den Vorteil, dass Sie neue Seiten zwischen den vorhandenen Seiten einsortieren können. Wenn die Seite *News* eine 10 hat und *Über mich* eine 20, dann können neue Seiten mit einem Wert zwischen 11 und 19 dazwischen eingefügt werden. Tabelle 5.1 enthält eine mögliche Variante für die Beispielsite.

Titel der Seite	Reihenfolge
Willkommen	0
News	10

Tabelle 5.1 Seiten und eine mögliche Reihenfolge im Backend

Titel der Seite	Reihenfolge
Über uns	20
Impressum	100
Datenschutzerklärung	110

Tabelle 5.1 Seiten und eine mögliche Reihenfolge im Backend (Forts.)

Im folgenden ToDo setzen Sie diese Tabelle um.

ToDo: Reihenfolge der Seiten in »Seiten • Alle Seiten« ändern

1. Öffnen Sie das Menü SEITEN • ALLE SEITEN.
2. Fahren Sie mit der Maus über den Eintrag für die Datenschutzerklärung, und klicken Sie auf QUICKEDIT.
3. Geben Sie im Feld REIHENFOLGE den Wert »110« ein.
4. Speichern Sie die Eingabe mit einem Klick auf die Schaltfläche AKTUALISIEREN.
5. Klicken Sie auf das Menü SEITEN • ALLE SEITEN, um die veränderte Reihenfolge zu sehen.
6. Bearbeiten Sie die Einträge der anderen Seiten entsprechend den Vorschlägen aus Tabelle 5.1.

Abbildung 5.35 zeigt das Menü SEITEN • ALLE SEITEN nach diesem ToDo. Die Reihenfolge der Seiten ist so übersichtlicher und leichter zu handhaben.

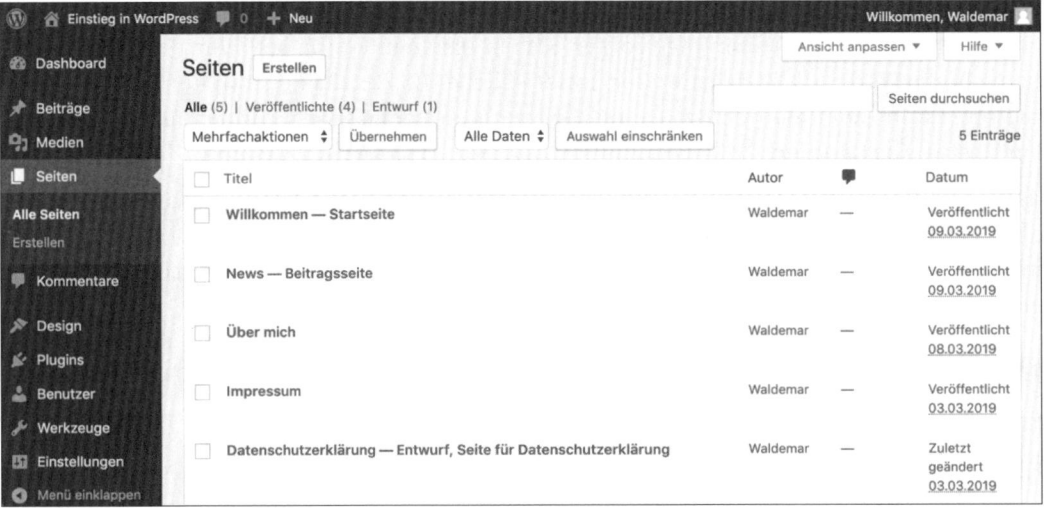

Abbildung 5.35 Die Seite im Backend mit einer eigenen Reihenfolge

> **Reihenfolge festlegen für einzelne Seiten geht auch im Block-Editor**
>
> Im QuickEdit kann man sehr schnell die Reihenfolge für mehrere Seiten ändern. Wenn Sie gerade eine einzelne Seite bearbeiten, können Sie den Wert für das Feld REIHEN-FOLGE auch im Block-Editor verändern, und zwar in der Seitenleiste EINSTELLUNGEN im Register DOKUMENT • SEITEN-ATTRIBUTE.

5.9 Hauptmenü: Eine Navigation für die Website erstellen

Es gibt auf der Website inzwischen vier Seiten und zwei Beiträge, und sie ist auf dem besten Wege, eine richtige Website zu werden. Was momentan noch fehlt, ist eine Navigation, die z. B. oben auf jeder Seite erscheint, mit der die Besucher von einer Seite zur nächsten gelangen.

WordPress hat eine fantastische Menüfunktion, mit der die Erstellung einer benutzerfreundlichen Navigation für Ihre Website fast zum Vergnügen wird und die ich Ihnen in diesem Abschnitt kurz vorstellen möchte.

Die grundlegende Vorgehensweise ist bei allen WordPress-Menüs gleich:

1. *Menü erstellen:* Zunächst erstellen Sie ein Menü und speichern es unter einem Namen, wie z. B. *Hauptmenü*.
2. *Position zuweisen:* Nach der Erstellung weisen Sie das Menü einer Position zu. Welche Positionen es gibt, ist von Theme zu Theme unterschiedlich.

Bei der Erstellung eines Menüs ist WordPress sehr flexibel, denn die Menüpunkte können Sie aus Seiten, Beiträgen, selbst erstellten Links, Kategorien, Schlagwörtern und sogar Beitragsformaten auswählen und beliebig kombinieren. In diesem Abschnitt beschränken Sie sich aber auf ein paar Seiten; später in Kapitel 12, »Themes anpassen mit dem ›Customizer‹: Theme-Optionen, Menüs und Widgets«, erweitern Sie dieses Menü dann.

Twenty Nineteen unterstützt drei Menüpositionen namens PRIMÄR (oben im Header), SOCIAL-LINKS-MENÜ (direkt darunter) und FOOTER-MENÜ (rechts unten im Footer). Abbildung 5.36 zeigt das fertige Hauptmenü an der Menüposition PRIMÄR in der Desktop-Ansicht.

Abbildung 5.36 Die Startseite mit einem Hauptmenü zur Navigation

Menüs können Sie im Backend an zwei verschiedenen Stellen bearbeiten

Menüs können Sie im Backend an zwei Stellen bearbeiten:

▶ DESIGN • CUSTOMIZER • MENÜS direkt im Customizer

▶ DESIGN • MENÜS auf einer eigenen Seite

Die beiden Backend-Bereiche sehen zwar anders aus, sind von der Funktionalität her aber fast identisch. Ich zeige Ihnen im Folgenden den etwas moderneren Weg über den Customizer.

5.9.1   Schritt 1: Den Customizer aufrufen

In diesem Abschnitt lernen Sie das Menü DESIGN • CUSTOMIZER kennen, in dem links in der Anpassungsleiste alle Optionen zur Konfiguration des Themes auf einen Blick zur Verfügung stehen und rechts eine Live-Vorschau Änderungen sofort anzeigt (siehe Abbildung 5.37).

Abbildung 5.37 Der Customizer mit Anpassungsleiste und Live-Vorschau

Mit einem Klick auf das × links oben können Sie den Customizer später wieder schlie-ßen. Rechts daneben befindet sich die Schaltfläche VERÖFFENTLICHEN. Sind alle Ände-rungen gespeichert, steht dort VERÖFFENTLICHT ❶.

Darunter sehen Sie, welche Website und welches Theme ❷ Sie gerade bearbeiten. Die diversen Optionsbereiche, von WEBSITE-INFORMATIONEN bis ZUSÄTZLICHES CSS, ler-nen Sie bei der Anpassung von Themes in Kapitel 12 näher kennen. In diesem Abschnitt erstellen Sie im Bereich MENÜS ❸ ein Hauptmenü.

Ganz unten können Sie die Sidebar AUSBLENDEN ❹, wodurch die LIVE-VORSCHAU ❺ etwas mehr Platz im Browserfenster bekommt, und mit den drei Symbolen für Desktop, Tablet und Smartphone rechts daneben lässt sich ganz schnell checken, wie die Website auf verschiedenen Geräten aussieht.

5.9.2   Schritt 2: Das Hauptmenü erstellen und veröffentlichen

In diesem Schritt erstellen Sie das erste Menü. Abbildung 5.38 zeigt DESIGN • CUSTOMI-ZER • MENÜS bei der Erstellung des Hauptmenüs.

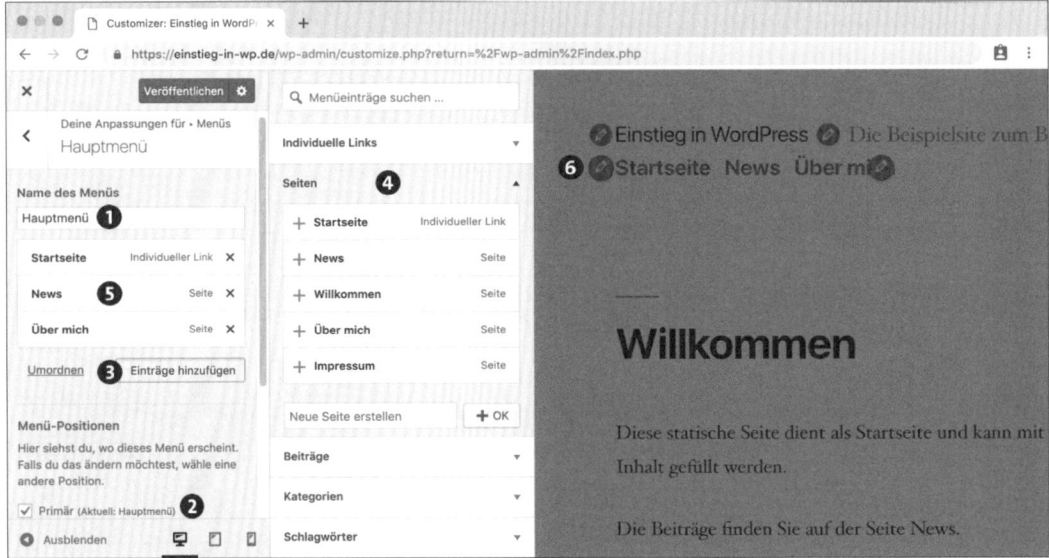

Abbildung 5.38 Der Customizer bei der Erstellung des Hauptmenüs

Im folgenden ToDo wird Schritt für Schritt gezeigt, wie Sie das Hauptmenü erstellen, ihm eine Position zuweisen und es mit Menüeinträgen füllen. In der Live-Vorschau rechts im Customizer sehen Sie dabei live und in Farbe, wie die Navigation auf der Website aussieht.

ToDo: Das Hauptmenü erstellen und ihm eine Position zuweisen

1. Öffnen Sie im Backend das Menü DESIGN • CUSTOMIZER • MENÜS.

2. Klicken Sie auf die Schaltfläche NEUES MENÜ ERSTELLEN.

3. Geben Sie im Feld NAME DES MENÜS einen beschreibenden Namen ein, z. B. »Hauptmenü«.

3. Aktivieren Sie im Bereich MENÜ-POSITIONEN die Option PRIMÄR.

4. Klicken Sie auf die Schaltfläche WEITER. Abbildung 5.38 zeigt die sich daraufhin öffnende Seite, in der Sie die Einträge und Eigenschaften für das Hauptmenü ❶ definieren. Im Bereich MENÜ-POSITIONEN wurde die Option PRIMÄR ❷ aus dem vorherigen Schritt übernommen.

5. Klicken Sie auf + EINTRÄGE HINZUFÜGEN ❸. Rechts öffnet sich eine Übersicht der möglichen Navigationslinks.

6. Öffnen Sie gegebenenfalls den Bereich SEITEN ❹, und klicken Sie nacheinander auf STARTSEITE (INDIVIDUELLER LINK), NEWS und ÜBER MICH. Die angeklickten Seiten er-

---

scheinen links unter dem Wort HAUPTMENÜ ❺ und rechts in der Live-Vorschau unter dem Titel der Website ❻.

7. Wenn alles fertig ist, speichern und aktivieren Sie das Menü mit einem Klick auf VER-ÖFFENTLICHEN.

Nach diesem ToDo ist das Menü veröffentlicht. Abbildung 5.39 zeigt das Hauptmenü in der Live-Vorschau. Die Anpassungsleiste wurde ausgeblendet und kann mit dem kleinen Pfeil unten links wieder eingeblendet werden.

Einstieg in WordPress — Die Beispielsite zum Buch

Startseite   News   Über mich

Willkommen

Diese statische Seite dient als Startseite und kann mit beliebigem Inhalt gefüllt werden.

Die Beiträge finden Sie auf der Seite News.

Abbildung 5.39 Die Startseite mit Hauptmenü in der Live-Vorschau

5.9.3 Schritt 3: Die Navigation auf schmaleren Bildschirmen prüfen

Im Customizer gibt es unten in der Seitenleiste drei Symbole für DESKTOP, TABLET und SMARTPHONE, mit denen Sie die Bildschirmgröße der Live-Vorschau ändern können.

Die Simulation im Customizer ersetzt zwar nicht das Testen mit realen Geräten, gibt aber eine gute Vorstellung davon, wie die Seiten sich auf schmaleren Bildschirmen verhalten, und es ist eine gute Angewohnheit, seine Beiträge und Seiten hier regelmäßig zu überprüfen. Sie werden sehen, dass Twenty Nineteen auf einem schmalen Bildschirm teilweise eine bessere Figur macht als auf einem breiten.

Abbildung 5.40 zeigt die Navigation nach einem Klick auf das Symbol für Smartphone und dem Ausblenden der Seitenleiste.

Abbildung 5.40 Die Startseite im Customizer mit der Ansicht »Smartphone«

5.10   Know-how: Verschiedene Seitentypen in WordPress

In diesem Kapitel war oft von Beiträgen und Seiten die Rede, womit fast immer statische Seiten gemeint waren. Aber der Begriff *Seite* kann in WordPress durchaus zu Missverständnissen führen, denn genau genommen gibt es fünf verschiedene Arten von Seiten, die ich Ihnen im Folgenden kurz vorstellen möchte:

▶ **Statische Seiten** werden im Menü SEITEN erstellt und verwaltet. WordPress kann beliebig viele statische Seiten verwalten, und statische Seiten können auch Unterseiten haben.

▶ Die **Startseite** kann zwei verschiedene Funktionen haben. Sie ist entweder eine *Beitragsseite*, die die aktuellsten Beiträge zeigt, oder eine *statische Seite*, die der Begrüßung und Orientierung der Besucher dient.

▶ Die **Beitragsseite**, manchmal auch *Blogseite* oder *Blog Main* genannt, zeigt standardmäßig die aktuellsten Beiträge. Jeder Beitrag hat einen *Autor*, ein *Datum*, mindestens eine *Kategorie* und optional *Schlagwörter*.

▶ Die **Einzelansicht** ist eine Seite, die genau einen Beitrag mit dazugehörigen Kommentaren zeigt. Diese Seite erstellen Sie im Menü BEITRÄGE bei der Erstellung eines Beitrags. Die Einzelansicht hat einen eigenen Permalink, der dem in EINSTELLUNGEN • PERMALINKS festgelegten Schema folgt.

▶ **Archivseiten** lernen Sie in Kapitel 6, »Texte schreiben in WordPress«, kennen. Sie zeigen eine Auswahl von Beiträgen, wobei es mindestens vier mögliche Filter gibt: *Autor*, *Datum*, *Kategorie* und *Schlagwort*. In einigen Themes können Sie auch nach *Beitragsformaten* filtern.

Nur statische Seiten haben im Backend ein eigenes Menü. Die anderen Seitentypen werden automatisch erstellt und haben kein eigenes Menü.

Tabelle 5.2 zeigt die verschiedenen Seitentypen und ihre wichtigsten Merkmale im Überblick.

Seite	Funktion
Startseite	Ist nach der Installation gleichzeitig auch die Beitragsseite, kann aber auch eine statische Seite sein.
Beitragsseite	Zeigt die im Menü BEITRÄGE erstellten Beiträge (oder deren Teaser) chronologisch umgekehrt untereinander.
Einzelansicht	Zeigt einen vollständigen Beitrag und darunter Kommentare und das Kommentarformular.
Archivseite	Wird automatisch erstellt und filtert Beiträge nach: ▶ Kategorie ▶ Autor ▶ Datum ▶ Schlagwort ▶ Beitragsformat (nicht in jedem Theme vorhanden)
statische Seite	Wird im Menü SEITEN erstellt und verwaltet. Unterseiten sind möglich.

Tabelle 5.2 Die verschiedenen Arten von Seiten im Überblick

5.11 Auf einen Blick

Die wichtigsten Themen noch einmal im Überblick:

▶ Titel und Inhalte von Beiträgen und Seiten werden im Block-Editor erstellt und bearbeitet.

▶ Statische Seiten werden im Menü SEITEN neu erstellt oder bearbeitet.

▶ Fast alle Websites benötigen ein Impressum und eine Datenschutzerklärung.

▶ Die Seite, auf der alle Beiträge untereinanderstehen, heißt *Beitragsseite* oder auch *Blogseite*.

▶ Auf einer Einzelansicht sieht man nur einen einzigen Beitrag:

  – Der Permalink für einen Beitrag zeigt die Einzelansicht.

  – Die Einzelansicht für einen Beitrag enthält meist auch die Kommentare zu diesem Beitrag.

▶ WordPress speichert Inhalte entweder als Beitrag oder als Seite:

  – Beiträge stehen untereinander und können gefiltert werden.

  – Seiten enthalten statische Inhalte wie *Über mich* oder *Impressum*.

▶ Im Menü EINSTELLUNGEN • LESEN können Sie einstellen, welche Seite die STARTSEITE (*Homepage*) sein soll und welche Seite als BEITRAGSSEITE genutzt wird.

▶ Mit der Funktion QUICKEDIT können Sie unter anderem die Reihenfolge festlegen, in der Seiten im Menü SEITEN angezeigt werden.

▶ Im Menü DESIGN • CUSTOMIZER • MENÜS können Sie Menüs erstellen und einer Menüposition zuweisen.

Kapitel 6
Texte schreiben in WordPress

Worin Sie einen detaillierten Blick auf das Schreiben von Texten mit dem Block-Editor werfen. Außerdem lernen Sie Kategorien und Schlagwörter kennen.

Die Themen im Überblick:

▶ Schreiben im Web für Menschen, Seite 156

▶ Der Block-Editor von WordPress im Überblick, Seite 157

▶ Texte schreiben im visuellen Editor, Seite 162

▶ »Revisionen«: Unfallhilfe für Beiträge und Seiten, Seite 169

▶ Hyperlinks erstellen im visuellen Editor, Seite 171

▶ Die Optionen zum Speichern und Veröffentlichen, Seite 175

▶ Kategorien und Schlagwörter im Überblick, Seite 179

▶ Kategorien erstellen und verwalten, Seite 180

▶ Schlagwörter erstellen und verwalten, Seite 185

▶ Auf einen Blick, Seite 190

In diesem Kapitel schreiben Sie Texte und lernen dabei den bereits im vorherigen Kapitel kurz vorgestellten Block-Editor von WordPress genauer kennen. Außerdem werden die Geheimnisse von Kategorien und Schlagwörtern gelüftet. Die Arbeit mit der Mediathek und das Einfügen von Grafiken, Bildergalerien und Multimedia folgen dann in den nächsten Kapiteln.

Der Block-Editor funktioniert für Seiten (fast) genauso wie für Beiträge

In den folgenden Abschnitten lernen Sie den Block-Editor von WordPress genauer kennen und erstellen dabei einige Beiträge. Die Bearbeitung von Inhalten mit dem Block-Editor funktioniert auf Seiten genauso, aber die ab Abschnitt 6.7 beschriebenen *Kategorien* und *Schlagwörter* gibt es nur für Beiträge.

6.1 Schreiben im Web für Menschen

Für das Schreiben von Texten im Web gelten einige besondere Regeln, und das hat zwei Gründe:

▶ Webseiten werden am Bildschirm gelesen, und Lesen am Bildschirm ist Schwerstarbeit für die Augen.

▶ Texte im Web werden nicht nur von Menschen gelesen, sondern auch von Maschinen, insbesondere Suchmaschinen.

Im folgenden Abschnitt geht es zunächst um die Menschen, die Maschinen kommen dann später in Kapitel 17, »SEO – die Optimierung für Suchmaschinen«, aber vorweg schon mal der Hinweis: Wer seine Texte so schreibt, dass Menschen sie gerne lesen, bedient die Suchmaschinen meist auch gleich mit. Oder anders ausgedrückt: Was gut ist für Ihre Besucher, ist auch gut für die Suchmaschinen.

6.1.1 Wie Menschen Texte lesen

Wahrscheinlich glauben Sie, dass Sie beim Lesen einen Buchstaben nach dem anderen aufnehmen und die Wörter nur Sinn ergeben, weil die Buchstaben in den Wörtern in einer bestimmten Reihenfolge stehen.

Dann schauen Sie sich doch bitte einmal folgenden Absatz genauer an:

Shocn wdeier enei Rcehtschrbierofrem? Nien, aebr enei Sutide enier elgnihcesn Uvinisterät zgiet, dsas es nchit witihcg ist, in wlecehr Rneflogheie die Bstachuebn in eneim Wrot seethn. Hptacsauhe, der estre und der leztte Bstabchue simtemn. Der Rset knan ttoaelr Bsinöldn sein.

Haben Sie den Text verstanden? Besser als erwartet, oder?

Das Geheimnis ist, dass die Augen beim Lesen nicht einen Buchstaben nach dem anderen aufnehmen, sondern über mehrere Buchstaben hinweg zum nächsten Wort, einem Komma oder einer anderen besonderen Stelle im Text springen. Wenn wir etwas falsch gelesen oder nicht verstanden haben, geht es zurück, um die Stelle genauer zu untersuchen.

Natürlich funktioniert das nur in einer bekannten Sprache und wenn der Text nicht zu viele unbekannte Wörter enthält, aber es ist doch erstaunlich, wie unser Hirn den Buchstaben trotz der falschen Reihenfolge einen Sinn abtrotzt. Die *elgnihcse Uvinisterät* war übrigens *Crmbadgie*.

6.1.2   Webseiten werden nicht gelesen, sondern überflogen

Wenn unsere Augen beim normalen Lesen auf Papierseiten schon durch den Text hoppeln wie ein Kaninchen über eine frisch gemähte Wiese, wie lesen wir dann eine Webseite am Bildschirm?

Jakob Nielsen hat diese Frage in seinem klassischen Artikel *How Users Read on the Web* (*nngroup.com/articles/how-users-read-on-the-web/*) bereits 1997 untersucht, und seine in Abbildung 6.1 gezeigte Antwort gilt nach wie vor: *They don't.*

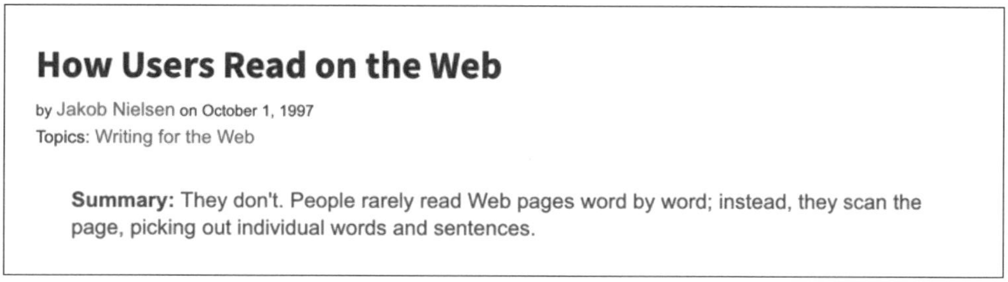

How Users Read on the Web

by Jakob Nielsen on October 1, 1997
Topics: Writing for the Web

Summary: They don't. People rarely read Web pages word by word; instead, they scan the page, picking out individual words and sentences.

Abbildung 6.1 Wie Benutzer Webseiten lesen – gar nicht

Natürlich werden Webseiten gelesen, aber nicht Wort für Wort. Nielsens Artikel beginnt wie folgt:

> *People rarely read Web pages word by word; instead, they scan the page, picking out individual words and sentences.*

> *Menschen lesen Webseiten nur selten Wort für Wort; stattdessen überfliegen sie die Seite und bleiben nur an einzelnen Wörtern und Sätzen hängen.*

Webseiten werden also überflogen und erst wirklich gelesen, wenn etwas Interessantes gefunden wird. Das schon bei Texten auf Papier vorhandene Springen der Augen verstärkt sich, und die Sprünge werden größer.

Text für eine Webseite sollte also so geschrieben werden, dass er diese Sprünge unterstützt, und dabei helfen schon so einfache Maßnahmen wie kurze Absätze und Zwischenüberschriften, die ich Ihnen weiter unten in diesem Kapitel vorstelle.

6.2   Der Block-Editor von WordPress im Überblick

Wenn Sie in WordPress einen neuen Beitrag erstellen, beginnen Sie mit der in Abbildung 6.2 gezeigten leeren Seite.

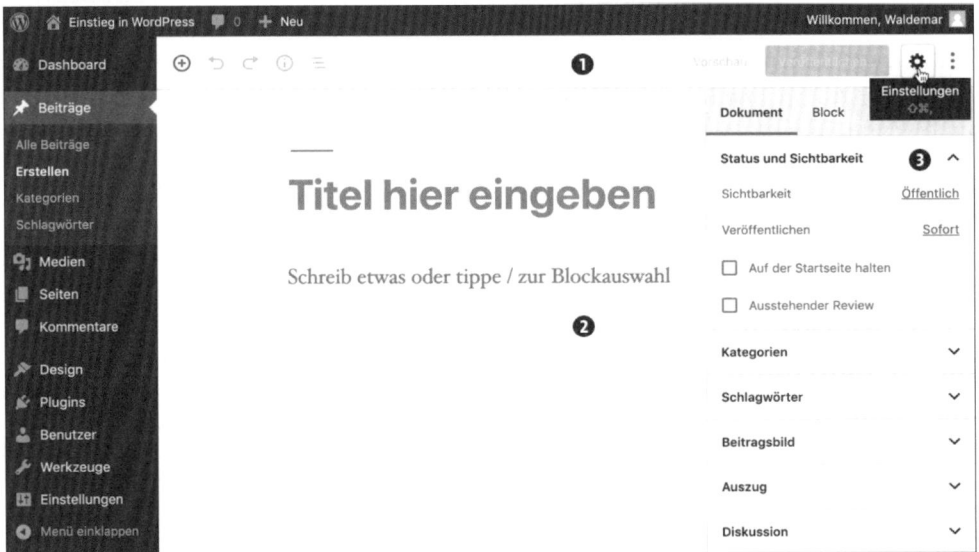

Abbildung 6.2 Die Backendseite zum Schreiben eines neuen Beitrags

Die Backendseite zum Schreiben eines neuen Beitrags besteht aus drei großen Bereichen:

► Die *Editorleiste* ❶ ganz oben ist zweigeteilt:

   – Links befinden sich einige Symbole zur Arbeit mit dem Inhalt.

   – Rechts sehen Sie diverse Schaltflächen zur Verwaltung der Inhalte und des Editors.

► Der *Inhaltsbereich* ❷ enthält ganz oben den Titel des Beitrags und darunter den in
einzelne Blöcke aufgeteilten Inhalt.

► Die Seitenleiste *Einstellungen* ❸ mit den Registern DOKUMENT und BLOCK rechts
daneben können Sie mit einem Klick auf das Zahnrad darüber ein- und ausblenden.

Im Folgenden lernen Sie diese Bereiche nach und nach kennen.

Aktuelle Informationen zum Block-Editor

DDer Block-Editor von WordPress wird ständig verfeinert und mit neuen Optionen
erweitert. Auf der Website zum Buch halte ich Sie auf dem Laufenden: *einstieg-in-
wp.de/links-fuer-leser/*

Falls der Block-Editor inzwischen also etwas anders aussieht, schauen Sie dort einmal
vorbei.

6.2.1 Die Symbole zum Bearbeiten des Inhalts links oben in der Editorleiste

Ein Werkzeug, das Sie beim Schreiben von Beiträgen und Seiten häufig nutzen werden, ist die Editorleiste. Links sehen Sie dort einige Symbole zur Bearbeitung des Inhalts im Überblick, die ich Ihnen in diesem Abschnitt kurz vorstellten möchte (siehe Abbildung 6.3).

Abbildung 6.3 Die Symbole zum Bearbeiten des Inhalts in der Editorleiste

Tabelle 6.1 zeigt diese Symbole mit ihren offiziellen Bezeichnungen und einer kurzen Beschreibung.

Icon	Name	Kurze Beschreibung
⊕	BLOCK HINZUFÜGEN	Blockauswahl mit allen Blöcken, Suche und Kategorisierung. Dieses Symbol wird auch *Inserter-Werkzeug* genannt und erscheint nicht nur in der Editorleiste, sondern auch links neben oder über den Blöcken.
↩	RÜCKGÄNGIG	Macht den letzten Bearbeitungsschritt rückgängig.
↪	WIEDERHOLEN	Macht RÜCKGÄNGIG rückgängig.
ⓘ	INHALTLICHE STRUKTUR	Zeigt eine Statistik und die inhaltliche Struktur (nur sinnvoll, wenn im Dokument mehrere Überschriften vorhanden sind).
☰	BLOCK-NAVIGATION	Zeigt alle Blöcke im Dokument. Ein Klick auf einen Block springt zu diesem Block (besonders praktisch bei mehrspaltigen oder verschachtelten Blöcken).

Tabelle 6.1 Editorleiste – die Symbole zum Bearbeiten des Inhalts

Die Funktionen RÜCKGÄNGIG und WIEDERHOLEN kennen Sie wahrscheinlich aus anderen Programmen, die INHALTLICHE STRUKTUR und die BLOCK-NAVIGATION werden weiter unten ausführlicher vorgestellt, bleibt noch die Funktion BLOCK HINZUFÜGEN.

In Abbildung 6.4 ist zu sehen, dass nach einem Klick auf ⊕ BLOCK HINZUFÜGEN ❶ ein Auswahlfeld mit einer Suche ❷ erscheint. Darunter zeigt der Bereich MEISTGENUTZT ❸ die Blöcke, die von Ihnen am häufigsten benutzt werden. Wenn Sie diesen Bereich schließen, sehen Sie die Kategorien zur Sortierung von Blöcken im Überblick ❹.

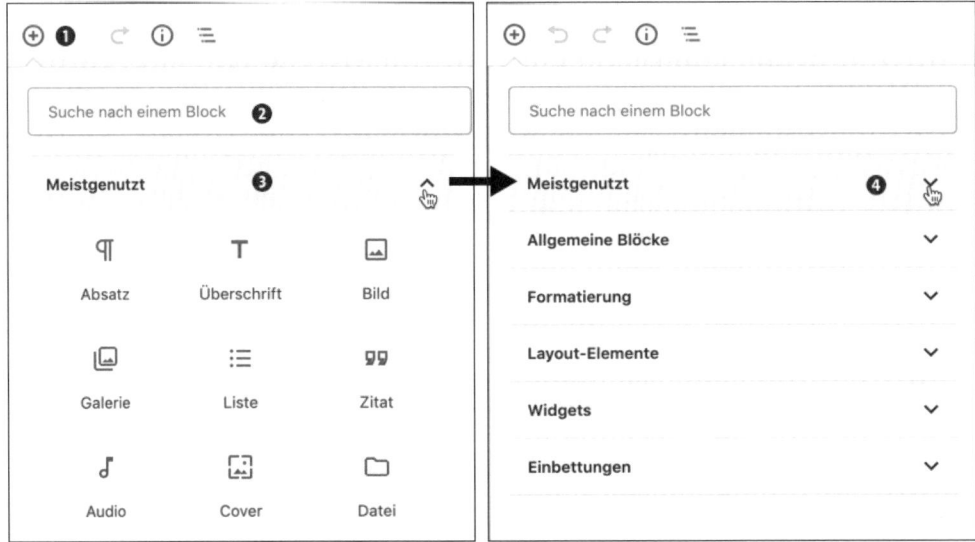

Abbildung 6.4 »Block hinzufügen« – links die Standardansicht, rechts die Kategorien in der Übersicht

Das Symbol »Block hinzufügen« taucht auch an anderen Stellen auf.

Das Symbol BLOCK HINZUFÜGEN mit dem Plus im Kreis gibt es nicht nur oben in der Editorleiste. Es taucht auch an anderen Stellen wieder auf, z. B. wenn Sie den Mauszeiger an den oberen Rand eines Blocks oder über einen leeren Block schieben. Egal wo es sichtbar wird, es ruft immer die in Abbildung 6.4 gezeigte Blockauswahl auf, um einen Block hinzuzufügen.

6.2.2   »Weitere Werkzeuge und Optionen«: Das 3-Punkte-Menü rechts oben

Auf der rechten Seite der Editorleiste gibt es diverse Schaltflächen für eine Vorschau und zum Veröffentlichen, die Sie in Abschnitt 5.2, »Eine neue Seite erstellen: ›Über mich‹«, bereits kennengelernt haben. Das Zahnrad rechts daneben blendet die Seitenleiste mit den Einstellungen für Dokument und Block ein und aus (siehe oben, Abbildung 6.2).

Bleibt noch das in Abbildung 6.5 gezeigte 3-Punkte-Menü rechts außen ❶, das dazu dient, WEITERE WERKZEUGE UND OPTIONEN anzuzeigen bzw. zu verbergen.

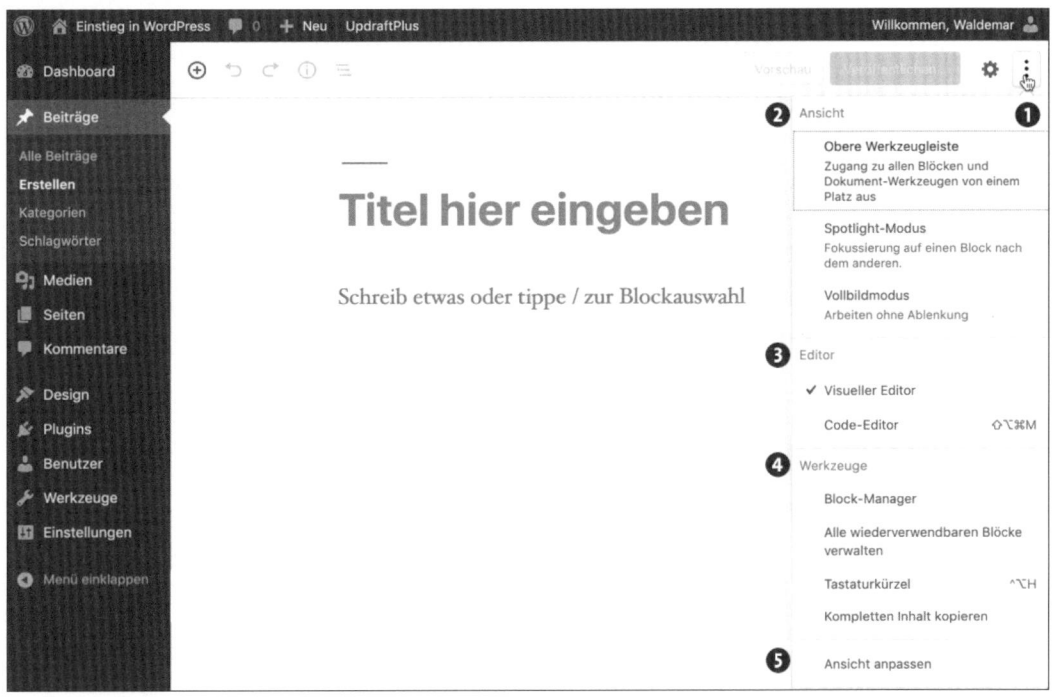

Abbildung 6.5 Das 3-Punkte-Menü für weitere Werkzeuge und Optionen

Das in Abbildung 6.5 gezeigte Menü besteht aus vier Bereichen. Ganz oben ist der Bereich ANSICHT ❷, der Optionen enthält, um das Aussehen und das Verhalten des Editors anzupassen:

▶ OBERE WERKZEUGLEISTE heißt im Original *Top Toolbar* und verschiebt die Symbolleiste mit den Optionen zur Bearbeitung eines Blocks vom Block selbst nach oben in die Mitte der Editorleiste. Dadurch ist es im Inhaltsbereich etwas ruhiger, weil nicht ständig eine Symbolleiste ein- und ausgeblendet wird, aber dafür ist die Symbolleiste weiter weg vom Block. Einfach ausprobieren. Manchen gefällt's, manchen nicht.

▶ Der SPOTLIGHT-MODUS hebt den aktuellen Block hervor, indem alle anderen Blöcke etwas abgeblendet werden. Probieren Sie aus, ob es Ihnen gefällt.

▶ Der VOLLBILDMODUS blendet die Admin-Toolbar oben und die WordPress-Menüleiste links aus, sodass Sie beim Schreiben nur noch den Editor sehen. Viele Abbildungen in diesem Buch zeigen den Editor im Vollbildmodus. Unbedingt ausprobieren!

Im Bereich EDITOR ❸ können Sie zwischen VISUELLER EDITOR und CODE-EDITOR wechseln. Mehr zum Code-Editor erfahren Sie in Kapitel 10, »Quelltext: HTML im Editor von WordPress«.

Der Bereich Werkzeuge ❹ enthält diverse praktische Tools:

▶ Der Block-Manager dient zur Verwaltung von Blöcken. Selten oder nie benutzte Blöcke können Sie hier ausblenden, sodass die Blockauswahl übersichtlich bleibt. Auch ganze Kategorien lassen sich mit einem Klick deaktivieren.

▶ Die Option Alle wiederverwendbaren Blöcke verwalten ermöglicht die Bearbeitung von wiederverwendbaren Blöcken. Das Block-Recycling ist eine sehr nützliche Sache, die Sie in Abschnitt 9.6 kennenlernen.

▶ Tastaturkürzel zeigt eine Übersicht der verfügbaren Abkürzungen.

▶ Kompletten Inhalt kopieren kopiert alle Blöcke (ohne den Titel), ohne dass Sie sie im Inhaltsbereich markieren müssen. Die kopierten Blöcke können Sie in einem anderen Beitrag oder auf einer anderen Seite wieder einfügen. Das ist manchmal ausgesprochen nützlich.

Ganz unten gibt es noch den Befehl Ansicht anpassen ❺, mit dem man bestimmte Bereiche des Block-Editors ausblenden kann, auch z. B. die nett gemeinten Fenster mit Tipps, die beim Öffnen von Beiträgen und Seiten manchmal erscheinen.

6.3   Texte schreiben im visuellen Editor

In diesem Abschnitt lernen Sie die Arbeit mit dem visuellen Editor kennen, indem Sie einen neuen, etwas längeren Beitrag erstellen. Den in diesem Abschnitt verwendeten Text finden Sie in den Beispieldateien oder auf der Website *blindtextgenerator.de* mit der Option Hinter den Wortbergen.

Sie können aber auch gerne einen anderen Text verwenden. Er sollte etwas länger sein, aus kurzen Absätzen bestehen und sich für den Einsatz von Zwischenüberschriften eignen.

6.3.1   »Lorem Ipsum unterwegs« – Überschrift und Text

Abbildung 6.6 zeigt den Block-Editor im Vollbildmodus mit dem Titel *Lorem Ipsum unterwegs* und den ersten Absätzen des Beispieltextes. Hier noch ein paar Hinweise zum Arbeiten im Editor:

▶ Die Symbolleiste ❶ verschwindet beim Tippen. Um sie wieder sichtbar zu machen, reicht eine Bewegung mit der Maus oder das Markieren von Text per Tastatur ([⇧] + Pfeiltasten).

▶ Wenn in einem Block gearbeitet wird, erscheinen rechts in der Seitenleiste die möglichen Einstellungen ❷. Die dort gezeigten Optionen gelten nur für den markierten

Block und unterscheiden sich je nach Block-Typ. Überschriften haben andere Einstellungen als Absätze.

▶ Wenn der Mauszeiger ❸ über dem ungefähr linken Drittel eines Blocks schwebt, erscheint links neben dem Block ein Bedienelement ❹, mit dem Sie den Block nach oben bzw. unten verschieben können:

- Ein Klick auf den Pfeil nach oben verschiebt den Block nach oben, sodass er über dem vorherigen Block steht.

- Ein Klick auf den Pfeil nach unten verschiebt den Block nach unten.

- Ein Klick auf die Punkte zwischen den Pfeilen markiert den Block.

- Die Punkte fungieren auch als eine Art *Anfasser* für den Block: Wenn Sie die Maustaste nach einem Klick darauf gedrückt halten, können Sie den Block per Ziehen und Fallenlassen verschieben. Eine horizontale blaue Linie kennzeichnet die Stelle, an der der Block beim Loslassen der Maustaste eingefügt wird. Mit ein bisschen Übung geht das ganz gut, aber das Verschieben mit den Pfeiltasten finden viele Benutzer einfacher.

Mit dem Symbol Beiträge ansehen (links oben, ❺) verlassen Sie den Editor und gehen zum Menü Beiträge • Alle Beiträge. Im 3-Punkte-Menü ❻ rechts oben in der Editorleiste können Sie unter anderem den Vollbildmodus beenden.

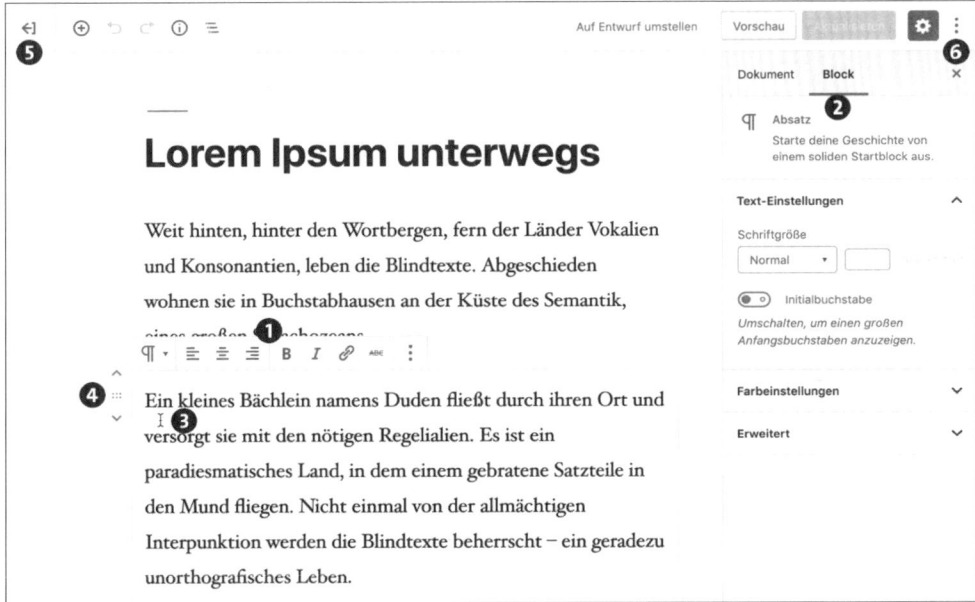

Abbildung 6.6 »Lorem Ipsum unterwegs« im Vollbildmodus des Editors

Im folgenden ToDo erstellen Sie einen Beitrag mit dem Titel *Lorem Ipsum unterwegs* und etwas Text.

ToDo: Einen neuen Beitrag erstellen

1. Erstellen Sie einen neuen Beitrag.
2. Fügen Sie einen Titel ein, z. B. »Lorem Ipsum unterwegs«.
3. Geben Sie darunter einen längeren Text ein (oder fügen Sie ihn aus der Zwischenablage ein).
4. Unterteilen Sie den Text in kurze Absätze.
5. Prüfen Sie den Beitrag im Frontend über die Schaltfläche Vorschau in einem neuen Tab.
6. Wenn der Beitrag fertig ist, können Sie ihn Veröffentlichen.

Abbildung 6.7 zeigt den Anfang des Beitrags im Frontend.

Abbildung 6.7 Der Anfang von »Lorem Ipsum unterwegs« im Frontend

Kurze Absätze erhöhen bei Onlinetexten die Chance, dass der Text auch tatsächlich gelesen wird. Ein Absatz sollte nach Möglichkeit nicht länger als ein paar Zeilen sein.

Im Theme *Twenty Nineteen* sorgen Schriftgrad, Zeilenabstand und die Abstände zwischen den Absätzen bereits für eine gute Lesbarkeit, aber trotz der kurzen Absätze bilden die Buchstaben nicht viel mehr als eine große Textwüste.

Grafiken als Blickfang kommen im nächsten Kapitel; in diesem Kapitel fügen Sie gleich erst einmal einige Zwischenüberschriften ein, die den Text auflockern und dessen Struktur für den Leser sichtbar machen.

6.3.2   Zwischenüberschriften lockern einen längeren Fließtext auf

Ab einer gewissen Textlänge empfiehlt es sich, den Fließtext in leicht verdauliche Blöcke aufzuteilen. Zwischenüberschriften machen den Text leichter scanbar und bieten dem Auge beim Überfliegen des Textes bildlich gesprochen Landeplätze an.

Überschriften sind idealerweise optisch auf den ersten Blick als solche erkennbar und sollten im Idealfall ...

▶ ... ohne den Kontext verständlich sein.

▶ ... erklären, wovon der nachfolgende Text handelt.

▶ ... in klarer Sprache geschrieben sein. Vorsicht mit witzigen Wortspielchen.

Im folgenden ToDo fügen Sie in dem bestehenden Beitrag nachträglich zwei Zwischenüberschriften ein.

ToDo: Zwischenüberschriften einfügen

1. Öffnen Sie den weiter oben erstellten Beitrag. Falls Sie den Beispieltext verwendet haben, können Sie sich bei den Überschriften an Abbildung 6.8 orientieren.

2. Um eine Zwischenüberschrift einzufügen, setzen Sie den Cursor in den Absatz-Block, unter dem die Überschrift eingefügt werden soll.

3. Klicken Sie oben links in der Editorleiste auf BLOCK HINZUFÜGEN.

4. Klicken Sie auf das Symbol für den Block ÜBERSCHRIFT. Im Inhaltsbereich wird ein Block mit einer Überschrift der zweiten Gliederungsebene eingefügt (H2). Die erste Gliederungsebene ist der Titel.

5. Schreiben Sie den Text für die Überschrift in diesen Block, z. B. »In die weite Welt hinaus«.

6. Wiederholen Sie den Vorgang für die zweite Zwischenüberschrift »Unterwegs und gefangen«.

7. Prüfen Sie den Beitrag mit der Vorschau, und wenn er okay ist, speichern Sie die Änderungen mit einem Klick auf die Schaltfläche AKTUALISIEREN.

Abbildung 6.8 zeigt, dass ein Beitrag mit kurzen Absätzen und Zwischenüberschriften auch ohne Grafiken bereits recht gut lesbar ist.

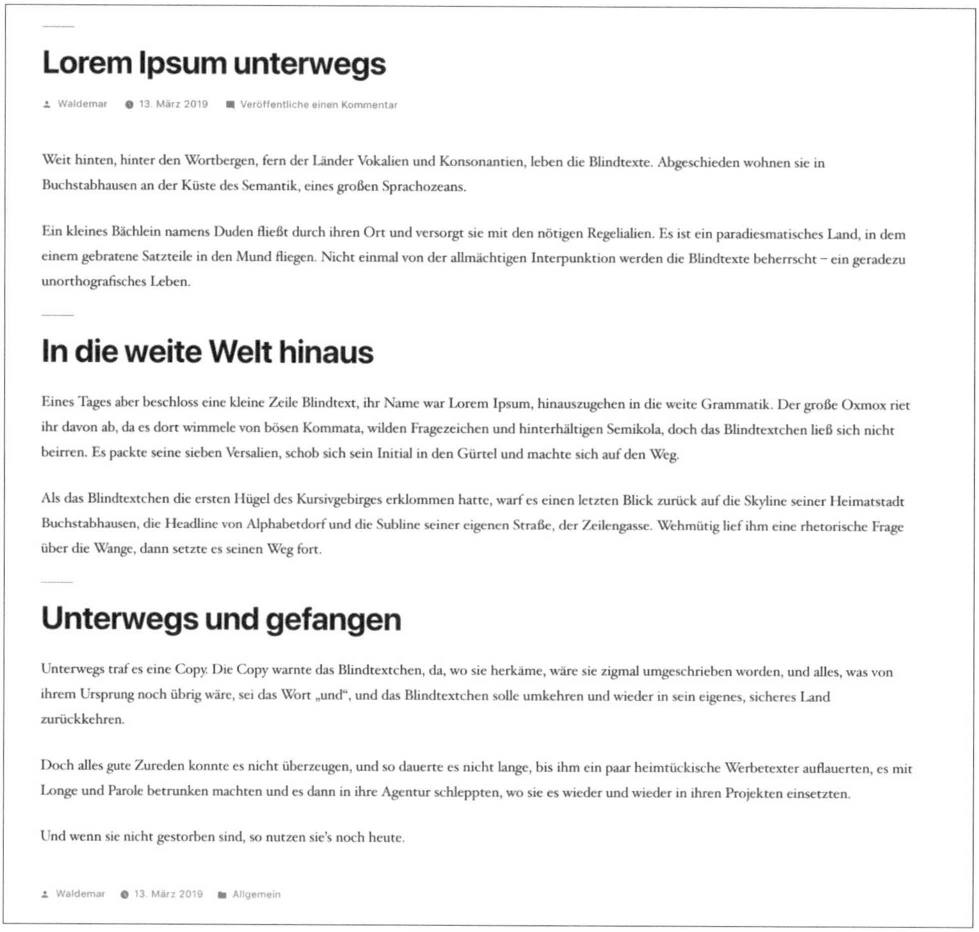

Lorem Ipsum unterwegs

Waldemar · 13. März 2019 · Veröffentliche einen Kommentar

Weit hinten, hinter den Wortbergen, fern der Länder Vokalien und Konsonantien, leben die Blindtexte. Abgeschieden wohnen sie in Buchstabhausen an der Küste des Semantik, eines großen Sprachozeans.

Ein kleines Bächlein namens Duden fließt durch ihren Ort und versorgt sie mit den nötigen Regelialien. Es ist ein paradiesmatisches Land, in dem einem gebratene Satzteile in den Mund fliegen. Nicht einmal von der allmächtigen Interpunktion werden die Blindtexte beherrscht – ein geradezu unorthografisches Leben.

In die weite Welt hinaus

Eines Tages aber beschloss eine kleine Zeile Blindtext, ihr Name war Lorem Ipsum, hinauszugehen in die weite Grammatik. Der große Oxmox riet ihr davon ab, da es dort wimmele von bösen Kommata, wilden Fragezeichen und hinterhältigen Semikola, doch das Blindtextchen ließ sich nicht beirren. Es packte seine sieben Versalien, schob sich sein Initial in den Gürtel und machte sich auf den Weg.

Als das Blindtextchen die ersten Hügel des Kursivgebirges erklommen hatte, warf es einen letzten Blick zurück auf die Skyline seiner Heimatstadt Buchstabhausen, die Headline von Alphabetdorf und die Subline seiner eigenen Straße, der Zeilengasse. Wehmütig lief ihm eine rhetorische Frage über die Wange, dann setzte es seinen Weg fort.

Unterwegs und gefangen

Unterwegs traf es eine Copy. Die Copy warnte das Blindtextchen, da, wo sie herkäme, wäre sie zigmal umgeschrieben worden, und alles, was von ihrem Ursprung noch übrig wäre, sei das Wort „und“, und das Blindtextchen solle umkehren und wieder in sein eigenes, sicheres Land zurückkehren.

Doch alles gute Zureden konnte es nicht überzeugen, und so dauerte es nicht lange, bis ihm ein paar heimtückische Werbetexter auflauerten, es mit Longe und Parole betrunken machten und es dann in ihre Agentur schleppten, wo sie es wieder und wieder in ihren Projekten einsetzten.

Und wenn sie nicht gestorben sind, so nutzen sie's noch heute.

Waldemar · 13. März 2019 · Allgemein

Abbildung 6.8 Der Beitrag mit Zwischenüberschriften

In der Editorleiste lohnt sich ein Klick auf das Symbol ⓘ ❶, das die INHALTLICHE STRUKTUR eines Dokuments anzeigt. Dort sehen Sie eine kleine Statistik ❷ zum Inhalt des Beitrags und die GLIEDERUNG DES DOKUMENTS ❸. Ein Klick auf eine Überschrift springt im Editor zur entsprechenden Überschrift ❹ und aktiviert den Block zur Bearbeitung. In der Seitenleiste sehen Sie die aktuellen Block-Einstellungen ❺.

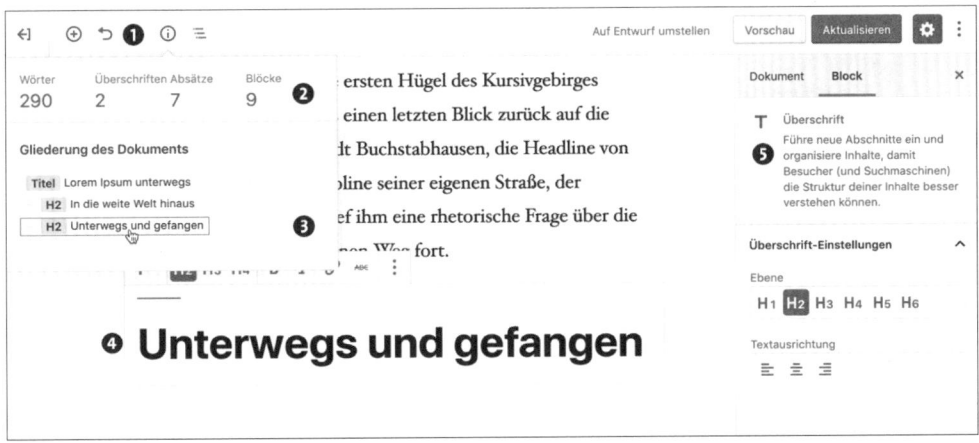

Abbildung 6.9 Die »Inhaltliche Struktur« dient auch zur Navigation im Text.

H1- und H2-Überschriften sehen in »Twenty Nineteen« fast gleich aus

Der Titel des Beitrags ist in den meisten Themes eine H1-Überschrift. In Abbildung 6.8 sehen die H1- und die H2-Überschriften optisch fast gleich aus, aber das ist eine Besonderheit von *Twenty Nineteen*. In den meisten anderen Themes sind H2-Überschriften weniger prominent als H1. Sie können statt H2 auch H3 nehmen, auch wenn dann streng genommen die Hierarchie der Überschriften nicht mehr stimmt.

6.3.3   Weiterlesen: Teaser erstellen mit dem Block »Mehr«

Auf der Beitragsseite wird der Beitrag *Lorem Ipsum unterwegs* momentan in seiner vollen Länge angezeigt. Ältere Beiträge sind dadurch ohne Scrollen nicht mehr sichtbar und geraten frei nach dem Motto »Aus den Augen, aus dem Sinn« in Vergessenheit.

Um auf der Beitragsseite für jeden Beitrag nur einen kurzen Anreißer (*Teaser*) zu zeigen, gibt es in WordPress den in Abbildung 6.10 gezeigten Block MEHR, der im Frontend als Link mit dem Text WEITERLESEN erscheint.

Der Mehr-Block bewirkt, dass auf der Blogseite nur der Titel, der Text oberhalb des Blocks sowie ein WEITERLESEN-Link angezeigt werden. Dieser Link ruft die Einzelansicht des Beitrags auf.

Im folgenden ToDo fügen Sie in dem Beitrag *Lorem Ipsum unterwegs* nach dem ersten Absatz einen Block vom Typ MEHR ein.

Abbildung 6.10 Der Block »Mehr« im Editor

ToDo: Mit dem Block »Mehr« einen Weiterlesen-Link einfügen

1. Öffnen Sie den weiter oben erstellten Beitrag (*Lorem Ipsum unterwegs*) im Editor.

2. Platzieren Sie den Cursor im ersten Absatz-Block.

3. Klicken Sie in der Editorleiste auf das Symbol BLOCK HINZUFÜGEN.

4. Geben Sie im Suchfeld die Buchstaben »Mehr« ein. Daraufhin erscheint darunter der Block MEHR, der zur Kategorie LAYOUT-ELEMENTE gehört.

5. Klicken Sie auf das Symbol für den Block MEHR, um ihn im Dokument einzufügen.

6. Im Editor wird daraufhin ein Block mit einer gestrichelten Linie und dem Wort WEI-TERLESEN eingefügt.

7. Klicken Sie auf die Schaltfläche AKTUALISIEREN.

8. Rufen Sie im Frontend die Beitragsseite *News* auf. Dort sind für diesen Beitrag nur noch der Titel und der Teaser zu sehen.

9. Klicken Sie auf den Link WEITERLESEN, um den Beitrag in der Einzelansicht zu sehen.

Abbildung 6.11 zeigt, dass nach diesem ToDo auf der Beitragsseite nur noch Titel und Teaser angezeigt werden.

Texte auflockern mit den Blöcken »Trennzeichen« und »Abstandshalter«

Längere Texte können Sie mit den Blöcken *Trennzeichen* und *Abstandshalter* etwas auflockern:

▶ Der Block *Trennzeichen* fügt eine horizontale Linie ein, deren Aussehen Sie in den Block-Einstellungen gestalten können.

▶ Der Block *Abstandshalter* fügt etwas Leerraum ein. Die genaue Höhe in Pixel können Sie in den Block-Einstellungen definieren.

Sparsam eingesetzt, können beide Blöcke den Inhalt übersichtlicher machen.

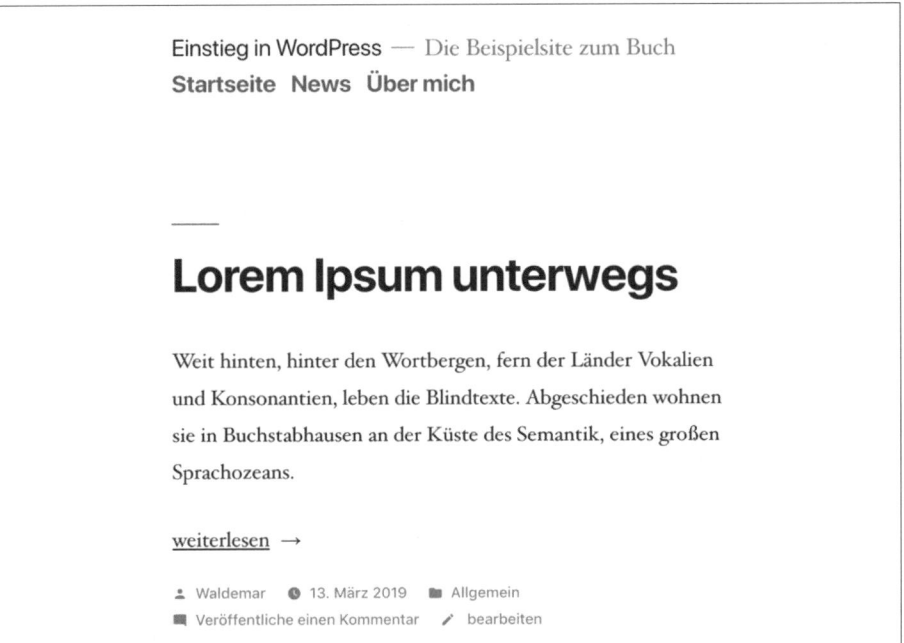

Abbildung 6.11 Der Beitrag mit Teaser und Link zum »Weiterlesen«

6.4   »Revisionen«: Unfallhilfe für Beiträge und Seiten

Sehr praktisch und manchmal fast »lebensrettend« sind im WordPress-Alltag die *Revisionen*.

Revisionen sind ältere Versionen von Beiträgen und Seiten, die beim Speichern oder Aktualisieren automatisch angelegt werden und die man bei Bedarf wiederherstellen kann. Wenn beim Schreiben etwas schiefgelaufen ist, kann man so zu einer älteren Version des Textes zurückkehren. Revisionen gibt es für Beiträge und für Seiten.

Sobald es mehrere Speicherungen gibt, finden Sie den Bereich REVISIONEN in der Seitenleiste EINSTELLUNGEN rechts neben dem Editor, und zwar im Register DOKUMENT.

Ein Klick auf den Link ANZEIGEN ruft die Seite VERGLEICHE REVISIONEN VON … auf (siehe Abbildung 6.12).

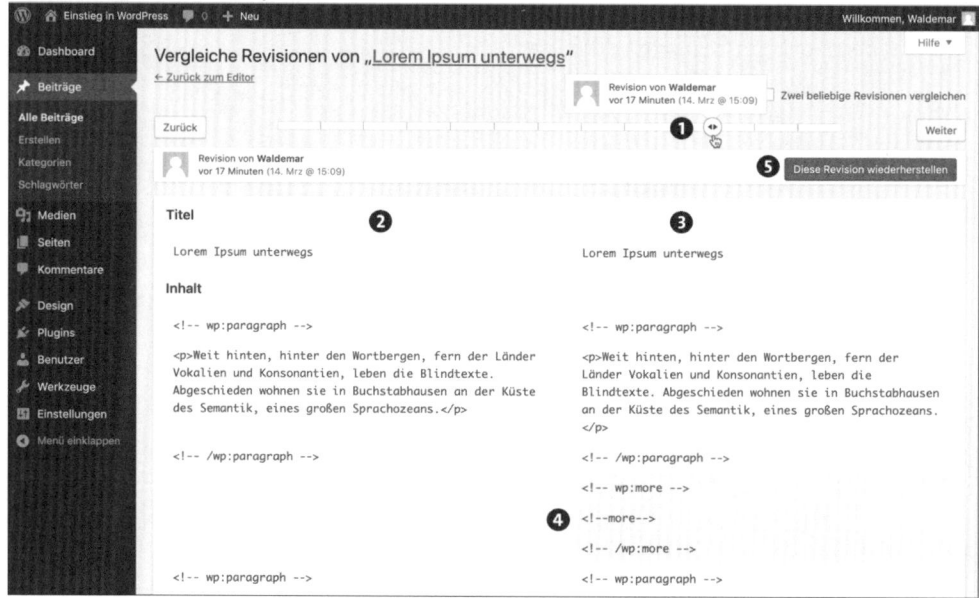

Abbildung 6.12 Revisionen – ältere Versionen wiederherstellen

Auf dieser Seite können Sie verschiedene Zustände des Textes betrachten, vergleichen und wiederherstellen:

▶ Um zwischen den Revisionen zu navigieren, verschieben Sie den Schieberegler ❶ nach links oder rechts oder benutzen die Schaltflächen WEITER oder ZURÜCK rechts bzw. links davon. Die Länge des Schiebereglers hängt von der Anzahl der gespeicherten Revisionen ab.

▶ Darunter sehen Sie nebeneinander den Quelltext von zwei Versionen des Beitrags, die chronologisch aufeinanderfolgen: links die ältere ❷ (ohne den Block MEHR) und rechts die neuere ❸ (mit dem Block MEHR). Gelöschter Text wird rot hinterlegt, hinzugefügter Text grün ❹.

▶ Mit der Option ZWEI BELIEBIGE REVISIONEN VERGLEICHEN können Sie sich zwei Textversionen nebeneinander anzeigen lassen, die nicht direkt aufeinanderfolgen.

Um die auf der rechten Seite dargestellte Version des Textes wiederherzustellen, klicken Sie oben rechts auf die Schaltfläche DIESE REVISION WIEDERHERSTELLEN ❺.

Revisionen können nur mit einem Plugin gelöscht werden

WordPress legt die Revisionen für Beiträge automatisch an, und es gibt im Backend keine Möglichkeit, Revisionen zu löschen. Abhilfe schaffen z. B. Plugins zur Optimierung der Datenbank (siehe Kapitel 18).

6.5   Hyperlinks erstellen im visuellen Editor

Links, Hyperlinks, Verknüpfungen und Verweise – viele Wörter für dieselbe Sache. Allgemein unterscheidet man zwischen internen und externen Links:

▶ *Interne Links* sind Verlinkungen auf Ihrer eigenen Website, also zu anderen Beiträgen oder statischen Seiten innerhalb derselben Domain, also z. B. von *mein-name.de/ueber-mich* zu *mein-name.de/news*.

▶ *Externe Links* hingegen führen den Besucher zu einer anderen Website im World Wide Web, z. B. *pmueller.de/buecher* zu *rheinwerk-verlag.de*.

Im nächsten Abschnitt erstellen Sie im visuellen Editor einen externen Link.

6.5.1   Das Dialogfeld zum Einfügen von Hyperlinks im visuellen Editor

Um im Editor einen Hyperlink zu erstellen, markieren Sie zunächst den gewünschten Text und klicken dann auf das Kettensymbol LINK in der Symbolleiste für den Block ❶. Abbildung 6.13 zeigt das auf den ersten Blick recht spartanisch wirkende Dialogfeld. Es besteht aus drei Teilen:

▶ einem Eingabefeld ❷ mit dem Text URL EINFÜGEN ODER ZUM SUCHEN TIPPEN

▶ einer Schaltfläche mit einem Pfeil zum ÜBERNEHMEN ❸ der URL. Ohne einen Klick auf diese Schaltfläche wird die URL nicht übernommen.

▶ einem 3-Punkte-Menü für die LINK-EINSTELLUNGEN ❹, das eine zusätzliche Zeile mit einem Schieberegler für die Option IN NEUEM TAB ÖFFNEN einblendet.

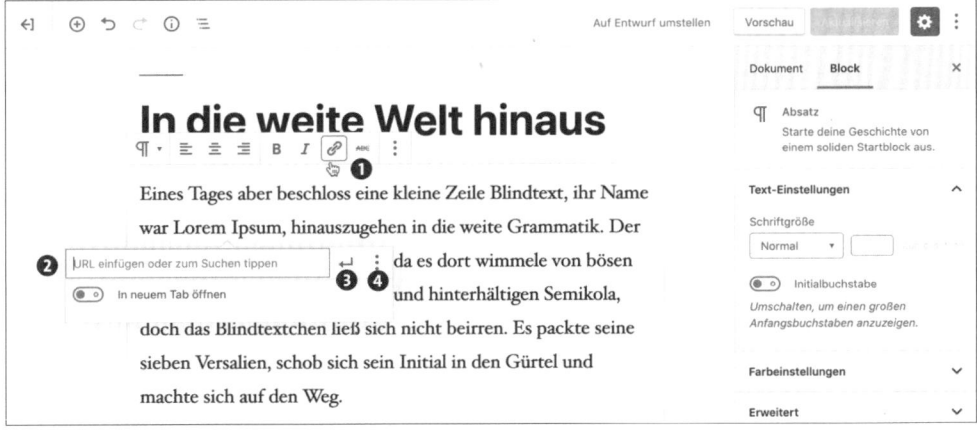

Abbildung 6.13 Das Dialogfeld zum Erstellen von Hyperlinks im Editor

Externe Hyperlinks erstellen – URL kopieren, um Tippfehler zu vermeiden

Zur Vermeidung von Tippfehlern bei der manuellen Eingabe von externen URLs nutzen Sie am besten die Zwischenablage:

- ▶ Rufen Sie die zu verlinkende Seite auf, am besten in einem eigenen Browser-Tab.
- ▶ Klicken Sie in die Adressleiste des Browser.
- ▶ Kopieren Sie die URL in die Zwischenablage, und fügen Sie sie hier im Dialogfeld wieder ein.

Zum Erstellen eines Hyperlinks benötigen Sie die vollständige URL, inklusive des Protokolls *http://* oder *https://* am Anfang.

Interne Hyperlinks erstellen – Namen eingeben und auswählen

Um einen internen Hyperlink zu einem Beitrag oder einer Seite auf Ihrer eigenen Website zu erstellen, geben Sie ein passendes Stichwort ein. WordPress zeigt unterhalb des Dialogfeldes alle veröffentlichten Beiträge und Seiten an, die irgendwo diese Buchstaben enthalten. Aus diesen können Sie dann das gesuchte Linkziel auswählen (siehe Abbildung 6.14).

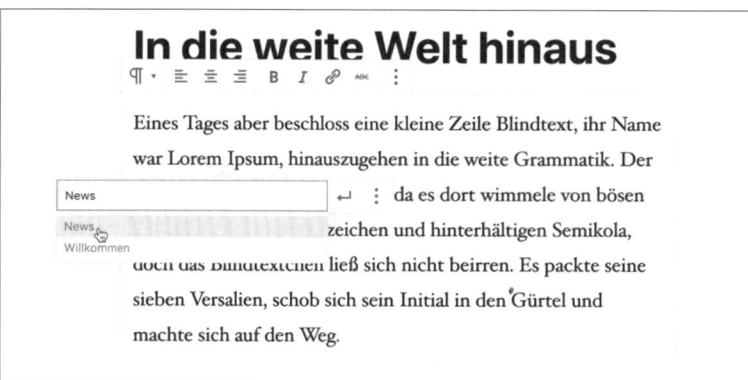

Abbildung 6.14 Einen internen Hyperlink erstellen

6.5.2   Übung: »Lorem Ipsum« – einen externen Hyperlink erstellen

Im folgenden ToDo erstellen Sie für die Wörter *Lorem Ipsum* im Beitrag einen externen Hyperlink zum entsprechenden Artikel bei der Wikipedia. Sie können aber stattdessen auch gerne irgendwelche anderen Wörter mit irgendeiner anderen URL verlinken.

ToDo: Einen externen Hyperlink im Editor erstellen

1. Öffnen Sie den weiter oben erstellten Beitrag (*Lorem Ipsum unterwegs*) im Editor.

2. Falls Sie den Beispieltext übernommen haben, markieren Sie im Absatz nach der Überschrift *In die weite Welt hinaus* die Wörter *Lorem Ipsum*. Ansonsten markieren Sie einen anderen Text zum Erstellen eines Links.

3. Klicken Sie in der Symbolleiste für den Block auf das Kettensymbol Link, und fügen Sie im Feld URL die Adresse der zu verlinkenden Seite ein. Für den Beispieltext ist das *https://de.wikipedia.org/wiki/Lorem_ipsum*.

4. Drücken Sie die ⏎-Taste, oder klicken Sie im Dialogfeld auf das Symbol mit dem Pfeil darauf, um den Link zu erstellen.

5. Nach der Erstellung des Links bleibt der Linktext im Editor markiert. Darunter erscheint ein Dialogfeld mit der URL, einem Bleistift zum Bearbeiten des Links und dem 3-Punkte-Menü für die Link-Einstellungen.

6. Um das Dialogfeld mit dem Bleistift auszublenden, bewegen Sie den Cursor mit den Pfeiltasten neben den Linktext oder klicken irgendwo in den Block.

7. Speichern Sie die Änderungen mit einem Klick auf die Schaltfläche Aktualisieren im Bereich Veröffentlichen in der Datenbank.

8. Prüfen Sie den Beitrag im Frontend, und testen Sie den Link. Jeder eingefügte Link sollte nach der Erstellung mindestens einmal angeklickt werden, um zu schauen, ob er auch wirklich zum gewünschten Ziel führt.

Im Frontend sind nach diesem ToDo die Wörter *Lorem Ipsum* als Link hervorgehoben. Ein Klick ruft den Wikipedia-Artikel auf, und zwar im selben Browserfenster.

Um den Link in einem neuen Tab zu öffnen, klicken Sie im Editor auf den Link und dann auf das 3-Punkte-Menü für die Link-Einstellungen (siehe Abbildung 6.15). Aktivieren Sie die Option In neuem Tab öffnen.

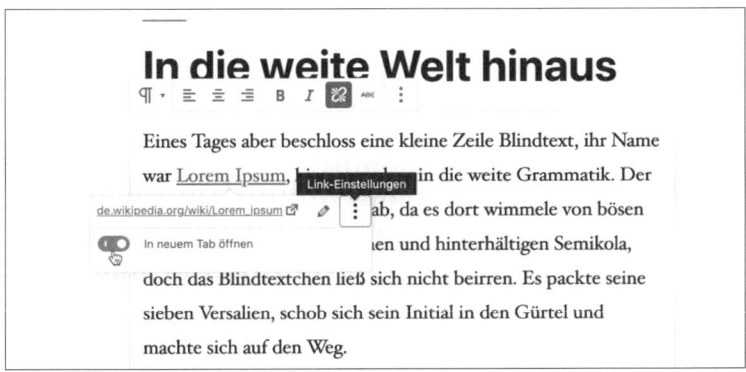

Abbildung 6.15 Den Hyperlink »In neuem Tab öffnen«

Die Abkürzung: Hyperlink erstellen ohne Dialogfeld

Das Erstellen eines Hyperlinks mit dem Dialogfeld ist wie beschrieben recht komfortabel, aber zumindest für externe Links geht es noch schneller:

1. Kopieren Sie die gewünschte URL in die Zwischenablage.
2. Markieren Sie im Editor den zu verlinkenden Text.
3. Fügen Sie die URL mit ⌷Strg⌷ + ⌷V⌷ bzw. ⌷cmd⌷ + ⌷V⌷ wieder ein.

Voilà, der markierte Text wird automatisch zu einem Link.

6.5.3   Hyperlinks und das Klicken-Sie-hier-Syndrom

Eine Grundregel bei der Erstellung von Hyperlinks lautet, dass die anklickbaren Wörter die verlinkte Ressource möglichst genau beschreiben sollten, und der gröbste Verstoß gegen diese Regel ist das Klicken-Sie-hier-Syndrom, das Ihnen im Web wahrscheinlich schon oft begegnet ist. Hier ein Beispiel:

▶ Für weitere Informationen zu WordPress <u>klicken Sie hier</u>.

Die Worte *klicken Sie hier* sind verlinkt und springen dem Leser ins Auge, verraten aber mit keinem Wort, was ihn am anderen Ende des Links erwartet. Ein Besucher muss erst den ganzen Satz lesen und dann entscheiden, ob er klickt oder nicht. Eigentlich ist *klicken Sie hier* also ein denkbar schlechter Linktext, aber trotzdem scheinen diese Buchstaben Links magisch anzuziehen.

Versuchen Sie einfach, mit dem Linktext den Inhalt des Sprungziels möglichst genau zu charakterisieren. Durch eine leichte Umformulierung lässt sich fast immer eine bessere Variante finden:

▶ Auf unserer Website finden Sie <u>weitere Informationen zu WordPress</u>.

Nach dieser einfachen Änderung sagt der hervorgehobene Linktext, worum es auf der verlinkten Seite geht.

Suchmaschinenoptimierung: Aussagekräftige Linktexte schreiben

Das Klicken-Sie-hier-Syndrom bedeutet auch bei der Platzierung in den Suchmaschinen eine verpasste Chance: Suchbegriffe im Linktext werden besser bewertet als Suchbegriffe im normalen Fließtext, und kaum jemand sucht in einer Suchmaschine nach den Worten »Klicken Sie hier«.

6.6   Die Optionen zum Speichern und Veröffentlichen

Nach dem Schreiben eines Beitrags oder einer Seite wird diese zunächst meist erst einmal als Entwurf gespeichert. Bei der Veröffentlichung gibt es diverse Optionen, von denen ich Ihnen in diesem Abschnitt die wichtigsten vorstellen möchte.

6.6.1   Die Editorleiste bei Entwürfen und bei veröffentlichten Dokumenten

Wenn ein Dokument, also ein Beitrag oder eine Seite, noch nicht veröffentlicht wurde und nicht gespeicherte Änderungen enthält, steht oben rechts in der Editorleiste der Link SPEICHERN (siehe Abbildung 6.16).

Abbildung 6.16 Die Editorleiste bei einem ungespeicherten Dokument

Ein Klick auf den Link SPEICHERN speichert das Dokument als Entwurf. Das Dokument ist dann in der Datenbank von WordPress vorhanden, aber noch nicht veröffentlicht. Wenn alle Änderungen im Dokument gespeichert sind, wird der Link mit dem Hinweis GESPEICHERT ersetzt (siehe Abbildung 6.17).

Abbildung 6.17 Die Editorleiste bei einem gespeicherten Entwurf

Nach der Veröffentlichung des Dokuments ändern sich die Funktion und Beschriftung des Links und der farbigen Schaltfläche (siehe Abbildung 6.18):

▶ Der Linktext ist nach der Veröffentlichung AUF ENTWURF UMSTELLEN.

▶ Die farbige Schaltfläche trägt den Namen AKTUALISIEREN.

Wenn also wie in Abbildung 6.18 auf der farbigen Schaltfläche AKTUALISIEREN steht, ist das Dokument veröffentlicht.

Abbildung 6.18 Die Editorleiste bei einem veröffentlichten Dokument

Es gibt übrigens eventuell noch eine weitere Variante, die allerdings seltener auftritt. Benutzer mit der Rolle *Mitarbeiter* dürfen ihre Beiträge und Seiten nicht selbst veröffentlichen. Für diese Mitarbeiter lautet der Text auf der farbigen Schaltfläche ZUR ÜBER-

PRÜFUNG EINREICHEN (siehe Abbildung 6.19). Mehr zu Benutzern und ihren Rollen erfahren Sie in Abschnitt 18.4.

Abbildung 6.19 »Mitarbeiter« dürfen nicht selbst veröffentlichen.

Die Schaltfläche VORSCHAU bleibt übrigens immer gleich, ebenso wie das Zahnrad für die Seitenleiste EINSTELLUNGEN: Ist das Symbol dunkel hinterlegt, ist die Seitenleiste im Block-Editor sichtbar. Auch das 3-Punkte-Menü für die erweiterten Optionen ändert weder Aussehen noch Verhalten.

Versehentliches Veröffentlichen verhindern

Nach einem Klick auf die Schaltfläche VERÖFFENTLICHEN... fragt WordPress in einem eingeblendeten Dialogfeld, ob Sie wirklich bereit sind, den Beitrag oder die Seite zu veröffentlichen. Diese zusätzliche Abfrage ist besonders anfangs eine gute Idee, um versehentliches Veröffentlichen zu verhindern. Sie können diese Abfrage aber falls gewünscht auch ausstellen:

1. Klicken Sie in der Editorleiste oben rechts auf das 3-PUNKTE-MENÜ.
2. Wählen Sie im Menü den Befehl ANSICHT ANPASSEN.
3. Deaktivieren Sie im Bereich ALLGEMEIN die Option PRÜFUNGEN VOR DER VERÖFFENTLICHUNG AKTIVIEREN.

6.6.2   »Status und Sichtbarkeit« von Dokumenten

In der Seitenleiste EINSTELLUNGEN gibt es im Register DOKUMENT einen Bereich namens STATUS UND SICHTBARKEIT, den ich in diesem Abschnitt kurz erläutern möchte (siehe Abbildung 6.20).

Abbildung 6.20 Der Bereich »Status und Sichtbarkeit«

Dort gibt es die folgenden Optionen:

▶ SICHTBARKEIT hat die drei Optionen ÖFFENTLICH, PRIVAT und PASSWORTGE-
SCHÜTZT (siehe Abbildung 6.21).

Abbildung 6.21 Die drei Optionen zur Sichtbarkeit

Mit der Option ÖFFENTLICH ist ein Beitrag für alle Besucher sichtbar, mit PRIVAT hingegen nur für im Backend angemeldete Administratoren und Redakteure. PASS-
WORTGESCHÜTZT zeigt im Frontend nur den Beitrags- oder Seitentitel, und anstelle
des Textes erscheint ein Eingabefeld für das Passwort und ein Hinweis, dass der
Inhalt des Beitrags passwortgeschützt ist.

▶ VERÖFFENTLICHEN (siehe Abbildung 6.20): Mit einem Klick auf das Datum können
Sie einen Beitrag zurückdatieren oder zeitversetzt veröffentlichen. Wenn Sie ein in
der Zukunft liegendes Datum eingeben, wird der Beitrag erst dann im Frontend angezeigt. So kann man Beiträge bereits fertig schreiben und dann zu einem geeigneten
Zeitpunkt automatisch veröffentlichen. Permalinks mit einem Datum werden
dadurch nicht geändert.

▶ AUF DER STARTSEITE HALTEN (siehe Abbildung 6.20): Die Beschriftung dieser Option
ist etwas missverständlich, denn es geht darum, einen Beitrag oben auf der Beitragsseite zu fixieren. Mehr zu dieser Option, die auch als »Sticky Post« bekannt ist,
erfahren Sie etwas weiter unten in Abschnitt 6.6.3.

▶ IN DEN PAPIERKORB VERSCHIEBEN (siehe Abbildung 6.20): Beiträge im Papierkorb
sind noch nicht endgültig gelöscht, sondern können wiederhergestellt werden.
Wenn Beiträge im Papierkorb sind, erscheint in der tabellarischen Übersicht im
Menü ALLE SEITEN bzw. ALLE BEITRÄGE oberhalb der Beitragsübersicht ein Link
PAPIERKORB, mit dem Sie die gelöschten Beiträge im Papierkorb verwalten können.
Wenn dieser Link nicht da ist, ist der Papierkorb leer.

6.6.3   Einen Beitrag fixieren: »Beitrag oben halten«

In vielen Themes gibt es die Möglichkeit, einen Beitrag nicht im Strom der Beiträge mit-fließen zu lassen, sondern fest oben auf der Beitragsseite zu positionieren. Solche *Sticky Posts* (*fixierte Beiträge*) sind ideal für besonders wichtige Beiträge, von Weihnachtsgrü-ßen bis hin zu Urlaubsdaten.

Es gibt mehrere Wege, um einen Beitrag zu fixieren:

▶ Im Menü ALLE BEITRÄGE können Sie die Funktion QUICKEDIT nutzen. Dort finden Sie ganz rechts ein Kontrollkästchen mit der Beschriftung BEITRAG OBEN HALTEN. Ankreuzen, auf AKTUALISIEREN klicken, und schon bleibt der Beitrag oben auf der Seite stehen.

▶ Im Block-Editor gibt es rechts in der Seitenleiste DOKUMENT die Option AUF DER STARTSEITE HALTEN, die genau dasselbe macht, auch wenn sie eine etwas seltsame Beschriftung hat.

In Abbildung 6.22 sehen Sie, dass ein solcher Beitrag im Theme *Twenty Nineteen* auf der Beitragsseite den Zusatz HERVORGEHOBEN bekommt.

Abbildung 6.22 »Hervorgehoben« – einen Beitrag oben halten

Sie nutzen WordPress nur mit Seiten? Auf zum nächsten Kapitel.

Wenn Sie WordPress ohne Beiträge benutzen und nur statische Seiten erstellen, können Sie den Rest dieses Kapitels getrost überspringen. Im Rest des Kapitels geht es um Kate-gorien und Schlagwörter, und die gibt es nur für Beiträge.

6.7   Kategorien und Schlagwörter im Überblick

Im Menü BEITRÄGE gibt es die Unterpunkte KATEGORIEN und SCHLAGWÖRTER, die zur Klassifizierung und Gruppierung von Beiträgen dienen.

Kategorien und Schlagwörter erscheinen in fast jedem Theme automatisch als Link in den Metadaten direkt beim Beitrag, zusammen mit dem Erstelldatum und dem Autor des Beitrags. Ein Besucher kann mit diesen Links Beiträge filtern und sich so nur Beiträge zu einer bestimmten Kategorie oder zu einem bestimmten Schlagwort anzeigen lassen.

Außerdem tauchen Kategorien und Schlagwörter in den Permalinks auf, sodass z. B. in Suchmaschinen die Beiträge leichter zugeordnet werden können.

In der Praxis ist der Übergang zwischen Kategorien und Schlagwörtern manchmal eher fließend, aber es gibt doch einige grundlegende Unterschiede:

▶ Kategorien sind die wichtigsten Themen in Ihrem Blog, und das sollten nicht zu viele werden. Schlagwörter hingegen sind Detailbegriffe, und davon kann es durchaus auch ein paar mehr geben.

▶ Jeder Beitrag muss mindestens einer Kategorie zugeordnet werden. Tut man das nicht, landet er automatisch in der Standardkategorie, die nach der Installation *Allgemein* heißt. Schlagwörter hingegen sind optional und müssen nicht vergeben werden.

▶ Kategorien können Unterkategorien und somit eine zweite Ebene haben, bei Schlagwörtern gibt es nur eine Ebene.

Das folgende Beispiel verdeutlicht die mögliche Verwendung von Kategorien und Schlagwörtern.

▶ Stellen Sie sich vor, dass Sie auf einer Reise nach Wien eines der legendären, riesigen österreichischen Schnitzel gegessen haben und darüber einen Beitrag in Ihrem Blog schreiben möchten.

▶ Als Kategorie könnte man dann *Reisen* verwenden, als optionale Unterkategorie z. B. *Europa*.

▶ Kandidaten für Schlagwörter wären *Schnitzel, Wien, Österreich, paniert, lokale Spezialitäten, Fleisch* und dergleichen mehr.

Im folgenden Abschnitt möchte ich Ihnen zunächst zeigen, was es mit den Kategorien auf sich hat, Schlagwörter folgen dann in Abschnitt 6.9.

6.8   Kategorien erstellen und verwalten

In diesem Abschnitt lernen Sie zunächst die Arbeit mit Kategorien kennen.

6.8.1   Das Menü »Beiträge · Kategorien« in der Übersicht

Sie erstellen zunächst ein paar neue Kategorien, und das geht am einfachsten in der Verwaltungszentrale für Kategorien, im Menü BEITRÄGE · KATEGORIEN.

Nach dem Aufrufen des Menüpunktes BEITRÄGE · KATEGORIEN erscheint die Seite KATEGORIEN, die aus zwei Bereichen besteht:

▶ Links finden Sie eine Eingabemaske zur Erstellung neuer Kategorien ❶.

▶ Rechts ist eine Übersichtstabelle zur Verwaltung bereits bestehender Kategorien ❷.

Nach der Installation von WordPress ist bereits eine Kategorie namens ALLGEMEIN vorhanden. Diese Standardkategorie wurde den bisherigen Beiträgen automatisch zugewiesen, und daher hat sie in der Spalte ANZAHL bereits 3 Beiträge. Abbildung 6.23 zeigt diesen Sachverhalt im Überblick.

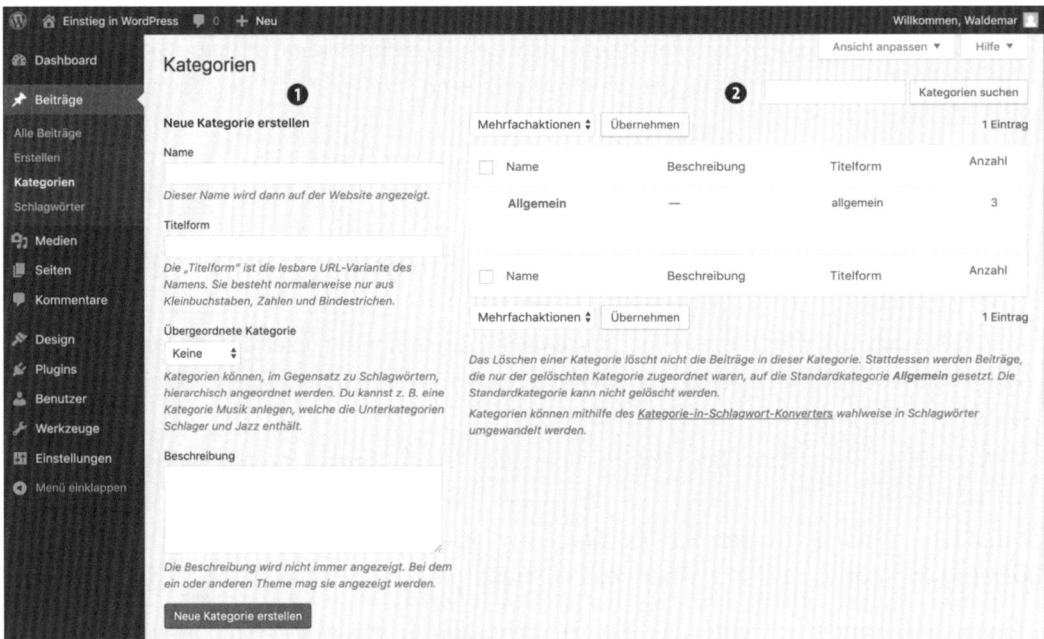

Abbildung 6.23 Kategorien erstellen und verwalten

Jeder Beitrag gehört zu mindestens einer Kategorie

Ein Beitrag kann durchaus zu mehreren Kategorien gehören, aber er hat immer mindestens eine. Wenn Sie einem Beitrag keine Kategorie zuweisen, gehört er automatisch zur Standardkategorie, die nach der Installation ALLGEMEIN heißt. Im Menü EINSTELLUNGEN • SCHREIBEN können Sie festlegen, welche Kategorie die Standardkategorie sein soll.

6.8.2   Kategorien erstellen im Menü »Beiträge • Kategorien«

Namen für Kategorien können Großbuchstaben, Umlaute und sogar Leerstellen enthalten, sollten aber kurz und knackig sein und möglichst aus einem Wort bestehen.

Beim Erstellen einer Kategorie können Sie ihr eine *Titelform* zuweisen, die in den Permalinks verwendet wird. Genau genommen ist die Titelform der Teil des Permalinks, den Sie selbst ändern können. Die Empfehlung für die Titelform lautet wie immer bei Links: Kleinschreibung, keine Umlaute, keine Leerstellen.

Tabelle 6.2 zeigt einige Ideen für Kategorien und deren Titelform.

Kategorie	Titelform (für Permalink)
WordPress	wordpress
Reisen	reisen
Hören	hoeren
Sehen	sehen
Sonstiges	sonstiges

Tabelle 6.2 Beispiele für Kategorien und deren Titelform im Überblick

Im folgenden ToDo benennen Sie zunächst die Kategorie ALLGEMEIN um in SONSTIGES und erstellen dann einige neue Kategorien.

ToDo: Neue Kategorien erstellen

1. Öffnen Sie die Seite BEITRÄGE • KATEGORIEN.
2. Klicken Sie in der Übersichtstabelle auf die Kategorie ALLGEMEIN, um den Namen zu ändern.
3. Geben Sie im Feld NAME »Sonstiges« ein.
4. Ändern Sie den Eintrag im Feld TITELFORM in »sonstiges«.

5. Speichern Sie die Änderungen mit einem Klick auf AKTUALISIEREN links unten, und gehen Sie mit dem Link ← ZURÜCK ZU DEN KATEGORIEN links oben zurück zur Übersicht.

6. Um eine neue Kategorie zu erstellen, geben Sie links im Feld NAME den Namen für die erste Kategorie ein, in Tabelle 6.2 wäre das »WordPress«.

7. Im Feld TITELFORM fügen Sie die gewünschte Variante für den Permalink ein. Keine Leerstellen, keine Umlaute und Kleinschreibung.

8. Lassen Sie die anderen Felder unverändert.

9. Speichern Sie die Änderungen mit einem Klick auf NEUE KATEGORIE ERSTELLEN.

10. Erstellen Sie die noch fehlenden Kategorien und Titelformen für die Permalinks.

Im Frontend werden Sie nach diesem ToDo noch keine Änderungen bemerken, da eine Kategorie dort erst erscheint, wenn ihr mindestens ein Beitrag zugeordnet wurde. Diese Zuordnung erledigen Sie im nächsten Abschnitt.

Kategorien können auch Unterkategorien haben

Das Feld ELTERN beim Erstellen einer Kategorie deutet bereits an, dass Kategorien auch Unterkategorien (quasi *Kinder*) haben können. So könnte die Kategorie Reisen z. B. noch Unterkategorien wie USA, Deutschland, Portugal oder etwas in der Art enthalten.

Um eine Unterkategorie zu erstellen, weisen Sie beim Erstellen einer Kategorie in der Auswahlliste beim Feld ELTERN einfach die gewünschte Elternkategorie zu. Für den Einstieg ist die Arbeit mit einer Kategorie-Ebene aber ausreichend.

6.8.3   Kategorien zuweisen: Im Editor oder per »QuickEdit«

Um einem Beitrag eine Kategorie zuzuweisen, gibt es zwei Möglichkeiten:

▸ beim Bearbeiten eines Beitrags im Editor in der Seitenleiste DOKUMENT rechts neben dem Editor den Bereich KATEGORIEN

▸ in der Übersichtstabelle im Menü ALLE BEITRÄGE die Funktion QUICKEDIT

Zunächst werfen Sie einen Blick auf den in Abbildung 6.24 gezeigten Bereich KATEGORIEN in der Seitenleiste neben dem Editor.

Um diesen Weg auszuprobieren, öffnen Sie einen Beitrag zur Bearbeitung. Blenden Sie dann in der Seitenleiste DOKUMENT rechts neben dem Editor, wie in Abbildung 6.24 gezeigt, den Bereich KATEGORIEN ein ❶. Dort können Sie die gewünschte(n) Kategorie(n) ankreuzen ❷. Änderungen werden beim Veröffentlichen bzw. Aktualisieren gespeichert. Mit dem Link NEUE KATEGORIE ERSTELLEN ❸ können Sie auch an Ort und Stelle eine neue Kategorie erstellen.

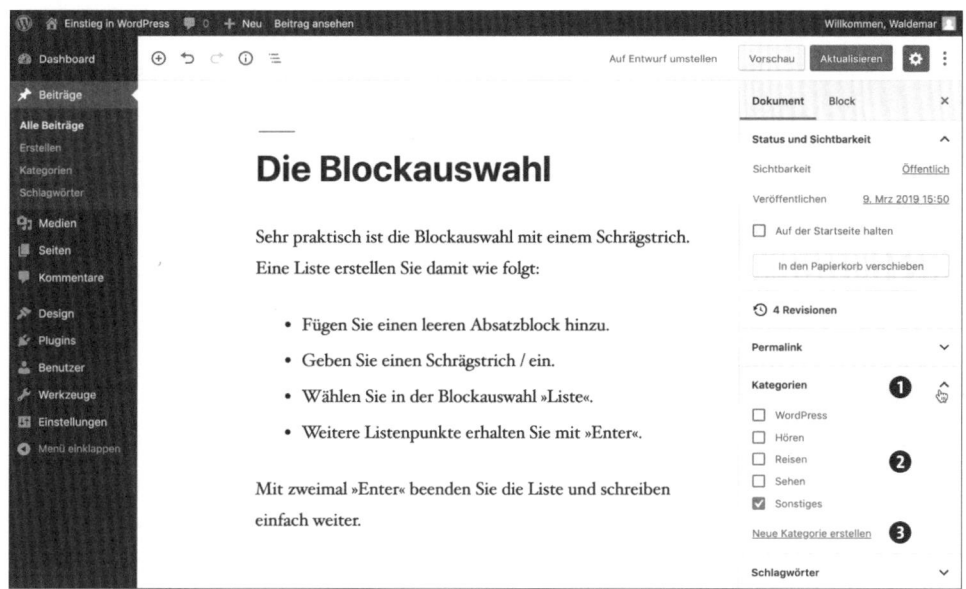

Abbildung 6.24 Kategorien beim Bearbeiten eines Beitrags zuweisen

Die zweite Möglichkeit zur Zuordnung von Kategorien ist die Funktion QUICKEDIT ❹ im Menü ALLE BEITRÄGE. Dort können Sie in der Spalte KATEGORIEN ❺ die gewünschten Kategorien auswählen. Zum Speichern klicken Sie auf die Schaltfläche AKTUALISIEREN ❻ (siehe Abbildung 6.25).

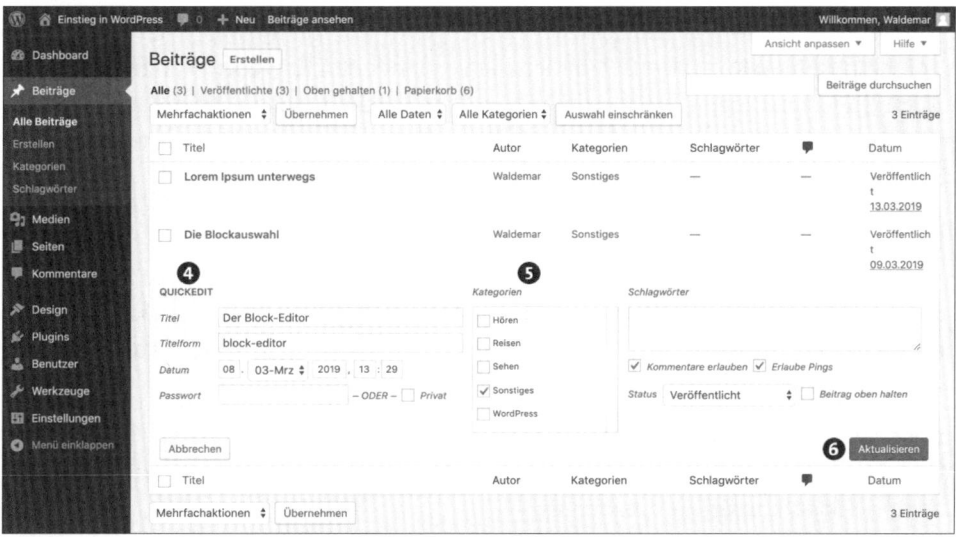

Abbildung 6.25 Kategorien mit der Funktion »QuickEdit« zuweisen

6.8.4   Den Beiträgen der Beispielsite Kategorien zuweisen

Tabelle 6.3 macht einige Vorschläge für die Zuweisung der bisher erstellten Beiträge der Beispielsite zu Kategorien: Die beiden Beiträge zu WordPress fallen in die Kategorie WORDPRESS, und die Abenteuer des Lorem Ipsum gehören in die Rubrik REISEN.

Beitrag	Kategorie
Der Block-Editor	WordPress
Die Blockauswahl	WordPress
Lorem Ipsum unterwegs	Reisen

Tabelle 6.3 Beiträge und Kategorien

Im folgenden ToDo weisen Sie den vorhandenen Beiträgen einige Kategorien zu.

ToDo: Den Beiträgen Kategorien zuweisen

1. Öffnen Sie die Seite BEITRÄGE • ALLE BEITRÄGE.
2. Bearbeiten Sie die Kategorien der Beiträge mit der Funktion QUICKEDIT. Für die Beispielsite finden Sie eine mögliche Zuordnung von Beiträgen und Kategorien in Tabelle 6.3.
3. Rufen Sie das Frontend auf, und filtern Sie die Beiträge mit einem Klick auf die Kategorien in der Sidebar.

Im Standard-Theme *Twenty Nineteen* sehen Sie weiter unten auf jeder Seite eine Linkliste mit dem Namen KATEGORIEN, in der alle vorhandenen Kategorien angezeigt werden, die mindestens einen Beitrag enthalten. Eine solche Linkliste ist nicht in jedem Theme automatisch vorhanden, aber bei *Twenty Nineteen* gehört sie quasi zum Lieferumfang.

Momentan werden in dieser Linkliste nur die Kategorien REISEN und WORDPRESS angezeigt, weil den anderen Kategorien (noch) keine Beiträge zugeordnet wurden.

Ein Klick auf einen Kategorielink aktiviert einen Filter und zeigt nur noch Beiträge aus dieser Kategorie an. Abbildung 6.26 zeigt die Beitragsseite mit Beiträgen aus der Kategorie WORDPRESS:

▶ In der Adresszeile des Browsers sehen Sie in der URL das Wort */thema/*, das Sie in Abschnitt 4.6.2, »›Gebräuchliche Einstellungen‹ für Permalinks in WordPress«, als Kategorie-Basis konfiguriert haben ❶.

▶ Am Ende der URL folgt die Kategorie, in diesem Fall also */wordpress/*.

▶ Oberhalb der Beiträge steht der Hinweis KATEGORIE-ARCHIVE: WORDPRESS ❷.

▶ In den Metadaten des Beitrags wird die Kategorie WORDPRESS gelistet ❸.

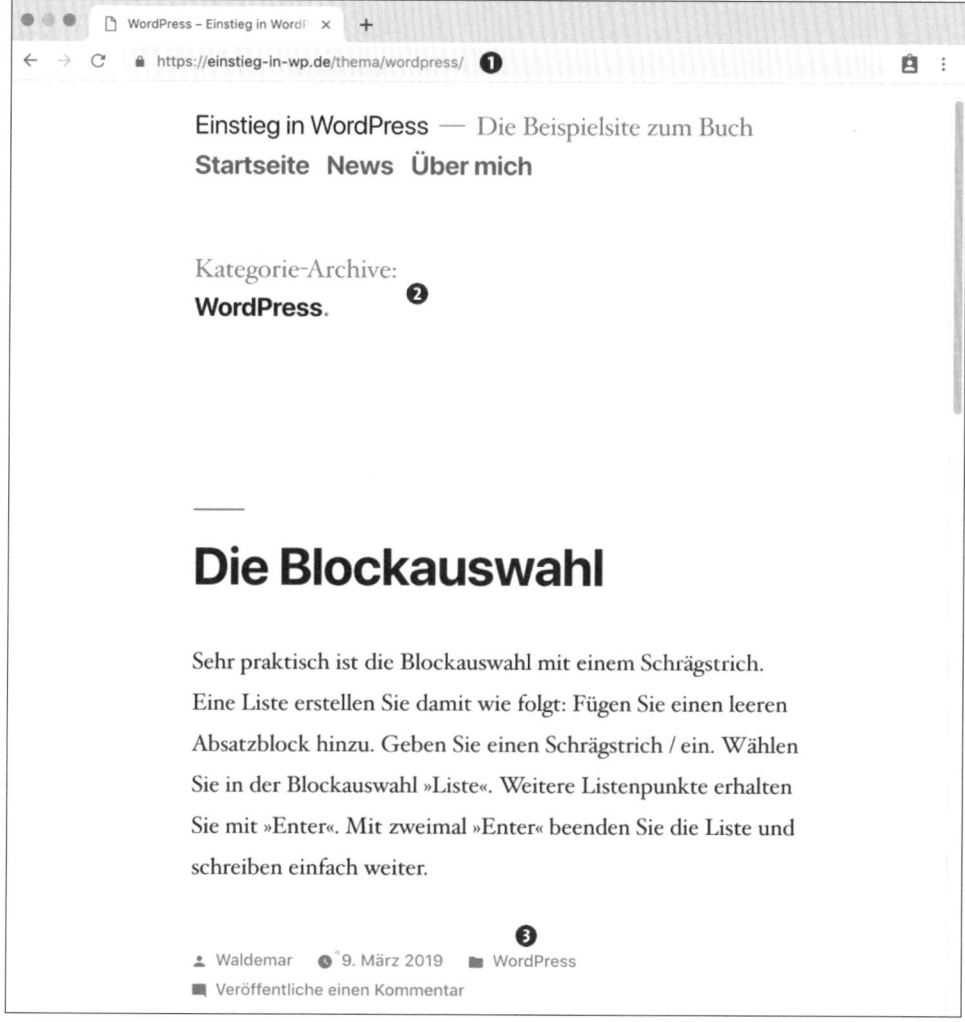

Abbildung 6.26 Nur Beiträge aus der Kategorie »WordPress«

6.9   Schlagwörter erstellen und verwalten

Im englischen WordPress-Original heißen *Schlagwörter* einfach nur *Tags*. Das bedeutet wörtlich übersetzt *Etikett*, und daher haben viele Themes als Symbol vor den Schlagwörtern ein kleines Etikett.

Schlagwörter sind in gewisser Weise die perfekte Ergänzung zu Kategorien. Während Kategorien eher die wichtigsten Themen Ihres Blogs beschreiben, ermöglichen Schlagwörter eine Gruppierung von Beiträgen jenseits der Kategorien.

6.9.1   Beiträge bearbeiten: Schlagwörter erstellen und zuweisen

Zur Arbeit mit Schlagwörtern gehen Sie zur Abwechslung nicht in die Verwaltungszentrale BEITRÄGE • SCHLAGWÖRTER, sondern rufen die Beiträge einzeln zur Bearbeitung auf, um ihnen Schlagwörter zuzuweisen.

Abbildung 6.27 zeigt einen Beitrag im Editor und in der Seitenleiste DOKUMENT rechts daneben den Bereich SCHLAGWÖRTER ❶. Hier können Sie für jeden Beitrag neue Schlagwörter hinzufügen ❷ und bereits vorhandene Schlagwörter mit einem Klick auf das kleine × entfernen. Bei der Eingabe eines Schlagwortes werden bereits vorhandene Schlagwörter angezeigt, wodurch eine konsistente Rechtschreibung erleichtert wird.

Abbildung 6.27 Schlagwörter bearbeiten, rechts neben dem Block-Editor

Tabelle 6.4 zeigt eine Übersicht der Beiträge mit einigen Vorschlägen für die Verschlagwortung der Beiträge aus dem Beispielblog.

Die beiden ersten Beiträge gehören zur Kategorie WORDPRESS, und innerhalb dieses Themas handelt es sich bei beiden um Grundlagenartikel, die die Arbeit im Editor beschreiben. In der Kategorie WORDPRESS könnte es z. B. noch weitere Beiträge über die Arbeit mit Seiten in WordPress geben, die dann entsprechend andere Schlagwörter hätten.

Beiträge	Kategorie	Vorschläge für Schlagwörter
Der Block-Editor	WORDPRESS	BLOGGEN, GRUNDLAGEN, EDITOR
Die Blockauswahl	WORDPRESS	BLOGGEN, GRUNDLAGEN, EDITOR, GESTALTUNG
Lorem Ipsum unterwegs	REISEN	ABENTEUER

Tabelle 6.4 Die Beiträge und Vorschläge für Schlagwörter

Bei einem Beitrag mit Fülltext wie *Lorem Ipsum unterwegs* ist die inhaltliche Verschlagwortung etwas schwieriger, da es ja eigentlich keinen richtigen Inhalt gibt. Hier reicht vorerst das Schlagwort ABENTEUER.

Die konkrete Arbeit mit Schlagwörtern ist im Alltag stark von der inhaltlichen Ausrichtung des Blogs und von persönlichen Vorlieben abhängig.

Im folgenden ToDo weisen Sie den vorhandenen Beiträgen einige Schlagwörter zu.

ToDo: Den Beiträgen Schlagwörter zuweisen

1. Öffnen Sie die Seite BEITRÄGE • ALLE BEITRÄGE.
2. Öffnen Sie einen Beitrag zur Bearbeitung, und fügen Sie einige Schlagwörter hinzu. Für die Beispielsite finden Sie Vorschläge in Tabelle 6.4.
3. Vergessen Sie nicht, die Änderungen mit der Schaltfläche AKTUALISIEREN zu speichern.
4. Wiederholen Sie diesen Vorgang für die anderen Beiträge.
5. Rufen Sie danach das Frontend auf, und prüfen Sie, ob die Schlagwörter dort irgendwo erscheinen.

Nach diesem ToDo sehen Sie im Theme *Twenty Nineteen* bei einem Beitrag das Veröffentlichungsdatum, die Kategorie(n) und die zugewiesenen Schlagwörter (siehe Abbildung 6.28).

Ein Besucher kann die Beiträge in Ihrem Blog jetzt mit den Links in den Metadaten nach Kategorien und Schlagwörtern filtern:

▶ Mit einem Klick auf eine Kategorie sieht er nur noch Beiträge aus dieser Kategorie, egal, welche Schlagwörter sie haben.

▶ Ein Klick auf ein Schlagwort zeigt alle Beiträge mit diesem Schlagwort an, egal, zu welcher Kategorie sie gehören.

Abbildung 6.28 Schlagwörter für einen Beitrag sind anklickbar.

Mit Kategorien und Schlagwörtern bietet WordPress für Beiträge sehr ausgefeilte und vielseitige Möglichkeiten zur Sortierung und Anzeige. Je mehr Beiträge Sie schreiben, desto wichtiger wird der überlegte Umgang mit Kategorien und Schlagwörtern.

6.9.2   Schlagwörter zuweisen mit der Funktion »QuickEdit«

Abbildung 6.29 zeigt die Seite ALLE BEITRÄGE mit der Funktion QUICKEDIT ❶ aus der Beitragsübersicht, mit der Sie ebenfalls Schlagwörter hinzufügen oder entfernen können ❷. Änderungen speichern Sie mit einem Klick auf AKTUALISIEREN ❸.

Abbildung 6.29 Schlagwörter für einen Beitrag mit »QuickEdit« bearbeiten

6.9.3   Schlagwörter verwalten: Das Menü »Beiträge • Schlagwörter«

Abbildung 6.30 zeigt das Menü BEITRÄGE • SCHLAGWÖRTER, das der Verwaltung der Tags dient:

▶ Links sehen Sie ein Formular zur Erstellung neuer Schlagwörter ❶ mit den Feldern NAME, TITELFORM und BESCHREIBUNG.

▶ Rechts ist eine Übersichtstabelle, in der Sie bereits vorhandene Schlagwörter verwalten können ❷.

Das Menü SCHLAGWÖRTER ist gut geeignet zur Verwaltung bestehender Schlagwörter. Sie können hier zwar auch neue Schlagwörter erstellen, aber das ist, wie weiter oben beschrieben, direkt bei der Bearbeitung der Beiträge oder mit QUICKEDIT meist einfacher und schneller.

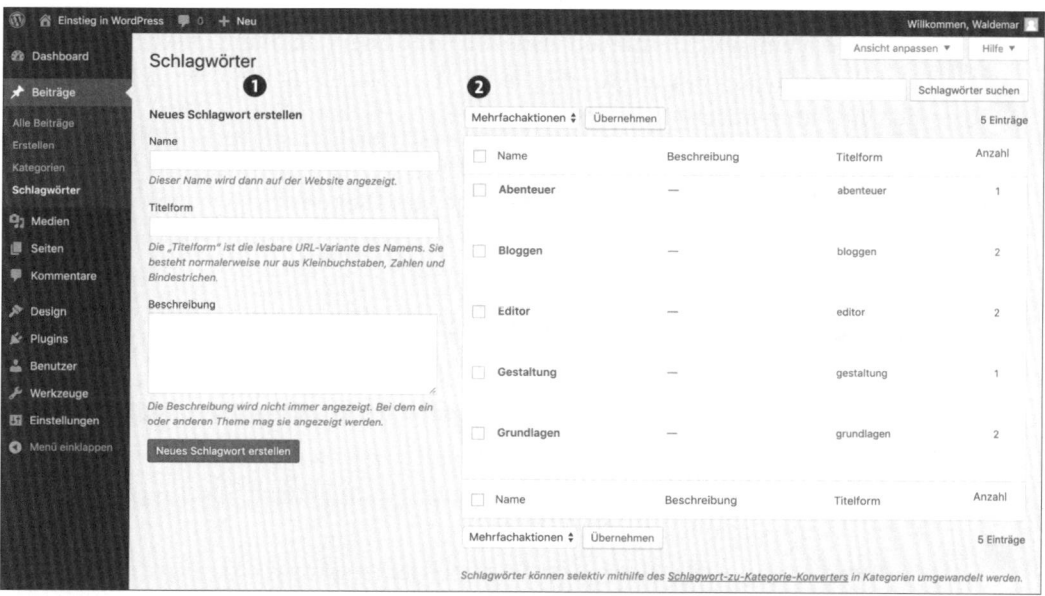

Abbildung 6.30 Das Menü »Beiträge • Schlagwörter« in der Übersicht

Nicht in allen Themes vorhanden: »Beitragsformat« als Filter

In manchen Themes kann man Beiträge auch noch nach *Beitragsformat* (engl. *post format*) filtern. Beitragsformate bieten in WordPress zwei Funktionen:

▶ eine grundlegende Gestaltung für jeden der gelisteten Beitragstypen

▶ eine zusätzliche Sortierungs- und Filtermöglichkeit für Beiträge

Beitragsformate sind also im Gegensatz zu Kategorien und Schlagwörtern sehr eng mit einem bestimmten Theme verbunden und deshalb mit Vorsicht zu genießen, weil sie bei einem Wechsel des Themes verloren gehen können.

6.10   Auf einen Blick

Die wichtigsten Themen noch einmal im Überblick:

▶ Für das Schreiben im Web gelten einige besondere Regeln:
  – Menschen lesen Texte nicht Buchstabe für Buchstabe.
  – Webseiten werden nicht gelesen, sondern überflogen.
  – Zwischenüberschriften und kurze Absätze lockern einen Text auf.

▶ WordPress hat einen komfortablen visuellen Editor, der den Inhalt in Blöcke aufteilt, die einzeln bearbeitet werden können. Jeder Absatz ist ein Block für sich. Im Hintergrund wird automatisch HTML erzeugt.

▶ Teaser (Anreißer) erstellt man im Editor mit dem Block MEHR.

▶ Revisionen sind ältere Versionen von Beiträgen und Seiten, die bei Bedarf wiederhergestellt werden können.

▶ Hyperlinks werden im visuellen Editor erstellt.
  – Externe Hyperlinks führen weg von der eigenen Website.
  – Interne Hyperlinks verlinken Seiten innerhalb der eigenen Website.

▶ Die Editorleiste hat rechts oben Bedienelemente, die bei Entwürfen und veröffentlichten Dokumenten ihre Beschriftung ändern.

▶ In der Seitenleiste, Register DOKUMENT, können Sie im Bereich STATUS UND SICHTBARKEIT diverse Optionen einstellen:
  – Die SICHTBARKEIT ist ÖFFENTLICH, PRIVAT oder PASSWORTGESCHÜTZT.
  – Das Veröffentlichungsdatum kann geändert werden und auch in der Zukunft liegen.

▶ *Sticky Posts* werden oben auf der Beitragsseite festgepinnt und z. B. im QUICKEDIT mit der Option BEITRAG OBEN HALTEN erstellt.

▶ Kategorien spiegeln die wichtigsten Themen eines Blogs wider:
  – Kategorien können im Editor oder per QUICKEDIT zugewiesen werden.
  – Jeder Beitrag gehört zu mindestens einer Kategorie.
  – Beiträge können nach Kategorien gefiltert werden.

- Kategorien werden im Menü BEITRÄGE • KATEGORIEN verwaltet.

- Kategorien können auch Unterkategorien haben.

► Kategorien können optional durch Schlagwörter ergänzt werden.

- Jeder Beitrag kann beliebig viele Schlagwörter haben.

- Beiträge können nach Schlagwörtern gefiltert werden.

- Schlagwörter werden im Menü BEITRÄGE • SCHLAGWÖRTER verwaltet.

6

Kapitel 7
Die Mediathek: Bilder und Galerien

Worin es um das Einfügen von Bildern, die Mediathek von WordPress und um den Umgang mit Beitragsbildern und Galerien geht.

Die Themen im Überblick:

▶ Schnelldurchgang: Ein Bild auf »Über mich« einfügen, Seite 193

▶ Vor dem Hochladen: Bilder optimieren, Seite 201

▶ Die Mediathek von WordPress, Seite 206

▶ Bilder einfügen über die »Mediathek«, Seite 213

▶ Beitragsbilder sind besondere Bilder, Seite 221

▶ Bildergalerien erstellen und bearbeiten, Seite 223

▶ Bilder direkt in WordPress bearbeiten, Seite 229

▶ Auf einen Blick, Seite 234

Die Mediathek von WordPress dient zur Verwaltung von Bildern und anderen Medien, wie z. B. PDF-, MP3- und Videodateien. In diesem Kapitel werden Sie Bilder einfügen, optimieren und in der Mediathek verwalten. Außerdem erstellen Sie ein Beitragsbild, eine Bildergalerie und lernen die in der Mediathek integrierte Bildbearbeitung kennen. Audio- und Videodateien folgen im nächsten Kapitel.

Die in diesem Kapitel verwendeten Bilder sind in den Beispieldateien enthalten, die Sie auf der Website zum Buch *einstieg-in-wp.de* herunterladen können.

Quellen für lizenzfreie Bilder

Falls Sie für Ihre Website noch geeignete Bilder suchen, schauen Sie sich die folgenden Websites einmal an:

▶ *pixabay.com/de*
▶ *unsplash.com*

Hier kann man lizenzfreie Bilder herunterladen, die man für (fast) alle Zwecke guten Gewissens benutzen darf.

7.1 Schnelldurchgang: Ein Bild auf »Über mich« einfügen

In diesem Abschnitt prüfen Sie kurz die Einstellungen für die Mediathek und binden dann mit dem Block BILD und der Schaltfläche HOCHLADEN auf der Seite *Über mich* ein Bild ein. Abbildung 7.1 zeigt die fertige Seite.

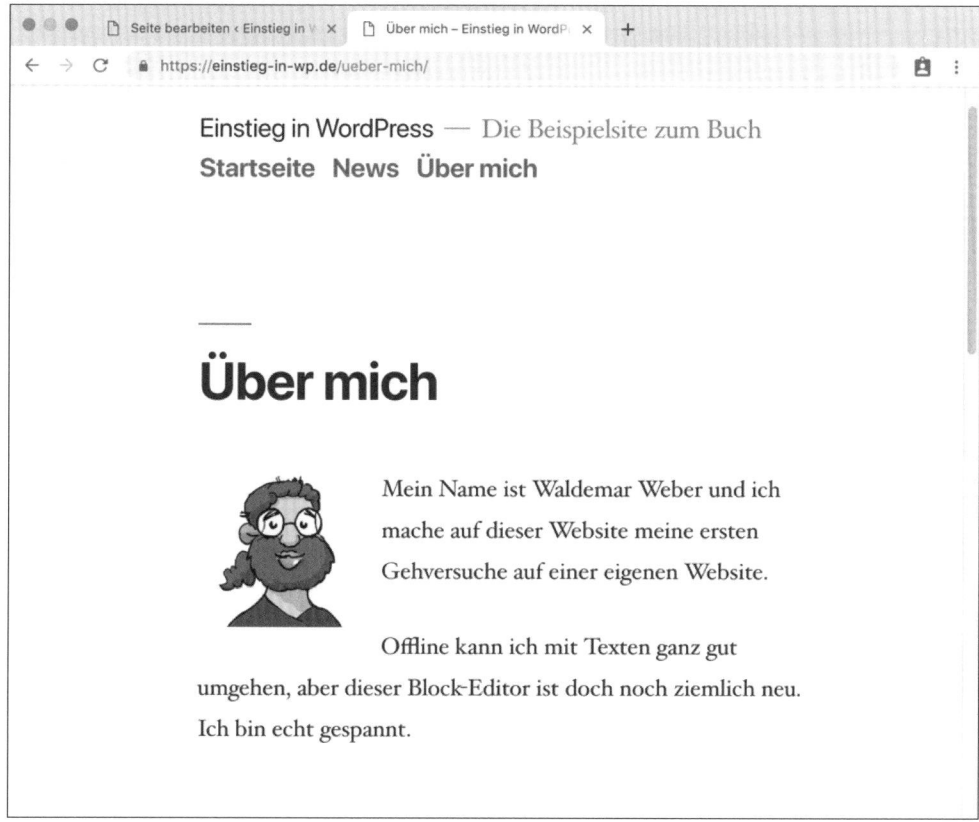

Abbildung 7.1 Die Seite »Über mich« mit einem eingefügten Bild

Bilder vor dem Hochladen optimieren

Bilder müssen vor dem Hochladen immer zuerst für die richtige Darstellung im Web optimiert werden. Wie das geht, erkläre ich ausführlich in Abschnitt 7.2, »Vor dem Hochladen: Bilder optimieren«. Falls Sie in diesem Abschnitt nicht das bereits optimierte Beispielbild verwenden, sollten Sie das Bild vorher entsprechend vorbereiten.

7.1.1   Vorbereitung: »Einstellungen • Medien«: Die Bildgrößen überprüfen

WordPress erzeugt für jedes hochgeladene Bild automatisch mehrere Versionen, und im Menü EINSTELLUNGEN werden die dafür verwendeten Bildgrößen definiert. Bevor Sie Bilder hochladen, sollten Sie also einen kurzen Blick ins Menü EINSTELLUNGEN • MEDIEN werfen und sich die dort eingetragenen Werte anschauen (siehe Abbildung 7.2).

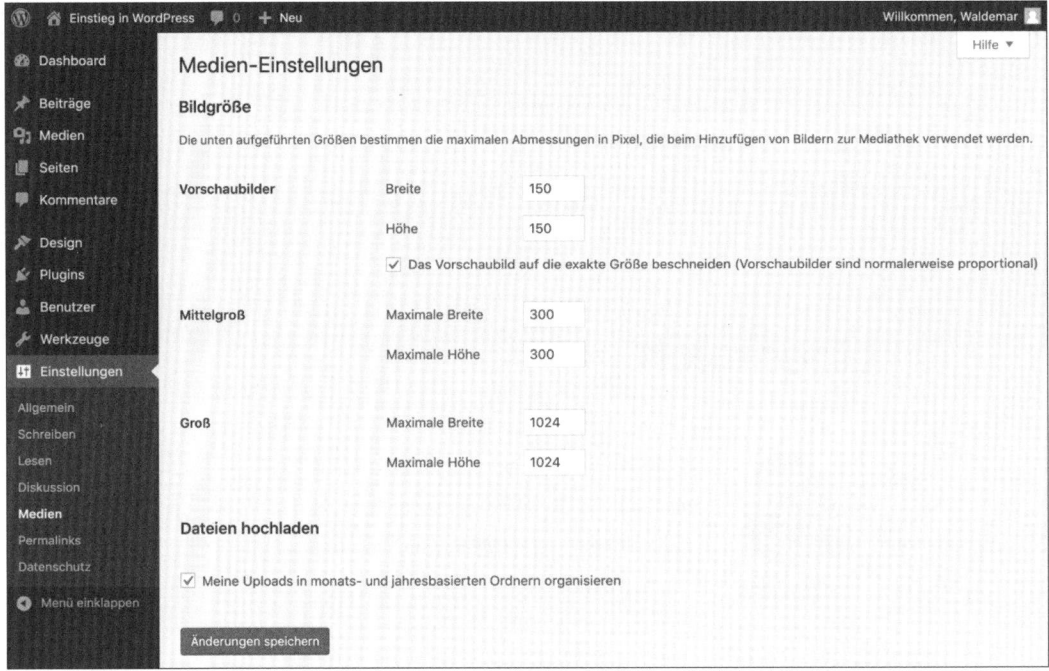

Abbildung 7.2 Das Menü »Einstellungen • Medien«

Abbildung 7.2 zeigt im Bereich BILDGRÖSSE folgende Einstellungen, die völlig in Ordnung sind und nicht geändert werden müssen:

▶ Die Option VORSCHAUBILDER steht auf maximal 150 × 150 Pixel. Die Option DAS VORSCHAUBILD AUF DIE EXAKTE GRÖSSE BESCHNEIDEN ist aktiviert und erstellt, ausgehend von der Mitte des Bildes, quadratische Vorschaubilder. Falls der so gewählte Bildausschnitt nicht ideal ist, können Sie ihn nachträglich bearbeiten (siehe Abschnitt 7.7.4, »Option 3: ›Vorschaubild-Einstellungen‹ – nur das Vorschaubild ändern«).

▶ Die Option MITTELGROSS steht auf maximal 300 × 300 Pixel.

▶ Die Option GROSS steht auf maximal 1.024 × 1.024 Pixel.

Im Bereich DATEIEN HOCHLADEN ist die einzige Option, MEINE UPLOADS IN MONATS-
UND JAHRESBASIERTEN ORDNERN ORGANISIEREN, aktiviert. WordPress speichert standardmäßig alle hochgeladenen Dateien im Ordner */wp-content/uploads/*, und diese
Option bewirkt, dass für jeden Monat ein Unterordner erstellt wird. Im Juni 2019 hochgeladene Bilder werden dann im Ordner */wp-content/uploads/2019/06/* aufbewahrt.

Diese Einstellung bezieht sich aber nur auf die Ordner auf dem Webspace, mit denen Sie
normalerweise nicht viel Kontakt haben. In der Mediathek selbst werden die Dateien
ohne Ordner verwaltet. Das ist anfangs vielleicht ungewohnt, aber in einer gut gepfleg-
ten Mediathek findet man ein bestimmtes Bild recht schnell wieder.

> **Eine Änderung der Einstellungen gilt nicht für schon vorhandene Bilder**
>
> Wenn sich die Einstellungen für die Bildgrößen z. B. durch einen Theme-Wechsel ändern,
> gilt das nur für Bilder, die danach hochgeladen werden. Falls bereits hochgeladene Bilder
> nachträglich geändert werden müssen, hilft das Plugin *Regenerate Thumbnails*:
>
> ▶ *de.wordpress.org/plugins/regenerate-thumbnails/*
>
> Wie man Plugins installiert, erfahren Sie in Kapitel 15, »WordPress erweitern: Plugins
> installieren«.

7.1.2 Schritt 1: Auf der Seite »Über mich« einen Block »Bild« einfügen

Um das Einfügen von Bildern zu üben, soll auf der Seite *Über mich* links neben dem Text
ein Porträtfoto eingebunden werden.

Der Block-Editor von WordPress stellt zum Einfügen eines einzelnen Bildes den Block
BILD zur Verfügung, und in diesem Schritt fügen Sie auf der Seite *Über mich* ganz am
Anfang einen solchen Bild-Block ein.

> **ToDo: Auf der Seite »Über mich« einen leeren Block einfügen**
>
> 1. Öffnen Sie die Seite *Über mich* zur Bearbeitung im Editor.
> 2. Fügen Sie direkt nach dem Titel einen neuen Block ein. Am einfachsten platzieren Sie
>   den Cursor dazu am Ende des Titels und drücken ⏎.
> 3. Geben Sie in dem leeren Block »/bild« ein, um die Blockauswahl aufzurufen und den
>   Block BILD in der Liste zu markieren.
> 4. Drücken Sie die Taste ⏎, um einen Bild-Block einzufügen.

Abbildung 7.3 zeigt die Seite im Editor nach diesem Schritt.

Abbildung 7.3 Ein Block »Bild« auf der Seite »Über mich« im Editor

7.1.3   Schritt 2: Ein Bild einfügen mit dem Block »Bild«

Mit dem Block BILD können Sie Bilder aus verschiedenen Quellen einfügen:

▶ Von Ihrer Festplatte. Das geht per *Drag & Drop*, indem Sie die Bilddatei einfach mit der Maus auf den Bild-Block ziehen, oder mit der Schaltfläche HOCHLADEN.

▶ Aus der MEDIATHEK. Falls das Bild noch nicht in der Mediathek sein sollte, können Sie es dort vor dem Einfügen auch noch hochladen.

▶ VON URL EINFÜGEN lädt ein Bild direkt von einer anderen Website. Dazu sollten Sie das Einverständnis des Betreibers haben.

In diesem Schnelldurchgang laden Sie ein Bild direkt von Ihrer Festplatte hoch, entweder per *Drag & Drop* oder mit der Schaltfläche HOCHLADEN. In beiden Fällen wird das Bild im Beitrag eingefügt und im Hintergrund automatisch in der Mediathek gespeichert. Genau das machen Sie im folgenden ToDo.

ToDo: Eine Grafikdatei mit dem Block »Bild« hochladen und einfügen

1. Öffnen Sie gegebenenfalls die Seite *Über mich* zur Bearbeitung im Editor.

2. Markieren Sie den am Anfang des Inhalts eingefügten Block BILD.

3. Ziehen Sie die gewünschte Datei auf den Bild-Block, oder klicken Sie auf die Schaltfläche HOCHLADEN und suchen Sie die gewünschte Datei. Nach dem Einfügen erscheint die Grafik im Editor, und der Block ist markiert.

---

4. Unter dem Block steht *Schreibe eine Beschriftung…*, aber das ist optional, und in diesem Abschnitt lassen Sie dieses Feld einfach leer.
5. Rechts in der Seitenleiste sehen Sie das Register BLOCK mit den Einstellungen für das Bild, um die Sie sich gleich im nächsten Schritt kümmern.
6. Speichern Sie die Änderungen mit einem Klick auf AKTUALISIEREN.

Abbildung 7.4 zeigt die eingefügte Grafik in dem markierten Block BILD ❶. Wenn der Bild-Block markiert ist, bekommt das Bild darüber eine kleine Symbolleiste mit Bedienelementen und rechts sowie unten zwei blaue runde Ziehpunkte zum Ändern der Bildgröße. Rechts daneben werden in der Seitenleiste die BLOCK-EINSTELLUNGEN ❷ angezeigt, denen Sie sich im nächsten Abschnitt widmen.

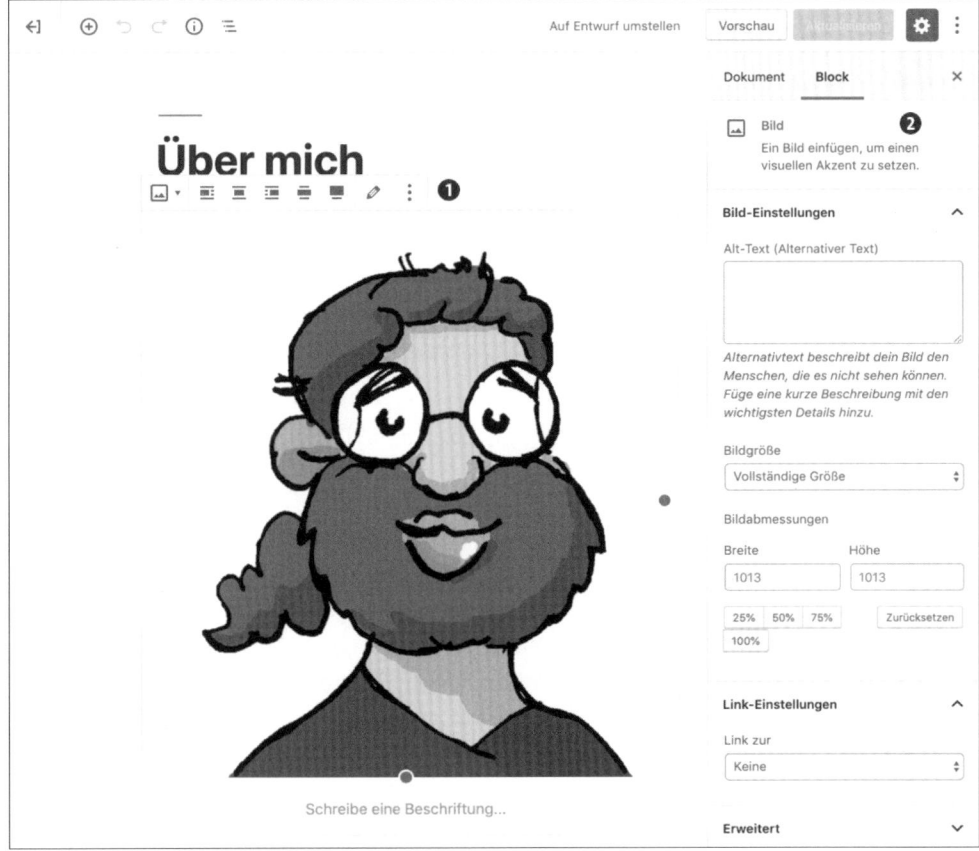

Abbildung 7.4 Das eingefügte Bild auf der Seite »Über mich«

Detailinfos zum Bild in der Mediathek hinzufügen

Ein per Drag & Drop oder mit der Schaltfläche Hochladen eingefügtes Bild wird automatisch zur Mediathek hinzugefügt, die Sie weiter unten noch ausführlich kennenlernen. Das automatische Hinzufügen ist sehr praktisch, aber nützliche Detailinfos für das Bild werden dabei ignoriert. Mehr dazu erfahren Sie in Abschnitt 7.3.3, »Detailinfos für Bilder: Titel, Beschriftung, Alt-Text und Beschreibung«.

7.1.4   Schritt 3: Die »Bild-Einstellungen« bearbeiten

Nach dem Einfügen in die Seite sollten Sie die Einstellungen für den Block BILD im Editor bearbeiten (siehe Abbildung 7.4). Los geht es dabei mit den BILD-EINSTELLUNGEN und diesen drei Optionen:

▶ Der ALT-TEXT (ALTERNATIVER TEXT) wird im Browserfenster angezeigt, wenn das Bild (noch) nicht dargestellt wird.

▶ Mit BILDGRÖSSE wählen Sie eine vorgegebene Standardgröße aus. Hier gibt es die Optionen VORSCHAUBILD, MITTEL und VOLLSTÄNDIGE GRÖSSE, die sich auf die in EINSTELLUNGEN • MEDIEN definierten Bildgrößen beziehen (siehe weiter oben, Abbildung 7.2).

▶ Mit den BILDABMESSUNGEN können Sie die BILDGRÖSSE genauer definieren:

  – Die Schaltflächen 25%, 50%, 75% und 100% verändern die Bildabmessungen prozentual.

  – In die Eingabefelder für BREITE und HÖHE können Sie eigene Werte eingeben. Hier wird immer die aktuelle Größe angezeigt.

  – Die Schaltfläche ZURÜCKSETZEN setzt die Bildabmessungen wieder zurück auf die in der Option BILDGRÖSSE gewählte Standardgröße.

In den LINK-EINSTELLUNGEN etwas weiter unten wird definiert, was passieren soll, wenn ein Benutzer auf das Bild klickt. Standardeinstellung ist KEINE. Das Bild ist dann nicht verlinkt, und bei einem Klick passiert gar nichts. Die anderen Optionen lernen Sie weiter unten in Abschnitt 7.4.3, »Die ›Bild-Einstellungen‹ und ›Link-Einstellungen‹ anpassen«, kennen.

Im folgenden ToDo bearbeiten Sie die Bild-Einstellungen für das eingefügte Bild.

ToDo: Die »Bild-Einstellungen« für das eingefügte Bild bearbeiten

1. Klicken Sie auf den Block BILD, um ihn zu markieren

2. Fügen Sie rechts in der Seitenleiste im Register BLOCK bei den Bild-Einstellungen einen ALT-TEXT ein: »Porträt von Waldemar Weber«.

3. Wählen Sie als BILDGRÖSSE die Option VORSCHAUBILD.

4. Lassen Sie die Option BILDABMESSUNGEN unverändert.

5. Prüfen Sie, ob bei den LINK-EINSTELLUNGEN die Option KEINE ausgewählt ist.

6. Speichern Sie die Änderungen mit einem Klick auf AKTUALISIEREN.

Nach diesem ToDo sieht die Seite etwa so aus wie in Abbildung 7.5. Der ALT-TEXT ❶ wurde eingegeben, und als BILDGRÖSSE wurde VORSCHAUBILD ❷ gewählt, sodass die BILDABMESSUNGEN ❸ 150 × 150 sind.

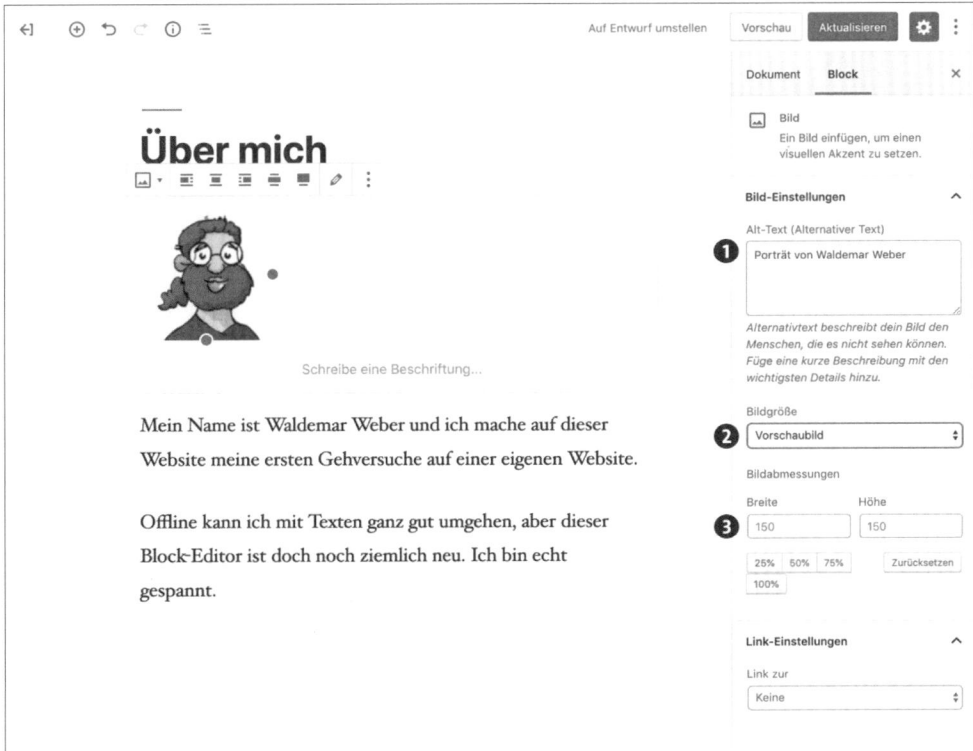

Abbildung 7.5 Das eingefügte Bild mit den bearbeiteten Bild-Einstellungen

7.1.5 Schritt 4: Den Bild-Block im Inhaltsbereich ausrichten

Die Ausrichtung des Bildes erfolgt mithilfe der Symbolleiste über dem markierten Block (siehe Abbildung 7.6).

Abbildung 7.6 Der Block »Bild« mit der Symbolleiste darüber

Diese Symbolleiste bietet bei jedem Block unterschiedliche Möglichkeiten. Beim Block BILD sehen Sie die folgenden Optionen:

▶ Mit dem ersten Symbol können Sie den BLOCK-TYP ÄNDERN ❶. Dort können Sie ein eingefügtes Bild z. B. zu einer Galerie erweitern.

▶ Rechts daneben gibt es Optionen zur Ausrichtung des Bildes ❷: LINKSBÜNDIG, ZENTRIERT, RECHTSBÜNDIG, WEITE BREITE und VOLLE BREITE. Die ersten drei sind in jedem Theme vorhanden, die letzten beiden nicht.

▶ Mit dem Bleistiftsymbol ❸ gelangen Sie in die Mediathek. Dort können Sie ein anderes Bild auswählen oder die ANHANG-DETAILS bearbeiten, die Sie weiter unten noch näher kennenlernen.

▶ Mit dem 3-Punkte-Menü ❹ erhalten Sie weitere Optionen, unter anderem BLOCK ENTFERNEN, womit Sie den Block bei Bedarf auch wieder entfernen können.

Im folgenden ToDo wählen Sie die Option LINKSBÜNDIG zur Ausrichtung des Bildes. Dadurch schwebt das Bild nach links, und der Text rutscht rechts daneben. Falls der Text lang genug ist, fließt er unter dem Bild ganz links am Rand weiter.

ToDo: Den Bild-Block im Inhaltsbereich ausrichten

1. Klicken Sie auf den Block BILD, um ihn zu markieren
2. Klicken Sie in der Symbolleiste auf das Symbol für LINKSBÜNDIG.
3. Speichern Sie die Änderungen mit einem Klick auf AKTUALISIEREN.
4. Schauen Sie sich die Seite im Frontend an.

Nach diesem ToDo steht das Bild links und der Text rechts daneben (siehe Abbildung 7.7). Den genauen Textfluss können Sie, wie fast immer Web, nicht kontrollieren, und auch zwischen Editor und Frontend wird es eventuell leichte Unterschiede geben.

Über mich

Mein Name ist Waldemar Weber und ich mache auf dieser Website meine ersten Gehversuche auf einer eigenen Website.

Offline kann ich mit Texten ganz gut umgehen, aber dieser Block-Editor ist doch noch ziemlich neu. Ich bin echt gespannt.

Abbildung 7.7 Der Text umfließt das linksbündig ausgerichtete Bild.

Mobile Ansicht checken im Customizer

Am Ende von Abschnitt 5.9, »Hauptmenü: Eine Navigation für die Website erstellen«, haben Sie gesehen, wie Sie Seiten im Customizer mit der Smartphone-Live-Vorschau prüfen können. Wenn Sie sich die Seite *Über mich* in dieser Smartphone-Live-Vorschau anschauen, werden Sie sehen, dass bei links- oder rechtsbündig ausgerichteten Bildern nur noch sehr wenig Text daneben passt, was unter Umständen ein bisschen seltsam aussieht. Mehr als 150 Pixel sollten es in der Breite nicht sein. Prüfen Sie es einfach, und passen Sie die Bildgröße gegebenenfalls an.

7.2   Vor dem Hochladen: Bilder optimieren

Viele Bilder und insbesondere Fotos sind unbearbeitet für eine Verwendung im Web nicht geeignet, weil sie zu viel Speicherplatz brauchen und die Ladezeit der Webseite damit unnötig verlangsamen. Das stört nicht nur die Besucher, sondern auch die Suchmaschinen.

Optimierte Bilder sind daher gut für die Performance Ihrer Webseiten, denn je weniger Daten übertragen werden müssen, desto schneller sind die Seiten auf den Bildschirmen

Ihrer Besucher. In diesem Abschnitt möchte ich Ihnen am Beispiel eines Fotos aus einer Digitalkamera zeigen, wie so eine Optimierung aussehen könnte.

Rechtliches zu Bildern

Vor dem Veröffentlichen von Bildern sollte man sich zumindest grundlegend über die rechtliche Situation informieren, um Abmahnungen wegen Rechtsverletzungen zu vermeiden. Eine sehr ausführliche Quelle ist

▶ *rechtambild.de*

Das ist der (WordPress-)Blog der Rechtsanwälte Tölle und Wagenknecht zum Thema *Bilder und Recht*.

7.2.1   Wie Sie Dateinamen und Dateigrößen von Bildern optimieren

Die Optimierung von Bildern in diesem Abschnitt hat zwei Ziele: Zum einen soll die Datei bei ausreichender Bildqualität so wenig Kilobyte wie möglich haben, damit sie möglichst schnell geladen wird, und zum anderen sollen Suchmaschinen und sehbehinderte Menschen möglichst viele Informationen über die Grafik erhalten.

Die Optimierung einer Grafikdatei besteht aus den folgenden Schritten:

▶ **Umbenennen: Dateinamen optimieren**
Ein aussagekräftiger *Dateiname* hilft zwar nicht bei der Reduzierung der Dateigröße, erleichtert aber das Wiederfinden der Grafiken in der Mediathek. Außerdem bekommen Suchmaschinen einen Hinweis, was auf dem Bild zu sehen ist. Der Dateiname kann *nach dem Hochladen* der Bilddatei nicht mehr geändert werden.

▶ **Zuschneiden: Bildausschnitt optimieren**
Nehmen Sie nur den *Bildausschnitt*, den Sie wirklich benötigen, und schneiden Sie mit einem Bildbearbeitungsprogramm alles andere weg. Dadurch wird die Datei von vornherein kleiner.

▶ **Skalieren: Bildgröße optimieren**
Die *Bildgröße* ist die Größe des Bildes in Pixeln. Die ideale Bildgröße hängt vom Layout ab, aber mehr als ca. 2.000 Pixel für die längere Seite werden Sie im Web selten benötigen.

▶ **Komprimieren: Dateigröße optimieren**
Die *Dateigröße* ist die Größe der Datei in Kilobyte. Komprimieren Sie das Bild mit Spezialtools, um die Dateigröße so weit wie möglich zu reduzieren. Es lohnt sich in den meisten Fällen wirklich.

Den Dateinamen kann man nach dem Hochladen wie gesagt nicht mehr ändern. Zuschneiden und skalieren wäre notfalls auch noch in WordPress möglich, aber die integrierte Bildbearbeitung ist in erster Linie für kleine Nachbesserungen gedacht (siehe Abschnitt 7.7, »Bilder direkt in WordPress bearbeiten«). Eine nachträgliche Komprimierung der Bilddateien ist mit speziellen Plugins auch auf dem Webspace zwar möglich, aber es ist empfehlenswert, das bereits vor dem Hochladen zu erledigen.

7.2.2   Die Ausgangssituation: Das Beispielfoto für die Optimierung

Abbildung 7.8 zeigt das in diesem Abschnitt verwendete Foto aus den Beispieldateien mit den wichtigsten Metadaten. Die Beispieldateien können Sie auf der Website zum Buch *einstieg-in-wp.de* herunterladen.

IMG_4206.JPG	Titel: Die Altstadt von Porto in der Dämmeru...
JPEG-Bild	Autoren: Tim Blaauw (timblaauw.com)
Aufnahmedatum: 05.01.2012 19:50	Kommentare: Kommentare hinzufügen
Markierungen: Markierung hinzufügen	Offline verfügbar: Nicht verfügbar
Bewertung: ☆ ☆ ☆ ☆ ☆	Offlinestatus: Online
Abmessungen: 4272 x 2848	Kamerahersteller: Canon
Größe: 5,90 MB	

Abbildung 7.8 Die Originalgrafik mit den wichtigsten Metadaten

Im Folgenden möchte ich Ihnen zeigen, wie Sie ein solches Foto Schritt für Schritt optimieren können. Das Beispielfoto purzelte aus einer Digitalkamera direkt auf die Festplatte und hatte dabei folgende Werte:

- Dateiname: *IMG_4206.JPG*
- Dateigröße: ca. 6 MB
- Bildgröße: 4.272 × 2.848 Pixel

Der Bildausschnitt muss für das Beispielfoto nicht optimiert werden, da es sich um ein Panoramabild handelt.

> **Bilder bearbeiten: Zuerst eine Kopie erstellen**
> Eine Grundregel bei der Bearbeitung von Bildern ist, dass Sie zunächst immer eine Kopie der Datei erstellen. Falls dann bei der Optimierung der Datei etwas schiefgehen sollte, können Sie so wieder von vorne anfangen.

7.2.3   Schritt 1: Umbenennen – den Dateinamen optimieren

Sie beginnen die Optimierung mit der Anpassung des Dateinamens. Ein guter Dateiname beschreibt den Inhalt der Grafik, ohne dass man sie sieht, und enthält weder Leerstellen noch Umlaute.

Der aktuelle Dateiname *IMG_4206.JPG* wurde von der Kamera automatisch vergeben. Er enthält zwar keine Leerstellen oder Umlaute, sagt aber nichts über den Inhalt des Bildes. Das Beispielfoto zeigt die Altstadt von Porto in der Dämmerung, und ein passender Dateiname wäre z. B.:

▶ *porto-altstadt-daemmerung.jpg*

Dieser Dateiname stellt auch gleich einige Suchbegriffe zur Verfügung, sodass das Foto in Suchmaschinen bei einer Suche nach »Porto« oder »Altstadt« schon mit in den Auswahltopf für die Ergebnisseiten kommt. In der Mediathek werden Sie später noch weitere Informationen zum Inhalt der Grafik speichern, wie z. B. einen Titel, eine Bildunterschrift und eine Beschreibung (siehe Abschnitt 7.3.3).

7.2.4   Schritt 2: Skalieren – die Bildgröße reduzieren

Das Beispielbild ist 4.272 Pixel breit und 2.848 Pixel hoch, und in diesem Schritt werden diese Abmessungen mit einer beliebigen Bildbearbeitung verkleinert:

▶ Falls Sie das Einsatzgebiet des Bildes und die benötigte Pixelbreite bereits genau kennen, können Sie das Bild entsprechend dimensionieren.

▶ Falls Sie noch nicht genau wissen, wo und wie das Bild zum Einsatz kommen wird, reduzieren Sie es so, dass es auf der längeren Seite etwa 2.000 Pixel hat.

Das erscheint zunächst vielleicht immer noch sehr viel, aber damit ist das Bild im Web für fast alle denkbaren Situationen ausreichend dimensioniert. WordPress benutzt das große Bild als Basis und erzeugt davon mehrere kleinere Versionen, die dann in Beiträgen und Seiten eingebunden werden.

7.2.5   Schritt 3: Komprimieren – die Dateigröße reduzieren

Nach der Optimierung der Bildgröße wird dem Foto noch eine Schlankheitskur verordnet. Spezielle Dienste sind beim Komprimieren von Fotos meist effektiver als die Funktion FÜR WEB SPEICHERN UNTER … in einer Bildbearbeitung.

Mit Online-Tools können Sie das Bild im Web einfach hochladen und komprimieren lassen. Hier ein paar Beispiele:

▸ *tinypng.com* bzw. *tinyjpg.com* (beide sind für PNG und JPG geeignet)

▸ *websiteplanet.com/de/webtools/imagecompressor*

▸ *shrinkme.app*

▸ *kraken.io/web-interface*

Offline gibt es Programme wie das in Abbildung 7.9 gezeigte JPEGmini (*jpegmini.com*, Windows und macOS) oder *ImageOptim* (*imageoptim.com*, macOS).

Abbildung 7.9 JPEGmini in Aktion

7.2.6   Das Beispielfoto nach der Optimierung

Das Bild hat einen sinnvollen Dateinamen, die Abmessungen wurden verkleinert, und die Datei ist komprimiert. Abbildung 7.10 zeigt, dass das optimierte Bild noch eine Dateigröße von 249 KB hat.

Abbildung 7.10 Die optimierte Grafik mit den wichtigsten Metadaten

Tabelle 7.1 listet die wichtigsten Charakteristika für das Beispielbild vor und nach der Optimierung auf. Fazit: Das hat sich gelohnt.

	Vorher	Nachher
Dateiname	*IMG_4206.JPG*	*porto_altstadt_daemmerung.jpg*
Bildgröße	4.272 × 2.848 Pixel	2.048 × 1.365 Pixel
Dateigröße	ca. 6 MB	249 KB

Tabelle 7.1 Das Beispielfoto vor und nach der Optimierung

7.3   Die Mediathek von WordPress

Die Mediathek dient der Verwaltung der hochgeladenen Dateien. In diesem Abschnitt lernen Sie verschiedene Ansichten kennen, laden Dateien hoch und sehen, wie Sie für die hochgeladenen Dateien diverse Detailinformationen eingeben können.

7.3.1   Dateien hochladen direkt in der Mediathek

In diesem Abschnitt zeige ich Ihnen zunächst das Hochladen einer Datei direkt in der Mediathek, ohne dass gerade eine Seite oder ein Beitrag bearbeitet wird.

Öffnen Sie dazu die Seite MEDIEN • DATEI HINZUFÜGEN, entweder über die Menüleiste oder über die Admin-Leiste mit dem Befehl NEU • DATEI. Auf der daraufhin erscheinenden Seite NEUE DATEIEN HOCHLADEN haben Sie zwei Möglichkeiten zum Upload der Dateien (siehe Abbildung 7.11):

▸ *Drag & Drop* ❶: Sie können die Dateien mit der Maus direkt in den Bereich mit der gestrichelten Umrandung ziehen.

▸ DATEIEN AUSWÄHLEN ❷: Mit dieser Schaltfläche können Sie die gewünschte(n) Datei(en) in einem Dialogfeld auswählen.

Hochgeladene Dateien werden nach dem Upload unterhalb des gestrichelten Bereichs gelistet ❸.

Der Link BEARBEITEN ❹ rechts am Rand führt zur Seite DATEI BEARBEITEN, die etwas weiter unten in Abschnitt 7.3.3 detailliert vorgestellt wird.

Abbildung 7.11 Neue Dateien hochladen in die Mediathek

7.3.2 Die Medienübersicht: Listenansicht oder Gridansicht

Wenn Sie den Menüpunkt MEDIEN anklicken, landen Sie direkt in der MEDIENÜBER-SICHT, die entweder als *Liste* in Tabellenform oder als *Grid* mit den Bildern als Kacheln dargestellt wird.

Abbildung 7.12 zeigt die Medienübersicht als Liste. Diese Ansicht erinnert an die Übersichten für Beiträge und Seiten und zeigt zu jeder Datei ausführliche Informationen an.

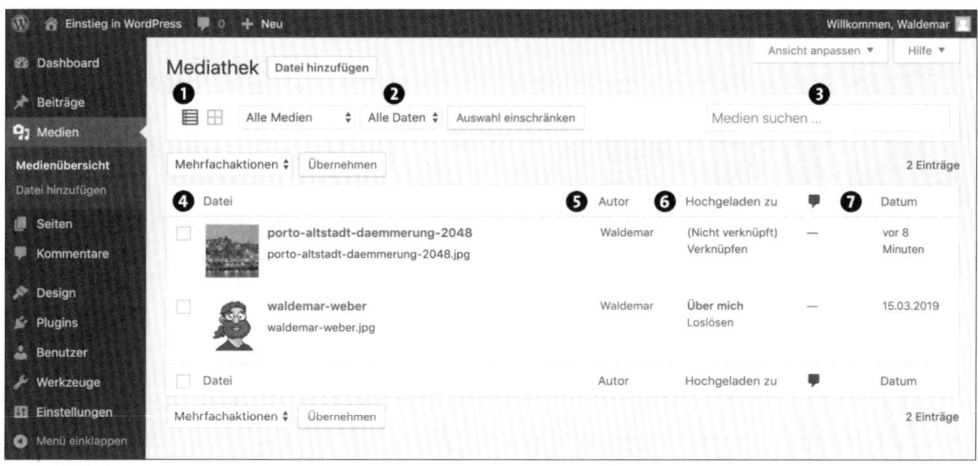

Abbildung 7.12 Die Medienübersicht als Liste

Mit den Optionen in der oberen weißen Zeile können Sie ...

▶ ... zwischen Listen- und Gridansicht umschalten ❶.

▶ ... die angezeigten Dateien nach MEDIEN oder DATEN filtern ❷.

▶ ... nach MEDIEN SUCHEN ❸.

Die Übersichtstabelle der Listenansicht darunter hat folgende Spalten:

▶ DATEI ❹: Hier steht der Titel der Datei. Standardmäßig ist das der Dateiname ohne die Endung. Mit dem Menü, das bei Mausberührung erscheint, können Sie die Datei BEARBEITEN, UNWIDERRUFLICH LÖSCHEN oder auf einer automatisch erzeugten Anhang-Seite ANSCHAUEN.

▶ AUTOR ❺ gibt an, welcher Benutzer die Datei hochgeladen hat.

▶ HOCHGELADEN ZU ❻ zeigt den Beitrag oder die Seite, in der die Datei verwendet wird. Das ist aber nicht sehr zuverlässig, denn wenn die Datei in mehreren Beiträgen oder Seiten eingebunden sein sollte, wird hier nur die erste Fundstelle angezeigt.

▶ Die Spalte mit der Sprechblase ❼ listet die Anzahl der auf der Anhang-Seite für diese Datei vorhandenen Kommentare, und das DATUM zeigt an, wann die Datei hochgeladen wurde.

Abbildung 7.13 zeigt die Dateien als Grid (Raster). Diese Darstellung kann ihren Charme aber erst richtig ausspielen, wenn viele Bilder in der Mediathek sind. Sie stellt weniger Informationen dar als die Listenansicht, ist bei Bildern aber hübscher und übersichtlicher.

Abbildung 7.13 Die Medienübersicht als Grid

7.3.3   Detailinfos für Bilder: Titel, Beschriftung, Alt-Text und Beschreibung

Die in diesem Abschnitt vorgestellten Detailinformationen für Bilder sind ein kleiner, aber wichtiger Baustein in der Optimierung der Webseiten für Suchmaschinen und für sehbehinderte Benutzer:

▶ Suchmaschinen verstehen und analysieren in erster Linie Text. Bilder werden zwar gesammelt, aber die meisten Suchmaschinen wissen nicht wirklich, was darauf zu sehen ist. Sie versuchen diese Wissenslücke so gut wie möglich zu kompensieren, indem sie nach Textinformationen suchen, die sie der Grafik zuordnen können. Dabei helfen Details wie der Dateiname, eine Beschriftung, der alternative Text oder eine ausführliche Beschreibung.

▶ Für sehbehinderte Webnutzer sind die Detailinfos ebenfalls eine große Hilfe. Sie benutzen oft einen Screenreader, einen akustischen Browser, der die Webseite vorliest, statt sie in einem Browserfenster anzuzeigen. Bei Bildern verarbeiten Screenreader den alternativen Text, sodass die Nutzer eine Vorstellung davon bekommen, was darauf zu sehen ist.

Kurzum: Das Ausfüllen der Detailinfos für Bilder ist zwar mühsam, sollte aber trotzdem auf jeden Fall gemacht werden. Versuchen Sie einfach, der natürlichen Tendenz von »Das mache ich dann später« bewusst entgegenzuwirken. Das ist wie Fußleistenstreichen beim Renovieren einer Wohnung. Wenn man das nicht sofort macht, passiert es nie mehr.

Bei der Bearbeitung der Detailinfos für Bilder in der Mediathek gibt es dabei eine kleine Inkonsistenz, die besonders für Einsteiger anfangs verwirrend ist, denn in der Listenansicht und der Gridansicht werden unterschiedliche Seiten aufgerufen:

▶ Wenn Sie in der Listenansicht ein Bild bearbeiten, erhalten Sie die in Abbildung 7.14 gezeigte Seite Datei bearbeiten.

▶ Wenn Sie in der Gridansicht ein Bild bearbeiten, landen Sie auf der Seite Anhang-Details (siehe Abbildung 7.15 weiter unten).

Da die Seite Datei bearbeiten etwas übersichtlicher ist, empfehle ich Ihnen, die Bilder zunächst aus der Listenansicht heraus zu bearbeiten. Abbildung 7.14 zeigt das in diesem Abschnitt hochgeladene Foto mit sinnvoll ausgefüllten Detailinfos.

Im Folgenden stelle ich die einzelnen Formularfelder kurz vor:

▶ Der Titel ❶ basiert nach dem Hochladen zunächst auf dem Dateinamen. Er erscheint im Backend in der Listenansicht der Medienübersicht und im Frontend je nach Theme unter anderem als Überschrift auf der Anhang-Seite, die für jedes Bild automatisch erzeugt wird.

▶ Beschriftung ❷: Was Sie hier eingeben, erscheint im Beitrag oder auf der Seite direkt unter dem Bild als Bildunterschrift. Falls Sie keine Beschriftung wünschen, lassen Sie das Feld einfach leer.

▶ ALTERNATIVER TEXT ❸ erscheint auf der Webseite, wenn oder solange das Bild nicht dargestellt wird. Suchmaschinen und sehbehinderte Benutzer mögen diesen Alt-Text, da er einen Hinweis gibt, was auf dem Bild zu sehen ist.

▶ Die BESCHREIBUNG ❹ ist optional und erscheint z. B. auf der im nächsten Abschnitt beschriebenen Anhang-Seite als ausführliche Textbeschreibung eines Bildes. Sie können die Beschreibung mit den Schaltflächen darüber formatieren, aber erschrecken Sie beim Ausprobieren nicht, denn die Beschreibung wird hier im Backend als Quelltext angezeigt, und die HTML-Tags sind sichtbar.

▶ Der Bereich SPEICHERN ❺ zeigt einige Detailinformationen zum Bild in der Übersicht und enthält die Schaltfläche AKTUALISIEREN zum Speichern der Änderungen.

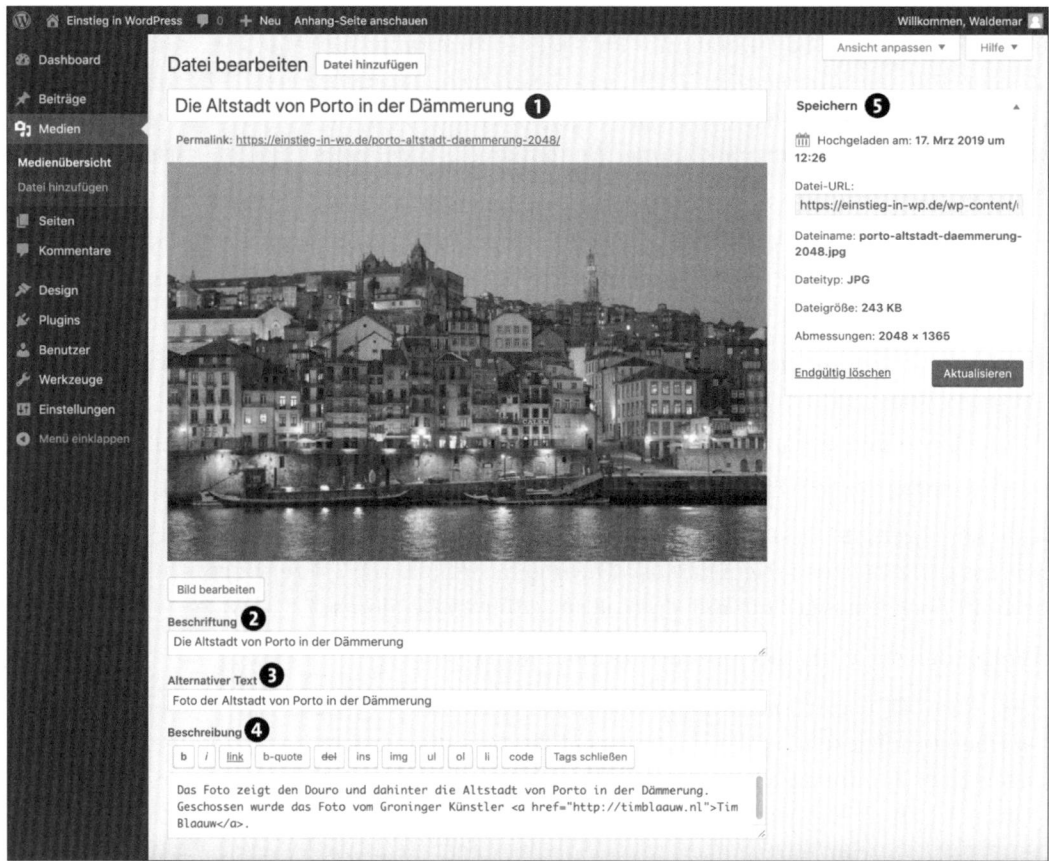

Abbildung 7.14 »Datei bearbeiten« mit sinnvollen Detailinfos zum Bild

Im folgenden ToDo geben Sie die Detailinfos für alle in der Mediathek vorhandenen Bilder ein.

ToDo: Die Detailinfos für alle Bilder in der Mediathek bearbeiten

1. Wechseln Sie in der Mediathek in die Listenansicht.
2. Klicken Sie auf den Dateinamen des hochgeladenen Bildes, um es zu bearbeiten.
3. Füllen Sie nacheinander die Felder für TITEL, BESCHRIFTUNG, ALT-TEXT und BESCHREIBUNG aus.
4. Klicken Sie auf AKTUALISIEREN, um die Infos zu speichern.
5. Gehen Sie zurück in die MEDIENÜBERSICHT.
6. Prüfen und ergänzen Sie die Detailinfos für alle anderen Bilder, die sich bereits in der Mediathek befinden.

Abbildung 7.15 zeigt der Vollständigkeit halber noch die Seite ANHANG-DETAILS. Diese Seite sehen Sie, wenn Sie in der Mediathek die Gridansicht aktivieren und dann ein Bild zur Bearbeitung öffnen. Sie enthält dieselben Eingabefelder wie Abbildung 7.14, aber diese sitzen etwas gedrängt rechts in der Sidebar, und im Feld BESCHREIBUNG fehlt die Formatierungsleiste für HTML-Befehle.

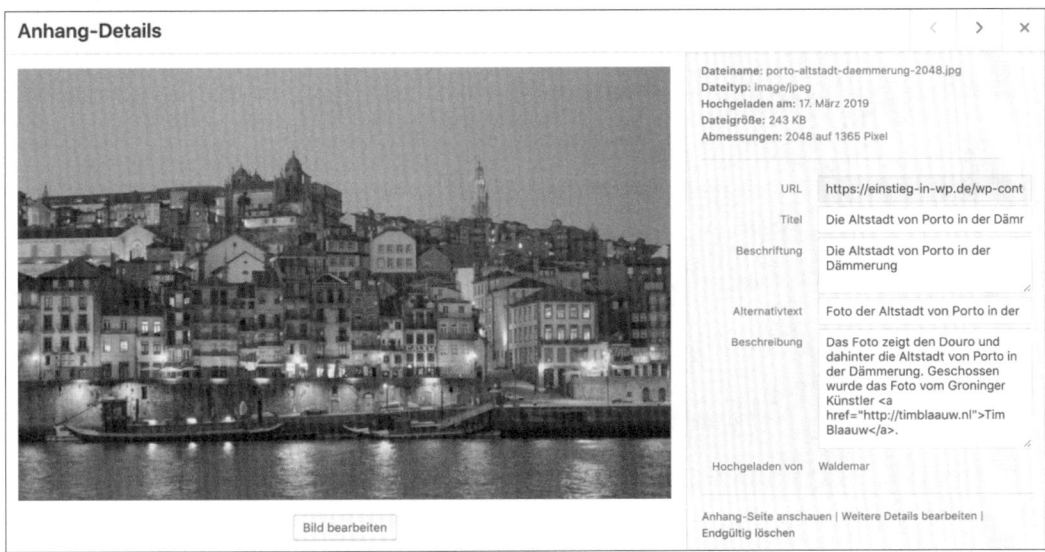

Abbildung 7.15 Gridansicht – »Bild bearbeiten • Anhang-Details«

7.3.4   WordPress erzeugt für jede Mediendatei eine Anhang-Seite

Für jede hochgeladene Mediendatei erstellt WordPress automatisch eine Anhang-Seite mit eigener URL, ausführlichen Infos zur Datei und einer Möglichkeit, Kommentare zu verfassen.

Das genaue Aussehen der Anhang-Seite ist abhängig vom verwendeten Theme, aber die in der Mediathek eingegebenen Detailinformationen werden dort eigentlich immer dargestellt.

Um die Anhang-Seite für eine Datei im Browser zu sehen, fahren Sie in der Listenansicht mit der Maus auf die gewünschte Datei und klicken im dann erscheinenden Menü auf den Link ANSCHAUEN.

Abbildung 7.16 zeigt die Anhang-Seite für das Beispielfoto.

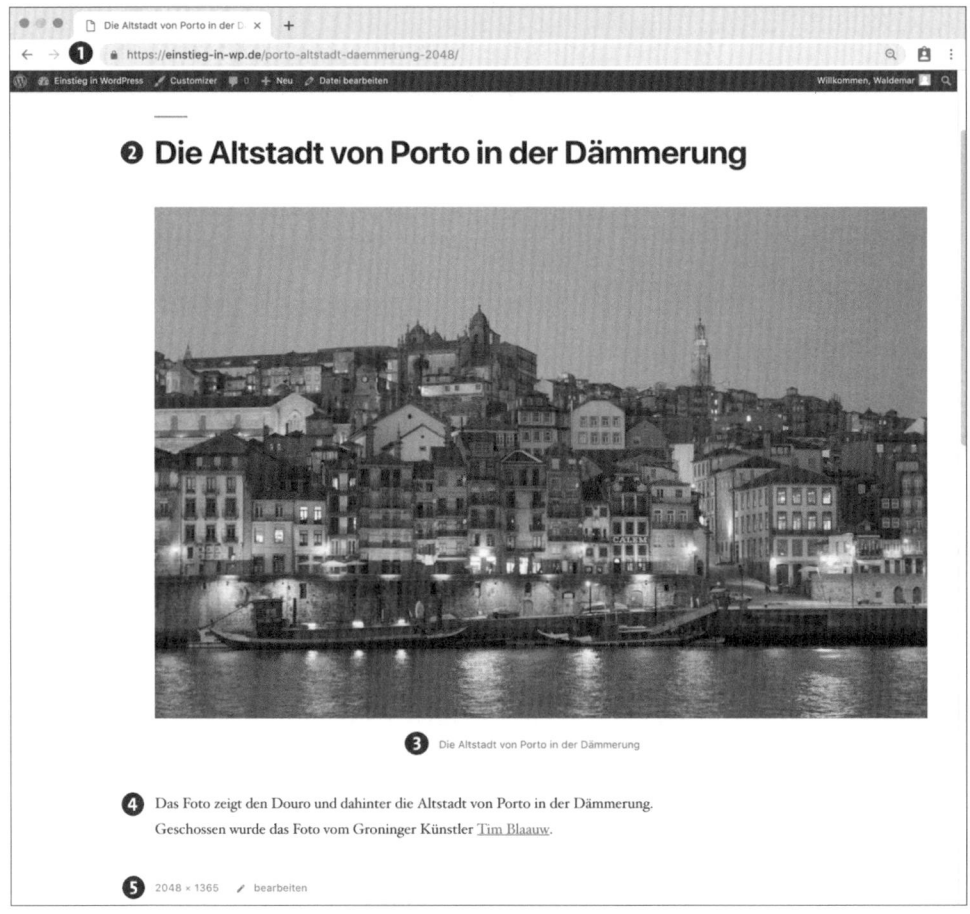

Abbildung 7.16 Die Anhang-Seite für das hochgeladene Foto

▶ Anhang-Seiten haben eine eigene URL ❶.

▶ Als Überschrift wird der *Titel* verwendet ❷.

▶ Unterhalb des Fotos steht die *Beschriftung* ❸.

▶ Die *Beschreibung* steht in einem eigenen Block unterhalb des Bildes ❹.

Im Theme *Twenty Nineteen* gibt es noch einen Link zur Anzeige der Originaldatei ❺. Als Linktext dient dabei die Größe der Datei in Pixeln.

7.4   Bilder einfügen über die »Mediathek«

In Abschnitt 7.1 haben Sie im Schnelldurchlauf auf der Seite *Über mich* ein Bild direkt von Ihrer Festplatte hinzugefügt. Das Bild wurde dabei im Hintergrund automatisch in der Mediathek gespeichert. In diesem Abschnitt binden Sie ein Bild ein und benutzen dabei explizit die Mediathek. Das hat den Vorteil, dass die Detailinfos für das Bild in jedem Fall ausgefüllt werden können.

Dabei werden die zur Verfügung stehenden Optionen ausführlich vorgestellt, aber zunächst erstellen Sie – Übung macht den Meister – einen neuen Beitrag für das Bild. Auf Seiten funktioniert das Einfügen von Bildern übrigens genauso wie in Beiträgen.

7.4.1   Einen neuen Beitrag mit einem Block »Bild« erstellen

Im folgenden ToDo erstellen Sie zunächst einen kurzen Beitrag mit ein bisschen Text und einem Block für ein Bild.

ToDo: Einen neuen Beitrag mit einem Block »Bild« erstellen

1. Erstellen Sie einen neuen Beitrag.

2. Geben Sie einen Titel ein, im Beispiel ist das »Porto in Portugal«.

3. Fügen Sie im Editorfenster einen Block ABSATZ mit etwas (Blind-)Text und darunter einen Link zum Weiterlesen ein (Block MEHR).

4. Fügen Sie nach dem Link einen Block BILD ein.

5. Geben Sie unter dem Bild-Block in einem Block ABSATZ etwas Text ein.

6. Weisen Sie dem Beitrag eine Kategorie zu, z. B. REISEN.

7. Falls Sie den Beitrag als Entwurf zwischenspeichern möchten, klicken Sie oben in der Editorleiste auf den Link zum SPEICHERN.

Abbildung 7.17 zeigt den Beitrag im Editor, noch ohne Bild.

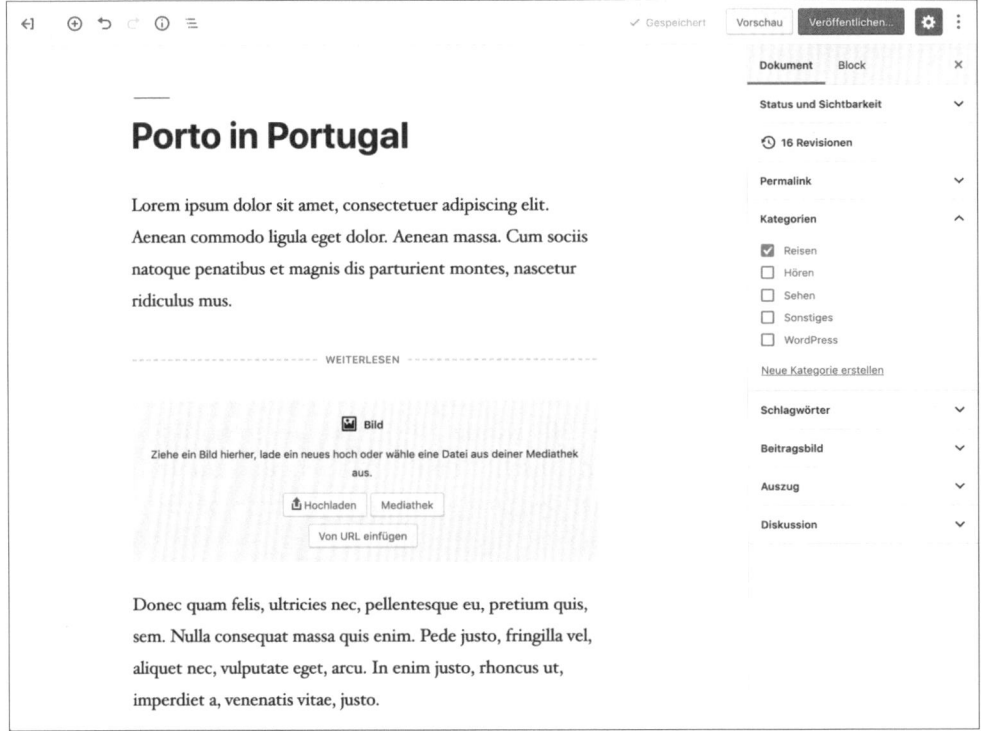

Abbildung 7.17 Der neue Beitrag im Editor

7.4.2   »Medien hinzufügen«: Ein Bild aus der Mediathek einfügen

Im Block BILD können Sie auswählen, aus welcher Quelle das Bild stammen soll, und in diesem Abschnitt benutzen Sie dazu die Schaltfläche MEDIATHEK. Nach einem Klick auf MEDIATHEK erscheint im Browserfenster das in Abbildung 7.18 dargestellte Dialogfeld MEDIUM WÄHLEN ODER HOCHLADEN, das die in der MEDIATHEK verfügbaren Dateien zeigt.

Im Feld ALLE DATEN können Sie die Dateien nach Datum filtern ❶ und rechts im Suchfeld mit einem Suchbegriff nach MEDIEN SUCHEN ... ❷. Je vollständiger die Bilddetails ausgefüllt werden, desto effektiver ist diese Suche.

Das Foto von Porto in der Dämmerung wurde mit einem Klick markiert, und rechts in der Sidebar sehen Sie im Bereich ANHANG-DETAILS ❸ diverse Infos und Optionen zum Bild, die Sie in Abschnitt 7.3.3, »Detailinfos für Bilder: Titel, Beschriftung, Alt-Text und Beschreibung«, bereits kennengelernt haben.

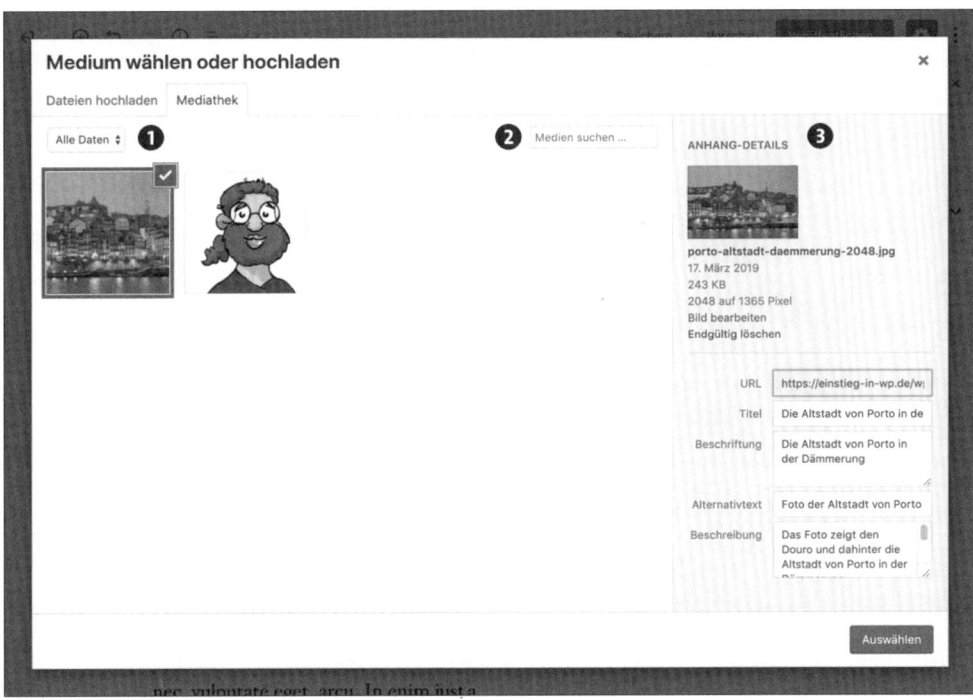

Abbildung 7.18 Das Dialogfeld »Medium wählen oder hochladen«

Das folgende ToDo zeigt, wie Sie ein Bild in einen Beitrag einfügen.

ToDo: Ein Bild aus der Mediathek einfügen

1. Markieren Sie den Block BILD, und klicken Sie auf MEDIATHEK.

2. Markieren Sie in der Mediathek die gewünschte Datei mit einem Klick. Falls die Datei noch nicht in der Mediathek ist, können Sie an Ort und Stelle DATEIEN HOCHLADEN.

3. Überprüfen Sie die ANHANG-DETAILS, und korrigieren Sie sie, falls erwünscht.

4. Wenn alles okay ist, klicken Sie auf die Schaltfläche AUSWÄHLEN.

5. Das Bild ist jetzt im Beitrag eingefügt, und mit einem Klick auf die Schaltfläche VORSCHAU in der Editorleiste können Sie sich den Beitrag im Frontend anschauen.

6. Speichern Sie die Änderungen am Beitrag mit einem Klick auf den Link SPEICHERN. Der Beitrag ist nach wie vor ein Entwurf und noch nicht veröffentlicht.

Nach diesem ToDo ist im Beitrag zwischen den beiden Absätzen ein großes Bild zu sehen. Abbildung 7.19 zeigt den Beitrag mit Bild in der Vorschau im Frontend.

Abbildung 7.19 Ein Bild aus der Mediathek im Beitrag

7.4.3 Die »Bild-Einstellungen« und »Link-Einstellungen« anpassen

Sie können sowohl das Bild als auch die Bildunterschrift nach dem Einfügen im Beitrag direkt im Editor verändern und z. B. die Ausrichtung oder die Größe des Bildes anpassen.

Wenn Sie das Bild im Editor markieren, erscheint über dem eingefügten Bild eine kleine Symbolleiste ❶, und rechts in der Seitenleiste BILD ❷ sehen Sie die BILD-EINSTELLUNGEN ❸ und LINK-EINSTELLUNGEN ❹ (siehe Abbildung 7.20).

Die BILD-EINSTELLUNGEN ❸ kennen Sie vielleicht bereits aus Abschnitt 7.1, »Schnelldurchgang: Ein Bild auf »Über mich« einfügen«:

▶ Der ALT-TEXT (ALTERNATIVER TEXT) für das Bild wurde direkt aus der Mediathek übernommen und hier eingetragen.

▶ Die BILDGRÖSSE ist GROSS, kann aber bei Bedarf geändert und mit den blauen Ziehpunkten oder den Optionen im Bereich BILDABMESSUNGEN verfeinert werden.

Abbildung 7.20 »Bild-Einstellungen« und »Link-Einstellungen« bearbeiten

Mit den LINK-EINSTELLUNGEN ❹ wird definiert, was passiert, wenn ein Benutzer im Frontend auf das eingefügte Bild klickt:

▶ KEINE bewirkt, dass das Bild im Frontend nicht anklickbar ist.

▶ MEDIEN-DATEI ruft die Originalgrafik im Browserfenster auf.

▶ ANHANG-SEITE erstellt erwartungsgemäß einen Link zur Anhang-Seite (siehe Abschnitt 7.3.4).

▶ INDIVIDUELLE URL ruft die von Ihnen eingegebene URL auf.

Wenn das Bild verlinkt wird, bekommen Sie noch weitere Optionen und können unter anderem einstellen, ob das Bild in einem neuen Tab geöffnet werden soll oder nicht.

Im folgenden ToDo passen Sie die Bild- und Link-Einstellungen für das eingefügte Bild an.

ToDo: »Bild-Einstellungen« und »Link-Einstellungen« anpassen

1. Öffnen Sie den Beitrag mit dem Bild im Editor, und markieren Sie den Bild-Block mit einem Klick.

2. Prüfen Sie die Bild-Einstellungen, und korrigieren Sie sie falls erwünscht.

3. Wählen Sie in den Link-Einstellungen das gewünschte Linkziel, z. B. MEDIEN-DATEI.

4. Speichern Sie die Änderungen mit einem Klick auf AKTUALISIEREN.

5. Betrachten Sie den Beitrag im Frontend.

Abbildung 7.21 zeigt das anklickbare Bild nach einem Klick auf die VORSCHAU.

Abbildung 7.21 Das anklickbare Bild in der Vorschau

7.4.4   Den Bild-Block auf der Seite ausrichten

Wenn ein Bild-Block markiert ist, erscheint oberhalb des Bildes eine kleine Symbolleiste, die unter anderem Symbole zur Ausrichtung des Bildes enthält (siehe Abbildung 7.22).

Abbildung 7.22 Die Symbolleiste mit den Optionen zur Ausrichtung

In Abbildung 7.22 sehen Sie fünf Optionen zur Ausrichtung des Bildes, von denen momentan keine ausgewählt ist:

▶ Die ersten drei Optionen ❶ sind in allen Themes vorhanden:

– LINKSBÜNDIG und RECHTSBÜNDIG bewirken, dass das Bild nach links bzw. rechts schwebt und nachfolgender Text neben das Bild fließt. Diese Optionen sind meist nur bei kleinen Bildern sinnvoll.

– ZENTRIEREN stellt das Bild mittig auf eine eigene Zeile.
Nachfolgender Text beginnt unterhalb des Bildes.

▶ Die beiden Optionen WEITE BREITE und VOLLE BREITE ❷ gibt es nicht in allen The-mes. Was genau sie bewirken, ist von Theme zu Theme unterschiedlich, aber es lohnt sich, sie mal auszuprobieren.

Um keine bestimmte Ausrichtung vorzugeben, deaktivieren Sie einfach alle Optionen. Im folgenden ToDo richten Sie den Bild-Block aus.

ToDo: Den eingefügten Bild-Block ausrichten

1. Öffnen Sie den Beitrag mit dem Bild im Editor, und markieren Sie den Bild-Block mit einem Klick.

2. Klicken Sie in der kleinen Symbolleiste auf die Symbole zur Ausrichtung, um die verschiedenen Optionen auszuprobieren.

3. Klicken Sie für das Beispielfoto auf eine der Optionen zur Ausrichtung, und betrachten Sie den Beitrag mit dem Bild in der VORSCHAU.

4. Um wieder die vom Theme für einen Bild-Block vorgesehene Standardausrichtung zu wählen, deaktivieren Sie einfach alle Symbole zur Ausrichtung.

5. Wenn Sie eine Option gefunden haben, die Ihnen gefällt, speichern Sie die Änderungen mit einem Klick auf AKTUALISIEREN.

Abbildung 7.23 zeigt das Bild im Beitrag mit der vom Theme vorgesehenen Ausrichtung.

Abbildung 7.23 Das Bild im Beitrag mit der normalen Ausrichtung

Der Block »Inline-Bild«

Der Block INLINE-BILD ist ein recht selten verwendeter Block, der sich nur innerhalb von Absätzen und anderen Text-Blöcken wie Überschriften, Listen oder Zitaten hinzufügen lässt. Nach dem Einfügen eines Inline-Bildes kann man lediglich dessen Größe ändern. Haupteinsatzgebiet für diesen Block sind kleine, dekorative Grafiken, die im Text mitfließen, wie z. B. ein Telefonhörer vor einer Telefonnummer.

7.5   Beitragsbilder sind besondere Bilder

Jedem Beitrag kann ein sogenanntes *Beitragsbild* zugeordnet werden. Was es damit auf sich hat und wie man das macht, erläutert dieser Abschnitt.

Beitragsbilder gibt es zwar in den allermeisten Themes, aber nicht in jedem. Falls es also in Ihrem Theme den Bereich BEITRAGSBILD nicht gibt, kann das zwar sein, aber es würde nicht für das Theme sprechen. Jedenfalls nicht, wenn Sie gerne ein Beitragsbild verwenden würden.

7.5.1   Beitragsbilder erscheinen im Editor nicht im Inhaltsbereich

Beitragsbilder hießen in früheren WordPress-Versionen *Artikelbilder* und firmieren im englischen Original als *Featured Image* oder *Post Thumbnail*, was etwa so viel wie *Vorschaubild für einen Beitrag* bedeutet. Alle diese Begriffe meinen dasselbe: ein Bild, das einem Beitrag oder einer Seite zugeordnet ist, aber nicht im Inhaltsbereich des Editors erscheint.

Bei der Bearbeitung eines Beitrags sehen Sie rechts neben dem Editor einen Bereich namens BEITRAGSBILD, in dem es einen Link mit der Beschriftung BEITRAGSBILD FESTLEGEN gibt. Ein Klick bringt Sie in die Mediathek, wo Sie ein Bild auswählen und als Beitragsbild definieren können. Abbildung 7.24 zeigt diesen Bereich mit Beitragsbild.

Wo, wann und wie ein Beitragsbild im Frontend dargestellt wird, ist von Theme zu Theme sehr unterschiedlich. WordPress passt die Ansicht der Beitragsbilder automatisch an.

Ob es sinnvoll ist, für Ihre Beiträge ein Beitragsbild festzulegen, hängt nicht zuletzt davon ab, wie es in Ihrem Theme verwendet wird.

Abbildung 7.24 Der Bereich »Beitragsbild« mit einem Beitragsbild

7.5.2   Ein Beitragsbild für einen Beitrag festlegen

Am besten probieren Sie die Sache mit dem Beitragsbild einfach aus, und genau das machen Sie im folgenden ToDo.

Beitragsbilder für das *Twenty Nineteen* sollten übrigens mindestens 2.000 × 1.200 Pixel groß sein. Das ist ganz schön groß, aber nach dem ToDo werden Sie sehen, warum das so ist.

ToDo: Ein Beitragsbild für einen Beitrag festlegen

1. Erstellen Sie einen Beitrag mit dem Titel »Das Beitragsbild«, und fügen Sie etwas Blindtext ein. Kategorie »WordPress«, Schlagwörter z. B. »Editor« und »Bilder«.
2. Öffnen Sie in der Seitenleiste rechts neben dem Editor den Bereich BEITRAGSBILD, und klicken Sie auf den Link BEITRAGSBILD FESTLEGEN.
3. Suchen Sie in der Mediathek das gewünschte Bild, oder laden Sie eines hoch. In *Twenty Nineteen* sollte das Beitragsbild wie gesagt mindestens 2.000 × 1.200 Pixel groß sein.
4. Markieren Sie das gewünschte Bild, und klicken Sie auf die Schaltfläche AUSWÄHLEN.
5. Im Bereich BEITRAGSBILD rechts neben dem Editor sehen Sie jetzt eine Vorschau des Bildes (siehe Abbildung 7.24).
6. Speichern Sie die Änderungen mit der Schaltfläche AKTUALISIEREN.
7. Klicken Sie auf VORSCHAU, um den Beitrag mit Beitragsbild im Frontend zu sehen.

Abbildung 7.25 zeigt, dass Beitragsbilder in *Twenty Nineteen* eine ganz besondere Behandlung erfahren: Das Bild füllt das gesamte Browserfenster aus und hat einen blauen Filter, damit der Text unabhängig vom Motiv des Bildes lesbar bleibt. Der Inhalt des Beitrags wird erst sichtbar, wenn man nach unten scrollt.

Abbildung 7.25 Ein Beitragsbild im Theme »Twenty Nineteen«

Die Farbe des Filters können Sie im Menü DESIGN • CUSTOMIZER im Bereich FARBEN ändern oder ausstellen. Werfen Sie auch einmal einen Blick auf die Beitragsseite *News*. Dort erscheint das Beitragsbild in *Twenty Nineteen* zwischen Titel und Text eines Beitrags.

7.6 Bildergalerien erstellen und bearbeiten

Der Block-Editor in WordPress stellt einen Block zur Erstellung einer Galerie zur Verfügung, den Sie in diesem Abschnitt kennenlernen.

7.6.1 Schritt 1: Einen neuen Beitrag mit einem Block »Galerie« erstellen

Um eine neue Galerie zu erstellen, erstellen Sie am besten zunächst einen neuen Beitrag mit dem Titel »Die Galerie« und etwas Text. In diesem Beitrag fügen Sie an der gewünschten Stelle einen Block GALERIE ein.

ToDo: Einen neuen Beitrag mit einem Block »Galerie« erstellen

1. Erstellen Sie einen Beitrag mit dem Titel »Die Galerie«, und fügen Sie etwas Blindtext ein. Kategorie »WordPress«, Schlagwörter z. B. »Editor« und »Bilder«.

2. Fügen Sie einen Block Absatz mit etwas (Blind-)Text und darunter einen Link zum Weiterlesen ein (Block Mehr).

3. Fügen Sie nach dem Link einen Block Galerie ein, und geben Sie darunter in einem Block Absatz noch etwas Text ein.

4. Falls Sie den Beitrag als Entwurf zwischenspeichern möchten, klicken Sie oben in der Editorleiste auf den Link zum Speichern.

Abbildung 7.26 zeigt einen Beitrag mit einem Block Galerie.

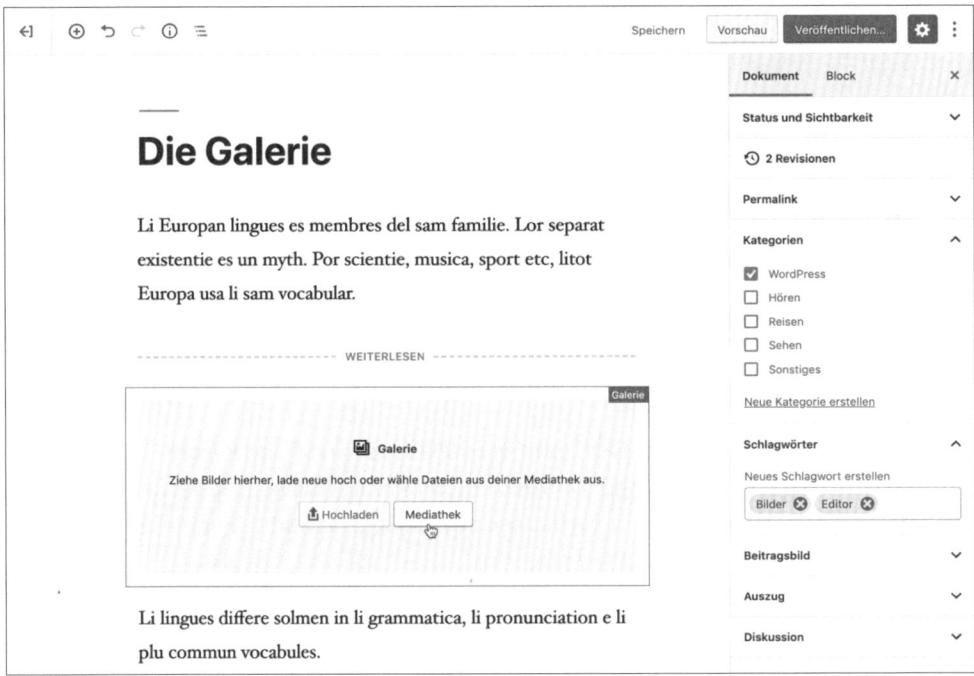

Abbildung 7.26 Ein Beitrag mit einem Block »Galerie«

7.6.2   Schritt 2: Bilder zur Galerie hinzufügen

Wenn Sie im Block Galerie auf die Schaltfläche Mediathek klicken, gelangen Sie auf die Seite Galerie erstellen (siehe Abbildung 7.27).

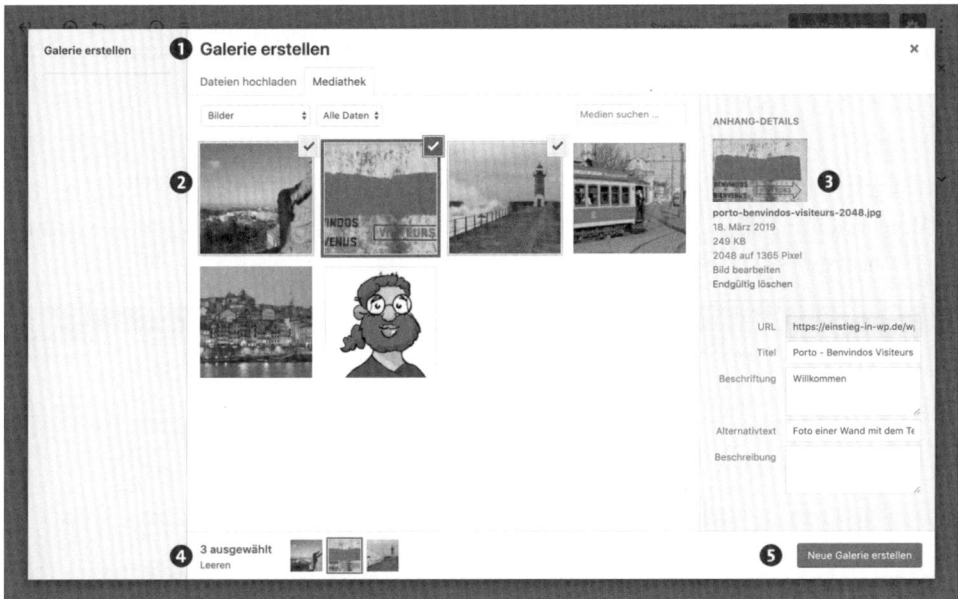

Abbildung 7.27 Die Seite »Galerie erstellen«

Ganz oben steht, dass Sie auf der Seite GALERIE ERSTELLEN ❶ sind. Darunter markieren Sie alle Bilder, die Sie der Galerie hinzufügen möchten ❷. Die markierten Bilder haben rechts oben ein graues Häkchen, das beim zuletzt angeklickten Bild farbig ist. Für dieses Bild werden rechts im Bereich ANHANG-DETAILS ❸ die Detailinfos angezeigt.

Ganz unten auf der Seite gibt es eine Übersicht ❹ der ausgewählten Bilder, in der Sie mit dem Link LEEREN alle Bilder mit einem Klick aus der Galerie entfernen können. Wenn alles stimmt, klicken Sie auf die Schaltfläche NEUE GALERIE ERSTELLEN ❺.

Und genau das machen Sie im folgenden ToDo.

ToDo: Eine neue Galerie erstellen

1. Öffnen Sie den weiter oben erstellten Beitrag »Die Galerie«, und markieren Sie den Block GALERIE.

2. Klicken Sie auf die Schaltfläche MEDIATHEK, um die Mediathek aufzurufen.

3. Klicken Sie in der Mediathek auf alle Bilder, die in der Galerie erscheinen sollen. Falls die gewünschten Bilder noch nicht in der Mediathek sind, können Sie das mit dem Register DATEIEN HOCHLADEN nachholen.

4. Überprüfen Sie für jedes Bild kurz die ANHANG-DETAILS, und korrigieren Sie sie, falls nötig.

5. Klicken Sie auf die Schaltfläche NEUE GALERIE ERSTELLEN, um eine Galerie zu erstellen.

Noch ist die Galerie zwar nicht in den Beitrag eingefügt worden, aber nach diesem ToDo haben Sie eine Galerie erstellt, deren Einstellungen und Eigenschaften in den nächsten Schritten noch genauer festgelegt werden.

7.6.3   Schritt 3: »Galerie bearbeiten« – die Reihenfolge der Bilder ändern

Nach der Erstellung der Galerie wird automatisch die in Abbildung 7.28 dargestellte Seite GALERIE BEARBEITEN aufgerufen.

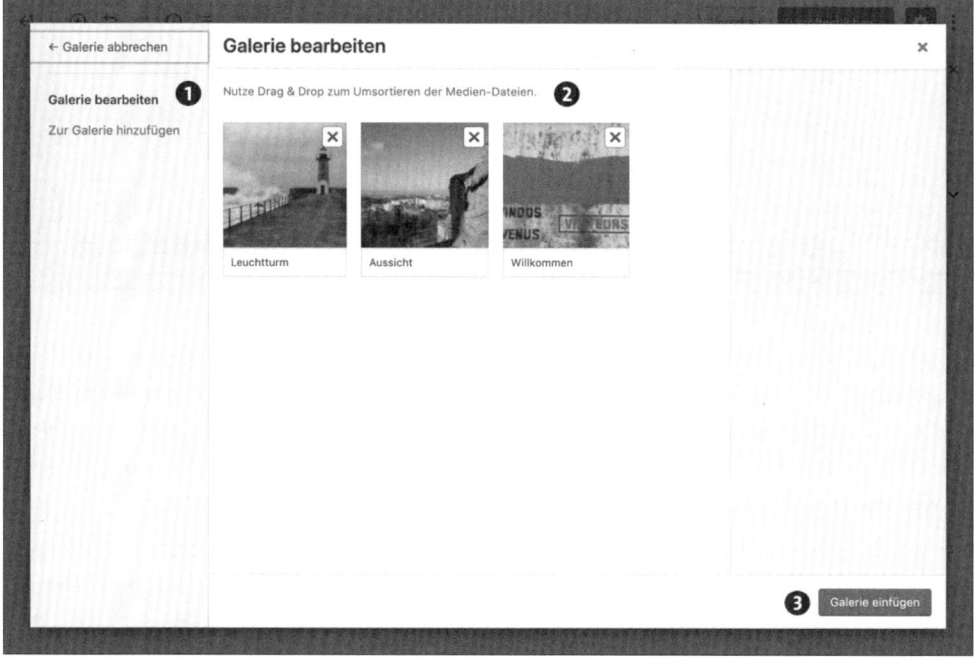

Abbildung 7.28 »Galerie bearbeiten« – die Bildreihenfolge ändern

Die Seite GALERIE BEARBEITEN bietet folgende Möglichkeiten:

▶ Mit dem Link ZUR GALERIE HINZUFÜGEN können Sie nachträglich noch weitere Bilder der Galerie hinzufügen ❶.

▶ Im mittleren Bereich können Sie per Drag & Drop die Reihenfolge der Bilder ändern oder per Klick die SORTIERUNG UMKEHREN ❷.

Nach dem Einfügen der Galerie können Sie im Schritt 4 die Einstellungen wie z. B. die Anzahl der Spalten noch genauer festlegen.

Der Text unterhalb des Bildes stammt übrigens aus dem Feld BESCHRIFTUNG. Ob und wie er im Frontend verwendet wird, ist von Theme zu Theme unterschiedlich. Wenn Sie die Beschriftung hier auf der Seite GALERIE BEARBEITEN entfernen, verschwindet sie auch aus der Mediathek. Wenn Sie sie hingegen nach dem Einfügen der Galerie im Editor löschen, bleibt sie in der Mediathek erhalten.

Wenn alles okay ist, wird die Galerie mit der Schaltfläche GALERIE EINFÜGEN ❸ in den Beitrag oder die Seite eingefügt, und das erledigen Sie im folgenden ToDo.

ToDo: »Galerie bearbeiten« – die Reihenfolge der Bilder ändern

1. Überprüfen Sie auf der Seite GALERIE BEARBEITEN, ob die Reihenfolge der Bilder Ihren Wünschen entspricht, und ändern Sie sie gegebenenfalls.
2. Klicken Sie auf die Schaltfläche GALERIE EINFÜGEN, um die Galerie tatsächlich in den Beitrag einzufügen.
3. Speichern Sie den Beitrag als Entwurf mit einem Klick auf den Link SPEICHERN in der Editorleiste.

Abbildung 7.29 zeigt die Galerie im Beitrag nach diesem ToDo.

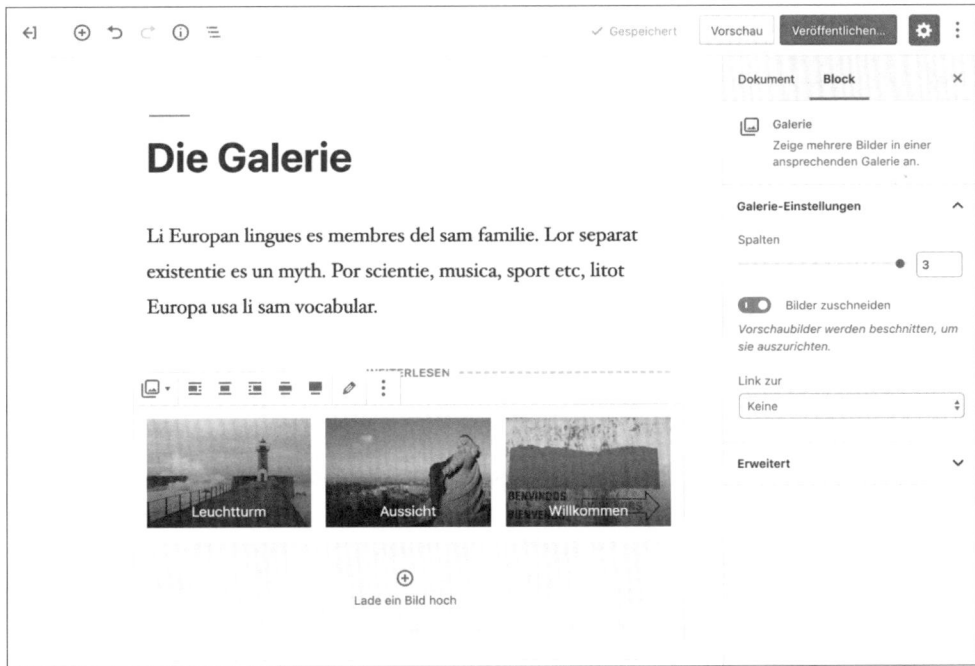

Abbildung 7.29 Die Galerie wurde in den Beitrag eingefügt.

7.6.4   Schritt 4: Die Einstellungen für den Block »Galerie« anpassen

In Abbildung 7.29 ist zu sehen, dass der Galerie-Block nach dem Einfügen der Galerie markiert ist. In der Symbolleiste oberhalb des Blocks finden Sie dieselben Optionen wie beim Einfügen eines Bildes.

Um die Reihenfolge der Bilder nachträglich zu ändern, klicken Sie auf das Bleistiftsymbol, das Sie wieder auf die Seite GALERIE BEARBEITEN aus Schritt 3 bringt.

Um weitere Bilder hinzuzufügen, gibt es zwei Möglichkeiten:

► Um ein Bild aus der Mediathek einzufügen, klicken Sie auf das Bleistiftsymbol in der Symbolleiste.

► Um ein Bild direkt von Ihrer Festplatte hochzuladen, klicken Sie auf die Schaltfläche LADE EIN BILD HOCH unter den Galeriebildern.

Rechts in der Seitenleiste finden Sie die Einstellungen für den Galerie-Block:

► Bei SPALTEN können Sie die Anzahl der gewünschten Spalten in der Galerie einstellen, also wie viele Bilder nebeneinander in einer Zeile stehen.

► BILDER ZUSCHNEIDEN ist standardmäßig aktiviert. Wenn man Bilder im Hoch- und Querformat zusammen in einer Galerie hat, sorgt diese Option dafür, dass die Vorschaubilder pro Zeile alle dasselbe Format bekommen.

► Bei LINK ZUR können Sie zwischen den Optionen ANHANG-SEITE, MEDIEN-DATEI oder KEINE wählen. Eine benutzerdefinierte URL gibt es hier nicht.

Im folgenden ToDo verlinken Sie die Bilder der Galerie zur Medien-Datei. Das ist eine sinnvolle Option, um beim Klick auf ein Galeriebild eine große Version des Bildes anzuzeigen.

ToDo: Die Galeriebilder mit einem Link zur Medien-Datei versehen

1. Markieren Sie den Galerie-Block im Editor, sodass in der Seitenleiste die Einstellungen für den Block GALERIE angezeigt werden.

2. Wählen Sie im Bereich LINK ZUR die Option MEDIEN-DATEI.

3. Speichern Sie den Beitrag als Entwurf mit einem Klick auf den Link SPEICHERN in der Editorleiste.

7.6.5   Schritt 5: Die Galerie im Frontend aufrufen und überprüfen

Abbildung 7.30 zeigt die Galerie im Frontend. Alle drei Bilder stehen in einer Zeile nebeneinander. Ein Klick auf ein Bild ruft, wie in den Galerie-Einstellungen festgelegt, die Medien-Datei für das Bild auf. Mit einem Klick auf die ZURÜCK-Schaltfläche des Browsers kommt man wieder zurück zum Beitrag.

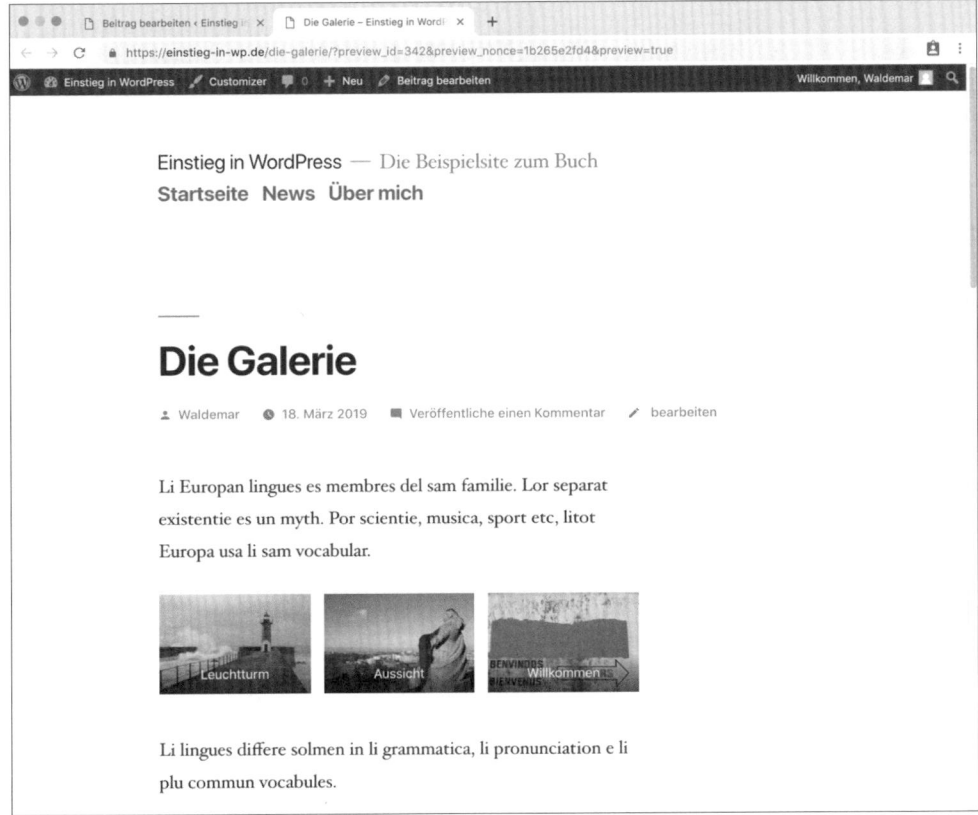

Abbildung 7.30 Die Galerie im Frontend

7.7   Bilder direkt in WordPress bearbeiten

Sie können Bilddateien in der Mediathek von WordPress skalieren und beschneiden, sollten das aber wie gesagt so weit wie möglich bereits vor dem Hochladen der Bilder erledigen. Die Bildbearbeitung in der Mediathek ist ideal für das Feintuning, wie z. B. die Optimierung der Vorschaubilder, die ich Ihnen im Folgenden kurz zeigen möchte.

7.7.1   Die Seite »Dateianhang-Details« zum Bearbeiten eines Bildes

Je nachdem, ob in der Mediathek die Listenansicht oder die Gridansicht aktiviert war, sieht die durch die Schaltfläche BILD BEARBEITEN aufgerufene Seite leicht anders aus.

Die Funktionalität ist zwar in beiden Fällen identisch, aber die Variante über die Grid-ansicht ist in diesem Fall etwas übersichtlicher, und deshalb werde ich Ihnen diese im Folgenden vorstellen:

1. Rufen Sie in der Mediathek die GRIDANSICHT auf.
2. Klicken Sie auf das gewünschte Vorschaubild und dann auf die Schaltfläche BILD BEARBEITEN unterhalb des Bildes.

Anschließend sehen Sie die in Abbildung 7.31 dargestellte Seite ANHANG-DETAILS.

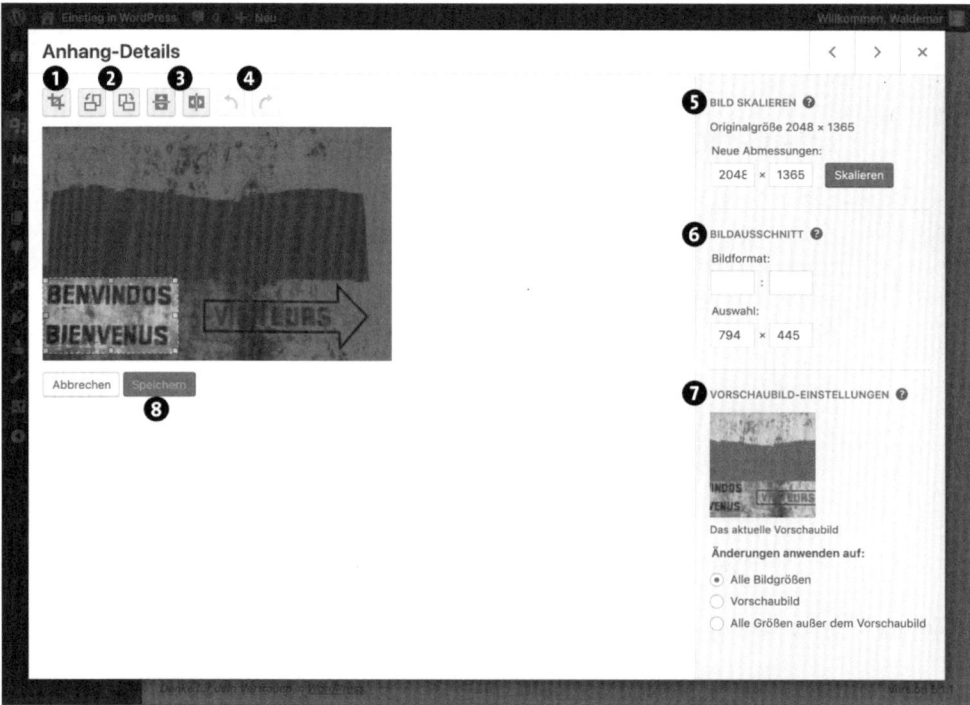

Abbildung 7.31 Mediathek – Grid – Vorschaubild – »Bild bearbeiten«

Die Symbolleiste oberhalb des Bildes zeigt die Funktionen zur Bearbeitung:

▶ BILDAUSSCHNITT ❶. Die Schaltfläche ist nur anklickbar, wenn Sie zuvor im Bild den gewünschten Ausschnitt durch Aufziehen mit der Maus markiert haben.

▶ DREHEN ❷, und zwar links gegen den und rechts im Uhrzeigersinn.

▶ SPIEGELN ❸, links für vertikal und rechts für horizontal.

▶ RÜCKGÄNGIG machen bzw. WIEDERHOLEN ❹ der letzten Aktionen.

Rechts in der Sidebar gibt es die drei Bereiche BILD SKALIEREN ❺, BILDAUSSCHNITT ❻ und VORSCHAUBILD-EINSTELLUNGEN ❼, die im Folgenden vorgestellt werden. Unterhalb des Bildes finden Sie zwei Schaltflächen zum ABBRECHEN der Bearbeitung und zum SPEICHERN der Änderungen ❽.

Sie können das Originalbild wiederherstellen

Falls Sie ein Bild skalieren oder zuschneiden, sind die Änderungen nicht für immer und ewig. WordPress zeigt nach einer gespeicherten Änderung die Option ORIGINALBILD WIEDERHERSTELLEN an, mit der Sie wieder zum Originalbild zurückkehren können.

7.7.2   Option 1: »Bild skalieren« – die Bildgröße verändern

Die Skalierung des Bildes ist, wie in Abschnitt 7.2.4 beschrieben, im Idealfall bereits vor dem Hochladen des Bildes erfolgt. WordPress zeigt hier zur Erinnerung einen Hinweis auf die ORIGINALGRÖSSE des hochgeladenen Bildes, und ein Klick auf das Fragezeichen gibt folgende Hilfestellung:

> *Du kannst proportional das Originalbild skalieren. Für das beste Ergebnis sollte die Skalierung fertig sein, bevor du das Bild zuschneidest, spiegelst oder drehst. Bilder können nur nach unten, nicht nach oben skaliert werden.*

Falls das Bild also noch skaliert werden muss, sollte die Skalierung *vor* den weiteren Aktionen erfolgen.

Für die Skalierung benötigt WordPress recht viel Arbeitsspeicher auf dem Servercomputer, was auf einem nicht optimalen Webspace durchaus zu Problemen führen kann. Wenn alles klappt, erzeugt WordPress eine neue Datei mit den neuen Abmessungen. Das große Originalbild bleibt ebenfalls auf dem Webspace und belegt den gleichen Speicherplatz wie vorher, und wenn es vorher schon woanders verwendet wurde, bleibt es dort auch im alten Zustand.

7.7.3   Option 2: »Bildausschnitt« – das Bild zuschneiden

Beim Zuschneiden des Bildes arbeiten die in Abbildung 7.32 dargestellte Symbolleiste über dem Bild, die Markierung auf dem Bild und der Bereich BILDAUSSCHNITT rechts neben dem Bild eng zusammen.

▶ Klicken Sie zunächst auf das Bild, und ziehen Sie mit der Maus eine Markierung (auch *Auswahl* genannt) auf.

▶ Sie können die Markierung mit der Maus verschieben und die Größe mit den Ziehpunkten verändern.

Das Feintuning für die Markierung auf dem Bild erfolgt rechts im Abschnitt BILDAUS-
SCHNITT:

▸ BILDFORMAT: Hier können Sie die Proportionen der Markierung in Zahlen festlegen.
Quadratisch ist 1:1, verbreitet sind 16:9 oder 4:3. Eine eventuell bereits erzeugte Markierung auf dem Bild wird an das hier eingegebene Format angepasst.

▸ AUSWAHL zeigt die Größe der Auswahl auf dem Bild in Pixeln an, aber es funktioniert
auch umgekehrt. Wenn Sie also hier die Zahlen ändern, passt sich die Markierung auf
dem Bild an.

Der Umgang mit den beiden Optionen BILDFORMAT und AUSWAHL ist ein wenig
gewöhnungsbedürftig, denn es gilt immer die zuletzt ausgewählte Aktion. Probieren Sie
es einfach aus. Übung macht den Meister.

7.7.4   Option 3: »Vorschaubild-Einstellungen« – nur das Vorschaubild ändern

In der Bildbearbeitung der Mediathek können Sie genau festlegen, für welche Versionen
des Bildes die Änderungen gelten sollen (siehe Abbildung 7.32).

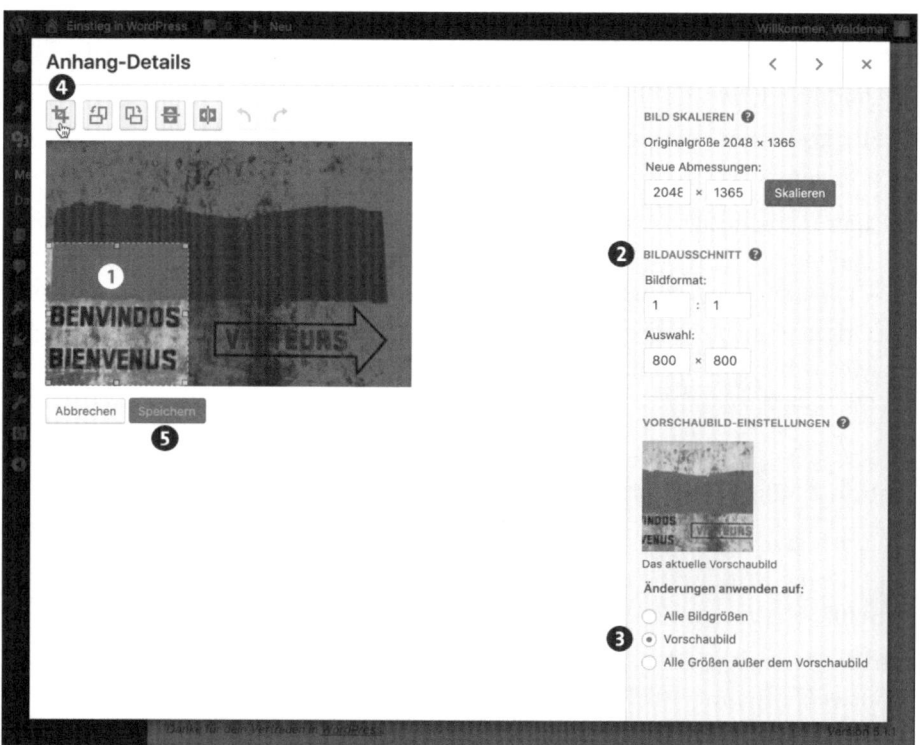

Abbildung 7.32 Bildausschnitt nur für das Vorschaubild ändern

Um den Bildausschnitt nur für das Vorschaubild zu ändern, gehen Sie wie folgt vor:

1. Erstellen Sie auf dem Bild die gewünschte Markierung ❶.

2. Verfeinern Sie die Markierung gegebenenfalls im Bereich BILDAUSSCHNITT ❷.

3. Aktivieren Sie in der Sidebar beim Befehl ÄNDERUNGEN ANWENDEN AUF: die Option
    VORSCHAUBILD ❸. Die Änderungen gelten dann nur für das Vorschaubild.

4. Klicken Sie in der Symbolleiste auf das erste Symbol AUSSCHNITT ❹. Nach dem Klick
    wird das Vorschaubild an die Markierung angepasst.

5. Speichern Sie die Änderungen mit einem Klick auf die Schaltfläche SPEICHERN ❺.

Nach diesem Schritt hat sich der Ausschnitt für das Vorschaubild, das z. B. in der Listenansicht der Mediathek verwendet wird, geändert (siehe Abbildung 7.33).

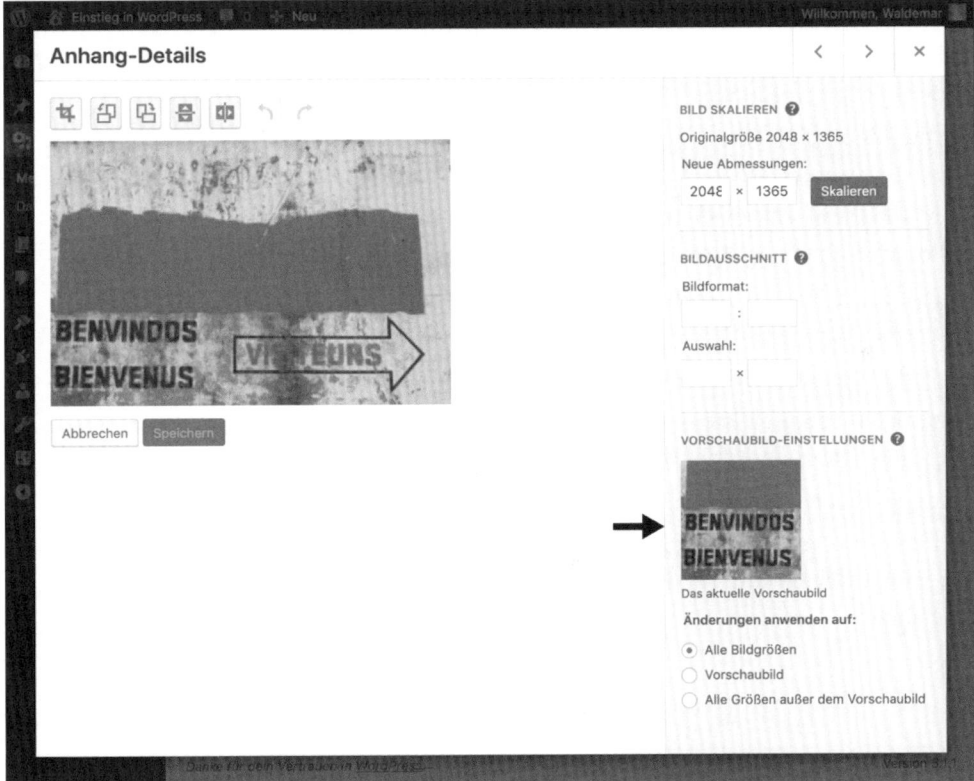

Abbildung 7.33 Der Ausschnitt für das Vorschaubild hat sich geändert.

7.8   Auf einen Blick

Die wichtigsten Themen noch einmal im Überblick:

▶ Die Mediathek dient der Aufbewahrung von Bildern und anderen Medien wie PDF-, MP3- und Videodateien.

▶ Über EINSTELLUNGEN • MEDIEN können Sie drei verschiedene Bildgrößen definieren, die WordPress von jedem Bild erzeugt.

▶ Bilder sollten vor dem Hochladen in die Mediathek optimiert werden:

   – aussagekräftigen Dateinamen vergeben

   – Dateigröße optimieren (komprimieren)

   – Bildgröße optimieren (skalieren)

   – Bildausschnitt optimieren (zuschneiden)

▶ Dateien können direkt in der Mediathek oder vom Block BILD aus hochgeladen werden.

▶ In der Mediathek gibt es eine Listen- und eine Gridansicht, die beide unterschiedliche Einsatzgebiete und Vorteile haben.

▶ Für jede Datei sollten Sie in der Mediathek Detailinformationen wie Titel, Bildunterschrift, Alt-Text und Beschreibung hinterlegen.

▶ Für jede Datei in der Mediathek erzeugt WordPress eine Anhang-Seite mit einer eigenen URL, die auch als Linkziel definiert werden kann.

▶ Im Editor eingefügte Bilder können auch nachträglich bearbeitet werden.

▶ Beiträge und Seiten können ein Beitragsbild haben, das dem Beitrag bzw. der Seite fest zugeordnet wird, aber im Editor nicht im Inhaltsbereich erscheint.

▶ Zum Erstellen von Galerien gibt es in WordPress den Block GALERIE.

▶ Bilder können direkt in der Mediathek bearbeitet werden: Bildausschnitt festlegen, drehen, spiegeln und skalieren. Sogar den Ausschnitt für das Vorschaubild können Sie ändern.

Kapitel 8
Multimedia: Sounds und Videos

Worin Sie zunächst einen Song und ein Video aus der Mediathek einbinden, bevor Sie sehen, wie Sie Medien von anderen Websites datenschutzkonform einbinden können.

Die Themen im Überblick:

- ▶ Audiodateien aus der Mediathek einbinden, Seite 235
- ▶ Videodateien aus der Mediathek einbinden, Seite 240
- ▶ So können Sie Medien datenschutzkonform einbinden, Seite 242
- ▶ Auf einen Blick, Seite 248

In diesem Kapitel dreht sich alles um Multimedia. WordPress hat einen Medien-Player an Bord, der viele Audio- und Videoformate unterstützt, sodass Besucher zum Abspielen kein zusätzliches Plugin mehr benötigen.

Einfacher ist nur das Einbetten von Medien durch das Kopieren und Einfügen der URL, aber das verstößt gegen die europäische Datenschutz-Grundverordnung (DSGVO). Daher zeige ich Ihnen zum Abschluss des Kapitels Möglichkeiten, Medien von anderen Websites datenschutzkonform einzubinden.

Die Audio- und Videodateien aus diesem Kapitel sind in den Beispieldateien enthalten, die Sie auf der Website zum Buch *einstieg-in-wp.de* herunterladen und für diese Beispiele verwenden können.

8.1   Audiodateien aus der Mediathek einbinden

WordPress hat einen integrierten Medien-Player zum Abspielen diverser Audio- und Videoformate direkt im Browser. Der Player basiert auf HTML5 und funktioniert in allen modernen Browsern.

In diesem Abschnitt erstellen Sie einen Beitrag mit einer MP3-Datei, die der Besucher in seinem Browser per Mausklick abspielen kann (siehe Abbildung 8.1).

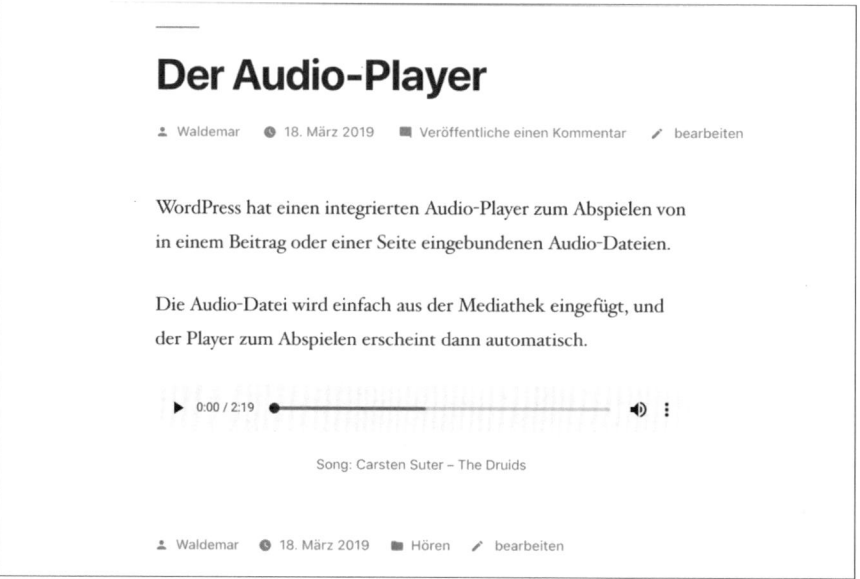

Abbildung 8.1 Der integrierte Audio-Player von WordPress im Browser

Die Beispieldateien enthalten eine MP3-Datei

Auf Ihren Webspace dürfen Sie nur Medien hochladen, die Sie selbst erstellt oder an denen Sie garantiert die Rechte zur Nutzung im Web haben. Falls Sie also gerade keine geeignete MP3-Datei zur Hand haben, finden Sie eine in den Beispieldateien, die Sie für dieses Beispiel verwenden können.

8.1.1   Schritt 1: Einen Beitrag mit dem Block »Audio« erstellen

Im folgenden ToDo erstellen Sie zunächst einen kurzen Beitrag, in den Sie dann eine MP3-Datei aus der Mediathek einfügen.

ToDo: Einen Beitrag mit dem Block »Audio« erstellen

1. Erstellen Sie einen neuen Beitrag.
2. Fügen Sie einen Titel ein, im Beispiel ist das »Der Audio-Player«.
3. Geben Sie im Editorfenster etwas Text ein, fügen Sie nach dem ersten Absatz einen Weiterlesen-Link ein (Block MEHR), und schreiben Sie dann noch einen kurzen Absatz.
4. Fügen Sie unterhalb des Absatzes einen Block AUDIO ein. Dazu können Sie z. B. die Blockauswahl nutzen und in einen leeren Absatz-Block einfach »/audio« eingeben.

5. Weisen Sie dem Beitrag eine Kategorie zu, z. B. HÖREN, und vergeben Sie, falls gewünscht, noch Schlagwörter.

6. Um den Beitrag als Entwurf zu speichern, klicken Sie in der Editorleiste auf den Link SPEICHERN.

Abbildung 8.2 zeigt den Beitrag aus dem ToDo im Editor.

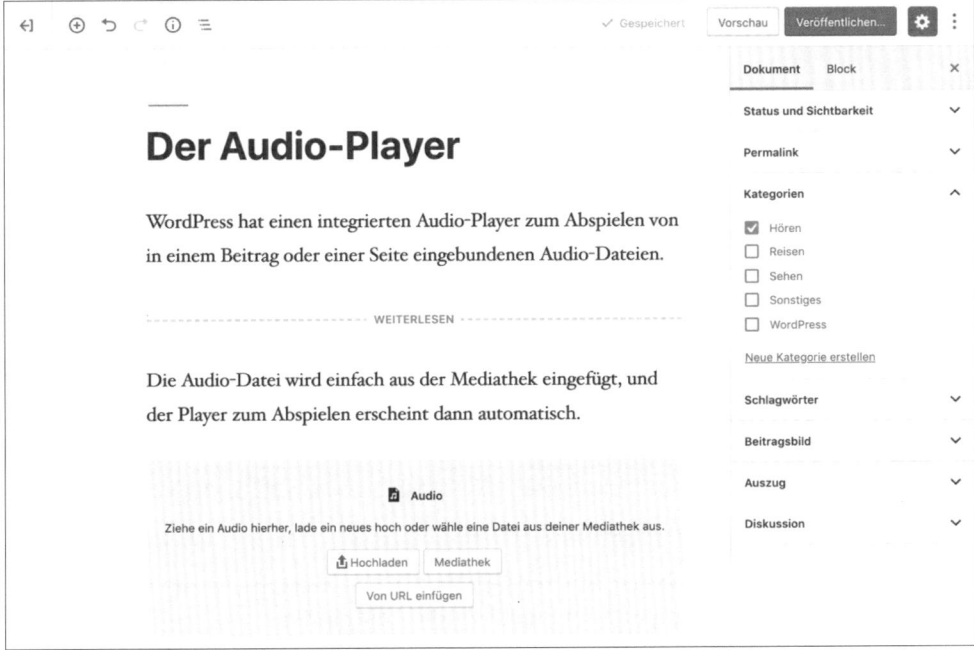

Abbildung 8.2 Der Beitrag mit einem Block »Audio«

8.1.2   Schritt 2: Eine MP3-Datei in einen Beitrag oder eine Seite einfügen

Nach einem Klick auf die Schaltfläche MEDIATHEK oberhalb des Editors landen Sie in der Mediathek. Falls die gewünschte Audiodatei dort noch nicht vorhanden ist, können Sie im Register DATEIEN HOCHLADEN die gewünschte Audiodatei in die Mediathek hochladen.

Nach dem Markieren einer Datei ❶ erscheint rechts in der Sidebar der Bereich ANHANG-DETAILS ❷. Darin finden Sie selbsterklärende Felder zur Eingabe von Detailinformationen (siehe Abbildung 8.3).

Im folgenden ToDo laden Sie eine Audiodatei hoch in die Mediathek und fügen diese dann in einen Beitrag ein. Auf Seiten funktioniert das genauso.

Abbildung 8.3 Eine markierte Audiodatei in der Mediathek

ToDo: MP3-Datei hochladen und im Block »Audio« einbinden

1. Öffnen Sie den weiter oben erstellten Beitrag, und markieren Sie den Audio-Block.

2. Klicken Sie im Audio-Block auf die Schaltfläche MEDIATHEK.

3. Wechseln Sie in der Mediathek in das Register DATEIEN HOCHLADEN.

4. Klicken Sie auf die Schaltfläche DATEIEN AUSWÄHLEN, wählen Sie die gewünschte MP3-Datei aus, und laden Sie sie hoch. Alternativ ziehen Sie die Datei mit der Maus aus dem Explorer oder Finder in den Upload-Bereich. Falls die Datei größer ist als die MAXIMALE DATEIGRÖSSE FÜR UPLOADS, finden Sie Tipps dazu im Hinweiskasten zum Upload-Limit weiter unten.

5. Überprüfen Sie rechts in der Sidebar die ANHANG-DETAILS.

6. Überprüfen Sie die Details und Einstellungen, und wenn alles stimmt, klicken Sie auf die Schaltfläche AUSWÄHLEN. Daraufhin erscheint der Audio-Player im Editor.

7. Unterhalb des Players können Sie im Block AUDIO, falls gewünscht, einige Details zur Datei notieren.

8. Speichern Sie die Änderungen, und prüfen Sie den Beitrag im Frontend.

Nach diesem ToDo ist der Audio-Player im Beitrag zu sehen (siehe Abbildung 8.4) und funktioniert auch bereits im Frontend (siehe oben, Abbildung 8.1).

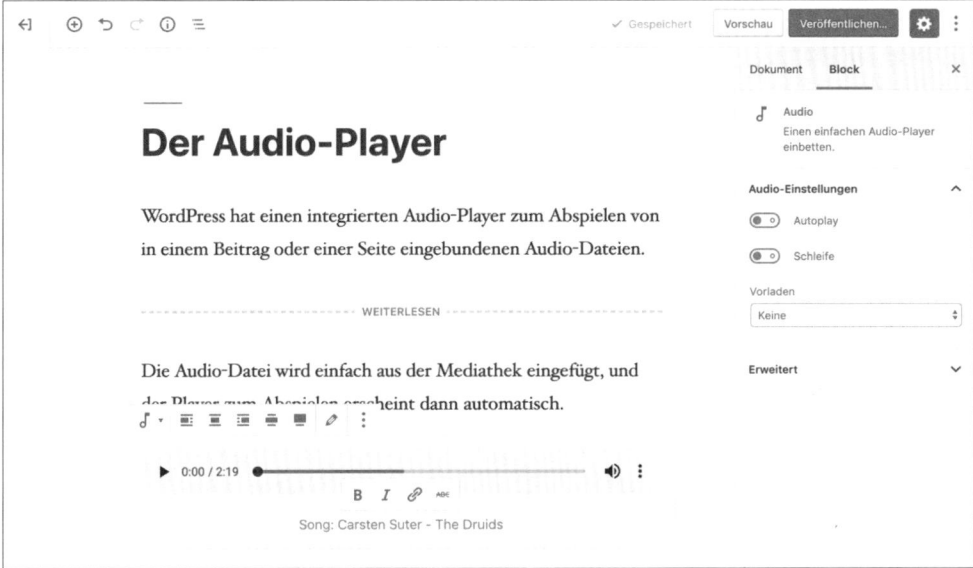

Abbildung 8.4 Der Block »Audio« in Aktion

Normalerweise wird die Audiodatei nach einem Klick auf den Play-Button einmal abgespielt. Rechts in der Seitenleiste können Sie in den Einstellungen für den Block AUDIO festlegen, ob die Datei stattdessen automatisch (AUTOPLAY) oder als SCHLEIFE abgespielt werden soll.

Damit Ihre Besucher die Audiodatei abspielen können, müssen sowohl der Audio-Player als auch der Browser des Besuchers das gewählte Audioformat unterstützen. Der Audio-Player unterstützt die Formate MP3, M4A, OGG und WAV, und die meisten modernen Browser verstehen inzwischen MP3 und M4A.

Das Upload-Limit für die Mediathek

Beim Hochladen einer Datei steht unter der Schaltfläche DATEIEN AUSWÄHLEN ein Hinweis auf die MAXIMALE DATEIGRÖSSE FÜR UPLOADS.

Falls die dort angegebene Zahl kleiner ist als die hochzuladende Datei, müssen Sie erst das Upload-Limit erhöhen. Wie man das macht, beschreibt folgender Beitrag:

▶ *einstieg-in-wp.de/wordpress-upload-limit-erhoehen/*

Ein direktes Hochladen auf den Webspace per FTP ist keine Alternative, da die Datei nach einem FTP-Upload nicht in der WordPress-Mediathek erscheint.

8.2   Videodateien aus der Mediathek einbinden

Der integrierte Medien-Player von WordPress kann auch Videos abspielen, sodass Sie z. B. mit einer Digitalkamera oder einem Smartphone aufgenommene Videos nach dem Hochladen in die Mediathek einbinden können (siehe Abbildung 8.5).

Falls Sie gerade keine geeignete Videodatei zur Hand haben, finden Sie eine in den Beispieldateien zu diesem Buch, die Sie für dieses Beispiel verwenden können.

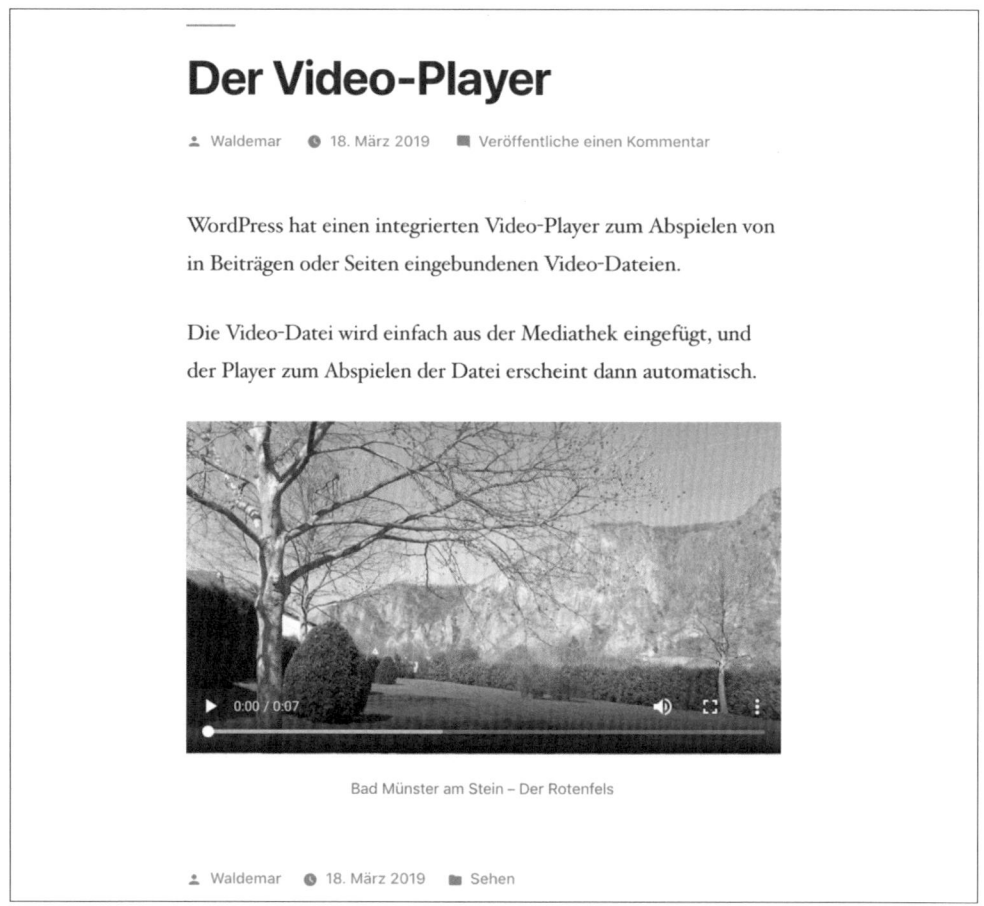

Abbildung 8.5 Der integrierte Video-Player von WordPress im Browser

Achten Sie auf den Hinweis für die MAXIMALE DATEIGRÖSSE FÜR UPLOADS unter der Schaltfläche DATEIEN AUSWÄHLEN. Falls die dort angegebene Zahl kleiner ist als Ihre Videodatei, können Sie sie nicht hochladen. Mehr dazu finden Sie im Hinweiskasten »Das Upload-Limit für die Mediathek« etwas weiter oben.

Die Vorgehensweise zur Einbindung von Videodateien ist im Prinzip genauso wie weiter oben für Audiodateien beschrieben. Das folgende ToDo gibt Ihnen eine Schritt-für-Schritt-Anleitung.

ToDo: Eine Videodatei hochladen und in einen Beitrag einbinden

1. Erstellen Sie einen neuen Beitrag, und vergeben Sie einen Titel, im Beispiel ist das »Der Video-Player«.
2. Geben Sie im Editorfenster etwas Text ein, fügen Sie nach dem ersten Absatz einen Weiterlesen-Block (Block MEHR) ein, und schreiben Sie dann noch einen kurzen Absatz.
3. Fügen Sie unterhalb des Textes einen Block VIDEO ein.
4. Klicken Sie in diesem Block auf die Schaltfläche MEDIATHEK.
5. Wechseln Sie in der Mediathek in das Register DATEIEN HOCHLADEN.
6. Klicken Sie auf die Schaltfläche DATEIEN AUSWÄHLEN, wählen Sie die gewünschte Videodatei aus, und laden Sie sie hoch. Oder ziehen Sie die Datei mit der Maus aus dem Explorer oder Finder in den Upload-Bereich.
7. Überprüfen Sie rechts in der Sidebar die ANHANG-DETAILS.
8. Überprüfen Sie die Details und Einstellungen, und wenn alles stimmt, klicken Sie auf die Schaltfläche AUSWÄHLEN. Daraufhin erscheint der Video-Player im Editor.
9. Unterhalb des Players können Sie im Block VIDEO, falls gewünscht, einige Details zur Datei notieren.
10. Speichern Sie die Änderungen, und prüfen Sie den Beitrag im Frontend.

Abbildung 8.6 zeigt ein Video nach dem Einfügen aus der Mediathek im Editor.

Normalerweise wird das Video mit einem Klick auf den Play-Button gestartet, und der Sound ist an. In den Block-Einstellungen können Sie festlegen, ob die Datei stattdessen AUTOMATISCH, als SCHLEIFE oder STUMM abgespielt werden soll. Die Option WIEDERGABE-STEUERUNG ist aktiviert und blendet die Bedienelemente für den Video-Player ein.

Mit der Option VORLADEN stellen Sie ein, ob der Browser schon vor dem Abspielen anfangen soll, das Video zu laden. Die Voreinstellung ist Meta-Daten, sodass nur Infos zum Video vorgeladen werden, aber nicht das Video selbst. Mit der Option VORSCHAUBILD können Sie ein Vorschaubild hochladen, das im Browser zu sehen ist, bevor das Video abgespielt wird.

Sie sollten eingebundene Videos auf möglichst verschiedenen Geräten testen, denn damit Ihre Besucher die Videodatei in ihrem Browser abspielen können, müssen sowohl der Video-Player von WordPress als auch der Browser des Besuchers das Videoformat unterstützen. Die besten Chancen haben Sie dabei mit dem Videoformat MP4 (H.264).

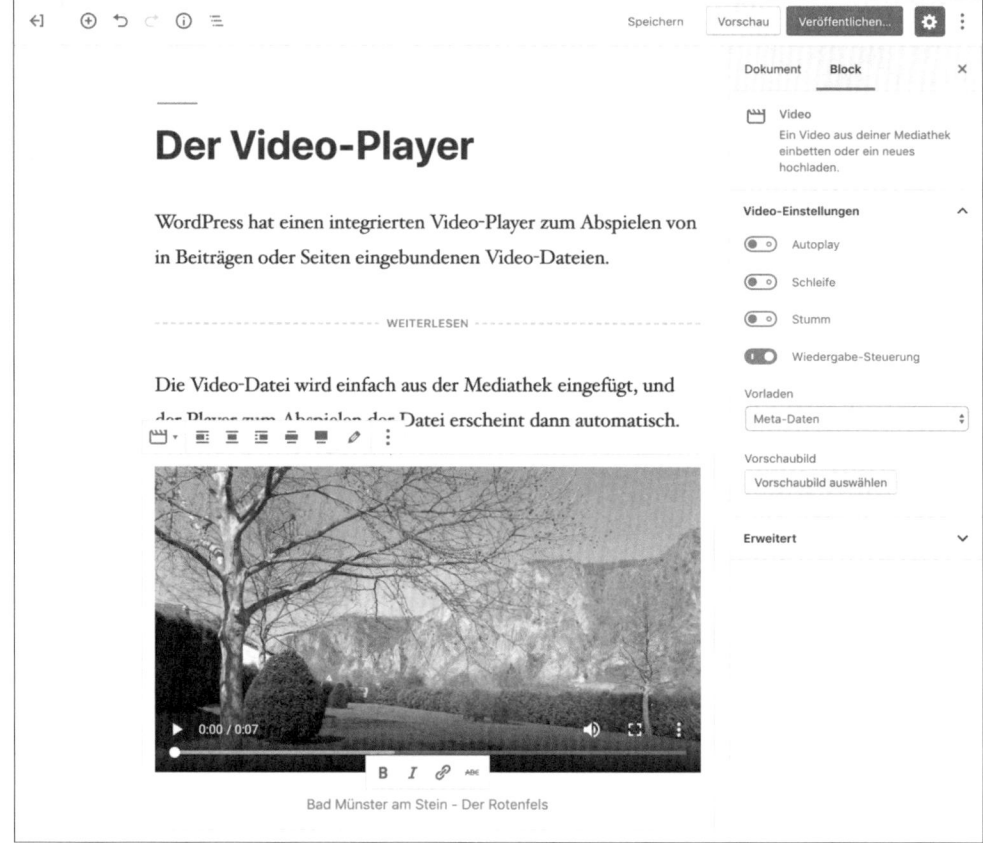

Abbildung 8.6 Der Block »Video« in Aktion

Falls das Video in einem anderen Format vorliegt, müssen Sie es selbst konvertieren, was unter Umständen eine Menge Arbeit ist und einiges an Know-how erfordern kann. Oft ist es daher einfacher, ein Video bei einer Plattform wie *youtube.com* oder *vimeo.com* hochzuladen und dann, wie im nächsten Abschnitt beschrieben, in WordPress einzubinden. Die Videoplattform präsentiert den Browsern dann automatisch das am besten geeignete Videoformat.

8.3   So können Sie Medien datenschutzkonform einbinden

Die wohl bequemste Art, Inhalte von anderen Websites in eigenen Beiträgen einzubinden, sind die Einbettungen von WordPress: URL kopieren, einfügen und fertig. Für über dreißig Dienste stellt WordPress entsprechende Blöcke zur Verfügung (siehe Abbildung 8.7). Leider ist diese komfortable Einbettung nach europäischem Datenschutzrecht nicht zulässig.

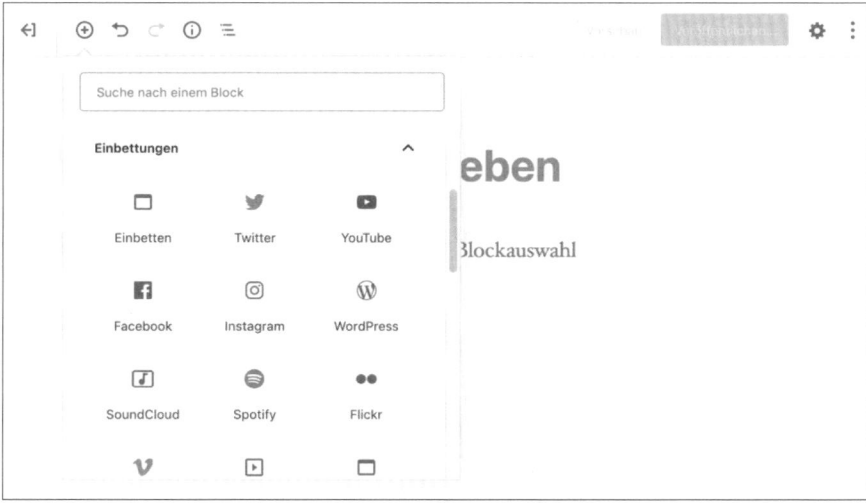

Abbildung 8.7 Der Bereich »Einbettungen« mit den vorhandenen Blöcken

8.3.1 Einbettungen in WordPress – extrem bequem und ein Problem

In WordPress ist das Einbetten von Inhalten aus YouTube, Twitter, SoundCloud und vielen anderen Diensten extrem bequem:

1. Webseite mit dem gewünschten Medium im Browser aufrufen.
2. URL für das Video, den Tweet, den Song etc. kopieren
3. URL im Editor von WordPress einfügen.

Fertig. WordPress erkennt anhand der URL automatisch, um welche Art von Inhalt es sich handelt, und präsentiert sowohl im Editor als auch im Frontend automatisch die eingebetteten Videos, Tweets oder was auch immer. Magic!

Abbildung 8.8 zeigt die YouTube-URL *https://youtu.be/tIdIqbv7SPo* nach der Einbettung im Editor.

Einfacher geht es nicht, aber leider hat die Sache einen Haken: Bereits beim Aufrufen der Seite werden bei Ihren Besuchern Cookies gesetzt und Daten an Google übermittelt, und das ist laut Datenschutz-Grundverordnung (DSGVO) nicht erlaubt.

Abbildung 8.9 zeigt im Firefox, dass die Seite mit dem eingebetteten Video nicht nur Kontakt mit *youtube.com* und *google.com* hat ❶, sondern auch Daten zur Aktivitätenverfolgung (auch *Tracking* genannt) an Googles Werbenetzwerk *doubleclick.net* sendet ❷.

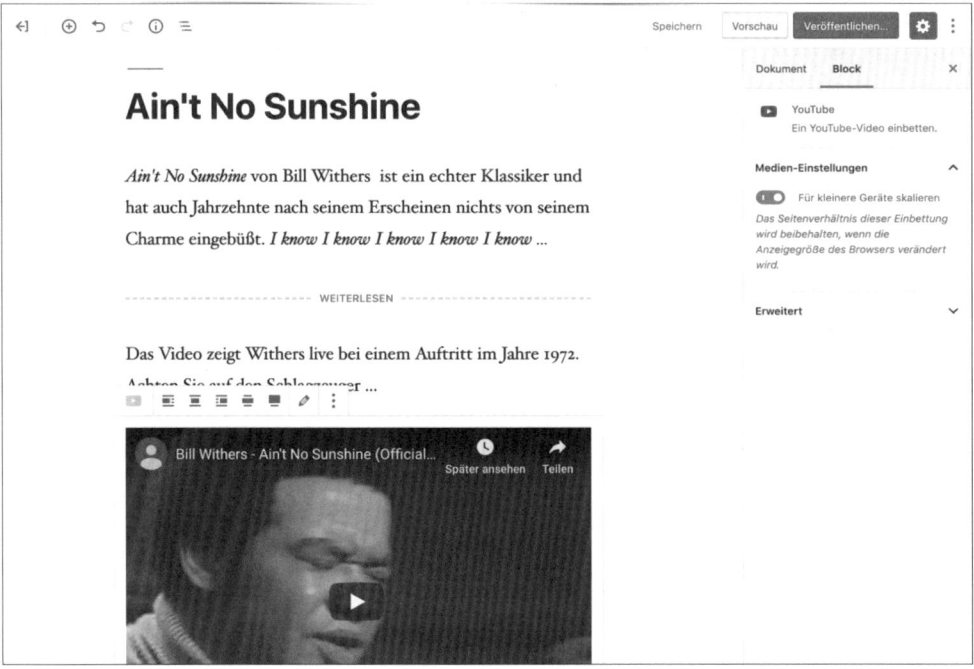

Abbildung 8.8 Ein eingebettetes YouTube-Video im Editor von WordPress

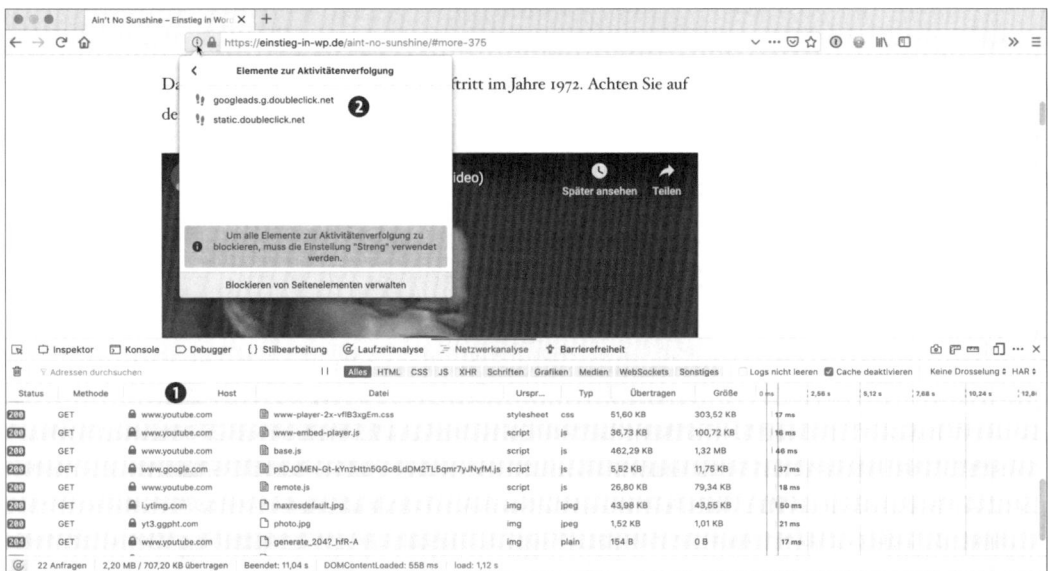

Abbildung 8.9 Das eingebettete Video nimmt Kontakt mit Google auf.

In den folgenden Abschnitten möchte ich Ihnen verschiedene Methoden zeigen, wie Sie Medien von anderen Websites einbinden können, ohne dabei geltendes Datenschutzrecht zu verletzen.

8.3.2   Kein Problem: Ein Link zum Medium ist erlaubt

Eine Verlinkung der entsprechenden Seite stellt datenschutztechnisch kein Problem dar, denn bei einem Link werden beim Laden der Seite keinerlei Daten übertragen.

Abbildung 8.10 zeigt das weiter oben eingebettete Video als Link in einem Beitrag. Der Besucher sieht keine Vorschau und muss zum Abspielen des Videos auf den Link klicken, aber dafür ist es völlig gefahrlos und legal.

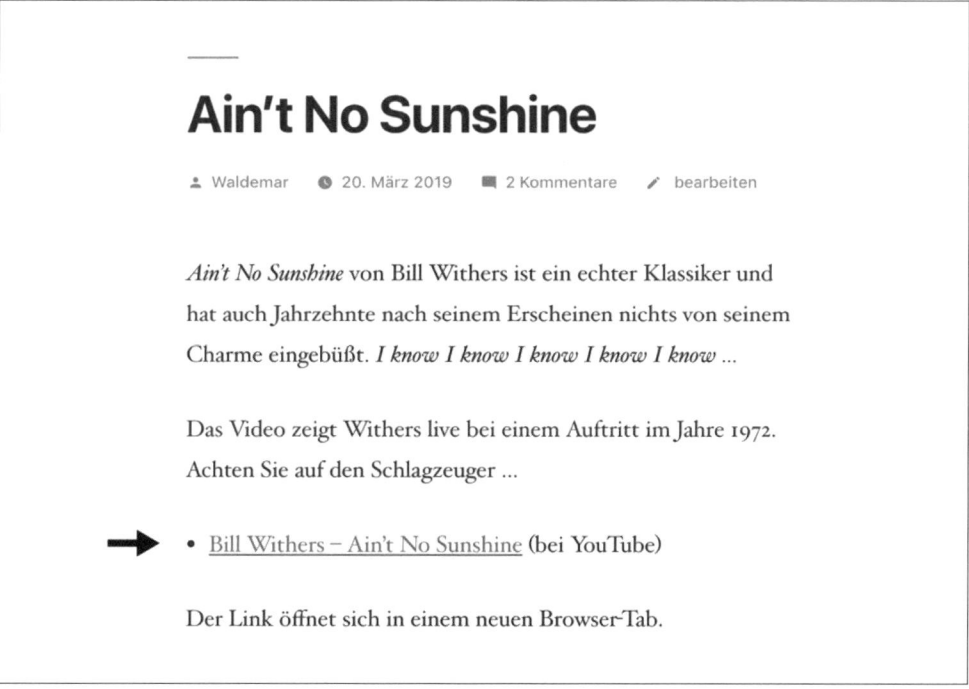

Abbildung 8.10 Ein Link zum Video ist kein Problem

Ähnliches gilt auch für andere Dienste wie z. B. Twitter. Statt einen Tweet per URL automatisch einzubetten, kann man z. B. den Text als Zitat-Block einfügen und den Link zum Tweet als Quelle hinterlegen.

Abbildung 8.11 Ein Tweet als Zitat mit Link zum Tweet als Quellenangabe

8.3.3 YouTube hat einen »Erweiterten Datenschutzmodus«

Für einige Dienste gibt es die Möglichkeit der Einbettung, ohne dass Cookies gesetzt und Informationen gespeichert werden. Bei YouTube heißt diese Option ERWEITERTER DATENSCHUTZMODUS. Diese Methode erfordert ein paar Klicks sowie das Kopieren und Einfügen von Code, aber im Beitrag ist ein Vorschaubild zu sehen, und das Video kann direkt im Beitrag abgespielt werden. Los geht's:

1. Surfen Sie zum gewünschten Video, und klicken Sie unterhalb des Videos auf die Option TEILEN.

2. Wählen Sie im Teilen-Fenster die Option EINBETTEN.

3. Es erscheint ein neues Fenster, in dem Sie oben den Code zum VIDEO EINBETTEN sehen ❶.

4. Aktivieren Sie die Option ERWEITERTEN DATENSCHUTZMODUS AKTIVIEREN ❷. Wenn Sie mit dem Mauszeiger auf das kleine i-Symbol fahren, erklärt Google, was mit der Option gemeint ist.

5. Klicken Sie auf KOPIEREN ❸, um den Code zum Einbetten in die Zwischenablage zu kopieren.

6. Erstellen Sie im WordPress-Editor einen HTML-Block, z. B. indem Sie in einen Absatz-Block »/html« eingeben und ⏎ drücken.

7. Fügen Sie den von YouTube kopierten Code in den HTML-Block ein.

8. Klicken Sie in der Symbolleiste über dem Block auf VORSCHAU ❹, um statt des Codes das Vorschaubild des Videos zu sehen.

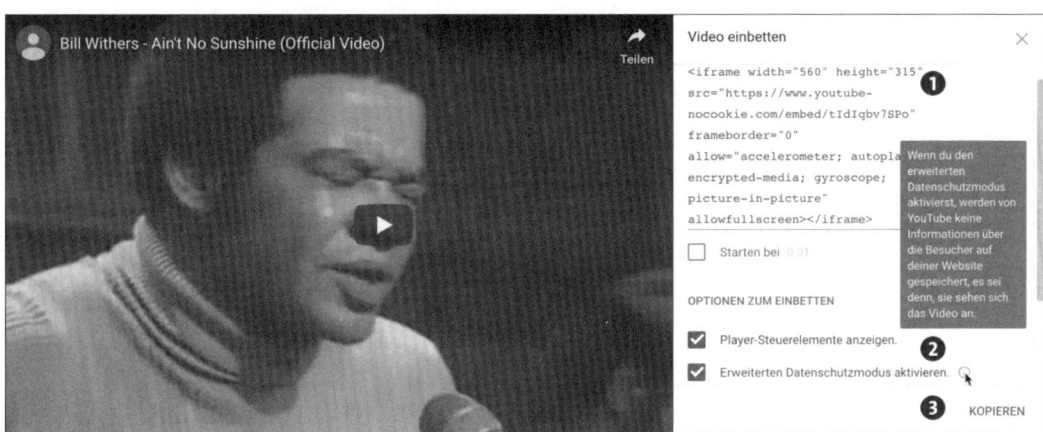

Abbildung 8.12 Video einbetten mit dem erweiterten Datenschutzmodus

Abbildung 8.13 Der kopierte Code wird in einen HTML-Block eingefügt.

Mit diesem Code wird nur noch das Vorschaubild von YouTube übertragen, und Google versichert, dass Informationen über die Besucher Ihrer Website nur dann gespeichert werden, wenn diese das Video auch abspielen, also aktiv auf den *Play*-Button klicken.

Trotzdem gilt: Wenn Sie Videos von YouTube oder einem anderen Service einbetten, sollten Sie das in Ihrer Datenschutzerklärung erwähnen.

Automatisierung mit Plugins

Falls Ihnen das manuelle Kopieren und Einfügen des Codes nicht gefällt, können Sie auch ein Plugin installieren, das den Datenverkehr zu Google kontrolliert:

▶ *YouTube EmBed* vom EmbedPlus Team
   de.wordpress.org/plugins/youtube-embed-plus/

▶ *WP YouTube Lite* von Frank Goossens
   de.wordpress.org/plugins/wp-youtube-lyte/

Wie man Plugins installiert, erfahren Sie in Kapitel 15.

8.4   Auf einen Blick

Die wichtigsten Themen noch einmal im Überblick:

▶ Audio- und Videodateien können in die Mediathek hochgeladen und dort verwaltet werden.

▶ WordPress hat einen integrierten Media-Player zum Abspielen von diversen Audio- und Videoformaten direkt im Browser.

▶ Der Media-Player kennt diverse Formate, die auch von modernen Browsern unterstützt werden:

   – Für Audiodateien sind MP3 und MP4a empfehlenswert.

   – Für Videodateien liefert MP4 (H.264) die besten Resultate.

▶ Falls Sie Mediendateien nicht in die Mediathek hochladen möchten: Audiodateien können Sie z. B. auf *SoundCloud.com* hosten, Videos auf *youtube.com* oder *vimeo.com*.

▶ Die Einbettung von Medien von anderen Webdiensten wie YouTube, Twitter und so weiter nur durch das Kopieren der entsprechenden URL ist sehr bequem, verstößt aber gegen die Datenschutz-Grundverordnung (DSGVO). Ein Link zum Medium ist erlaubt.

▶ Einige Dienste wie z. B. YouTube bieten einen erweiterten Datenschutzmodus. Das Einbinden ist etwas mühsamer, aber dafür datenschutzkonform.

Kapitel 9
Inhalte gestalten mit dem Block-Editor

Worin Sie weitere Blöcke zum Gestalten von Inhalten im Block-Editor kennenlernen.

Die Themen im Überblick:

▶ Ein echter Blickfang: der Block »Cover«, Seite 250

▶ Mehrspaltige Layouts: der Block »Spalten«, Seite 256

▶ Text hervorheben: die Blöcke »Zitat« und »Pullquote«, Seite 263

▶ Nebeneinander: der Block »Medien und Text«, Seite 266

▶ Eine Aufforderung für Besucher: der Block »Button«, Seite 268

▶ »Wiederverwendbare Blöcke«: Blöcke recyceln, Seite 271

▶ Auf einen Blick, Seite 278

In diesem Kapitel geht es um das Kennenlernen einiger bisher noch nicht vorgestellter Blöcke, die in jedem WordPress vorhanden sind. Außerdem sehen Sie, wie man die leicht versteckte, aber sehr nützliche Funktion *Wiederverwendbare Blöcke* einsetzen kann. In Kapitel 15 lernen Sie dann noch einige Plugins kennen, die zusätzliche Blöcke zur Verfügung stellen.

Das Block-System von WordPress wird ständig weiterentwickelt

Die Standardblöcke von WordPress werden, genau wie der Block-Editor selbst, ständig verbessert. Wenn Sie diese Zeilen lesen, haben einige Blöcke wahrscheinlich neue Optionen, die hier noch nicht erwähnt werden, und vielleicht gibt es auch ganz neue Blöcke. Auf der Website zum Buch halte ich Sie auf dem Laufenden: *einstieg-in-wp.de/links-fuer-leser/*

Falls ein Block inzwischen also etwas anders aussieht, schauen Sie dort einmal vorbei.

9.1   Ein echter Blickfang: der Block »Cover«

In einem Cover-Block können Sie Text und einen Farbfilter (*Overlay*) über ein Bild oder ein Video legen. Ein Cover-Block ist laut Beschreibung in den Block-Einstellungen *ideal für Header* und ein echter Blickfang.

In diesem Abschnitt ergänzen Sie die Startseite um einen Cover-Block, und zwar direkt unterhalb des Titels *Willkommen* (siehe Abbildung 9.1).

Abbildung 9.1 Ein Cover-Block mit Hintergrundbild und Text

Im ersten Schritt fügen Sie den Cover-Block mit Bild und Text ein, danach gestalten Sie zunächst das Bild und dann den Text. Zum Abschluss zeige ich Ihnen dann, dass die Block-Navigation in der Editorleiste in verschachtelten Blöcken ein sehr nützliches Werkzeug sein kann.

9.1.1   Schritt 1: Einen Cover-Block mit Bild und Text hinzufügen

Im ersten Schritt fügen Sie zunächst einen Cover-Block ein (siehe Abbildung 9.2), den Sie anschließend um ein Hintergrundbild und etwas Text ergänzen.

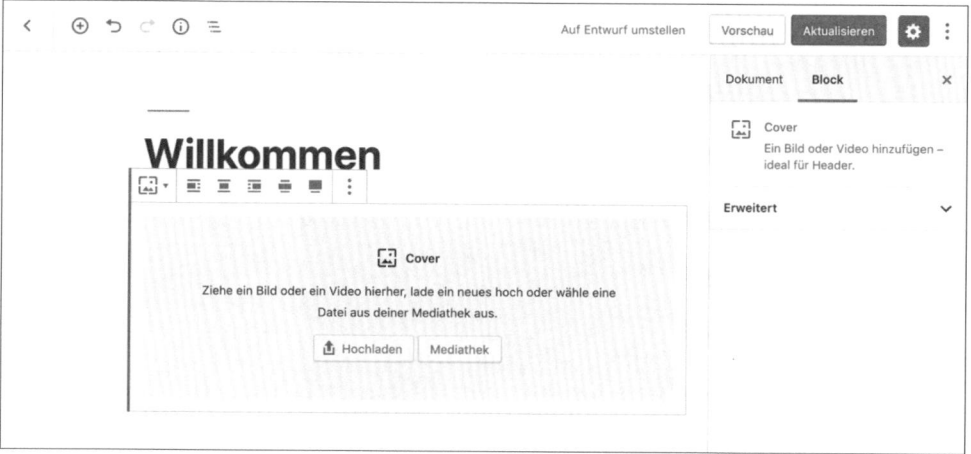

Abbildung 9.2 Der Block »Cover« nach dem Einfügen im Editor

Im folgenden ToDo fügen Sie einen Cover-Block ein, holen ein Bild aus der Mediathek und schreiben zwei Textblöcke.

ToDo: Einen Cover-Block auf der Startseite einfügen

1. Öffnen Sie die Startseite *Willkommen* im Block-Editor.

2. Löschen Sie die bereits vorhandenen Text-Blöcke.

3. Fügen Sie einen Cover-Block ein, z. B. indem Sie in einen leeren Block »/cover« eingeben und die Blockauswahl mit ↵ bestätigen.

4. Klicken Sie im eingefügten Block auf die Schaltfläche MEDIATHEK, um ein geeignetes Bild einzufügen. Das Bild erscheint im Editor durch den Overlay-Filter, den Sie gleich in Schritt 2 kennenlernen, leicht abgedunkelt.

5. Der Cover-Block enthält bereits einen zentrierten Block vom Typ ABSATZ, und die Schriftgröße wurde vom Editor automatisch auf GROSS eingestellt. Geben Sie in diesem Block etwas Text ein, z. B. das Wort »Blickfang«.

6. Drücken Sie ↵, um darunter einen neuen Absatz-Block einzufügen. Der Editor ändert die Schriftgröße auf NORMAL und die Ausrichtung auf linksbündig. Ändern Sie die Ausrichtung in der Block-Symbolleiste auf ZENTRIERT, und geben Sie einen kurzen Text ein: »Der Block ›Cover‹«.

7. Wenn alles nach Wunsch ist, klicken Sie auf AKTUALISIEREN, um die Änderungen zu speichern.

Nach diesem ToDo sieht der Cover-Block etwa so aus wie in Abbildung 9.3. Der Cursor befindet sich im zweiten Text-Block, und der Mauszeiger weilt über dem Cover-Bild, sodass links über dem Bild der Block-Typ angezeigt wird.

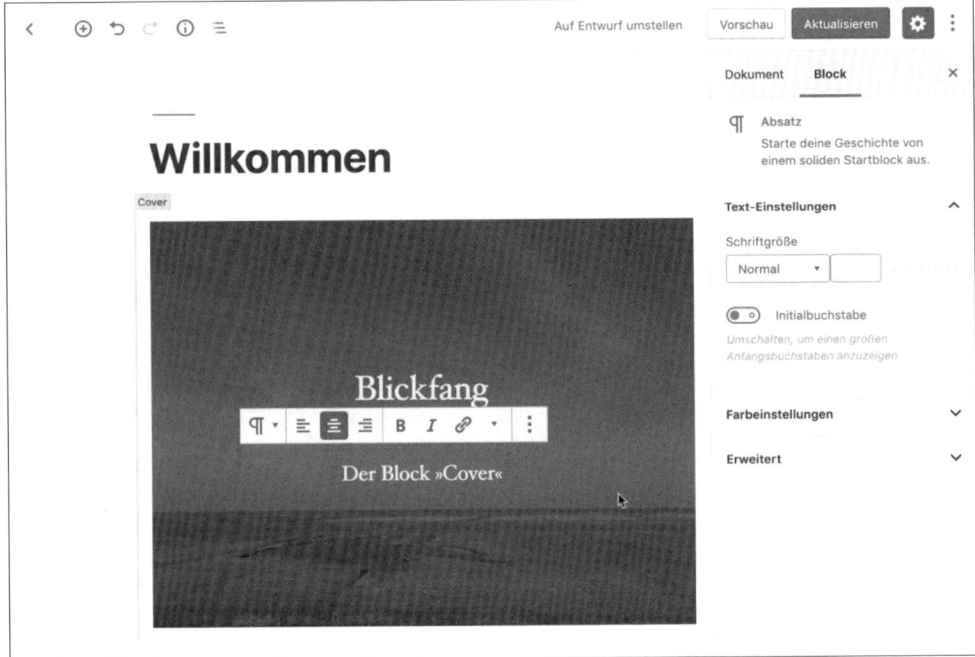

Abbildung 9.3 Der Cover-Block mit Bild und Text

Ein Cover-Block kann Überschriften, Absätze und Buttons enthalten

In einem Cover-Block können Sie abgesehen vom Hintergrundbild nur Text-Blöcke einfügen, also die Blöcke ÜBERSCHRIFT, ABSATZ und BUTTON. Andere Block-Typen werden in der Blockauswahl gar nicht erst angezeigt.

9.1.2 Schritt 2: Das Cover-Bild gestalten

In diesem Schritt sehen Sie, welche Möglichkeiten der Editor Ihnen zur Gestaltung des Bildes bietet (siehe Abbildung 9.4).

Um den Cover-Block zu markieren, klicken Sie außerhalb der beiden Text-Blöcke irgendwo auf das Bild. Wenn das Bild markiert ist, können Sie es mit der Block-Symbolleiste über dem Block und den Block-Einstellungen rechts in der Seitenleiste gestalten.

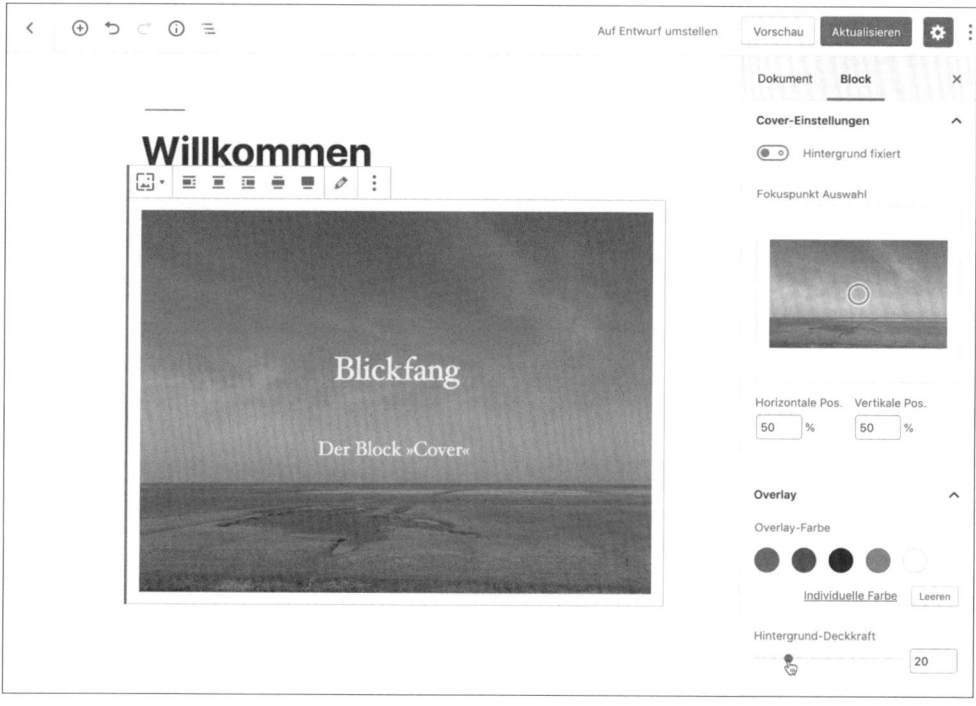

Abbildung 9.4 Bild gestalten mit Symbolleiste und »Cover-Einstellungen«

Die Block-Symbolleiste beginnt wie immer mit dem Symbol zum Ändern des Block-Typs, der in diesem Fall nur die Verwandlung in ein Bild anbietet. Dabei würde der Text verloren gehen. Es folgen je nach Theme unterschiedlich viele Symbole zur Ausrichtung. In *Twenty Nineteen* gibt es z. B. die Optionen WEITE BREITE und VOLLE BREITE, die das Bild breiter machen als die Inhaltsspalte. Mit dem Bleistift-Symbol können Sie das Bild gegen ein anderes Bild aus der Mediathek austauschen, und ganz rechts ist noch ein 3-Punkte-Menü für weitere Optionen.

Im Register BLOCK in der Seitenleiste gibt es zwei Bereiche:

▶ Der Bereich COVER-EINSTELLUNGEN gestaltet das Bild selbst. HINTERGRUND FIXIERT bewirkt, dass das Bild beim Scrollen stehenbleibt (Parallax-Effekt). Mit der FOKUS-PUNKT-AUSWAHL und den Eingabefeldern für die horizontale und vertikale Position können Sie den Bildausschnitt verschieben. Diese Optionen stehen nur zur Verfügung, wenn das Bild nicht fixiert ist.

▶ Der Bereich OVERLAY enthält Optionen zur Gestaltung des über dem Bild liegenden Filters. Nach dem Einfügen ist keine OVERLAY-FARBE ausgewählt, und die HINTER-GRUND-DECKKRAFT steht auf 50 %. Eine Deckkraft von 100 % entspricht einem schwarzen Hintergrund, 0 % sind vollständig transparent. In Abbildung 9.4 steht der Schieberegler auf 20 %. Probieren Sie einfach, welcher Wert für Ihr Bild am besten aussieht.

Die richtigen Block-Einstellungen sind in der Regel immer ein Kompromiss zwischen der Wirkung des Bildes und der Lesbarkeit des Textes.

ToDo: Den Cover-Block gestalten

1. Markieren Sie den weiter oben eingefügten Cover-Block, indem Sie außerhalb der Text-Blöcke auf das Bild klicken.

2. Experimentieren Sie mit den Optionen in der Symbolleiste. Probieren Sie insbesondere die WEITE BREITE und die VOLLE BREITE, und betrachten Sie das Ergebnis auch in der VORSCHAU.

3. Blenden Sie gegebenenfalls die Seitenleiste ein, und probieren Sie die weiter oben beschriebenen Block-Einstellungen wie HINTERGRUND FIXIERT und die HINTERGRUND-DECKKRAFT.

4. Wenn alles nach Wunsch ist, klicken Sie auf AKTUALISIEREN, um die Änderungen zu speichern.

9.1.3   Schritt 3: Den Text im Cover-Block gestalten

Das Besondere am Cover-Block ist die Kombination von Bild und Text, und nach der Gestaltung des Bildes ist jetzt der Text an der Reihe. In Abbildung 9.5 steht der Cursor im ersten Absatz.

Die Gestaltung des Textes erfolgt über die Symbolleiste und die Block-Einstellungen. Mit der Block-Symbolleiste können Sie die Ausrichtung des Textes ändern, ihn fett und kursiv drucken oder zu einem Link werden lassen. Der kleine Pfeil nach unten zeigt noch weitere Optionen zur Gestaltung.

Mit den Block-Einstellungen können Sie die Text- und Farbeinstellungen für den Absatz ändern:

▶ Die Text-Einstellungen bieten einige Voreinstellungen wie KLEIN, NORMAL, GROSS und RIESIG, ein Eingabefeld für eine individuelle Größe in Pixel und eine Option für einen Initialbuchstaben.

▶ Die Farbeinstellungen bieten eine Hintergrund- und eine Textfarbe. Probieren Sie es aus. Hintergrund- und Textfarben sind für einen Absatz im Fließtext selten sinnvoll, bei einem Absatz in einem Cover-Block ist das vielleicht ein hübscher Effekt.

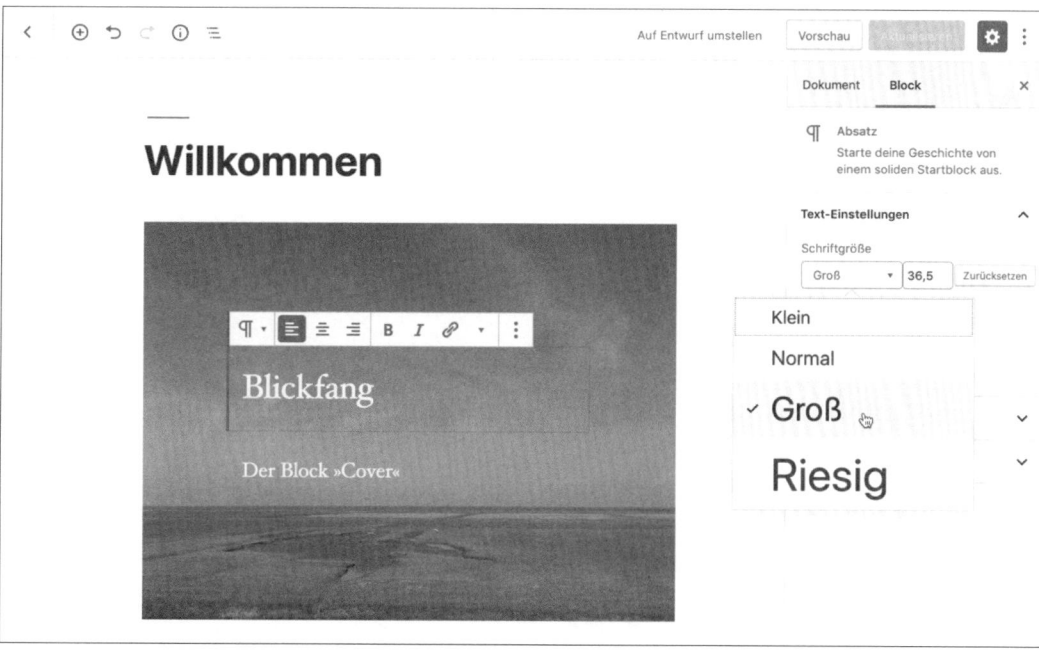

Abbildung 9.5 Den Text im Cover-Block gestalten

Im folgenden ToDo probieren Sie Optionen zur Textgestaltung aus.

ToDo: Den Text im Cover-Block gestalten

1. Platzieren Sie den Cursor in dem Absatz, den Sie gestalten möchten.
2. Richten Sie nacheinander beide Absätze linksbündig aus.
3. Probieren Sie in den Text-Einstellungen die Optionen zur Schriftgrösse.
4. Experimentieren Sie mit den Farbeinstellungen. Ein Klick auf die Schaltfläche Leeren entfernt die Farben wieder.
5. Wenn alles okay ist, klicken Sie auf Aktualisieren, um die Änderungen zu speichern.

9.1.4   Nützlich: Die »Block-Navigation« in verschachtelten Blöcken

Der Cover-Block besteht aus mehreren ineinander verschachtelten Blöcken, und bei der Arbeit mit verschachtelten Blöcken hat die Block-Navigation ☰ in der Editorleiste eine besondere Funktion:

▶ Wenn der Cursor außerhalb des Cover-Blocks steht, werden in der Block-Navigation alle im Inhaltsbereich eingefügten Blöcke angezeigt.

▶ Ist hingegen ein verschachtelter Block wie der Cover-Block markiert, zeigt die Block-Navigation nur die interne Struktur des Cover-Blocks.

In jedem Fall bewirkt ein Klick auf einen Block in der Block-Navigation einen Sprung zu diesem Block. Je nach Block-Typ wird entweder der Cursor am Anfang des Blocks platziert oder der Block selbst markiert.

Abbildung 9.6 zeigt die Block-Navigation für den markierten Cover-Block.

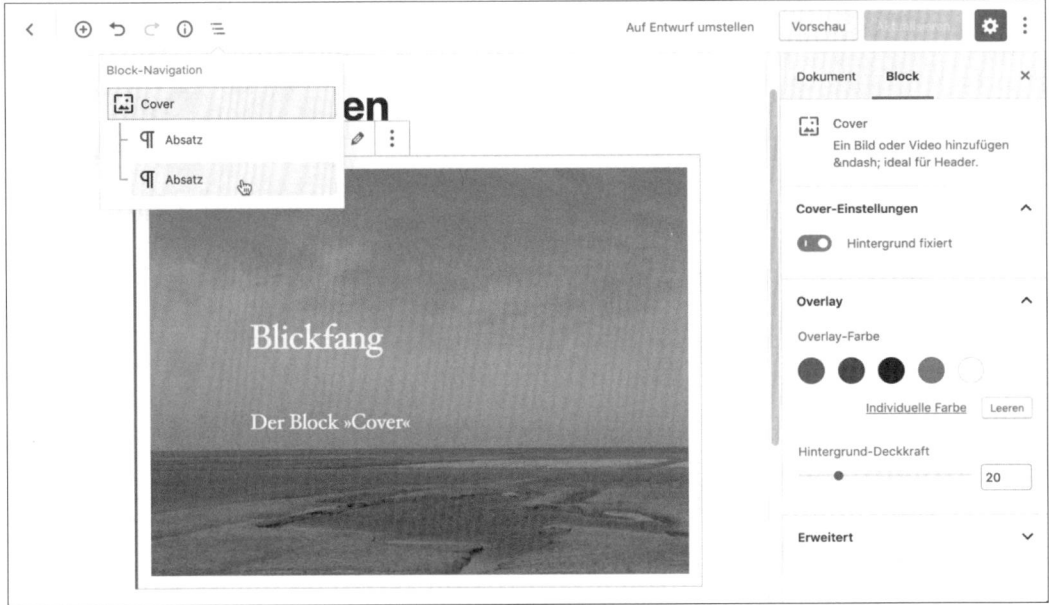

Abbildung 9.6 Die Block-Navigation für einen verschachtelten Block

9.2 Mehrspaltige Layouts: der Block »Spalten«

In diesem Abschnitt stelle ich Ihnen den Block *Spalten* vor, mit dem Sie im Inhaltsbereich mehrspaltige Layouts erstellen können. Abbildung 9.7 zeigt einen zweispaltigen Block mit nebeneinanderstehenden Listen.

Der Block ist responsiv, und auf einem schmalen Bildschirm werden die Spalten untereinander dargestellt. Da viele Nutzer die Arbeit mit dem Block SPALTEN anfangs etwas unübersichtlich finden, lernen Sie den Block in diesem Abschnitt ganz langsam Schritt für Schritt kennen.

Der Block »Spalten«

👤 Waldemar   🕒 22. März 2019

Der Block »Spalten« ermöglicht ein mehrspaltiges Layout im Inhaltsbereich.

In einer Spalte können Sie (fast) beliebige Blöcke einfügen:

- Überschriften
- Absätze
- Listen
- Zitate

- Bilder
- Buttons
- Widgets
- und viele andere …

Bei der Arbeit mit Spalten ist die Block-Navigation in der Editorleiste sehr hilfreich.

👤 Waldemar   🕒 22. März 2019   ■ WordPress
🏷 Blöcke, Editor, mehrspaltig

Abbildung 9.7 Der Block »Spalten« mit nebeneinanderstehenden Listen

Der Block »Medien und Text« stellt Bild und Text nebeneinander
Der weiter unten in Abschnitt 9.4 vorgestellte Block MEDIEN UND TEXT stellt ein Bild oder Video und etwas Text nebeneinander. Er ist einfacher zu handhaben als der Block SPALTEN, aber dafür nicht so vielseitig einsetzbar.

9.2.1   Schritt 1: Einen Block »Spalten« einfügen

Im ersten Schritt fügen Sie zunächst einmal einen Block SPALTEN ein und geben in jeder Spalte etwas Text ein. Der Spalten-Block hat nach dem Einfügen zwei gleichbreite Spalten (Abbildung 9.8).

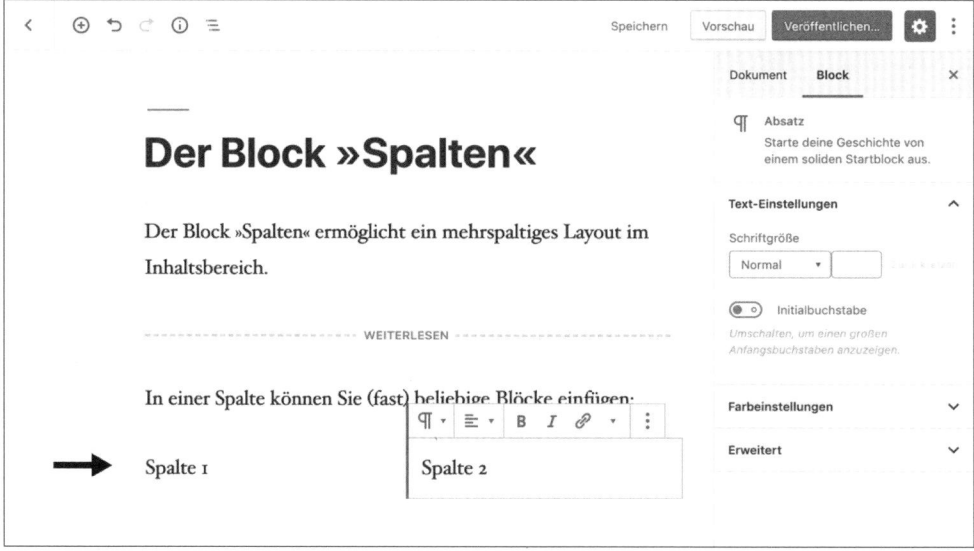

Abbildung 9.8 Zwei Spalten mit etwas Platzhaltertext

Im folgenden ToDo erstellen Sie einen neuen Beitrag und fügen dann einen Block SPAL-
TEN hinzu. In beide Spalten geben Sie dann etwas Platzhaltertext ein.

ToDo: Einen Block »Spalten« hinzufügen und Platzhaltertext eingeben

1. Erstellen Sie einen neuen Beitrag, den Sie z. B. »Der Block ›Spalten‹« nennen.

2. Fügen Sie einen Titel und ein bisschen Text ein (siehe Abbildung 9.7).

3. Fügen Sie unterhalb des Textes einen Block SPALTEN hinzu, z. B. indem Sie in einen
   leeren Block »/spalten« eingeben und die Auswahl mit ⏎ bestätigen.

4. Der Block-Editor fügt zwei Spalten ein, und der Cursor blinkt in der ersten Spalte in
   einem Absatz-Block.

5. Geben Sie in diesen Absatz-Block etwas Text ein, um die Spalte zu identifizieren, z. B.
   »Spalte 1«.

6. Bewegen Sie den Cursor in die zweite Spalte. Mit der Tastatur drücken Sie dazu zweimal die Taste →, mit der Maus klicken Sie einfach in die Spalte. Zurück in die erste
   Spalte gelangen Sie mit der Taste ← oder mit der Maus.

7. Geben Sie in der zweiten Spalte etwas Platzhaltertext ein, z. B. »Spalte 2«. Der Beitrag
   sollte danach etwa so aussehen wie in Abbildung 9.8.

8. Klicken Sie in der Editorleiste auf SPEICHERN, um die Änderungen zu speichern.

9.2.2 Schritt 2: Die Block-Navigation für den Block »Spalten« kennenlernen

Eines der grundlegenden Prinzipien bei der Arbeit mit Software ist »Erst markieren, dann bearbeiten«. Das Markieren der richtigen Objekte ist also wichtig, und bevor Sie die Spalten mit Inhalt füllen, zeige ich Ihnen in diesem Schritt, wie Sie mit der Block-Navigation die einzelnen Elemente in und um den Block SPALTEN einfach und zuverlässig markieren können.

In Abbildung 9.9 steht der Cursor in der zweiten Spalte ❶, und in der Editorleiste wurde die Block-Navigation aufgerufen ❷. Dort sieht man, dass es im Block SPALTEN drei Ebenen gibt, die man getrennt markieren kann ❸:

▶ den Block SPALTEN selbst

▶ eine einzelne SPALTE innerhalb des Blocks SPALTEN

▶ die Blöcke innerhalb einer Spalte, im Beispiel ABSATZ

Der momentan markierte Block ist in der Auswahlliste hellgrau hinterlegt.

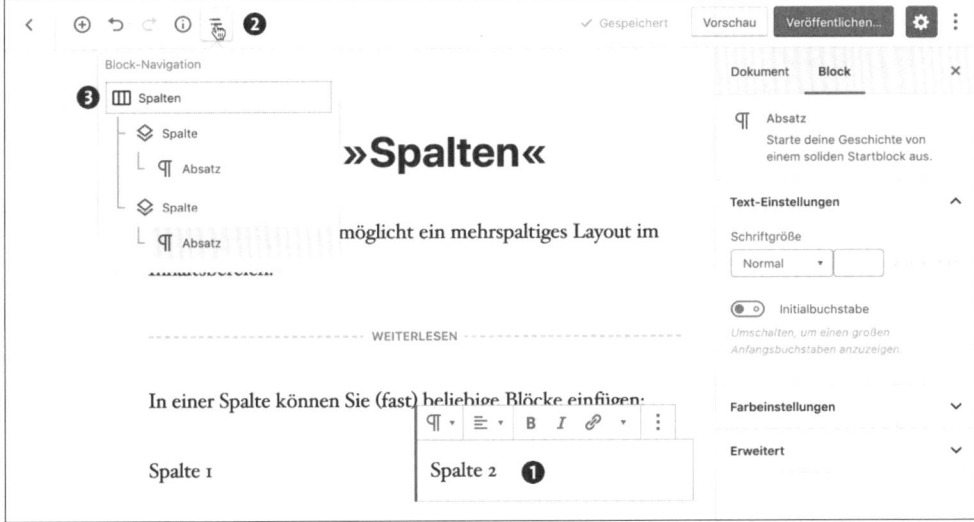

Abbildung 9.9 Die Block-Navigation und der Block »Spalten«

Wenn Sie in der Block-Navigation auf eines der Elemente klicken, wird es im Inhaltsbereich markiert. Oberhalb des Blocks erscheint die Block-Symbolleiste, und rechts in der Seitenleiste werden im Register BLOCK die möglichen Einstellungen für den markierten Block angezeigt.

9.2.3   Schritt 3: Den Block »Spalten« und eine einzelne Spalte markieren

In Abbildung 9.10 sieht man, dass der Block SPALTEN selbst markiert wurde:

1. Klicken Sie in der Editorleiste auf die BLOCK-NAVIGATION ❶.
2. Klicken Sie auf den Block SPALTEN ❷. Wenn der Cursor nicht bereits im Block platziert ist, zeigt die Auswahlliste untereinander alle im Dokument vorhandenen Blöcke, aber der Block SPALTEN ist auf jeden Fall dabei.
3. Im Inhaltsbereich erscheint daraufhin die BLOCK-SYMBOLLEISTE ❸.
4. In der Seitenleiste werden im Register BLOCK die Einstellungen für den Block SPALTEN angezeigt ❹.

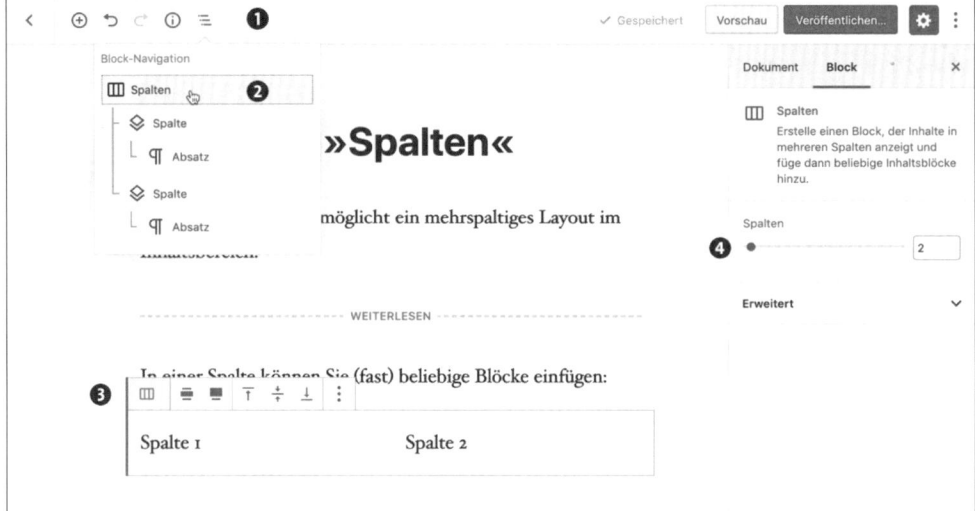

Abbildung 9.10 Den Block »Spalten« markieren und konfigurieren

In der BLOCK-SYMBOLLEISTE sehen Sie, sofern das Theme dies unterstützt, die Symbole WEITE BREITE und VOLLE BREITE. Außerdem gibt es Symbole zur vertikalen Ausrichtung sowie das 3-Punkte-Menü mit weiteren Optionen.

Im Register BLOCK können Sie mit einem Schieberegler oder dem Eingabefeld die Spaltenanzahl definieren. Außerdem gibt es noch den bei jedem Block vorhandenen Bereich ERWEITERT, in dem Sie eine CSS-Klasse hinzufügen können.

Auch die Markierung einer einzelnen Spalte ist mit der Block-Navigation schnell erledigt:

1. Markieren Sie den Block SPALTEN, oder platzieren Sie den Cursor irgendwo im Block.
2. Rufen Sie die BLOCK-NAVIGATION auf.
3. Klicken Sie auf die gewünschte SPALTE.

In der Block-Symbolleiste für eine einzelne Spalte finden Sie Symbole zur vertikalen Ausrichtung, in den Block-Einstellungen nur eine kurze Beschreibung des Blocks und den Bereich ERWEITERT zum Hinzufügen einer zusätzlichen CSS-Klasse.

Momentan kann man die Spaltenbreite nicht ändern

Die Spaltenbreite wird beim Einfügen des Blocks SPALTEN automatisch bestimmt, und momentan gibt es keine Möglichkeit, die Spaltenbreite nachträglich anzupassen. Vielleicht geht das ja schon, wenn Sie diese Zeilen lesen.

9.2.4   Schritt 4: Die Spalten mit Inhalten füllen

Die Inhalte werden im Block SPALTEN immer in einer Spalte platziert, und in einer Spalte können beliebig viele Blöcke untereinanderstehen.

Im folgenden ToDo fügen Sie in die beiden Spalten je eine Liste ein. Dazu könnten Sie die Absätze löschen und durch eine Liste ersetzen, aber einfacher ist es, die vorhandenen Absätze in eine Liste umzuwandeln (siehe Abbildung 9.11).

Abbildung 9.11 Einen Absatz in eine Liste umwandeln

Im folgenden ToDo erstellen Sie in beiden Spalten jeweils eine Liste.

ToDo: Die Spalten mit Inhalten füllen

1. Platzieren Sie den Cursor in der ersten Spalte.
2. Klicken Sie in der Block-Symbolleiste auf das erste Symbol mit dem schönen Namen BLOCK-TYP ODER -STIL ÄNDERN ❶ (siehe Abbildung 9.11).
3. Klicken Sie im Auswahlfeld UMWANDELN IN: auf die Option LISTE ❷.
4. Ändern Sie den Text für den ersten Listenpunkt.
5. Mit ⏎ fügen Sie weitere Listenpunkte hinzu.
6. Bewegen Sie den Cursor in die zweite Spalte.
7. Wandeln Sie auch diesen Textabsatz in einen Listen-Block um, und ergänzen Sie ein paar weitere Listenpunkte.
8. Klicken Sie in der Editorleiste auf SPEICHERN, um die Änderungen als Entwurf zu speichern.

9.2.5   Schritt 5: Einen Block hinzufügen unterhalb des Blocks »Spalten«

Beim Hinzufügen eines neuen Blocks, der unterhalb eines mehrspaltigen Blocks erscheinen soll, passiert es manchmal, dass der neue Block versehentlich innerhalb einer Spalte erscheint und nicht darunter.

Das Hinzufügen eines Blocks unterhalb eines mehrspaltigen Blocks geht z. B. mit der Block-Navigation und dem 3-Punkte-Menü in der Block-Symbolleiste recht einfach und zuverlässig (siehe Abbildung 9.12):

1. Klicken Sie in der Editorleiste auf die Block-Navigation.
2. Markieren Sie den Block SPALTEN.
3. Klicken Sie in der Block-Symbolleiste auf das 3-Punkte-Menü ❶.
4. Wählen Sie in dem Menü den Befehl DANACH EINFÜGEN ❷.

Im folgenden ToDo fügen Sie unterhalb des Blocks SPALTEN einen neuen Textabsatz hinzu.

ToDo: Einen Textabsatz unterhalb des Blocks »Spalten« hinzufügen

1. Markieren Sie in der BLOCK-NAVIGATION oben auf der Editorleiste den Block SPALTEN.
2. Klicken Sie in der Block-Symbolleiste auf das 3-Punkte-Menü.
3. Wählen Sie den Befehl DANACH EINFÜGEN, um unterhalb des Spaltenblocks einen neuen Absatz-Block einzufügen.
4. Fügen Sie in den neuen Block etwas Text ein.
5. Klicken Sie in der Editorleiste auf die Schaltfläche VERÖFFENTLICHEN, um die Änderungen zu speichern.

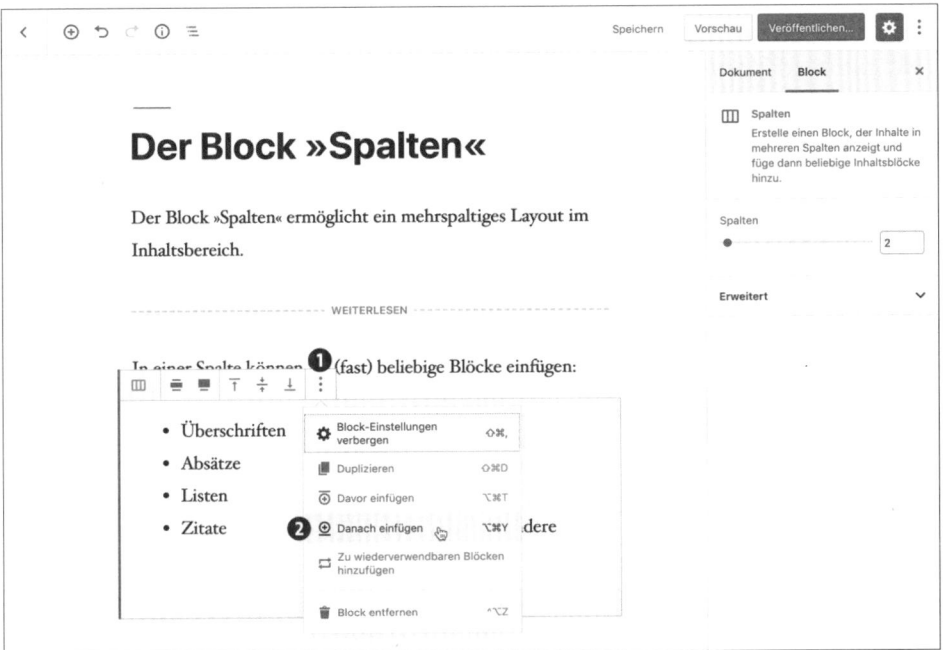

Abbildung 9.12 Einen Block hinzufügen unterhalb des Blocks »Spalten«

Der Block »Spalten« kann auch verschachtelt werden

Man kann in einer Spalte auch einen Block SPALTEN hinzufügen. Das wird dann zwar etwas unübersichtlich, aber es ist möglich, und so kann man unterschiedlich breite Spalten einfügen.

9.3   Text hervorheben: die Blöcke »Zitat« und »Pullquote«

Eine einfache Art, kurze Textpassagen innerhalb eines Fließtextes hervorzuheben, sind Zitate. Der Block-Editor stellt dazu gleich zwei Blöcke bereit, ZITAT und PULLQUOTE, die Sie in diesem Abschnitt kennenlernen. Beide können nicht nur für Zitate genutzt werden, sondern ganz allgemein, um Text optisch zu betonen.

9.3.1   Der Block »Zitat«

Der Block ZITAT ist ein recht einfacher Block, in den Sie den Text des Zitats ❶ und eine optionale Quellenangabe ❷ eingeben können. Ein Zitat kann die Styles STANDARD und GROSS bekommen ❸ (siehe Abbildung 9.13).

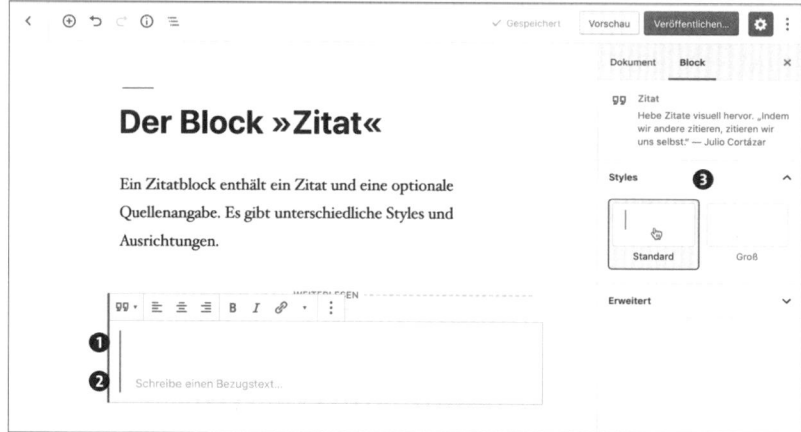

Abbildung 9.13 Der Block »Zitat« mit unterschiedlichen Styles

Mit den beiden Styles und unterschiedlichen Ausrichtungen kann man ein Zitat schnell und effektiv gestalten. Wie genau das aussieht, ist abhängig vom Theme. Abbildung 9.14 zeigt die Zitate in *Twenty Nineteen*.

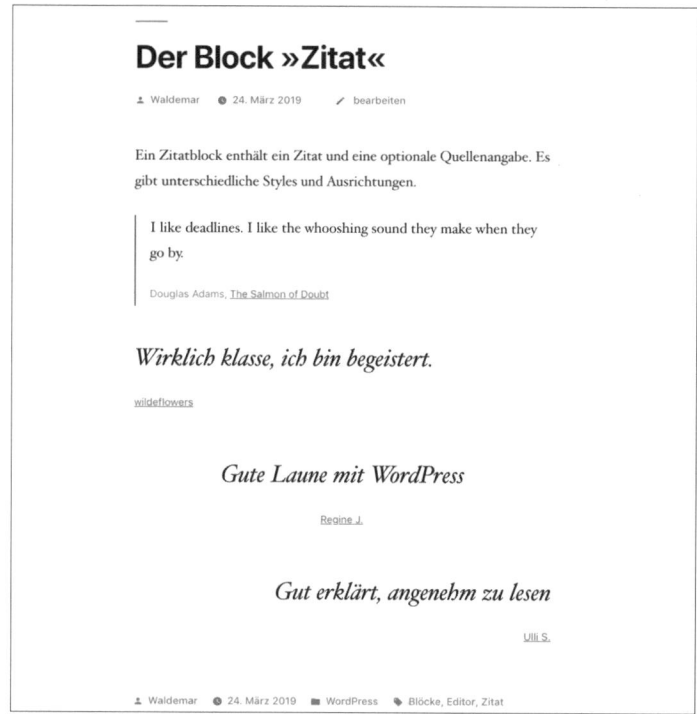

Abbildung 9.14 Zitate mit verschiedenen Styles und Ausrichtungen

9.3.2   Der Block »Pullquote« bietet zahlreiche Gestaltungsmöglichkeiten

Ein *Pullquote* dient zur Hervorhebung von zentralen Gedanken eines längeren Textes. Während ein normales Zitat in der Regel von anderen Autoren stammt, wird ein Pullquote dem umgebenden Fließtext entnommen. Der Text wird in einem »Pullquote« bildlich gesprochen als Zitat aus dem Text herausgezogen.

So weit zur Theorie. In der Praxis bietet der Block PULLQUOTE einfach mehr Gestaltungsmöglichkeiten als der Block ZITAT, und er kann natürlich auch ohne längeren Text drumherum genutzt werden. Der Text im Pullquote muss nicht einmal ein Zitat sein.

Der Block PULLQUOTE erwartet einen Text ❶, der groß formatiert wird, einen Bezugstext ❷, der kleiner dargestellt wird, und kann mit der Block-Symbolleiste ausgerichtet werden ❸. Im Register BLOCK gibt es zwei STYLES ❹ namens STANDARD und EINHEITLICHE FARBE, bei denen die FARBEINSTELLUNGEN ❺ für HAUPTFARBE und TEXTFARBE jeweils unterschiedliche Auswirkungen haben (siehe Abbildung 9.15).

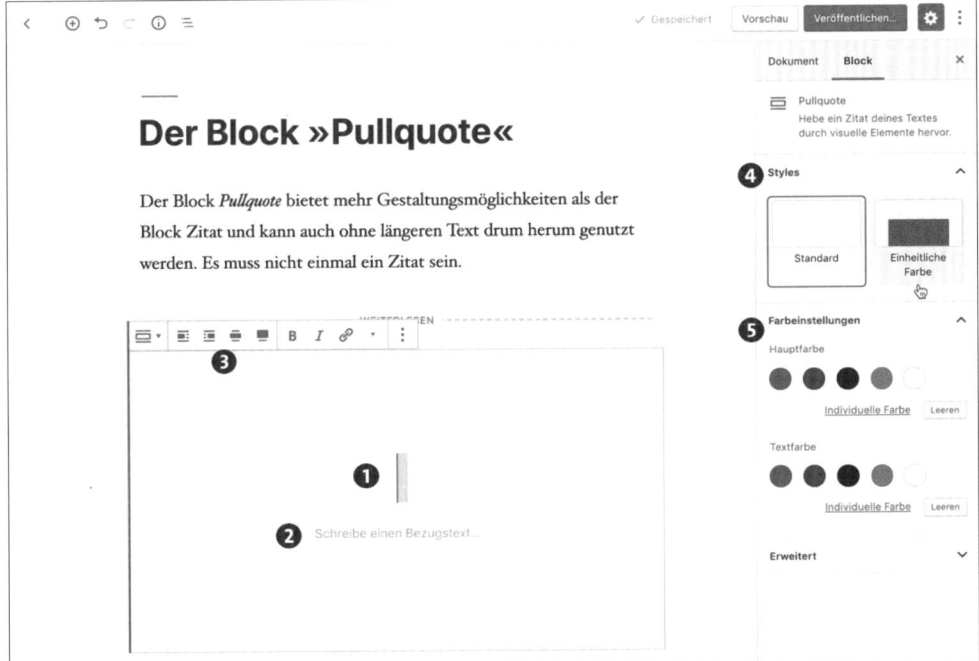

Abbildung 9.15 Der Block »Pullquote« und seine Konfiguration

Mit der Kombination dieser Konfigurationen sind sehr kreative Gestaltungen möglich. Wie genau die Pullquotes aussehen, ist von Theme zu Theme unterschiedlich. Abbildung 9.16 zeigt das Theme *Twenty Nineteen*, und die beiden Beispiele unterscheiden sich nur durch verschiedene Gestaltungsoptionen.

Abbildung 9.16 Der Block »Pullquote« in Aktion

9.4 Nebeneinander: der Block »Medien und Text«

Der Block MEDIEN UND TEXT ist ein Spezialist für ein einfaches zweispaltiges Layout: In der einen Spalte ist ein Medium (Bild oder Video), in der anderen ein oder mehrere Text-Blöcke (Absatz, Überschrift, Liste oder Button).

Abbildung 9.17 zeigt einen Beitrag mit einem frisch eingefügten Block MEDIEN UND TEXT. Links können Sie eine Mediendatei einbinden ❶, rechts den oder die Text-Blöcke eingeben ❷. In der Block-Symbolleiste kann man die Spaltenreihenfolge vertauschen ❸ und das Medium nach rechts stellen. Die Optionen WEITE BREITE und VOLLE BREITE sind nicht in allen Themes verfügbar. Im Register BLOCK kann man mit der Option AUF MOBILGERÄTEN STAPELN ❹ einstellen, dass Medium und Text auf mobilen Geräten untereinanderstehen. Die HINTERGRUNDFARBE ❺ gilt für beide Spalten.

Abbildung 9.17 Der Block »Medien und Text« nach dem Einfügen

Nach dem Einfügen von MEDIEN UND TEXT-Blöcken könnte der Block so aussehen wie in Abbildung 9.18. Mit dem blauen Ziehpunkt ❻ in der Mitte des Blocks kann man die Spaltenbreite verändern. Rechts in den Block-Einstellungen wurde der ALT-TEXT ❼ für das Bild eingegeben und eine HINTERGRUNDFARBE ❽ definiert.

> **Der Block »Medien und Text« bekommt neue Optionen**
>
> Der Block *Medien und Text* bekommt in einer der nächsten WordPress-Versionen wahrscheinlich einige neue Optionen:
>
> ▶ Der Text in der Textspalte kann vertikal ausgerichtet werden.
> ▶ Das Bild kann die gesamte Medienspalte ausfüllen.
>
> Beide Optionen machen den Block vielseitiger einsetzbar und praktischer in der Anwendung.

Abbildung 9.18 Der Block »Medien und Text« mit Medium und Text

9.5 Eine Aufforderung für Besucher: der Block »Button«

Ein Button ist eine Aufforderung für Ihre Besucher, etwas zu tun und, wie es im Englischen heißt, ein *Call to Action*. In der Beschreibung des Blocks heißt es passend: »Fordere Besucher mit einem Link im Stil eines Buttons auf, aktiv zu werden.«

Technisch gesehen ist der Block BUTTON ein Hyperlink. Er enthält Text ❶, den der Besucher sieht, und eine URL ❷, die bei Aktivierung des Buttons aufgerufen wird. In der Block-Symbolleiste gibt es nur einige Optionen zur Ausrichtung und zur Gestaltung des Textes. In den Block-Einstellungen hingegen finden Sie verschiedene STYLES ❸, die mit einer HINTERGRUNDFARBE ❹ und einer TEXTFARBE ❺ kombiniert werden können (siehe Abbildung 9.19).

Der Block BUTTON bietet im Augenblick keine Option, die hinterlegte URL in einem neuen Tab zu öffnen. Der Link wird immer im selben Browserfenster geöffnet. Abbildung 9.20 zeigt ein paar Beispiele für mit den Block-Einstellungen gestaltete Buttons.

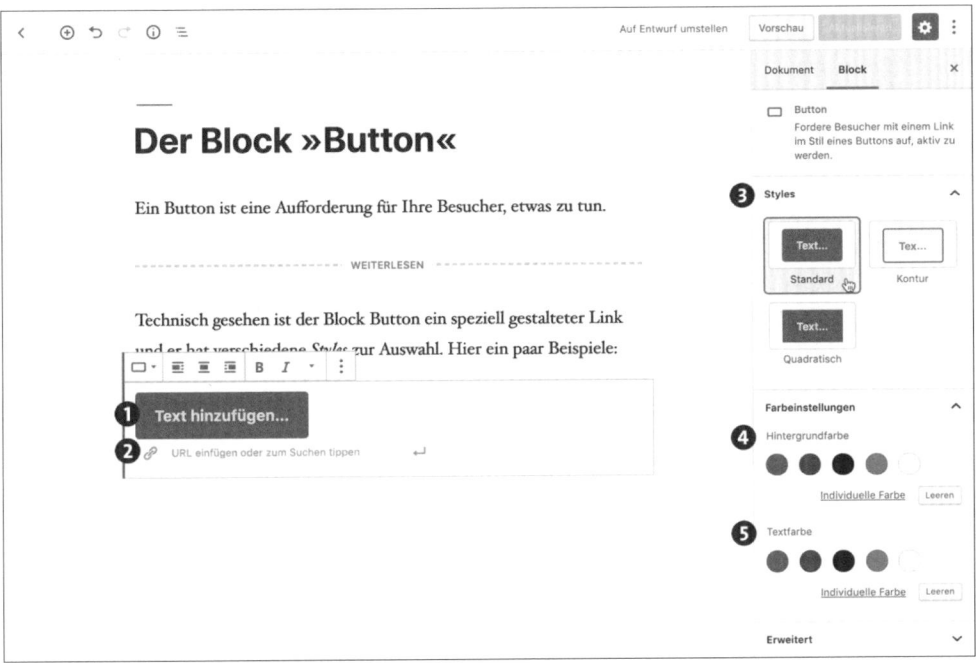

Abbildung 9.19 Der Block »Button« und seine möglichen Einstellungen

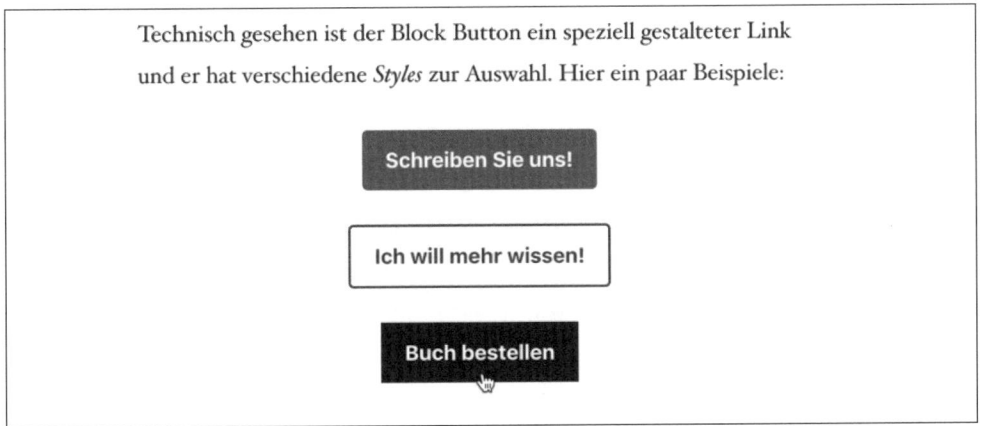

Abbildung 9.20 Ein paar Beispiele für gestaltete Buttons

Sie können den Block BUTTON natürlich auch mit anderen Blöcken kombinieren. In Abbildung 9.21 sehen Sie einen Button in der Textspalte eines Blocks MEDIEN UND TEXT.

Abbildung 9.21 Ein Button in einem Block »Medien und Text«

Weitere WordPress-Blöcke in der Übersicht

Zum Lieferumfang von WordPress gehören noch ein paar weitere Blöcke, die ich hier kurz vorstellen möchte:

▶ Der Block *Tabelle* ermöglicht das Einfügen von einfachen Tabellen, die mit verschiedenen Styles gestaltet werden können.

▶ Mit dem Block *Datei* kann man auf Seiten und Beiträgen z. B. PDF-Dateien aus der Mediathek einfügen und zum Download anbieten.

▶ Der Block *Vers* ähnelt dem normalen Absatz-Block. Der wichtigste Unterschied: wenn man im Vers-Block ⏎ drückt, wird kein neuer Block erzeugt, sondern im Block selbst eine neue Zeile eingefügt. Das ist sehr praktisch für Songtexte, Gedichte und Verse.

Das Block-System von WordPress wird wie gesagt ständig weiterentwickelt, und es werden auch neue Blöcke hinzukommen. Ein Kandidat ist z. B. der Block *Gruppe*, mit dem man andere Blöcke gruppieren kann.

9.6 »Wiederverwendbare Blöcke«: Blöcke recyceln

Ein ausgesprochen nützliches Feature des neuen Block-Editors ist die Funktion *Wiederverwendbare Blöcke*, die ein praktisches Recycling von Blöcken ermöglicht.

Sie können einen Block oder eine Gruppe von Blöcken als wiederverwendbaren Block speichern und diesen dann in Dokumente einfügen, was eine Menge Tipp- und Konfigurationsarbeit erspart.

Es gibt zwei Möglichkeiten, wiederverwendbare Blöcke einzusetzen:

▶ Als zentral gesteuerter Baustein:
  – Sie erstellen einen wiederverwendbaren Block.
  – Sie fügen ihn in beliebig viele Seiten und Beiträge ein.
  – Sie ändern den Inhalt des wiederverwendbaren Blocks.
  – Alle bereits eingefügten Instanzen werden ebenfalls geändert.

▶ Als zeitsparende Vorlage:
  – Sie erstellen einen wiederverwendbaren Block.
  – Sie fügen ihn in eine Seite oder einen Beitrag ein.
  – Sie verwandeln ihn in einen normalen Block und ändern dessen Inhalt.
  – Nur dieser eine Block wird geändert.

Diese beiden Anwendungsmöglichkeiten möchte ich Ihnen im Folgenden zeigen, aber im ersten Schritt sehen Sie, wie man wiederverwendbare Blöcke erstellt.

9.6.1 Schritt 1: Einen wiederverwendbaren Block erstellen

In diesem Schritt erstellen Sie einen wiederverwendbaren Block, der einfach aus zwei Absatz-Blöcken mit Blindtext besteht:

Überall dieselbe alte Leier. Das Layout ist fertig, der Text lässt auf sich warten. Damit das Layout nun nicht nackt im Raume steht und sich klein und leer vorkommt, springe ich ein: der Blindtext.

Genau zu diesem Zwecke erschaffen, immer im Schatten meines großen Bruders »Lorem Ipsum«, freue ich mich jedes Mal, wenn Sie ein paar Zeilen lesen. Denn esse est percipi – Sein ist wahrgenommen werden.

Diesen Text können Sie dann in Seiten und Beiträge einfügen, bis der richtige Text fertig ist. Abbildung 9.22 zeigt den Vorgang im Überblick.

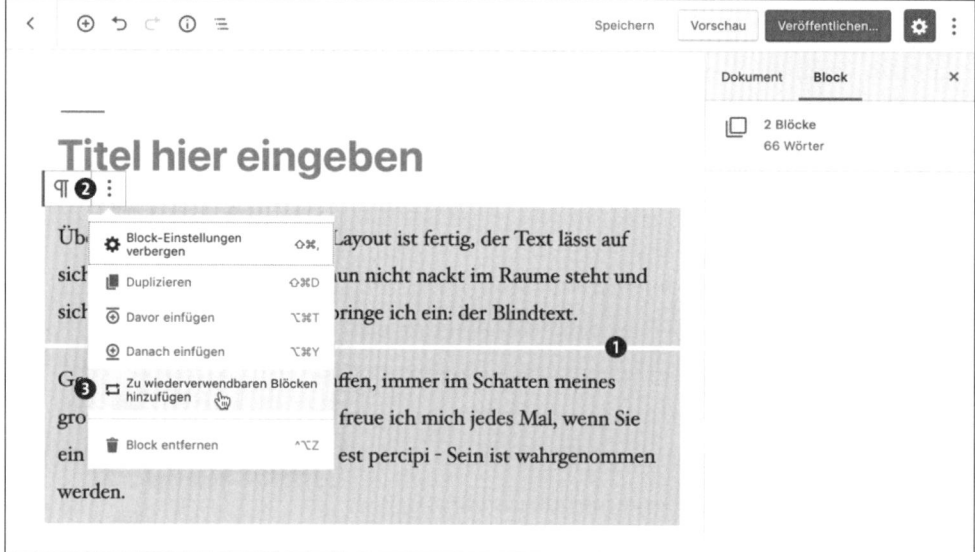

Abbildung 9.22 Markierte Blöcke als wiederverwendbaren Block speichern

Im folgenden ToDo erstellen Sie einen wiederverwendbaren Block.

ToDo: Einen wiederverwendbaren Block erstellen

1. Markieren Sie die Blöcke, die Sie als wiederverwendbaren Block speichern möchten ❶ (siehe Abbildung 9.22). Falls es die Blöcke noch nicht gibt, können Sie sie auch in einem neuen Dokument erstellen.
2. Klicken Sie in der Block-Symbolleiste auf das 3-Punkte-Menü ❷.
3. Wählen Sie den Befehl ZU WIEDERWENDBAREN BLÖCKEN HINZUFÜGEN ❸.
4. Geben Sie in das Feld NAME einen Namen ein, unter dem Sie den wiederverwendbaren Block speichern möchten, z. B. »Blindtext – Überall dieselbe alte Leier« (siehe Abbildung 9.23).
5. Klicken Sie auf die Schaltfläche SPEICHERN, um den wiederverwendbaren Block zu speichern.

Nach diesem ToDo haben Sie einen wiederverwendbaren Block gespeichert und können diesen in beliebige Seiten und Beiträge einfügen.

Abbildung 9.23 Einen wiederverwendbaren Block speichern

9.6.2   Schritt 2: Einen wiederverwendbaren Block einfügen

Nach dem Speichern erscheinen wiederverwendbare Blöcke in der Blockauswahl in der Kategorie WIEDERVERWENDBAR und können wie jeder andere Block auch in ein Dokument eingefügt werden (siehe Abbildung 9.24).

Abbildung 9.24 Wiederverwendbare Blöcke in der Blockauswahl

In diesem ToDo fügen Sie den im ersten Schritt erstellten wiederverwendbaren Block in mehrere Beiträge oder Seiten ein.

ToDo: Einen wiederverwendbaren Block einfügen

1. Öffnen Sie einen Beitrag oder eine Seite im Editor.

2. Platzieren Sie den Cursor an einer Stelle, an der Sie den wiederverwendbaren Block einfügen möchten.

3. Fügen Sie den Block ein, z. B. indem Sie in einen leeren Block einen Schrägstrich und den Anfang des Namens eingeben: »/blindtext«.

4. Klicken Sie auf den gewünschten Block, oder bestätigen Sie die Auswahl mit [↵].

5. Speichern Sie die Änderung in dem Beitrag oder der Seite.

6. Wiederholen Sie die Schritte 1 bis 5 für ein oder mehrere andere Beiträge oder Seiten, sodass der wiederverwendbare Block an mehreren Stellen eingefügt wurde.

Nach diesem ToDo ist der wiederverwendbare Block in mehrere Dokumente eingefügt worden. Wiederverwendbare Blöcke erkennt man an dem Recycling-Symbol rechts oben im Block. Wenn Sie den Mauszeiger auf dieses Symbol bewegen, erscheint der komplette Name des Blocks in einem Tooltip (siehe Abbildung 9.25).

Abbildung 9.25 Ein wiederverwendbarer Block in einem Beitrag

9.6.3   Schritt 3: Einen wiederverwendbaren Block bearbeiten

Richtig praktisch werden die wiederverwendbaren Blöcke durch die Möglichkeit, sie nachträglich ändern zu können. In Abbildung 9.26 wird ein dritter Block mit Blindtext hinzugefügt. Alle bisher eingefügten Instanzen des Blocks werden dann ebenfalls automatisch geändert.

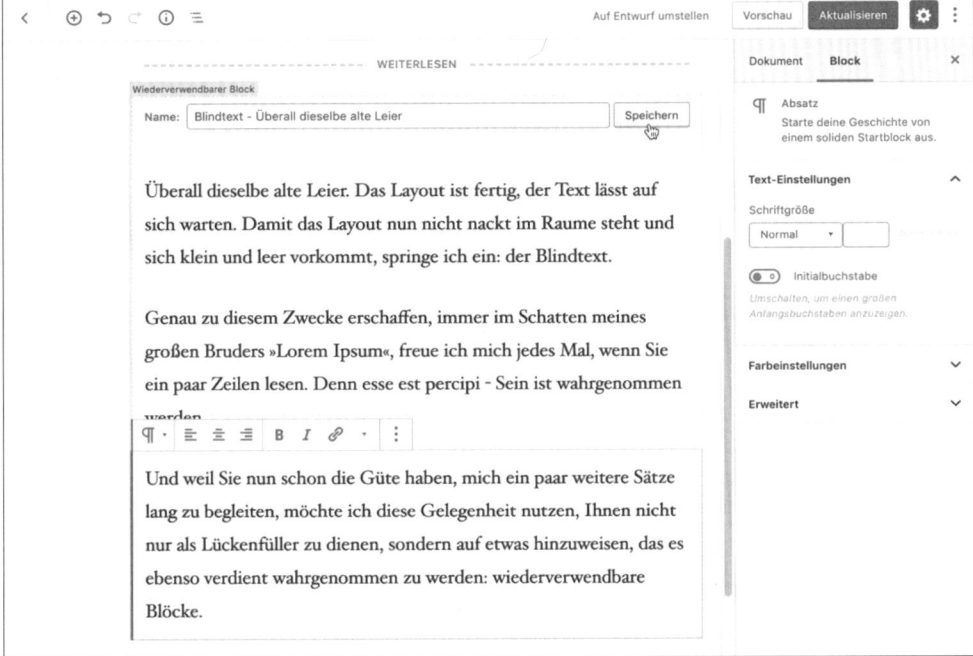

Abbildung 9.26 Einen wiederverwendbaren Block bearbeiten

Im folgenden ToDo bearbeiten Sie einen wiederverwendbaren Block und speichern die Änderungen, sodass sich alle Instanzen des Blocks geändert haben.

ToDo: Einen wiederverwendbaren Block bearbeiten

1. Öffnen Sie einen Beitrag oder eine Seite mit einem wiederverwendbaren Block im Editor.
2. Markieren Sie den wiederverwendbaren Block.
3. Klicken Sie auf die Schaltfläche BEARBEITEN, die neben dem Feld NAME rechts oben im markierten Block erscheint.
4. Die Schaltfläche heißt jetzt SPEICHERN, und Sie können Titel und Inhalt des Blocks ändern.
5. Ändern Sie den Inhalt des wiederverwendbaren Blocks, indem Sie z. B. einen Absatz-Block hinzufügen (siehe Abbildung 9.26).
6. Bestätigen Sie die Änderungen mit einem Klick auf die Schaltfläche SPEICHERN rechts neben dem Namen des Blocks.

Die Änderungen am Block werden nicht nur in diesem Dokument, sondern im wieder-verwendbaren Block selbst gespeichert, und alle anderen eingefügten Instanzen des Blocks haben sich ebenfalls geändert (siehe Abbildung 9.27).

Abbildung 9.27 Alle Instanzen des wiederverwendbaren Blocks wurden geändert.

9.6.4 Wiederverwendbare Blöcke als Vorlage: »In normalen Block umwandeln«

Bis jetzt haben Sie die wiederverwendbaren Blöcke als zentral gesteuerten Textbaustein verwendet und gesehen, wie eine Änderung am wiederverwendbaren Block in allen ein-gefügten Instanzen erscheint.

In diesem Schritt benutzen Sie einen wiederverwendbaren Block als Vorlage und ver-wandeln ihn zunächst in einen normalen Block (siehe Abbildung 9.28). Auf diese Weise wirken sich darauffolgende Änderungen des Inhalts nur an dieser Stelle aus.

Im folgenden ToDo verwandeln Sie einen wiederverwendbaren Block in normale Blöcke und bearbeiten diese dann wie gewohnt.

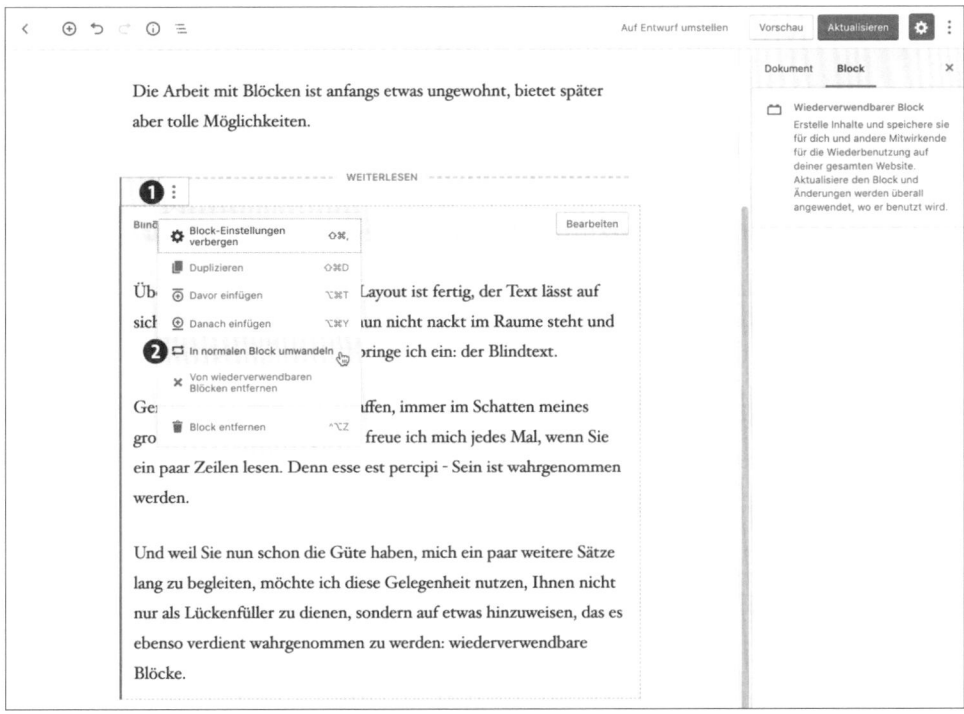

Abbildung 9.28 Wiederverwendbaren Block in einen normalen umwandeln

---

ToDo: Wiederverwendbaren Block »In normalen Block umwandeln«

1. Öffnen Sie einen Beitrag oder eine Seite mit einem wiederverwendbaren Block im Editor.
2. Markieren Sie den wiederverwendbaren Block.
3. Klicken Sie in der Block-Symbolleiste auf das 3-Punkte-Menü ❶ (siehe Abbildung 9.28).
4. Wählen Sie den Befehl In normalen Block umwandeln ❷.
5. Nach diesem Befehl wird der wiederverwendbare Block in normale Blöcke verwandelt. Im Beispiel gibt es dann drei ganz normale Absatz-Blöcke, die Sie ändern, bearbeiten oder auch löschen können.

In Abbildung 9.29 wurde der wiederverwendbare Block *Blindtext – Überall dieselbe Leier* in normale Blöcke umgewandelt. Anschließend wurde der zweite Absatz-Block gelöscht.

Diese Bearbeitung gilt nur in diesem einen Beitrag. Der wiederverwendbare Block selbst und alle woanders eingefügten Instanzen bleiben unverändert.

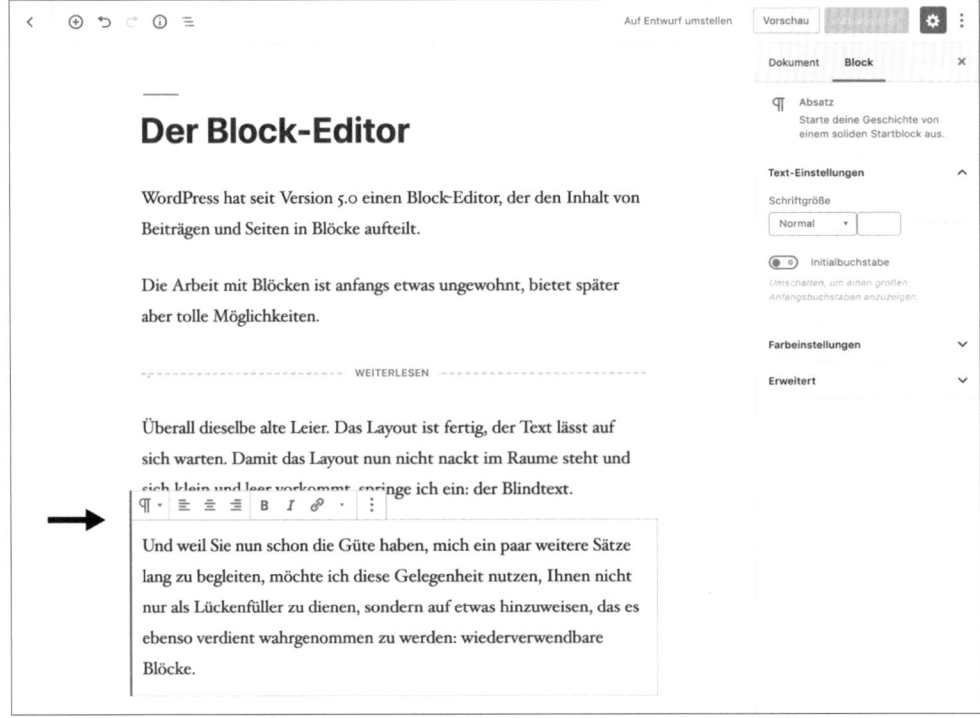

Abbildung 9.29 Der wiederverwendbare Block wurde zu normalen Blöcken.

9.7   Auf einen Blick

Die wichtigsten Themen noch einmal im Überblick:

▶ Der Block COVER enthält ein Hintergrundbild mit Text-Blöcken und dient als Blickfang.

▶ Mit dem Block SPALTEN lassen sich mehrspaltige Layouts im Inhaltsbereich realisieren. Bei der Navigation innerhalb dieser Layouts hilft die Block-Navigation.

▶ Mit den Blöcken ZITAT und PULLQUOTE kann man kurze Textpassagen hervorheben.

▶ Der Block MEDIEN UND TEXT dient zum schnellen Nebeneinanderstellen von Bild oder Video und Text-Blöcken.

▶ Der Block BUTTON erstellt einen speziell gestalteten Link, der eine Aufforderung für Ihre Besucher enthält.

▶ *Wiederverwendbare Blöcke* sind eine sehr nützliche Funktion, die den Einsatz von Blöcken als zentral gesteuerten Baustein oder als Vorlage ermöglicht.

Kapitel 10
Quelltext: HTML im Editor von WordPress

Worin Sie die wichtigsten HTML-Elemente kennenlernen, erfahren, wie sie aufgebaut sind und wie man im Editor von WordPress damit arbeiten kann.

Die Themen im Überblick:

▶ Der Aufbau von HTML-Elementen, Seite 279

▶ HTML-Elemente im Editor von WordPress, Seite 284

▶ HTML für Überschriften, Absätze und Hervorhebungen, Seite 286

▶ Listen: Aufzählungen und Nummerierungen, Seite 289

▶ Links, Bilder und andere nützliche HTML-Elemente, Seite 294

▶ Auf einen Blick, Seite 299

Jede der Milliarden von Webseiten ist in einer Sprache namens HTML geschrieben. Der visuelle Editor von WordPress erzeugt dieses HTML für Sie automatisch im Hintergrund. Diese automatische Übersetzung funktioniert im Großen und Ganzen recht gut, aber trotzdem ist es manchmal nützlich, selbst Hand anlegen zu können.

Kurzum: HTML-Grundlagenkenntnisse helfen Ihnen beim Schreiben von Beiträgen und Seiten und sind manchmal sogar notwendig.

10.1 Der Aufbau von HTML-Elementen

HTML ist die Kurzform für **H**yper**T**ext **M**arkup **L**anguage. Das stimmt zwar, ist aber nicht sonderlich aussagekräftig, und deshalb soll die Abkürzung hier etwas genauer erläutert werden:

▶ HT wie Hypertext heißt nichts anderes, als dass man mit HTML Links erstellen kann. Hypertext ist Text mit Hyperlinks.

► M wie Markup steht für *auszeichnen*, und zwar im Sinne von *Ware auszeichnen*, also Etiketten an etwas drankleben.

► L wie Language bedeutet, dass HTML eine Sprache ist und es dementsprechend Vokabeln und Grammatikregeln gibt.

In diesem Abschnitt erstellen Sie zunächst einen neuen Beitrag im visuellen Editor, schauen sich anschließend den Quelltext im Browser an und lernen dabei den Aufbau von HTML-Elementen kennen.

10.1.1   Einen neuen Beitrag erstellen

Zunächst erstellen Sie einen neuen Beitrag, der auf der Einleitung zu diesem Abschnitt basiert. Abbildung 10.1 zeigt den neuen Beitrag im visuellen Editor von WordPress.

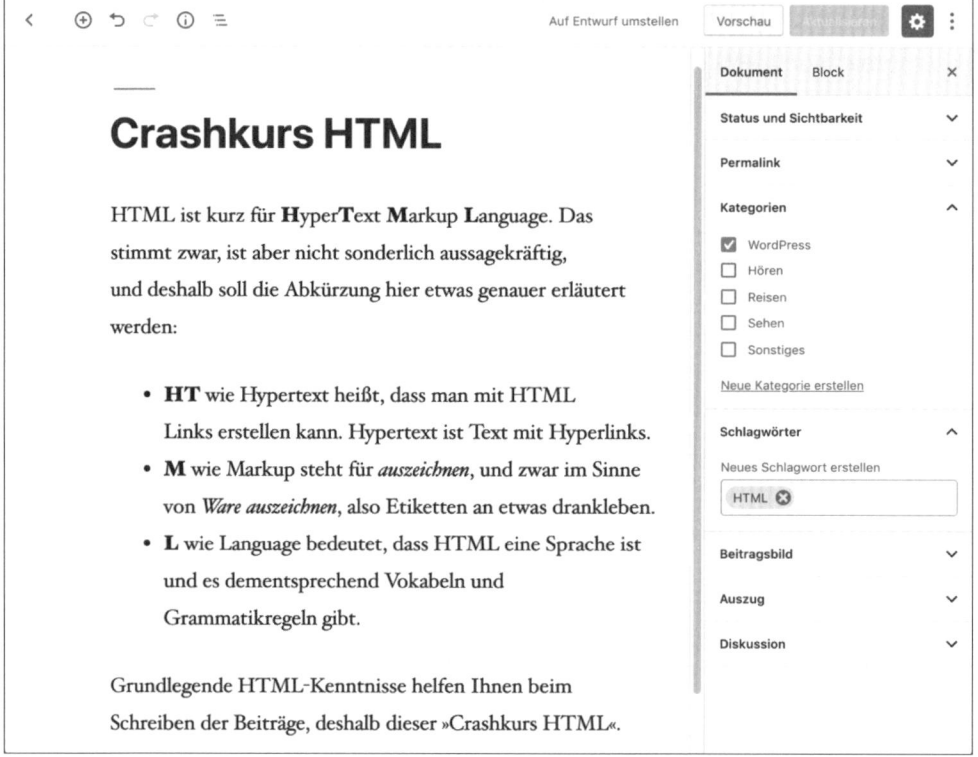

Abbildung 10.1 Der neue Beitrag im visuellen Editor

ToDo: Einen neuen Beitrag erstellen

1. Erstellen Sie einen neuen Beitrag.
2. Fügen Sie einen Titel ein, zum Beispiel »Crashkurs HTML«.
3. Geben Sie den Text aus Abbildung 10.1 ein.
4. Prüfen Sie den Permalink, und weisen Sie dem Beitrag eine Kategorie sowie falls gewünscht Schlagwörter zu.
5. Um den Beitrag im Frontend sichtbar zu machen, klicken Sie auf VERÖFFENTLICHEN... .

Der Beitrag sieht im Frontend so ähnlich aus wie in Abbildung 10.2.

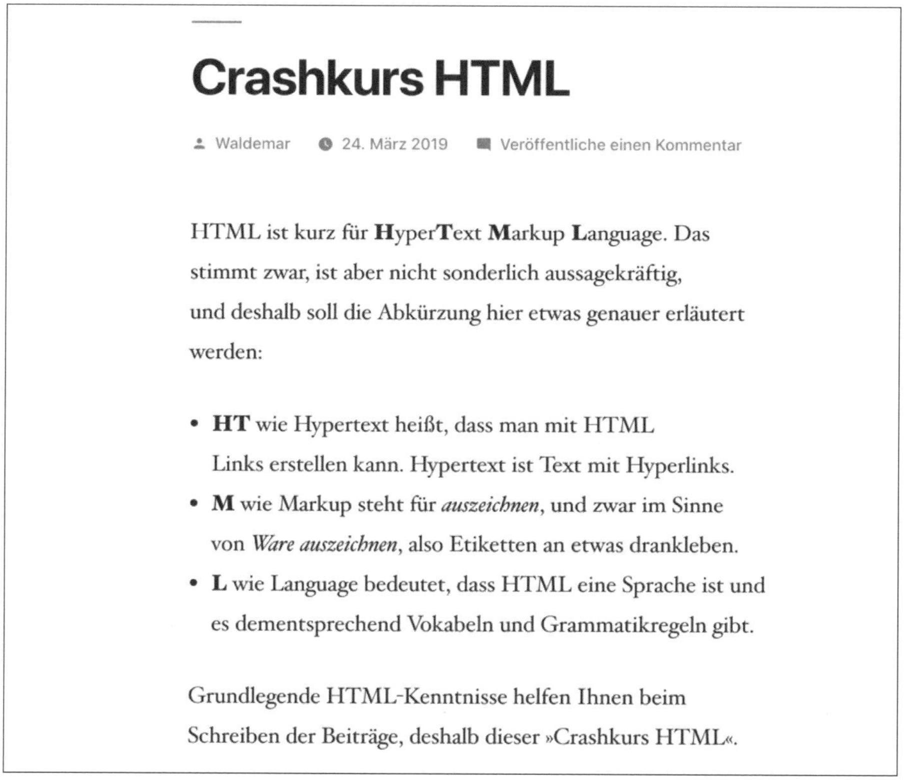

Crashkurs HTML

👤 Waldemar   🕐 24. März 2019   💬 Veröffentliche einen Kommentar

HTML ist kurz für **H**yper**T**ext **M**arkup **L**anguage. Das stimmt zwar, ist aber nicht sonderlich aussagekräftig, und deshalb soll die Abkürzung hier etwas genauer erläutert werden:

- **HT** wie Hypertext heißt, dass man mit HTML Links erstellen kann. Hypertext ist Text mit Hyperlinks.
- **M** wie Markup steht für *auszeichnen*, und zwar im Sinne von *Ware auszeichnen*, also Etiketten an etwas drankleben.
- **L** wie Language bedeutet, dass HTML eine Sprache ist und es dementsprechend Vokabeln und Grammatikregeln gibt.

Grundlegende HTML-Kenntnisse helfen Ihnen beim Schreiben der Beiträge, deshalb dieser »Crashkurs HTML«.

Abbildung 10.2 Der neue Beitrag im Frontend

10.1.2   Quelltext im Browser anschauen

Im allerersten Kapitel dieses Buches haben Sie in Abschnitt 1.1.4, »Webseiten bestehen aus Quelltext – WordPress schreibt ihn für Sie«, gesehen, dass Sie sich den Quelltext einer Webseite im Browser anschauen können, indem Sie einfach mit der rechten

Maustaste irgendwo im Browserfenster auf die Webseite klicken und im Kontextmenü einen Befehl wie Quellcode anzeigen oder Seitenquelltext anzeigen suchen.

Der Quelltext einer kompletten Webseite ist oft etwas überwältigend, und deshalb konzentrieren Sie sich im Folgenden immer nur auf einen kleinen Teil davon, und die Befehle im Kontextmenü dazu heißen je nach Browser Element untersuchen oder einfach nur Untersuchen.

Im folgenden ToDo schauen Sie sich den Quelltext für den ersten Absatz des eben erstellten Beitrags an.

ToDo: Den Quelltext im Browser untersuchen

1. Öffnen Sie die Einzelansicht für den weiter oben erstellten Beitrag in einem Browser.
2. Klicken Sie mit der rechten Maustaste auf den letzten Absatz des Beitrags (❶, siehe Abbildung 10.3).
3. Wählen Sie im Kontextmenü einen Befehl namens Element untersuchen ❷ (Firefox) oder Untersuchen (Chrome).
4. Der Quelltext für den im Browserfenster angeklickten Absatz erscheint in einem eigenen Fensterbereich ❸. Klicken Sie falls nötig auf das kleine Dreieck vor `<p>`, um den Inhalt des Absatzes zu sehen.

Abbildung 10.3 zeigt das Ergebnis dieses ToDos: oben der Beitrag mit dem Kontextmenü und darunter links der Fensterbereich mit dem HTML-Quelltext.

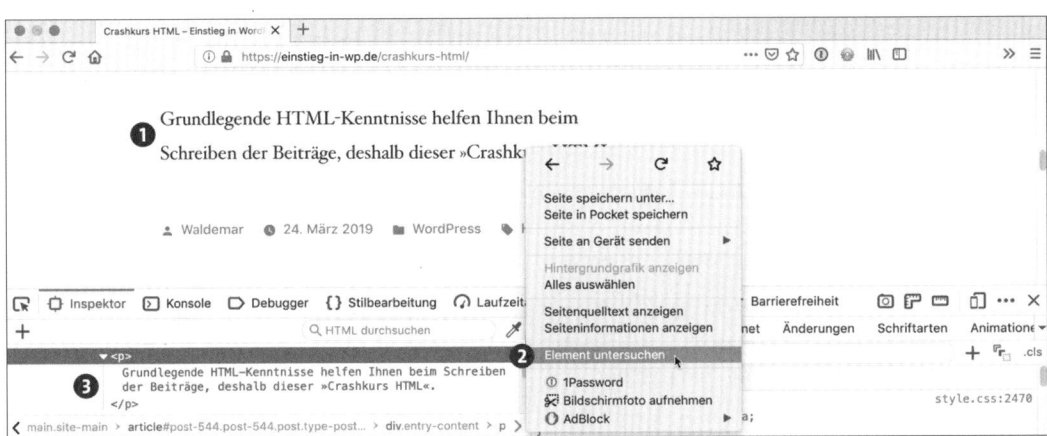

Abbildung 10.3 Quelltext für den angeklickten Bereich anzeigen (in Firefox)

10.1.3   HTML-Elemente bestehen aus Anfangs-Tag, Inhalt und Ende-Tag

Listing 10.1 zeigt den HTML-Quellcode für den Absatz aus Abbildung 10.3:

```
<p>Grundlegende HTML-Kenntnisse helfen Ihnen beim Schreiben der Beiträge,
   deshalb dieser »Crashkurs HTML«.</p>
```

Listing 10.1 Der Quelltext für den letzten Absatz des Beitrags

Ein normaler Fließtextabsatz beginnt im Quelltext mit `<p>` und endet mit `</p>`. Das sind *Tags* (*tähgs* gesprochen), was auf Deutsch so viel heißt wie *Etikett* oder *Preisschild*. Der Aufbau des Quelltextes aus Listing 10.1 ist also wie folgt:

- Die *Tags* `<p>` und `</p>` kennzeichnen Anfang und Ende eines Elements. Das Ende-Tag unterscheidet sich vom Anfangs-Tag dabei durch einen vorangestellten Schrägstrich.
- Das *Element* selbst heißt p, kurz für *paragraph*, auf Deutsch *Absatz*. Die Namen der HTML-Elemente sind meistens Abkürzungen für einen englischen Begriff.

Das Anfangs-Tag `<p>` heißt für den Browser frei übersetzt: »Hier beginnt ein Absatz«, das Ende-Tag `</p>` dementsprechend: »Hier ist ein Absatz zu Ende.« Abbildung 10.4 zeigt das in einer schematischen Darstellung.

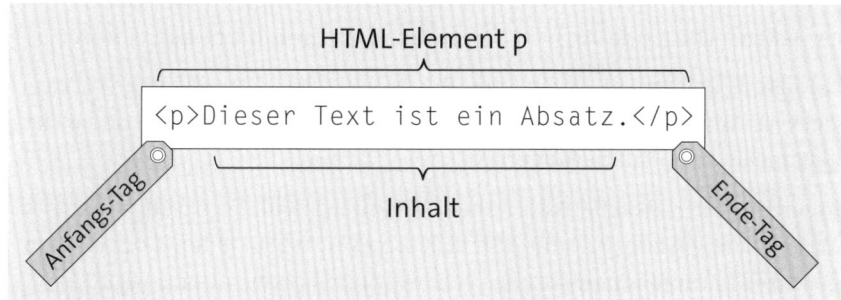

Abbildung 10.4 Schematischer Aufbau eines HTML-Elements im Quelltext

Ein *HTML-Element* besteht im Quelltext also aus drei Teilen:

- dem *Anfangs-Tag* in spitzen Klammern: `<p>`
- dem *Inhalt*: `Dieser Text ist ein Absatz`.
- dem *Ende-Tag* in spitzen Klammern und mit Schrägstrich: `</p>`

Alle drei Teile zusammen ergeben ein HTML-Element, und HTML-Elemente sind im Browserfenster immer rechteckige Kästchen. Alle Texte und Grafiken einer Webseite liegen in solchen Kästchen. Ohne Ausnahme. Eine Webseite besteht also buchstäblich aus kleinen rechteckigen Kästchen, und in gewisser Weise greift WordPress diese Tatsache mit dem Prinzip der Blöcke wieder auf.

HTML-Elemente werden per CSS gestaltet

Zur Gestaltung von HTML-Elementen gibt es eine Sprache namens CSS (*Cascading Stylesheets*). Bei WordPress wird das CSS zur Gestaltung der Webseiten im Theme gespeichert, und zwar in einer Datei namens *styles.css*.

Beim Schreiben von Beiträgen oder Seiten im Editor von WordPress erstellen Sie also bildlich gesprochen rechteckige Kästchen, in denen die Buchstaben und Bilder aufbewahrt werden. Diese rechteckigen Kästchen werden quasi per Fernsteuerung vom für dieses Theme gespeicherten CSS gestaltet.

10.2   HTML-Elemente im Editor von WordPress

Bevor ich Ihnen die wichtigsten HTML-Elemente vorstelle, möchte ich Ihnen kurz zeigen, wie und wo sie Ihnen bei der täglichen Arbeit im WordPress-Editor begegnen.

10.2.1   Visueller Editor: Die Code-Ansicht für einen einzelnen Block aktivieren

Der visuelle Editor teilt den Inhalt in einzelne Blöcke auf, aber ein einzelner Absatz-Block hat eine gewisse Ähnlichkeit mit Word: Man schreibt Text, markiert ihn und weist ihm dann die gewünschten Formatierungen zu.

Anders als Word erzeugt der visuelle Editor aber im Hintergrund das für die Webseite benötigte HTML. Im visuellen Editor können Sie sich dieses HTML für jeden Block einzeln anzeigen lassen und es dann falls gewünscht auch bearbeiten (siehe Abbildung 10.5):

► Setzen Sie den Cursor in den gewünschten Block ❶.

► Klicken Sie in der Symbolleiste auf das 3-Punkte-Menü für weitere Optionen ❷.

► Wählen Sie im Menü den Befehl ALS HTML BEARBEITEN ❸.

Nach diesen Schritten sehen Sie das für den Block im Hintergrund erzeugte HTML. Abbildung 10.6 zeigt einen Block in der Code-Ansicht.

Um den Block wieder visuell zu bearbeiten, platzieren Sie den Cursor im Block ❹, klicken auf das 3-Punkte-Menü ❺ und wählen im Menü den Befehl VISUELL BEARBEITEN ❻.

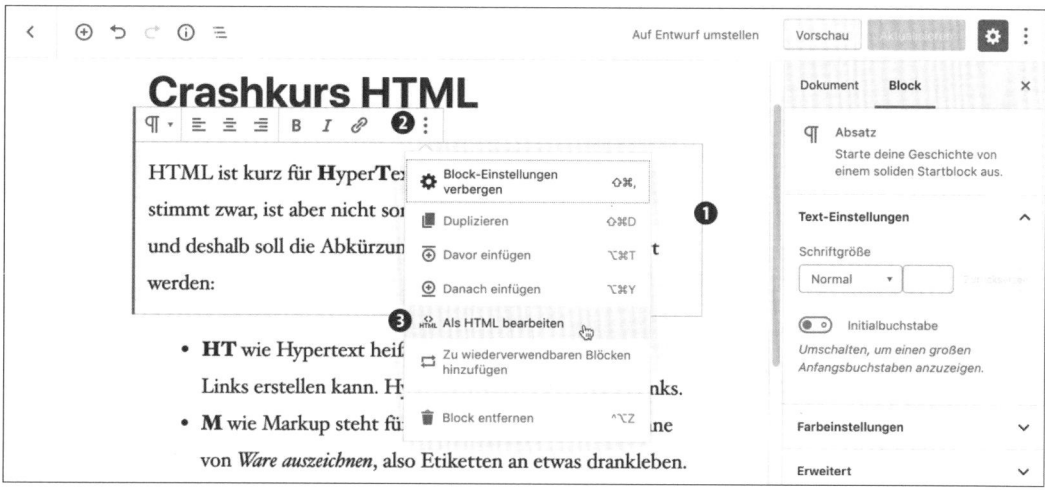

Abbildung 10.5 Das HTML für einen Block anzeigen lassen

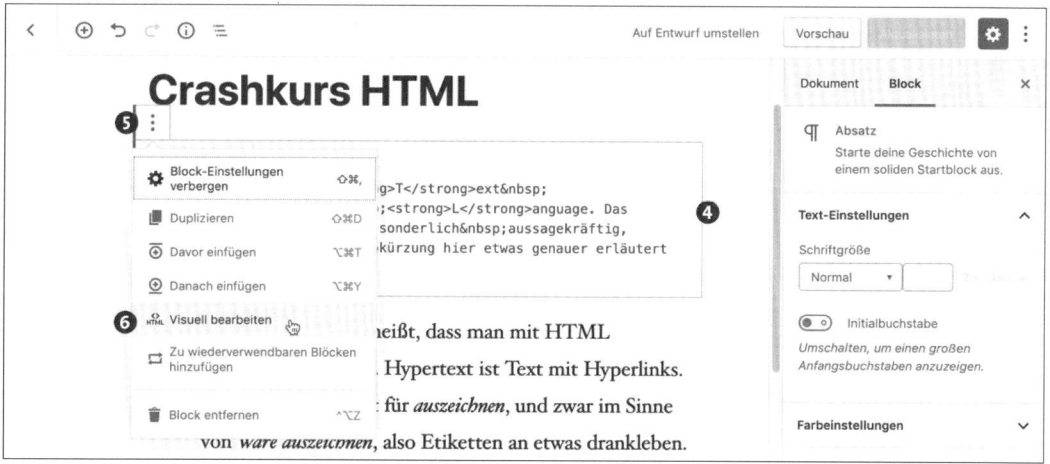

Abbildung 10.6 Einen Block wieder visuell bearbeiten

10.2.2   Den Code-Editor für den ganzen Beitrag aktivieren

Sie können aber nicht nur einzelne Blöcke im Code-Editor aufrufen, sondern auch den gesamten Beitrag:

▶ Klicken Sie in der Editorleiste rechts oben auf das 3-Punkte-Menü ❶.

▶ Wählen Sie im Menü den Befehl CODE-EDITOR ❷.

Danach sehen Sie im Inhaltsbereich einen Code-Editor ❸ und darin den Quelltext für alle Blöcke dieses Beitrags (siehe Abbildung 10.7). Sie können den Quelltext hier nicht nur anschauen, sondern auch direkt bearbeiten. Zurück in die visuelle Ansicht geht es mit dem Befehl VISUELLER EDITOR im 3-Punkte-Menü der Editorleiste.

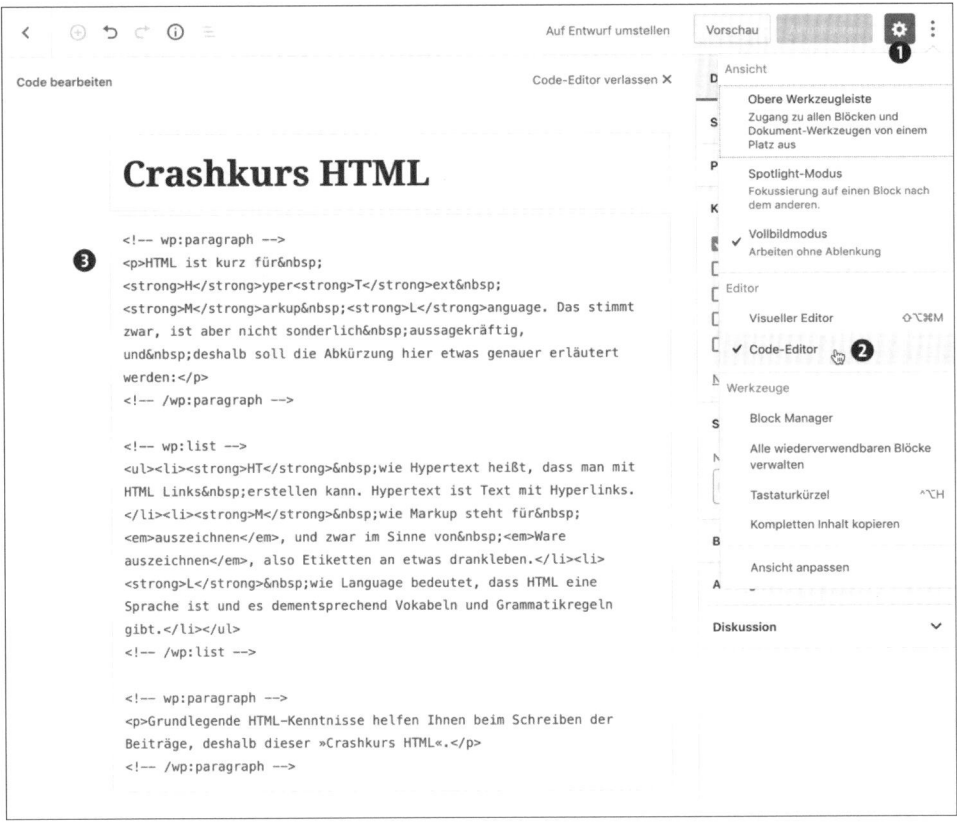

Abbildung 10.7 Der Beitrag im Code-Editor

10.3 HTML für Überschriften, Absätze und Hervorhebungen

In diesem Abschnitt lernen Sie die HTML-Elemente für Überschriften, Absätze und Hervorhebungen kennen.

10.3.1 Überschriften und Zwischenüberschriften

Zwischenüberschriften geben einer Webseite Struktur und machen den Text, wie Sie in Abschnitt 6.3.2 gesehen haben, leichter lesbar. HTML kennt insgesamt sechs verschiedene Elemente für Überschriften, von h1 bis h6. Das *h* steht für *heading* (Überschrift), die Zahl dahinter für die Gliederungsebene. h2 bedeutet also nicht »die zweite Überschrift im Text«, sondern »eine Überschrift der zweiten Gliederungsebene«, und es kann auf einer Webseite durchaus mehrere h2-Überschriften geben.

In der Symbolleiste für einen Block Überschrift finden Sie mit h2 bis h4 die meist benutzten Überschriftebenen ❶, in den Einstellungen für den Block ❷ haben Sie die gesamte Palette zur Auswahl ❸ (siehe Abbildung 10.8).

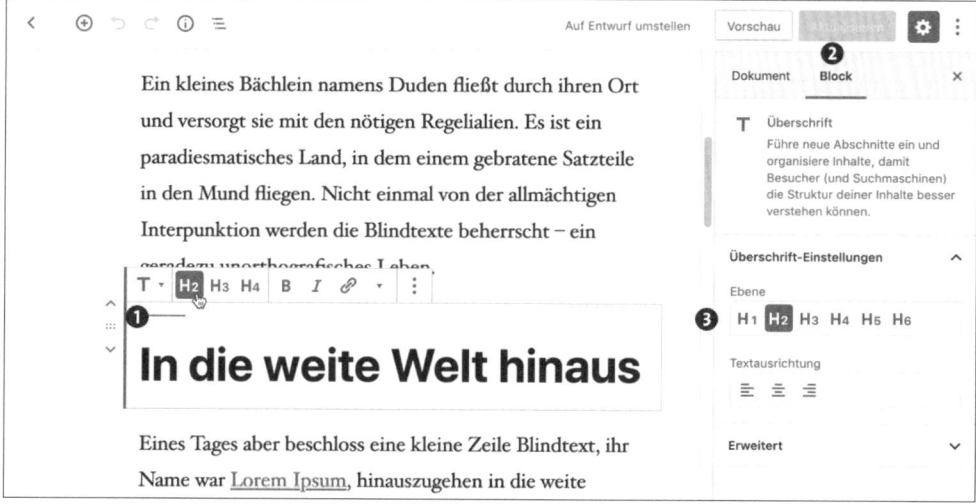

Abbildung 10.8 Die Überschriftebenen von HTML im Editor

Die Gliederungsebene für den Titel einer Seite oder eines Beitrags vergibt WordPress automatisch. Die Hauptüberschrift auf einer Seite oder in der Einzelansicht eines Beitrags ist in den meisten Themes eine h1-Überschrift. Wenn der Titel die Ebene h1 hat, beginnen Zwischenüberschriften mit der Ebene h2.

10.3.2   Absätze und Hervorhebungen: »p«, »strong« und »em«

Zwischen den Überschriften steht der Fließtext, und der besteht zu einem großen Teil aus Absätzen, Hervorhebungen und Listen.

Das wahrscheinlich am häufigsten verwendete HTML-Element ist p, kurz für *paragraph*, auf Deutsch »Absatz«. Jeder normale Fließtextabsatz auf einer Webseite wird mit <p> eingeleitet und mit </p> beendet – Sie haben es in diesem Kapitel bereits kennengelernt.

Im visuellen Editor von WordPress wird das p-Element vom Block Absatz erzeugt (siehe Abbildung 10.9).

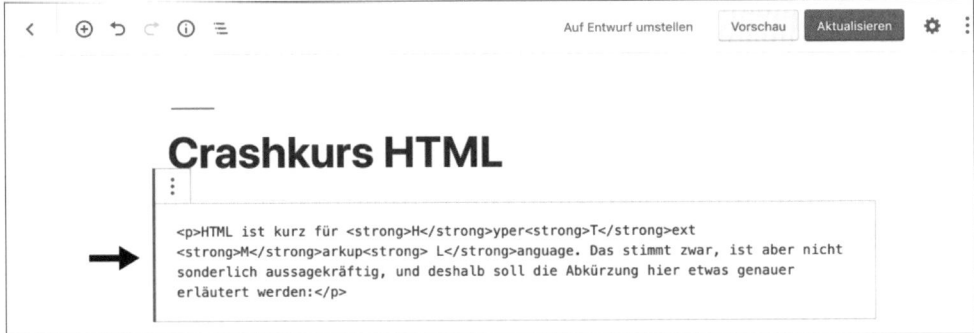

Abbildung 10.9 Der Block »Absatz« erzeugt das HTML-Element »p«.

In der Symbolleiste für einen Absatz-Block finden Sie die Symbole B für fett und I für kursiv. Diese Symbole erzeugen die Elemente strong bzw. em; sie sind zur inhaltlichen Hervorhebung von Text gedacht:

▶ strong bedeutet »stark hervorheben« und wird in visuellen Browsern meist **fett** dargestellt.

▶ em hingegen steht für *emphasize*, auf Deutsch »betonen«. em wird meist *kursiv* dargestellt.

Als Faustregel benutzen Sie strong, um den Text bereits vor dem Lesen hervorzuheben, und em, wenn er erst *während* des Lesens auffallen soll. Unterstreichungen werden auf Webseiten in der Regel nicht eingesetzt, da eine Unterstreichung signalisiert, dass der Text ein Link und somit anklickbar ist.

10.3.3 HTML-Elemente verschachteln: zuerst geöffnet, zuletzt geschlossen

Der visuelle Editor von WordPress macht es meist von alleine richtig, aber es soll trotzdem kurz erwähnt werden, dass es beim Verschachteln von HTML-Elementen eine wichtige Grundregel gibt: Das zuerst geöffnete Element wird zuletzt geschlossen.

Hier ein Beispiel:

```
<p>Normal, <strong>fett, <em>fett und kursiv</em></strong>. Wieder normal.</p>
```

Die Elemente p, strong und em werden nacheinander geöffnet und in *umgekehrter* Reihenfolge geschlossen: em, strong, p. Die von den Elementen erzeugten Kästchen werden also wie russische Matroschka-Puppen ineinander verschachtelt: em steckt in strong, das wiederum im p-Kästchen sitzt. Grafisch dargestellt, sieht das so aus wie in Abbildung 10.10.

Abbildung 10.10 Verschachtelte Elemente – ein Kästchen in einem Kästchen in einem Kästchen

10.4   Listen: Aufzählungen und Nummerierungen

Listen sind ein wichtiges Stilmittel zur Strukturierung und Auflockerung von Fließtext auf Webseiten, denn die Aufzählungszeichen der Listenpunkte dienen beim Überfliegen der Seiten als Landeplätze für das Auge des Lesers. In HTML gibt es dazu geordnete und ungeordnete Listen, die in Microsoft Word *Aufzählung* bzw. *Nummerierung* heißen.

10.4.1   Aufzählungen: ungeordnete Listen mit »ul« und »li«

Eine Aufzählung besteht in HTML aus *zwei* Elementen:

▸ `<ul>` und `</ul>` kennzeichnen Beginn und Ende der Aufzählung.

▸ `<li>` und `</li>` markieren jedes Listenelement innerhalb der Aufzählung.

ul steht übrigens für *unordered list*, zu Deutsch »ungeordnete Liste«.

Abbildung 10.11 zeigt den Quelltext für den Listen-Block aus dem für dieses Kapitel erstellten Beitrag.

Abbildung 10.11 Ein Listen-Block in der Code-Ansicht

289

Listing 10.2 zeigt den HTML-Quelltext für die ungeordnete Liste aus Abbildung 10.11, etwas übersichtlicher dargestellt:

```
<ul>
  <li><strong>HT</strong> wie Hypertext ...</li>
  <li><strong>M</strong> wie Markup ...</li>
  <li><strong>L</strong> wie Language ... </li>
</ul>
```

Listing 10.2 Eine ungeordnete Liste, auch bekannt als Aufzählung

`<ul>` sagt dem Browser: »Hier beginnt eine ungeordnete Liste.« Zwischen `<li>` und `</li>` stehen dann die einzelnen Listenelemente, bevor die Liste mit `</ul>` beendet wird.

> **HTML erstellt die Liste, CSS gestaltet sie**
>
> Im HTML-Quellcode steht, *dass* der Text eine Aufzählung ist, aber nicht *wie* sie aussehen soll. Die HTML-Elemente ul und li sagen dem Text nur, dass er eine Aufzählung ist. Wie Liste und Aufzählungszeichen aussehen, wird vom CSS im verwendeten WordPress-Theme festgelegt.

10.4.2 Eine Nummerierung ist eine geordnete Liste

Geordnete Listen (engl. *ordered lists*) sind besser bekannt als *Nummerierungen* und werden verwendet, wenn die Reihenfolge der Listenelemente wichtig ist. Abbildung 10.12 zeigt die Liste im Editor als Nummerierung.

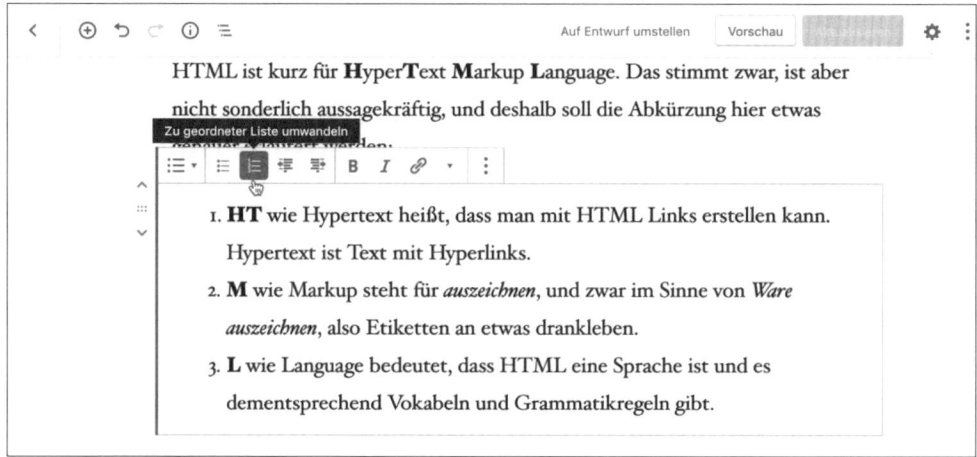

Abbildung 10.12 Die Liste im visuellen Editor mit einer Nummerierung

Im folgenden ToDo machen Sie die Aufzählung zu einer Nummerierung.

ToDo: Eine Aufzählung zur Nummerierung machen

1. Öffnen Sie den weiter oben erstellten Beitrag im Editor.
2. Setzen Sie den Cursor in den Block LISTE.
3. Klicken Sie in der oberen Symbolleiste auf das Symbol für eine Nummerierung.
4. Klicken Sie in der Editorleiste auf die Schaltfläche AKTUALISIEREN.

Nach diesem ToDo ist die Aufzählung im Browser zu einer Nummerierung geworden. Im HTML ist der Aufbau einer Nummerierung identisch mit dem ungeordneter Listen, lediglich das `ul` wird durch `ol`, kurz für *ordered list*, ersetzt:

```
<ol> <li><strong>HT</strong> wie Hypertext ... </li>
  <li><strong>M</strong> wie Markup ... </li>
  <li><strong>L</strong> wie Language ... </li>
</ol>
```

Listing 10.3 Eine geordnete Liste, auch bekannt als Nummerierung

10.4.3   Verschachtelte Listen: eine Liste in einer Liste

Listen können ineinander verschachtelt werden, und Abbildung 10.13 zeigt den weiter oben erstellten Beitrag, wobei der zweite Listenpunkt um eine eingeschobene Aufzählung ergänzt wurde.

Da verschachtelte Listen im Editor nicht immer ganz einfach zu erstellen sind, üben Sie das im folgenden ToDo einmal Schritt für Schritt.

ToDo: Eine verschachtelte Liste im visuellen Editor erstellen

1. Öffnen Sie den weiter oben erstellten Beitrag im Editor.
2. Setzen Sie den Cursor ans Ende von Nummerierungspunkt »2.«, hinter den Satzpunkt nach dem Wort »drankleben«.
3. Erstellen Sie mit ⏎ einen neuen Listenpunkt. Dieser erhält zunächst als durchlaufende Nummerierung ein »3.«.
4. Klicken Sie in der unteren Formatierungsleiste auf das Symbol LISTENELEMENT EINRÜCKEN ❶ (siehe Abbildung 10.13), um den Listenpunkt nach rechts einzurücken. Die Nummerierung für den Listenpunkt ändert sich dabei in »1.«.
5. Klicken Sie dann in der oberen Formatierungsleiste auf das Symbol AUFZÄHLUNG ❷, und fügen Sie etwas Text hinzu, z. B.: »HTML-Tags kleben bildlich gesprochen mitten im Text einer Webseite.«

---

6. Erstellen Sie mit ⏎ einen weiteren Absatz, und ergänzen Sie ein wenig Text, z. B.: »Tags (tähgs gesprochen) bedeutet auf Deutsch Etikett oder Preisschild.«

7. Klicken Sie oben in der Editorleiste auf AKTUALISIEREN, um die Änderungen zu speichern.

Abbildung 10.13 zeigt die verschachtelte Liste im visuellen Editor.

Abbildung 10.13 Eine verschachtelte Liste im visuellen Editor

---

Praktische Tastenkürzel zum Verändern der Listenebene

Der visuelle Editor von WordPress kennt zwei intuitive Tastenkürzel zum Ein- bzw. Ausrücken von Listenelementen:

▶ Leertaste, um ein Listenelement einzurücken

▶ ⟵ , um ein Listenelement auszurücken

Der Cursor muss dabei *ganz am Anfang* des Listenelements stehen, also *vor* dem allerersten Buchstaben. Andernfalls fügt Leertaste wie gewohnt eine Leerstelle ein und ⟵ löscht das Zeichen links vom Cursor.

10.4.4 Verschachtelte Listen im Quelltext

Listing 10.4 zeigt den Quelltext der verschachtelten Liste, den Sie im Browser oder im Code-Editor kontrollieren können:

```
<ol> <li><strong>HT</strong> wie Hypertext ... </li>
   <li><strong>M</strong> wie Markup ...
     <ul>
       <li>HTML-Tags kleben ...  </li>
       <li>»Tags« (<em>tähgs</em> gesprochen) ...  </li>
     </ul>
   </li>
   <li><strong>L</strong> wie Language ... </li>
</ol>
```

Listing 10.4 Eine verschachtelte Liste

Achten Sie darauf, dass in Listing 10.4 das `<li>` am Anfang des zweiten Listenelements, »M wie Markup«, erst einige Zeilen tiefer geschlossen wird, und zwar nach dem Ende der verschachtelten, inneren Liste.

Dieser Aufbau ist zwar logisch, denn die innere Liste ist ja ein Teil dieses Listenelements, aber nicht unbedingt intuitiv. Es scheint irgendwie ungewohnt, und viele HTML-Autoren schließen das Listenelement bereits vor der inneren Liste, aber das ist und bleibt falsch.

Zum besseren Verständnis zeigt Abbildung 10.14 ein Schema der ineinander verschachtelten Listenkisten aus dem oben dargestellten Beispiel.

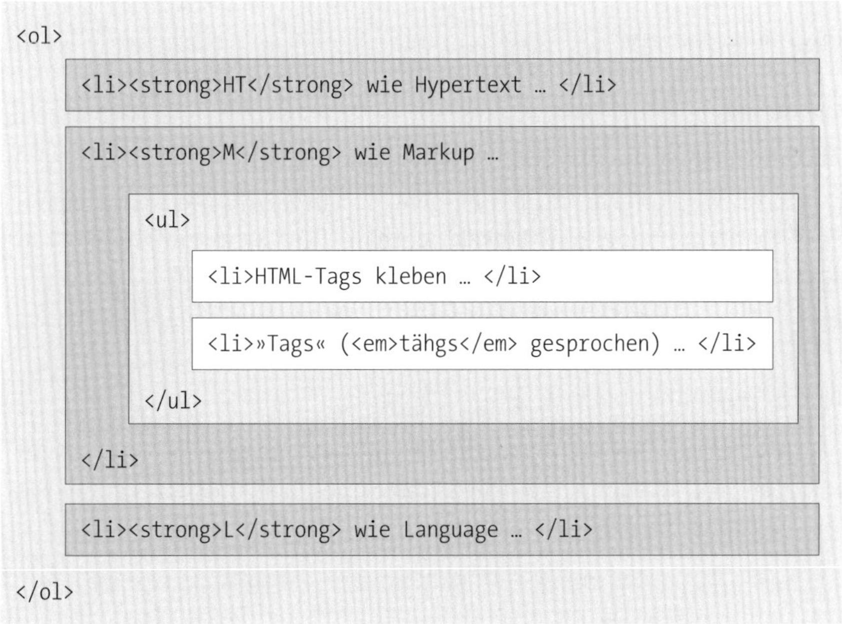

Abbildung 10.14 Schematische Darstellung einer verschachtelten Liste

Falls verschachtelte Listen im visuellen Editor nicht so wollen, wie sie sollen, können Sie sie am besten im Code-Editor reparieren. Wechseln Sie dazu einfach in die Code-Ansicht, und nehmen Sie sich einen Augenblick Zeit, um die Reihenfolge der Tags zu kontrollieren. Oder Sie bleiben im visuellen Editor, löschen die Liste und fangen einfach noch mal von vorne an.

10.5   Links, Bilder und andere nützliche HTML-Elemente

Dieser kurze HTML-Crashkurs ist natürlich keine komplette Referenz und zeigt nur die wichtigsten Elemente, aber zur Abrundung lernen Sie hier noch ein paar nützliche Vertreter kennen.

10.5.1   Hyperlinks – das Besondere am World Wide Web

Hyperlinks sind das *Hyper* in Hypertext, und in gewisser Weise typisch für HTML ist, dass das wichtigste Element in dem ganzen Laden nicht hyperlink heißt, sondern schlicht und einfach a (wie Anker).

Hyperlinks haben im Quelltext immer denselben Aufbau:

```
<a href="...">Im Browserfenster verlinkter Text</a>
```

Listing 10.5 Aufbau eines Hyperlinks

Hier das Beispiel im Detail:

▶ Das Element zum Erstellen eines Hyperlinks heißt einfach nur a.

▶ Das Anfangs-Tag <a> wird um ein Attribut namens href (*Hypertext Reference*) erweitert, das die Wegbeschreibung zum Linkziel enthält. Hier kann einfach nur ein Dateiname oder eine komplette URL stehen.

▶ Zwischen <a href="..."> und </a> steht der Text, der vom Browser als Link formatiert wird.

▶ </a> beendet den Hyperlink.

Wie Sie im visuellen Editor von WordPress einen Hyperlink hinzufügen, haben Sie in Abschnitt 6.5, »Hyperlinks erstellen im visuellen Editor«, gesehen, und jetzt kennen Sie auch den HTML-Quellcode, der dabei erzeugt wird.

Hyperlinks in neuem Tab öffnen

Wenn Sie im Editor beim Hinzufügen eines Hyperlinks die Option IN NEUEM TAB ÖFFNEN aktivieren, wird im Quelltext das Attribut `target` mit dem Wert `_blank` ergänzt:

`<a href="..." target="_blank">Linktext</a>`

Listing 10.6 Hyperlink, der in einem neuen Tab geöffnet wird

So weiß der Browser, dass das Linkziel in einem neuen Tab erscheinen soll.

10.5.2   Die Wegbeschreibung zum Bild: »img«

Das Element zum Einfügen eines Bildes heißt `img`, kurz für *Image*, und es gibt im Quelltext kein Ende-Tag `</img>`. Das `<img>`-Tag enthält nicht die Datei selbst, sondern lediglich die Wegbeschreibung zum Speicherort des Bildes. Im Web sind Webseite und Grafikdatei also – anders als auf Papierseiten – immer zwei verschiedene Dateien.

In Abbildung 10.15 sehen Sie die Seite *Über mich* im Code-Editor.

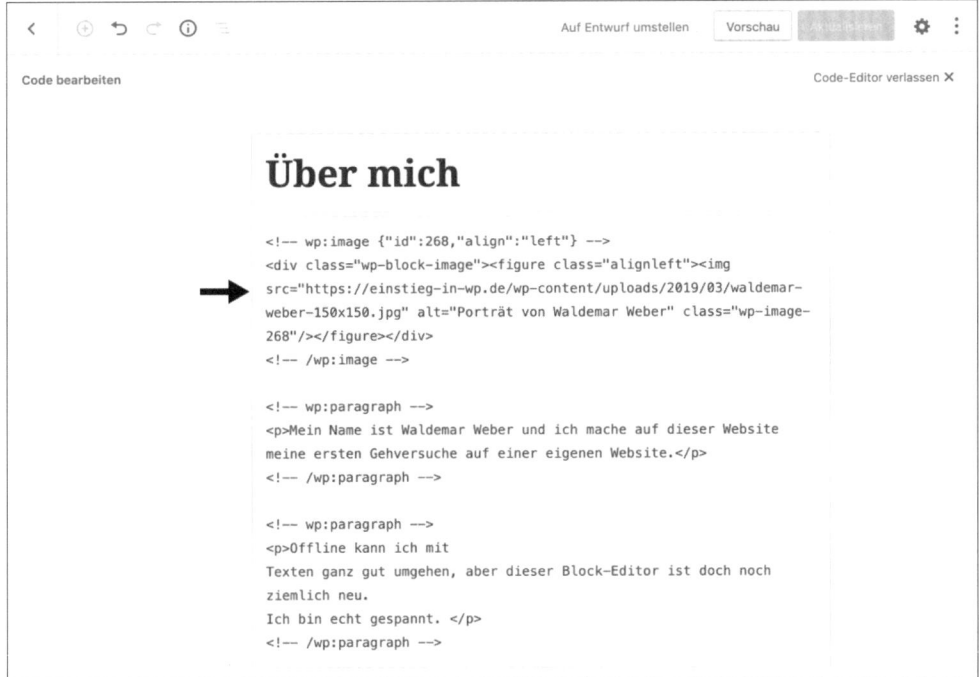

Abbildung 10.15 Die Seite »Über mich« im Code-Editor

Listing 10.7 zeigt den Quelltext zum Einfügen des Bildes aus Abbildung 10.15, wobei die Attribute der Übersichtlichkeit halber jeweils in einer eigenen Zeile stehen:

```
<div class="wp-block-image">
  <figure class="alignleft">
    <img src="http://pfad-zur-datei/waldemar-weber-150x150.jpg"
        alt="Portrait von Waldemar Weber"
        class="wp-image-268">
  </figure>
</div>
```

Listing 10.7 Mit »img« werden Bilder eingefügt.

Das Element `div` dient zur Gruppierung anderer Elemente und wird hier quasi vorsichtshalber eingefügt. Das Element `figure` wird eigentlich nur für Beschriftungen benötigt und ist zum Einfügen des Bildes im Beispiel nicht zwingend nötig, aber es stört nicht und wird deshalb vom Editor für alle Fälle gleich mit eingebaut.

Der Kern zum Einfügen eines Bildes ist das Element `img`, und das kennt jede Menge ergänzender Attribute. Hier eine kurze Erklärung:

▶ `src="dateiname.jpg"`
Das wichtigste Attribut zu `<img>` sind die Buchstaben `src`, was für *Source* steht und »Quelle« heißt. `src` teilt dem Browser die Wegbeschreibung zum Speicherort der Grafikdatei mit. Wenn Sie irgendwo manuell ein Bild einfügen möchten, benötigen Sie diese Pfadangabe.

▶ `alt="Alternativer Text"`
Die Eingabe eines *alternativen* Textes ist Pflicht. Er wird angezeigt, wenn die Grafik nicht (oder *noch* nicht) im Browser dargestellt wird, und ist auch für Suchmaschinen wichtig. Möchten Sie aus irgendeinem Grund keinen alternativen Text angeben, schreiben Sie einfach `alt=""`.

▶ Das Attribut `class` wird von WordPress automatisch hinzugefügt, und der Wert `wp-image-268` kann von Webdesignern zur Gestaltung des Bildes per CSS verwendet werden.

10.5.3 Zitate werden von »blockquote« umgeben

Im visuellen Editor von WordPress gibt es den Block ZITAT, der im Quelltext die Tags `<blockquote>` und `</blockquote>` generiert:

```
<blockquote>
<p>I like deadlines. I like the whooshing sound they make when they go by.</p>
</blockquote>
```

Listing 10.8 Beispiel für die Verwendung von »blockquote«

Die Zitatquelle wird übrigens zwischen `<cite>` und `</cite>` notiert:

```
<blockquote>
<p>I like deadlines. I like the whooshing sound they make when they go by.</p>
<cite>Douglas Adams</cite>
</blockquote>
```

Listing 10.9 »blockquote« mit Zitatquelle

Die Gestaltung von Zitat und Quelle geschieht per CSS und unterscheidet sich von Theme zu Theme.

10.5.4   Beginne eine neue Zeile mit »br«

Falls Sie an einer bestimmten Stelle im Textfluss einen Zeilenumbruch wünschen, ohne einen neuen Absatz zu beginnen, erzeugen Sie diesen im visuellen Editor genau wie in Word mit ⇧ + ↵. Diese Tastenkombination fügt im Quelltext das HTML-Element `<br>` ein:

br steht für *Break* (»Umbruch«) und ist ein sogenanntes *leeres Element*, ein Element ohne Inhalt, und hat deshalb kein Ende-Tag.

Sie sollten einen manuellen Zeilenumbruch sehr sparsam einsetzen, denn der Textfluss auf Webseiten wird durch eine Vielzahl von Faktoren bestimmt und kann – anders als auf Papierseiten – vom Autor nicht wirklich kontrolliert werden.

10.5.5   Sonderzeichen im HTML-Quellcode: » « und Kollegen

Sonderzeichen werden im HTML-Quelltext in einer besonderen Form notiert: Sie beginnen mit &, gefolgt von einem Kürzel, das eine Buchstaben- oder Zahlenkombination sein kann, und enden mit einem Semikolon. Eines der bekanntesten Sonderzeichen ist eine geschützte Leerstelle:

```
 
```

Im Browserfenster wird das Kürzel   durch eine geschützte Leerstelle ersetzt:

▶ Wenn ein Browser das & sieht, beginnt für den Browser ein Sonderzeichen.

▶ Danach erwartet er ein definiertes Kürzel wie nbsp, kurz für *non breakable space*, frei übersetzt *unkaputtbare Leerstelle*.

▶ Durch das Semikolon danach »weiß« der Browser, dass das Sonderzeichen beendet ist und es normal weitergeht.

Tabelle 10.1 zeigt eine Übersicht einiger häufig eingesetzter Sonderzeichen.

Zeichen	im HTML-Quelltext	Englisch
geschützte Leerstelle		non breakable space
&	&amp;	ampersand
€	&euro;	euro
©	&copy;	copyright
®	&reg;	registered trademark
<	&lt;	less than
>	&gt;	greater than

Tabelle 10.1 Einige häufig benutzte Sonderzeichen

Wenn im visuellen Editor irgendwo ein mysteriöser Abstand auftaucht, wechseln Sie einfach kurz in den Code-Editor, schauen, ob da vielleicht noch ein   herumliegt, und löschen es.

Mehr zu HTML (und CSS) finden Sie in »Einstieg in CSS«

Die Beschreibungen der HTML-Elemente in diesem Crashkurs basieren zum Teil auf denen der ersten Kapitel meines Buches »Einstieg in CSS«:

▶ *pmueller.de/einstieg-in-css.html*

Falls Sie diesen HTML-Crashkurs nützlich finden, können Sie das Thema dort vertiefen und lernen anschließend das Wichtigste zur Gestaltung von Webseiten mit CSS (*Cascading Stylesheets*), der Sprache zur Gestaltung von HTML-Elementen. HTML und CSS sind füreinander gemacht und ergänzen sich perfekt.

10.6   Auf einen Blick

Die wichtigsten Themen noch einmal im Überblick:

▶ Webseiten bestehen aus Quelltext, den WordPress automatisch erzeugt.

▶ Quelltext besteht zum großen Teil aus HTML.

- – HTML steht für Hypertext Markup Language.
- – Grundlegende HTML-Kenntnisse sind hilfreich beim Schreiben von Beiträgen und Seiten.

▶ HTML-Elemente bestehen aus Anfangs-Tag, Inhalt und Ende-Tag.

▶ Die wichtigsten HTML-Elemente sind:

- – Überschriften von h1 bis h6
- – Absätze mit p und Hervorhebungen mit strong und em
- – Listen mit ul (Aufzählung) und ol (Nummerierung)
- – Hyperlinks mit a
- – Bilder mit img
- – Zitate mit blockquote und cite
- – manueller Zeilenumbruch mit br

▶ Sonderzeichen werden manchmal codiert.   steht z. B. für eine geschützte Leerstelle.

10

Kapitel 11

Kommentare: Interaktion mit Besuchern

Worin Sie die Kommentarfunktion von WordPress kennenlernen und erfahren, was es mit Pingbacks auf sich hat.

Die Themen im Überblick:

▶ Die Kommentarfunktion kennenlernen, Seite 300

▶ Kommentare verwalten: Genehmigen, löschen etc., Seite 306

▶ Das Menü »Einstellungen • Diskussion«, Seite 310

▶ Kommentare für einzelne Seiten oder Beiträge deaktivieren, Seite 316

▶ Pingbacks – Vernetzung mit anderen Blogs, Seite 319

▶ Auf einen Blick, Seite 320

WordPress erleichtert die Interaktion mit Besuchern, anderen Websites und Suchmaschinen. In diesem Kapitel geht es dabei um die Interaktion mit Besuchern, insbesondere um Kommentare, und um die Vernetzung mit anderen Websites mithilfe von sogenannten Pingbacks.

Ein Kontaktformular erstellen Sie in Abschnitt 16.1, und der Interaktion mit Suchmaschinen ist das gesamte Kapitel 17, »SEO – die Optimierung für Suchmaschinen«, gewidmet.

11.1   Die Kommentarfunktion kennenlernen

Die Interaktion mit Besuchern Ihrer Website basiert auf Formularen, und zwar auf Kommentar- und Kontaktformularen. Ein Kommentarformular sieht auf den ersten Blick fast genauso aus wie ein Kontaktformular, aber die beiden sollten nicht verwechselt werden:

▶ Ein *Kommentarformular* steht unterhalb eines Beitrags oder einer Seite und hat einen Titel wie SCHREIBE EINEN KOMMENTAR. Ein hier eingegebener Kommentar wird auf der Website unter dem Beitrag bzw. der Seite veröffentlicht, ist also für alle sichtbar, sobald er freigeschaltet wurde.

▶ Ein *Kontaktformular* steht meist auf einer eigenen Seite, und die eingegebenen Daten werden per E-Mail an den Administrator verschickt und nicht auf der Website veröffentlicht (siehe Abschnitt 16.1).

In diesem Abschnitt betrachten Sie Ihre Website zunächst als ganz normaler Besucher und erstellen einen Kommentar zu einem Beitrag.

11.1.1   Einen neuen Kommentar erstellen

Zum Kennenlernen der Kommentarfunktion erstellen Sie zunächst einen Kommentar in Ihrem eigenen Blog. Dazu melden Sie sich übungshalber am Backend ab und betrachten Ihr Blog aus der Perspektive eines Besuchers. Oder Sie starten einfach einen anderen Browser und rufen darin den zu kommentierenden Beitrag auf.

Abbildung 11.1 zeigt das ausgefüllte Kommentarformular unterhalb des in Abschnitt 8.3.2 erstellten Beitrags mit dem YouTube-Video von Bill Withers. Die HTML-Tags <em> und </em> bewirken, dass das Wort *Sweater* kursiv dargestellt wird. Mehr zu HTML erfahren Sie in Kapitel 10, »Quelltext: HTML im Editor von WordPress«.

Die Pflichtfelder NAME und E-MAIL-ADRESSE sind im Theme *Twenty Nineteen* durch ein Sternchen gekennzeichnet. Die hier eingegebene E-Mail-Adresse wird nicht im Frontend veröffentlicht und ist nur im Backend einsehbar, damit der Website-Betreiber bei Bedarf Kontakt aufnehmen kann.

Die WEBSITE ist zwar kein Pflichtfeld, aber es spricht nichts dagegen, das Feld auszufüllen. Im Frontend wird die Adresse der Website meist nicht wie im Formular als eigene Zeile dargestellt, sondern als Verlinkung für den Namen des Kommentierenden hinterlegt. Auf diese Weise geben Sie anderen die Möglichkeit, bei Interesse mehr über Sie zu erfahren.

Im folgenden ToDo melden Sie sich als Administrator am Backend ab und erstellen einen Kommentar zu einem der Beiträge. Weiter unten in diesem Kapitel lernen Sie dann, wie Sie diesen Kommentar moderieren, freischalten und wieder löschen.

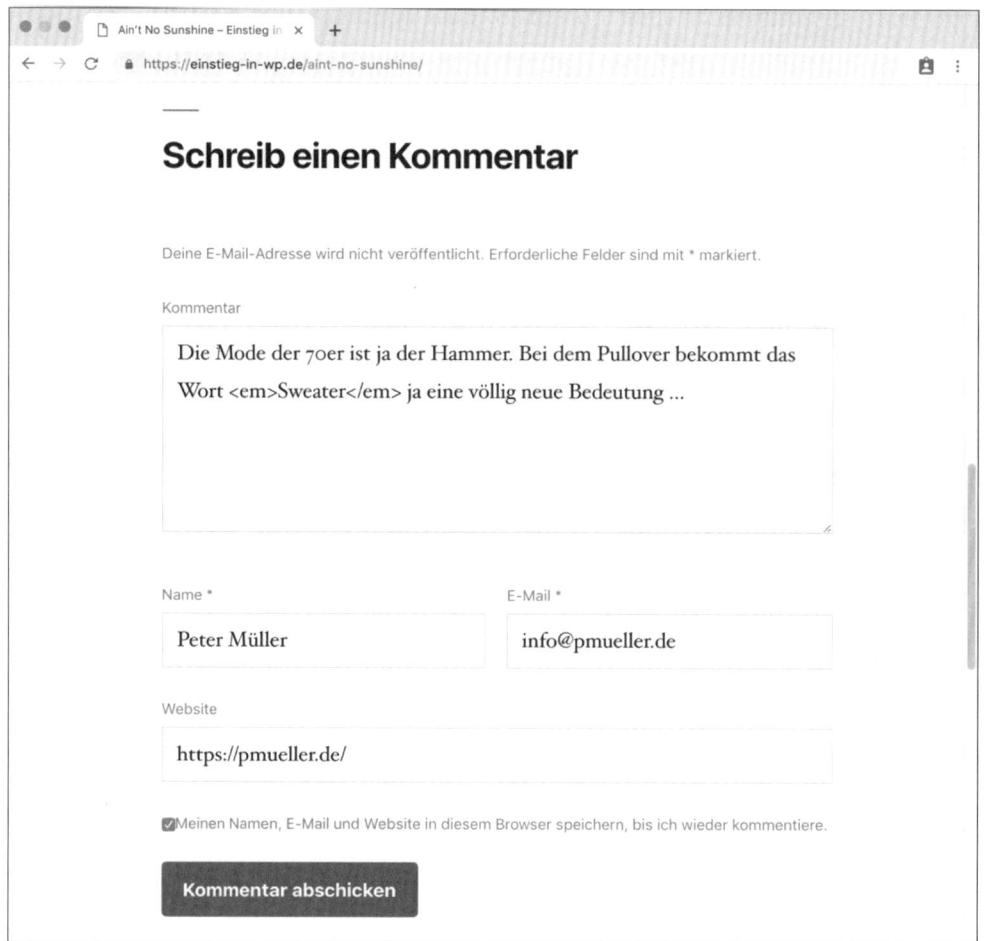

Abbildung 11.1 Einen Kommentar schreiben

ToDo: Einen Kommentar erstellen

1. Melden Sie sich am Backend ab.
2. Rufen Sie das Frontend Ihres Blogs auf.
3. Suchen Sie sich einen Beitrag, den Sie gerne kommentieren würden. Im Beispiel ist das das YouTube-Video von Bill Withers.
4. Füllen Sie alle Felder des Kommentarformulars aus.
5. Schicken Sie den Kommentar mit einem Klick auf die Schaltfläche KOMMENTAR ABSCHICKEN auf die Reise.

Nach diesem ToDo sehen Sie in Abbildung 11.2 den soeben von Ihnen erstellten Kommentar im Frontend, und zwar mit dem unscheinbaren Vermerk *Dein Kommentar wartet auf Freigabe* ❶. Kommentar und Hinweis sieht nur der Absender so. Andere Besucher sehen den Kommentar noch gar nicht, denn er ist noch in der Warteschlange und wartet darauf, geprüft und freigegeben zu werden. Deshalb steht neben der Überschrift *Beteilige dich an der Unterhaltung* auch korrekt *Keine Kommentare* ❷.

Abbildung 11.2 Der Kommentar wartet auf Freischaltung.

Kommentare von Benutzern, die noch nie kommentiert haben, werden in WordPress standardmäßig nicht sofort auf der Seite sichtbar, sondern müssen erst vom Administrator der Website genehmigt und freigeschaltet werden. Auf diese Weise wird verhindert, dass unerwünschte Kommentare und Spam sofort im Frontend erscheinen. In Abschnitt 11.3, »Das Menü ›Einstellungen • Diskussion‹«, sehen Sie, wie Sie die Einstellungen für Kommentare an Ihre Bedürfnisse anpassen können.

Falls die E-Mail-Adresse des Kommentators mit einem Profil auf *gravatar.com* verknüpft ist, erscheint bei einer WordPress-Site standardmäßig das Profilbild neben dem Kommentar. Auch diese Einstellung können (und sollten) Sie als Administrator ändern (siehe Abschnitt 11.3.3, »›Einstellungen • Diskussion‹, Teil 3: Avatare«).

In der Übersetzung von WordPress wird diese Überprüfung und Genehmigung oder Zurückweisung eines Kommentars *Freigabe* genannt, ein anderer weit verbreiteter Begriff dafür ist *Moderation*.

11.1.2 Neuer Kommentar – Benachrichtigung per E-Mail

Damit ist die Übung als Besucher Ihres eigenen Blogs vorerst erledigt, und Sie können sich wieder den Administratorhut aufsetzen.

Inzwischen sollten Sie eine E-Mail bekommen haben, denn wenn ein neuer Kommentar eingeht oder auf Freischaltung wartet, werden der Autor des Kommentars und Sie als Administrator benachrichtigt. Abbildung 11.3 zeigt eine solche E-Mail von WordPress mit der Bitte um Moderation.

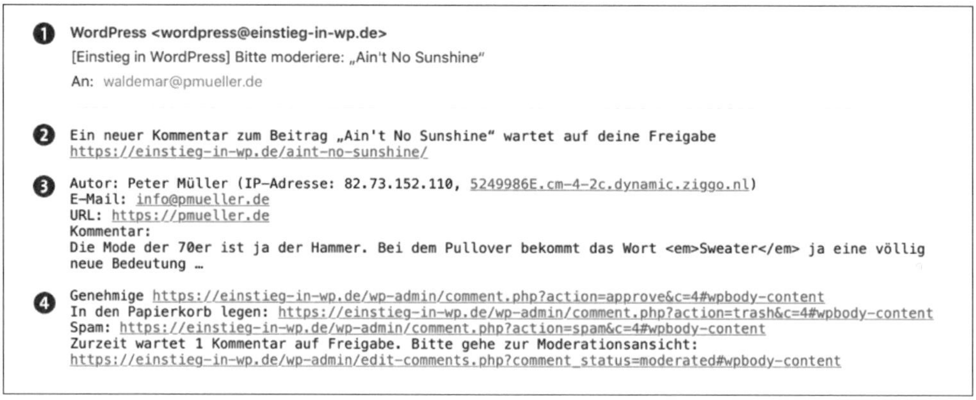
❶ WordPress <wordpress@einstieg-in-wp.de>
[Einstieg in WordPress] Bitte moderiere: „Ain't No Sunshine"
An: waldemar@pmueller.de

❷ Ein neuer Kommentar zum Beitrag „Ain't No Sunshine" wartet auf deine Freigabe
https://einstieg-in-wp.de/aint-no-sunshine/

❸ Autor: Peter Müller (IP-Adresse: 82.73.152.110, 5249986E.cm-4-2c.dynamic.ziggo.nl)
E-Mail: info@pmueller.de
URL: https://pmueller.de
Kommentar:
Die Mode der 70er ist ja der Hammer. Bei dem Pullover bekommt das Wort <em>Sweater</em> ja eine völlig neue Bedeutung …

❹ Genehmige https://einstieg-in-wp.de/wp-admin/comment.php?action=approve&c=4#wpbody-content
In den Papierkorb legen: https://einstieg-in-wp.de/wp-admin/comment.php?action=trash&c=4#wpbody-content
Spam: https://einstieg-in-wp.de/wp-admin/comment.php?action=spam&c=4#wpbody-content
Zurzeit wartet 1 Kommentar auf Freigabe. Bitte gehe zur Moderationsansicht:
https://einstieg-in-wp.de/wp-admin/edit-comments.php?comment_status=moderated#wpbody-content

Abbildung 11.3 E-Mail-Benachrichtigung zwecks Moderation

Die E-Mail ist wie folgt aufgebaut:

- *Absender und Betreff* ❶: Absender ist WordPress, Empfänger die E-Mail-Adresse des Administrators, und im Betreff werden Blog- und Beitragstitel genannt.
- *Link zum Beitrag* ❷: Die E-Mail beginnt mit einem Link zum Beitrag, für den ein Kommentar erstellt wurde, sodass Sie ihn sich per Klick anschauen können.
- *Informationen zum Kommentar* ❸: Hier stehen Informationen zum Autor des Kommentars sowie der vollständige Kommentartext.
- *Aktionslinks* ❹: Hier können Sie den Kommentar per Klick genehmigen, löschen oder als Spam deklarieren. Auch die Moderationsansicht im Backend ist nur einen Klick entfernt.

Sie könnten den Kommentar also direkt von der E-Mail aus moderieren, und in der Praxis spricht nichts dagegen, das auch tatsächlich zu tun. Falls Sie gerade im Backend angemeldet sind, gelangen Sie direkt zur angeklickten Funktion, falls nicht, wird die Anmeldeseite gezeigt, auf der Sie sich erst noch anmelden müssen. Ich möchte Ihnen aber im folgenden Abschnitt erst einmal zeigen, wie die Benachrichtigung für neue Kommentare im Backend aussieht.

Die E-Mail-Benachrichtigung für Kommentare kann man ausstellen

Gerade am Anfang ist die E-Mail-Benachrichtigung über neue Kommentare eine gute Sache, aber wenn die Interaktion in einem Blog so richtig ins Rollen kommt, kann das auch nerven. Im Menü EINSTELLUNGEN • DISKUSSION können Sie die E-Mail-Benachrichtigung für Kommentare deshalb auch deaktivieren (siehe Abschnitt 11.3.1, »›Einstellungen • Diskussion‹, Teil 1: Grundlegende Einstellungen«). Das sollte man aber nur tun, wenn man den Blog täglich auf Kommentare kontrolliert.

11.1.3   Neue Kommentare – Benachrichtigung im Backend

Wenn Sie sich als Administrator am Backend anmelden und neue Kommentare vorhanden sind, werden Sie an verschiedenen Stellen darauf hingewiesen (siehe Abbildung 11.4).

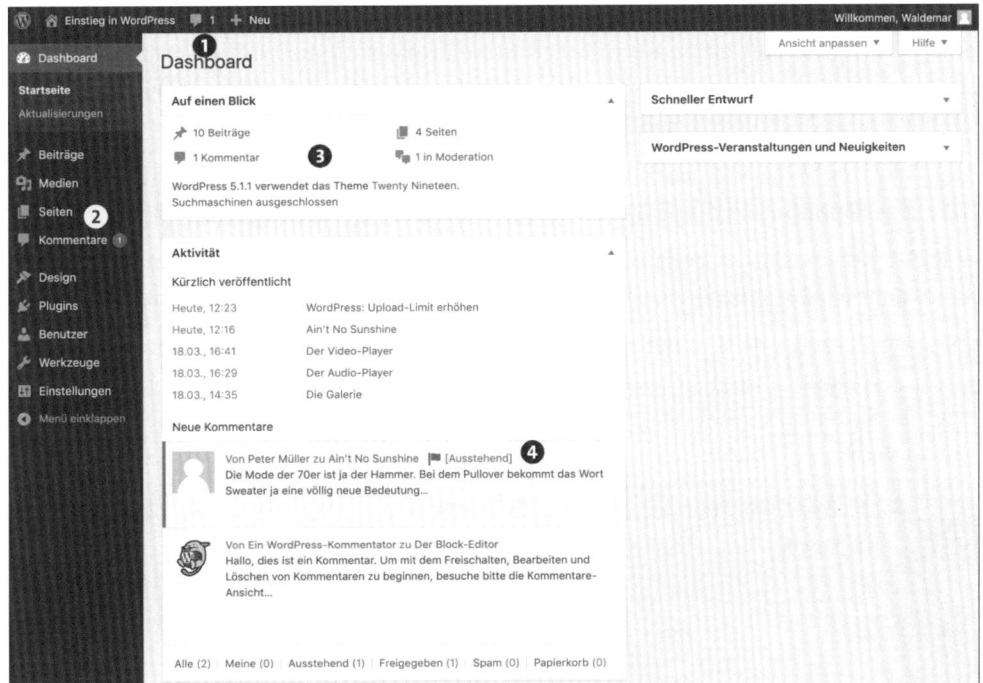

Abbildung 11.4 Ein neuer Kommentar im Backend auf der »Startseite«

Nach der Anmeldung sehen Sie diverse Hinweise auf neue Kommentare:

▶ Die Sprechblase in der Werkzeugleiste ❶: Die Zahl rechts neben der Sprechblase in der Admin-Leiste zeigt, wie viele neue Kommentare vorhanden sind. Ein Klick darauf bringt Sie direkt ins Menü KOMMENTARE.

▶ Menü KOMMENTARE ❷: Rechts neben dem Menüwort gibt ein roter Kreis mit einer weißen Zahl an, wie viele neue Kommentare vorhanden sind.

▶ Im Dashboard gibt es gleich zwei Hinweise:

– Im Bereich AUF EINEN BLICK ❸: Hier sehen Sie, wie viele neue Kommentare vorhanden sind und wie viele davon moderiert werden müssen.

– Im Bereich AKTIVITÄT ❹ sehen Sie unter anderem eine Übersicht der Kommentare und deren Status.

So viel zum Erstellen von Kommentaren und zur Benachrichtigung per E-Mail und im Backend. Im folgenden Abschnitt sehen Sie, wie Sie neue (und alte) Kommentare im Backend verwalten.

11.2   Kommentare verwalten: Genehmigen, löschen etc.

Sie haben als Besucher einen Kommentar erstellt und sind als Administrator benachrichtigt worden, dass es einen neuen Kommentar gibt, der auf Moderation wartet. In diesem Abschnitt sehen Sie, wie man Kommentare in WordPress verwaltet.

11.2.1   Das Menü »Kommentare« im Überblick: die Verwaltungszentrale

Das Menü KOMMENTARE zeigt eine tabellarische Übersicht der Kommentare, die ähnlich aussieht wie bei Beiträgen, Seiten oder in der Listenansicht der Mediathek.

Abbildung 11.5 zeigt, dass in der Spalte AUTOR unterhalb der Namen auch die Website, die E-Mail-Adresse und die IP-Adresse gelistet werden. Ein Klick auf die E-Mail-Adresse startet Ihr Standard-E-Mail-Programm, ein Klick auf die IP-Adresse zeigt alle Kommentare von dieser IP-Adresse.

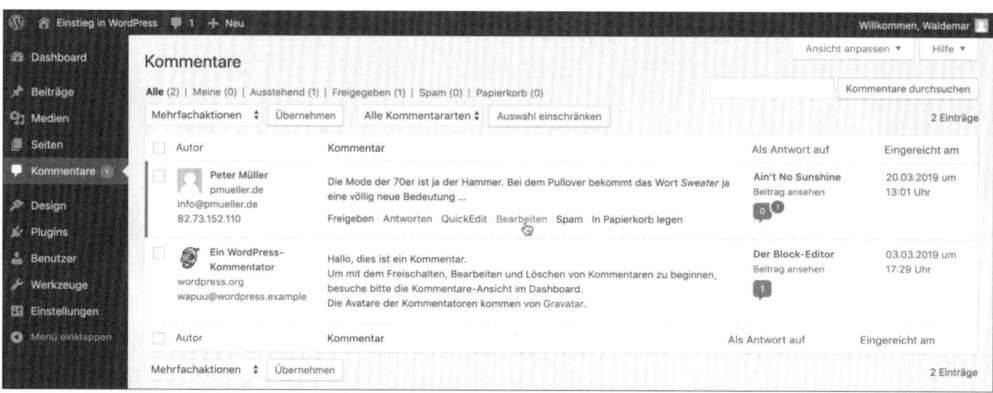

Abbildung 11.5 Die Übersichtstabelle im Menü »Kommentare«

Wenn Sie einen Kommentar mit der Maus berühren, erscheint in der Spalte KOMMEN-
TAR ein Menü mit den folgenden Befehlen:

▶ FREIGEBEN bzw. ZURÜCKWEISEN: Ein Klick auf FREIGEBEN gibt den Kommentar frei,
und dadurch wird er für alle Besucher im Frontend sichtbar. Bei genehmigten Kommentaren heißt der Link ZURÜCKWEISEN. Ein Klick darauf stellt den Kommentar wieder in die Warteschlange.

▶ ANTWORTEN lässt Sie direkt im Backend auf einen Kommentar reagieren. Ihre Antwort erscheint im Frontend leicht eingerückt unterhalb des Kommentars.

▶ QUICKEDIT öffnet Namen, E-Mail-Adresse, URL und Kommentartext zur schnellen
Bearbeitung in einem Formular.

▶ BEARBEITEN ruft den Kommentar zur Bearbeitung auf. Der Bearbeitungsmodus ist
etwas übersichtlicher als QUICKEDIT und lässt Sie auch den Status des Kommentars
ändern.

▶ SPAM markiert den Kommentar als Spam. Er erscheint dann nicht mehr im Frontend.
Als Spam markierte Kommentare können Sie sich mit einem Klick auf den Link SPAM
oberhalb der Tabelle anzeigen lassen und dort unwiderruflich löschen.

▶ IN DEN PAPIERKORB LEGEN verschiebt den Kommentar in den Papierkorb. Gelöschte
Kommentare können Sie sich mit einem Klick auf den Link PAPIERKORB oberhalb der
Tabelle anzeigen lassen und dann wiederherstellen oder endgültig löschen.

Im folgenden ToDo löschen Sie den bei der Installation automatisch erstellten Kommentar und genehmigen den weiter oben von Ihnen selbst erstellten Kommentar. Falls
es gerade keinen Kommentar gibt, der genehmigt werden muss, erstellen Sie einfach
schnell einen, oder stellen Sie einen Kommentar mit ZURÜCKWEISEN wieder in die War-
teschlage.

ToDo: Kommentare im Backend löschen und genehmigen

1. Melden Sie sich am Backend an.
2. Rufen Sie das Menü KOMMENTARE auf.
3. Suchen Sie den Kommentar von *Mr. WordPress*, der bei der Installation von Word-
   Press automatisch erstellt wurde.
4. Berühren Sie den Kommentar mit der Maus, und klicken Sie auf den Link IN DEN
   PAPIERKORB LEGEN. Der Kommentar wird in den Papierkorb verschoben.
5. Suchen Sie einen farblich hervorgehobenen Kommentar, der auf eine Genehmigung
   wartet.
6. Berühren Sie den Kommentar mit der Maus, und klicken Sie auf den Link FREIGEBEN.

Abbildung 11.6 zeigt den freigeschalteten Kommentar im Frontend. Falls wie bei *Twenty Nineteen* ein Widget zur Anzeige der neuesten Kommentare aktiv ist, wird der neue Kommentar dort automatisch gelistet.

Abbildung 11.6 Der freigeschaltete Kommentar im Frontend

Im nächsten Abschnitt erfahren Sie, was es mit der Schaltfläche ANTWORTEN unterhalb des Kommentars so auf sich hat.

»Remove Comment IPs« entfernt die IP-Adressen von Kommentaren

WordPress speichert die IP-Adresse des Kommentierenden, was gemäß der europäischen Datenschutz-Grundverordnung (DSGVO) nicht erlaubt ist. Andererseits sind IP-Adressen z. B. nützlich bei der Bekämpfung von Spamkommentaren (siehe Abschnitt 16.3). Das Plugin *Remove Comment IPs* berücksichtigt beides und entfernt die IP-Adressen nach einer Frist von 60 Tagen automatisch:

▶ *de.wordpress.org/plugins/remove-comment-ips/*

Wie man Plugins installiert, erfahren Sie in Kapitel 15, »WordPress erweitern: Plugins installieren«.

11.2.2   Kommentare kommentieren: Auf einen Kommentar antworten

Besucher können im Frontend auf bereits vorhandene Kommentare antworten, Sie als Administrator tun das in der Regel im Backend.

Im folgenden ToDo erstellen Sie im Backend eine Antwort auf den Kommentar eines Besuchers.

ToDo: Einen Kommentar im Backend beantworten

1. Melden Sie sich, falls nötig, am Backend an.

2. Rufen Sie das Menü KOMMENTARE auf.

3. Berühren Sie den zu beantwortenden Kommentar mit der Maus, und klicken Sie auf den Link ANTWORTEN. Die weiteren Felder werden automatisch aus Ihrem Benutzerprofil übernommen.

4. Schreiben Sie Ihre Antwort auf den Kommentar. Dabei können Sie die Befehle oberhalb des Formularfeldes benutzen, um den Text zu formatieren oder um Links zu erstellen.

5. Klicken Sie auf die Schaltfläche ANTWORTEN.

Abbildung 11.7 zeigt eine Antwort auf einen Kommentar, die in den meisten Themes leicht eingerückt erscheint.

Abbildung 11.7 Eine Antwort auf einen neuen Kommentar

So viel zu den wichtigsten Verwaltungsaufgaben bei der Arbeit mit Kommentaren. Im folgenden Abschnitt werfen Sie einen Blick auf die für Kommentare relevanten Einstellungen.

Eine Antwort auf einen Kommentar schaltet ihn auch gleich frei

Wenn Sie auf einen Kommentar antworten möchten, müssen Sie ihn nicht extra vorher freischalten. Das passiert mit dem Absenden der Antwort automatisch, was einige Klicks spart und wirklich praktisch ist.

11.3   Das Menü »Einstellungen • Diskussion«

In diesem Abschnitt lernen Sie das Menü EINSTELLUNGEN • DISKUSSION kennen, in dem sich die wichtigsten Einstellungen für Interaktionen verbergen. Auf der Seite gibt es drei große Themenbereiche:

▸ grundlegende Einstellungen für Kommentare

▸ Einstellungen zur Moderation von Kommentaren

▸ Einstellungen für Avatare bei den Kommentaren

Los geht's mit den grundlegenden Einstellungen für Kommentare.

11.3.1   »Einstellungen • Diskussion«, Teil 1: Grundlegende Einstellungen

Abbildung 11.8 zeigt den oberen Teil der Seite im Überblick mit den grundlegenden Einstellungen für Kommentare, der zweite Teil mit Einstellungen für die Moderation folgt im nächsten Abschnitt.

In den STANDARDEINSTELLUNGEN FÜR BEITRÄGE gibt es drei Optionen, von denen sich die ersten beiden mit Ping- und Trackbacks und der automatischen Interaktion zwischen Weblogs beschäftigen ❶. Genauer erklärt werden die beiden Begriffe in Abschnitt 11.6, hier zunächst einmal die Optionen:

▸ VERSUCHE, JEDES IN BEITRÄGEN VERLINKTE WEBLOG ZU BENACHRICHTIGEN – ist diese Option aktiviert, versucht WordPress, jedes verlinkte Blog anzupingen. Dahinter erscheint ein Warnhinweis, dass diese Option die Veröffentlichung eines Beitrags je nach Anzahl der im Beitrag verlinkten Blogs verlangsamen kann. Ist diese Option deaktiviert (Standardeinstellung), sendet Ihr WordPress keine Pings.

▸ Die zweite Option, LINK-BENACHRICHTIGUNGEN VON ANDEREN BLOGS (PINGBACKS UND TRACKBACKS) ZU NEUEN BEITRÄGEN ERMÖGLICHEN, ist hingegen standardmäßig aktiviert. Diese Option bewirkt, dass WordPress Pings von einem Blogsystem akzeptiert und zwischen den Kommentaren einfügt. Diese Einstellung können Sie für einzelne Beiträge und Seiten überschreiben. Mehr zu Pingbacks und Trackbacks erfahren Sie weiter unten in Abschnitt 11.6.

Die dritte Option erlaubt es, die Kommentarfunktion für neue Beiträge und Seiten zu deaktivieren:

▶ BESUCHERN ERLAUBEN, NEUE BEITRÄGE ZU KOMMENTIEREN ❷ – wenn Sie diese Option ausstellen, ist die Kommentarfunktion für alle danach veröffentlichten Beiträge (und Seiten) deaktiviert.

Für einzelne Beiträge oder Seiten können Sie diese Optionen unabhängig von den hier gemachten Einstellungen ein- oder ausschalten (siehe Abschnitt 11.4).

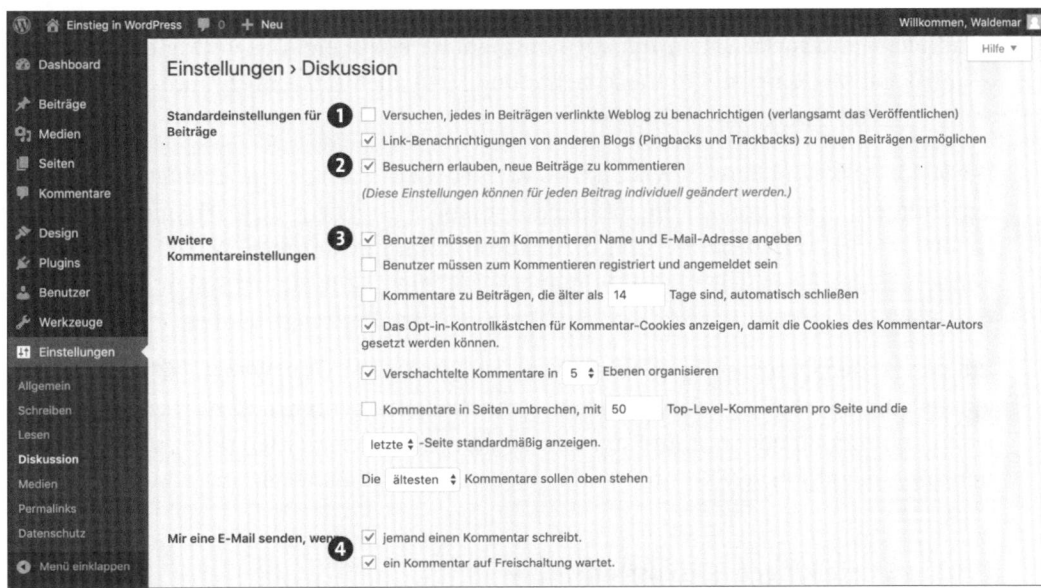

Abbildung 11.8 Der obere Teil des Menüs »Einstellungen • Diskussion«

Die Einstellungen im Bereich WEITERE KOMMENTAREINSTELLUNGEN ❸ sind recht sinnvoll gewählt, und wenn es keinen konkreten Grund zur Änderung gibt, sollten sie ruhig so bleiben, wie sie sind:

▶ BENUTZER MÜSSEN ZUM KOMMENTIEREN NAME UND E-MAIL-ADRESSE ANGEBEN erhöht die Hürde für Spammer etwas, auch wenn weder Name noch E-Mail-Adresse wirklich überprüft werden.

- ▶ Benutzer müssen zum Kommentieren registriert und angemeldet sein bewirkt, dass Besucher sich erst in Ihrem Blog registrieren und ein Benutzerkonto anlegen müssen. Das verhindert zwar sehr effektiv Spam, schreckt aber meist auch Besucher ab und ist nicht üblich.

- ▶ Kommentare zu Beiträgen, die älter als XX Tage sind, automatisch schliessen ist standardmäßig aus. Diese Option verhindert, dass ältere Beiträge von Spambots mit Kommentaren bombardiert werden. Falls Sie damit Probleme haben, können Sie diese Option aktivieren.

- ▶ Das Opt-in-Kontrollkästchen für Kommentar-Cookies anzeigen, damit die Cookies des Kommentar-Autors gesetzt werden können. Diese Option ist standardmäßig aktiviert und zeigt unterhalb des Kommentarformulars ein Kontrollkästchen.

- ▶ Verschachtelte Kommentare in X Ebenen organisieren ist standardmäßig aktiviert und rückt Antworten auf Kommentare etwas ein. Das verwendete Theme muss die hier eingestellte Verschachtelungstiefe auch tatsächlich unterstützen. Im Zweifelsfall einfach ausprobieren.

Die letzte Option im Bereich Weitere Kommentareinstellungen erzeugt nach einer bestimmten Anzahl von Kommentaren automatisch eine neue Seite (*Paginierung*) und ist nur interessant, wenn Sie sehr viele Kommentare bekommen. Mit dieser Option können Sie festlegen, wie viele Kommentare auf einer Seite stehen sollen und in welcher Reihenfolge Kommentarseiten und Kommentare angezeigt werden.

Mit den beiden Optionen im Bereich Mir eine E-Mail senden, wenn … ❹ können Sie einstellen, ob Sie E-Mail-Benachrichtigungen erhalten möchten, und zwar entweder für jeden Kommentar oder nur für Kommentare, die moderiert werden müssen. Die Optionen zur Moderation von Kommentaren folgen im nächsten Abschnitt.

11.3.2 »Einstellungen • Diskussion«, Teil 2: Moderation von Kommentaren und Spam

Abbildung 11.9 zeigt die Optionen zur Moderation von Kommentaren im mittleren Bereich der Seite Einstellungen • Diskussion.

Im ersten Bereich, Bevor ein Kommentar erscheint ❶, gibt es zwei Optionen:

- ▶ muss der Kommentar manuell freigegeben werden ist standardmäßig deaktiviert. Wenn diese Option aktiviert wird, muss wirklich jeder Kommentar manuell begutachtet und bestätigt werden, selbst dann, wenn es sich nach Meinung von WordPress um Spam handelt.

▶ MUSS DER AUTOR BEREITS EINEN FREIGEGEBENEN KOMMENTAR GESCHRIEBEN HABEN ist standardmäßig aktiviert. Ein Kommentar wird direkt freigeschaltet, wenn die E-Mail-Adresse des Autors bei einem bereits genehmigten Kommentar auf dieser Website gefunden wird.

Ein Kommentar mit sehr vielen Links ist typisch für Spam, und mit der Option EINEN KOMMENTAR IN DIE WARTESCHLANGE SCHIEBEN, WENN ER X ODER MEHR LINKS ENTHÄLT ❷ können Sie entsprechende Kommentare gleich aussortieren. Die meisten echten Kommentare enthalten nicht mehr als zwei Links.

In den beiden großen Formularfeldern zur KOMMENTARMODERATION ❸ und zur KOMMENTAR-BLACKLIST ❹ können Sie eine Liste mit Wörtern oder Werten (IP-Adressen, URLs, E-Mail-Adressen etc.) notieren, und zwar einen pro Zeile.

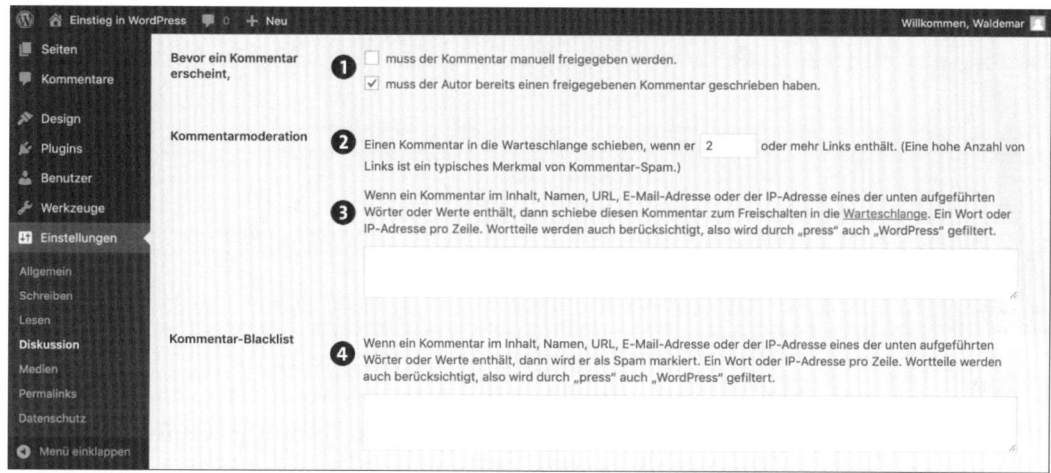

Abbildung 11.9 Mittlerer Bereich des Menüs »Einstellungen • Diskussion«

Tauchen diese Wörter oder Werte in einem Kommentar auf, werden sie in die Warteschlange zur Moderation verschoben ❸ oder als Spam markiert ❹.

Plugins zum Schutz vor Kommentarspam

Spammer betrachten jede interaktive Funktion einer Website als Einladung, sie für ihre eigenen Zwecke zu missbrauchen. In Abschnitt 16.3 lernen Sie Plugins kennen, die bei der Bekämpfung von Kommentarspam helfen.

11.3.3   »Einstellungen • Diskussion«, Teil 3: Avatare

Im dritten und letzten Teil des Menüs EINSTELLUNGEN • DISKUSSION geht es um Avatare (siehe Abbildung 11.10).

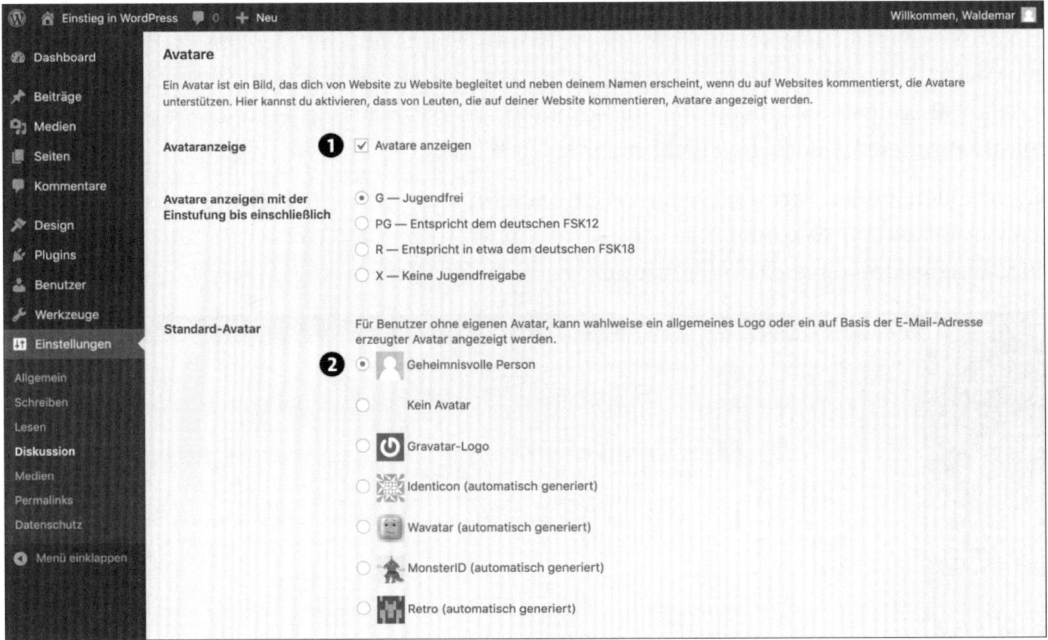

Abbildung 11.10 Avatare – unterer Bereich in »Einstellungen • Diskussion«

Ein Avatar ist eine einem Benutzer zugeordnete Grafik, also in gewisser Weise ein Online-Erscheinungsbild für diesen Benutzer, und die Option AVATARE ANZEIGEN ist nach der Installation standardmäßig aktiviert ❶.

Avatare finden in WordPress an zwei Stellen Verwendung:

▶ Im Benutzerprofil wird der Standard-Avatar als Profilbild verwendet.

▶ Bei Kommentaren auf der Website wird der Avatar eines Benutzers neben seinem Kommentar angezeigt.

Die Profilbilder und die Kommentare sind also in gewisser Weise eng miteinander verbunden.

In Abschnitt 4.7.3, »›Kontaktinfo‹, ›Über Dich‹ und Passwort ändern«, haben Sie gesehen, dass WordPress als Profilbild den hier definierten Standard-Avatar verwendet, und nach der Installation ist gleich der erste mit dem schönen Namen GEHEIMNISVOLLE PERSON ausgewählt ❷.

Zur Änderung des Profilbildes im Menü BENUTZER nutzt WordPress den Dienst *grava-tar.com*. Dieser Dienst wird von der Firma Automattic betrieben, und Voraussetzung für die Nutzung ist ein Konto auf WordPress.com.

Ein solcher *Gravatar* ist in vielerlei Hinsicht ein ganz besonderer Avatar. Das Kürzel steht für *Globally Recognized Avatar*, übersetzt als *weltweit wiedererkennbarer Avatar*, und die Idee dahinter ist einfach:

▶ Anstatt überall und immer wieder auf Websites irgendwelche Bilder für einen Avatar hochzuladen, surfen Sie zu *gravatar.com*.

▶ Dort melden Sie sich mit einem WordPress.com-Konto an und erstellen ein Gravatar-Profil, bei dem Sie Ihre E-Mail-Adresse mit einem Bild verknüpfen.

▶ Wenn Sie in einem gravatarfähigen Forum oder Blog irgendwo im Web diese E-Mail-Adresse verwenden, wird automatisch der damit verknüpfte Gravatar angezeigt.

Das ist eigentlich eine sehr schöne Idee, denn es bietet einen gewissen Wiedererkennungswert und macht das Kommentieren unter Blogbeiträgen im gesamten Web persönlicher.

Aber die Sache mit dem Avatar hat einen Haken, denn wenn die Option AVATARE ANZEIGEN aktiviert ist, passiert Folgendes:

1. Ihr WordPress schickt die E-Mail-Adresse eines Besuchers, der einen Kommentar schreibt, in der URL an einen Server von *gravatar.com*.

2. Gravatar.com überprüft, ob die Mailadresse bekannt ist.

3. Falls ja, stellt Gravatar.com ein Gravatar-Bild zur Verfügung, und Ihr WordPress nutzt dieses Bild.

4. Ist die Adresse nicht bekannt, nimmt Ihr WordPress den Standard-Avatar.

Ihre WordPress-Installation nimmt also jedes Mal, wenn ein Kommentar geschrieben wird, Kontakt mit einem Server auf *gravatar.com* auf und schickt ihm Informationen über den Kommentierenden.

Diese Vorgehensweise hat gleich zwei grundlegende Datenschutzprobleme:

▶ Das Versenden der Mailadresse übers Netz erfolgt zwar verschlüsselt, aber der verwendete Algorithmus MD5 kann relativ leicht entschlüsselt werden, sodass das Spamrisiko für diese Mailadresse steigt.

▶ *gravatar.com* bekommt Infos wie IP-Adresse, Browser etc. über jeden Besucher einer WordPress-Website, der einen Kommentar schreibt, auch wenn dieser bei Gravatar überhaupt kein Konto hat.

11

Um WordPress also datenschutzkonform zu betreiben, ist es am sichersten, die Option AVATARE ANZEIGEN zu deaktivieren, und das machen Sie im folgenden ToDo.

ToDo: Die Option »Avatare anzeigen« deaktivieren

1. Rufen Sie im Backend das Menü EINSTELLUNGEN • DISKUSSION auf.

2. Deaktivieren Sie ziemlich weit unten auf der Seite die Option AVATARE ANZEIGEN.

3. Speichern Sie die Einstellungen mit einem Klick auf die Schaltfläche ÄNDERUNGEN SPEICHERN.

Nach diesem ToDo werden im Backend und bei den Kommentaren keine Profilbilder mehr angezeigt.

Avatare anzeigen? Datenschutzerklärung ergänzen

Wenn Sie die Option zum Anzeigen von Avataren aktiv lassen möchten, sollten Sie auf jeden Fall Ihre Datenschutzerklärung um die Verwendung von Gravatar.com ergänzen. Mehr dazu erfahren Sie in Abschnitt 19.2.

11.4   Kommentare für einzelne Seiten oder Beiträge deaktivieren

Sie können in WordPress für jede Seite und jeden Beitrag einzeln festlegen, ob Kommentare möglich sein sollen. Das geht zum einen über die Funktion QUICKEDIT und zum anderen über den Bereich DISKUSSION beim Bearbeiten der Seite oder des Beitrags; ich möchte Ihnen im Folgenden beide Möglichkeiten zeigen.

Am Ende dieses Abschnitts erfahren Sie dann noch, wie Sie die Kommentarfunktion auch komplett deaktivieren können.

11.4.1   Für einzelne Beiträge oder Seiten mit der Funktion »QuickEdit«

Die Funktion QUICKEDIT enthält sowohl für Seiten als auch für Beiträge die Option KOMMENTARE ERLAUBEN (siehe Abbildung 11.11).

Für Beiträge gibt es zusätzlich noch die Option ERLAUBE PINGS. Zu den Pings erfahren Sie gleich mehr in Abschnitt 11.6.

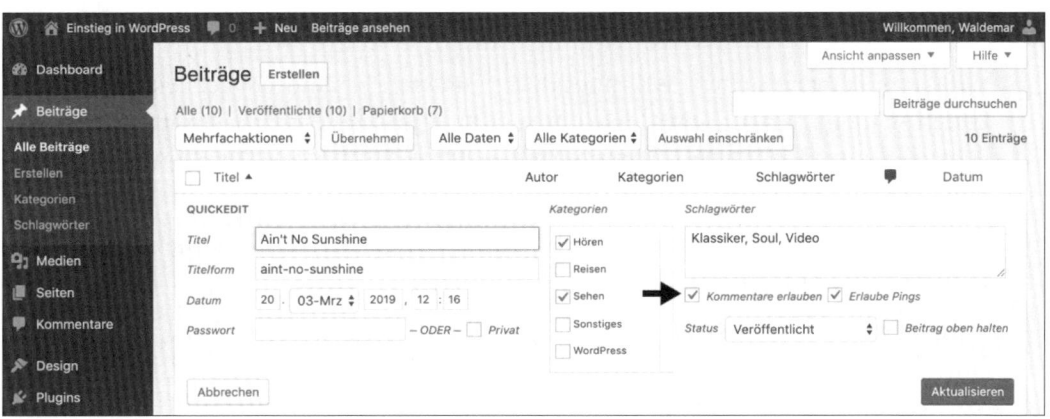

Abbildung 11.11 »QuickEdit« für Beiträge – Kommentare und Pings

11.4.2   Für einzelne Beiträge oder Seiten im Bereich »Diskussion« im Editor

Sie können Kommentare und Pings auch beim Bearbeiten eines Beitrags oder einer Seite erlauben bzw. verbieten. Abbildung 11.12 zeigt den Bereich DISKUSSION in der Seitenleiste neben dem Editor, und zwar ziemlich weit unten im Register DOKUMENT.

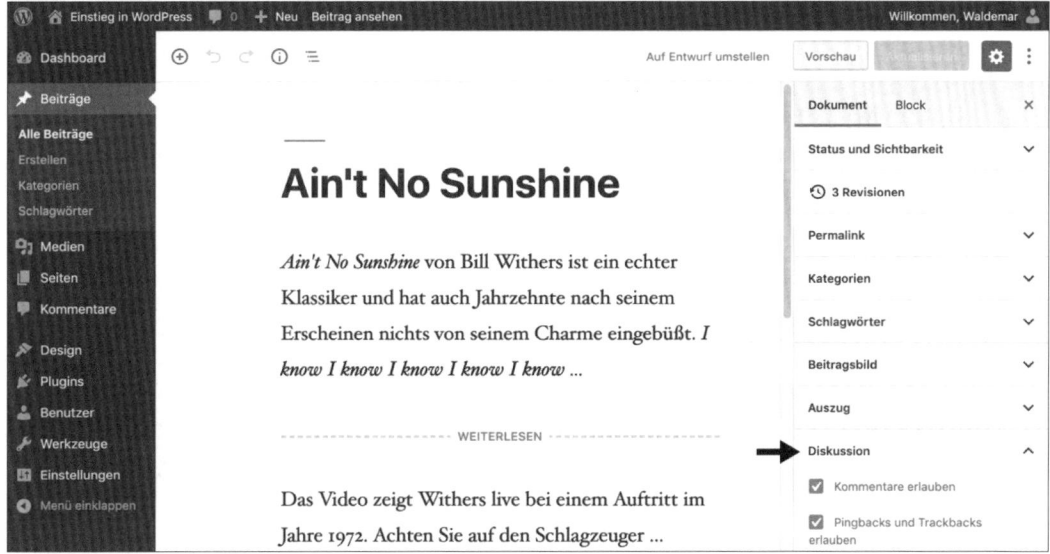

Abbildung 11.12 Der Bereich »Diskussion« im Editor

11.5   Die Kommentarfunktion von WordPress deaktivieren

Das Kommentarsystem von WordPress bietet eine sehr schöne Möglichkeit, mit seinen Lesern zu interagieren, aber es bedeutet auch eine gewisse Mehrarbeit und bietet Möglichkeiten zum Missbrauch, sodass einige WordPress-Nutzer diese Funktion lieber deaktivieren.

Sabrina Tomasi hat die Argumente für oder gegen den Betrieb der Kommentarfunktion in folgendem Beitrag ausführlich dargestellt:

▶ *dauleben.de/blogkommentare/*

Falls Sie die Kommentarfunktion deaktivieren möchten: Es gibt keinen Hauptschalter, aber man kann diverse Optionen so kombinieren, dass es einem Ausschalten recht nahe kommt:

1. Im Menü EINSTELLUNGEN • DISKUSSION gibt es zunächst die Option BESUCHERN ERLAUBEN, NEUE BEITRÄGE ZU KOMMENTIEREN. Wenn Sie diese Option deaktivieren, haben *neue* Beiträge und Seiten keine Kommentarfunktion mehr. Alte Beiträge und Seiten sind davon nicht betroffen.

2. Aktivieren Sie die Option BENUTZER MÜSSEN ZUM KOMMENTIEREN REGISTRIERT UND ANGEMELDET SEIN. Danach können nur noch Benutzer kommentieren, die in Ihrer WordPress-Installation angemeldet sind.

3. Alte Beiträge und Seiten sind von dieser Maßnahme nicht betroffen, aber mit der Option KOMMENTARE ZU BEITRÄGEN, DIE ÄLTER ALS XX TAGE SIND, AUTOMATISCH SCHLIESSEN können Sie die Kommentarfunktion automatisch schließen. Das gilt auch für bereits bestehende Beiträge und Seiten.

Links und Einstellungen für die Kommentarfunktion bleiben aber auch nach diesen Schritten erhalten. Falls Sie die Kommentarfunktion wirklich spurlos verschwinden lassen möchten, inklusive aller Einstellungen, helfen nur Plugins weiter.

> **Kommentarfunktion deaktivieren mit »Disable Comments«**
>
> Zur kompletten Deaktivierung der Kommentarfunktion gibt es z. B. das Plugin *Disable Comments* von Samir Shah, mit über 1 Million Installationen und guten Bewertungen ein echter Klassiker:
>
> ▶ *de.wordpress.org/plugins/disable-comments/*
>
> Wie man Plugins installiert, erfahren Sie in Kapitel 15, »WordPress erweitern: Plugins installieren«.

11.6 Pingbacks – Vernetzung mit anderen Blogs

Pingbacks, manchmal auch einfach als *Pings* abgekürzt, sind eine automatisierte Vernetzung zwischen zwei Blogs (siehe Abbildung 11.13):

▶ **Ⓐ** schreibt einen Beitrag mit einer bestimmten URL **❶**.

▶ **Ⓑ** nimmt in einem Blogbeitrag **❷** Bezug auf den Beitrag von **Ⓐ** und fügt einen Link zum Beitrag von **Ⓐ** ein **❸**.

▶ Das Blogsystem von **Ⓑ** sendet daraufhin ein *Ping* genanntes Signal an das Blog von **Ⓐ**, um mitzuteilen, dass die URL des Beitrags im Blog von **Ⓑ** verwendet wurde.

▶ Wenn im Blogsystem von **Ⓐ** für diesen Beitrag Pings erlaubt sind, wird der Pingback unterhalb des Beitrags zwischen den Kommentaren eingefügt **❹**.

Abbildung 11.13 stellt diesen Vorgang bildlich dar.

Abbildung 11.13 Ein Pingback in Aktion – Interaktion zwischen zwei Blogs

Ein Pingback ist also eine automatisch erstellte Benachrichtigung von einem anderen Blogsystem, und es geht dabei um die Vernetzung zwischen Blogs und deren Beiträgen. Solche Links, die von anderen Websites auf Ihre Beiträge oder Seiten zeigen, werden *Backlinks* genannt, und sie können für das Ranking auf den Ergebnisseiten der Suchmaschinen von Bedeutung sein.

Trackbacks sind eine ältere Form von Pingbacks

Trackbacks waren die erste Form der Interaktion zwischen Blogs. Sie werden manuell erstellt, enthalten im Gegensatz zu Pingbacks einen Textausschnitt und sind etwas aus der Mode gekommen, da sie häufig für Spam missbraucht werden.

Falls Sie noch mehr über Trackbacks wissen möchten, hat Michaela Steidl das in einem Blogbeitrag wunderbar erklärt:

▶ *wp-bistro.de/was-sind-eigentlich-trackbacks-und-pingbacks/*

11.7   Auf einen Blick

Die wichtigsten Themen noch einmal im Überblick:

- ▶ Die Interaktion mit den Besuchern basiert auf Formularen:
  - – Kommentarformulare stehen unter einem Beitrag. Der Kommentar wird auf der Website veröffentlicht.
  - – Kontaktformulare stehen auf einer eigenen Seite. Die Eingabe wird per E-Mail verschickt und nicht auf der Website veröffentlicht.
- ▶ Kommentare können moderiert oder sofort freigeschaltet werden.
- ▶ Kommentare werden im Menü KOMMENTARE verwaltet:
  - – FREIGEBEN oder ZURÜCKWEISEN
  - – ANTWORTEN oder BEARBEITEN
  - – LÖSCHEN oder als SPAM deklarieren
- ▶ Die Optionen zur Konfiguration von Kommentaren finden Sie im Menü EINSTELLUNGEN • DISKUSSION.
- ▶ Kommentare können über die Funktion QUICKEDIT oder unterhalb des Editors für einzelne Seiten oder Beiträge deaktiviert werden.
- ▶ Pingbacks sind eine automatische Interaktion zwischen zwei Blogs. Trackbacks sind eine ältere Form von Pingbacks.

TEIL III

Themes: Das Design Ihrer Website

Kapitel 12

Themes anpassen mit dem »Customizer«: Theme-Optionen, Menüs und Widgets

Worin Sie das Theme »Twenty Nineteen« kennenlernen und sehen, wie Sie Themes mit dem Customizer anpassen können: Sie fügen ein Logo hinzu, ändern Farben, erstellen Menüs und passen Widgets an.

Die Themen im Überblick:

- ▶ »Twenty Nineteen« – ein Theme kennenlernen, Seite 323
- ▶ Der »Customizer«: Themes anpassen mit Live-Vorschau, Seite 327
- ▶ »Website-Informationen«: Titel der Website, Untertitel, Logo und Website-Icon, Seite 328
- ▶ »Farben« anpassen im Customizer, Seite 331
- ▶ »Menüs« – eine Navigation für die Website erstellen, Seite 333
- ▶ »Widgets« verwalten im »Customizer«, Seite 340
- ▶ Widgets als Block im Editor einfügen, Seite 346
- ▶ Auf einen Blick, Seite 350

In diesem Kapitel zeige ich Ihnen, wie Sie mit dem *Customizer* ein Theme anpassen können, ohne selbst Code zu schreiben. Sie fügen ein Logo hinzu, erweitern das Hauptmenü, erstellen neue Menüs und passen die Widgets an.

Falls Sie neugierig sind: Abbildung 12.22 und Abbildung 12.23 zeigen die Startseite am Ende dieses Kapitels.

Dieses Kapitel basiert auf dem Standard-Theme *Twenty Nineteen*, aber die gezeigten Techniken lassen sich später leicht auf andere Themes übertragen.

12.1 »Twenty Nineteen« – ein Theme kennenlernen

Twenty Nineteen hinterlässt bei vielen Benutzern einen ersten Eindruck, den man vielleicht mit den Worten »Na ja, so toll sieht das ja nun auch wieder nicht aus« umschreiben könnte, aber je länger man damit arbeitet, desto mehr positive Seiten entdeckt man. Besonders auf mobilen Geräten ist *Twenty Nineteen* für einfache Websites eine gute Basis.

12.1.1 Die Website zum Theme: Über ein Theme informieren

Ein guter Ausgangspunkt zum Kennenlernen eines Themes ist dessen offizielle Website. Für *Twenty Nineteen* gibt es davon gleich zwei:

▶ *de.wordpress.org/themes/twentynineteen/*

▶ *theme.wordpress.com/themes/twentynineteen/*

Abbildung 12.1 zeigt die Infoseite zum Theme auf WordPress.com, die mehr Informationen enthält als das Pendant auf WordPress.org.

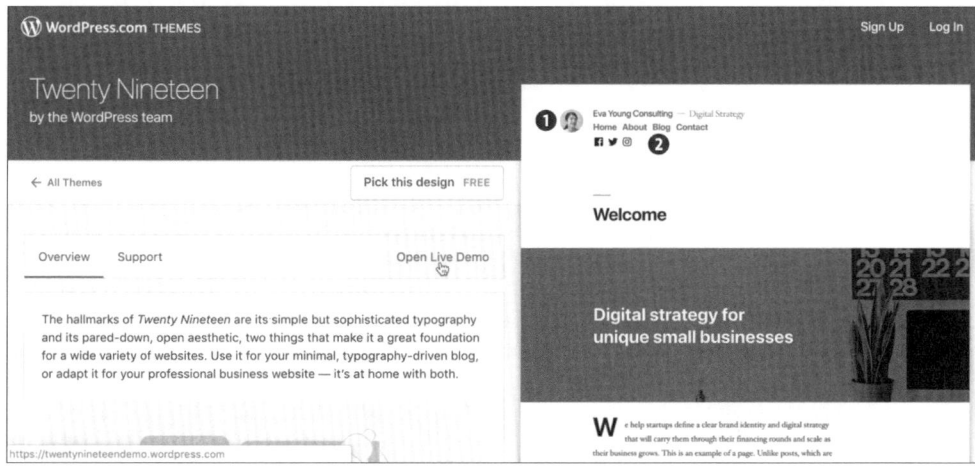

Abbildung 12.1 Die Infoseite zu »Twenty Nineteen« auf WordPress.com

Mit einem Klick auf Open Live Demo können Sie die Demoversion öffnen, die gegenüber der Beispielsite, die Sie bisher erstellt haben, bereits auf den ersten Blick einige kleine Unterschiede zeigt:

▶ Links oben vor dem Titel der Website ist ein kleines rundes Foto ❶.

▶ Unter dem Hauptmenü gibt es ein Social-Media-Menü ❷.

Wenn man nach unten scrollt, gibt es unter dem Inhaltsbereich nur noch zwei Widgets mit den Titeln *Get in touch* und *Visit our office*.

12.1.2   Responsives Layout: »Twenty Nineteen« auf mobilen Geräten

Bei der Auswahl eines Themes ist es wichtig, darauf zu achten, dass das Theme *responsiv* ist, also auf allen Geräten gut aussieht und funktioniert.

Prüfen Sie von Anfang an, wie sich die Webseiten in kleineren Browserfenstern verhalten, indem Sie die Demoseiten auf einem Smartphone oder Tablet aufrufen. Aber auch ohne mobile Endgeräte können Sie das Verhalten der Webseiten testen, indem Sie am Desktop mit der Maus einfach die Breite des Browserfensters verkleinern und vergrößern.

Im Firefox gibt es dazu im Hauptmenü ❶ das Menü ENTWICKLER ❷, das den nützlichen Befehl BILDSCHIRMGRÖSSEN TESTEN ❸ enthält. Abbildung 12.2 zeigt das Theme in einem Smartphone im Hochformat ❹. Darüber gibt es eine Bedienleiste ❺, um andere Einstellungen auszuwählen.

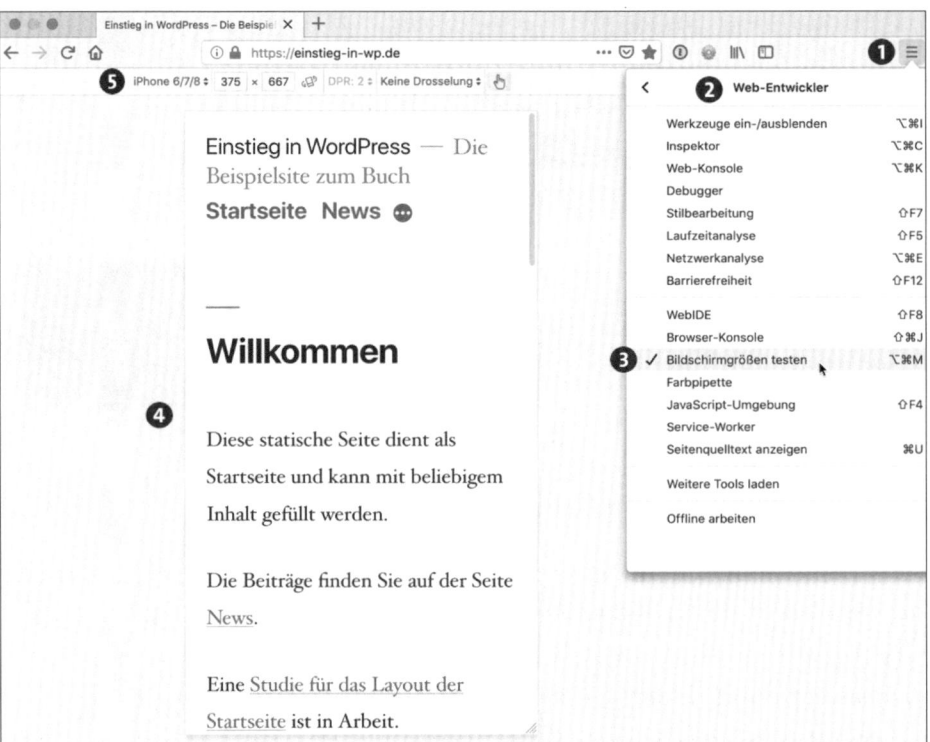

Abbildung 12.2 Firefox kennt den Befehl »Bildschirmgrößen testen«.

Auf kleineren Bildschirmen wird die horizontale Navigation verkürzt, und die nicht angezeigten Menüpunkte verbergen sich hinter drei Punkten. Mehrspaltige Layouts im Inhaltsbereich werden einspaltig, und eingefügte Bilder passen sich dem zur Verfügung stehenden Platz automatisch an. Die Schriftgröße ändert sich im Verhältnis zur Breite des Browserfensters, sodass der Text auf einem Smartphone sehr gut lesbar ist. *Twenty Nineteen* ist also auf jedem Gerät problemlos nutzbar.

12.1.3 »Design • Themes«: Die »Theme-Details« von »Twenty Nineteen«

Wenn Sie im Backend das Menü DESIGN • THEMES aufrufen und mit der Maus über das Vorschaubild fahren, erscheint eine Schaltfläche namens THEME-DETAILS. Ein Klick auf das Vorschaubild ruft dann die in Abbildung 12.3 dargestellte Seite mit einigen Details zum Theme auf.

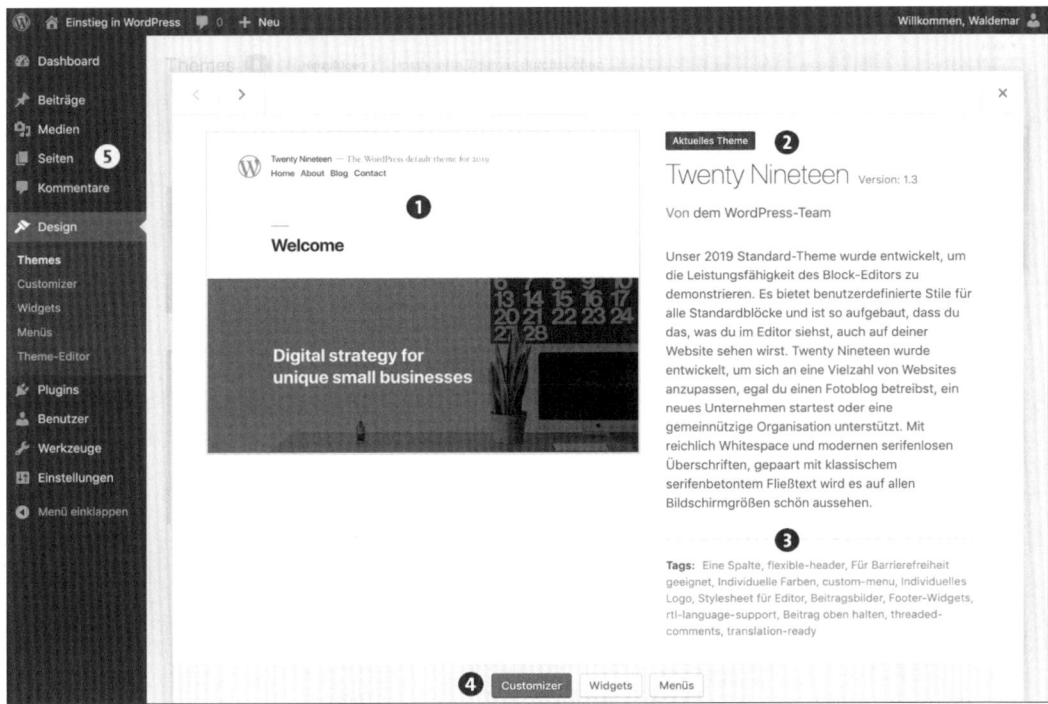

Abbildung 12.3 »Twenty Nineteen« – die »Theme-Details« im Backend

Abbildung 12.3 zeigt ein Bildschirmfoto der Demo-Startseite ❶, rechts daneben finden Sie eine kurze Beschreibung des Themes ❷:

Unser 2019 Standard-Theme wurde entwickelt, um die Leistungsfähigkeit des Block-Editors zu demonstrieren. Es bietet benutzerdefinierte Stile für alle Standardblöcke und ist so aufgebaut, dass du das, was du im Editor siehst, auch auf deiner Website sehen wirst.

Twenty Nineteen wurde entwickelt, um sich an eine Vielzahl von Websites anzupassen, egal ob du einen Fotoblog betreibst, ein neues Unternehmen startest oder eine gemeinnützige Organisation unterstützt.

Mit reichlich Whitespace und modernen serifenlosen Überschriften, gepaart mit klassischem serifenbetontem Fließtext wird es auf allen Bildschirmgrößen schön aussehen.

Twenty Nineteen wurde also geschaffen, um zu zeigen, was der neue Block-Editor so alles kann. Das Theme sieht sich quasi als Bühne für die Blöcke im Inhaltsbereich.

Unterhalb der Beschreibung sehen Sie eine Liste von Schlagwörtern, die das Theme beschreiben ❸, und darunter einige Schaltflächen zur Anpassung des Themes ❹. Diese Schaltflächen entsprechen den Unterpunkten zum Menü DESIGN links in der schwarzen Menüleiste ❺:

▶ CUSTOMIZER: Ruft den Customizer auf, der eine *Live-Vorschau* enthält. *To customize* heißt »anpassen«, und im Customizer verbringen Sie in diesem Kapitel einen Großteil Ihrer Zeit.

▶ WIDGETS: Kleine Fertigmodule für den Einsatz in speziellen Widget-Bereichen, die aber zum Teil auch als Block im Inhaltsbereich eingefügt werden können.

▶ MENÜS: Erstellung individueller Menüs für die Navigation.

Diese Möglichkeiten zur Anpassung eines Themes lernen Sie in diesem Kapitel kennen, und los geht es mit dem Menüpunkt CUSTOMIZER und der Live-Vorschau.

Weitere Optionen für »Twenty Nineteen« mit einem Plugin nachrüsten

In diesem Kapitel zeige ich Ihnen die Optionen, die bei Twenty Nineteen standardmäßig im Customizer vorhanden sind. Falls Ihnen das nicht ausreicht, bietet das Plugin *Options for Twenty Nineteen* zusätzliche Möglichkeiten:

▶ *de.wordpress.org/plugins/options-for-twenty-nineteen/*

Unter anderem können Sie damit die kurzen horizontalen Linien über den Titeln und Überschriften entfernen. Wie Sie ein Plugin installieren, erfahren Sie in Kapitel 15, »WordPress erweitern: Plugins installieren«.

12.2   Der »Customizer«: Themes anpassen mit Live-Vorschau

In diesem Abschnitt lernen Sie das Menü Design • Customizer kennen, in dem alle Optionen zur Konfiguration des Themes auf einen Blick zur Verfügung stehen. Im Folgenden wird dieser Menüpunkt einfach als *Customizer* bezeichnet.

Nach dem Aufrufen des Menüs Design • Customizer erscheint links eine Seitenleiste zum Anpassen des Themes und rechts eine Live-Vorschau der Startseite (siehe Abbildung 12.4).

Abbildung 12.4 Der »Customizer« im Überblick

Ganz oben links in der Anpassungsleiste können Sie den Customizer nach getaner Arbeit mit einem Klick auf das × schließen ❶. Rechts daneben sehen Sie die Schaltfläche Veröffentlichen. Sind alle Änderungen gespeichert, heißt die Schaltfläche Veröffentlicht.

Darunter wird angezeigt, welche Website ❷ und welches Theme ❸ gerade aktiv ist. Mit der Schaltfläche Wechseln können Sie ein anderes Theme wählen, das dann sofort in der Live-Vorschau zu sehen ist.

In *Twenty Nineteen* stehen darunter folgende Optionen zur Auswahl ❹:

▶ Website-Informationen. Hier können Sie ein Logo auswählen, den Titel der Website sowie den Untertitel ändern und ein Website-Icon hinzufügen (Abschnitt 12.3).

▶ Farben dienen der Anpassung des Farbschemas (Abschnitt 12.4).

▶ Menüs dient der Erstellung einer Navigation für die Website (Abschnitt 12.5).

▶ WIDGETS können hier an Ort und Stelle geändert werden. Beschrieben wird das ausführlich weiter unten in Abschnitt 12.6.

▶ STARTSEITEN-EINSTELLUNGEN kennen Sie bereits aus Abschnitt 5.7, »Eine klassische Website: Startseite und Newsbereich«.

▶ ZUSÄTZLICHES CSS ermöglicht die Speicherung von CSS-Code, um das Erscheinungsbild und Layout der Website anzupassen.

Ganz unten in der Anpassungsleiste gibt es die Schaltfläche AUSBLENDEN ❺ und rechts daneben drei Symbole für Desktop, Tablet und Smartphone.

Rechts in der Live-Vorschau sieht man einige kleine Bleistift-Symbole ❻. Ein Klick auf einen dieser Bleistifte öffnet die entsprechende Option zur Bearbeitung in der Anpassungsleiste. Wenn Sie die Anpassungsleiste ausblenden, hat die Live-Vorschau mehr Platz, und die Bleistift-Symbole zur Bearbeitung verschwinden.

Für Fortgeschrittene: »Veröffentlichen«, »Speichern« und »Planen«

Wenn im Customizer nicht gespeicherte Änderungen vorhanden sind, erscheint ganz oben rechts neben VERÖFFENTLICHEN ein *Zahnrad*, mit dem Sie die Aktion der Schaltfläche ändern können. Ein Klick auf das Zahnrad zeigt drei Optionen:

▶ VERÖFFENTLICHEN ist die Standardeinstellung. Änderungen werden gespeichert und auch gleich veröffentlicht, also im Frontend sichtbar.

▶ SPEICHERN bewirkt, dass alle Änderungen gespeichert, aber noch nicht im Frontend sichtbar werden.

▶ PLANEN ermöglicht eine zeitversetzte Veröffentlichung der Änderungen. Ist die Option aktiviert, erscheint ein Dialog, mit dem Sie Datum und Uhrzeit festlegen können.

Unterhalb dieser Optionen gibt es noch die Möglichkeit, einen VORSCHAU-LINK zu kopieren, den Sie dann versenden können. Der Empfänger kann dann in seinem Browser alle im Customizer gespeicherten Änderungen sehen, auch wenn diese noch nicht veröffentlicht wurden.

12.3 »Website-Informationen«: Titel der Website, Untertitel, Logo und Website-Icon

Im Bereich WEBSITE-INFORMATIONEN können Sie folgende Details anpassen

▶ Logo ❶

▶ Titel der Website und Untertitel ❷

▶ Website-Icon ❸

Abbildung 12.5 zeigt diesen Bereich im Überblick. Zurück ins Hauptmenü kommen Sie mit dem kleinen Pfeil nach links ❹.

Abbildung 12.5 Die »Website-Informationen« im Customizer

12.3.1 Die Einstellungen für Logo, Titel und Untertitel der Website

Seit WordPress 4.5 gehört die Möglichkeit, eine Logografik hochzuladen, zum Kern. Nach einem Klick auf LOGO AUSWÄHLEN empfiehlt WordPress eine Bildgröße für das Logo, und in *Twenty Nineteen* sind das 190 × 190 Pixel. Sie können die Bilddatei aus der Mediathek einfügen.

Abbildung 12.6 zeigt die Beispielsite mit einer ausgewählten Logografik in der Anpassungsleiste ❶, die rechts in der Live-Vorschau ❷ vor dem Titel der Website erscheint. Falls Sie damit nicht zufrieden sind, können Sie das LOGO WECHSELN oder es wieder ENTFERNEN ❸.

An dieser Stelle können Sie auch den TITEL DER WEBSITE sowie den UNTERTITEL ändern. Das entspricht den gleichnamigen Optionen in EINSTELLUNGEN • ALLGEMEIN (siehe Abschnitt 4.4).

Abbildung 12.6 »Website-Informationen« – Logo und Titel der Website

12.3.2   »Website-Icon« – ein Minilogo für Ihre Webseiten

Die Option WEBSITE-ICON bietet die Möglichkeit, einer Website ein Stück Identität zu geben. Im Browserfenster sieht man das hier eingefügte Icon z. B. in den Tabs, dem Verlauf und bei Lesezeichen.

Die Funktion erzeugt aus dem hochgeladenen Bild automatisch nicht nur ein klassisches Favicon, sondern auch gleich noch ein Symbol für mobile Geräte (*Touchicon*) und unter Windows 8 oder höher eine Kachel.

Um Ihren Webseiten ein Website-Icon mit auf den Weg zu geben, benötigen Sie ein Bild, das quadratisch und mindestens 512 × 512 Pixel groß ist (siehe Abbildung 12.7):

1. Klicken Sie im Bereich WEBSITE-ICON ❶ auf BILD AUSWÄHLEN, und wählen Sie in der Mediathek das gewünschte Bild.

2. Nach der Auswahl können Sie das BILD ZUSCHNEIDEN. Rechts sehen Sie dabei eine Vorschau als *Browser-Icon* und als *App-Icon*.

3. Wenn alles passt, klicken Sie auf BILD ZUSCHNEIDEN.

4. Abbildung 12.7 zeigt eine Vorschau für ein Browser-Icon ❷ und ein App-Icon ❸.

5. Ganz oben im Browser-Tab sehen Sie das Website-Icon bereits in Aktion ❹.

Wenn Ihnen das Website-Icon gefällt, speichern Sie die Einstellungen mit einem Klick auf VERÖFFENTLICHEN.

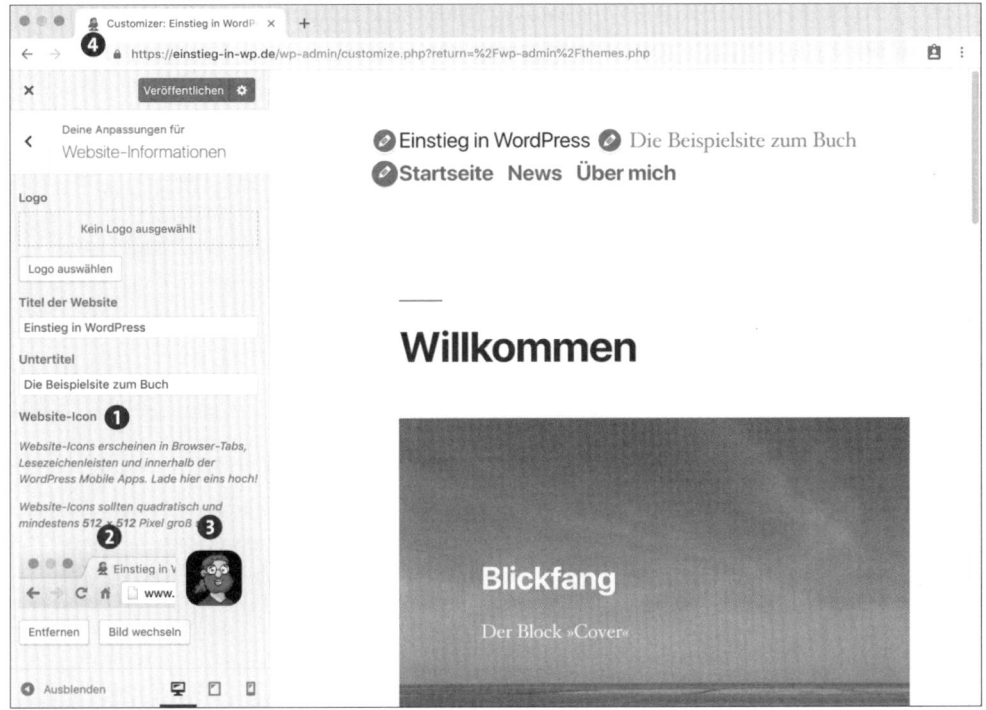

Abbildung 12.7 Ein Bild als »Website-Icon«

12.4 »Farben« anpassen im Customizer

In vielen Themes können Sie im CUSTOMIZER im Bereich FARBEN das Farbschema anpassen und alle möglichen Einstellungen rund um die Zuweisung von Farben erledigen. In *Twenty Nineteen* dreht sich hier alles um die sogenannte PRIMÄRE FARBE. Diese Farbe wird z. B. als Textfarbe für Hyperlinks und als Filter für Beitragsbilder verwendet.

Von Haus aus ist die primäre Farbe in *Twenty Nineteen* ein Blauton, aber im Customizer können Sie im Bereich FARBEN ❶ mit der Option INDIVIDUELL ❷ einen Schieberegler einblenden ❸ und eine andere Farbe wählen, die dann in der Live-Vorschau für Links ❹ und Beitragsbilder verwendet wird (siehe Abbildung 12.8).

Unter dem Schieberegler sehen Sie in Abbildung 12.8 ein Kontrollkästchen mit der Bezeichnung FÜR HERVORGEHOBENE BILDER EINEN FILTER UNTER BENUTZUNG DER PRIMÄRFARBE ANWENDEN ❺. Um die Auswirkungen dieser Option in der Live-Vorschau zu sehen, navigieren Sie zur Seite NEWS und scrollen so lange nach unten, bis der Beitrag *Das Beitragsbild* sichtbar wird:

▶ Das Beitragsbild hat in *Twenty Nineteen* normalerweise einen Filter, der auf der ausgewählten primären Farbe basiert.

▶ Wenn Sie das Kontrollkästchen ❻ deaktivieren, werden Beitragsbilder in der Live-Vorschau ohne Filter dargestellt ❼.

Abbildung 12.8 »Primäre Farbe« ändern im Customizer

Abbildung 12.9 zeigt die Live-Vorschau mit dem Beitragsbild ohne Filter. Falls Ihnen das besser gefällt, speichern und publizieren Sie die Änderungen mit einem Klick auf die Schaltfläche Veröffentlichen.

Abbildung 12.9 Beitrag mit Beitragsbild ohne Filter

Farbwerte suchen mit ColorZilla

Wenn Sie auf einer Webseite eine Farbe sehen, die Ihnen gefällt, können Sie mit dem Browsertool *ColorZilla* den genauen Farbwert herausfinden.

▶ *www.colorzilla.com*

ColorZilla gibt es für Firefox und Chrome.

12.5 »Menüs« – eine Navigation für die Website erstellen

WordPress hat eine fantastische Menüfunktion, mit der die Erstellung einer benutzerfreundlichen Navigation für Ihre Website fast zum Vergnügen wird. In Abschnitt 5.9 haben Sie damit bereits ein Hauptmenü erstellt, in diesem Abschnitt möchte ich sie Ihnen etwas ausführlicher vorstellen:

▶ In Schritt 1 erweitern Sie das vorhandene Hauptmenü um ein Untermenü für die Seite *News*.

▶ In Schritt 2 fügen Sie ein *Social-Links-Menü* hinzu.

▶ In Schritt 3 erstellen Sie ein *Footer-Menü* mit Links zum *Impressum*.

Abbildung 12.10 zeigt das erweiterte Hauptmenü und darunter das Social-Links-Menü in der Desktop-Ansicht.

Abbildung 12.10 Twenty Nineteen mit erweitertem Hauptmenü und darunter einem Social-Links-Menü

Menüs im Backend bearbeiten

Menüs können Sie im Backend an zwei Stellen bearbeiten:

▶ Design • Customizer • Menüs mit Live-Vorschau

▶ Design • Menüs ohne Live-Vorschau

Die beiden Menüs sehen zwar anders aus, sind von der Funktionalität her aber weitgehend identisch. Ich zeige Ihnen im Folgenden den etwas moderneren Weg über den Customizer.

12.5.1 Schritt 1: Hauptmenü erweitern – ein Untermenü für die Seite »News«

In diesem Schritt erweitern Sie das Hauptmenü um ein Untermenü für die Seite *News*. In diesem Untermenü sollen die Kategorien aus dem Newsbereich gelistet werden. Abbildung 12.11 zeigt dies im Überblick.

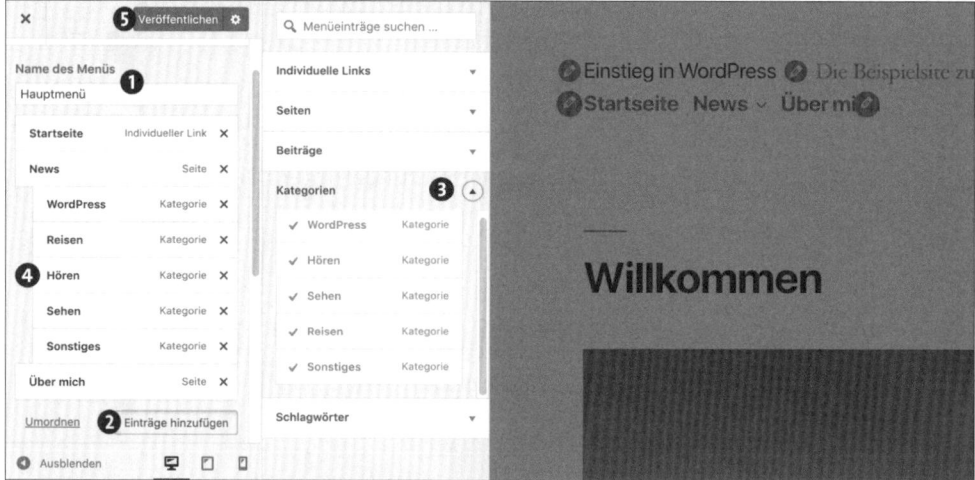

Abbildung 12.11 Der Customizer bei der Erweiterung des Hauptmenüs

Im folgenden ToDo wird Schritt für Schritt gezeigt, wie Sie das Hauptmenü erstellen, ihm eine Position zuweisen und es mit Menüeinträgen füllen. In der Live-Vorschau sehen Sie dabei live und in Farbe, wie die Navigation auf der Website aussieht.

ToDo: Ein Untermenü für die Seite »News« erstellen

1. Rufen Sie im Backend das Menü Design • Customizer • Menüs auf.

2. Klicken Sie rechts neben dem Hauptmenü auf den Pfeil nach rechts, um das Hauptmenü ❶ zu bearbeiten (siehe Abbildung 12.11).

3. Nach einem Klick auf Einträge hinzufügen ❷ öffnet sich rechts die Übersicht der möglichen Einträge.

4. Öffnen Sie den Bereich Kategorien ❸, und klicken Sie nacheinander auf die Kategorien. Diese erscheinen daraufhin links im Hauptmenü, und zwar unter den bereits vorhandenen Einträgen.

5. Klicken Sie wieder auf die Schaltfläche Einträge hinzufügen, um die Seitenleiste mit den möglichen Einträgen zu schließen.

6. Die Kategorien sollen etwas eingerückt unterhalb von *News* stehen ❹. Zum Sortieren der Menüeinträge haben Sie zwei Möglichkeiten:

   ▸ Per Ziehen und Fallenlassen mit der Maus. Besonders die korrekte Einrückung der Einträge ist dabei manchmal ein bisschen »fummelig«.

   ▸ Mit dem Link Umordnen können Sie die Menüpunkte mit der Maus durch Klicks auf diverse Pfeile ordnen.

7. In der Live-Vorschau erscheint neben dem Menüpunkt News ein kleiner Pfeil nach unten. Wenn der Mauszeiger über News schwebt, erscheint ein Dropdown-Menü mit den Kategorien.

8. Wenn alles geklappt hat, speichern Sie das Menü mit einem Klick auf Veröffentlichen ❺.

Abbildung 12.12 zeigt das im ToDo erstellte Hauptmenü ❻ mit geöffnetem Untermenü in der Tablet-Ansicht der Live-Vorschau ❼.

Nach dem Speichern können Sie die Einträge eines Menüs editieren und so z. B. die Beschriftung ändern:

▸ Öffnen Sie das gewünschte Menü.

▸ Klicken Sie auf den zu ändernden Menüeintrag.

▸ Ändern Sie im Detailbereich den Text im Feld Angezeigter Name.

▸ Veröffentlichen Sie das Menü.

Dadurch wird es möglich, dass ein Menüeintrag im Menü eine andere Bezeichnung hat als das Element, das der Menüeintrag aufruft.

Abbildung 12.12 Das fertige Hauptmenü in der Live-Vorschau

Um einen Menüpunkt von der Live-Vorschau aus direkt zu bearbeiten und z.B. die Beschriftung zu ändern, halten Sie die ⌂-Taste gedrückt, und klicken Sie auf den gewünschten Menüeintrag. Er wird dann links in der Anpassungsleiste zur Bearbeitung geöffnet.

Menüeinträge in neuem Tab öffnen

Falls Sie in Ihren Menüs einen Link haben, der in einem neuen Fenster geöffnet werden soll, so ist auch das möglich:

▶ Klicken Sie im Customizer auf den Bereich MENÜS.

▶ Klicken Sie oben rechts neben dem Wort MENÜS auf das Zahnrad.

▶ Aktivieren Sie das Kontrollkästchen vor LINKZIEL.

Danach erscheint bei der Bearbeitung eines Menüeintrags die Option LINK IN EINEM NEUEN TAB ÖFFNEN, die Sie dann auswählen und speichern können.

12.5.2 Schritt 2: Ein Social-Links-Menü mit Links erstellen

Sofern Sie bei Facebook, Twitter oder anderen Diensten ein persönliches Profil oder eine offizielle Seite haben, können Sie im Backend ein zweites Menü erstellen und dort die Links zu Ihren Social-Media-Präsenzen eingeben (siehe Abbildung 12.13). Die Share-Buttons zum Teilen von Beiträgen lernen Sie in Kapitel 16, »Kontaktformular, Beiträge teilen, Spamschutz und Besucherstatistik«, kennen.

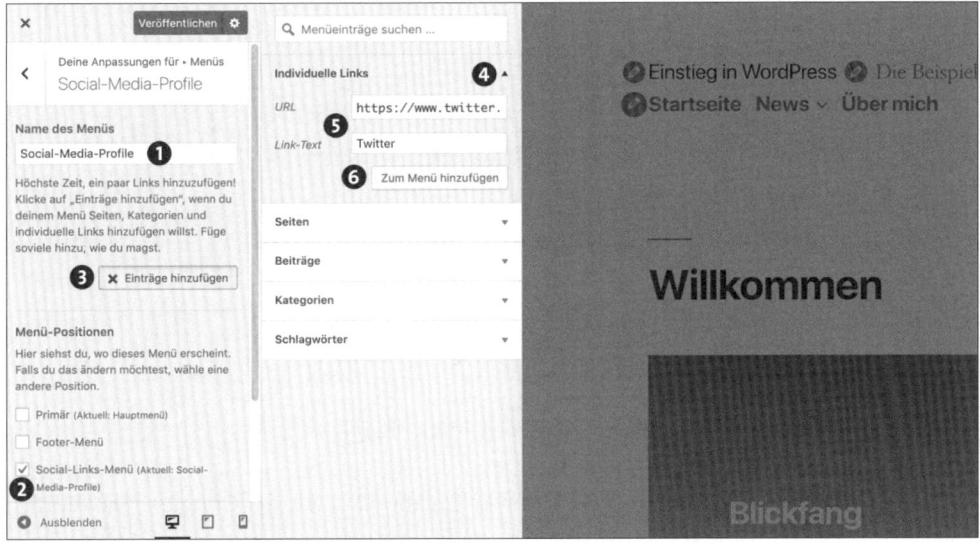

Abbildung 12.13 Die Erstellung eines Social-Media-Menüs im Überblick

Falls Sie ein Social-Media-Menü erstellen möchten, gehen Sie die folgenden Schritte durch:

1. Erstellen Sie ein neues Menü, das Sie z. B. *Social-Media-Profile* ❶ nennen.
2. Weisen Sie dem Menü die Position SOCIAL-LINKS-MENÜ ❷ zu.
3. Klicken Sie auf die Schaltfläche EINTRÄGE HINZUFÜGEN ❸.
4. Öffnen Sie den Bereich INDIVIDUELLE LINKS ❹.
5. Geben Sie im Feld URL ❺ den Link zum gewünschten Profil ein. WordPress weist dem Menüeintrag anhand der URL automatisch das richtige Symbol zu.
6. Im Feld LINK-TEXT geben Sie den Namen des Dienstes an, z. B. Twitter, LinkedIn, Instagram oder Facebook. Dieser Name erscheint im Backend bei der Erstellung des Menüs. Im Frontend wird er durch das entsprechende Symbol ersetzt.
7. Klicken Sie auf die Schaltfläche ZUM MENÜ HINZUFÜGEN ❻.
8. Die hinzugefügten Links erscheinen links in der Menüstruktur. Sortieren Sie die Links wie gewünscht, und wenn alle Links hinzugefügt sind, klicken Sie auf EINTRÄGE HINZUFÜGEN, um den Bereich zu schließen.
9. Speichern Sie das Menü mit einem Klick auf VERÖFFENTLICHEN.

Abbildung 12.14 zeigt das im Customizer erstellte Menü ❼ mit den Social-Media-Symbolen im Frontend ❽.

Abbildung 12.14 Das Social-Media-Menü in der Live-Vorschau

WordPress erkennt eine Menge Dienste wie Facebook, Twitter, Google+, LinkedIn, Vimeo, Pinterest, Flickr, Instagram und viele andere automatisch, für alle anderen wird ein Standardsymbol verwendet.

Die Symbole sind übrigens keine Grafiken, sondern sogenannte *Iconfonts*. Das sind als Schrift eingebundene Symbole, die auch bei starker Vergrößerung scharf bleiben und nicht pixelig werden.

Lieber andere Social-Media-Icons? Das geht nur als Widget.

Möchten Sie anstelle der vorhandenen Icons lieber die von den jeweiligen Diensten extra dafür zur Verfügung gestellten Icons nehmen, können Sie die Grafikdateien in die Mediathek hochladen und über ein Text-Widget einbinden. Mehr zu Widgets erfahren Sie gleich in Abschnitt 12.6.

12.5.3   Schritt 3: Ein Footer-Menü mit Link zum »Impressum«

In Abschnitt 5.3 haben Sie eine Seite für das Impressum erstellt, und ich hatte dabei erwähnt, dass es von jeder Seite aus mit einem Klick erreichbar sein sollte. Diese Anforderung setzen Sie in diesem Abschnitt um, indem Sie ein Footer-Menü mit einem Link zum Impressum erstellen (siehe Abbildung 12.15).

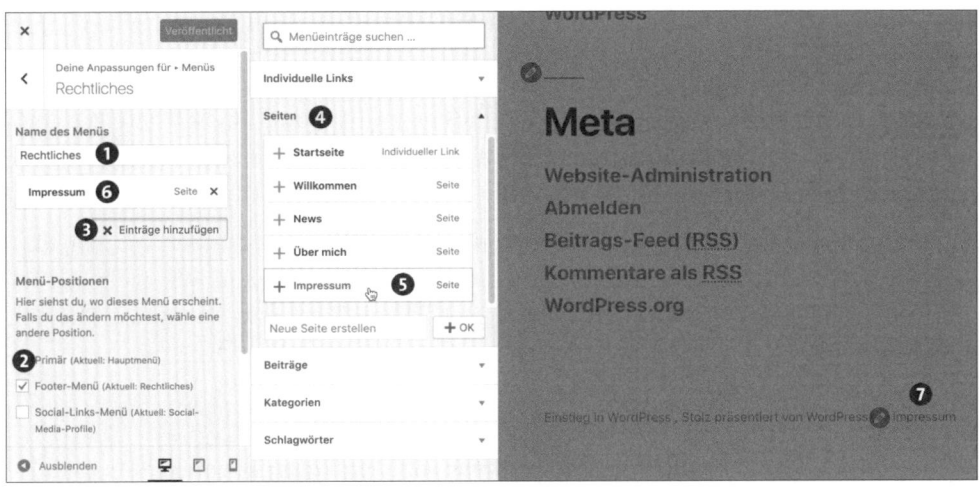

Abbildung 12.15 Ein Footer-Menü mit Link zum Impressum erstellen

Im folgenden ToDo erstellen Sie das Footer-Menü mit einem Link zum Impressum.

ToDo: Ein Footer-Menü mit Link zum »Impressum« erstellen

1. Rufen Sie im Backend das Menü Design • Customizer • Menüs auf.

2. Klicken Sie auf die Schaltfläche Neues Menü erstellen.

3. Geben Sie in das Feld Name des Menüs einen beschreibenden Namen ein, z. B. »Rechtliches«.

4. Aktivieren Sie bei den Menü-Positionen die Option Footer-Menü.

5. Klicken Sie auf die Schaltfläche Weiter.

6. Abbildung 12.15 zeigt die sich daraufhin öffnende Seite, in der Sie die Einträge und Eigenschaften für »Rechtliches« ❶ definieren. Im Bereich Menü-Positionen wurde die Option Footer-Menü ❷ aus dem vorherigen Schritt übernommen.

7. Klicken Sie auf Einträge hinzufügen ❸. Rechts öffnet sich eine Übersicht der möglichen Navigationslinks.

8. Öffnen Sie den Bereich Seiten ❹, und klicken Sie auf Impressum ❺. Die Seite erscheint daraufhin links unter dem Wort Rechtliches ❻.

9. Klicken Sie erneut auf Einträge hinzufügen, um die Übersicht mit möglichen Einträgen zu schließen. Scrollen Sie rechts in der Live-Vorschau ganz nach unten. Im Footer erscheint der Link zum Impressum ❼.

10. Wenn alles geklappt hat, speichern und aktivieren Sie das Menü mit einem Klick auf Veröffentlichen.

12.6   »Widgets« verwalten im »Customizer«

Widget heißt wörtlich übersetzt so viel wie *Dingsbums* und wird *widschett* gesprochen. Ein Widget ist ein vorgefertigtes Modul, das eine bestimmte Funktion bereitstellt, ohne dass man selbst programmieren muss. Das Widget *Neue Beiträge* zeigt z. B. eine Liste mit Links zu neuen Beiträgen.

Widgets konnten früher nur in speziellen Widget-Bereichen eingebunden werden, die häufig in einer Seitenleiste, im Footer oder im Header zu Hause sind. Wie viele dieser Widget-Bereiche es gibt und wo diese dargestellt werden, ist von Theme zu Theme unterschiedlich.

> **Widgets als Block im Editor einfügen**
>
> Seit WordPress 5.1 kann man die im Lieferumfang von WordPress enthaltenen Widgets nicht nur in den speziellen Widget-Bereichen einbinden, sondern auch als Block im Editor und somit in ganz normalen Beiträgen und Seiten.
>
> In diesem Abschnitt zeige ich Ihnen die traditionelle Arbeit mit Widgets in einem Widget-Bereich, in Abschnitt 12.7 binden Sie dann ein Widget als Block im Editor ein.

12.6.1   Widgets in der Übersicht

Wie bei den Menüs gibt es im Backend auch für Widgets zwei Wege zur Bearbeitung:

▶ im CUSTOMIZER-Bereich WIDGETS mit Live-Vorschau

▶ im Menü DESIGN • WIDGETS ohne Live-Vorschau

In diesem Abschnitt zeige ich Ihnen die Anpassung der Widgets über den Customizer. Für *Twenty Nineteen* sieht dieser Bereich aus wie in Abbildung 12.16.

Twenty Nineteen hat nur einen einzigen Widget-Bereich namens FOOTER ❶. Unterhalb der Anzeige des Widget-Bereichs sehen Sie die eingebundenen Widgets ❷ und die Schaltfläche WIDGET HINZUFÜGEN ❸, die alle zur Verfügung stehenden Widgets anzeigt. Rechts in der Live-Vorschau ❹ findet man die Widgets zwischen Inhaltsbereich und Fußzeile.

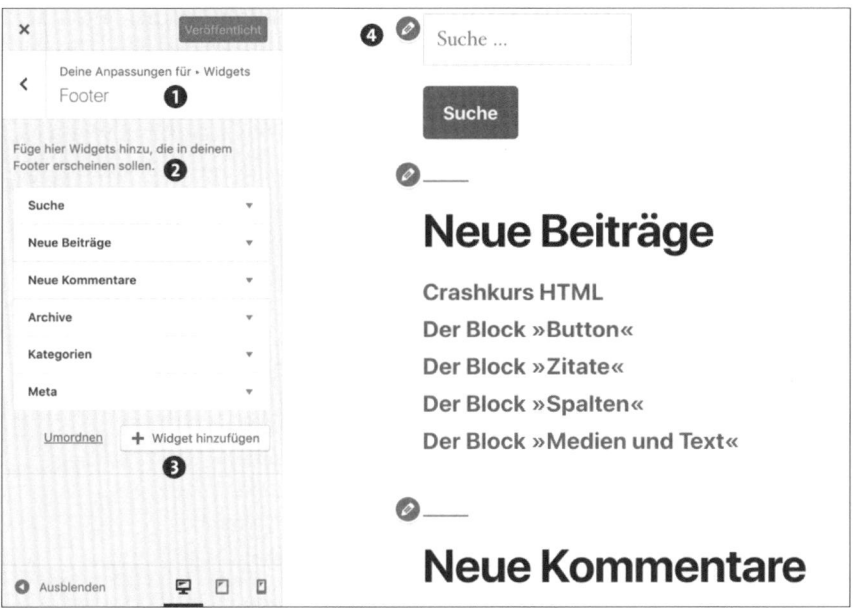

Abbildung 12.16 Der Bereich »Widgets« im Customizer

12.6.2 Die Widgets in Twenty Nineteen

Twenty Nineteen kennt wie gesagt nur einen Widget-Bereich mit dem Namen *Footer*, der unter dem Inhalt und über der Fußzeile dargestellt wird. Dieser Bereich wird automatisch auf allen Seiten eingeblendet, auch auf der Beitragsseite, auf Archivseiten und der Einzelansicht. In *Twenty Nineteen* werden die Widgets ab einer Fensterbreite von 1.168 Pixel zweispaltig dargestellt (siehe Abbildung 12.17).

Hier eine kleine Übersicht der in *Twenty Nineteen* eingebundenen Widgets und eine kurze Erklärung ihrer jeweiligen Funktion:

▶ *Suche* stellt eine Suchfunktion zur Verfügung, mit der ein Besucher die auf Seiten und Beiträgen veröffentlichten Inhalte durchsuchen kann. Den Titel des Widgets kann man anpassen.

▶ *Neue Beiträge* zeigt die Titel der zuletzt veröffentlichten Beiträge. Man kann den Widget-Titel ändern, die Anzahl der Beiträge, die angezeigt werden, festlegen und das Veröffentlichungsdatum ausgeben.

▶ *Neue Kommentare* zeigt die neuesten Kommentare. Optional kann man den Titel des Widgets ändern und die Anzahl der Kommentare festlegen, die angezeigt werden sollen.

341

- *Archive* zeigt ein monatliches Archiv der Beiträge. Dieses kann als Linkliste oder als Dropdown-Menü dargestellt werden und auf Wunsch die Anzahl der Beiträge für jeden Monat anzeigen.

- *Kategorien* erzeugt eine Linkliste oder ein Dropdown-Menü der Kategorien. Wenn es Unterkategorien gibt, kann auch die Hierarchie der Kategorien dargestellt werden.

- *Meta* enthält Links zur Anmeldung, zu den RSS-Feeds und zu *de.wordpress.org*. Man kann den Titel des Widgets ändern.

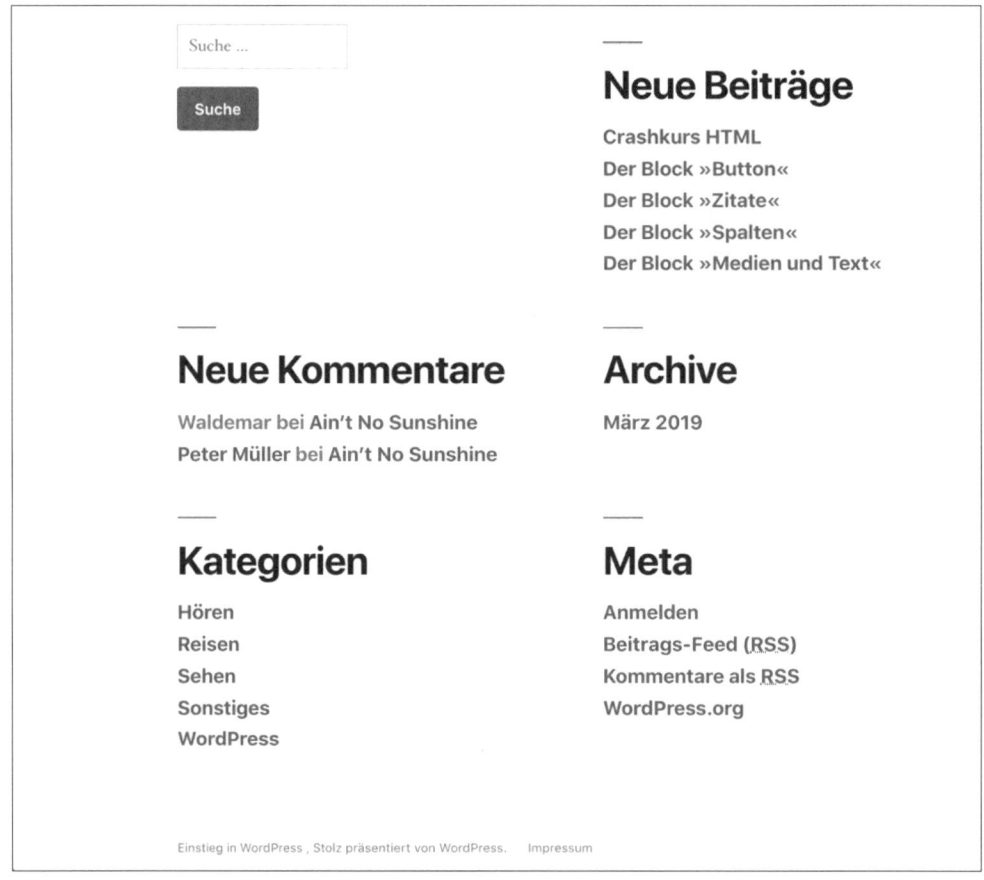

Abbildung 12.17 Der Widget-Bereich »Footer« in Twenty Nineteen

So weit zu den in *Twenty Nineteen* nach der Installation vorhandenen Widgets.

12.6.3 Widgets im Widget-Bereich anpassen und entfernen

Die Widgets sind in *Twenty Nineteen* mit kräftigen Überschriften und fett gedruckten Links sehr auffällig gestaltet, und das gefällt nicht jedem, besonders wenn sechs von ihnen neben- und untereinanderstehen.

Im folgenden ToDo räumen Sie den Widget-Bereich etwas auf und entfernen mit Ausnahme der Suche alle Widgets. Im nächsten Abschnitt fügen Sie dann ein Text-Widget mit den Kontaktdaten hinzu.

ToDo: Widgets aus dem Widget-Bereich entfernen

1. Öffnen Sie im Menü Design • Customizer den Bereich zur Anpassung der Widgets.
2. Scrollen Sie in der Live-Vorschau so weit nach unten, dass die Widgets sichtbar werden.
3. Blenden Sie links in der Anpassungsleiste für das Widget *Suche* mit einem Klick auf den kleinen Pfeil nach unten rechts neben dem Widget-Titel den Detailbereich ein.
4. Geben Sie einen Titel ein, z. B. »Finden«. In der Live-Vorschau erscheint dieser Titel über dem Widget.
5. Entfernen Sie die anderen Widgets, indem Sie im Detailbereich auf den Link Entfernen bzw. Löschen klicken. In der Live-Vorschau verschwindet das entsprechende Widget.
6. Wiederholen Sie diese Schritte für alle zu entfernenden Widgets.
7. Speichern Sie die Änderungen mit Veröffentlichen.

Nach diesem ToDo ist der Widget-Bereich zunächst einmal fast leer, aber im nächsten Abschnitt fügen Sie wieder ein Text-Widget hinzu.

12.6.4 Widgets hinzufügen: Das Widget »Text«

Das Text-Widget ist eine Art Joker, denn damit bekommen Sie ein leeres Rechteck, das Sie selbst mit beliebigen Texten und Medien füllen können. In Abschnitt 16.1 erstellen Sie eine Kontaktseite mit einem Kontaktformular, aber Kontaktdaten wie Adresse und Telefon sind ein guter Kandidat für ein Widget, das auf allen Seiten eingeblendet wird.

Abbildung 12.18 zeigt, dass die Schaltfläche Widget hinzufügen ❶ eine Liste mit allen verfügbaren Widgets öffnet. Nach einem Klick auf ein Widget, z. B. *Text* ❷, erscheint es links in der Anpassungsleiste ❸ unterhalb der bereits vorhandenen Widgets. Rechts unten in der Live-Vorschau ist bereits ein Platz dafür reserviert ❹.

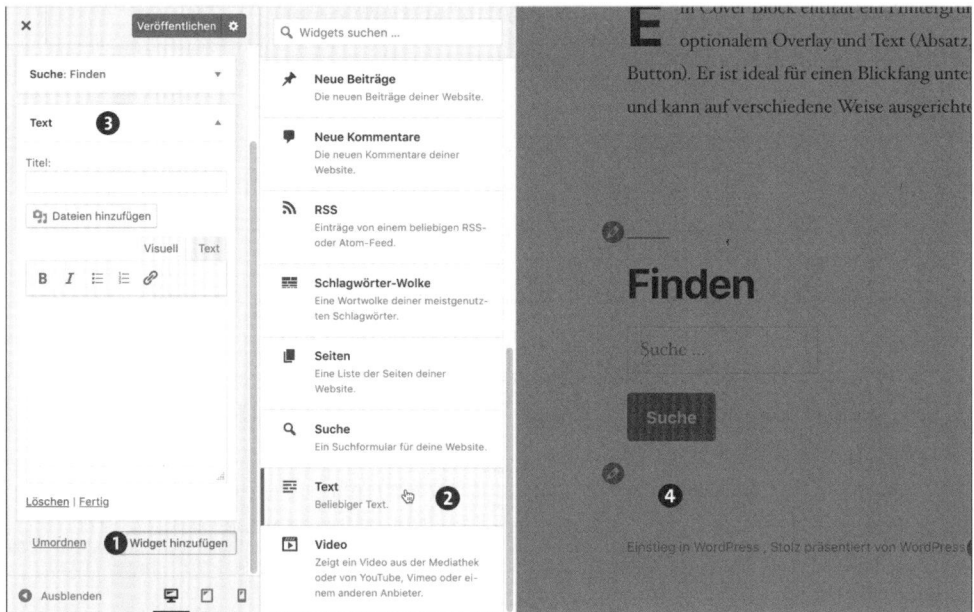

Abbildung 12.18 Das Widget »Text« hinzufügen

Im folgenden ToDo fügen Sie ein Text-Widget mit Kontaktdaten hinzu.

ToDo: Ein Widget vom Typ »Text« hinzufügen

1. Öffnen Sie im Menü DESIGN • CUSTOMIZER den Bereich WIDGETS.

2. Klicken Sie unten im Widget-Bereich auf die Schaltfläche WIDGET HINZUFÜGEN.

3. Suchen Sie in der alphabetisch sortierten Liste das Widget *Text*, und klicken Sie darauf. Daraufhin wird es links im Widget-Bereich hinzugefügt.

4. Blenden Sie den Detailbereich für das Widget ein, falls er nicht sowieso schon sichtbar ist.

5. Geben Sie als TITEL z. B. »Kontakt« ein.

6. Geben Sie in das visuelle Editorfeld darunter z. B. eine Adresse, eine Telefonnummer und eventuelle Geschäftszeiten ein. Eine neue Zeile beginnen Sie mit ⇧ + ↵ , einen neuen Absatz nur mit ↵ .

7. Speichern Sie die Änderungen mit VERÖFFENTLICHEN.

Abbildung 12.19 zeigt links das Widget *Text* in der Anpassungsleiste und rechts in der Live-Vorschau unter dem Suchen-Widget.

Ein Text-Widget ist in erster Linie für Text gedacht, aber mit der Schaltfläche DATEI HINZUFÜGEN können Sie auch Dateien aus der Mediathek einbinden.

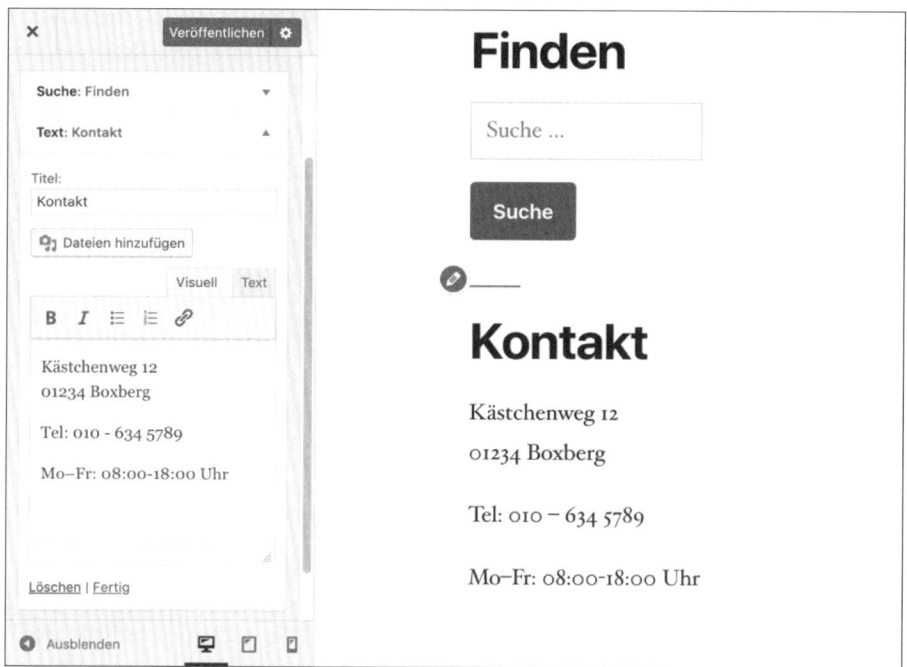

Abbildung 12.19 Das Widget »Text« mit Inhalt

12.6.5 Weitere Widgets im Überblick

Etwas weiter oben habe ich die in *Twenty Nineteen* nach der Installation vorhandenen Widgets *Suche, Neue Beiträge, Neue Kommentare, Archive, Kategorien* und *Meta* kurz vorgestellt, und ein Text-Widget haben Sie ebenfalls bereits kennengelernt.

WordPress kennt jedoch noch ein paar andere Widgets:

▶ *Schlagwörter-Wolke* zeigt eine Wortwolke der in Ihrem Blog meistgenutzten Schlagwörter. Man kann den Widget-Titel anpassen und anzeigen lassen, wie oft die einzelnen Schlagwörter vorkommen.

▶ *Navigationsmenü*. Mit diesem Widget können Sie ein zuvor erstelltes Menü in einen Widget-Bereich einbinden, was sehr praktisch sein kann. Falls es in einem Theme z. B. nur einen Menübereich gibt, kann man mit diesem Widget ein Menü wie *Rechtliches* auch in einem Widget-Bereich anzeigen.

▶ *Bild, Galerie, Audio* und *Video* ermöglichen die Einbindung von Dateien aus der Mediathek in einem Widget-Bereich.

▶ *HTML*. Mit diesem Widget kann man in einem Widget-Bereich beliebigen HTML-Code ausgeben.

▶ *Seiten* zeigt eine Liste der veröffentlichten Seiten an. Man kann diese Liste nach *Sei-tentitel*, *Reihenfolge der Seiten* oder *Seiten-ID* sortieren lassen und einzelne Seiten ausschließen, indem man deren Seiten-ID eingibt.

▶ *Kalender.* Das Widget dient nicht dem Eintragen von Terminen, sondern zeigt in einer Monatsübersicht, an welchen Tagen Beiträge veröffentlicht wurden.

▶ *RSS* zeigt Einträge von einem beliebigen RSS- oder Atom-Feed an. Sie benötigen dazu nur die Feed-URL.

Viele Themes und Plugins bringen eigene Widgets mit, sodass es nach einem Theme-Wechsel oder einer Plugin-Installation durchaus auch noch weitere Widgets geben kann.

12.7   Widgets als Block im Editor einfügen

Die Standard-Widgets von WordPress können seit der Version 5.1 nicht nur in einem Widget-Bereich, sondern auch im Block-Editor in einen Beitrag oder eine Seite eingefügt werden.

Eine Übersicht der verfügbaren Blöcke finden Sie, wenn Sie in der Editorleiste links auf das Symbol BLOCK HINZUFÜGEN klicken, im Bereich WIDGETS (siehe Abbildung 12.20).

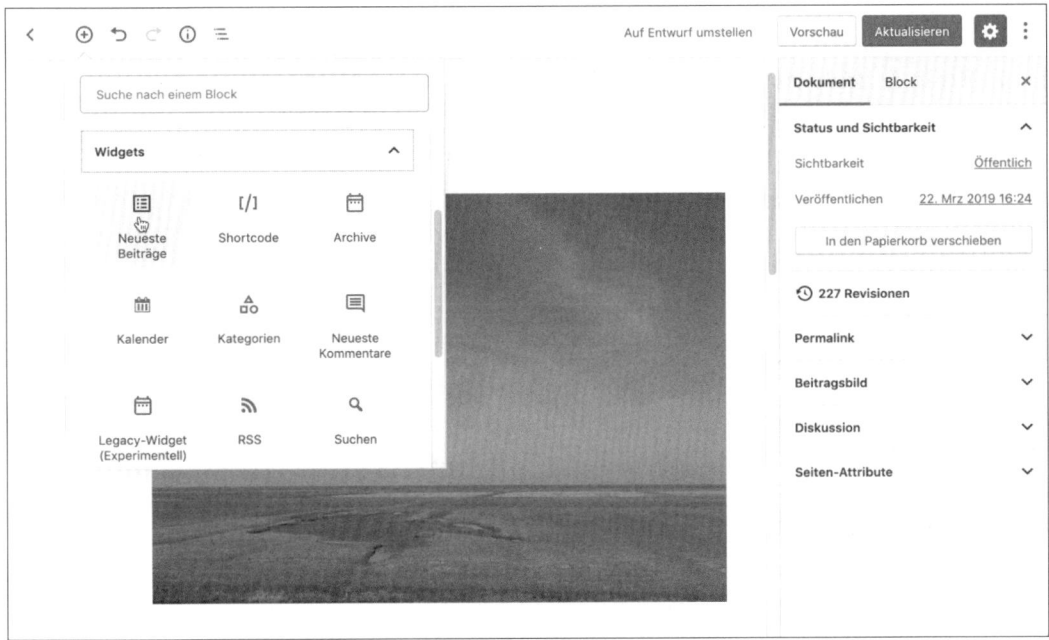

Abbildung 12.20 Die Widgets von WordPress sind auch als Block verfügbar.

Abbildung 12.21 zeigt den Editor mit einer Überschrift, einem Absatz und darunter dem Widget *Neueste Beiträge* als Block in einer zweispaltigen Rasteransicht mit dem Titel und dem Veröffentlichungsdatum des Beitrags.

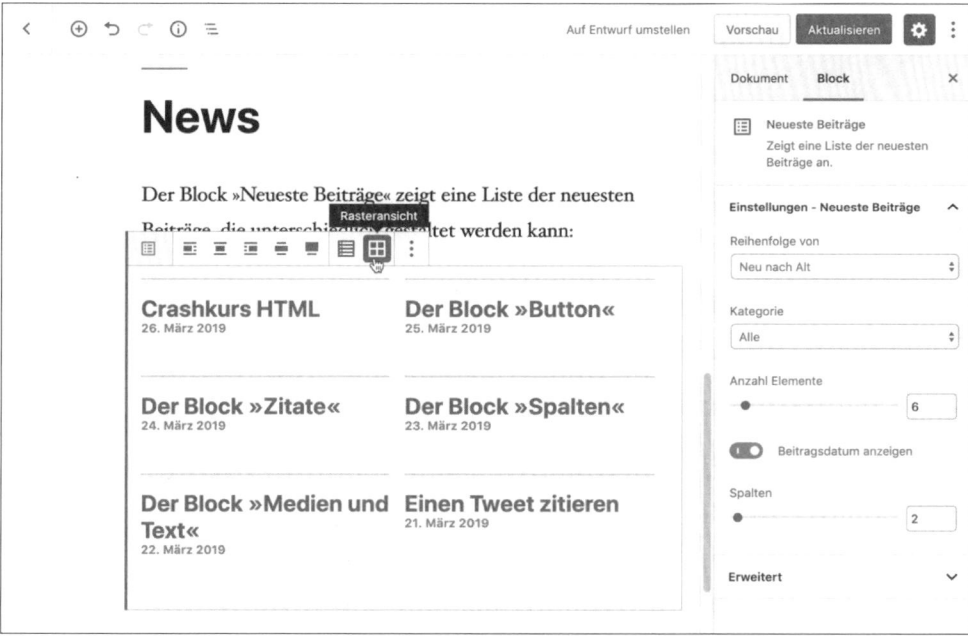

Abbildung 12.21 Das Widget »Neueste Beiträge« im Editor

Im folgenden ToDo erstellen Sie den Inhalt aus Abbildung 12.21.

ToDo: Das Widget »Neue Beiträge« auf der Startseite einfügen

1. Öffnen Sie im Menü SEITEN die Startseite *Willkommen* zur Bearbeitung im Editor.

2. Fügen Sie unterhalb des vorhandenen Inhalts eine H2-Überschrift und etwas Text ein (siehe z. B. Abbildung 12.21).

3. Erstellen Sie darunter einen neuen Block, und fügen Sie den Block NEUESTE BEITRÄGE ein.

4. Aktivieren Sie in der Block-Symbolleiste die RASTERANSICHT.

5. Experimentieren Sie mit den Block-Einstellungen, bis Sie etwas gefunden haben, was Ihnen gefällt.

6. Speichern Sie die Änderungen mit einem Klick auf AKTUALISIEREN.

Abbildung 12.22 und Abbildung 12.23 zeigen die Startseite nach diesem ToDo. Der Block *Neueste Beiträge* hat genau wie der Cover-Block die Ausrichtung *Weite Breite* und zeigt die letzten neun Beiträge.

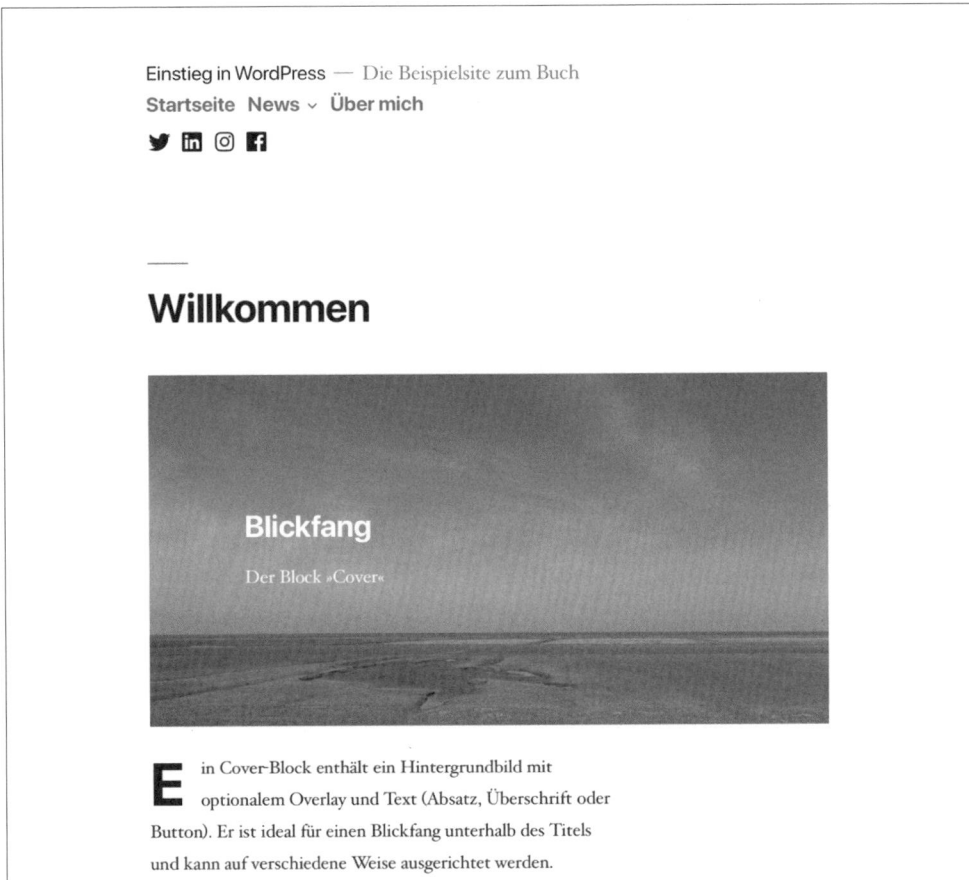

Abbildung 12.22 Die Startseite mit Menüs und Widgets, oberer Teil

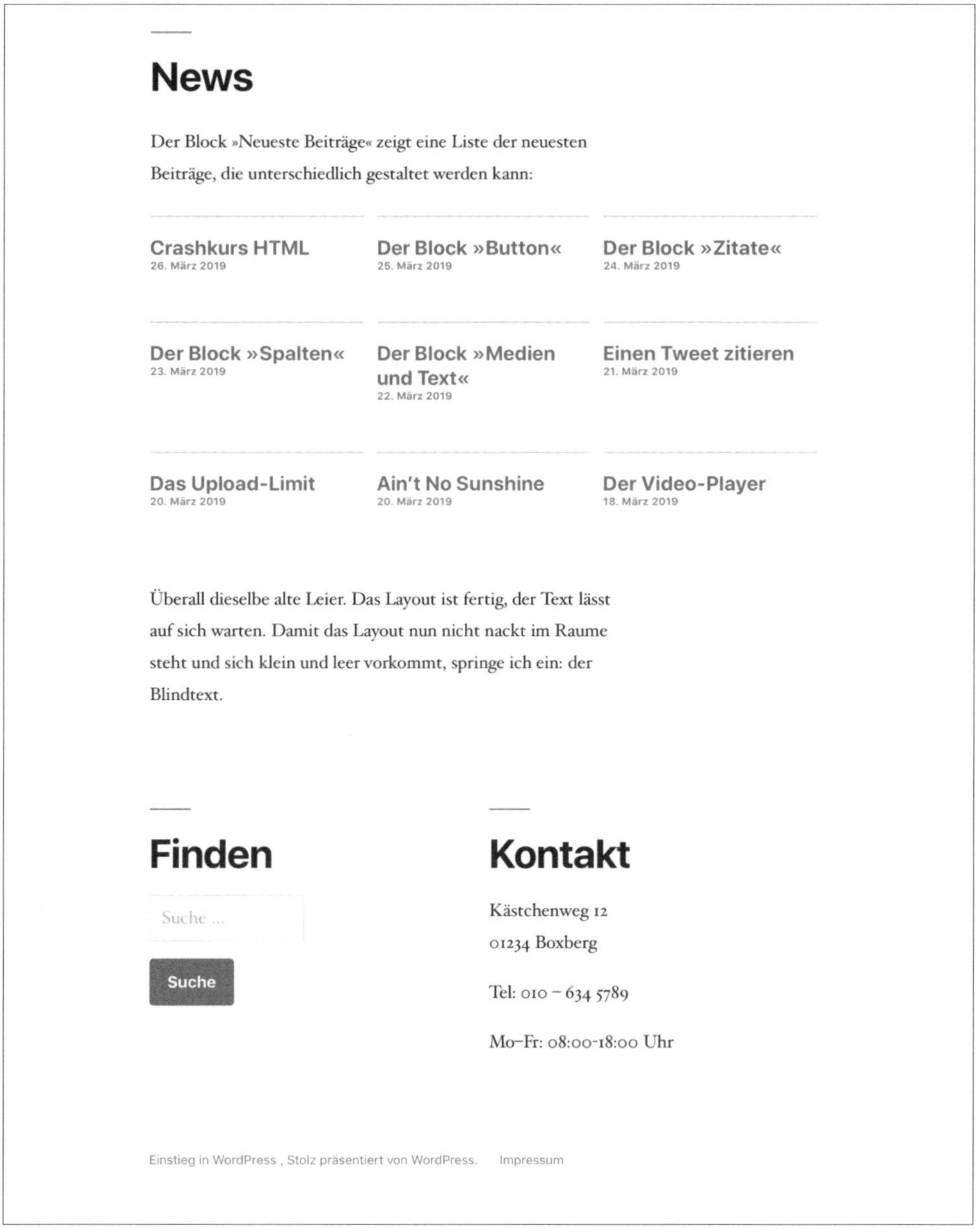

News

Der Block »Neueste Beiträge« zeigt eine Liste der neuesten Beiträge, die unterschiedlich gestaltet werden kann:

Crashkurs HTML
26. März 2019

Der Block »Button«
25. März 2019

Der Block »Zitate«
24. März 2019

Der Block »Spalten«
23. März 2019

Der Block »Medien und Text«
22. März 2019

Einen Tweet zitieren
21. März 2019

Das Upload-Limit
20. März 2019

Ain't No Sunshine
20. März 2019

Der Video-Player
18. März 2019

Überall dieselbe alte Leier. Das Layout ist fertig, der Text lässt auf sich warten. Damit das Layout nun nicht nackt im Raume steht und sich klein und leer vorkommt, springe ich ein: der Blindtext.

Finden

Suche …

Suche

Kontakt

Kästchenweg 12
01234 Boxberg

Tel: 010 – 634 5789

Mo–Fr: 08:00-18:00 Uhr

Einstieg in WordPress , Stolz präsentiert von WordPress.   Impressum

Abbildung 12.23 Die Startseite mit Menüs und Widgets, unterer Teil

12.8 Auf einen Blick

Die wichtigsten Themen noch einmal im Überblick:

▸ Ein guter Ausgangspunkt zum Kennenlernen eines Themes ist dessen offizielle Demo. Hier werden meist alle wichtigen Features vorgestellt.

▸ Ein Theme sollte responsiv sein und sowohl auf mobilen Geräten als auch am Desktop funktionieren.

▸ Für jedes installierte Theme gibt es im Menü DESIGN • THEMES diverse THEME-DETAILS.

▸ Im Customizer können Sie ein Theme in einer Live-Vorschau anpassen, ohne dass sich das Frontend ändert. Das gilt z. B. für:

   – Website-Informationen wie Titel, Untertitel, Logo und Website-Icon

   – Farben

   – Menüs

   – Widgets

   – Startseiten-Einstellungen

   – Zusätzliches CSS

▸ Jedes Theme hat unterschiedlich viele Menü- und Widget-Bereiche.

▸ Im Customizer können Sie im Bereich MENÜS ein oder mehrere Navigations-menüs erstellen:

   – Ein Menü kann aus Seiten, Kategorien, individuellen Links und anderen Dingen bestehen, auch gemischt.

   – Ein Menü wird einer Menüposition zugewiesen.

▸ Widgets werden meistens in einem speziellen Widget-Bereich platziert.

   – Widget-Bereiche finden Sie oft in der Sidebar, im Header oder im Footer.

   – WordPress kennt zahlreiche Standard-Widgets wie *Neue Beiträge*, *Neue Kommentare*, *Kategorien*, *Seiten*, *Text*, *Archive*, *Kalender* oder *Schlagwörter-Wolke*.

   – Viele Themes und Plugins stellen noch zusätzliche Widgets bereit.

▸ Die Standard-Widgets von WordPress können auch als Block im Editor eingefügt werden.

Kapitel 13

»Hemingway«: Ein neues Theme hinzufügen

Worin Sie das Theme-Verzeichnis von WordPress.org kennenlernen und das Theme »Hemingway« installieren, ausprobieren, aktivieren und feintunen.

Die Kapitelthemen im Überblick:

▶ Informieren: Themes suchen und kennenlernen, Seite 352

▶ Installieren: Das Theme auf den Webspace kopieren, Seite 356

▶ Ausprobieren: Im Customizer mit der »Live-Vorschau«, Seite 361

▶ Aktivieren: »Hemingway« gestaltet das Frontend, Seite 370

▶ Feintunen: Das neue Theme perfektionieren, Seite 372

▶ Auf einen Blick, Seite 375

In diesem Kapitel lernen Sie das Theme *Hemingway* kennen und weisen es der Beispielsite zu. Die dabei gezeigten Techniken können Sie später leicht auf andere Themes übertragen. Der Wechsel auf ein neues Theme besteht aus den folgenden Schritten:

1. **Informieren**: Zunächst müssen Sie ein gutes Theme finden und sich dann informieren, ob es für Ihre Website in Frage kommt (siehe Abschnitt 13.1).

2. **Installieren**: Um herauszufinden, ob ein Theme wirklich passt, wird es zunächst zu Ihrem WordPress hinzugefügt und installiert (siehe Abschnitt 13.2).

3. **Ausprobieren**: Nach der Installation können Sie ein Theme im Customizer in der Live-Vorschau ausprobieren und Theme-Optionen, Menüs und Widgets anpassen, ohne dass Ihre Besucher im Frontend davon etwas mitbekommen (siehe Abschnitt 13.3).

4. **Aktivieren**: Wenn Ihnen das Theme gefällt, wird es aktiviert. Ab diesem Moment ist das Theme für das Aussehen Ihrer Website verantwortlich (siehe Abschnitt 13.4).

5. **Feintunen**: Nach der Aktivierung kontrollieren Sie das Frontend im Detail und schauen, ob das Theme hält, was die Live-Vorschau versprach (siehe Abschnitt 13.5).

Und wenn das Theme dann doch nicht das richtige war, geht das Spiel mit dem nächsten Kandidaten wieder von vorne los.

13.1 Informieren: Themes suchen und kennenlernen

In diesem Abschnitt möchte ich Ihnen zunächst die offizielle Quelle für WordPress-Themes vorstellen, bei der Sie sich bei Ihrer Suche nach dem für Ihre Website idealen Theme umschauen können.

Vorsicht: Themes nur von vertrauenswürdigen Quellen hinzufügen

Beim Hinzufügen eines Themes werden Dateien auf Ihren Webspace übertragen. Diese Dateien bestehen neben sicherheitstechnisch unbedenklichem HTML und CSS auch aus Programmcode in den Sprachen JavaScript und PHP und können somit auch Sicherheitslücken oder sogar Schadcode enthalten.

Sie sollten also nur Themes aus vertrauenswürdigen Quellen verwenden. In diesem Abschnitt stelle ich Ihnen für den Einstieg das Theme-Verzeichnis von WordPress.org vor, in Kapitel 14, »Auf der Suche nach dem richtigen Theme«, finden Sie noch weitere Quellen.

13.1.1 Das Theme-Verzeichnis auf WordPress.org

Erste Anlaufstelle für Einsteiger auf der Suche nach einem WordPress-Theme ist das Theme-Verzeichnis auf WordPress.org, wo es eine riesige Auswahl an Themes gibt:

▶ *de.wordpress.org/themes/*

Abbildung 13.1 zeigt die ersten sechs Themes aus der Rubrik POPULÄR. Seit 2010 veröffentlicht das WordPress-Team mit Ausnahme von 2018 jedes Jahr ein neues Standard-Theme mit der Jahreszahl als Name.

Twenty Nineteen haben Sie in den letzten Kapiteln bereits ausführlich kennengelernt, aber auch ältere Standard-Themes erfreuen sich noch lange nach ihrem Erscheinen großer Beliebtheit. *Twenty Seventeen* und *Twenty Sixteen* werden im nächsten Kapitel kurz vorgestellt.

Mit dem Link NACH FUNKTIONEN FILTERN können Sie Themes nach bestimmten Kriterien filtern und mit dem Suchfeld THEMES SUCHEN... das Verzeichnis nach Stichwörtern durchsuchen. Falls Sie also z. B. irgendwo von einem Theme namens *Hemingway* gehört haben, geben Sie hier einfach »Hemingway« in das Suchfeld ein.

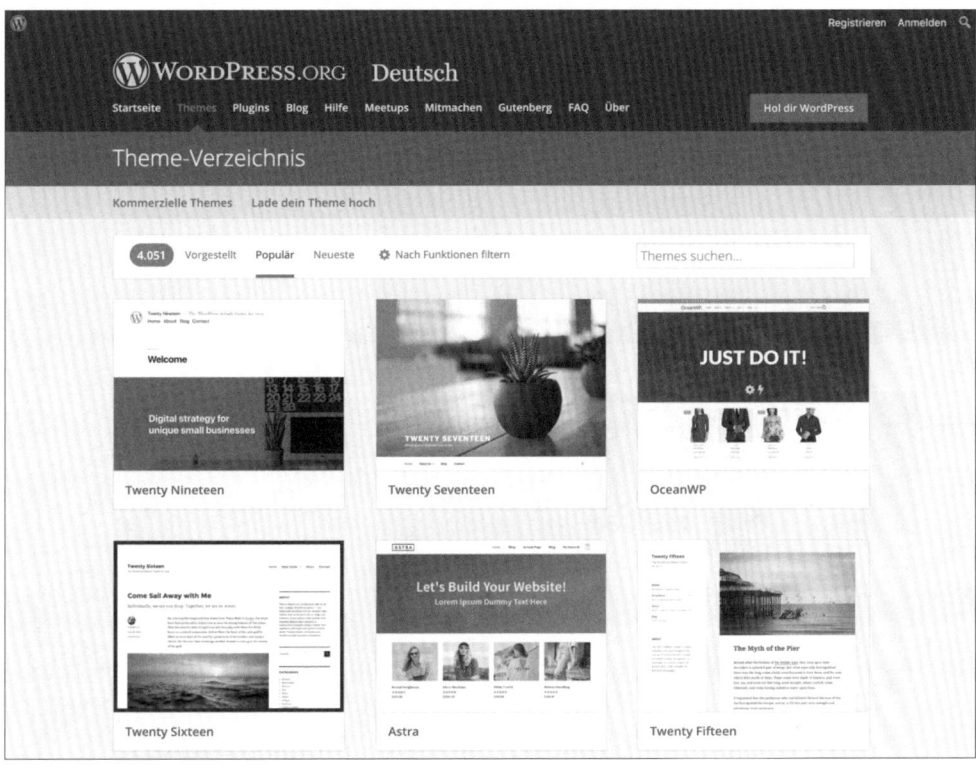

Abbildung 13.1 Die populärsten Themes im Theme-Verzeichnis

13.1.2   Jedes Theme hat eine Detailseite mit Links und Infos zum Theme

Jedes Theme hat im Theme-Verzeichnis eine Detailseite, und Abbildung 13.2 zeigt die Detailseite für das eben erwähnte Theme *Hemingway*:

▶ *de.wordpress.org/themes/hemingway*

Die Detailseiten zeigen nützliche Informationen zum jeweiligen Theme:

▶ Oben finden Sie ein kleines Vorschaubild ❶.

▶ Darunter steht eine kurze Beschreibung ❷, in der unter anderem steht, dass *Hemingway* responsiv und zweispaltig ist.

▶ Unterhalb der Beschreibung sehen Sie eine Reihe anklickbarer SCHLAGWÖRTER ❸, die dieses Theme beschreiben.

▶ Unten auf der Seite ist eine Statistik mit der Anzahl der DOWNLOADS PRO TAG ❹ für dieses Theme, ein erstes Indiz für dessen Popularität.

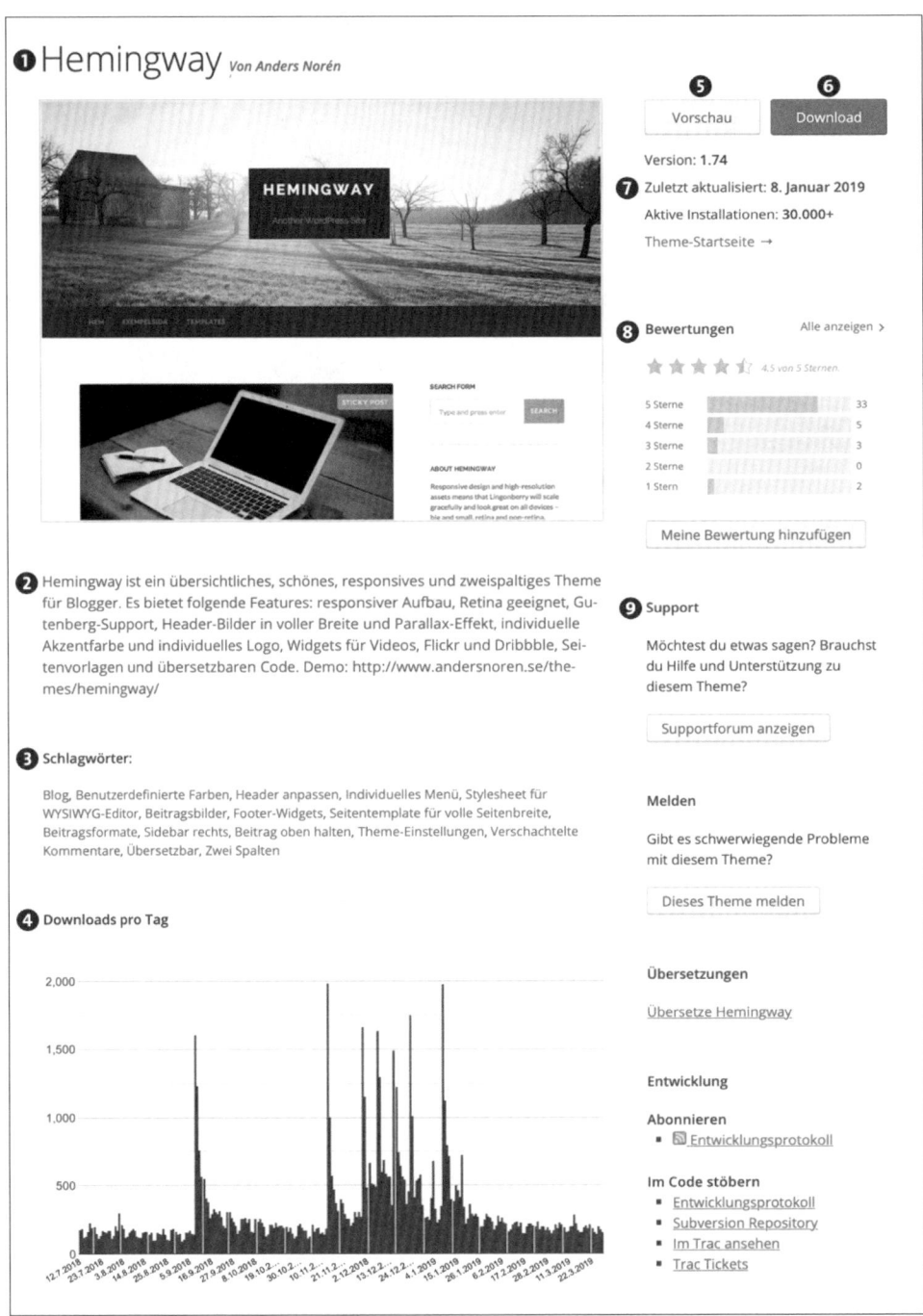

Abbildung 13.2 Detaillierte Informationen zum Theme »Hemingway«

Rechts in der Sidebar gibt es diverse Links und Infos:

▶ Die Schaltfläche VORSCHAU ❺ führt zu einer sehr einfachen, navigierbaren Theme-Vorschau, die einen ersten Eindruck des Themes vermittelt, aber nicht wirklich sehr nützlich ist.

▶ Die Schaltfläche DOWNLOAD ❻ ermöglicht das Herunterladen eines ZIP-Archivs, was aber meist nicht nötig ist, da alle Themes aus dem Theme-Verzeichnis ohne vorherigen Download bequem per Mausklick im Backend von WordPress installiert werden können (siehe Abschnitt 13.2).

▶ ZULETZT AKTUALISIERT ❼ zeigt das Datum des letzten Theme-Updates. Ein relativ aktuelles Datum deutet darauf hin, dass das Theme aktiv entwickelt und aktualisiert wird, was wiederum ein wichtiges Kriterium für ein gutes Theme ist. AKTIVE INSTALLATIONEN zeigt an, auf wie vielen Websites *Hemingway* installiert ist, und der Link THEME-STARTSEITE direkt darunter führt zur Website des Themes.

▶ Im Bereich BEWERTUNGEN ❽ sehen Sie Rezensionen von Theme-Benutzern. Der Link ALLE ANZEIGEN zeigt alle Bewertungen, ein Klick auf einen der fünf Balken nur die Bewertungen mit der entsprechenden Anzahl Sterne.

▶ Im Bereich SUPPORT ❾ können Sie über die Schaltfläche SUPPORTFORUM ANZEIGEN direkt zu einem (englischsprachigen) Forumsbereich zu diesem Theme springen. Das ist der ideale Platz für Fragen zum Theme.

So viel zum Theme-Verzeichnis auf WordPress.org.

13.1.3   Das Theme »Hemingway« von Anders Norén

Anders Norén (*andersnoren.se*) aus Umeå in Schweden ist bekannt für gutaussehende und sauber programmierte WordPress-Themes. *Hemingway* ist ein schlichtes, elegantes Theme mit einem dezenten Parallax-Effekt für den Kopfbereich: Die Navigationsleiste und das Header-Bild werden beim Scrollen in unterschiedlichem Tempo nach oben geschoben, wodurch das Header-Bild langsam kleiner zu werden scheint. Scrollen Sie in der oben erwähnten VORSCHAU für das Theme einfach mal nach unten, dann verstehen Sie, was ich damit meine.

Bei *Hemingway* erhält man ein sofort einsetzbares Theme, bei dem man nur wenig anpassen muss:

▶ Falls gewünscht, kann eine Logografik den Titel der Website inklusive Untertitel ersetzen.

▶ Es gibt einen Menübereich für eine horizontale Navigation.

▶ Dic Akzentfarbe (Standard ist Grün) kann angepasst werden.

▶ Statische Seiten können auf verschiedenen Seiten-Templates basieren.

▶ Insgesamt vier Widget-Bereiche, einer rechts in der Sidebar und drei im Footer, ermöglichen eine flexible Gestaltung.

Tabelle 13.1 zeigt die Details für *Hemingway* im Überblick.

Theme	»Hemingway« (Version 1.74)
Theme Directory	*de.wordpress.org/themes/hemingway/*
Theme-Homepage	*andersnoren.se/teman/hemingway-wordpress-theme/*
Menübereiche	1
Widget-Bereiche	4, einer in der Sidebar und drei im Footer
Seiten-Templates	*Standard, Archiv, Keine Seitenleiste, Volle Seitenbreite*
Besonderheiten	▶ Hemingway versteht sich mit dem Block-Editor: *andersnoren.se/hemingway-meet-gutenberg/* ▶ Seiten-Template *Archive* listet automatisch alle Beiträge nach diversen Kriterien ▶ Eigene Widgets

Tabelle 13.1 Übersichtstabelle für das Theme »Hemingway«

Auch die anderen Themes von Anders Norén sind einen Blick wert

Falls Ihnen *Hemingway* vom Stil her gefällt, schauen Sie sich doch einmal die anderen Themes von Anders Norén an. Sie werden sie mögen:

▶ *andersnoren.se/teman/*

Hitchcock, Rowling, Garfunkel und andere warten darauf, entdeckt zu werden.

13.2 Installieren: Das Theme auf den Webspace kopieren

Wenn Sie ein interessantes Theme gefunden haben, möchten Sie es in Ihrem WordPress ausprobieren, und dazu müssen Sie das Theme vorher hinzufügen und installieren. Bei einem kostenlosen Theme aus dem Theme-Verzeichnis ist das problemlos möglich, kostenpflichtige Premium-Themes hingegen müssen Sie häufig bereits vor dem Ausprobieren kaufen.

Nach der Installation ist das Theme noch nicht im Frontend zu sehen

Während der Installation werden die Theme-Dateien auf den Webspace kopiert. Das Theme wird durch die Installation aber nicht automatisch aktiviert, und im Frontend ändert sich dadurch nichts. Sie können also problemlos mehrere Themes installieren und anschließend im Customizer mit der LIVE-VORSCHAU ganz in Ruhe testen.

13.2.1 Das Menü »Design • Themes« im Backend

Im Backend von WordPress erfolgt die Verwaltung von Themes im Menü DESIGN • THEMES. Nach der Installation von WordPress stehen dort die drei Standard-Themes *Twenty Nineteen*, *Twenty Seventeen* und *Twenty Sixteen* bereits zur Auswahl (siehe Abbildung 13.3).

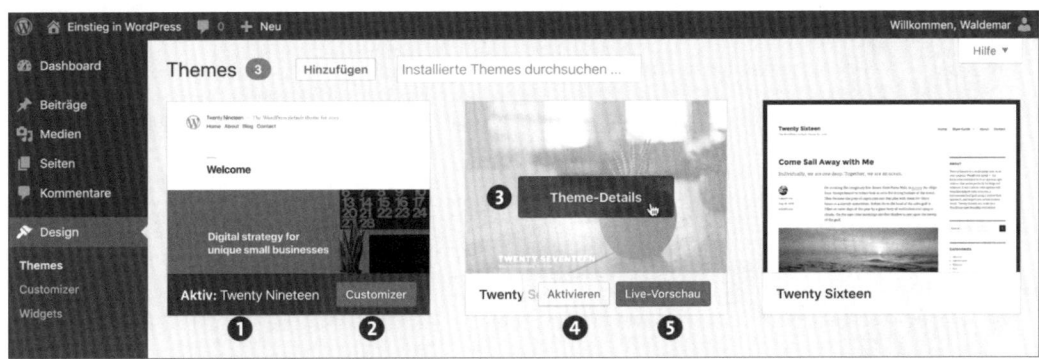

Abbildung 13.3 Das Menü »Design • Themes« im Backend von WordPress

In Abbildung 13.3 ist das Theme *Twenty Nineteen* aktiv ❶. Das aktive Theme gestaltet die Website und lässt sich mit einem Klick auf die Schaltfläche CUSTOMIZER ❷ konfigurieren.

Bei den anderen hier gelisteten Themes haben Sie drei Möglichkeiten:

▶ Wenn Sie mit der Maus auf das Vorschaubild fahren, erscheint die Schaltfläche THEME-DETAILS ❸. Ein Klick darauf zeigt einige Details zum Theme und unter anderem einen Link zum LÖSCHEN des Themes.

▶ Mit einem Klick auf AKTIVIEREN ❹ wird das Theme zum aktiven Theme und gestaltet damit ab sofort das Frontend der Website.

▶ Die LIVE-VORSCHAU ❺ ist ideal für Testfahrten. Die Funktion zeigt die aktuelle Site im neuen Gewand, aber nur in der Live-Vorschau des Customizers, das Frontend bleibt unverändert. Dabei können Sie im Customizer diverse Anpassungen am Theme vornehmen, die in der Live-Vorschau sofort angezeigt werden.

Drei Standard-Themes sind also bereits vorhanden und können mit der Live-Vor-schau sofort ausprobiert werden, alle anderen Themes müssen Sie erst installieren.

13.2.2 Themes aus dem Backend heraus hinzufügen

Um aus dem Backend heraus ein neues Theme zu installieren, gibt es zwei Möglich-keiten:

▸ Sie klicken oben unterhalb der Admin-Leiste auf den Link Hinzufügen.

▸ Sie klicken weiter unten in der Reihe der installierten Themes auf den gestrichelten Bereich mit dem Titel Neues Theme hinzufügen.

In beiden Fällen gelangen Sie auf die in Abbildung 13.4 gezeigte Seite Themes hinzu-fügen.

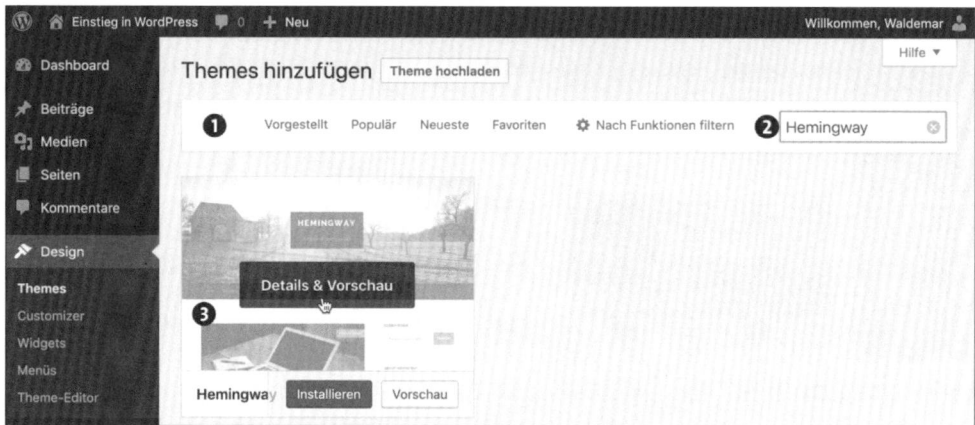

Abbildung 13.4 Die Seite »Themes hinzufügen« im Backend

Hier sehen Sie das weiter oben vorgestellte Theme-Verzeichnis von WordPress.org in Ihrem Backend. Auch die Aufteilung ❶ in Vorgestellt, Populär und Neueste ist vor-handen, und Sie können Nach Funktionen filtern und nach Themes suchen ❷. Dort ist der Suchbegriff »Hemingway« eingetragen, und das Theme wird darunter bereits angezeigt ❸.

ZIP-Archiv für das Theme schon heruntergeladen? »Theme hochladen«

Falls Sie das ZIP-Archiv für ein Theme bereits auf Ihre Festplatte heruntergeladen haben, können Sie die ZIP-Datei mit der Schaltfläche Theme hochladen von Ihrer Fest-platte auf den Webspace hochladen und dann installieren.

13.2.3   Vor dem Hinzufügen: Die Theme-Vorschau (»Theme Preview«)

Auf der Seite THEMES HINZUFÜGEN hat jedes Theme rechts unter dem Theme-Foto eine Schaltfläche VORSCHAU. Ein Klick darauf installiert das Theme noch nicht, sondern gibt einen ersten optischen Eindruck. Abbildung 13.5 zeigt die Theme-Vorschau für das Theme *Hemingway*.

Abbildung 13.5 Die Vorschau für das Theme »Hemingway«

Die Vorschau erinnert an den Customizer: Links in der Seitenleiste, die Sie auch einklappen können, gibt es einige Detailinformationen zum Theme, und rechts sieht man eine einfache, navigierbare Beispielsite, die das Theme in Aktion zeigt. Falls Ihnen das Theme nicht zusagt, beenden Sie die Vorschau mit einem Klick auf das × ganz links oben.

13.2.4   Ein Theme hinzufügen: Meist genügt ein Klick

Im folgenden ToDo fügen Sie das Theme *Hemingway* hinzu und installieren es damit auf Ihrem Webspace.

Nach einem Klick auf INSTALLIEREN macht Ihr WordPress sich auf den Weg zu *downloads.wordpress.org* und holt automatisch die neueste Version des ZIP-Archivs für das Theme. Danach wird das Archiv entpackt und auf Ihrem Webspace in den richtigen Ordner kopiert. Dateien für Themes landen auf dem Webspace in einem ganz bestimmten Ordner:

▶ *wordpress/wp-content/themes/name-des-themes*

ToDo: Das Theme »Hemingway« installieren

1. Falls Sie das Theme *Hemingway* in der Vorschau betrachten, klicken Sie einfach oben links auf die Schaltfläche INSTALLIEREN (siehe Abbildung 13.5).

2. Falls Sie nicht gerade in der Theme-Vorschau sind, öffnen Sie im Backend das Menü DESIGN • THEMES.

3. Klicken Sie oben unterhalb der Admin-Leiste auf den Link HINZUFÜGEN (rechts neben dem Seitentitel THEMES).

4. Suchen Sie das Theme *Hemingway*.

5. Fahren Sie mit der Maus auf das Vorschaubild, und klicken Sie dann auf die Schaltfläche INSTALLIEREN.

Kurze Zeit später sollten Sie die Meldung erhalten, dass das Theme *Hemingway* erfolgreich installiert wurde (siehe Abbildung 13.6).

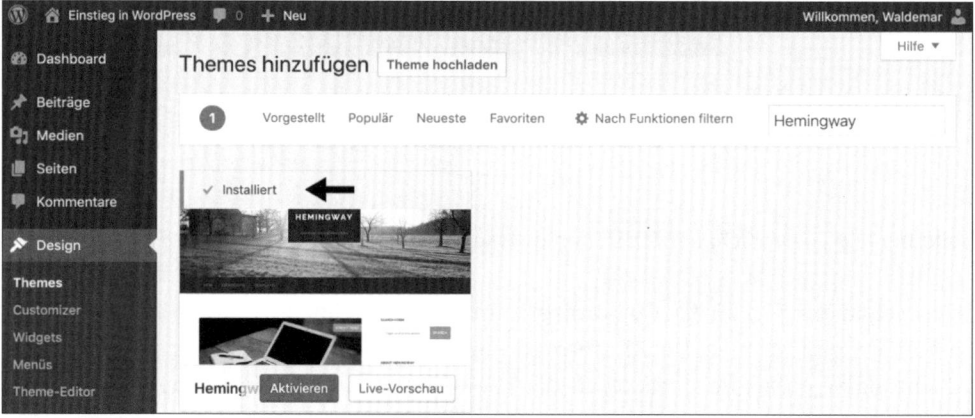

Abbildung 13.6 Das Theme »Hemingway« wurde erfolgreich installiert.

Sie haben von hier unter anderem zwei Möglichkeiten. Sie können …

▶ … in einer LIVE-VORSCHAU das Theme ausprobieren.

▶ … das Theme sofort AKTIVIEREN.

Auf der Übersichtsseite DESIGN • THEMES erscheint das frisch installierte Theme *Hemingway* (siehe Abbildung 13.7).

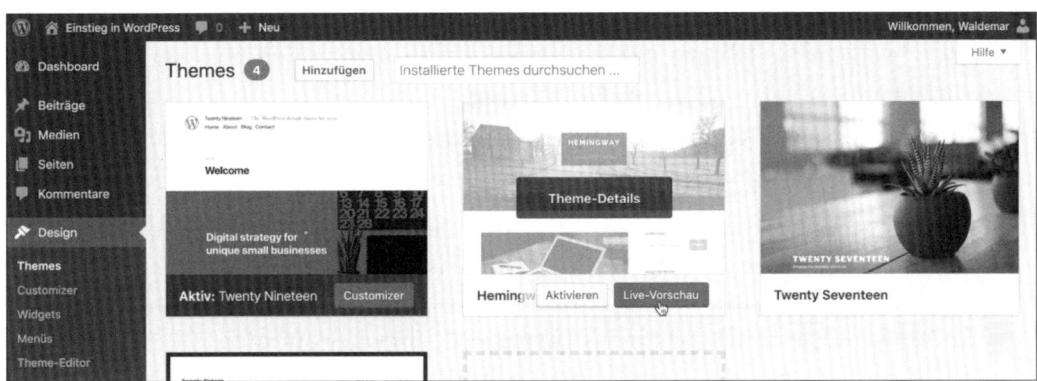

Abbildung 13.7 Die Theme-Übersicht mit installiertem »Hemingway«

Manuelle Installation: Das Theme per FTP auf den Webspace kopieren

Wenn sich ein Theme nicht aus dem Backend heraus installieren lässt und Sie es trotzdem gerne ausprobieren würden, können Sie es auch manuell installieren:

1. Laden Sie das ZIP-Archiv für das Theme herunter.
2. Entpacken Sie das ZIP-Archiv auf Ihrer Festplatte.
3. Starten Sie Ihr FTP-Programm.
4. Laden Sie den Theme-Ordner per FTP hoch. Der Theme-Ordner muss auf dem Webspace ein Unterordner von *wordpress/wp-content/themes/* sein.
5. Starten Sie das Backend von WordPress.
6. Wechseln Sie in das Menü Design • Themes.

WordPress erkennt das neue Theme automatisch, und Sie können es z. B. mit der Live-Vorschau im Customizer testen.

13.3   Ausprobieren: Im Customizer mit der »Live-Vorschau«

Auf der Seite Design • Themes können Sie installierte, aber nicht aktivierte Themes mit der Live-Vorschau im Customizer ausprobieren und anpassen, ohne dass das Auswirkungen auf die Website im Frontend hat.

13.3.1   In der »Live-Vorschau« können Sie das Theme in Ruhe ausprobieren

In Abschnitt 13.2.3 haben Sie das Theme bereits in einer *Theme-Vorschau* mit einer einfachen Beispielsite gesehen. Ein Klick auf Live-Vorschau lädt das Theme im Customizer und geht einen entscheidenden Schritt weiter:

▶ Die Live-Vorschau im Customizer zeigt das Theme mit der Struktur und den Inhalten *Ihrer* Website. Sie können darin ganz normal navigieren und von einer Seite zur anderen wechseln.

▶ In der Anpassungsleiste links können Sie Änderungen an Theme-Optionen, Menüs und Widgets vornehmen, die rechts in der Vorschau live angezeigt werden.

So können Sie in Ruhe ausprobieren, ob das Theme für Ihre Website geeignet ist. Im folgenden ToDo rufen Sie die Live-Vorschau für das Theme *Hemingway* auf.

ToDo: Die »Live-Vorschau« für das Theme »Hemingway« aufrufen

1. Öffnen Sie im Backend das Menü Design • Themes.
2. Suchen Sie das Theme *Hemingway*.
3. Fahren Sie mit der Maus auf das Vorschaubild, und klicken Sie auf die Schaltfläche Live-Vorschau.

Abbildung 13.8 zeigt die in den bisherigen Kapiteln erstellte Beispielsite mit dem Theme *Hemingway* nach diesem ToDo im Backend in der Live-Vorschau. Das Frontend für Ihre Besucher wird nach wie vor vom aktiven Theme *Twenty Nineteen* gestaltet.

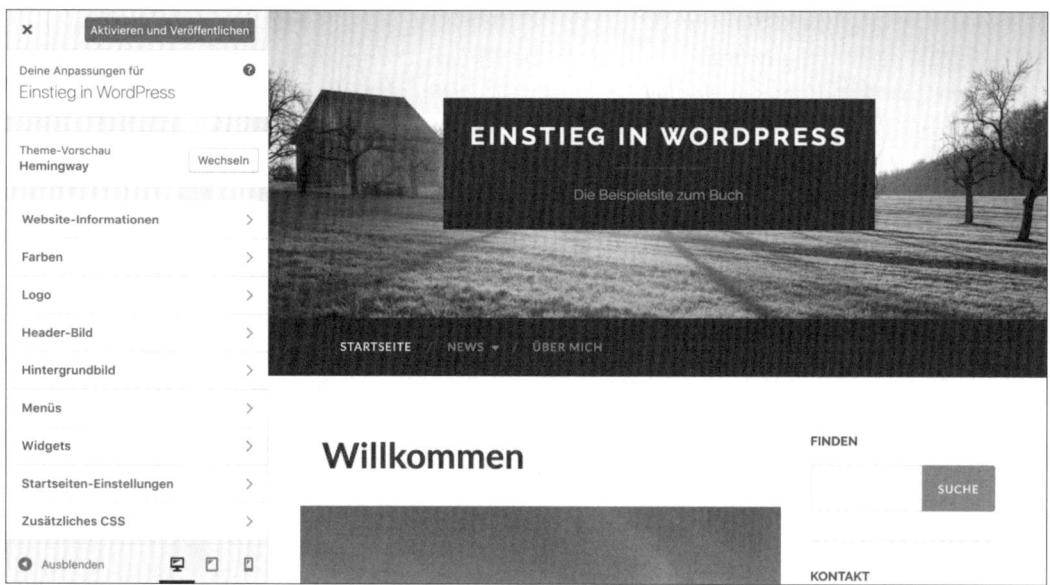

Abbildung 13.8 Die »Live-Vorschau« mit dem Theme »Hemingway«

> **Sie können die Anpassungsleiste im Customizer auch ausblenden**
>
> Ganz unten in der Anpassungsleiste gibt es einen Link AUSBLENDEN, mit dem Sie die gesamte Leiste ausblenden können. Dadurch ist mehr Platz für die eigentliche Vorschau. Besonders auf kleineren Bildschirmen ist das sehr hilfreich beim Ausprobieren eines Themes mit der LIVE-VORSCHAU.

13.3.2   »Live-Vorschau«: Ein eigenes Header-Bild einfügen

Am besten probieren Sie die in der Anpassungsleiste angebotenen Einstellungsmöglichkeiten der Reihe nach durch:

▸ WEBSITE-INFORMATIONEN bieten die bekannten Einstellungen zur Änderung von Titel und Untertitel der Website und des Website-Icons.

▸ FARBEN gibt Ihnen Möglichkeiten, eine Hintergrundfarbe und eine Akzentfarbe für Links und Schaltflächen auszuwählen.

▸ LOGO ermöglicht das Hochladen und Einbinden einer Logografik.

Da Sie bei diesen drei Optionen erst einmal nichts ändern müssen, springen Sie am besten gleich zur vierten Option, dem Header-Bild. Das Theme *Hemingway* hat einen klassischen horizontalen Kopfbereich, der mit einem hübschen Header-Bild optisch aufgewertet wird. In der Anpassungsleiste wird für das Header-Bild eine Größe von 1.280 × 416 Pixeln vorgeschlagen. Sie können für das gewünschte Bild beim Einfügen einen passenden Ausschnitt wählen und müssen es daher nicht auf den Pixel genau zuschneiden, bevor Sie es in die Mediathek hochladen.

Im folgenden ToDo binden Sie ein Header-Bild ein und probieren, wie der Kopfbereich der Website damit wirkt.

> **ToDo: »Live-Vorschau« für »Hemingway« – Header-Bild einfügen**
>
> 1. Öffnen Sie gegebenenfalls die LIVE-VORSCHAU für *Hemingway*.
> 2. Blenden Sie den Bereich HEADER-BILD ein, und klicken Sie auf die Schaltfläche NEUES BILD HINZUFÜGEN.
> 3. Wählen Sie ein geeignetes Header-Bild aus, oder wechseln Sie auf das Register DATEIEN HOCHLADEN, und laden Sie die Grafik hoch in die Mediathek.
> 4. Wählen Sie das gewünschte Bild aus, und füllen Sie rechts in der Sidebar die gewünschten Details wie TITEL, BESCHRIFTUNG, ALTERNATIVTEXT und BESCHREIBUNG aus.
> 5. Klicken Sie auf die Schaltfläche AUSWÄHLEN UND ZUSCHNEIDEN.

13

6. Falls das Bild bereits die richtigen Maße hat, klicken Sie unten auf die Schaltfläche Zuschneiden überspringen. Falls nicht, schneiden Sie es zu und klicken dann auf Bild zuschneiden.

7. Nach diesem Klick erscheint das Bild in der Live-Vorschau.

Abbildung 13.9 zeigt das Header-Bild nach diesem ToDo in der Live-Vorschau.

Abbildung 13.9 »Live-Vorschau« – »Hemingway« mit neuem Header-Bild

Die Option Hintergrundbild gehört eher in den Bereich Feintuning, das auch noch nach der Aktivierung erfolgen kann, und daher geht es gleich weiter mit den Menüs.

13.3.3 Menü zuweisen: Die Navigation in der »Live-Vorschau«

Im Bereich Menüs sehen Sie die bereits erstellten Menüs *Hauptmenü*, *Rechtliches* und *Social-Media-Profile*.

Hemingway kennt nur eine einzige Menüposition namens *Hauptmenü*, die offensichtlich zwischen Header und Inhaltsbereich eingefügt wird. Das Menü *Hauptmenü* erscheint bereits an dieser Position, und das ist genau richtig, aber rein zufällig. Im folgenden ToDo weisen Sie das Menü *Hauptmenü* der gleichnamigen Menüposition explizit zu.

ToDo: »Live-Vorschau« für »Hemingway« – Menüs zuweisen

1. Öffnen Sie gegebenenfalls die Live-Vorschau für *Hemingway*.

2. Öffnen Sie den Bereich Menüs.

3. Weisen Sie dem Menü *Hauptmenü* die Menüposition *Hauptmenü* zu.

Nach diesem ToDo sieht die Live-Vorschau so aus wie in Abbildung 13.10.

Abbildung 13.10 Die Live-Vorschau mit dem funktionierenden Hauptmenü

Das Hauptmenü passt, und sogar das Untermenü der Seite *News* erscheint problemlos, aber für das Menü *Rechtliches* und das Social-Links-Menü von *Twenty Nineteen* mit den schicken Icons ist in *Hemingway* keine Menüposition vorhanden. Diese beiden Menüs müssen Sie also anders einbauen, und damit sind Sie auch schon im nächsten Bereich, bei den WIDGETS.

13.3.4   Widgets in der »Live-Vorschau« einfügen und verschieben

Im Theme *Hemingway* gibt es gleich vier Widget-Bereiche, in die Sie Widgets einfügen können:

▶ Sidebar

▶ Footer A

▶ Footer B

▶ Footer C

Die drei Widget-Bereiche im Footer stehen von links nach rechts nebeneinander im Fußbereich.

WordPress versucht zu raten, in welchem Widget-Bereich Sie die in Abschnitt 12.6, »›Widgets‹ verwalten im ›Customizer‹«, eingefügten Widgets gerne hätten, und in der Live-Vorschau erscheinen beide in der Sidebar rechts neben dem Inhalt.

Hemingway bietet bezüglich der Widgets viel mehr als *Twenty Nineteen*, ideal, um den Umgang mit Widgets zu üben. Abbildung 13.11 zeigt das folgende ToDo in Aktion: Die Sidebar erhält zusätzlich die Widgets *Neue Beiträge* und *Neue Kommentare*, und das Widget *Kontakt* wird in den Widget-Bereich *Footer A* verschoben.

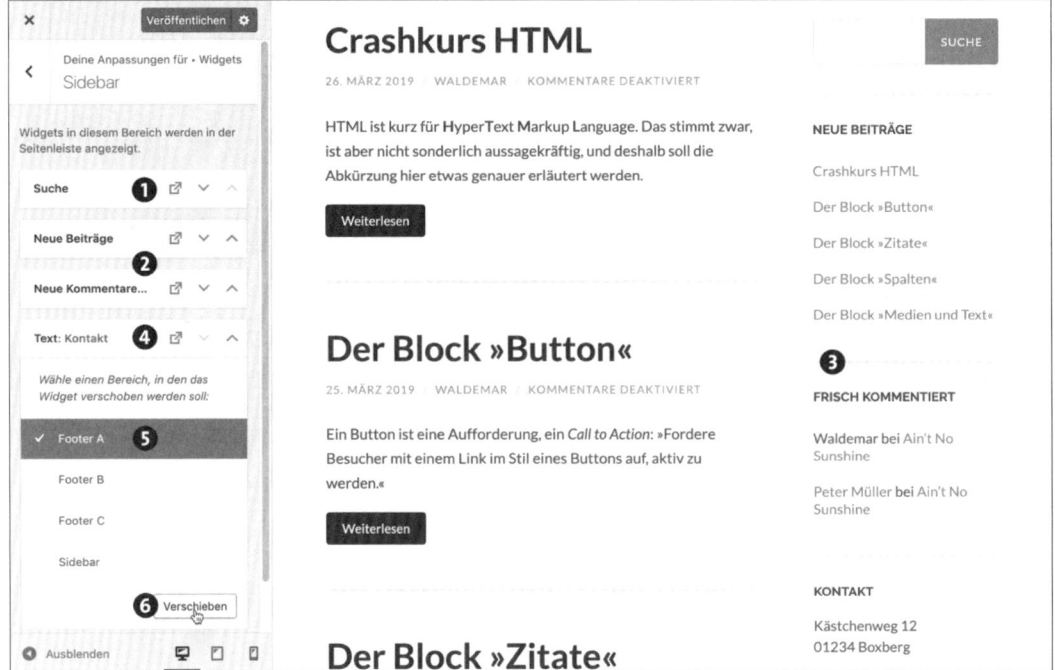

Abbildung 13.11 Sidebar mit Widgets und »Kontakt« verschieben

Im folgenden ToDo setzen Sie dies um.

ToDo: Widgets einfügen und verschieben in der »Live-Vorschau«

1. Öffnen Sie gegebenenfalls die LIVE-VORSCHAU für *Hemingway*.
2. Öffnen Sie den Widget-Bereich SIDEBAR.
3. Löschen Sie in der Anpassungsleiste im Widget *Suche* den Titel »Finden«, da dieser in der Sidebar nicht mehr nötig ist ❶.
4. Fügen Sie unterhalb der Suche einige Widgets hinzu, z. B. *Neue Beiträge* und *Neue Kommentare* ❷. Geben Sie letzterem den Titel »Frisch kommentiert«. In der Live-Vorschau erscheinen beide Widgets an der korrekten Stelle in der Sidebar ❸.
5. Um das Widget *Kontakt* in den Bereich *Footer A* zu verschieben, klicken Sie auf den Link UMORDNEN.

6. Neben den Widget-Titeln erscheinen daraufhin diverse Symbole. Klicken Sie auf das Quadrat mit dem Pfeil nach rechts oben zum Verschieben ❹.

7. In der daraufhin erscheinenden Auswahl mit den verfügbaren Widget-Bereichen wählen Sie den Bereich *Footer A* ❺.

8. Bestätigen Sie die Verschiebung mit der Schaltfläche VERSCHIEBEN ❻.

9. Daraufhin wird in der Anpassungsleiste der Widget-Bereich *Footer A* angezeigt, der das Widget *Kontakt* enthält.

10. Scrollen Sie in der Live-Vorschau nach unten, um das Widget im Footer zu sehen.

Abbildung 13.12 zeigt das Widget *Kontakt* links in der Anpassungsleiste ❼ und rechts in der LIVE-VORSCHAU im Widget-Bereich *Footer A* ❽.

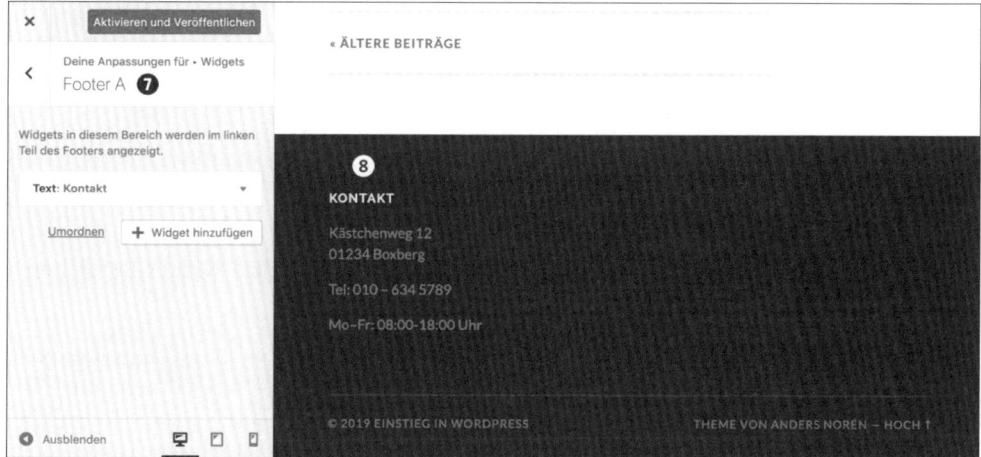

Abbildung 13.12 Das Widget »Kontakt« im Widget-Bereich »Footer A«

13.3.5   Widgets einfügen in den drei Widget-Bereichen im Footer

Bei der Arbeit mit Widgets in Hemingway sollten Sie beachten, dass das Theme die Sidebar auf kleineren Bildschirmen komplett ausblendet und nicht, wie viele andere Themes, unterhalb des Inhalts anzeigt.

Abbildung 13.13 zeigt, dass die Suchfunktion auf kleineren Bildschirmen ❶ von der Sidebar in die horizontale Navigationsleiste wandert. Dort werden dann links eine Menüschaltfläche ❷ und rechts eine Lupe ❸ für die Suchfunktion angezeigt, die nach einem Klick das Such-Widget anzeigt ❹. Die Suche bleibt also auch ohne Sidebar verfügbar.

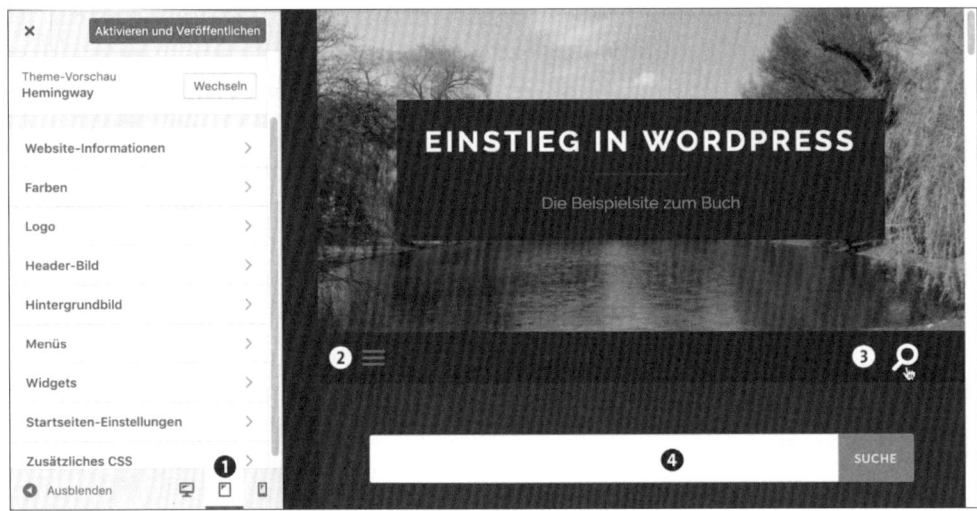

Abbildung 13.13 Die Navigationsleiste auf kleineren Bildschirmen

Alle anderen Sidebar-Widgets können Sie im Fußbereich ruhig noch einmal wiederholen, damit sie auch auf kleineren Bildschirmen verfügbar bleiben.

Tabelle 13.2 zeigt eine mögliche Zuweisung von Widgets zu den drei Widget-Bereichen im Footer.

Footer A	Footer B	Footer C
Text-Widget *Kontakt*	Kategorien Titel: *Themen*	Archive Titel: *Das Archiv*
Neue Beiträge Titel: *Neue Beiträge*	Schlagwörter-Wolke Titel: *Schlagwörter*	
Neue Kommentare Titel: *Frisch kommentiert*		

Tabelle 13.2 Mögliche Anordnung der Widgets in den Footer-Bereichen

Mit dieser Anordnung sieht der Fußbereich der Website so aus wie in Abbildung 13.14. Die Anpassungsleiste wurde dazu mit einem Klick auf die Schaltfläche AUSBLENDEN vorübergehend ausgeblendet.

Abbildung 13.14 Der Footer von »Hemingway« mit diversen Widgets

13.3.6   Das Widget »Navigationsmenü« bindet die Menüs »Social-Media-Profile« und »Rechtliches« ein

Menüs werden im Normalfall zuerst erstellt und dann einem Menübereich zugewiesen, aber *Hemingway* hat, wie weiter oben gesehen, nur eine einzige Menüposition, und dort erscheint bereits das Hauptmenü. Für die Menüs *Rechtliches* und *Social-Media-Profile* ist also auf den ersten Blick kein Platz mehr.

Für diese beiden Menüs nutzen Sie deshalb das Widget *Navigationsmenü*, das Sie in einem Widget-Bereich im Footer einfügen. So sind die Social-Media-Links und die rechtlichen Pflichtangaben immer zu sehen und mit einem Klick erreichbar.

Abbildung 13.15 zeigt die beiden Menüs im Widget-Bereich Footer C. Das Menü *Social-Media-Profile* erscheint in einem Widget mit dem Titel *Wo Sie mich sonst noch finden* ❶ und darunter das Menü *Rechtliches* in einem Widget mit dem gleichen Titel ❷.

Abbildung 13.15 Zwei Menüs als Widgets in Footer C

Und so fügen Sie Menüs mit dem Widget *Navigationsmenü* ein:

1. Öffnen Sie im Customizer den Bereich *Widgets*.

2. Blenden Sie den Widget-Bereich *Footer C* ein.

3. Fügen Sie ein Widget *Navigationsmenü* hinzu, und positionieren Sie es oberhalb des Archiv-Widgets *Monatsübersicht*.

4. Geben Sie dem Menü einen TITEL, z. B. *Wo Sie mich sonst noch finden*, und weisen Sie dem Widget das Menü *Social-Media-Profile* zu.

5. Fügen Sie unterhalb des Archiv-Widgets ein weiteres Navigationsmenü hinzu, geben Sie ihm den Titel *Rechtliches*, und wählen Sie das Menü *Rechtliches*.

In der Live-Vorschau werden die Änderungen jeweils live und in Farbe angezeigt. Es wird Zeit, das Theme zu aktivieren.

13.4 Aktivieren: »Hemingway« gestaltet das Frontend

Sie haben das Theme in der Live-Vorschau jetzt auf Herz und Nieren getestet und angepasst und haben an dieser Stelle zwei Möglichkeiten:

▶ Sie brechen die LIVE-VORSCHAU mit einem Klick auf das × ganz oben links ab und verwerfen damit alle vorgenommenen Änderungen.

▶ Sie AKTIVIEREN UND VERÖFFENTLICHEN das Theme mit der entsprechenden Schaltfläche.

Im folgenden kurzen ToDo speichern Sie die vorgenommenen Änderungen und aktivieren das Theme *Hemingway*.

ToDo: Alle Änderungen speichern und das Theme aktivieren

1. Überprüfen Sie in der LIVE-VORSCHAU die Änderungen für das Theme *Hemingway*.
2. Wenn alles stimmt, klicken Sie oben rechts in der Anpassungsleiste auf die Schaltflä-
    che AKTIVIEREN UND VERÖFFENTLICHEN.

Von allen installierten Themes ist wie gesagt immer nur eines aktiv und gestaltet das
Frontend. Seit dem Klick auf die Schaltfläche AKTIVIEREN UND VERÖFFENTLICHEN ist
das nicht mehr *Twenty Nineteen,* sondern *Hemingway.* Abbildung 13.16 zeigt die Seite
News im Frontend.

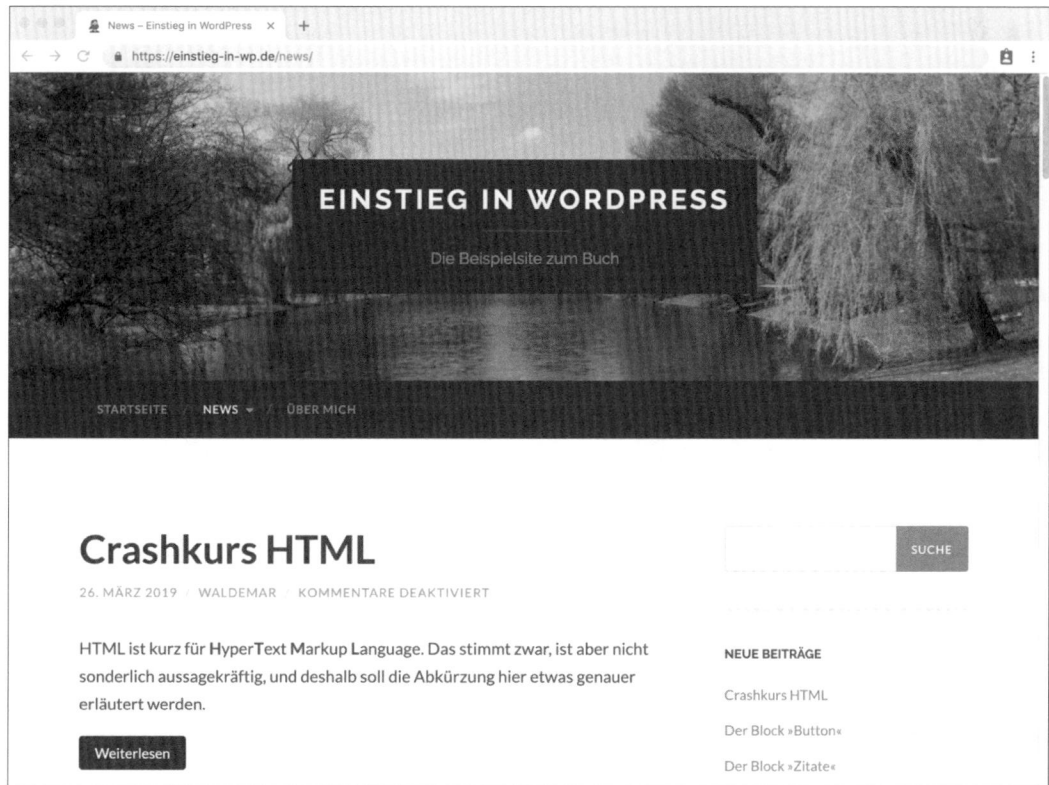

Abbildung 13.16 Das Frontend mit dem Theme »Hemingway«

Wieder zurück zu »Twenty Nineteen«? Kein Problem.

Falls Sie irgendwann wieder zurück zu *Twenty Nineteen* möchten:

1. Öffnen Sie im Backend das Menü DESIGN • THEMES.
2. Fahren Sie mit der Maus auf das Vorschaubild von TWENTY NINETEEN.
3. Klicken Sie auf die Schaltfläche AKTIVIEREN.

Menüs und Widgets sollten Sie nach jedem Theme-Wechsel überprüfen und falls nötig erneut zuweisen.

Widgets, die nach einem Theme-Wechsel keinen Platz mehr hatten, werden inklusive Einstellungen im Menü DESIGN • WIDGETS im Bereich INAKTIVE WIDGETS aufbewahrt. Von dort aus können Sie sie wieder dem gewünschten Widget-Bereich zuweisen. Im Customizer geht das leider nicht.

13.5   Feintunen: Das neue Theme perfektionieren

Nach der Aktivierung sollten Sie das Frontend gründlich checken, denn der Teufel steckt bekanntlich im Detail, und Sie werden bei fast jedem Theme-Wechsel mehr oder weniger Feinarbeit leisten müssen.

Sie sollten alle Seiten und Beiträge kurz checken und wo nötig Blöcke anpassen oder ändern. Die Gestaltung von Zitaten und Pullquotes ist z. B. häufig abhängig vom verwendeten Theme, und so sehen diese Blöcke mit einem anderen Theme oft anders aus.

13.5.1   Der Cover-Block auf der Startseite

Beim Testen der einzelnen Seiten mit dem Theme *Hemingway* im Frontend fällt gleich auf der Startseite auf, dass der Cover-Block nicht mehr so wirkt wie noch in *Twenty Nineteen* (siehe Abbildung 13.17).

In *Twenty Nineteen* war er die einzige Grafik weit und breit und somit ein echter Blickfang, in *Hemingway* steht er aber in Konkurrenz zum Header-Bild und verliert dadurch einiges an Wirkung.

Vielleicht würde die Seite als Ganzes besser wirken, wenn man den Cover-Block entfernt. Oder Sie verwenden die Grafik aus dem Cover-Block im Header? Probieren Sie es einfach aus.

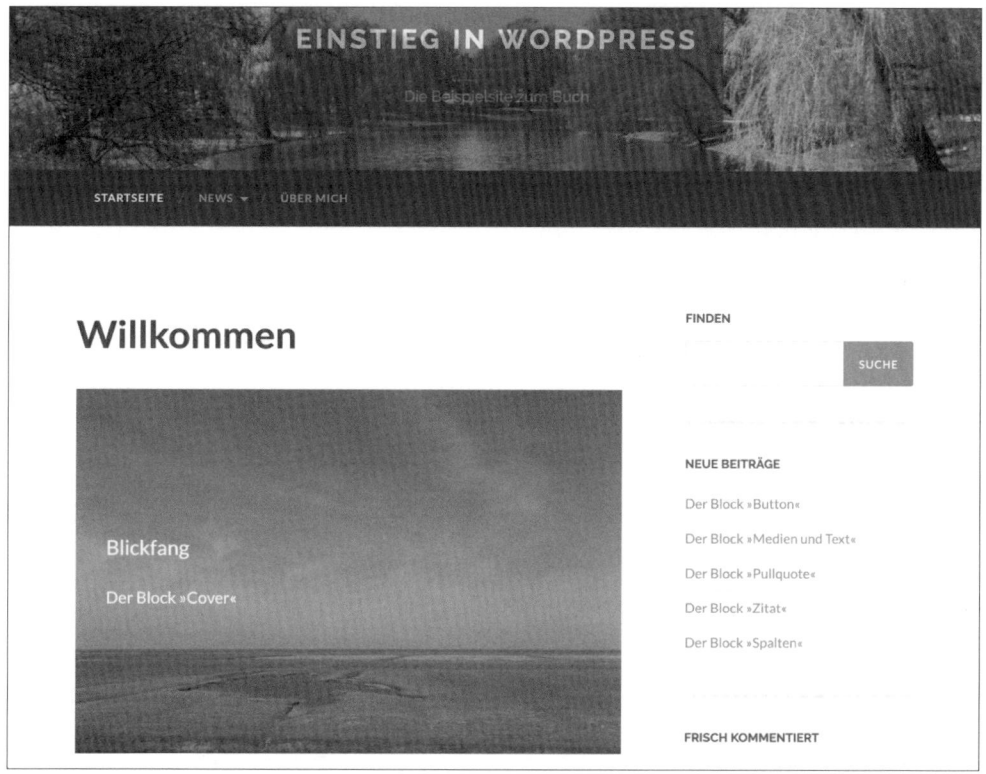

Abbildung 13.17 Der Cover-Block wirkt mit dem Header-Bild nicht mehr wie vorher

13.5.2   Das Seiten-Template »Keine Seitenleiste«: »Impressum« ohne Sidebar

Hemingway bietet für statische Seiten einige alternative Templates, unter anderem eines ohne Seitenleiste. Am Beispiel der Seite *Impressum* möchte ich Ihnen zeigen, wie Sie Ihre Webseiten mit diesen Templates gestalten können (siehe Abbildung 13.18).

So weisen Sie dem Impressum ein Template zu:

1. Öffnen Sie das Menü SEITEN • ALLE SEITEN.
2. Öffnen Sie die Seite *Impressum* zur Bearbeitung im Editor.
3. Aktivieren Sie in den EINSTELLUNGEN das Register DOKUMENT ❶.
4. Blenden Sie den Bereich SEITEN-ATTRIBUTE ein ❷, und klicken Sie auf die Auswahlliste TEMPLATE.
5. Wählen Sie die Option KEINE SEITENLEISTE ❸.
6. Bestätigen Sie die Änderung mit der Schaltfläche AKTUALISIEREN.

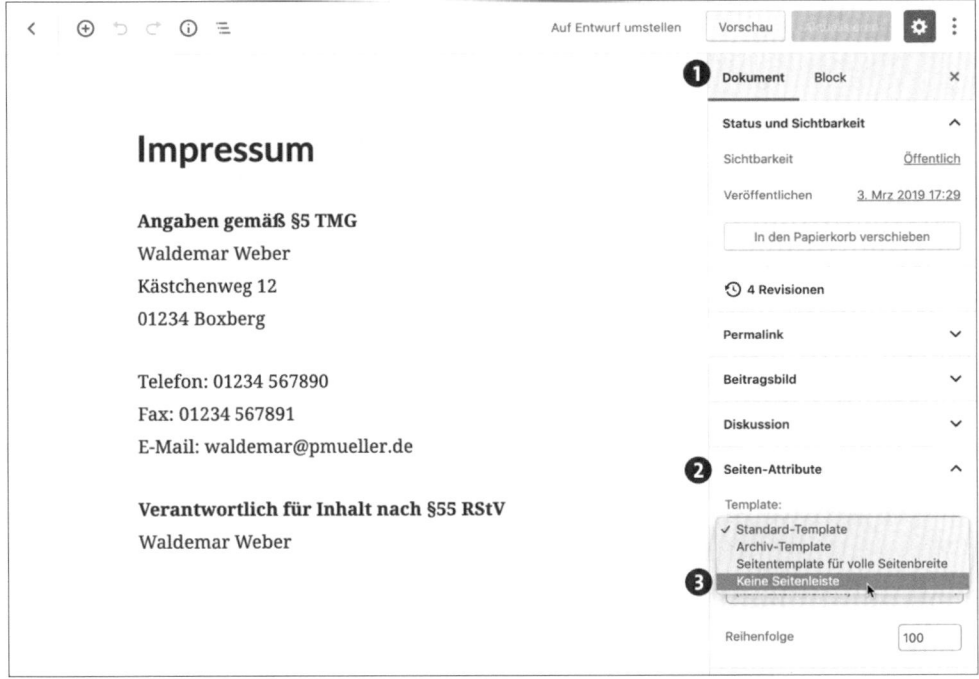

Abbildung 13.18 Die Seite »Impressum« bekommt ein neues Template.

Nach diesen Schritten hat das Impressum im Frontend auf der rechten Seite keine Sidebar mehr.

13.5.3   Optional: Eine Archiv-Seite mit allen Inhalten erstellen

Das Theme *Hemingway* hat für statische Seiten ein Template namens *Archiv-Template*, das automatisch alle Archive untereinander auf einer Seite ausgibt:

- Die neuesten 30 Beiträge
- Archiv nach Kategorie
- Archiv nach Schlagwort
- Mitwirkende (Autoren)
- Archiv nach Jahren, Monaten und Tagen

Abbildung 13.19 zeigt den Anfang einer solchen Archivseite.

Abbildung 13.19 Übersicht – statische Seite mit dem Archiv-Template

Die Erstellung einer solchen Seite ist sehr einfach:

1. Erstellen Sie eine neue Seite.

2. Geben Sie ihr einen TITEL, z. B. »Übersicht – alle Archive«.

3. Lassen Sie den Inhaltsbereich im Editor komplett leer.

4. Öffnen Sie in der Seitenleiste die EINSTELLUNGEN für das DOKUMENT.

5. Blenden Sie den Bereich SEITEN-ATTRIBUTE ein.

6. Weisen Sie der Seite in der Auswahlliste TEMPLATE das ARCHIV-TEMPLATE zu.

7. Geben Sie der Seite die Reihenfolge »90«, damit sie in der Übersicht auf SEITEN • ALLE SEITEN zwischen Inhalt und Impressum gelistet wird.

8. Veröffentlichen Sie die Seite.

Um die Seite für Besucher zugänglich zu machen, können Sie sie ins Menü oder in ein Widget einbinden.

13.6 Auf einen Blick

Die wichtigsten Themen noch einmal im Überblick:

▶ Themes sollten Sie nur von vertrauenswürdigen Quellen installieren.

▶ Im Theme-Verzeichnis auf WordPress.org hat jedes Theme eine Detailseite mit Vorschau, Bewertung und weiteren Informationen.

▶ Um ein Theme für Ihre Website auszuprobieren, müssen Sie es zunächst hinzufügen:

  – Im Backend-Menü DESIGN • THEMES können Sie Themes installieren.

  – Vor der Installation gibt es nur eine einfache Theme-Vorschau.

  – Die Installation kopiert die Theme-Dateien auf Ihren Webspace.

▶ Nach der Installation können Sie ein Theme im Customizer mit der LIVE-VORSCHAU ausprobieren:

  – Die LIVE-VORSCHAU zeigt Ihre Website mit dem neuen Theme.

  – Sie können Website-Informationen, Farben, Menüs, Widgets etc. ändern, ohne dass sich im Frontend etwas ändert.

▶ Damit das Theme das Frontend gestaltet, müssen Sie es aktivieren.

▶ Nach der Aktivierung sollten Sie das Frontend gründlich prüfen, gefundene Fehler korrigieren und nach Bedarf anpassen.

Kapitel 14

Auf der Suche nach dem richtigen Theme

Worin Sie Wissenswertes zur Auswahl von Themes erfahren. Danach lernen Sie einige Themes kennen, die Sie installieren und ausprobieren können. Zum Abschluss zeige ich Ihnen dann noch ein paar weitere Anbieter und Marktplätze für kommerzielle Themes.

Die Themen im Überblick:

▶ Wissenswertes zu WordPress-Themes, Seite 377

▶ Kostenlose Themes: das Standard-Theme »Twenty Seventeen«, Seite 381

▶ Freemium-Themes: »Astra«, »GeneratePress« und »OceanWP« – erst testen, dann kaufen, Seite 384

▶ Weitere kommerzielle Anbieter und Marktplätze, Seite 388

▶ Auf einen Blick, Seite 392

WordPress-Themes zu finden ist einfach, das *richtige* Theme zu finden hingegen nicht unbedingt. In diesem Kapitel möchte ich Ihnen ein paar Tipps zur Auswahl eines Themes geben und einige Themes und Theme-Anbieter vorstellen. Ich wünsche Ihnen viel Spaß und vor allem Erfolg bei Ihren Streifzügen durch die ewigen Theme-Gründe.

14.1 Wissenswertes zu WordPress-Themes

Stellen Sie sich vor, Sie könnten auf der Suche nach dem passenden Theme in Google einfach »wordpress theme« eingeben, die Suche um ein paar beschreibende Begriffe wie »Band«, »Fotograf«, »Restaurant« oder was auch immer ergänzen und würden dann bei dem für Sie perfekten WordPress-Theme landen.

Schön wär's. Wahrscheinlicher ist es, dass die Wahl bei der Suche nach dem richtigen Theme sehr bald zur Qual wird, und deshalb möchte ich Ihnen zunächst ein paar grundlegende Gedanken zur Auswahl von Themes mit auf den Weg geben, die Ihnen helfen sollen, die Spreu vom Weizen zu trennen.

14.1.1   Informieren: Worauf Sie bei Themes achten sollten

Das Wichtigste vorweg: Lassen Sie sich bei der Beurteilung eines Themes nicht von den meist wunderbaren Fotos verführen. Das ist zwar leichter gesagt als getan, aber achten Sie lieber darauf, wie übersichtlich das Design ist und wie die verschiedenen Layoutbereiche genutzt werden. Hier eine kleine Auswahl von Dingen, auf die Sie vor der Entscheidung für ein Theme achten sollten:

▸ **Aktualisierung:** Suchen Sie nach einem Hinweis, wann das Theme zuletzt aktualisiert worden ist. Alle paar Monate erscheint eine neue Version von WordPress, und ein Theme sollte regelmäßig weiterentwickelt und daran angepasst werden.

▸ **Bewertungen:** Gibt es Bewertungen von Leuten, die das Theme ausprobiert haben? Achten Sie bei schlechten Bewertungen auch darauf, ob der eine Stern einen echten Grund hat oder eher auf die schlechte Laune des Rezensenten zurückzuführen ist.

▸ **Dokumentation:** Gibt es schriftliche Informationen zur Benutzung des Themes? Ohne eine gute Dokumentation müssen Sie selbst ausprobieren, welche Optionen es gibt und wie genau sie umgesetzt werden.

▸ **Block-Editor (Gutenberg):** WordPress verändert sich gerade ganz grundlegend, und viele Themes, die es bereits seit längerem gibt, haben beim Umgang mit Blöcken noch so ihre Schwierigkeiten. Eine Frage ist also, ob ein Theme für die Arbeit mit dem Block-Editor gerüstet ist.

▸ **Mobilgeräte:** Testen Sie von Anfang an, ob das Theme responsiv ist, also ob das Layout für verschieden große Bildschirme angepasst wurde.

▸ **Support:** Gibt es eine Möglichkeit, bei Problemen mit dem Theme Hilfe vom Hersteller oder anderen Benutzern zu erhalten? Wenn ja, in welcher Form? E-Mail, Forum oder Chat-Kanal? Und für wie lange gilt das Angebot?

▸ **Suchmaschinen:** Viele Besucher werden Sie über Suchmaschinen finden, und das Theme sollte das so leicht wie möglich machen. Dazu gehören z. B. Eigenschaften wie eine schnelle Ladezeit und ein sauberer Code. Das ist für Einsteiger zwar schwierig zu prüfen, aber vielleicht gibt es ja beim Hersteller oder dem Theme selbst Informationen dazu.

▸ **Features:** Unterstützt das Theme alle Funktionen, die Sie benötigen? Es muss nicht alles gleich mitliefern, sollte aber mit allen dafür benötigten Plugins zusammenarbeiten (Pagebuilder, Shop, Mehrsprachigkeit etc.).

▸ **Lizenz:** Dürfen Sie das Theme auf einer oder auf mehreren Websites einsetzen? Wie lange bekommen Sie Updates? Was kostet eine Vertragsverlängerung?

14.1.2   Der Preis: Kostenlos, Premium, Freemium oder Mitgliedschaft

Die meisten WordPress-Themes fallen preislich in eine der folgenden Kategorien:

▶ **Kostenlose Themes** können Sie in Ihrem WordPress installieren und ausprobieren, aber für die meisten kostenlosen Themes gibt es jenseits des Supportforums auf WordPress.org, in dem Sie (meist auf Englisch) Fragen stellen können, keine Unterstützung. Anders ausgedrückt: Der Autor hat viel Zeit in die Entwicklung des Themes gesteckt und stellt Ihnen das Ergebnis ohne geldlichen Gegenwert zur Verfügung. Die Anpassung des Themes auf Ihre Bedürfnisse ist dann in erster Linie Ihre Aufgabe.

▶ **Freemium-Themes** funktionieren nach dem Motto *Erst testen, dann kaufen.* Diese Themes können kostenlos installiert, ausprobiert und zeitlich unbegrenzt genutzt werden, aber es gibt eine erweiterte Version mit zusätzlichen Features und professionellem Support, die dann kostenpflichtig ist.

▶ **Premium-Themes**, oft auch *Multi-Purpose-Themes* genannt, können Sie meist erst *nach* dem Kauf installieren und ausprobieren. Es gibt oft eine Live-Demo, aber Sie kaufen in gewisser Weise die Katze im Sack. Dafür haben Sie Anrecht auf professionellen Support bei der täglichen Arbeit mit dem Theme, auch wenn das nicht bedeutet, dass jemand zu Ihnen nach Hause kommt und erst wieder geht, wenn alle Probleme gelöst sind.

Einige Anbieter haben sich auch für eine ganz andere Vertriebsform entschieden und verkaufen ihre Themes nicht einzeln. Bei diesen Anbietern werden Sie gegen Gebühr Mitglied und können dann alle verfügbaren Themes nutzen.

14.1.3   WordPress, Themes und die Rolle der Pagebuilder

Bis inklusive der Version 4.9 hatte WordPress einen Editor namens TinyMCE. Dieser Editor funktionierte so ähnlich wie Microsoft Word und war zum Schreiben von Texten gut geeignet, aber das Gestalten und Erstellen von Layouts war damit fast unmöglich.

Diese Lücke begünstigte die Entstehung von Tools, die sich auf die Erstellung von Layouts in WordPress spezialisiert haben und die inzwischen mit dem Begriff *Pagebuilder* bezeichnet werden.

Pagebuilder sind in den letzten Jahren wie Pilze aus dem Boden geschossen, und die Palette der Produkte reicht dabei von Plugins wie *Elementor*, *Beaver Builder* oder *Brizy* bis hin zu in Mehrzweck-Themes wie *Avada*, *Divi* oder *Enfold* integrierten Tools, die manchmal nur mit diesem einen Theme funktionieren.

Pagebuilder sind sehr unterschiedlich, aber allen gemeinsam ist, dass sie den WordPress-Editor für die betreffende Seite oder den betreffenden Beitrag ersetzen. Inhalte wie Texte und Grafiken werden nicht mehr mit dem Editor von WordPress bearbeitet, sondern mit dem Pagebuilder.

Wer mit WordPress 4 grafisch ansprechende Layouts erstellen wollte, kam an einem Pagebuilder praktisch nicht vorbei. Problematisch war dabei unter anderem, dass die Pagebuilder verschiedener Hersteller nicht kompatibel waren und ein nachträglicher Wechsel dadurch fast unmöglich wurde. Manchmal verlor man dabei nicht nur das Layout, sondern sogar den kompletten Inhalt.

Aber nichts ist so beständig wie der Wechsel, und seit WordPress 5 gibt es mit dem Prinzip der Blöcke und dem neuen Block-Editor eine standardisierte Lösung zur Erstellung von Inhalten und Layouts, die weit über die Möglichkeiten des alten Editors hinausgeht.

Während man früher schon für relativ simple Layouts einen Pagebuilder benötigte, reichen heute in vielen Fällen die passenden Blöcke. Im Laufe der Zeit werden die Blöcke und der Block-Editor weiter reifen und Pagebuilder dadurch an Bedeutung verlieren.

Die wichtigste Aufgabe eines Themes in WordPress 5 ist es also nicht mehr, möglichst elegant einen Pagebuilder zu integrieren, sondern ein schnelles, schlankes Fundament für die Website zu liefern und die mit Blöcken erstellten Layouts zu gestalten.

14.1.4   Die Antwort auf die Frage »Welches Theme ist das?«

Wenn Sie auf Ihren Surftouren eine tolle, mit WordPress erstellte Website finden und Sie gerne wissen möchten, welches Theme im Einsatz ist, haben Sie verschiedene Möglichkeiten, aber am bequemsten ist es mit einem der folgenden Tools:

▶ *WP Theme Detector* auf *wpthemedetector.com* (siehe Abbildung 14.1)

▶ *What WP Theme is That?* auf *whatwpthemeisthat.com*

Auf diesen Websites geben Sie nur den Domain-Namen der fraglichen Website ein, und mit ein bisschen Glück erhalten Sie wenig später eine Antwort auf die Frage »Welches Theme ist das?«. Meist bekommen Sie auch noch zusätzliche Informationen, einen direkten Link zur Homepage des Themes und Infos über die installierten Plugins.

Standard-Theme oder Multi-Purpose-Theme?

Über die Vor- und Nachteile von Standard- und Multi-Purpose-Themes hat sich Kirsten Schelper in ihrem Blog ein paar lesenswerte Gedanken gemacht:

▶ *die-netzialisten.de/wordpress/standard-theme-oder-multipurpose-theme*

Wie so oft in Blogs sind auch die Kommentare zum Beitrag lesenswert.

Abbildung 14.1 »wpthemedetector.com« in Aktion

14.2 Kostenlose Themes: das Standard-Theme »Twenty Seventeen«

Das aktuelle Standard-Theme *Twenty Nineteen* haben Sie im Laufe des Buches bereits ausführlich kennengelernt, im letzten Kapitel kam das kostenlose Theme *Hemingway* dazu, und in diesem Abschnitt möchte ich Ihnen jetzt das vielseitige Standard-Theme *Twenty Seventeen* kurz vorstellen.

Abbildung 14.2 zeigt das Theme im Verzeichnis auf WordPress.org:

▶ *de.wordpress.org/themes/twentyseventeen/*

Twenty Seventeen ist mit über 1 Million aktiven Installationen ein echter Hit und momentan wie gesagt bei jedem WordPress vorinstalliert, sodass Sie es in der Live-Vorschau sofort ausprobieren können.

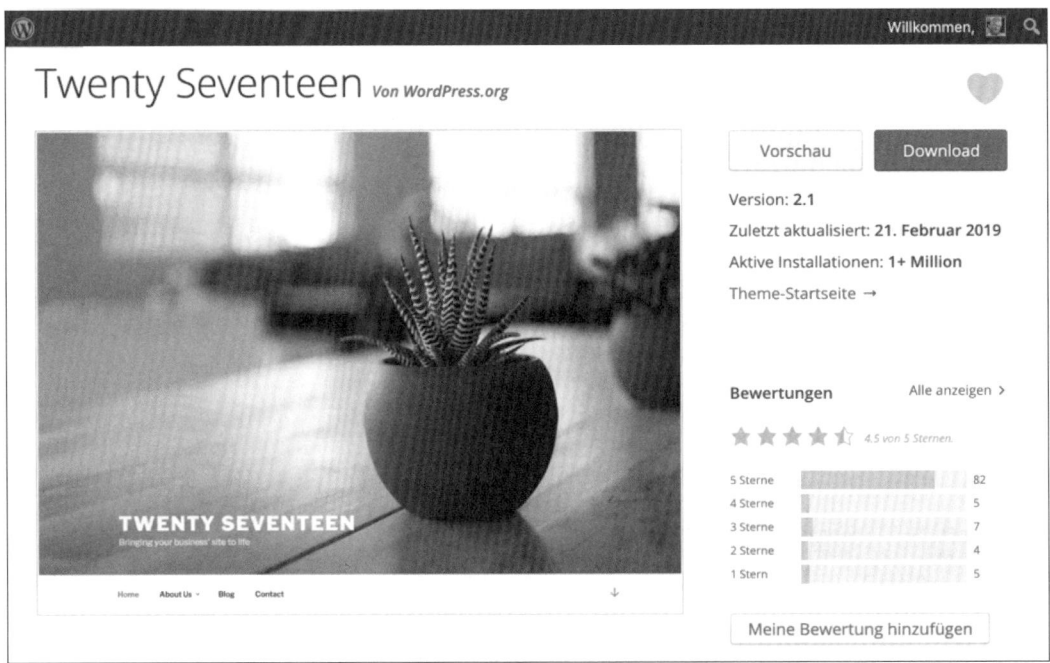

Abbildung 14.2 »Twenty Seventeen« im Theme-Verzeichnis auf WordPress.org

Im Menü DESIGN • THEMES finden Sie bei den THEME-DETAILS folgenden Text, der das Theme gut charakterisiert:

Twenty Seventeen bringt Leben in deine Website durch ein Header-Video und beeindruckende Beitragsbilder. Mit einem Fokus auf Business-Websites zeichnet sich die Startseite durch mehrere Inhalts-Abschnitte aus, ebenso wie Widgets, Navigations- und Social-Menüs, ein Logo und vieles mehr.

Gestalte das asymmetrische Raster des Themes in eigenen Farben und präsentiere deine multimedialen Inhalte in entsprechenden Beitragsformaten. Unser Standard-Theme für 2017 funktioniert großartig in vielen Sprachen, für jede Anwendergruppe und auf allen Geräten.

Twenty Seventeen ist auch auf WordPress.com verfügbar, und auf der dortigen Theme-Seite gibt es viele nützliche Infos zum Theme:

▶ *wordpress.com/themes/twentyseventeen*

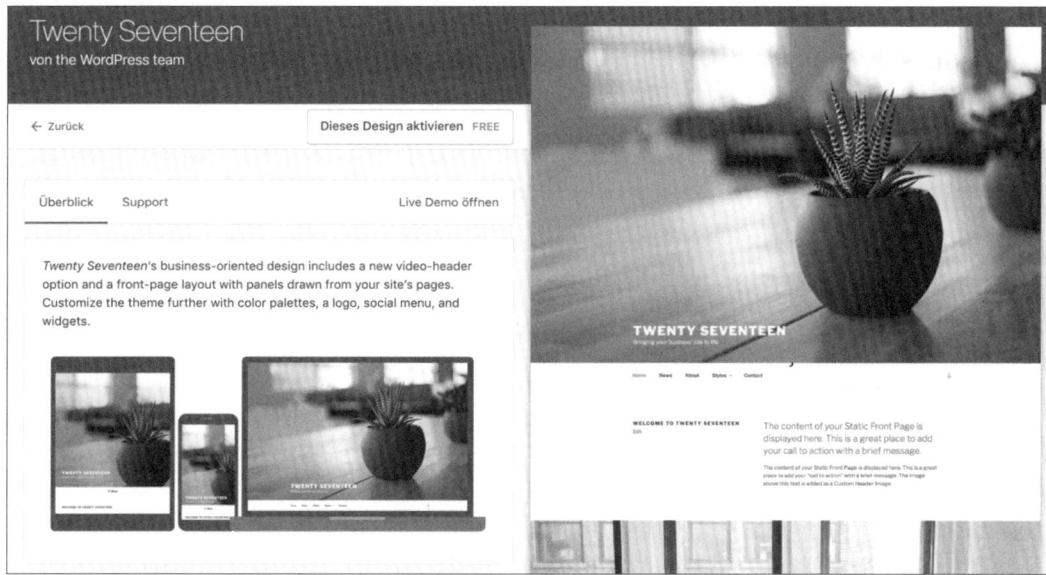

Abbildung 14.3 Infoseite zu »Twenty Seventeen« auf WordPress.com

Twenty Seventeen hat im Header der Startseite ein auffällig großes Bild (2.000 × 1.200 Pixel) oder sogar ein Video (MP4-Format). Auf den anderen Seiten wird das Header-Bild etwas kleiner dargestellt. Unterhalb des Header-Bildes besteht die Startseite aus mehreren Abschnitten:

- Für jeden Startseiten-Abschnitt erstellt man eine statische Seite mit ein bisschen Inhalt und einem Beitragsbild.
- Im Customizer wird jedem Abschnitt eine statische Seite zugewiesen.
- Auf der Startseite wird der Inhalt der Seite angezeigt, und beim Scrollen wird das Beitragsbild der Seite als fixiertes Hintergrundbild angezeigt.

Probieren Sie es einfach einmal aus. Der Effekt ist sehr gelungen und der Inhalt auf den statischen Seiten sehr einfach zu pflegen.

Außerdem kann man bei *Twenty Seventeen* zwischen einem ein- und einem zweispaltigen Layout wählen, und es gibt neben den auf allen Seiten verfügbaren Widget-Bereichen im Footer noch eine Sidebar, in der auch Widgets platziert werden können. *Twenty Seventeen* ist für viele Arten von Websites geeignet, und je länger man damit arbeitet, desto mehr positive Seiten entdeckt man.

14.3 Freemium-Themes: »Astra«, »GeneratePress« und »OceanWP« – erst testen, dann kaufen

In diesem Abschnitt möchte ich Ihnen die drei sehr beliebten Themes *Astra*, *Generate-Press* und *OceanWP* vorstellen, die Sie in Ihrem WordPress mit den in Kapitel 13 am Beispiel des Themes Hemingway vorgestellten Schritten erforschen können:

1. **Informieren** im Theme-Verzeichnis und auf der Theme-Startseite.

2. **Installieren** per Klick im Backend-Menü DESIGN • THEMES.

3. **Ausprobieren** in der LIVE-VORSCHAU des Customizers.

So können Sie die in diesem Abschnitt vorgestellten Themes ohne großen Aufwand bequem aus dem Backend heraus testen.

14.3.1 »Astra«: Eine gute Basis für die Arbeit mit Blöcken

Das Theme *Astra* hat die WordPress-Welt seit seinem Erscheinen im Jahre 2017 im Sturm erobert:

▶ Theme-Verzeichnis: *de.wordpress.org/themes/astra/*

▶ Theme-Startseite: *wpastra.com*

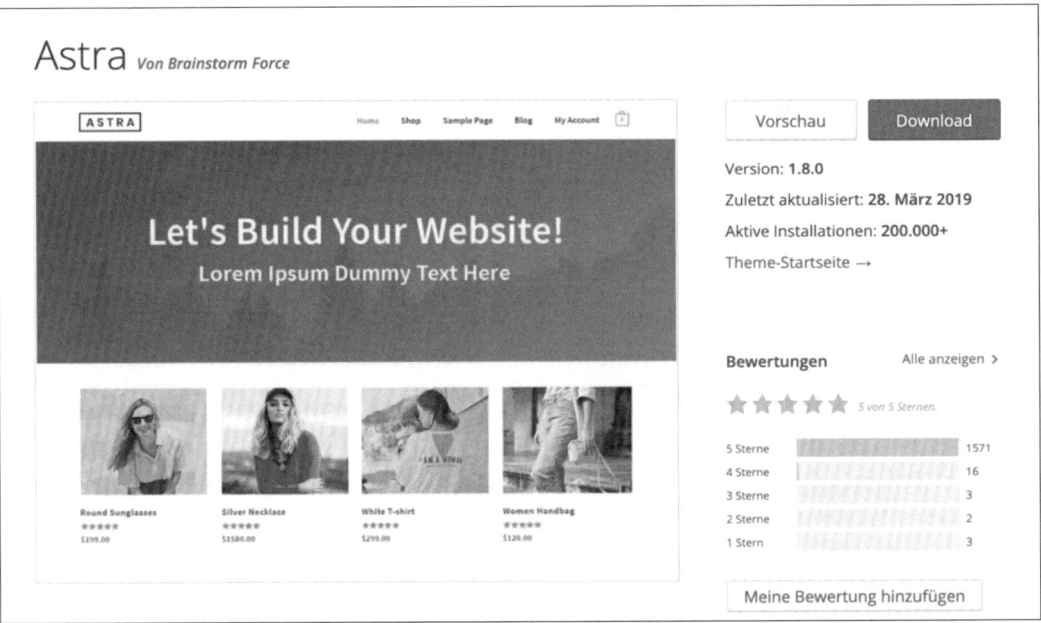

Abbildung 14.4 »Astra« im Theme-Verzeichnis von WordPress.org

Astra ist ein sehr schnelles Theme und bietet im Customizer zahlreiche und übersichtlich organisierte Optionen zur Anpassung des Themes. Im Menü DESIGN • ASTRA-OPTIONEN erhält man außerdem eine ausführliche Übersicht der möglichen kostenlosen und bezahlten Erweiterungen.

Ein besonderes Feature von *Astra* ist, dass man bereits in der kostenlosen Version die Möglichkeit hat, komplette Websites zu importieren und anschließend anzupassen. Zum Ausprobieren müssen Sie zunächst das Astra-Theme und dann das Plugin *Astra Starter Sites* installieren:

▶ *wordpress.org/plugins/astra-sites/*

Danach können Sie im Menü DESIGN • ASTRA SITES kostenlose Websites auswählen, die mit dem Block-Editor (Gutenberg) oder einem Pagebuilder wie Elementor oder Beaver Builder erstellt wurden. Diese Sites können Sie mit einem Klick importieren und anschließend an Ihre Bedürfnisse anpassen.

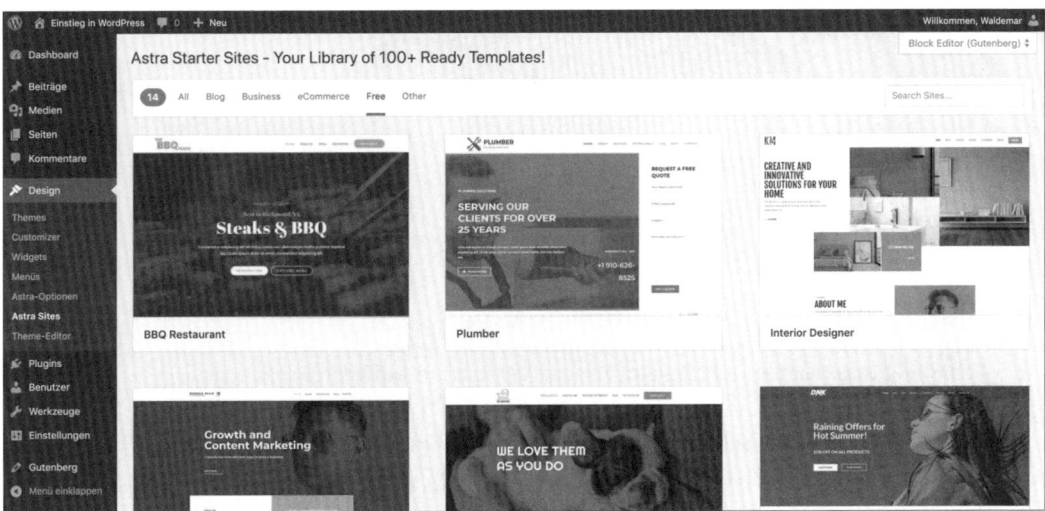

Abbildung 14.5 »Astra Starter Sites« im Backend

Von *Astra* gibt es eine Pro-Version mit zusätzlichen Features, mehr fertigen Websites zum Importieren und schnellerem Support. Astra Pro …

▶ … kostet 59 US-Dollar für ein Jahr Updates und Support (Stand Mai 2019)

▶ … und kann auf beliebig vielen Websites eingesetzt werden.

Es gibt auch lebenslange Lizenzen und spezielle Angebote für Agenturen.

14.3.2   »GeneratePress«: Schlank, schnell und stabil

GeneratePress ist ein Theme vom kanadischen Entwickler Tom Usborne, das es bereits seit vielen Jahren gibt und das inzwischen bei mehr als 100.000 aktiven Installationen fast 800 Fünf-Sterne-Rezensionen hat (siehe Abbildung 14.6):

▸ Theme-Verzeichnis: *de.wordpress.org/themes/generatepress/*
▸ Theme-Startseite: *generatepress.com*

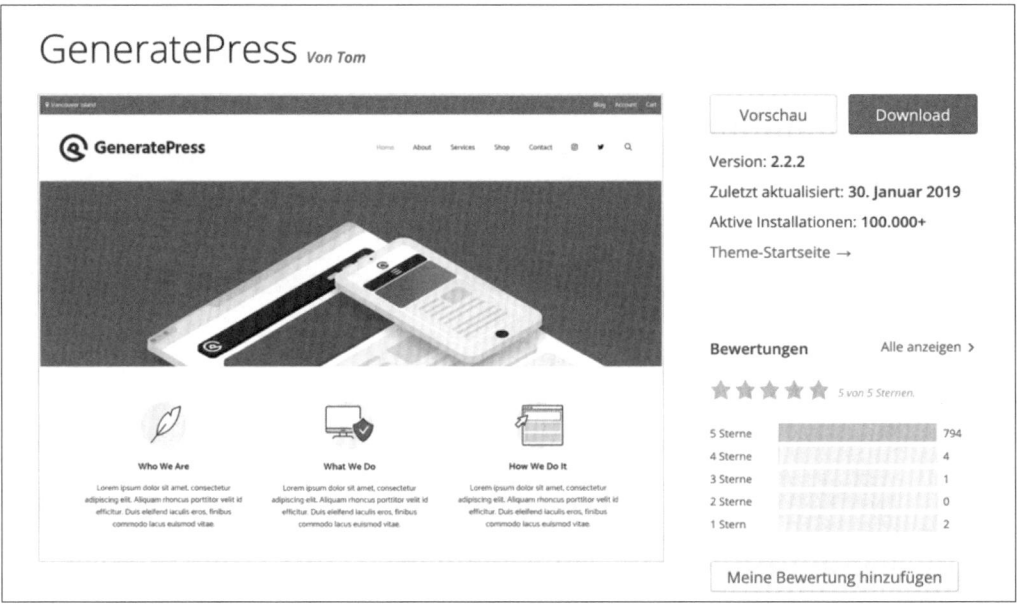

Abbildung 14.6 »GeneratePress« im Theme-Verzeichnis auf WordPress.org

GeneratePress ist ein schlankes Theme, das den Benutzer nicht mit einer Vielfalt von Features und Optionen erschlägt, sondern ein stabiles und vor allem pfeilschnelles Fundament für die eigene Website bietet.

Das Theme basiert auf einem klassischen Aufbau mit Header, horizontaler Navigation, einem Inhaltsbereich sowie einem Footer und kann bequem über den Customizer angepasst werden. So kann man z. B. das mehrspaltige Layout im Inhaltsbereich mit keiner, einer oder zwei Seitenleisten für statische Seiten, Archivseiten und die Einzelansicht getrennt konfigurieren.

GeneratePress hat zahlreiche Widget-Bereiche in der *Top Bar* (oberhalb des Headers), im Header selbst, in den Seitenleisten, im Footer (drei nebeneinander) und noch einen zusätzlichen Bereich darunter. Dadurch ist auch in der kostenlosen Version ein sehr flexibles Layout möglich.

Die Dokumentation auf *docs.generatepress.com* ist vorbildlich und die Hilfsbereitschaft von Tom und seinem Team im Supportforum fast schon legendär.

GeneratePress Premium erweitert die kostenlose Version mit zahlreichen Features und dem Zugang zu einer Bibliothek mit fix und fertigen Websites, die mit einem Klick installiert und dann angepasst werden können. Die Premium-Version ...

- ▶ ... kostet 49,95 US-Dollar (Stand Mai 2019),
- ▶ ... kann auf beliebig vielen Websites eingesetzt werden
- ▶ ... und enthält Support und Updates für ein Jahr.

Bei einer Lizenzverlängerung gibt es einen Rabatt von 40 %.

14.3.3   »OceanWP«: Jede Menge Features

OceanWP ist ein Theme, das seit 2016 existiert und bei über 300.000 aktiven Installationen mehr als 2.000 Fünf-Sterne-Rezensionen hat (siehe Abbildung 14.7):

- ▶ Theme-Verzeichnis: *de.wordpress.org/themes/oceanwp/*
- ▶ Theme-Startseite: *oceanwp.org*

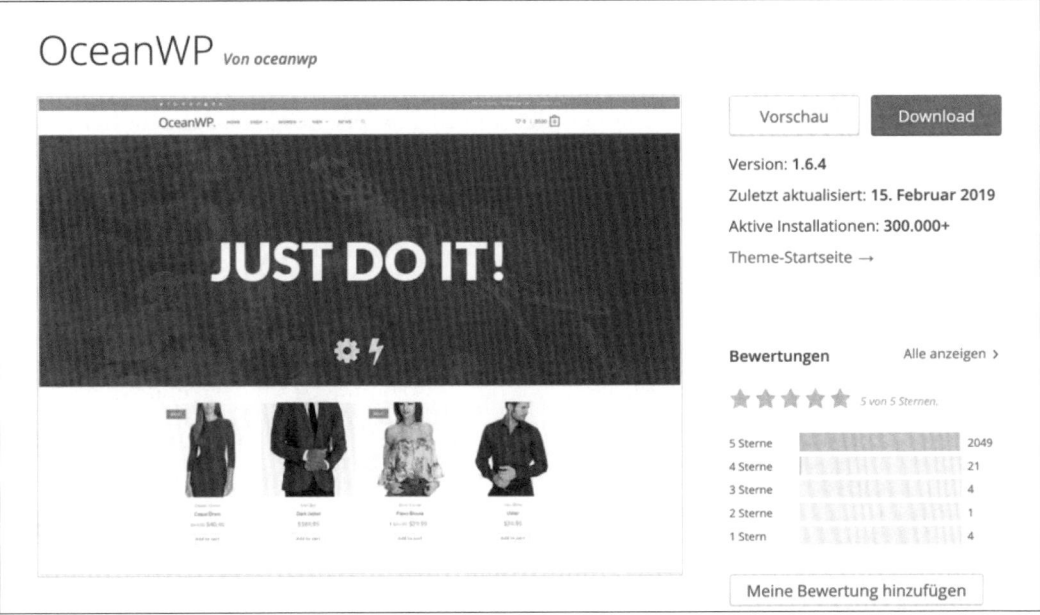

Abbildung 14.7 »OceanWP« im Theme-Verzeichnis auf WordPress.org

OceanWP bietet bereits in der kostenlosen Version unglaublich viele Features, was aber besonders für Einsteiger manchmal zu Lasten der Übersichtlichkeit geht. Mit dem Plug-in *Ocean Extra* können Sie auf Wunsch noch weitere kostenlose Optionen nachrüsten. Empfohlen wird zudem die Installation der Plugins *Elementor* und *WPForms*.

Ocean WP bietet nach der Installation des Plugins *Ocean Demo Import* Zugriff auf eine Bibliothek mit fertigen Websites, die mit einem Klick importiert werden können. In der kostenlosen Version haben Sie dabei weniger Auswahl als in den Bezahlversionen.

Wem die kostenlose Version trotz der zahlreichen Features nicht ausreicht, der hat die Wahl zwischen drei Varianten, die sich unter anderem durch die Anzahl der erlaubten Websites unterscheiden (Preise Stand Mai 2019):

- ▶ *OceanWP Personal* für 1 Website kostet 39 US-Dollar für 1 Jahr.
- ▶ *OceanWP Business* für 3 Websites kostet 79 US-Dollar für 1 Jahr.
- ▶ *OceanWP Unlimited* für beliebig viele Websites kostet 129 US-Dollar für 1 Jahr.

Statt der jährlichen Lizenzen gibt es auch die Variante *Update & Support for Lifetime*, die naturgemäß um einiges teurer ist.

14.4 Weitere kommerzielle Anbieter und Marktplätze

Es gibt noch unzählige weitere Themes von kommerziellen Anbietern. Erste Anlaufstelle dafür ist wieder das Theme-Verzeichnis auf *wordpress.org*, aber es gibt natürlich auch andere Marktplätze wie *themeforest.net*. Beide möchte ich Ihnen im Folgenden kurz vorstellen.

WordPress basiert auf der Lizenz »GPL«

Die Nutzung von Software unterliegt einer Lizenz. WordPress steht als freie Software ähnlich wie Linux unter der *General Public License*, abgekürzt GPL.

GPL steht unter anderem dafür, dass Sie WordPress kommerziell nutzen und auf beliebig vielen Sites einsetzen dürfen. Das *frei* in *freie Software* bedeutet nicht, dass alles rund um die Software kostenlos ist, und ist mehr wie in *freie Rede* zu verstehen, nicht so sehr wie in *Freibier*.

Idealerweise sollten Themes und Plugins genau wie WordPress selbst der GPL unterliegen, denn bei dieser Lizenz sind Sie auch bei kommerzieller Nutzung immer auf der sicheren Seite.

14.4.1   GPL-Themes mit kommerziellem Support auf WordPress.org

Im Theme-Verzeichnis auf WordPress.org gibt es unter dem Link KOMMERZIELLE THEMES einen speziellen Bereich für kommerzielle Theme-Anbieter, die ihre Themes unter der Lizenz GPL veröffentlichen:

▶ *de.wordpress.org/themes/commercial/*

Abbildung 14.8 zeigt die Seite *GPL-Themes mit kommerziellem Support*. Wohlgemerkt: Auf dieser Seite werden nicht einzelne Themes gelistet, sondern *Theme-Anbieter*, deren Themes zwar der GPL unterliegen, aber nicht kostenlos sind. Die Bezahlmodelle sind dabei ganz unterschiedlich, und die Palette reicht von Theme-Abonnements bis zu bezahltem Support- und Update-Service.

Abbildung 14.8 Kommerzielle Theme-Anbieter auf WordPress.org (GPL)

Elma Studio (elmastudio.de) gehört mit seinen minimalistischen, frischen Themes wie *Uku* oder *Pukeko* zu den bekanntesten Anbietern aus deutschen Landen, auch wenn die Inhaber Ellen Bauer und Manuel Esposito seit einiger Zeit in Neuseeland wohnen.

14.4.2   An der GPL orientiert, aber nicht auf WordPress.org erhältlich

Zwei weitere bekannte Theme-Anbieter, die sich an der GPL orientieren, sind z. B. *Elegant Themes* und *StudioPress*. Beide bieten ihre Themes nicht auf WordPress.org an, sondern auf ihren eigenen Websites:

- *Elegant Themes (elegantthemes.com)*
  Das Paradepferd von Elegant Themes ist *Divi*, das mit dem integrierten Divi-Builder als eines der besten Mehrzweck-Themes gilt. Angeblich gibt es nichts, was man damit nicht bauen kann, aber man lernt es auch nicht mal so nebenbei. Die Themes sind GPL, die dazugehörigen Photoshop-Dateien nicht.

- *StudioPress (studiopress.com)*
  StudioPress wurde vom Webhoster WP Engine gekauft und ist bekannt für sein *Genesis Framework*. Alle Themes von StudioPress sind technisch gesehen Child-Themes des Genesis Frameworks. Auf der Website wird das so umschrieben: *WordPress* ist der Motor, das *Genesis Framework* entspricht Fahrwerk und Karosserie, und die Themes sind dann wie der Lack auf dem Blech (siehe Abbildung 14.9).

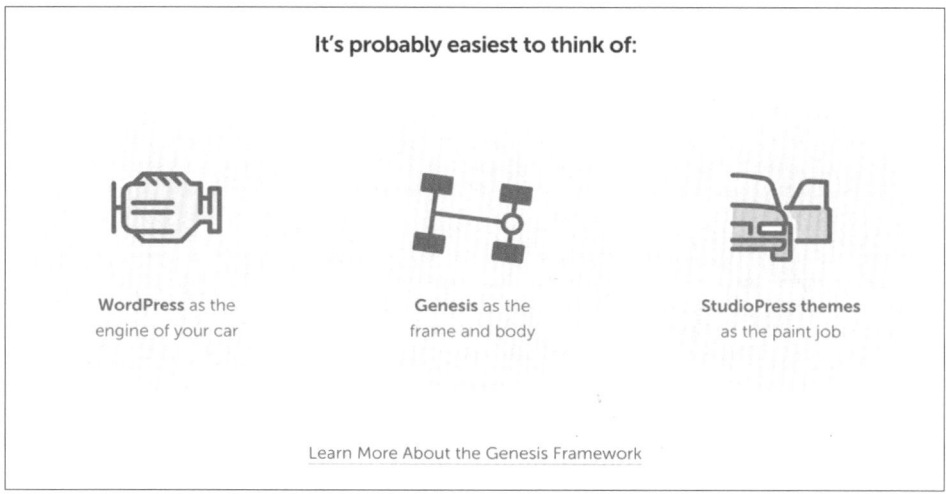

Abbildung 14.9 So funktioniert das Genesis Framework von StudioPress.

14.4.3   Jenseits der GPL: Themes von einem Marktplatz wie ThemeForest

Die meisten der bisher genannten Themes und Theme-Anbieter folgen der Empfehlung des WordPress-Teams und unterstehen zum großen Teil der Lizenz GPL. Bei den folgenden Themes ist dies nicht immer der Fall, und Sie sollten sich vor einem Kauf die Lizenzbedingungen besonders gründlich anschauen, um herauszufinden, was erlaubt ist und was nicht.

Der wohl bekannteste Marktplatz für Themes aller Art ist *ThemeForest*, und die Word-Press-Abteilung finden Sie dort unter folgender Adresse:

▶ *themeforest.net/category/wordpress*

Abbildung 14.10 zeigt die Bestsellerliste der WordPress-Themes (im April 2019).

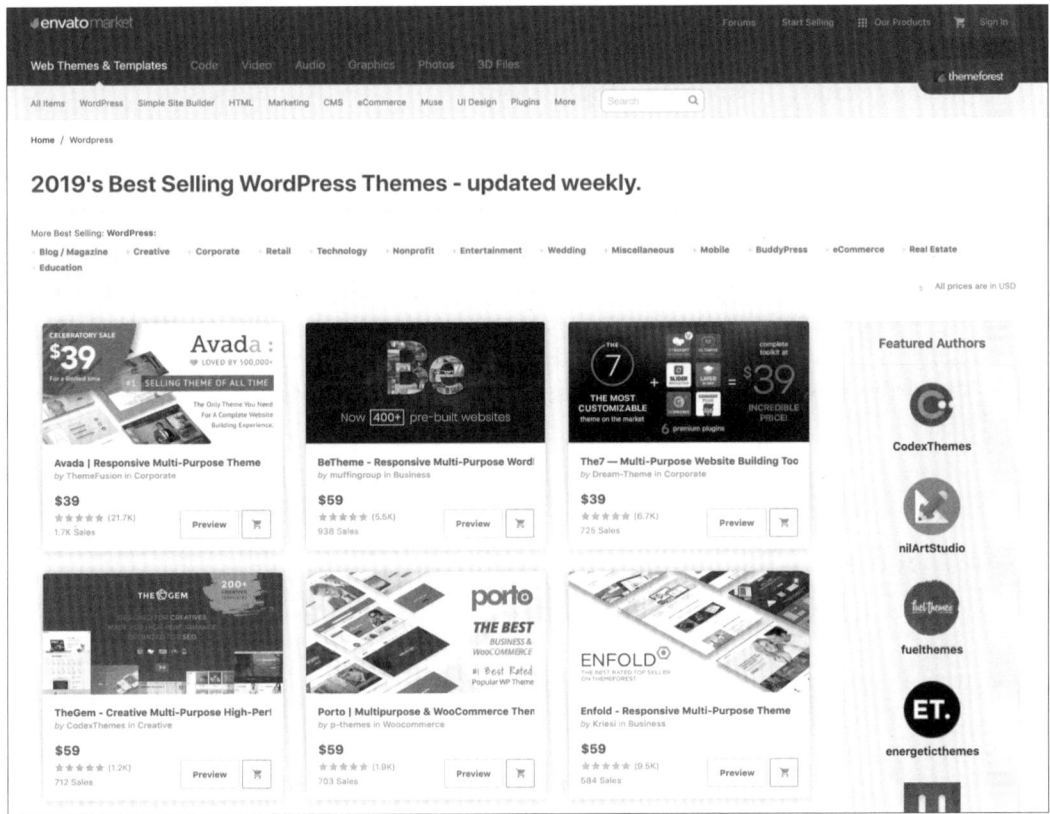

Abbildung 14.10 WordPress-Themes – die Bestseller bei »themeforest.net«

Viele dieser Themeforest-Bestseller sind *Mehrzweck-Themes* (engl. *Multi-Purpose Theme*), und sie versuchen im Gegensatz zu branchenspezifischen Lösungen, alle möglichen Arten von Websites zu ermöglichen, wie die sprichwörtliche eierlegende Wollmilchsau.

Mehrzweck-Themes erweitern WordPress um zahlreiche neue Funktionen und bringen häufig integrierte Pagebuilder mit. Viele Nutzer finden das praktisch, weil es die Suche nach und die Installation von diversen Plugins erspart, aber dieser Komfort hat auch Nachteile: Durch die an das Theme gebundene Funktionalität wird ein späterer Theme-

Wechsel fast unmöglich, und durch die Funktionsfülle sind diese Themes manchmal recht komplex und eher langsam.

Sie können die meisten dieser kommerziellen Themes wie gesagt nicht vor dem Kauf auf Ihrer Website installieren und ausprobieren, aber es gibt fast immer eine Live-Demo, und Sie können sich in den Reviews und Supportforen für die einzelnen Themes anschauen, wie zufrieden die Benutzer damit sind.

Theme gekauft? Demodaten nicht löschen!

Wenn Sie ein Theme gekauft haben, sind nach der Installation häufig viele Beiträge, Seiten, Grafiken enthalten. Diese Demodaten sind zum Studieren und Verstehen des Themes gedacht, und Sie sollten sie nicht einfach so löschen.

Auch bei sehr restriktiven Lizenzen dürfen Sie fast immer eine zusätzliche Version des Themes in einem WordPress auf Ihrem eigenen Computer installieren. Dann können Sie auf Ihrem eigenen Computer das Theme studieren und online eine eigene Website damit bauen. Wie Sie WordPress auf dem eigenen Windows-PC oder Mac ans Laufen kriegen, wird in Abschnitt 3.3, »Offline: WordPress auf Ihrem Computer installieren«, beschrieben.

14.5   Auf einen Blick

Die wichtigsten Themen noch einmal im Überblick:

- ▶ Es gibt kostenlose Themes und Freemium-Themes, die Sie vor dem Kauf installieren und ausprobieren können.

- ▶ Viele kostenpflichtige Premium-Themes können Sie vor dem Kauf nicht ausprobieren.

- ▶ WordPress unterliegt der freizügigen GPL-Lizenz, und idealerweise sollten Themes und Plugins das auch tun.

- ▶ Auf Marktplätzen wie ThemeForest sollten Sie die Lizenz studieren, bevor Sie ein Theme kaufen.

TEIL IV

Plugins: WordPress erweitern

Kapitel 15

WordPress erweitern: Plugins installieren

Worin Sie das Wichtigste zu Plugins erfahren, das Menü »Plugins« im Backend entdecken und dann einige nützliche Plugins installieren und kennenlernen.

Die Themen im Überblick:

- ▶ Wissenswertes zu Plugins, Seite 394
- ▶ Das Menü »Plugins« im Backend, Seite 397
- ▶ »Coming Soon Page«: Ein Hinweis für Ihre Besucher, Seite 399
- ▶ »Simple Lightbox«: Bildschirmfüllende Diashows, Seite 405
- ▶ Ein Werkzeugkasten für Layouts: »Kadence Blocks«, Seite 407
- ▶ Immer einen Schritt voraus: »Gutenberg« als Plugin, Seite 420
- ▶ Auf einen Blick, Seite 421

Ein Grund für die weltweite Beliebtheit von WordPress ist die Möglichkeit, seinen Funktionsumfang mit Plugins fast beliebig erweitern zu können. Egal, ob Sie schicke Bildergalerien erstellen, ein Kontaktformular einrichten oder Ihre Website für Suchmaschinen optimieren möchten, ein Plugin gibt es für fast alle erdenklichen Situationen.

15.1   Wissenswertes zu Plugins

In diesem Abschnitt möchte ich Ihnen das offizielle Plugin-Verzeichnis auf WordPress.org kurz vorstellen und Ihnen zeigen, worauf Sie bei der Auswahl von Plugins achten sollten.

15.1.1   Das Plugin-Verzeichnis auf WordPress.org

Plugins sind kleine Programme und können daher genau wie Themes unbeabsichtigte Sicherheitslücken oder gar bösartigen Code enthalten. Die im Plugin Directory gelisteten Plugins wurden vor der Veröffentlichung allesamt geprüft, was zwar keine hundertprozentige Garantie ist, aber doch wesentlich besser als ein Plugin aus einer unbekannten oder ungeprüften Quelle.

Die offizielle Quelle für Plugins aller Art ist wie gesagt das Plugin-Verzeichnis auf WordPress.org mit derzeit über 54.000 Plugins und weit mehr als einer Milliarde Downloads (siehe Abbildung 15.1):

▶ *de.wordpress.org/plugins/*

Abbildung 15.1 Das Plugin-Verzeichnis auf WordPress.org

15.1.2   Worauf Sie bei einem Plugin achten sollten

Jedes Plugin hat im Plugin-Verzeichnis eine Detailseite, auf der es ausführlich vorgestellt wird. Am Beispiel des Plugins *Coming Soon Page* möchte ich Ihnen das hier kurz zeigen:

▶ *de.wordpress.org/plugins/coming-soon/*

Abbildung 15.2 zeigt die Detailseite zu diesem Plugin.

Auf der Plugin-Seite sehen Sie ganz oben einen Header ❶ mit einer Grafik, dem Titel des Plugins und einem Link zum Autor. Darunter ist eine Navigation mit diversen Registern ❷ und auf dem Register Details eine ausführliche Beschreibung ❸ des Plugins.

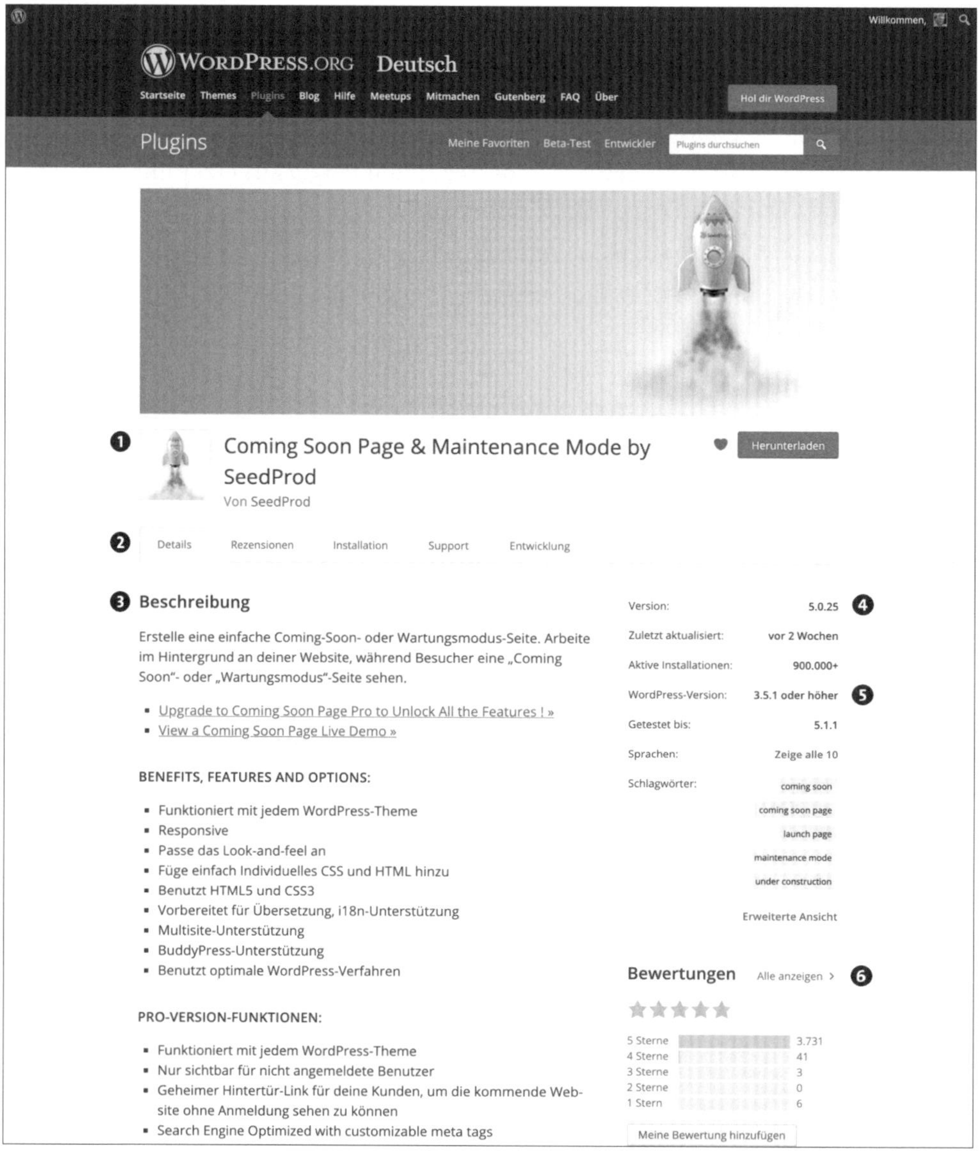

Abbildung 15.2 Detailseite zu einem Plugin im Plugin-Verzeichnis

Besonders informativ ist die Sidebar rechts, die Antworten auf unter anderem die folgenden Fragen enthält:

▶ Infos zum Plugin ❹: Die VERSION ist die aktuelle Version des Plugins. Darunter steht neben ZULETZT AKTUALISIERT das Datum des letzten Plugin-Updates, und die Zahl der AKTIVEN INSTALLATIONEN ist ein Indiz für die Beliebtheit des Plugins.

▶ Infos zu WordPress ❺: WORDPRESS-VERSION gibt an, welche Version für dieses Plugin minimal installiert sein muss. GETESTET BIS sagt, bis zu welcher WordPress-Version das Plugin definitiv funktioniert. Idealerweise sollte hier die aktuelle WordPress-Version stehen.

▶ BEWERTUNGEN ❻: Wie bewerten die Benutzer das Plugin? Neben der Anzahl der Sterne zählt natürlich auch, wie viele Bewertungen abgegeben wurden.

Außerdem gibt es hier noch eine Schaltfläche SUPPORT, die Sie ins Supportforum führt, in dem man Fragen zum Plugin stellen oder schauen kann, ob andere damit Probleme haben, und eine Möglichkeit zum Spenden für dieses Plugin.

Mit der Beschreibung und diesen Informationen bekommen Sie schon vor der Installation einen guten ersten Eindruck von einem Plugin.

15.2   Das Menü »Plugins« im Backend

Bevor Sie im nächsten Abschnitt Ihrem WordPress ein neues Plugin hinzufügen, werfen Sie zunächst einen kurzen Blick in das Menü PLUGINS, die Verwaltungsabteilung für Plugins in Ihrem Backend.

15.2.1   Das Menü »Plugins«: Zwei Plugins sind bereits installiert

Abbildung 15.3 zeigt, dass dort bereits zwei Plugins installiert sind:

▶ *Akismet* ist ein Antispam-Plugin, das Sie in Abschnitt 16.3 genauer kennenlernen (und dann löschen).

▶ *Hello Dolly* zeigt einfach nur Zitate aus dem Musical *Hello Dolly* an und ist eigentlich eher ein Spaß, mit dem WordPress-Gründer Matt Mullenweg zeigen wollte, was Plugins machen können. Sie werden es gleich in Abschnitt 15.2.3 einmal aktivieren und dann löschen.

Beachten Sie, dass beide Plugins zwar *installiert*, aber nicht *aktiviert* sind. Dieser Unterschied wird im folgenden Abschnitt erklärt.

Abbildung 15.3 Zwei Plugins sind installiert, aber nicht aktiv.

15.2.2   Plugins müssen nach der Installation aktiviert werden

Das Grundprinzip von Installation und Aktivierung ist bei Plugins genau wie bei Themes:

▶ Die Installation eines Plugins kopiert die Dateien in einen bestimmten
  Ordner auf Ihrem Webspace (*/wp-content/plugins/name-des-plugins*).

▶ Ein installiertes Plugin muss nach der Installation aktiviert werden,
  damit es funktioniert.

Die Trennung zwischen Installation und Aktivierung ist eine sehr praktische Sache, denn so müssen Sie ein Plugin, das Sie vorübergehend nicht benötigen, nicht *deinstallieren*, sondern können es *deaktivieren*. Dann spielt es in WordPress nicht mehr mit, bleibt aber auf dem Webspace erhalten und kann schnell wieder aktiviert werden.

15.2.3   Hello Dolly – ein Plugin aktivieren, deaktivieren und löschen

In diesem Abschnitt üben Sie das Aktivieren, Deaktivieren und Löschen eines Plugins, und zwar am Beispiel des in jedem WordPress nach der Installation vorhandenen Nur-zum-Spaß-Plugins *Hello Dolly*:

▶ Öffnen Sie das Menü Plugins • Installierte Plugins.

▶ Klicken Sie beim Plugin *Hello Dolly* auf den Link Aktivieren.

Nach der Aktivierung ändert sich der Linktext in Deaktivieren ❶, und das Plugin wird farblich hervorgehoben. Außerdem erscheint oberhalb der Übersichtstabelle eine kurze

Mitteilung PLUGIN AKTIVIERT ❷. Oben rechts unterhalb der Admin-Leiste erscheint nach der Aktivierung des Plugins ein Zitat aus dem Musical *Hello Dolly* (❸, siehe Abbildung 15.4).

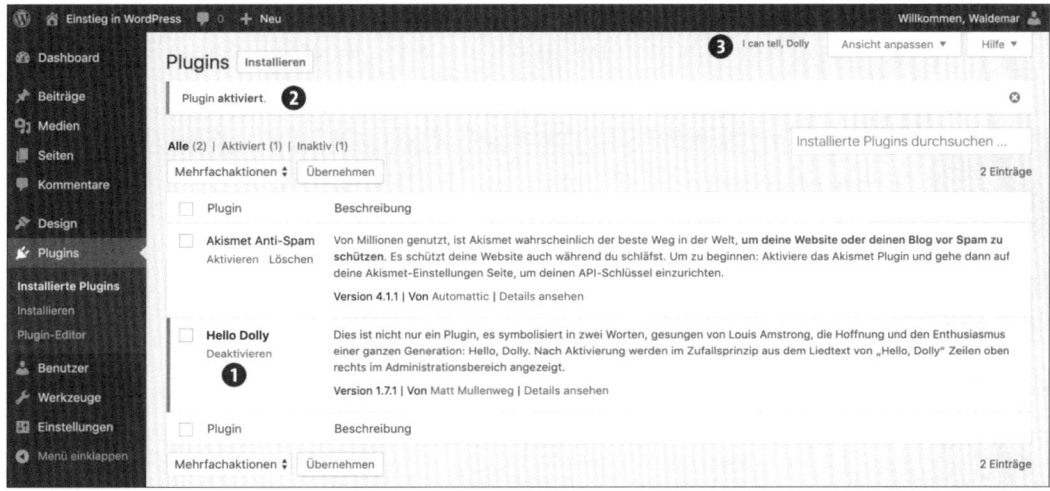

Abbildung 15.4 »I can tell, Dolly« – ein aktiviertes Plugin in Aktion

Wenn Sie im Backend eine andere Seite aufrufen, erscheint ein anderes Zitat. Mehr macht dieses Plugin nicht. Es ist quasi ein zur Tradition gewordener Spaß, und Sie können das Plugin problemlos deaktivieren und löschen:

▶ Klicken Sie beim Plugin *Hello Dolly* auf den Link DEAKTIVIEREN.

▶ Daraufhin ändert sich der Linktext wieder in AKTIVIEREN, und der Link LÖSCHEN erscheint, mit dem Sie das Plugin, tja, löschen können.

Falls Sie Dolly vermissen sollten, können Sie das Plugin aus dem Plugin-Verzeichnis wieder neu installieren.

15.3 »Coming Soon Page«: Ein Hinweis für Ihre Besucher

Der bequemste Weg zu einem neuen Plugin ist die Installation über das Menü PLUGINS • INSTALLIEREN direkt aus dem Backend heraus.

Am Anfang von Kapitel 5, »Die ersten Seiten und Beiträge«, hatte ich erwähnt, das Sie Besuchern und Suchmaschinen eine hübsche Hinweisseite anzeigen können, während Sie selbst hinter diesem Vorhang ganz normal an der Website arbeiten können.

Falls Sie diese Idee sympathisch finden, gibt es zahlreiche Plugins, die Ihnen das ermöglichen, und ich zeige Ihnen das am Beispiel von *Coming Soon Page & Maintenance Mode by SeedProd*, aber Sie können gerne ein anderes ausprobieren. Die Vorgehensweise ist für alle Plugins gleich.

Abbildung 15.5 zeigt die Seite Plugins hinzufügen mit einer Suche nach Stichworten ❶ und im Suchergebnis das gewünschte Plugin ❷.

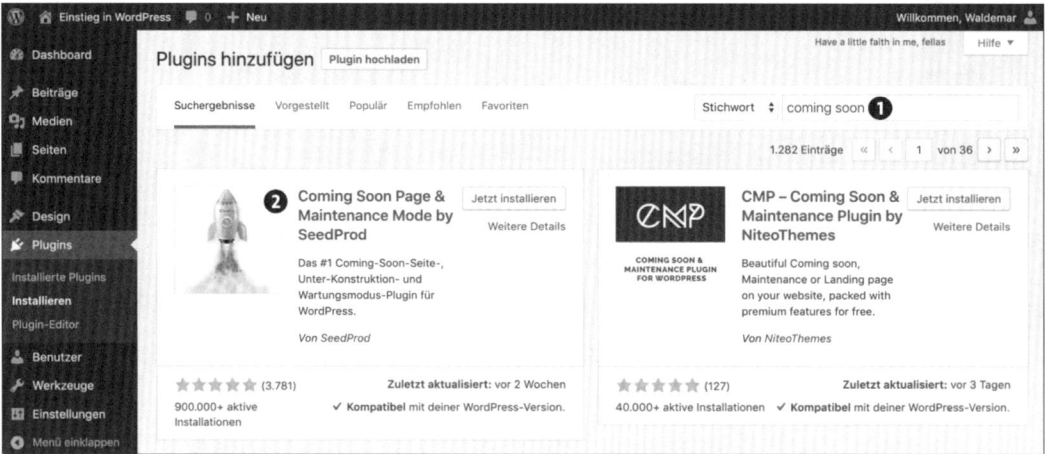

Abbildung 15.5 Das Menü »Plugins • Installieren« mit einem Suchergebnis

15.3.1   Schritt 1: So installieren Sie ein neues Plugin

Hier eine kurze allgemeine Installationsanleitung, die für alle Plugins gilt:

1. Wechseln Sie in das Menü Plugins • Installieren.
2. Danach sehen Sie auf der Seite Plugins hinzufügen das WordPress-Plugin-Verzeichnis.
3. Finden Sie das gewünschte Plugin. Falls es nicht bereits angezeigt wird, geht das am einfachsten über das Suchformular rechts oben.
4. Um die Installation zu starten, klicken Sie in der Beschreibung des Plugins auf die Schaltfläche Installieren.

WordPress kopiert nach diesem Klick die neueste Version des Plugins auf Ihren Webspace, entpackt das ZIP-Archiv und kopiert die Dateien in den richtigen Ordner. Falls alles klappt, wird die hellgraue Schaltfläche Jetzt installieren ersetzt durch die blaue Schaltfläche Aktivieren (siehe Abbildung 15.6).

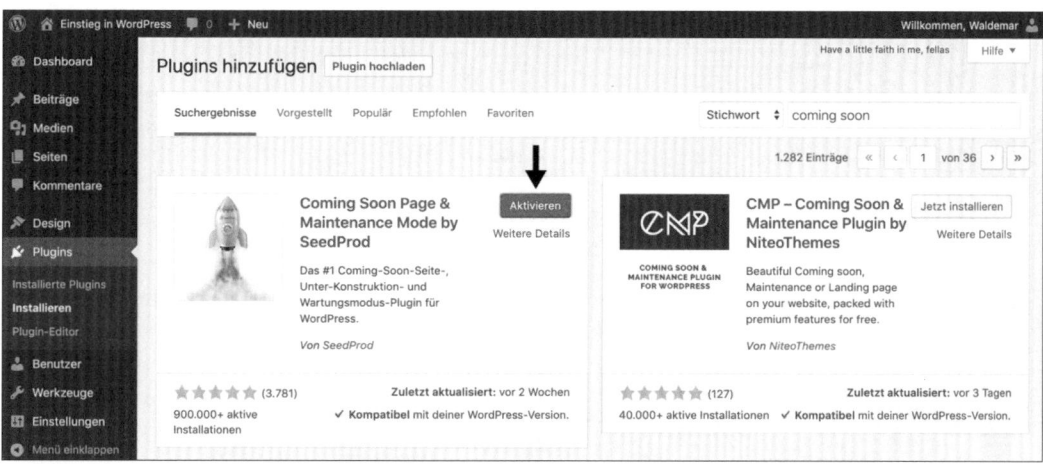

Abbildung 15.6 Das Plugin wurde erfolgreich installiert.

Plugin nicht im Verzeichnis? Installation mit »Plugin hochladen«

Wenn ein Plugin nicht im Plugin-Verzeichnis auf WordPress.org gelistet ist, können Sie es nicht aus dem Backend heraus installieren. Dann geht die Installation wie folgt:

1. Laden Sie das ZIP-Archiv für das Plugin herunter.
2. Wechseln Sie auf die Seite Plugins hinzufügen.
3. Klicken Sie auf die Schaltfläche Plugin hochladen.
4. Danach klicken Sie auf die Schaltfläche Datei auswählen und wählen dann das heruntergeladene ZIP-Archiv für das Plugin aus.
5. Mit einem Klick auf Jetzt installieren wird das Plugin installiert.

Anschließend können Sie das neue Plugin aktivieren.

15.3.2 Schritt 2: Das installierte Plugin aktivieren

Sie können das Plugin mit der blauen Schaltfläche Aktivieren sofort nach der Installation aktivieren. Einige Plugins, wie auch Coming Soon Page, springen dann sofort zur Plugin-Seite im Backend.

Falls Sie nach der Aktivierung eines Plugins also nicht auf der Seite Installierte Plugins landen, rufen Sie diese Seite bitte manuell auf. Die Übersichtstabelle sieht mit dem aktivierten Plugin Coming Soon Page so aus wie in Abbildung 15.7. Unter dem Titel des Plugins gibt es zwei Links: Mit Settings gelangen Sie zu den Einstellungen für das Plugin, und mit Deaktivieren können Sie das Plugin deaktivieren.

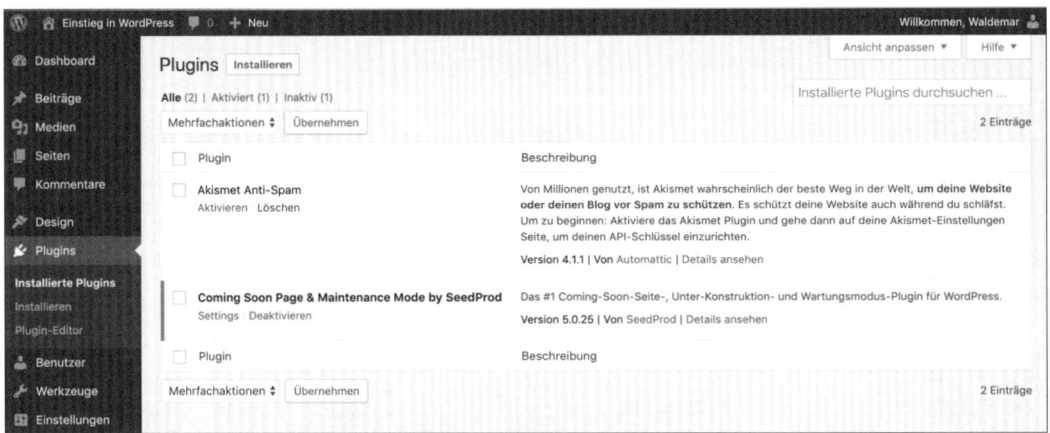

Abbildung 15.7 Das Plugin ist installiert und wurde aktiviert.

15.3.3   Schritt 3: »Inhalt« – Coming-Soon-Seite aktivieren und Text eingeben

Nach Installation und Aktivierung des Plugins finden Sie in der Menüleiste einen neuen Menüpunkt namens SEEDPROD, mit dem Sie das Plugin konfigurieren können. Abbildung 15.8 zeigt die Seite im Überblick.

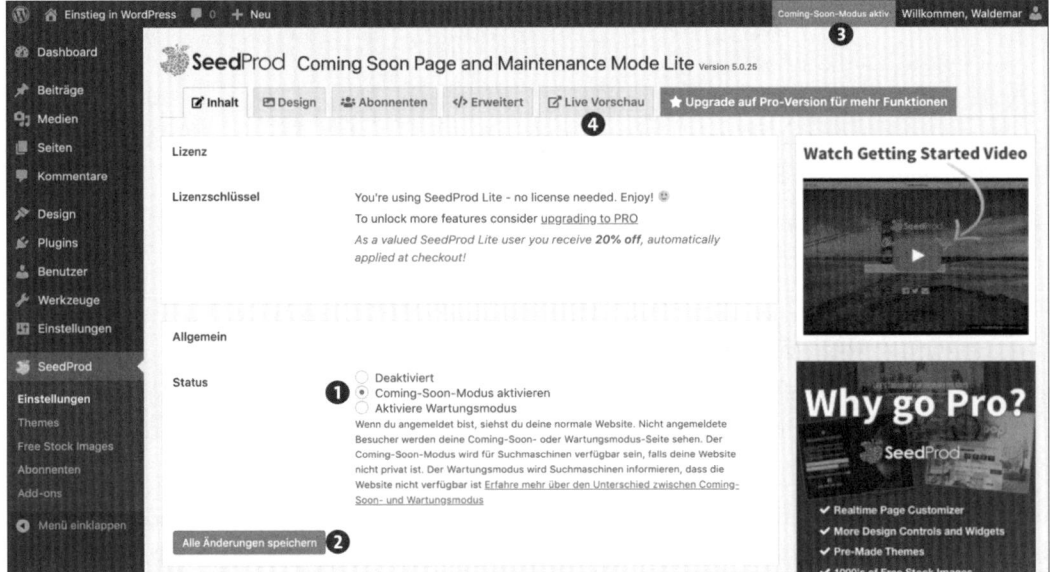

Abbildung 15.8 Die Seite »SeedProd • Einstellungen«

Um einen Hinweis für Ihre Besucher zu erstellen, aktivieren Sie im Bereich STATUS die Option COMING-SOON-MODUS AKTIVIEREN ❶ und klicken auf die Schaltfläche ALLE ÄNDERUNGEN SPEICHERN ❷.

Daraufhin erscheint oben in der Admin-Toolbar ein roter Hinweis COMING SOON MODE AKTIV ❸, damit Sie nicht vergessen, dass nicht am Backend angemeldete Besucher die Website nicht sehen können. Ein Klick auf diesen roten Hinweis bringt Sie, egal, wo im Backend Sie sind, zurück auf diese Seite, auf der Sie die Coming Soon Page konfigurieren. Das Register LIVE VORSCHAU ❹ zeigt Ihnen eine Vorschau, und momentan ist die Hinweisseite noch komplett weiß.

Eine Mitteilung für Ihre menschlichen Besucher erstellen Sie im Bereich SEITENEIN-STELLUNGEN. Füllen Sie dort die Felder ÜBERSCHRIFT und NACHRICHT aus, und binden Sie, sofern vorhanden, ein LOGO ein.

Im Bereich HEADER direkt darunter stellen Sie Informationen für Browser und Suchmaschinen bereit (siehe Abbildung 15.9).

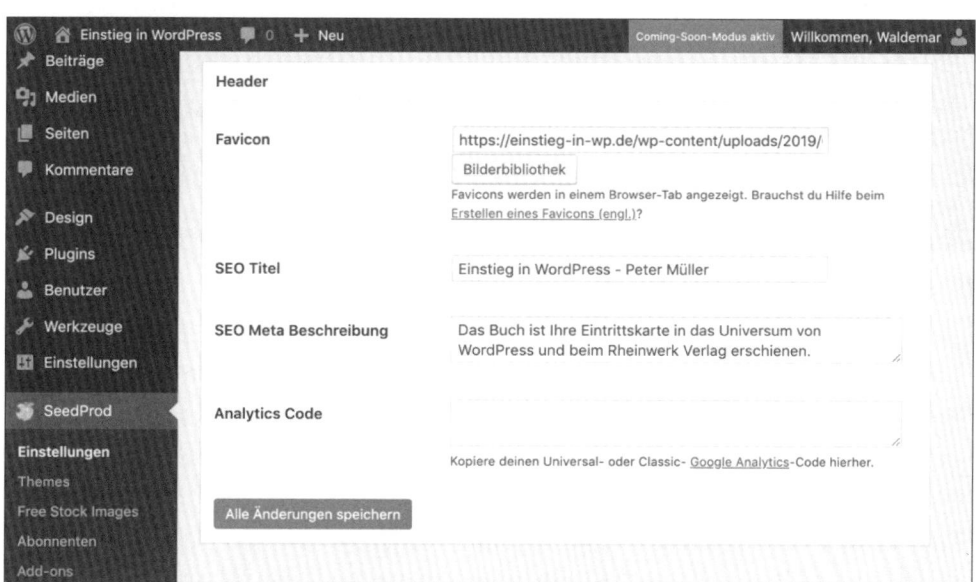

Abbildung 15.9 Informationen für Browser und Suchmaschinen

▶ Das FAVICON ist für die Browser. Dort laden Sie die Grafik hoch, die Sie bereits in Abschnitt 12.3.2 als Website-Icon eingebunden haben.

▶ Die Felder SEO TITEL und SEO META BESCHREIBUNG sind für die Suchmaschinen. Geben Sie hier eine kurze Beschreibung für Ihre Site ein. Mehr zu diesen beiden Optionen erfahren Sie in Kapitel 17, »SEO – die Optimierung für Suchmaschinen«.

Vergessen Sie nicht, alle Eingaben mit einem Klick auf ALLE ÄNDERUNGEN SPEICHERN zu speichern.

15.3.4   Schritt 4: »Design« – Coming-Soon-Seite gestalten

Im Register DESIGN können Sie die Seite gestalten und z. B. ein Hintergrundbild einfügen und den Text gestalten. Vergessen Sie nicht, eventuelle Änderungen zu speichern.

Am Ende könnte die Seite z. B. so aussehen wie in Abbildung 15.10.

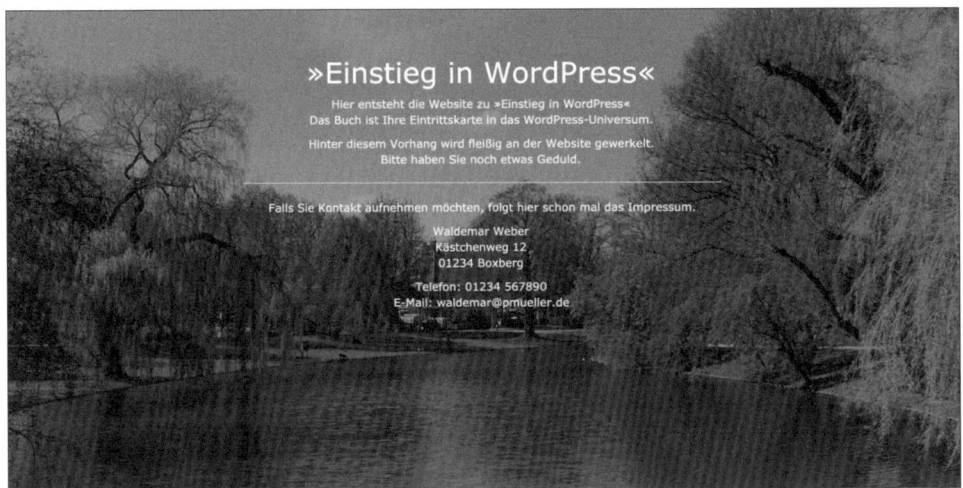

Abbildung 15.10 Ein Vorhang für nicht im Backend angemeldete Besucher

15.3.5   »Coming Soon Page« und »Maintenance Mode« – der Unterschied

In diesem Abschnitt haben Sie eine Coming Soon Page erstellt, aber das Plugin *Coming Soon Page & Maintenance Mode* kennt, wie der Name ja bereits andeutet, zwei verschiedene Optionen:

▶ *Coming Soon Page*: Eine in diesem Abschnitt erstellte »Wir-sind-bald-da«-Seite ist eine Hinweisseite für eine neue Domain, und zwar *bevor* die Website online geht. Menschliche Besucher lesen die Hinweisseite, und Suchmaschinen nehmen die SEO-Infos mit.

▶ *Maintenance Mode*: Der Wartungsmodus erstellt eine Hinweisseite für eine aktive Website, die nur vorübergehend nicht verfügbar ist. Menschliche Besucher lesen die Hinweisseite, Suchmaschinen bekommen aber dieses Mal den Code 503. Dieser Code besagt, dass der Server temporär nicht zur Verfügung steht, z. B. wegen Wartungsarbeiten, aber bald wieder online sein wird.

Menschliche Besucher sehen also in beiden Fällen eine Hinweisseite, aber Suchmaschinen erhalten jeweils unterschiedliche Signale. Fazit:

▶ Wenn die Site gerade erst erstellt wird und bei den Suchmaschinen noch unbekannt ist, erstellen Sie eine *Coming Soon Page*.

▶ Wenn die Website bereits aktiv ist und von Suchmaschinen bereits indiziert wurde, wählen Sie den *Maintenance Mode*.

Wenn Sie keine Hinweisseite brauchen: Plugin deaktivieren oder löschen

Wenn Sie gerade keine Hinweisseite benötigen, was hoffentlich ziemlich häufig der Fall ist, können Sie das Plugin *deaktivieren*. Dann verbraucht es, abgesehen von einem bisschen Speicherplatz auf Ihrem Webspace, keine Ressourcen.

Wenn Sie das Plugin voraussichtlich längere Zeit nicht benötigen, sollten Sie es nicht nur deaktivieren, sondern auch *löschen*. Bei Bedarf können Sie es ja jederzeit wieder installieren.

15.4 »Simple Lightbox«: Bildschirmfüllende Diashows

Auf vielen Websites erscheint ein Bild nach dem Anklicken in einem sogenannten Overlay-Fenster. Dabei schwebt das Bild scheinbar über der im Hintergrund abgedunkelten Webseite.

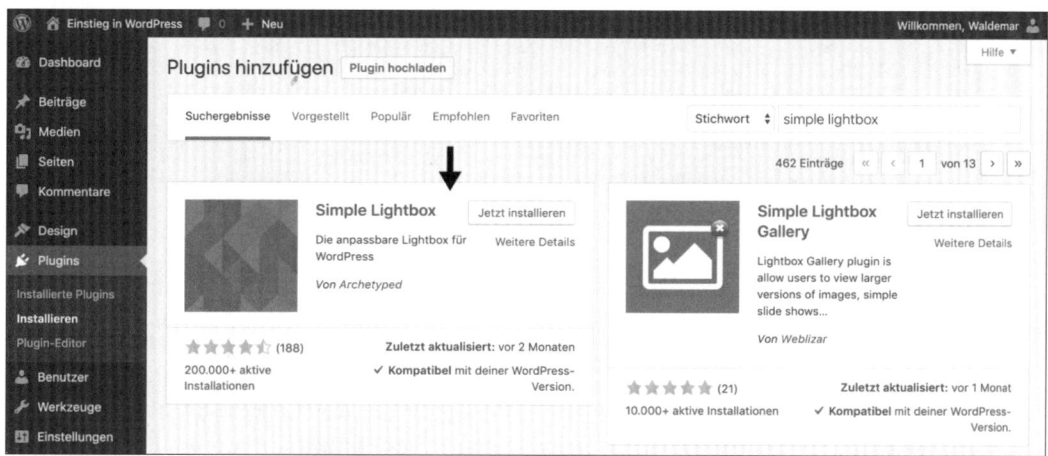

Abbildung 15.11 Das Plugin »Simple Lightbox«

Der Sammelbegriff für Effekte dieser Art ist *Lightbox*, und sie basieren allesamt auf Java-Script-Programmen. In WordPress benötigen Sie dazu ein Plugin wie z. B. die *Simple Lightbox*:

▶ *wordpress.org/plugins/simple-lightbox/*

Nach der Installation werden automatisch alle Bilder, bei denen in den Block-Einstellungen der LINK ZUR MEDIEN-DATEI führt, nach einem Klick in einer Lightbox dargestellt (siehe Abbildung 15.12).

Abbildung 15.12 Ein Bild in einer Lightbox

Die Bilder einer Galerie werden nicht nur in einer Lightbox präsentiert, sondern automatisch als Diashow dargestellt. Voraussetzung ist auch hier, genau wie bei Einzelbildern, dass in den Block-Einstellungen der LINK ZUR MEDIEN-DATEI führt.

Die sehr übersichtlichen Einstellungen für die Simple Lightbox finden Sie auf einer einzigen Seite im Menü DESIGN • LIGHTBOX. Dort können Sie unter anderem die Beschriftungen nach Belieben ändern (siehe Abbildung 15.13).

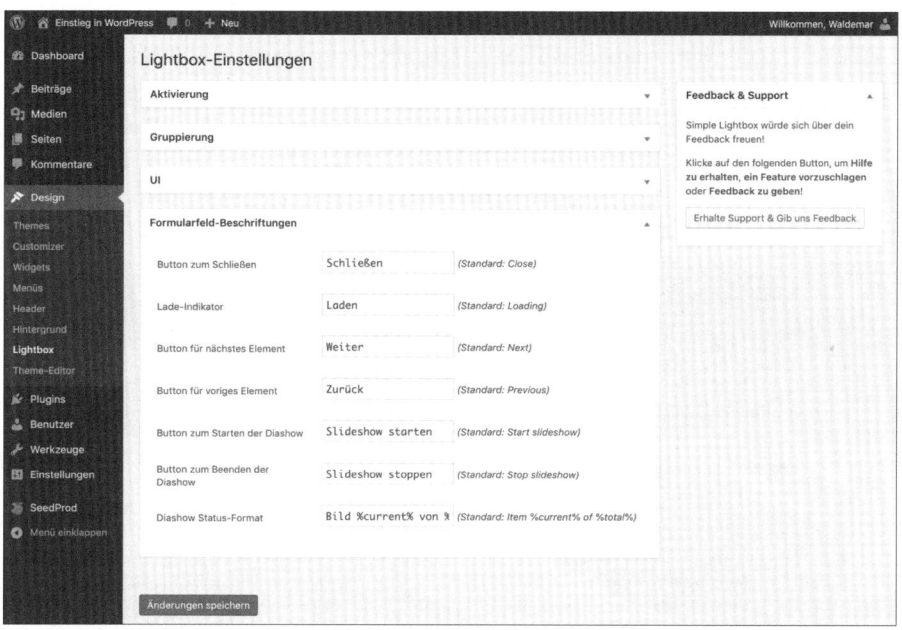

Abbildung 15.13 »Design Lightbox« –Einstellungen für »Simple Lightbox«

Alternativen: »Lightbox with Photoswipe« und »Responsive Lightbox and Gallery«

Eine einfache Alternative zur simplen Lightbox ist die *Lightbox with Photoswipe*:

▶ *de.wordpress.org/plugins/lightbox-photoswipe/*

Das Plugin erzeugt eine schicke, dezente Lightbox, hat alle wichtigen Features und funktioniert auch beim Swipen auf mobilen Geräten wunderbar.

Wenn Sie gerne mehr Einstellungsmöglichkeiten hätten, dann ist die *Responsive Lightbox and Gallery* einen Versuch wert:

▶ *de.wordpress.org/plugins/responsive-lightbox/*

Das Plugin ist eine der meistinstallierten WordPress-Lightboxen, aber aufgrund der zahlreichen Optionen etwas unübersichtlicher.

15.5 Ein Werkzeugkasten für Layouts: »Kadence Blocks«

Mit dem alten Editor in WordPress 4 war das Erstellen von Layouts so gut wie unmöglich, und schon für relativ simple Layouts benötigte man Pagebuilder oder andere Plugins zum Layouten der Inhalte.

In vielen Fällen reichen die zu WordPress gehörenden Blöcke, und im Laufe der Zeit werden diese Blöcke und der Block-Editor weiter reifen, aber schon heute gibt es zahlreiche Plugins, die das Block-System von WordPress erweitern und so auch komplexere Layouts ermöglichen. Mit dem Plugin *Kadence Blocks* möchte ich Ihnen eines davon in diesem Abschnitt kurz vorstellen:

▶ *de.wordpress.org/plugins/kadence-blocks/*

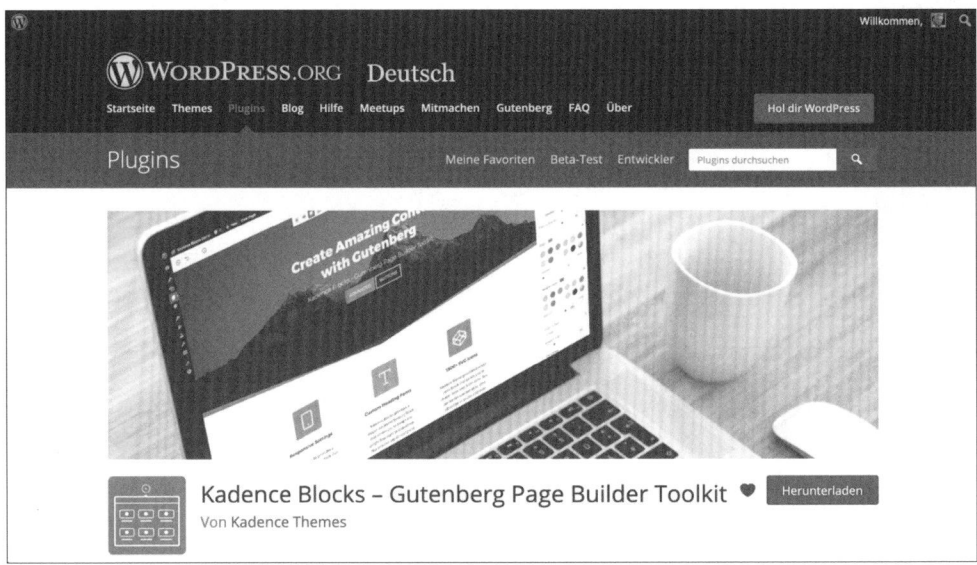

Abbildung 15.14 »Kadence Blocks« – der Pagebuilder-Werkzeugkasten

»Kadence Blocks«: Links zu kurzen Demos für die einzelnen Blöcke

Auf der Seite im Plugin-Verzeichnis für die Kadence Blocks gibt es für viele der Blöcke einen Link DEMO, der die Möglichkeiten der jeweiligen Blöcke kurz demonstriert, sodass man nicht alles selbst ausprobieren muss.

15.5.1   »Kadence Blocks« – die Blöcke in der Übersicht

Kadence Blocks trägt den Untertitel *Gutenberg Page Builder Toolkit*, was frei übersetzt so viel heißt wie *Werkzeugkasten zum Seitenlayouten für Gutenberg*, und der Name ist Programm: Mit den Blöcken, die das Plugin zur Verfügung stellt, werden Layouts möglich, für die man bisher meist einen Pagebuilder benötigte.

Sympathisch ist dabei, dass das Plugin mehr auf Klasse denn auf Masse setzt und in der kostenlosen Version weniger als zehn neue Blöcke mitbringt, frei nach dem Motto *Weniger ist mehr*. Nach Installation und Aktivierung finden Sie im Menü EINSTELLUNGEN • KADENCE BLOCKS eine Übersicht, in der Sie für jeden Block eine kurze Beschreibung finden und Blöcke konfigurieren und mit der Schaltfläche DEACTIVATE ausschalten können, sodass sie im Block-Editor nicht mehr erscheinen (siehe Abbildung 15.15).

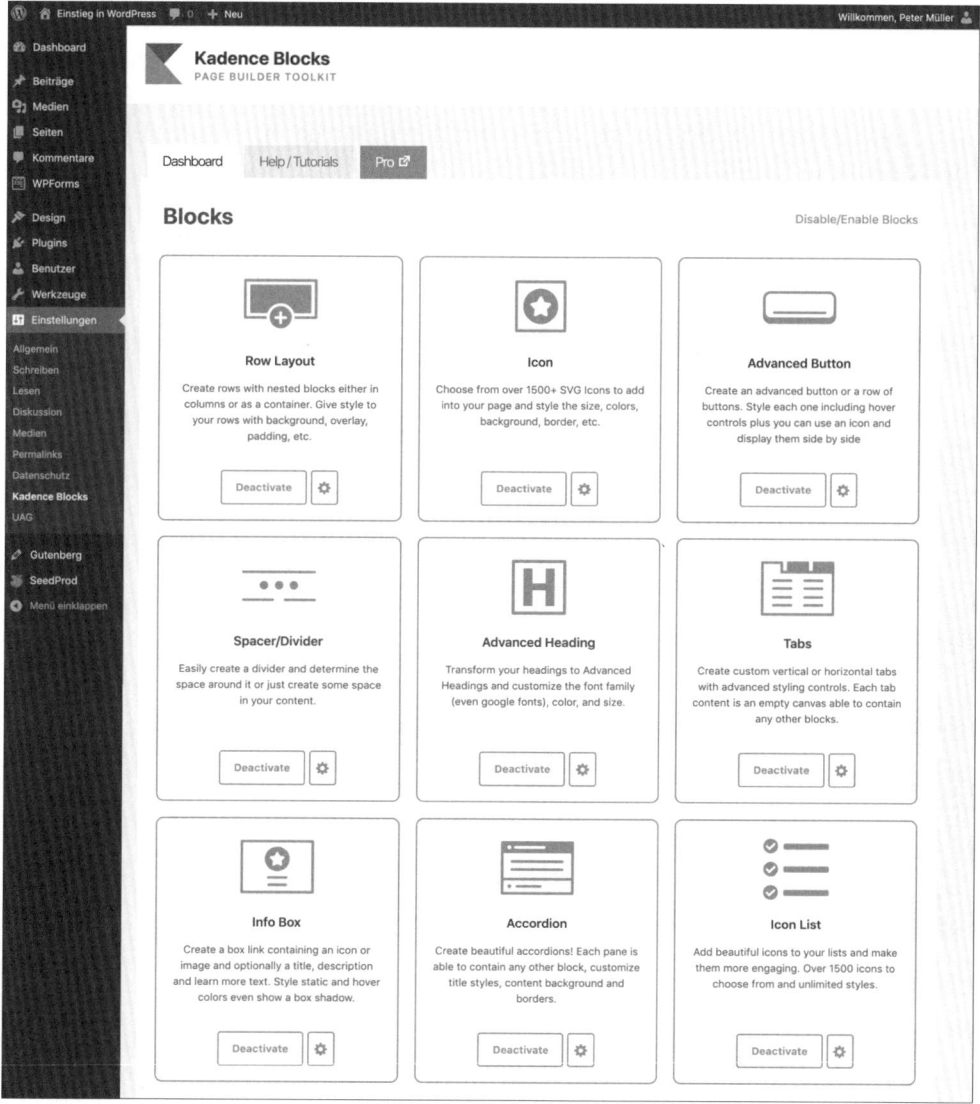

Abbildung 15.15 Die Übersicht in »Einstellungen • Kadence Blocks«

Die folgenden Blöcke lernen Sie in diesem Abschnitt kurz kennen:

▶ *Icon List* ist ein einfacher Block, der die Auswahl von Icons als Listenpunkte, Zuweisung von Farben und vieles mehr ermöglicht. Sie können bestehende Listen per Klick in eine Icon-Liste umwandeln und dann gestalten.

▶ *Tabs* und *Accordion* sind bereits etwas anspruchsvoller. Beide sind verschachtelte Blöcke und bieten die Möglichkeit, viel Inhalt auf wenig Platz unterzubringen.

▶ *Row Layout* schließlich ermöglicht auch komplexere Layouts. Der Block stellt wie viele Pagebuilder auch eine Layout-Zeile mit mehreren Spalten zur Verfügung, die Sie nach Belieben anpassen können. Eine Besonderheit ist, dass man zahlreiche vorgefertigte Layouts anschauen, per Klick importieren und dann an seine Bedürfnisse anpassen kann.

Bevor es losgeht, sollten Sie auf der Seite EINSTELLUNGEN • KADENCE BLOCKS noch eine Einstellung erledigen, die es im Block-Editor (noch) nicht gibt. Sie können hier nämlich die Pixelbreiten für schmale Layouts ❶ und breite Layouts ❷ einstellen und speichern ❸, damit der Editorbereich im Backend genauso breit ist wie der Inhaltsbereich im Frontend (siehe Abbildung 15.16).

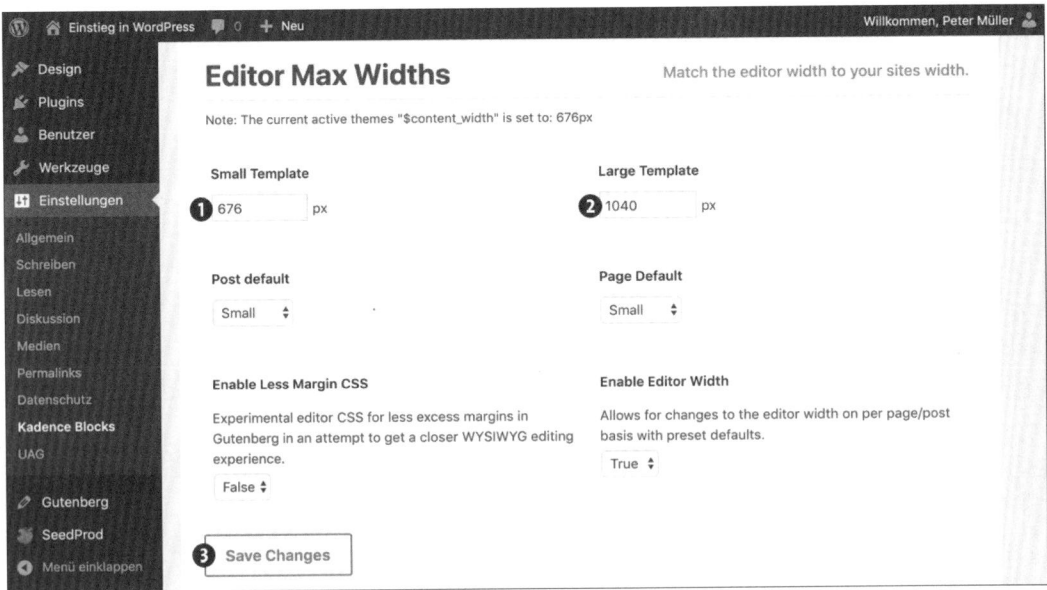

Abbildung 15.16 Die Breiteneinstellungen für »Kadence Blocks«

Für das in Kapitel 13 vorgestellte Theme *Hemingway* sind diese Werte wie folgt:

▶ SMALL TEMPLATE: 676px passt für Beiträge und Seiten mit einer Sidebar und bei Seiten auch für das Template *Keine Seitenleiste*. Mit diesem Template wird der Inhaltsbereich zentriert, wird aber nicht breiter.

▶ LARGE TEMPLATE: 1040px passt für Seiten, die auf dem Template mit dem schönen Namen *Seitentemplate Für Volle Seitenbreite* basieren.

Die Standardeinstellung für Beiträge (POST DEFAULT) und Seiten (PAGE DEFAULT) ist SMALL, aber man kann das im Editor per Beitrag oder Seite umstellen, sodass der Editor im Folgenden für Beiträge und Seiten mit einer Sidebar die ideale Breite hat.

15.5.2   Der Block »Icon List«: hübsche und gestaltbare Listen

Zum Üben erstellen Sie am besten einen neuen Beitrag und geben einen Titel und ein bisschen Text ein. Darunter fügen Sie den Block *Icon List* ein und erstellen ein paar Listenpunkte. Abbildung 15.17 zeigt eine einfache Liste mit den Standardeinstellungen.

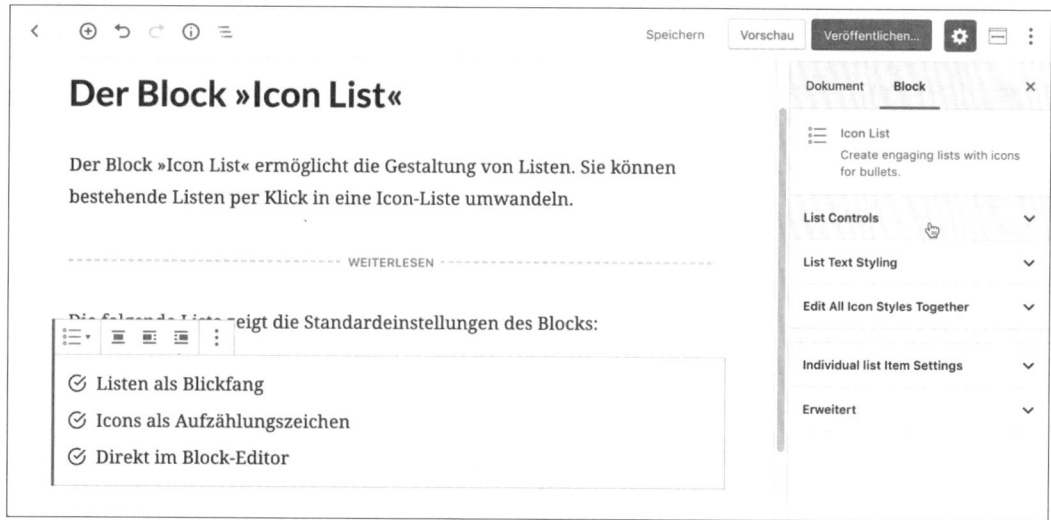

Abbildung 15.17 Die Standardeinstellungen des Blocks »Icon List«

In den Block-Einstellungen sehen Sie die folgenden Bereiche:

▶ LIST CONTROLS enthält Optionen zur Gestaltung der Liste als Ganzes. Hier definieren Sie z. B. die *Anzahl der Listenpunkte* (NUMBER OF ITEMS) und die *Anzahl der Spalten* (LIST COLUMNS).

Mehrspaltige Listen wären also auch ohne zusätzliche Blöcke für die Spalten möglich, aber leider ist die Option LIST COLUMNS nicht responsiv und bleibt auch auf schmalen Bildschirmen mehrspaltig. Eine bessere Lösung wäre also ein zweispaltiger Spalten-Block mit einer Liste pro Spalte. Dann stehen die Listen auf schmalen Bildschirmen untereinander.

▸ LIST TEXT STYLING bietet Optionen zur Gestaltung des Textes, z. B. Farbe, Schriftgröße, Zeilenabstand und Schriftart.

▸ EDIT ALL ICON STYLES TOGETHER lässt Sie die Icons gestalten, und zwar alle auf einmal. Hier können Sie die Icons auswählen sowie z. B. deren Größe, Liniendicke, Farbe und Stil.

▸ INDIVIDUAL LIST ITEM SETTINGS bietet dieselben Einstellungen, aber für jeden Listenpunkt einzeln. Außerdem können Sie einen Listenpunkt hier zu einem Link machen.

Mit diesen Block-Einstellungen lassen sich Listen auf vielfältige Art gestalten. Abbildung 15.18 zeigt ein weiteres Beispiel.

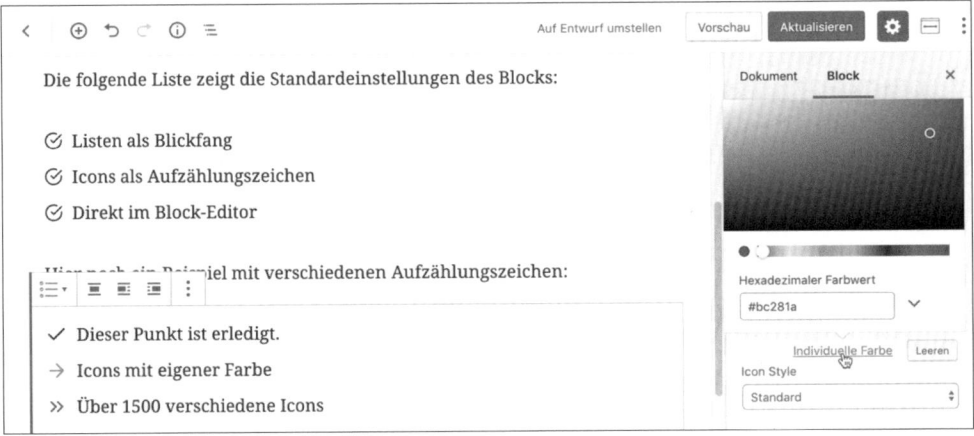

Abbildung 15.18 Unterschiedliche und farbige Aufzählungszeichen

15.5.3 Viel Inhalt auf wenig Platz: die Blöcke »Tabs« und »Accordion«

In der realen Welt haben Tabs und Akkordeons nicht viel miteinander gemein, aber im Web dienen beide dazu, Inhalte auf einer Webseite auszublenden und auf Klick wieder zur Verfügung zu stellen.

Zum Testen erstellen Sie am besten einen neuen Beitrag und fügen einen Block *Tabs* ein.

Abbildung 15.19 zeigt, dass der Block Sie mit der freundlichen Bitte begrüßt, eine Vorlage auszuwählen, die als Basis für die Gestaltung dient (SELECT INITIAL STYLE).

Abbildung 15.19 Wählen Sie eine Vorlage für die Tabs.

Nach der Auswahl haben Sie einen fertigen Tab-Block mit drei Registern, den Sie nur noch konfigurieren und mit Inhalt füllen müssen.

Im Inhaltsbereich selbst können Sie fast alle Blöcke einfügen. Abbildung 15.20 zeigt im Register *Für wen?* ❶ normale Absatzblöcke und einen zweispaltigen Spalten-Block mit einer Iconliste ❷ pro Spalte.

In den Block-Einstellungen können Sie jeweils für Desktops, Tablets und Mobile ❸ ein unterschiedliches Layout ❹ wählen. Auf Mobile können die Tabs gar zu Akkordeons werden, sodass die Inhalte untereinanderstehen. Darunter gibt es noch diverse Bereiche zur Gestaltung des Tabs-Blocks ❺.

Ein Akkordeon funktioniert im Prinzip so ähnlich wie ein Tab, auch wenn es auf den ersten Moment völlig anders aussieht. Beide Blöcke ermöglichen es Benutzern, Inhalte ein- und auszublenden, und beide sind darum gut geeignet, um auf wenig Platz viel Inhalt darzustellen (siehe Abbildung 15.21).

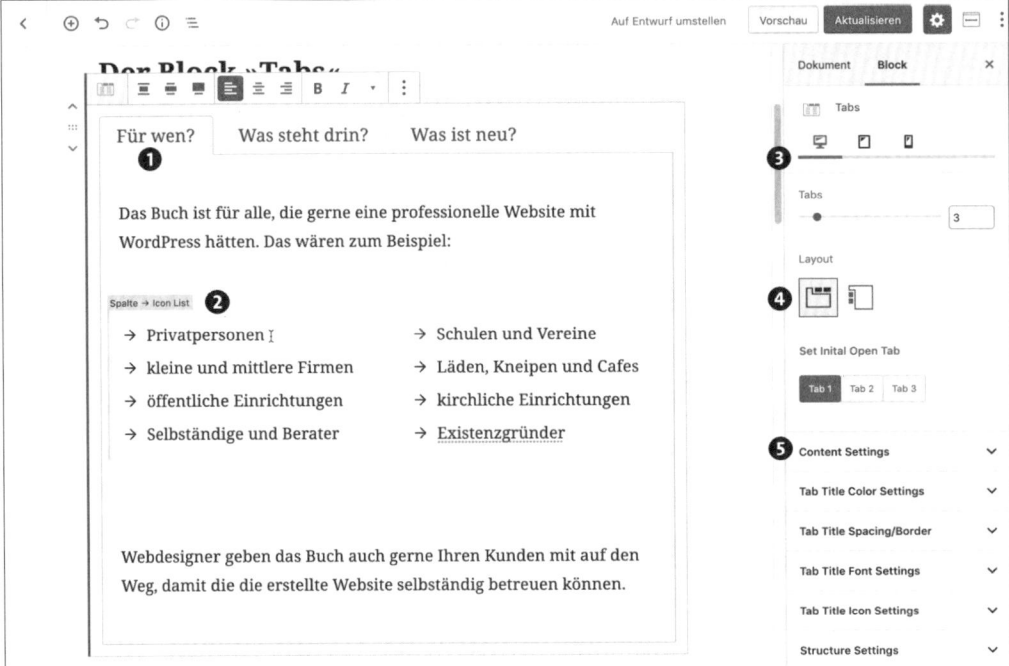

Abbildung 15.20 Der Block »Tabs« im Block-Editor

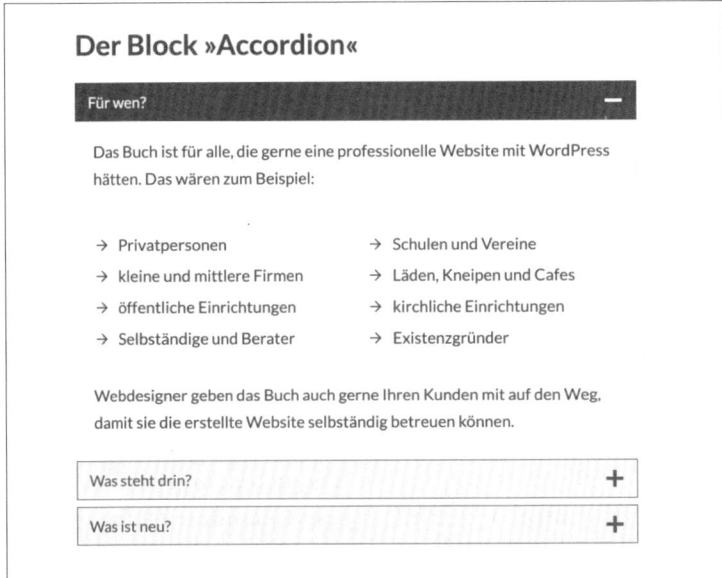

Abbildung 15.21 Der Block »Accordion« im Frontend

15.5.4   Mehrspaltige Layouts: der Block »Row Layout«

Der Block *Row Layout* ist ein sehr vielseitiges Layout-Werkzeug, dem man seine Möglichkeiten auf den ersten Blick nicht unbedingt ansieht. In diesem Abschnitt zeige ich Ihnen, wie Sie die drei Icon-Boxen aus Abbildung 15.22 erstellen.

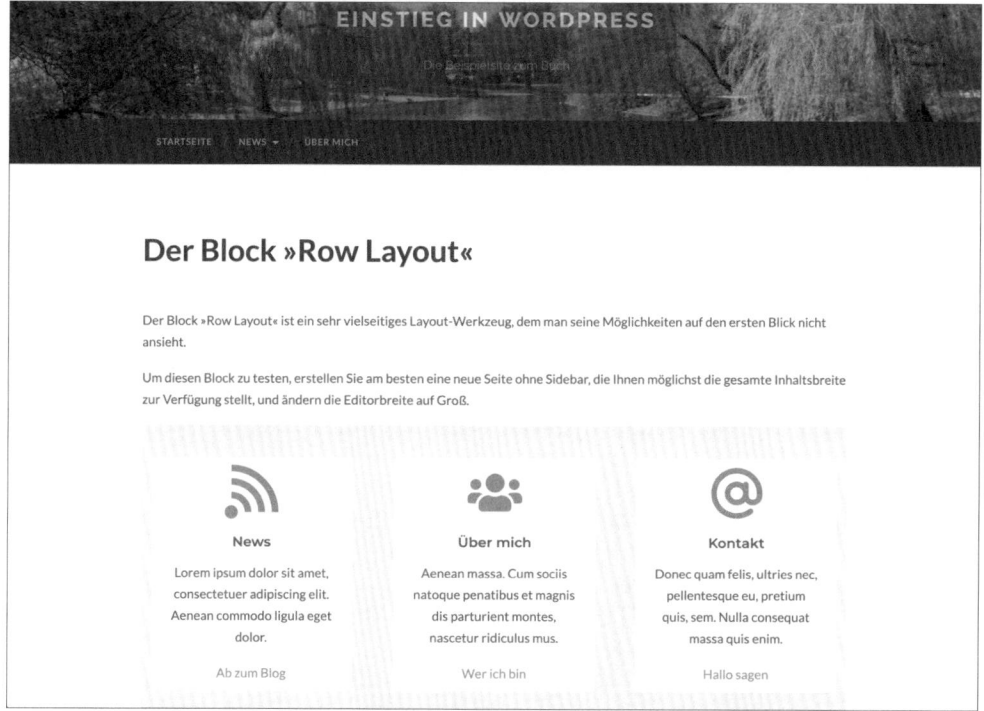

Abbildung 15.22 »Row Layout« in Aktion – drei Icon-Boxen nebeneinander

Erstellen Sie für die Übungen mit dem Block *Row Layout* eine neue Seite mit einer Vorlage ohne Sidebar, die Ihnen möglichst die gesamte Inhaltsbreite zur Verfügung stellt. Beim Theme *Hemingway* wäre das die Option *Seitentemplate Für Volle Seitenbreite*, die den Inhaltsbereich auf 1.040 Pixel verbreitert.

Anschließend verbreitern Sie im Block-Editor den Editorbereich mit einem Klick auf das Symbol EDITOR MAX WIDTH ❶ rechts oben in der Editorleiste, damit der Editorbereich genauso breit ist wie der Inhaltsbereich der Seite im Frontend. Wählen Sie dazu die Option GROSS ❷, die Sie in EINSTELLUNGEN • KADENCE BLOCKS festgelegt haben (❸, siehe Abbildung 15.23).

Abbildung 15.23 Der verbreiterte Block-Editor

Nach dem Einfügen bietet Ihnen der Block *Row Layout* fünfzehn unterschiedliche Spaltenaufteilungen an, mit denen Sie ein solides Fundament für die verschiedensten Layouts erhalten, aber in diesem Abschnitt klicken Sie auf die Schaltfläche PREBUILT LIBRARY. Dahinter verbergen sich über 20 vorgefertigte Layouts, und das Lernen mit fertigen Vorlagen ist ideal, um die Möglichkeiten dieses Blocks kennenzulernen (siehe Abbildung 15.24).

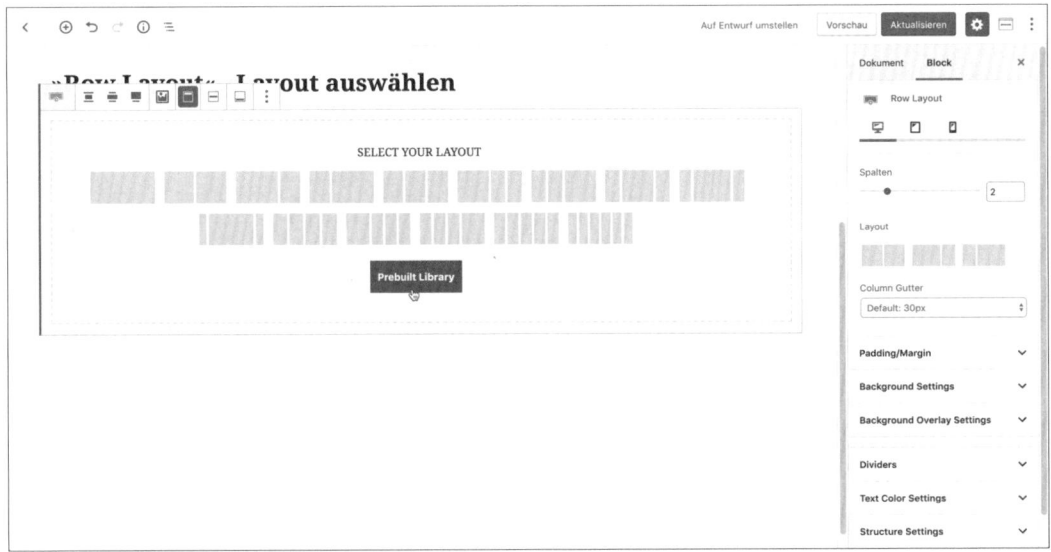

Abbildung 15.24 Der Block »Row Layout« – wählen Sie ein Layout.

Um das Beispiel mit den drei Icon-Boxen aus Abbildung 15.22 nachzubauen, wählen Sie aus der PREBUILT LIBRARY die Vorlage THREE ICONS. Nach dem Einfügen der Vorlage rufen Sie im Editor dann erst einmal die BLOCK-NAVIGATION auf, um sich einen Überblick über die Verschachtelung der Blöcke zu verschaffen (siehe Abbildung 15.25).

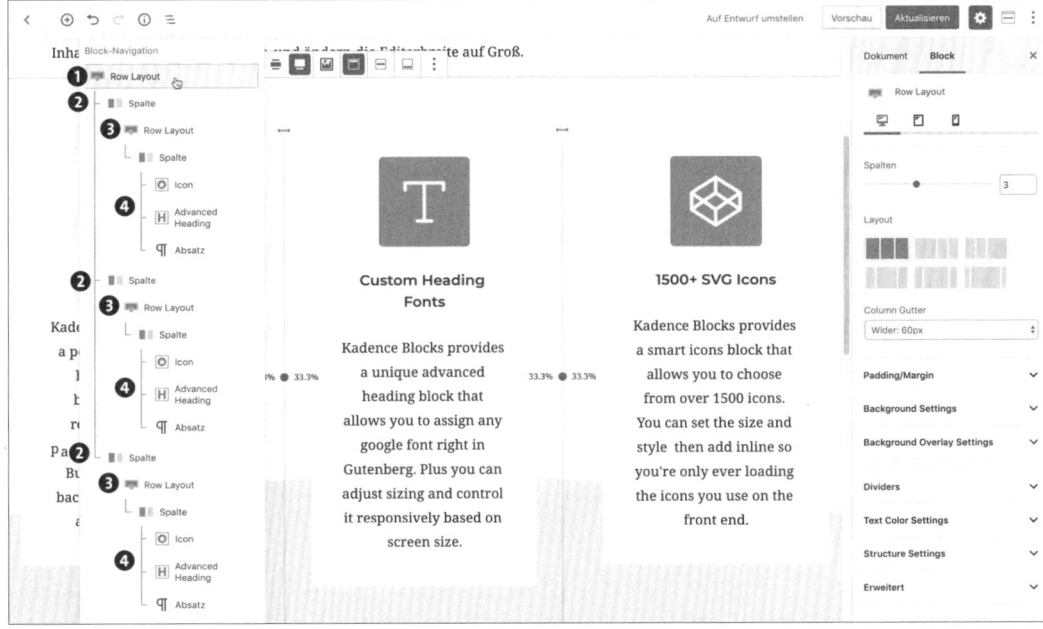

Abbildung 15.25 Die Vorlage »Three Icons« mit der Block-Navigation

Die Block-Navigation für den eingefügten Block wirkt auf den ersten Blick recht komplex, aber auf den zweiten ist der Aufbau gut verständlich (siehe Abbildung 15.25):

▶ Die oberste Ebene ist ein Block *Row Layout* ❶ mit drei Spalten ❷.
Dieser Block enthält alle anderen Blöcke der Vorlage *Three Icons*.

▶ In jeder der drei Spalten gibt es einen weiteren Block *Row Layout*,
der dann aber nur eine Spalte hat ❸.

▶ Diese Spalte enthält jeweils einen Block *Icon*, einen Block *Advanced Heading*
und einen Block *Absatz* ❹.

Die Vorlage *Three Icons* sieht zwar noch etwas anders aus als die drei Boxen aus Abbildung 15.22, aber Sie sind nur noch wenige Klicks vom Ziel entfernt:

▶ Markieren Sie zunächst mithilfe der Block-Navigation den alles umgebenden,
dreispaltigen Block *Row Layout*.

▶ Ändern Sie dessen Hintergrundfarbe in den BACKGROUND SETTINGS
zu einem hellen Grauton, z. B. #efefef.

Nach diesem Schritt ist der gesamte Block hellgrau hinterlegt. Weiter geht es mit der Gestaltung der Icons:

► Markieren Sie in der ersten Spalte den Block ICON.

► Im Bereich ICON-EINSTELLUNGEN können Sie ein anderes Icon wählen und das eingefügte Icon dann gestalten.

  – Um das ICON mit dem Punkt und den drei Wellenlinien zu finden, suchen Sie nach »RSS« (siehe Abbildung 15.22).

  – Ändern Sie ICON COLOR zu einer Farbe, die zu Ihrem Design passt, und den ICON STYLE von STACKED zu STANDARD.

► Passen Sie die beiden anderen Icons entsprechend an. Suchen Sie in den Icons dazu nach den Begriffen »Users« bzw. »At«.

► Beim At-Symbol @ können Sie die Liniendicke (LINE WIDTH) etwas erhöhen, falls Sie sie zu dünn finden.

Nach diesen Schritten müssen Sie nur noch die Überschriften und den Text ändern und in jeder Spalte ganz unten einen Absatz mit dem Link hinzufügen. Danach sieht die Vorlage *Three Icons* so aus wie die Icon-Boxen in Abbildung 15.22.

Probieren Sie ruhig ein paar andere Beispiele aus den PREBUILT TEMPLATES, und experimentieren Sie damit. Das Einfügen und Anpassen fertiger Vorlagen ist eine sehr gute Möglichkeit, das Gestalten mit Blöcken zu lernen.

15.5.5   Weitere Plugins rundum den Block-Editor (Gutenberg)

Hier noch ein paar weitere Plugins rund um den Block-Editor:

Ultimate Addons for Gutenberg von Brainstorm Force, dem Hersteller des Astra-Themes, ist die momentan meistinstallierte Sammlung von Blöcken für Gutenberg:

► *de.wordpress.org/plugins/ultimate-addons-for-gutenberg/*

► *ultimategutenberg.com* mit Demos für die Blöcke

Besonders populär sind unter anderem die Blöcke für *Post Layouts*, die für die dynamische Darstellung der Beiträge ein viel flexibleres Layout ermöglichen als das Widget *Neueste Beiträge* von WordPress, das Sie in Abschnitt 12.7, »Widgets als Block im Editor einfügen«, kennengelernt haben. Zur Auswahl stehen dabei unter anderem ein Rasterlayout (*Post Grid*, siehe Abbildung 15.26), ein Slider (*Post Carousel*) und ein Layout mit verschieden hohen Beitragsboxen (*Post Masonry*).

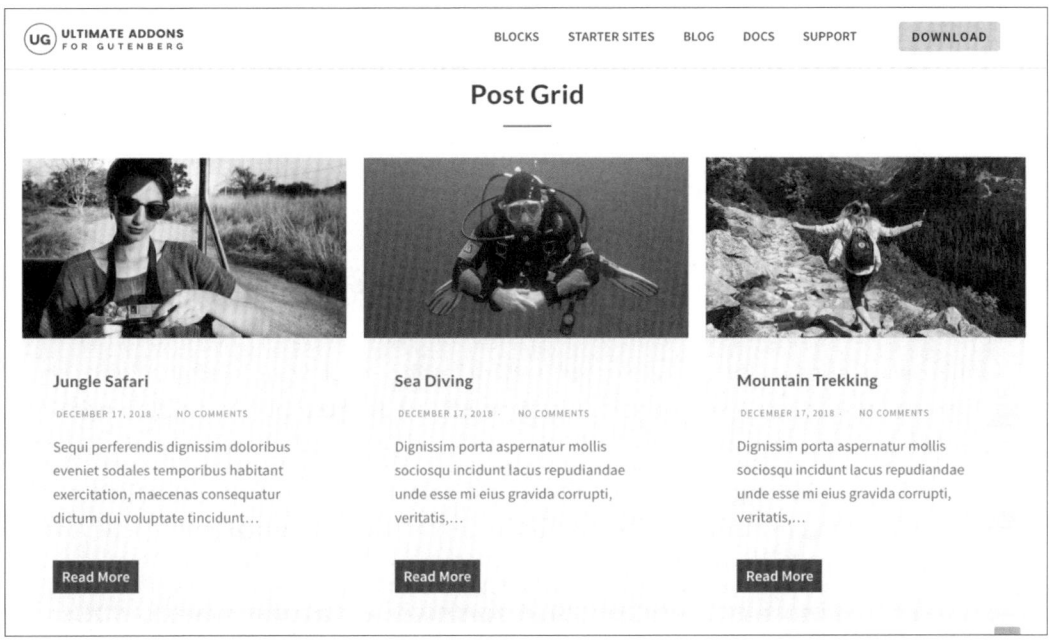

Abbildung 15.26 Ein Rasterlayout für Beiträge (mit Beitragsbildern)

Weitere beliebte Blocksammlungen sind z. B.:

▶ CoBlocks – Page Builder Gutenberg Blockside
  de.wordpress.org/plugins/coblocks/

▶ Stackable – Gutenberg Blocks
  de.wordpress.org/plugins/stackable-ultimate-gutenberg-blocks/

▶ Advanced Gutenberg
  de.wordpress.org/plugins/advanced-gutenberg/

Alle diese Plugins stellen eigene Blöcke zur Verfügung, die die in WordPress vorhandenen Blöcke ergänzen. Ein möglicher Nachteil ist dabei natürlich, dass die Blöcke nur funktionieren, solange das Plugin aktiv ist.

Einen anderen Weg geht das Plugin *Gutenberg Blocks Template*, das einfach die vorhandenen Standardblöcke von WordPress nimmt und zu gebrauchsfertigen Templates kombiniert. Das Pfiffige daran ist, dass diese Templates auch ohne das Plugin weiterhin funktionieren, da ja alle Blöcke im Core von WordPress vorhanden sind:

▶ Gutenberg Blocks Template – 50+ Free Gutenberg Designs
  de.wordpress.org/plugins/design/

Die Entwicklung von Block-Editor und Plugins hat aber gerade erst richtig begonnen, und es wird sich in den nächsten Monaten einiges ändern. Einen guten Überblick gibt die Gutenberg Times auf der folgenden Seite, die ständig aktualisiert wird:

▶ Gutenberg Times – Plugins für den neuen WordPress Editor
  gutenbergtimes.com/plugins-for-the-new-wordpress-block-editor/

15.6   Immer einen Schritt voraus: »Gutenberg« als Plugin

In Kapitel 5 bis Kapitel 9 haben Sie gesehen, wie man mit dem Block-Editor arbeitet, und dabei die wichtigsten Blöcke kennengelernt. Im Laufe der Zeit wird der Block-Editor aber weiter reifen und verbessert werden. Bestehende Blöcke bekommen mehr Optionen und werden dadurch vielseitiger einsetzbar, und völlig neue Blöcke werden hinzukommen.

Die Weiterentwicklung des Block-Editors und seiner Blöcke erfolgt öffentlich in einem Plugin namens »Gutenberg«, das im Plugin-Verzeichnis verfügbar ist (siehe Abbildung 15.27).

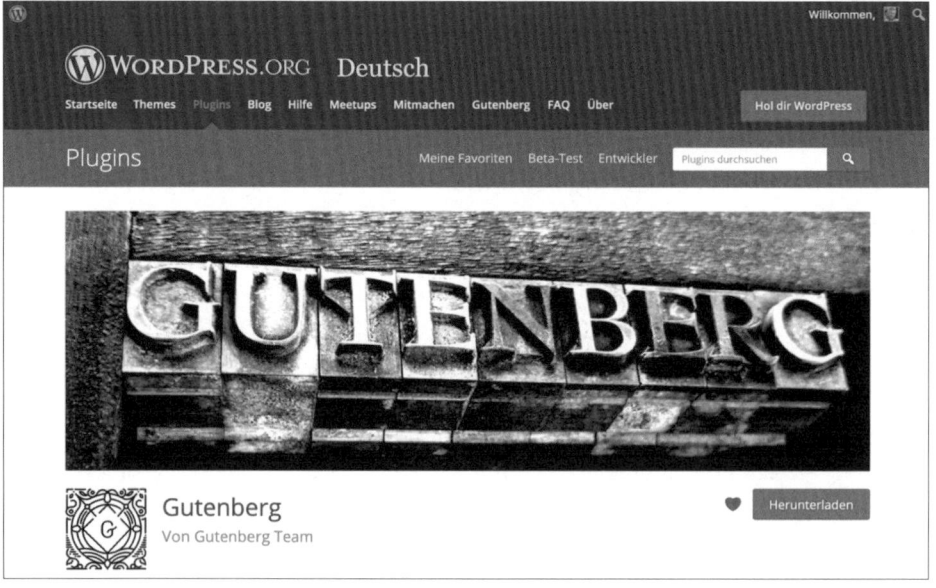

Abbildung 15.27 »Gutenberg« – das Entwicklungs-Plugin für den Block-Editor

Wenn das Team ein neues Feature fertig programmiert hat, wird es ausführlich getestet und dann in das Gutenberg-Plugin integriert. Bei jeder neuen WordPress-Version wird dann ein Teil dieser Neuerungen übernommen und in den Kern von WordPress integriert.

Anders ausgedrückt: Das Plugin Gutenberg zeigt den Block-Editor, wie er demnächst in WordPress aussehen wird. Durch die Installation des Plugins sind Sie in gewisser Weise immer einen Schritt weiter als WordPress selbst.

Nach Installation und Aktivierung gibt es in der Menüleiste zwar relativ weit unten einen neuen Menüpunkt namens GUTENBERG mit Links zu einer DEMO, die den neuen Editor erklärt, und zu einer (englischen) Dokumentation, aber die wirklich wichtigen Änderungen finden Sie im Block-Editor selbst, denn durch das Plugin Gutenberg wird der Block-Editor um neue Features erweitert, die sich nahtlos einfügen. Damit sind Sie der aktuellen WordPress-Version im wahrsten Sinne des Wortes immer einen Schritt voraus.

15.7   Auf einen Blick

Die wichtigsten Themen noch einmal im Überblick:

▸ Plugins sind kleine Programme, die WordPress funktional erweitern.

▸ Plugins sollten, genau wie Themes, nur von einer vertrauenswürdigen Quelle installiert werden.

▸ Die offizielle Quelle ist das Plugin-Verzeichnis auf WordPress.org: *de.wordpress.org/plugins/*

▸ Auf der Detailseite eines Plugins kann man unter anderem sehen, ob es noch aktiv entwickelt wird und wie viele aktive Installationen es gibt.

▸ Im Backend werden Plugins im Menü PLUGINS verwaltet.

▸ Genau wie Themes können Plugins aus dem Backend heraus installiert werden und müssen nach der Installation aktiviert werden.

▸ *Coming Soon Page & Maintenance Mode* ermöglicht die Erstellung einer Hinweisseite für Besucher vor der Veröffentlichung der Website.

▸ Die *Simple Lightbox* ermöglicht es, ein Bild nach dem Anklicken in einem sogenannten Overlay-Fenster darzustellen.

▸ Das Plugin *Kadence Blocks* stellte jede Menge nützlicher Blöcke zum Erstellen von Layouts im Block-Editor zur Verfügung.

▸ Mit dem Plugin *Gutenberg* ist der Block-Editor immer einen Schritt vor der aktuellen WordPress-Version.

15

Kapitel 16
Kontaktformular, Beiträge teilen, Spamschutz und Besucherstatistik

Worin Sie ein Kontaktformular erstellen und andere nützliche Plugins rund um die Interaktion mit Ihren Besuchern kennenlernen.

Die Themen im Überblick:

▶ Eine Kontaktseite mit Kontaktformular: »WP Forms«, Seite 422

▶ Weitersagen: Beiträge teilen mit »Shariff Wrapper«, Seite 436

▶ Müllvermeidung: »Antispam Bee« gegen Kommentarspam, Seite 441

▶ Statistiken mit »Statify«, Seite 444

▶ Auf einen Blick, Seite 446

In diesem Kapitel geht es um die Interaktion mit Ihren Besuchern, insbesondere um ein Kontaktformular mit *WPForms* und das Weitersagen von Beiträgen mit *Shariff Wrapper*. Außerdem im Programm sind Plugins zur Vermeidung von Kommentarspam wie *Antispam Bee* und zur Erstellung einer Besucherstatistik mit *Statify*.

16.1   Eine Kontaktseite mit Kontaktformular: »WP Forms«

In diesem Abschnitt erstellen Sie die Seite *Kontakt*, auf der Sie mit dem Plugin *WP Forms* ein Kontaktformular für Ihre Besucher erstellen. Die mit dem Formular abgeschickten Nachrichten empfangen Sie per E-Mail.

16.1.1   Kontakt: Eine neue Seite erstellen und dem Hauptmenü hinzufügen

In diesem ToDo erstellen Sie eine Kontaktseite und fügen sie dem Hauptmenü hinzu.

ToDo: Eine neue Kontaktseite erstellen und im Hauptmenü einbinden

1. Öffnen Sie das Menü Seiten • Erstellen.

2. Geben Sie einen Titel für die neue Seite ein, z. B. »Kontakt«.

3. Fügen Sie einen kurzen einleitenden Absatz ein.

4. Öffnen Sie in der Seitenleiste im Register Dokument den Bereich Seiten-Attribute, und fügen Sie in das Feld Reihenfolge einen Wert wie z. B. »50« ein, sodass die Kontaktseite in der Übersicht im Menü Seiten nach der Seite *Über mich* erscheint.

5. Veröffentlichen Sie die Seite, und prüfen Sie sie in der Vorschau.

6. Wechseln Sie in das Menü Design • Customizer.

7. Klicken Sie auf Menüs, und öffnen Sie das Hauptmenü zur Bearbeitung.

8. Fügen Sie die Seite *Kontakt* als letzten Menüpunkt dem Menü hinzu.

9. Speichern Sie die Änderungen mit Veröffentlichen.

Nach diesem ToDo gibt es einen neuen Menüpunkt und eine neue Seite, der Sie im nächsten Abschnitt ein Kontaktformular hinzufügen (siehe Abbildung 16.1).

Abbildung 16.1 Die Kontaktseite ist im Menü, aber noch ohne Formular.

16.1.2   Schritt 1: »WP Forms lite« aktivieren und konfigurieren

Erstellung und Betrieb eines Kontaktformulars gehört nicht zum Kern von WordPress, sodass Sie dafür ein Plugin benötigen. Auswahl gibt es wie so oft mehr als genug, aber ich möchte Ihnen in diesem Abschnitt die kostenlose Version von WP-Forms vorstellen, mit der die Erstellung eines Formulars fast zur Freude wird:

▶ *de.wordpress.org/plugins/wpforms-lite/*

Abbildung 16.2 Das Plugin »WPForms lite«

Nach der Installation und Aktivierung gibt es im Backend in der Menüleiste ein neues Menü namens WPFORMS mit diversen Unterpunkten. Bevor Sie mit der Erstellung des Formulars beginnen, aktivieren Sie im folgenden ToDo die DSGVO-Verbesserungen für das Plugin.

ToDo: Das Plugin »WPForms lite« installieren und konfigurieren

1. Rufen Sie im Backend das Menü PLUGINS INSTALLIEREN auf.
2. Suchen Sie im Plugin-Verzeichnis nach »WPForms«.
3. Installieren und aktivieren Sie das in Abbildung 16.2 gezeigte Plugin.
4. Wechseln Sie in das Menü WPFORMS • EINSTELLUNGEN.
5. Aktivieren Sie im Bereich DSGVO das Kontrollkästchen für DSGVO-VERBESSERUNGEN (siehe Abbildung 16.3).
6. Klicken Sie auf die Schaltfläche EINSTELLUNGEN SPEICHERN.

Nach diesem ToDo sieht der Bereich DSGVO auf der Seite WPFORMS • EINSTELLUNGEN so aus wie in Abbildung 16.3.

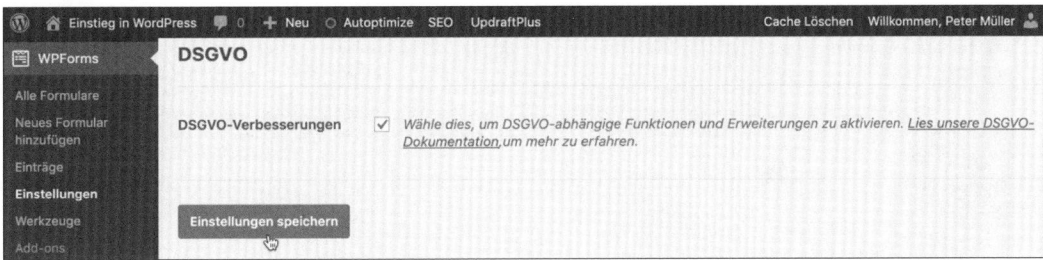

Abbildung 16.3 Die DSGVO-Verbesserungen in WPForms aktivieren

16.1.3 Schritt 2: Ein neues Kontaktformular erstellen

Nach diesen Vorbereitungen erstellen Sie ein neues Kontaktformular, zu dem Sie dann im nächsten Schritt Formularfelder hinzufügen.

Los geht es aber im folgenden ToDo mit der Erstellung des Formulars.

ToDo: Ein neues Formular erstellen mit »WPForms lite«

1. Öffnen Sie im Backend das Menü WPFORMS.

2. Klicken Sie auf den Befehl NEUES FORMULAR HINZUFÜGEN, der links als Menü oder im Inhaltsbereich der Seite als Schaltfläche zur Verfügung steht. Daraufhin erscheint eine bildschirmfüllende Seite (siehe Abbildung 16.4):

   ▶ Links oben begrüßt Sie der WPForms-Bär zur Einrichtung des Formulars.

   ▶ Darunter gibt es eine senkrechte Menüleiste, auf der der Punkt EINRICHTUNG aktiviert ist.

3. Geben Sie im Inhaltsbereich der Seite in das Feld FORMULARNAME einen Namen für das Formular ein, z. B. »Kontaktformular« ❶.

4. Um die bereits vorhandene Vorlage (TEMPLATE) auszuwählen, bewegen Sie den Mauszeiger auf den Bereich EINFACHES KONTAKTFORMULAR ❷.

5. Klicken Sie auf die daraufhin erscheinende Schaltfläche EIN EINFACHES KONTAKTFORMULAR ERSTELLEN. Die eigenwillige Rechtschreibung ist eine der wenigen Unvollkommenheiten von WPForms lite.

6. Klicken Sie auf der daraufhin erscheinenden Seite oben rechts auf die Schaltfläche SPEICHERN, um die Änderungen zwischendurch zu speichern.

Abbildung 16.4 zeigt die Seite zur Erstellung des Formulars. Weiter geht es im nächsten Schritt mit dem Hinzufügen der Formularfelder.

16

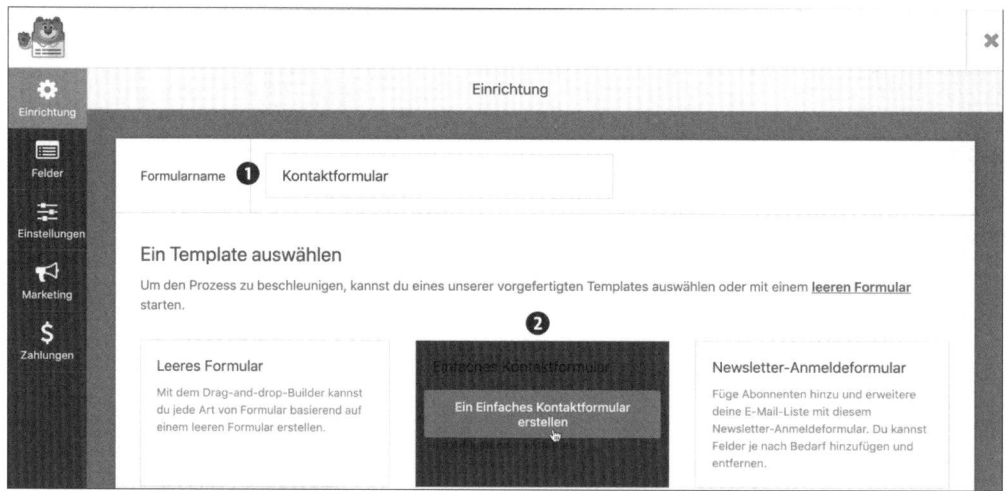

Abbildung 16.4 Ein einfaches Kontaktformular erstellen

16.1.4   Schritt 3: Felder zum Kontaktformular hinzufügen

Die Seite zum Hinzufügen und Bearbeiten der FELDER besteht aus drei Bereichen (siehe Abbildung 16.5).

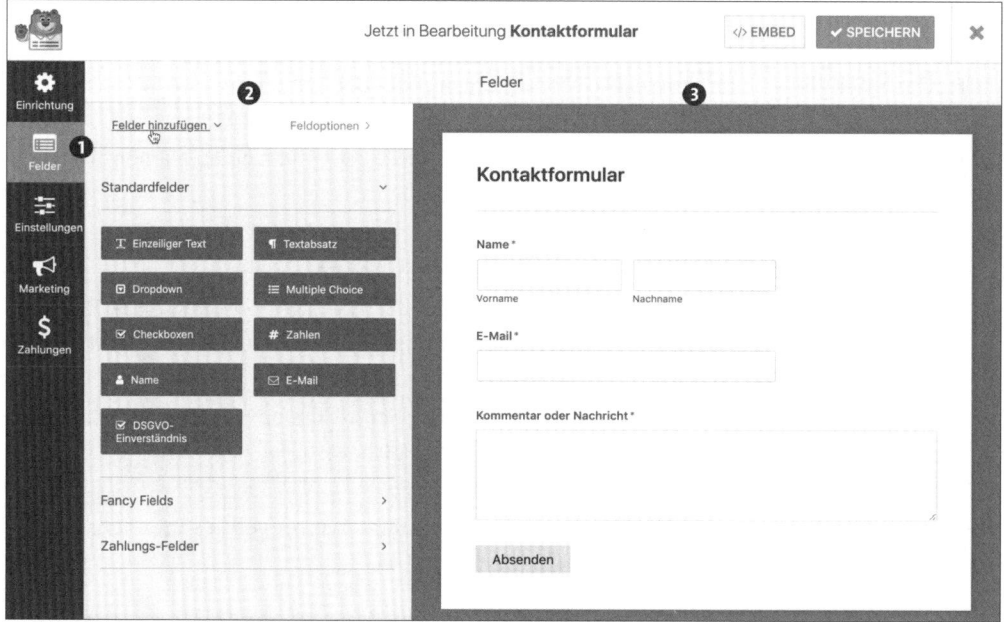

Abbildung 16.5 Kontaktformular erstellen – Felder hinzufügen

▶ Links in der Menüleiste ist der Punkt FELDER ❶ hervorgehoben.

▶ In der Mitte sehen Sie den hellblauen Bereich ❷ mit den beiden Registern FELDER HINZUFÜGEN und FELDOPTIONEN.

▶ Ganz rechts erscheint eine Vorschau, in der Sie die Vorlage für das einfache Kontaktformular sehen ❸.

Die Vorlage enthält bereits die Eingabefelder VORNAME, NACHNAME, E-MAIL und KOMMENTAR ODER NACHRICHT sowie eine Schaltfläche zum ABSENDEN.

Um Optionen wie die Beschriftung anzupassen, klicken Sie in der Vorschau einfach auf das gewünschte Feld. Links daneben wird dann für dieses Feld das Register FELDOPTIONEN aktiviert.

Im folgenden ToDo müssen Sie nur noch das Feld DSGVO-EINVERSTÄNDNIS hinzufügen und eventuell den Text etwas anpassen.

ToDo: Das Kontrollkästchen »DSGVO-Einverständnis« hinzufügen

1. Prüfen Sie, ob auf der Seite FELDER das Register FELDER HINZUFÜGEN aktiviert ist (siehe Abbildung 16.5).

2. Klicken Sie auf den Button für das Feld DSGVO-EINVERSTÄNDNIS, das daraufhin automatisch unter dem Eingabefeld KOMMENTAR ODER NACHRICHT erscheint.

3. Klicken Sie, wie in Abbildung 16.6 gezeigt, zur Bearbeitung des Textes in der Vorschau auf das Feld DSGVO-EINVERSTÄNDNIS ❹. Daraufhin wird in der Mitte das Register FELDOPTIONEN aktiviert, in dem die Optionen für das Feld bearbeitet werden können.

4. Passen Sie falls gewünscht das LABEL ❺ für das Formularfeld oder den Text für die ZUSTIMMUNG ❻ an.

5. Bearbeiten Sie gegebenenfalls die Optionen für die anderen Formularfelder wie z. B. die Beschriftung für das Textfeld.

6. Klicken Sie oben rechts auf die Schaltfläche SPEICHERN.

Nach diesem ToDo sieht das Formular in etwas so aus wie in Abbildung 16.6. Das Formular enthält nach diesem Schritt alle gewünschten Felder, und weiter geht es mit dem Überprüfen und Anpassen der Einstellungen für das Formular.

16

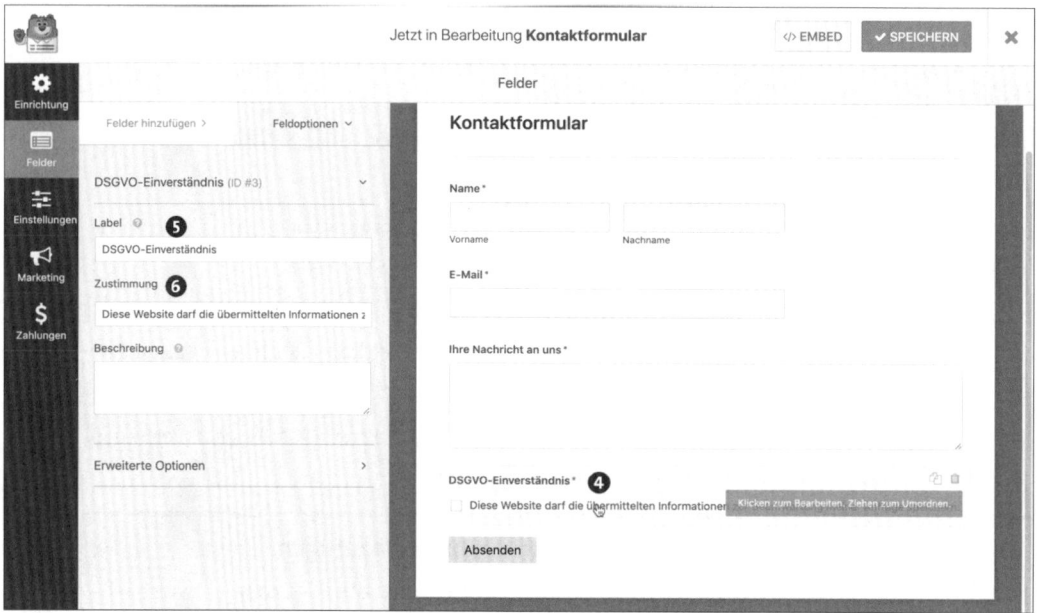

Abbildung 16.6 Das Kontaktformular mit »DSGVO-Einverständnis«

16.1.5   Schritt 4: Allgemeine Einstellungen und Spamschutz

Die Bearbeitung der Einstellungen für das Formular ist auf die drei Register ALLGEMEIN, BENACHRICHTIGUNGEN und BESTÄTIGUNG verteilt.

In diesem Schritt geht es im Bereich ALLGEMEIN um den Formularnamen, eine eventuelle Formularbeschreibung, die Beschriftung für den Absenden-Button und einen Spamschutz in Form eines *Anti-Spam-Honeypot*, der standardmäßig aktiviert ist (siehe Abbildung 16.7).

Der Anti-Spam-Honeypot stellt bildlich gesprochen einen Topf mit Honig bereit, mit dem Spamversender gefangen werden, und das funktioniert so:

▶ WPForms erstellt im Quelltext ein verstecktes, für Ihre Besucher nicht sichtbares Formularfeld. Das ist der Honigtopf.

▶ Da Ihre Besucher dieses Honigtopf-Feld nicht sehen, können sie es auch nicht ausfüllen.

▶ Spambots hingegen kennen nur den Quelltext, füllen alle Felder aus und tapsen wie ein Bär auf der Suche nach Süßem natürlich auch in den Honigtopf.

▶ WPForms prüft vor dem Versenden, ob das versteckte Feld ausgefüllt wurde. Sollte das der Fall sein, wird das Formular nicht abgeschickt.

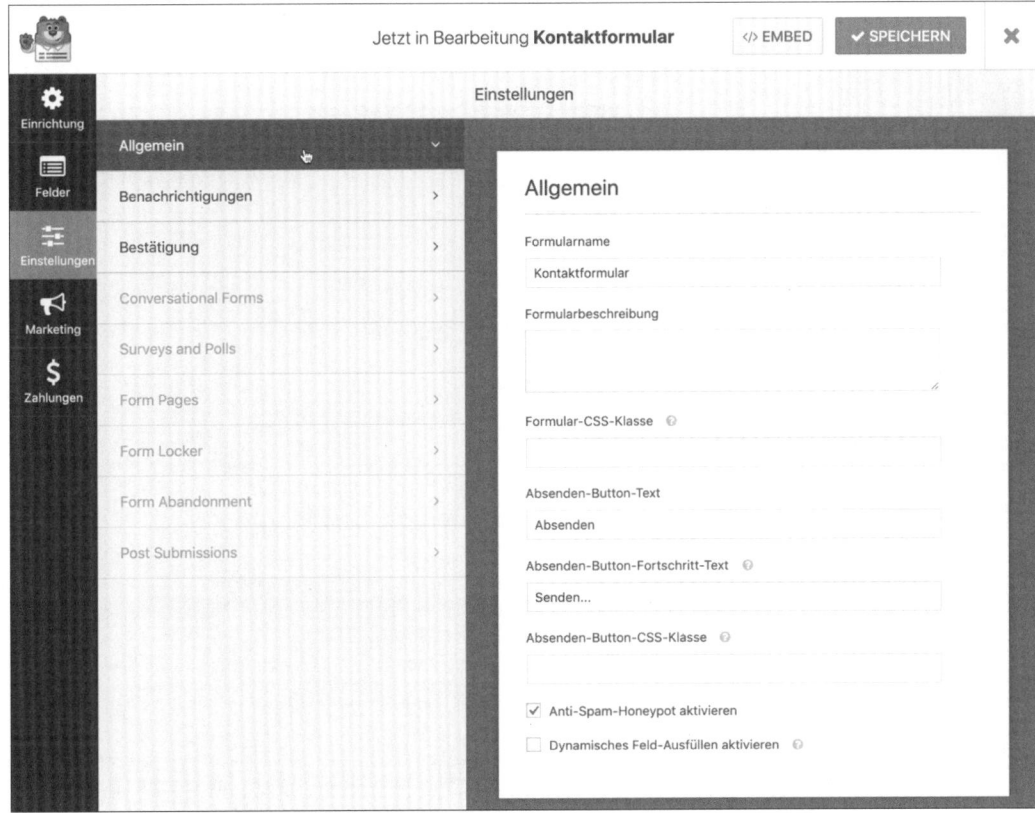

Abbildung 16.7 Die allgemeinen Einstellungen für das Formular

Simpel, aber effektiv.

Wenn Sie die Beschriftungen für Formular und Absende-Button nicht ändern möchten und der Honeypot aktiviert ist, gibt es auf dieser Seite nichts zu tun. Weiter geht es mit den Einstellungen zur Benachrichtigung.

16.1.6   Schritt 5: Einstellungen für die E-Mail zur »Benachrichtigung«

Die von Ihren Besuchern eingegebenen Formulardaten werden von WPForms per E-Mail verschickt, und auf dieser Seite können Sie die Einstellungen für diese E-Mail-Benachrichtigung festlegen.

Abbildung 16.8 zeigt die Einstellungen für die Benachrichtigung, und alle Felder sind bereits vorausgefüllt.

16

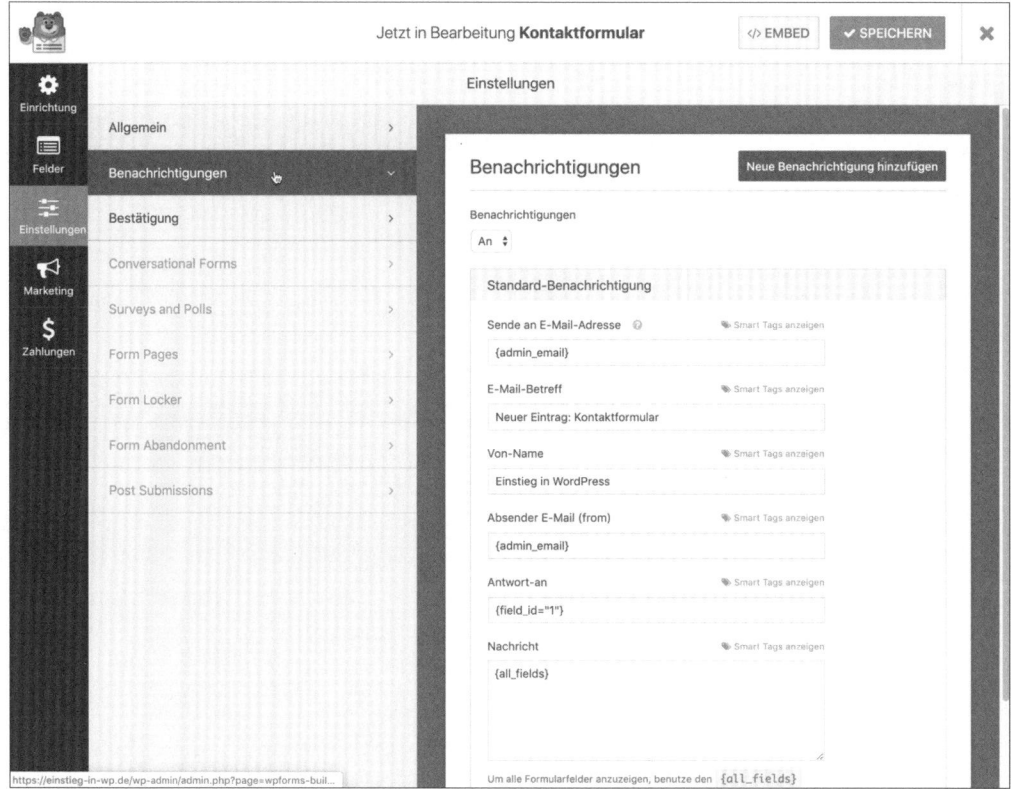

Abbildung 16.8 Die Einstellungen für die Benachrichtigung per E-Mail

Die in geschweiften Klammern stehenden *Smart Tags* sind Variablen, die für bestimmte Daten stehen:

▶ `{admin_email}` verschickt die Mail an die in WordPress hinterlegte E-Mail-Adresse des Administrators.

▶ `{field_id="1"}` im Feld ANTWORT-AN trägt die vom Besucher in das Feld E-MAIL eingegebene Adresse ein, sodass Ihr E-Mail-Programm die Antwortmail automatisch an die richtige Adresse schickt.

▶ `{all_fields}` im Feld NACHRICHT holt die in allen Feldern eingegebenen Daten und erstellt damit die zu versendende E-Mail.

In der Pro-Version von WPForms können Sie mehrere Benachrichtigungen erstellen und die Formulardaten auch an Ihre Besucher schicken.

Falls Sie die Einstellungen für die E-Mail zur Benachrichtigung nicht ändern möchten, gibt es auf dieser Seite nichts zu tun, und es geht weiter mit dem nächsten Schritt.

16.1.7   Schritt 6: »Bestätigung« für Ihre Besucher nach dem Abschicken

Das Formular enthält alle gewünschten Felder, und WPForms weiß, an wen es die E-Mail mit den Formulardaten verschicken soll.

In diesem Schritt wird eine BESTÄTIGUNG erstellt, also eine NACHRICHT für Ihre Besucher, die diese nach dem Abschicken des Formulars auf der Webseite sehen (siehe Abbildung 16.9).

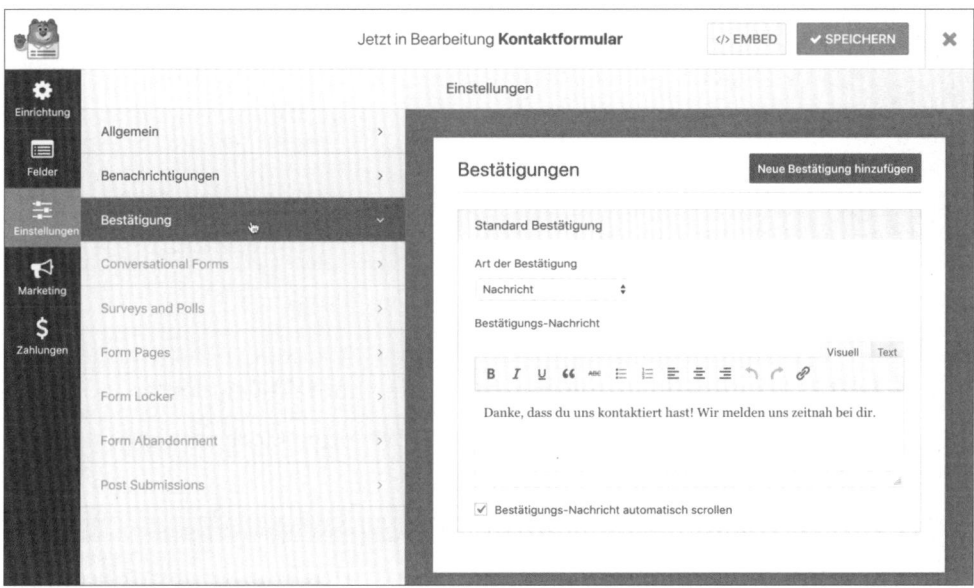

Abbildung 16.9 Die Bestätigung für Ihre Besucher nach dem Abschicken

Die Option BESTÄTIGUNGS-NACHRICHT AUTOMATISCH SCROLLEN sorgt dafür, dass die Seite bis zur Nachricht gescrollt wird, um so die Aufmerksamkeit des Besuchers auf die Nachricht zu lenken.

Im folgenden ToDo passen Sie falls gewünscht die Nachricht an, speichern das Formular und beenden dann die Bearbeitung.

ToDo: Nachricht zur Bestätigung anpassen und das Formular beenden

1. Aktivieren Sie falls nötig auf der Seite EINSTELLUNGEN den Abschnitt BESTÄTIGUNG (siehe Abbildung 16.9).
2. Ändern Sie falls gewünscht den Text im Feld BESTÄTIGUNGS-NACHRICHT.
3. Klicken Sie oben rechts auf die Schaltfläche SPEICHERN.
4. Beenden Sie die Bearbeitung des Formulars mit einem Klick auf × rechts oben neben der Schaltfläche zum Speichern.

Nach diesem ToDo gibt es im Menü WPFORMS • ALLE FORMULARE in der FORMULAR-ÜBERSICHT ein KONTAKTFORMULAR (siehe Abbildung 16.10).

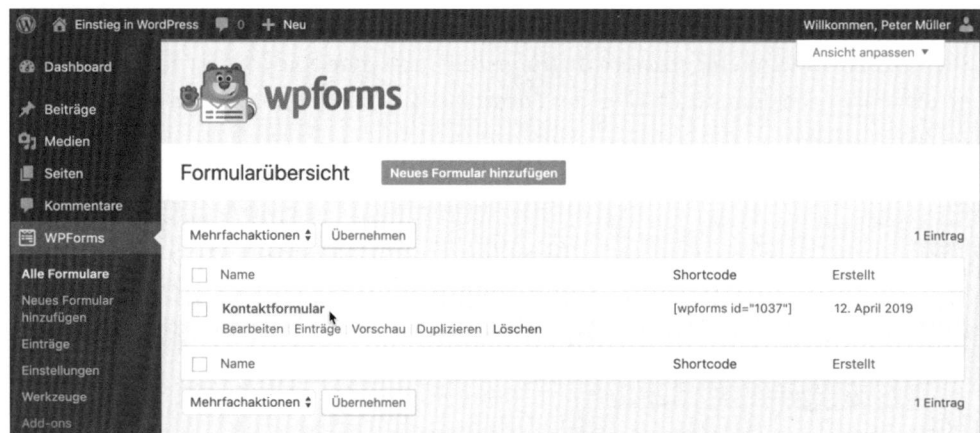

Abbildung 16.10 Das fertige Kontaktformular in der Formularübersicht

16.1.8   Schritt 7: Das Kontaktformular auf der Seite »Kontakt« einbinden

In diesem Schritt bauen Sie das Kontaktformular als WPForms-Block auf der Seite *Kontakt* ein (siehe Abbildung 16.11).

Abbildung 16.11 Ein WPForms-Block auf der Seite »Kontakt«

Im folgenden ToDo binden Sie das Kontaktformular auf der Seite *Kontakt* ein.

ToDo: Das Kontaktformular als Block auf der Seite »Kontakt« einbinden

1. Öffnen Sie die Seite *Kontakt* zur Bearbeitung im Block-Editor.

2. Fügen Sie unterhalb des Absatzblocks einen neuen Block ein.

3. Geben Sie im leeren Block »/wpforms« ein, um die Blockauswahl aufzurufen.

4. Bestätigen Sie die Auswahl des Blocks WPForms mit $\boxed{\leftarrow}$.

5. Wählen Sie im WPForms-Block wie in Abbildung 16.11 gezeigt das Kontaktformu-lar. Daraufhin wird der Block durch das ausgewählte Formular ersetzt (siehe Abbildung 16.12).

6. Prüfen Sie die Einstellungen im Register Block in der Seitenleiste.

7. Speichern Sie die Änderungen mit einem Klick auf Aktualisieren.

Nach diesem ToDo sehen Sie das weiter oben erstellte Kontaktformular im Block-Editor (siehe Abbildung 16.12).

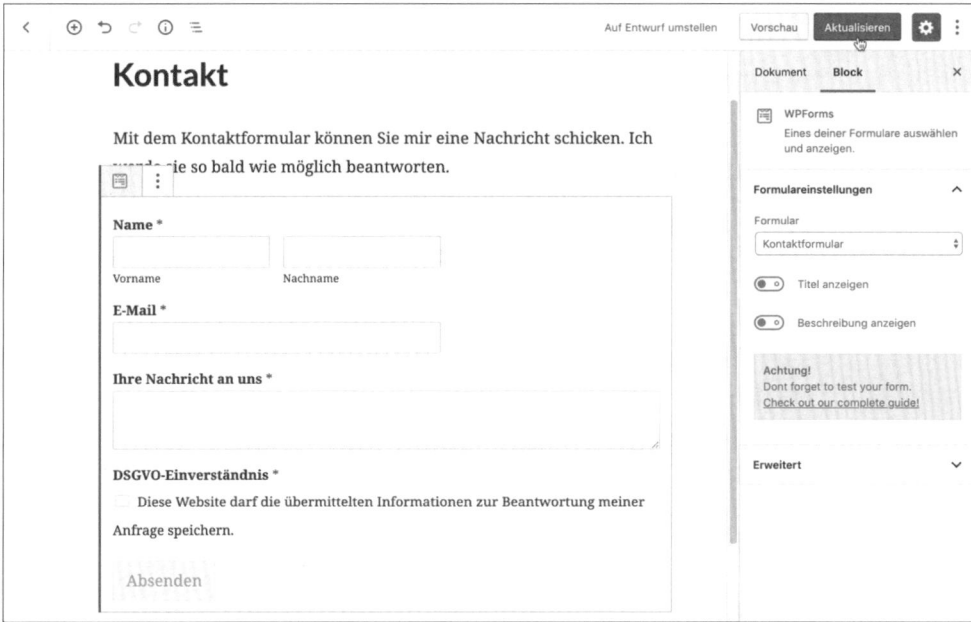

Abbildung 16.12 Das Kontaktformular im Block-Editor

Das Kontaktformular ist fertig, und jetzt sollten Sie nur noch der hellblau hinterlegten Aufforderung im Register Block folgen:

Achtung! Don't forget to test your form.

Und genau das erledigen Sie im nächsten und letzten Schritt.

Ein Formular per »Shortcode« einfügen

Sie können ein Formular von WPForms nicht nur mit einem Block, sondern auch mit einem *Shortcode* wie [wpforms id="1037"] einfügen. Ein solcher Shortcode ist ein Word-Press-spezifisches Kürzel, das in eckigen Klammern steht und vor der Auslieferung der Webseite an die Browser in reguläres HTML umgewandelt wird.

Shortcodes waren in WordPress früher eine sehr beliebte Möglichkeit, komplexe Strukturen im Editor einzubinden, werden aber mehr und mehr durch Blöcke ersetzt. Kurzum: Falls Sie einen Shortcode einfügen möchten oder müssen, können Sie das tun, und es gibt dafür sogar einen speziellen Block mit dem passenden Namen *Shortcode*.

16.1.9   Schritt 8: Das Kontaktformular im Frontend aufrufen und testen

Das Formular ist fertig und im Frontend verfügbar, sollte aber auf jeden Fall ausführlich getestet werden (siehe Abbildung 16.13).

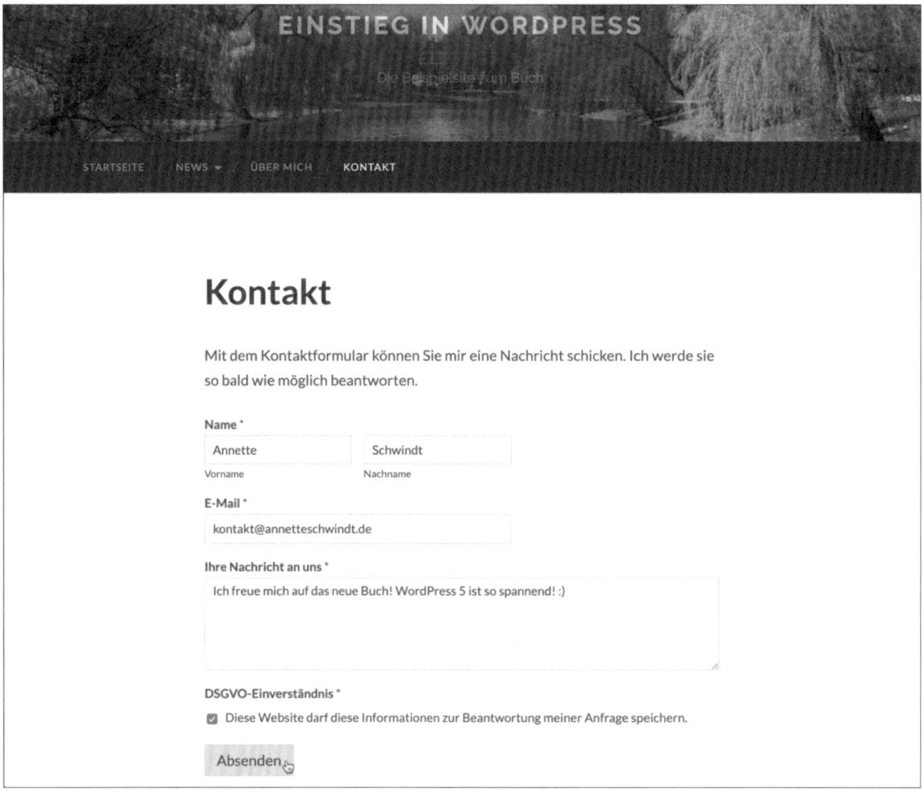

Abbildung 16.13 Das fertige Formular im Frontend

Im folgenden ToDo testen Sie das Kontaktformular.

ToDo: Das Kontaktformular im Frontend testen

1. Öffnen Sie die Seite *Kontakt* im Frontend.
2. Füllen Sie die Eingabefelder im Kontaktformular aus.
3. Lassen Sie dabei ruhig einmal ein Feld leer, um zu testen, ob die integrierte Formularüberprüfung funktioniert.
4. Klicken Sie auf die Schaltfläche ABSENDEN.
5. Wenn das Formular nicht korrekt ausgefüllt wurde, sollten entsprechende Meldungen erscheinen.
6. Korrigieren Sie die (absichtlich eingegebenen) Fehler.
7. Klicken Sie erneut auf ABSENDEN.

Nach dem Abschicken des Formulars erscheint auf der Seite eine Nachricht, die automatisch an das obere Ende des Browserfensters gescrollt wird (siehe Abbildung 16.14).

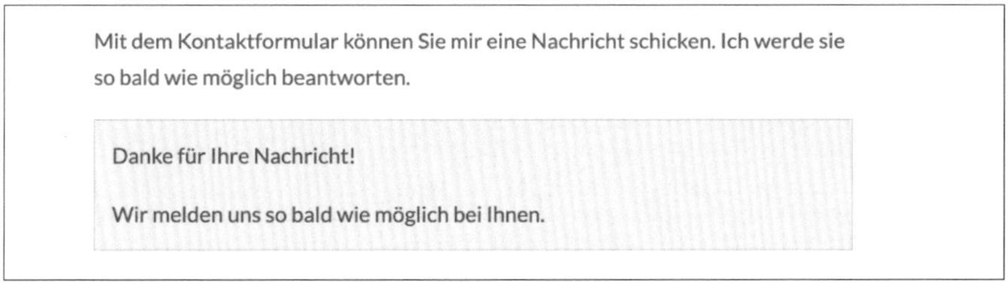

Mit dem Kontaktformular können Sie mir eine Nachricht schicken. Ich werde sie so bald wie möglich beantworten.

Danke für Ihre Nachricht!

Wir melden uns so bald wie möglich bei Ihnen.

Abbildung 16.14 Die Nachricht für Ihre Besucher

WPForms hat im Hintergrund eine E-Mail mit den Formulardaten verschickt, die bald im Posteingang des WordPress-Admins landen sollte (siehe Abbildung 16.15).

Falls die E-Mail nicht im Posteingang landet, prüfen Sie auch Ihren Spam-Ordner. Sollten die vom Formular verschickten Mails im Spam-Ordner landen, lesen Sie den folgenden Hinweiskasten zu *WP Mail SMTP*.

»WP Mail SMTP« hilft bei Problemen mit dem Versenden der E-Mails

Falls die Mails von Ihrem Formular nicht versendet werden oder permanent in Ihrem Spam-Ordner landen, hilft vielleicht das folgende Plugin:

▶ *WP Mail SMTP*
  de.wordpress.org/plugins/wp-mail-smtp/

Das Plugin ist vom Team, das auch WPForms programmiert hat, und hilft bereits über 1 Million Anwendern.

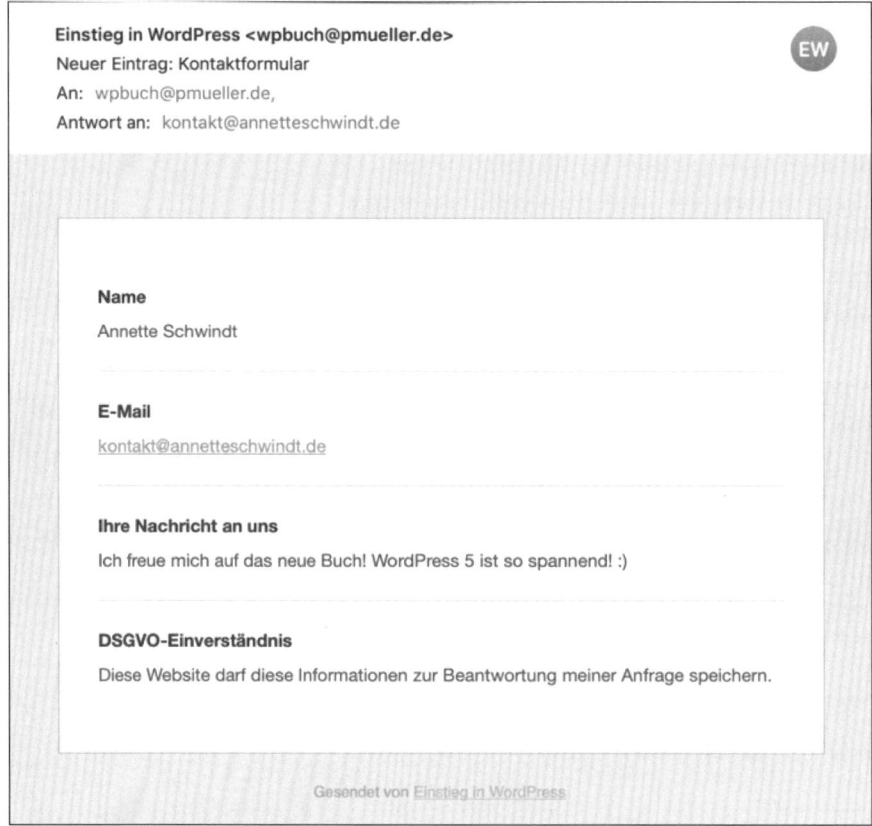

Abbildung 16.15 Die empfangene E-Mail mit den Formulardaten

16.2   Weitersagen: Beiträge teilen mit »Shariff Wrapper«

Mit dem Plugin *Shariff Wrapper* machen Sie es Ihren Besuchern möglich, Beiträge und Seiten mit einem Mausklick auf sozialen Netzwerken wie Facebook, Twitter und Co zu teilen:

▶ *de.wordpress.org/plugins/shariff/*

Das Plugin Shariff Wrapper bindet die Teilen-Buttons dabei so ein, dass sie dem europäischen Datenschutzrecht entsprechen, das in der DSGVO geregelt wird, die auf Englisch *GDPR* heißt (*General Data Protection Regulation*):

▶ *Shariff* setzt sich aus den Wörtern *Sharing* und *Sheriff* zusammen
und wird wie das englische Wort *Sheriff* gesprochen.

▶ *Wrapper* bedeutet, dass das ursprünglich von der Computerzeitschrift c't entwickelte Shariff-Konzept bildlich gesprochen mit einer Hülle versehen wurde, sodass es auch in WordPress funktioniert.

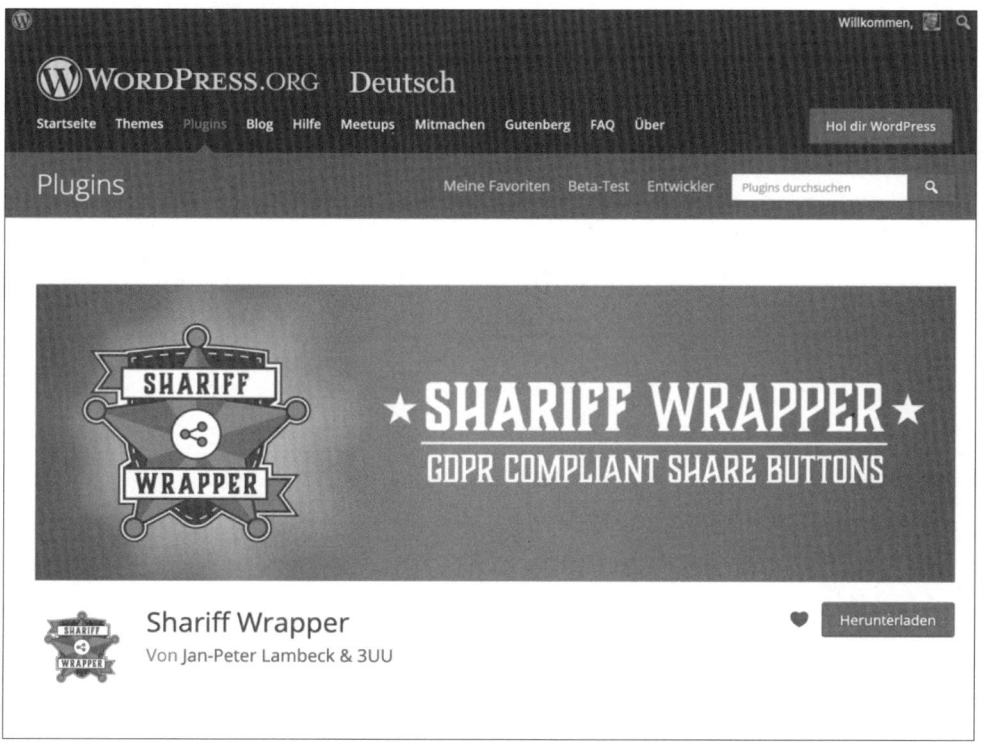

Abbildung 16.16 Das Plugin »Shariff Wrapper« für Share-Buttons

So weit zur Bedeutung des Namens, los geht's mit der Konfiguration.

»Shariff Wrapper« und die Datenschutzerklärung

Das Plugin entspricht wie gesagt dem europäischen Datenschutzrecht. Nach der Aktivierung erscheint im Menü EINSTELLUNGEN • DATENSCHUTZ ein roter Update-Hinweis und auf der Seite selbst die Meldung, dass der Textvorschlag für die Datenschutzerklärung sich geändert hat.

Der Link LIES DEN LEITFADEN führt Sie zu einem Textvorschlag für die Datenschutzerklärung. Dort sehen Sie den Grund für den Update-Hinweis: Das Social-Media-Plugin Shariff Wrapper hat einen Abschnitt zur Datenschutzerklärung hinzugefügt. Nach der Lektüre des Textes verschwindet der Update-Hinweis.

Mehr zur Erstellung einer Datenschutzerklärung erfahren Sie in Abschnitt 19.2.

16.2.1 Schritt 1: Die Basiseinstellungen für »Shariff Wrapper«

Nach Installation und Aktivierung von Shariff Wrapper gibt es im Menü EINSTELLUN-GEN einen neuen Unterpunkt SHARIFF, in dem das Plugin konfiguriert werden kann (siehe Abbildung 16.17).

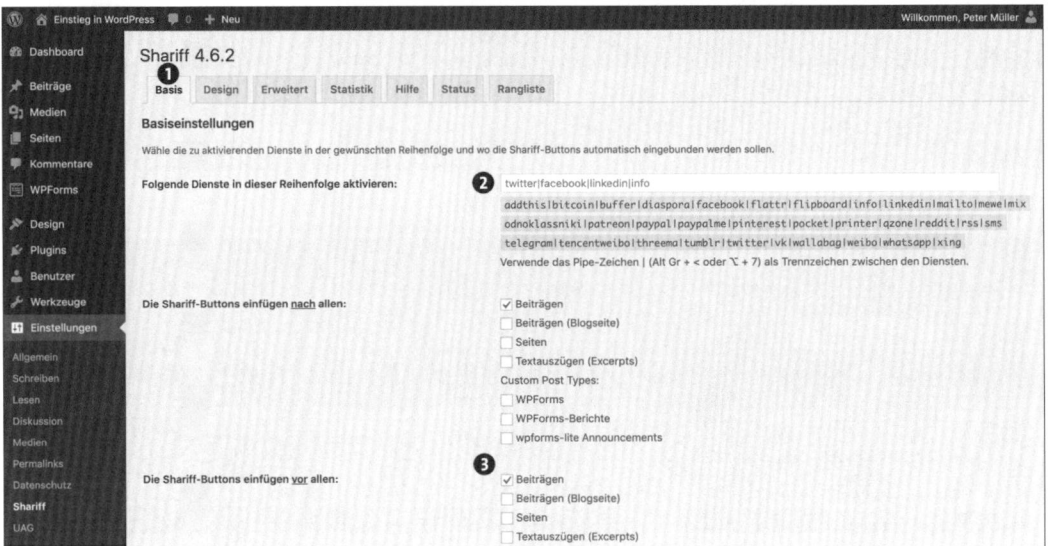

Abbildung 16.17 Das Register »Basis« im Menü »Einstellungen • Shariff«

Im folgenden ToDo definieren Sie im Register BASIS ❶, welche Share-Buttons ❷ an welchen Stellen ❸ erscheinen sollen.

ToDo: Die Basiseinstellungen für »Shariff Wrapper« konfigurieren

1. Öffnen Sie das Menü EINSTELLUNGEN • SHARIFF (siehe Abbildung 16.17).
2. Aktivieren Sie gegebenenfalls das Register BASIS ❶.
3. Im Feld FOLGENDE DIENSTE IN DIESER REIHENFOLGE AKTIVIEREN ❷ sind die Schaltflächen für *Twitter*, *Facebook*, *LinkedIn* und *Info* bereits vorgegeben. Letzterer fügt einen Link zum ursprünglichen c't-Artikel hinzu.
4. Falls Sie andere Share-Buttons möchten, geben Sie die gewünschten Dienste in der gewünschten Reihenfolge ein. Sie können die Dienste und auch das Trennzeichen | (*Pipe-Zeichen*) in der Liste unter dem Eingabefeld markieren, kopieren und in das Feld einfügen, um Tippfehler zu vermeiden.
5. Wählen Sie bei den folgenden Optionen ❸, wo die Buttons erscheinen sollen. In Abbildung 16.17 werden sie vor und nach den Beiträgen eingefügt.

---

6. Bestätigen Sie die Einstellungen mit der Schaltfläche ÄNDERUNGEN SPEICHERN ganz unten auf der Seite.

7. Rufen Sie einen Beitrag im Frontend auf, und prüfen Sie, ob die Share-Buttons unterhalb des Beitrags eingefügt wurden.

Nach diesem ToDo sehen Sie oben in einem Beitrag zwischen Überschrift und Inhalt Share-Buttons, mit denen Ihre Besucher den Beitrag über Twitter, Facebook und Co. weitersagen können (siehe Abbildung 16.18).

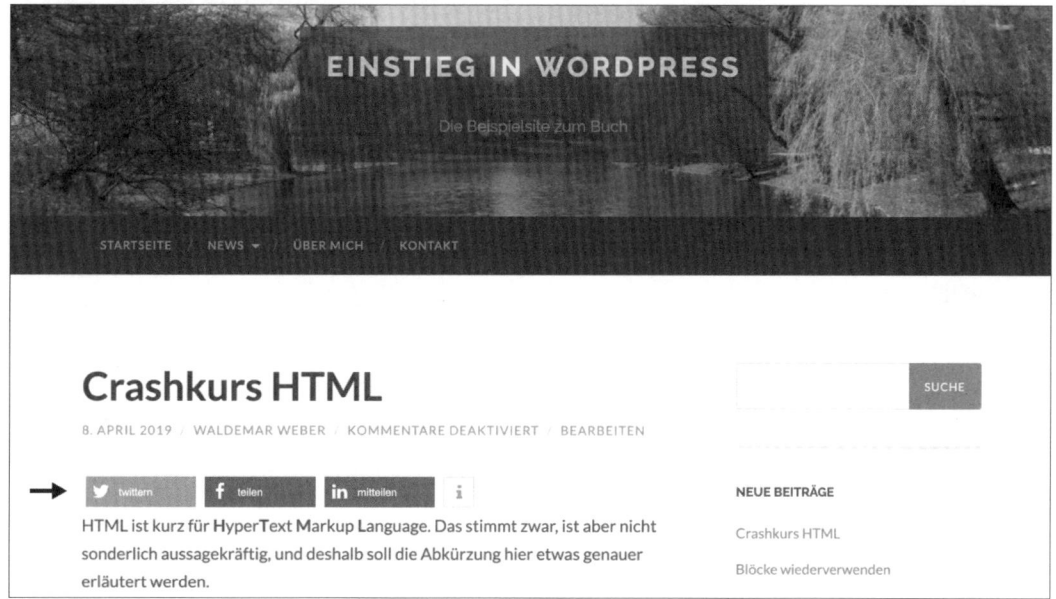

Abbildung 16.18 »Shariff Wrapper« mit den Standardschaltflächen

Sie können die Optionen für einzelne Beiträge und Seiten ändern

Im Block-Editor gibt es für Beiträge und Seiten in der Seitenleiste im Register DOKUMENT den Bereich SHARIFF-EINSTELLUNGEN. Dort können Sie in diesem Abschnitt vorgenommene BASISEINSTELLUNGEN für jeden Beitrag und für jede Seite ändern.

16.2.2   Schritt 2: Design – Aussehen der Buttons festlegen

Im Register DESIGN ❶ können Sie die STANDARD-BUTTON-SPRACHE ❷ und das DESIGN DER SHARIFF-BUTTONS ❸ festlegen. Die runden Buttons sind sehr beliebt (siehe Abbildung 16.19).

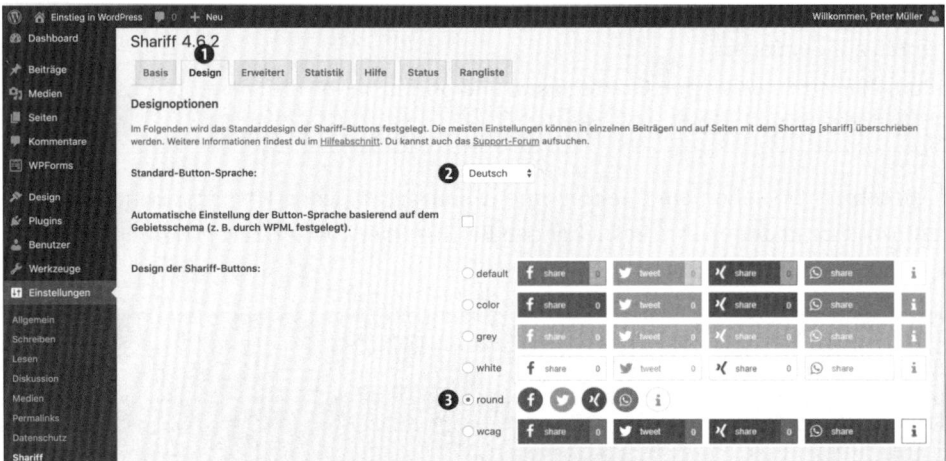

Abbildung 16.19 Sprache und Design für die Shariff-Buttons

Schauen Sie sich um, probieren Sie die diversen Optionen, und wählen Sie eine Option, die Ihnen gefällt.

16.2.3   Schritt 3: Das Weitersagen mit den Shariff-Buttons ausprobieren

Probieren Sie selbst einmal, wie das Weitersagen von Beiträgen mit diesen Schaltflächen funktioniert, und teilen Sie einen Beitrag mit den frisch eingefügten Share-Buttons. Ein bei Facebook geteilter Beitrag sieht zum Beispiel so aus wie in Abbildung 16.20.

Abbildung 16.20 Ein auf Facebook geteilter Beitrag

Die Optimierung von Beiträgen für das Teilen kommt in Kapitel 17

Wie Sie Beiträge und Seiten für das Weitersagen und Teilen in sozialen Netzen wie Facebook, Twitter & Co. optimieren, erfahren Sie in Abschnitt 17.5, »›Social Meta‹: Beiträge für Social Media optimieren«.

16.3   Müllvermeidung: »Antispam Bee« gegen Kommentarspam

WordPress erleichtert die Interaktion mit Besuchern mithilfe der in Kapitel 11 beschriebenen Kommentarfunktion, und das ist eine tolle Sache, aber wenn etwas *gebraucht* werden kann, dann kann es auch *missbraucht* werden.

Sie kennen Spam wahrscheinlich als unerwünschte Werbung in E-Mails, aber Spam gibt es auch in Formularen. Automatisierte, *Spambots* genannte Programme füllen Kommentarformulare aus und versuchen so z. B., Links zu dubiosen Websites zu platzieren. Das ist zwar nicht direkt gefährlich, kann aber doch sehr lästig sein, und in diesem Abschnitt möchte ich Ihnen zeigen, wie Sie sich gegen Kommentarspam schützen können.

Das Plugin *Antispam Bee* (*Biene*) kommt aus deutschen Landen frisch auf den Tisch und hat sich im Laufe der Jahre zum echten Klassiker entwickelt (siehe Abbildung 16.21):

▶ *de.wordpress.org/plugins/antispam-bee/*

16

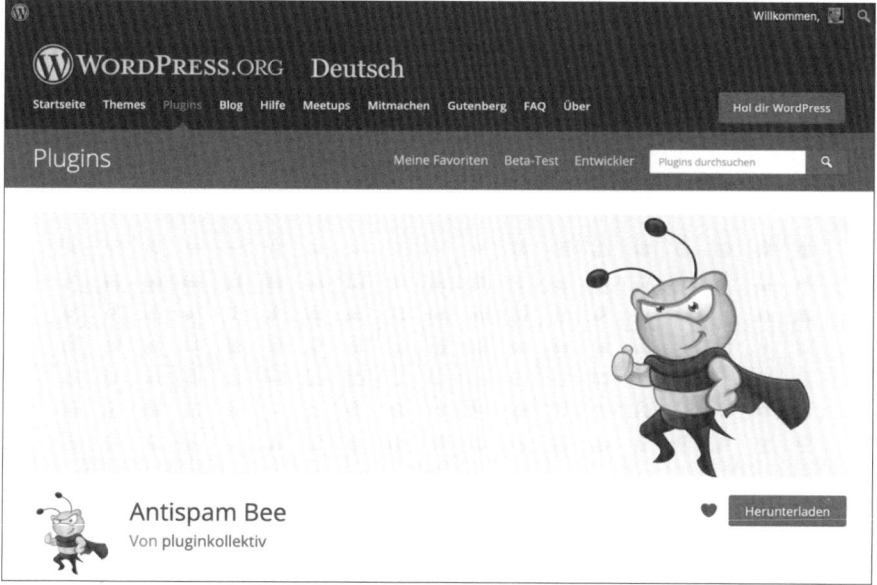

Abbildung 16.21 Das Plugin »Antispam Bee« im Plugin-Verzeichnis

Auf der Detailseite im Plugin-Verzeichnis auf *wordpress.org* wird das Plugin wie folgt beschrieben:

> *Sag »Auf Wiedersehen« zu Kommentar-Spam auf deiner WordPress-Installation. Antispam Bee blockiert Spam-Kommentare und -Trackbacks effektiv, und das, ganz ohne Captchas oder personenbezogene Daten an die Services Dritter zu versenden. Es ist kosten- wie werbefrei und 100 % konform mit der Datenschutzgrundverordnung (DSGVO).*

Und das fasst es gut zusammen. *Antispam Bee* ist schnell, effektiv und auch für kommerzielle Websites kostenlos.

Die Installation ist wie immer mit wenigen Klicks erledigt, und nach der Aktivierung sollten Sie sicherheitshalber einmal kurz kontrollieren, ob das Kommentarformular wie gewohnt funktioniert.

Erkannter Spam wird im Menü KOMMENTARE • SPAM aufbewahrt und kann dort begutachtet, bearbeitet und gelöscht werden.

Bei der Plugin-Konfiguration auf der Seite EINSTELLUNGEN • ANTISPAM BEE gibt es drei große Bereiche:

▶ ANTISPAM-REGELN ❶: In diesem Bereich sehen Sie die Filter zur Spambehandlung, die Sie einzeln ein- und ausstellen können.

▶ ERWEITERT ❷ regelt, was mit dem Spam passieren soll und wie Sie benachrichtigt werden. Hier sollten Sie zwei Optionen ändern:

   – Deaktivieren Sie die Option BEI SPAM PER E-MAIL BENACHRICHTIGEN ❸.

   – Ändern Sie VORHANDENEN SPAM NACH 0 TAGEN LÖSCHEN in z. B. NACH 30 TAGEN LÖSCHEN, und aktivieren Sie die Option ❹.

▶ SONSTIGES ❺ listet noch ein paar weniger relevante Optionen auf.

Abbildung 16.22 zeigt diese Einstellungen im Überblick.

Ansonsten gilt: Lassen Sie die Standardeinstellungen so, wie sie sind, und ändern Sie sie nur, wenn Sie einen Grund dazu haben. Sie können sich vorher in der detaillierten, deutschsprachigen Beschreibung im Onlinehandbuch von *Antispam Bee* informieren:

▶ *github.com/pluginkollektiv/antispam-bee/wiki*

Falls Sie in Ihrem Blog Ärger mit Kommentarspam haben, lohnt es sich, dort einmal vorbeizuschauen und die Einstellungen genauer zu studieren.

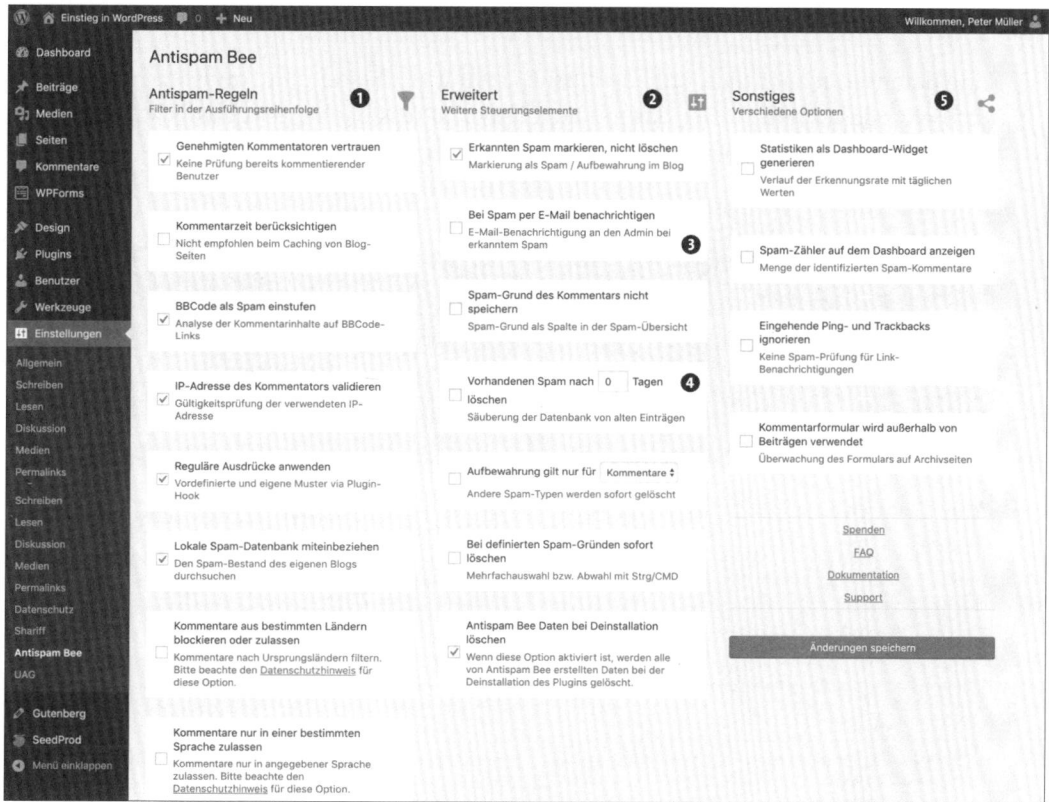

Abbildung 16.22 Die Einstellungen für die »Antispam Bee«

Der Klassiker aus den USA: »Akismet «

Akismet ist von Automattic, der Firma hinter WordPress.com, und neben *Hello Dolly* das einzige Plugin, das nach der Installation von WordPress gleich mit dabei ist. Das Plugin wäre eine wahrscheinlich ziemlich perfekte Waffe gegen Spam aus Kommentar- und Kontaktformularen, hat aber zwei große Nachteile:

▶ **Kosten**: *Akismet* ist nur für den persönlichen Gebrauch kostenlos. »For personal, non-commercial sites and blogs« heißt es auf der Website im Wortlaut.

▶ **Datenschutz**: In Europa gibt es starke datenschutzrechtliche Bedenken gegen den Einsatz von Akismet, da die Formulardaten und IP-Adressen auf den Servern von Akismet gespeichert werden.

Bei den Kosten können Sie selbst entscheiden, ob Akismet Ihnen das Geld wert ist oder nicht, aber beim Datenschutz eher nicht. Wenn Sie die Antispam Bee einsetzen, können Sie Akismet löschen.

16.4 Statistiken mit »Statify«

Eine datenschutzrechtlich unbedenkliche Lösung zur Erstellung von Besucherstatistiken liefert das Plugin *Statify*, das nur auf die WordPress-eigene Datenbank zugreift und die Anzahl der Seitenaufrufe zählt (siehe Abbildung 16.23):

▶ *de.wordpress.org/plugins/statify/*

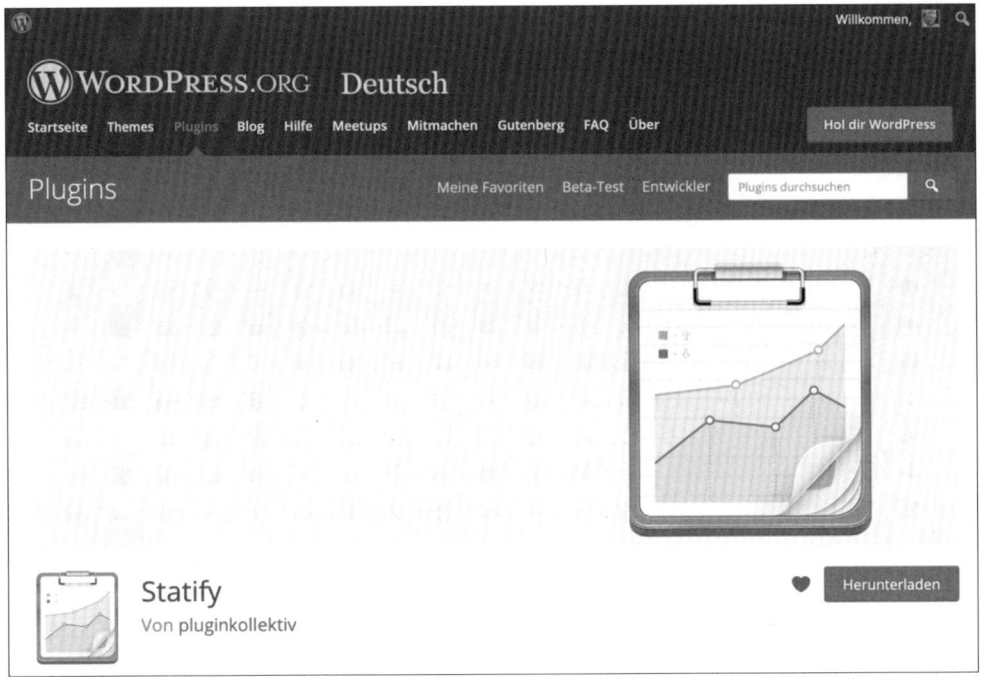

Abbildung 16.23 Das Plugin »Statify«

Nach Installation und Aktivierung finden Sie das Plugin im DASHBOARD auf der START-SEITE. Gezählt werden in dem Widget nur zwei Dinge:

▶ BESTE QUELLEN speichert, von welchen Websites die Besucher gekommen sind.

▶ BESTE INHALTE zählt, welche Beiträge am häufigsten gelesen werden.

Zur Konfiguration bewegen Sie den Mauszeiger im Dashboard-Abschnitt in die Zeile mit dem Titel *Statify* und klicken dann auf den dann erscheinenden Link KONFIGURIE-REN. Dort können Sie eintragen, wie lange die Daten gespeichert werden sollen (Standard 14 Tage) und wie viele Einträge die Bestenliste enthalten soll. Abbildung 16.24 zeigt Statify auf der Website *groningen-info.de*.

Abbildung 16.24 Eine von Statify erstellte Statistik im Dashboard

Falls Ihnen Statify gefällt, ist das Plugin *Statify – Erweiterte Auswertung* eine interessante Ergänzung:

▶ *de.wordpress.org/plugins/extended-evaluation-for-statify*

Nach Installation und Aktivierung gibt es in der Menüleiste ein Menü STATIFY, in dem die von Statify gesammelten Daten optisch aufbereitet und auch heruntergeladen werden können, um sie z. B. in Excel auszuwerten.

16

Jenseits von »Statify«: »Google Analytics« oder »Matomo« (Piwik)

Wenn Sie mit der Zeit mehr Besucher bekommen und Sie gerne mehr Informationen darüber hätten, schauen Sie sich einmal Google Analytics an:

▶ *marketingplatform.google.com/about/analytics/*

Analytics gibt sehr detaillierte Informationen über Ihre Besucher, aber man muss einige Klimmzüge unternehmen, um es datenschutzkonform zu betreiben.

Ebenfalls eine absolut professionelle Lösung ist *Matomo*, das früher *Piwik* hieß:

▶ *matomo.org/*

Die Software wird auf dem eigenen Server installiert und kann DSGVO-konform betrieben werden.

16.5   Auf einen Blick

Die wichtigsten Themen noch einmal im Überblick:

▶ Ein Kontaktformular bietet Besuchern eine einfache Möglichkeit,
   Ihnen eine Nachricht zu schicken.

▶ Das Plugin *WPForms* ist die wahrscheinlich einfachste Art, in WordPress
   ein Kontaktformular einzufügen.

▶ Das Plugin *Shariff Wrapper* integriert Schaltflächen zum Weitersagen
   von Beiträgen oder Seiten in sozialen Medien wie Facebook oder Twitter.

▶ Ein Klassiker zur Vermeidung von Kommentarspam ist das Plugin *Antispam Bee*.

▶ Mit dem Plugin *Statify* bekommen Sie eine einfache Besucherstatistik direkt
   im Dashboard.

Kapitel 17

SEO – die Optimierung für Suchmaschinen

Worin Sie erfahren, wie Texte im Web von Maschinen gelesen werden, und ein Plugin zur Optimierung Ihrer Webseiten für Suchmaschinen und Social Media kennenlernen.

Die Themen im Überblick:

▶ Schreiben im Web für Maschinen, Seite 448

▶ Ranking: Die Reihenfolge der Suchergebnisse, Seite 453

▶ Das Plugin »All in One SEO Pack« im Überblick, Seite 456

▶ SEO: Seitentitel und -beschreibung optimieren, Seite 459

▶ »Social Meta«: Beiträge für Social Media optimieren, Seite 461

▶ SEO: »XML-Sitemap« als Inhaltsverzeichnis der Website, Seite 466

▶ Auf einen Blick, Seite 472

17

Die Optimierung von Webseiten für Suchmaschinen und Social Media ist in den letzten Jahren fast zum Selbstzweck geworden, und die Abkürzung *SEO* (*Search Engine Optimization*) ist im Weballtag fest verankert. Meist wird SEO als ein Wort ausgesprochen (*seoh*), aber alle Buchstaben einzeln geht auch (*s-e-o*).

Die Optimierung für Suchmaschinen ist natürlich wichtig, aber der Satz »Was gut ist für Ihre Besucher, ist auch gut für Suchmaschinen« hat sich als guter Leitfaden im Alltag etabliert. Suchmaschinen und Besucher tragen schließlich beide das »Suchen« im Namen, und beide suchen dasselbe, nämlich relevanten Inhalt.

Um Ihre Webseiten für Suchmaschinen zu optimieren, benötigen Sie keine schwarze Magie, sondern nur ein bisschen Grundlagenwissen und ein gutes Plugin zur Umsetzung.

WordPress – Sichtbarkeit in Suchmaschinen

Falls Sie sich nicht sicher sind, prüfen Sie zunächst bitte, ob WordPress Ihre Seite momentan vor den Suchmaschinen versteckt oder nicht:

▶ Öffnen Sie im Backend das Menü EINSTELLUNGEN • LESEN.

▶ Suchen Sie dort den Bereich SICHTBARKEIT FÜR SUCHMASCHINEN.

▶ Prüfen Sie, ob die Option SUCHMASCHINEN DAVON ABHALTEN, DIESE WEBSITE ZU INDEXIEREN aktiviert ist oder nicht.

Mit dieser in Abschnitt 4.5, »›Einstellungen • Lesen‹: Beiträge, Newsfeed und Suchmaschinen«, vorgestellten Option kontrollieren Sie die Sichtbarkeit Ihrer Website in den Suchmaschinen.

17.1   Schreiben im Web für Maschinen

Webseiten werden nicht nur von Menschen gelesen, sondern auch von Maschinen, insbesondere von den Robots der Suchmaschinen. Wichtig ist dabei zunächst Folgendes:

1. *Keine* Suchmaschine durchsucht live das Web. Das geht nicht, weil das Web über Zigmillionen Servercomputer verteilt ist, und die kann man nicht jedes Mal alle abklappern.

2. Suchmaschinen haben *Robots*, *Spider* oder *Crawler* genannte Programme, die eine Liste mit URLs bekommen und anhand dieser Liste rund um die Uhr durchs Web surfen.

3. Die Robots machen Kopien vom Quelltext der besuchten Webseiten und speichern diese Kopien in der Datenbank der Suchmaschine.

4. Die Suchmaschine durchsucht nur diese Datenbank.

5. *Keine* Suchmaschine hat das gesamte Web in ihrer Datenbank.

Diese Punkte gelten für *alle* Suchmaschinen, auch für Google.

17.1.1   Suchmaschinen denken nicht, sie vergleichen Zeichen

Das Faszinierende an Suchmaschinen ist zum einen das Tempo, in dem das Suchergebnis bei uns eintrifft, und zum anderen, dass auf der Ergebnisseite überhaupt nützliche Treffer angezeigt werden. Das ist insofern überraschend, als eine Suchmaschine keine thematischen Zusammenhänge versteht. Eine Suchmaschine kann nicht denken, sondern nur Zeichen vergleichen.

Die folgende Google-Suche verdeutlicht dies beispielhaft:

`"ägyptische Pyramiden" wunderwerke`

Mit dieser Suche wird Google beauftragt, Seiten zu finden, auf denen die Wörter `"ägyptische Pyramiden"` und `wunderwerke` vorkommen. Google legt daraufhin los und präsentiert 0,21 Sekunden später das Ergebnis, das eventuell etwas überrascht, denn in den Suchergebnissen tauchen neben Seiten zu Pyramiden auch Referenzen zum Manifest der Kommunistischen Partei von Karl Marx auf (siehe Abbildung 17.1).

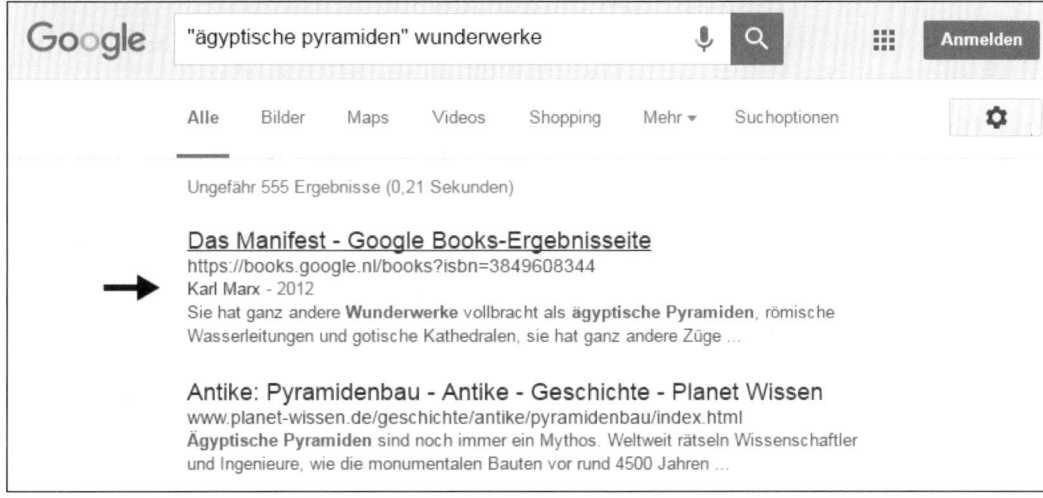

Abbildung 17.1 Die ägyptischen Pyramiden im kommunistischen Manifest

Der Grund für dieses Suchergebnis ist nicht eine Unterwanderung von Google, sondern dass im »Manifest der Kommunistischen Partei« folgender Satz steht:

> *Sie hat ganz andere* **Wunderwerke** *vollbracht als* **ägyptische Pyramiden***, römische Wasserleitungen und gotische Kathedralen, [...]*

Wunderwerke, ägyptische und *Pyramiden*. Der Satz enthält alle Suchbegriffe und erfüllt auch die durch die Anführungsstriche definierte Suchbedingung, dass *ägyptische* und *Pyramiden* direkt hintereinanderstehen sollen. Für eine Suchmaschine ist der Satz ein absoluter Volltreffer, und damit wird die Webseite, auf der er steht, in der Ergebnisliste angezeigt. Suchmaschinen vergleichen Zeichen. Sie wissen nicht, dass das kommunistische Manifest *thematisch* mit ägyptischen Pyramiden eher weniger zu tun hat.

Was bedeutet das jetzt für Ihre Webseiten? Das ist einfach: Wenn Sie unter einem bestimmten Suchbegriff gefunden werden wollen, dann muss dieser tatsächlich irgendwo als Text auf Ihren Seiten stehen.

Beim Schreiben eines Beitrags sollten Sie sich also vorstellen, welche Suchbegriffe der gewünschte Leser benutzen würde, um diesen Beitrag zu finden, und genau diese Begriffe sollten im Text vorkommen.

Ägyptische Pyramiden, Suchmaschinen und der Zahn der Zeit

Pyramiden sind schon sehr alt, und der Zahn der Zeit hat erstaunlich wenig daran genagt. Das Web hingegen ist sehr viel jünger und verändert sich ständig. Das Suchbeispiel ist nicht gestellt, aber der Datenbestand im Web ändert sich fortlaufend, und der Suchalgorithmus von Google wird kontinuierlich verbessert. Kurzum: Wenn Sie die Beispielsuche mit den ägyptischen Pyramiden ausprobieren, kann es gut sein, dass Sie ein anderes Ergebnis bekommen.

17.1.2 Suchmaschinenrobots können nicht lesen

In diesem Abschnitt möchte ich Ihnen kurz zeigen, wie Webseiten aus der Sicht von Suchmaschinen aussehen, denn Suchmaschinenrobots können nicht lesen, nicht hören, nicht denken und nicht klicken, und es ist ihnen ebenfalls völlig egal, ob eine Webseite ein tolles Design hat.

Suchmaschinenrobots sehen eine Webseite eher so wie in Abbildung 17.2. Wenn Sie genau hinschauen, erkennen Sie die Startseite der in diesem Buch erstellten Beispielsite. Dieser Text wird zusammen mit der URL in der Datenbank der Suchmaschine gespeichert.

Spidered Text :
Einstieg in WordPress – Die Beispielsite zum Buch Einstieg in WordPress Die Beispielsite zum Buch Suche nach: Startseite News WordPress Reisen Hören Sehen Sonstiges Über mich Startseite News WordPress Reisen Hören Sehen Sonstiges Über mich Willkommen Blickfang Der Block »Cover« News Der Block »Neueste Beiträge« zeigt eine Liste der neuesten Beiträge, die unterschiedlich gestaltet werden kann: Crashkurs HTML8. April 2019 Blöcke wiederverwenden8. April 2019 Der Block »Button«25. März 2019 Der Block »Medien und Text«25. März 2019 Der Block »Pullquote«24. März 2019 Der Block »Zitat«24. März 2019 Suche nach: Neue Beiträge Crashkurs HTML Blöcke wiederverwenden Der Block »Button« Der Block »Medien und Text« Der Block »Pullquote« Frisch kommentiertWaldemar bei Ain't No SunshinePeter Müller bei Ain't No Sunshine Kontakt Kästchenweg 12 01234 Boxberg Telefon: 010 634 5789 Mo-Fr: 08:00 – 18:00 Uhr Neue Beiträge Crashkurs HTML Blöcke wiederverwenden Der Block »Button« Der Block »Medien und Text« Der Block »Pullquote« Frisch kommentiertWaldemar bei Ain't No SunshinePeter Müller bei Ain't No Sunshine Themen Hören Reisen Sehen Sonstiges WordPress SchlagwörterAbenteuer Audio Bilder Bloggen Blöcke Editor Gestaltung Grundlagen HTML Klassiker Mediathek mehrspaltig Soul Upload Video Zitat Wo Sie mich sonst noch findenTwitter LinkedIn Instagram Facebook Das Archiv April 2019 März 2019 RechtlichesImpressum ◆ 2019 Einstieg in WordPress Theme von Anders Norén — Hoch ↑

Abbildung 17.2 So ungefähr sieht ein Suchmaschinenrobot die Startseite.

Links zu Suchmaschinensimulatoren

Falls Sie einen solchen *Search Engine Simulator* einmal ausprobieren möchten, hier ein paar URLs:

- *webconfs.com/search-engine-spider-simulator.php* (siehe Abbildung 17.2)
- *totheweb.com/learning_center/tools-search-engine-simulator/*

Sollten diese Links nicht mehr funktionieren, googeln Sie einfach nach »search engine simulator«.

17.1.3 Suchmaschinen analysieren den »head«-Bereich im Quelltext

Jede Webseite besteht aus Quelltext, und dieser Quelltext lässt sich in zwei große Bereiche unterteilen:

- Der *Head* ist eine Art Vorspann, der im Quelltext zwischen <head> und </head> liegt. In diesem Bereich gibt es Elemente, wie z. B. den *Seitentitel* und die *Seitenbeschreibung*, die für die Suchmaschinen sehr wichtig sind.
- Der *Body* zwischen <body> und </body> ist der im Browserfenster sichtbare Teil des Quelltextes, der oft in Layoutbereiche wie Kopf-, Navigations-, Inhalts- und Fußbereich eingeteilt wird.

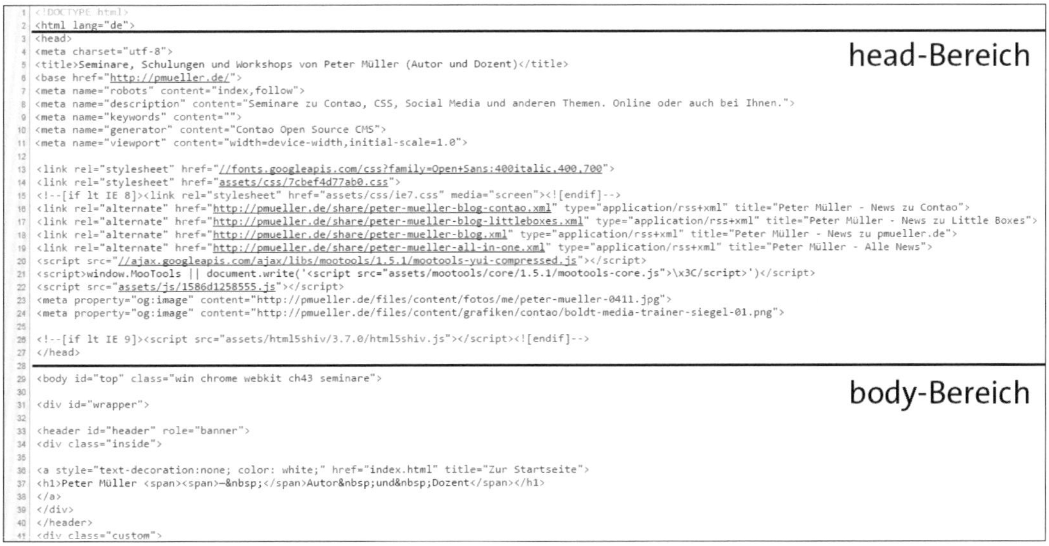


```
<!DOCTYPE html>
<html lang="de">
<head>
<meta charset="utf-8">
<title>Seminare, Schulungen und Workshops von Peter Müller (Autor und Dozent)</title>
<base href="http://pmueller.de/">
<meta name="robots" content="index,follow">
<meta name="description" content="Seminare zu Contao, CSS, Social Media und anderen Themen. Online oder auch bei Ihnen.">
<meta name="keywords" content="">
<meta name="generator" content="Contao Open Source CMS">
<meta name="viewport" content="width=device-width,initial-scale=1.0">

<link rel="stylesheet" href="//fonts.googleapis.com/css?family=Open+Sans:400italic,400,700">
<link rel="stylesheet" href="assets/css/7cbef4d77ab0.css">
<!--[if lt IE 8]><link rel="stylesheet" href="assets/css/ie7.css" media="screen"><![endif]-->
<link rel="alternate" href="http://pmueller.de/share/peter-mueller-blog-contao.xml" type="application/rss+xml" title="Peter Müller - News zu Contao">
<link rel="alternate" href="http://pmueller.de/share/peter-mueller-blog-littleboxes.xml" type="application/rss+xml" title="Peter Müller - News zu Little Boxes">
<link rel="alternate" href="http://pmueller.de/share/peter-mueller-blog.xml" type="application/rss+xml" title="Peter Müller - News zu pmueller.de">
<link rel="alternate" href="http://pmueller.de/share/peter-mueller-all-in-one.xml" type="application/rss+xml" title="Peter Müller - Alle News">
<script src="//ajax.googleapis.com/ajax/libs/mootools/1.5.1/mootools-yui-compressed.js"></script>
<script>window.MooTools || document.write('<script src="assets/mootools/core/1.5.1/mootools-core.js">\x3C/script>')</script>
<script src="assets/js/1586d1258555.js"></script>
<meta property="og:image" content="http://pmueller.de/files/content/fotos/me/peter-mueller-0411.jpg">
<meta property="og:image" content="http://pmueller.de/files/content/grafiken/contao/boldt-media-trainer-siegel-01.png">

<!--[if lt IE 9]><script src="assets/html5shiv/3.7.0/html5shiv.js"></script><![endif]-->
</head>

<body id="top" class="win chrome webkit ch43 seminare">

<div id="wrapper">

<header id="header" role="banner">
<div class="inside">

<a style="text-decoration:none; color: white;" href="index.html" title="Zur Startseite">
<h1>Peter Müller <span><span>– </span>Autor und Dozent</span></h1>
</a>
</div>
</header>
<div class="custom">
```

Abbildung 17.3 »head« und »body« im Quelltext einer Webseite

Auch wenn menschliche Besucher den Quelltext meist nicht zu Gesicht bekommen, die Programme unter den Besuchern interessieren sich sehr dafür. Während Menschen also meist nur den im Browserfenster sichtbaren body betrachten, analysieren Suchmaschinenrobots immer auch den unsichtbaren head-Bereich. Abbildung 17.3 zeigt den Quelltext einer Webseite mit markiertem head und body.

17.1.4 Suchergebnis, Seitentitel, URL und Seitenbeschreibung

Im head-Bereich des Quelltextes gibt es zwei Elemente, die für das Erscheinungsbild der Seite in den Suchmaschinen von besonderer Bedeutung sind:

▶ Der *Seitentitel* steht zwischen `<title>` und `</title>`. Er enthält einen kurzen Text, der auf den Ergebnisseiten der Suchmaschinen meist als dicker blauer Hyperlink oberhalb eines Suchergebnisses benutzt wird.

Ein guter Seitentitel ist kurz (fünf bis sieben Wörter, ca. 60 Zeichen) und beschreibt den Inhalt der Webseite, ohne dass man diese sieht. Ein paar wichtige Begriffe, die den Inhalt der Webseite beschreiben, und der Name der Firma oder der Site sind ein guter Ausgangspunkt.

▶ Die *Seitenbeschreibung* (`<meta name="description">`) ist ein kurzer Text, den Google und andere Suchmaschinen zur Beschreibung eines Suchergebnisses benutzen. Sie sollte zwei bis drei ganze Sätze mit zwischen 80 und 150 Zeichen (keine Romane) und den für diese Seite relevanten Suchbegriffen enthalten. Machen Sie in der Seitenbeschreibung Werbung für die Seite, kurz und knackig.

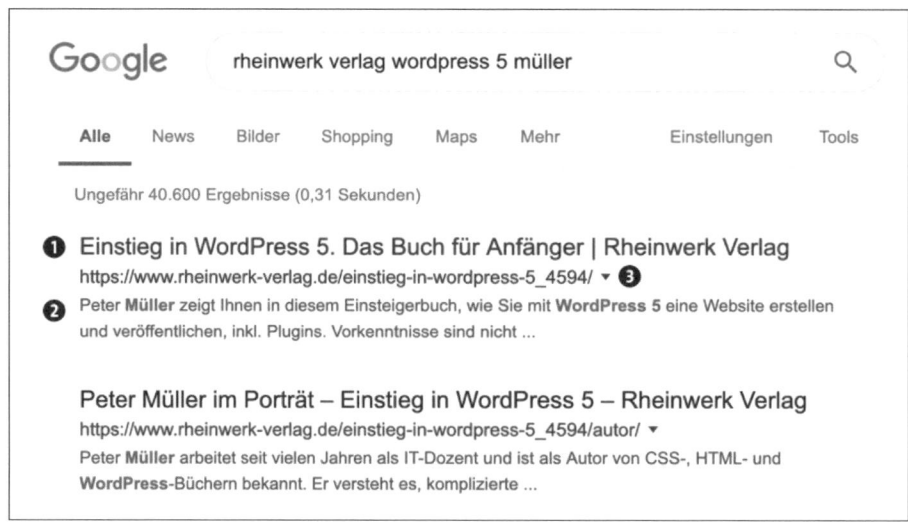

Abbildung 17.4 Seitentitel, URL und Seitenbeschreibung bei Google

Auf den Ergebnisseiten von Google steht zwischen Seitentitel ❶ und Seitenbeschreibung ❷ außerdem noch die grün eingefärbte URL ❸, die auch den Permalink von WordPress enthält, und die eingegebenen Suchbegriffe werden im Suchergebnis fett hervorgehoben (siehe Abbildung 17.4).

Seitentitel und -beschreibung anpassen

Seitentitel und Seitenbeschreibung bestimmen das Erscheinungsbild der Seite in den Suchmaschinen, und in Abschnitt 17.4 sehen Sie, wie Sie sie in WordPress für jeden Beitrag und jede Seite optimieren können.

17.2 Ranking: Die Reihenfolge der Suchergebnisse

Um bei einer bestimmten Suche in den Topf mit den Suchergebnissen zu kommen, müssen die eingegebenen Suchbegriffe also auf Ihren Webseiten stehen. Aber wie legen die Suchmaschinen dann die Reihenfolge der Treffer fest?

Dieser Prozess heißt *Ranking*, und dabei spielen Hunderte von Faktoren eine Rolle, die zum großen Teil nicht veröffentlicht und von den Suchmaschinen auch regelmäßig wieder geändert werden, aber der Kern der Sache ist, dass Google Hyperlinks mag.

17.2.1 Der Kern der Sache: Google mag Hyperlinks ...

Das Besondere am World Wide Web sind Hyperlinks. Im Rahmen einer inzwischen online leider nicht mehr verfügbaren Einführung hat Google selbst das einmal so ausgedrückt:

> *Das Herz unserer Software ist PageRank(TM), ein System der Beurteilung von Webseiten, das von den Gründern von Google, Larry Page und Sergey Brin, an der Universität von Stanford entwickelt wurde. [...]*

> *PageRank verlässt sich auf die einzigartige demokratische Natur des World Wide Webs, indem es die weitverzweigte Link-Struktur als einen Indikator für die individuelle Einschätzung der Qualität einer Seite nimmt. Der Kern ist dabei, dass Google einen Link von Seite A zu Seite B als ein ›Votum‹ von Seite A für Seite B interpretiert.*

Mit »einzigartige demokratische Struktur des World Wide Webs« ist gemeint, dass Google schaut, wie viele Hyperlinks auf eine bestimmte Seite zeigen. Jeder dieser eingehenden Links wird als Stimme gewertet, und je mehr Stimmen sie hat, desto wichtiger ist eine Seite.

17

Gleichzeitig schaut Google aber auch, ob die Stimme von einer ihrerseits wichtigen Seite kommt, denn dann zählt sie mehr:

> *Das Votum von einer Seite, die selber ›wichtig‹ ist, zählt mehr und hilft, andere Seiten wichtig zu machen.*

Wer selber wichtig ist, hat mehr Stimmen. So viel also zu Google und der *demokratischen* Struktur des World Wide Web.

HTTPS: Google berücksichtigt zunehmend die Sicherheit von URLs

Das Web basiert auf dem *HyperText Transfer Protocol* (HTTP), bei dem Daten unverschlüsselt übertragen werden. Die verschlüsselte Übertragung mit sicherem HTTP (HTTPS) muss zwar speziell eingerichtet werden, wird aber immer mehr zum Standard.

Vor einigen Jahren fing Google damit an, HTTPS auch als Rankingfaktor einzusetzen, und eine Seite, die die Daten per HTTPS überträgt, wurde somit besser bewertet als eine, die mit normalem HTTP arbeitet. Dieser Faktor wird immer wichtiger, und HTTPS ist somit nicht nur aus Sicherheitsgründen empfehlenswert, sondern auch zur Optimierung für Suchmaschinen.

17.2.2   »Backlinks«: Hyperlinks, die auf Ihre Webseiten zeigen

Die simple Tatsache, dass Google Hyperlinks mag, hat weitreichende Folgen, denn um eine Seite bei Google auf den Ergebnisseiten nach oben zu bringen, helfen Links, die auf Ihre Seiten zeigen, sogenannte *Backlinks*.

Um Backlinks zu bekommen, gehen einige Site-Betreiber weite und zum Teil auch nicht ganz legale Wege. Es lohnt sich aber nicht, dabei zu mogeln, und Sie sollten keinesfalls auf Backlink-Angebote eingehen, die Sie per E-Mail erhalten. Google bewertet Backlinks von bekannten schwarzen Schafen auch negativ.

Je aktiver Sie im Web sind und je mehr Links auf Ihre Webseiten zeigen, desto eher werden Sie belohnt. Das Zauberwort heißt *Vernetzung*.

Aber denken Sie daran, dass die Suchmaschinen die Besucher nur auf Ihre Site bringen. Wenn es dort nichts Interessantes zu lesen oder zu gucken gibt, sind sie auch ganz schnell wieder weg. Der Inhalt Ihrer Site sollte also einen Besuch wert sein, sonst lohnt sich die ganze Optimierung nicht.

17.2.3   »Mobile friendly«: Ist die Seite responsiv?

Google berücksichtigt beim Ranking seit einiger Zeit auch, ob Webseiten responsiv sind und für mobile Geräte optimiert wurden. Auf der folgenden Seite können Sie beliebige URLs auf ihre Mobiltauglichkeit hin testen:

► *google.com/webmasters/tools/mobile-friendly/*

Abbildung 17.5 zeigt, dass die Website *groningen-info.de* für Mobilgeräte optimiert ist. Wenn Sie ein responsives Theme einsetzen, sollte das bei Ihnen auch der Fall sein.

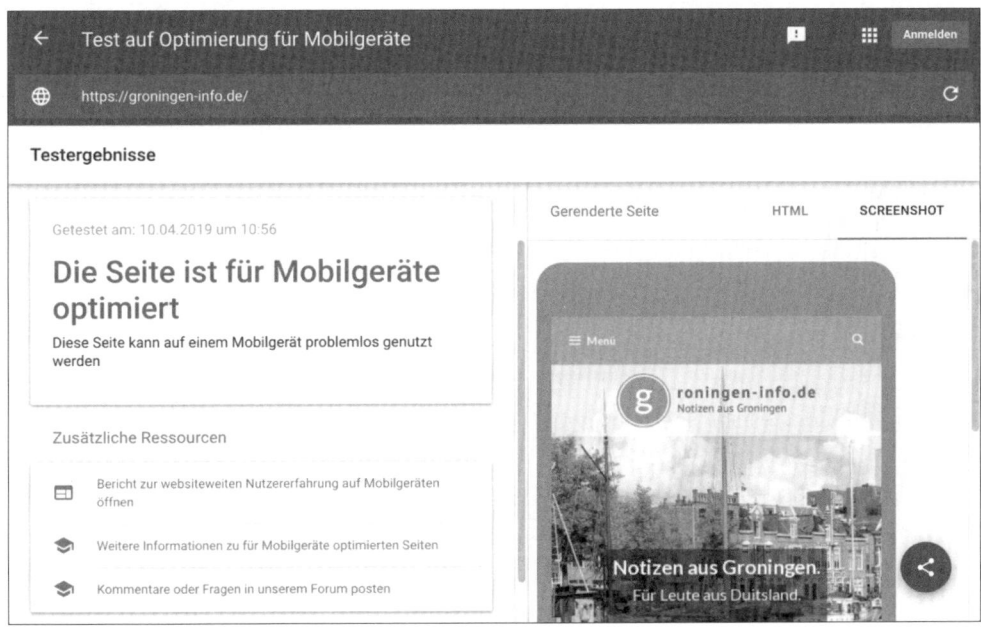

Abbildung 17.5 Der »Mobile friendly«-Test von Google

17.2.4   »Performance«: Ist die Webseite schnell?

Ein weiterer Faktor für die Bewertung von Webseiten durch Suchmaschinen ist die Performance, also die Geschwindigkeit, mit der die Webseiten beim Besucher eintreffen und dargestellt werden.

Die goldene Regel lautet, dass die Seite geladen sein muss, bevor der Besucher wieder weg ist. Leider weiß man vorher nicht, wie lange das sein wird, und Spiegel-Leser warten auf die Startseite von *spiegel.de* sicherlich länger als Otto Normalsurfer auf irgendeine ihm noch unbekannte Seite, die er über eine Suchmaschine gefunden und vorher noch nie gesehen hat.

Fazit: *Zu schnell* kann eine Seite eigentlich nicht sein, zu langsam hingegen sehr wohl. Hier zwei Links zu Tools, mit denen Sie die Schnelligkeit einer Seite messen können:

▶ *developers.google.com/speed/pagespeed/insights/* (siehe Abbildung 17.6)

▶ *gtmetrix.com*

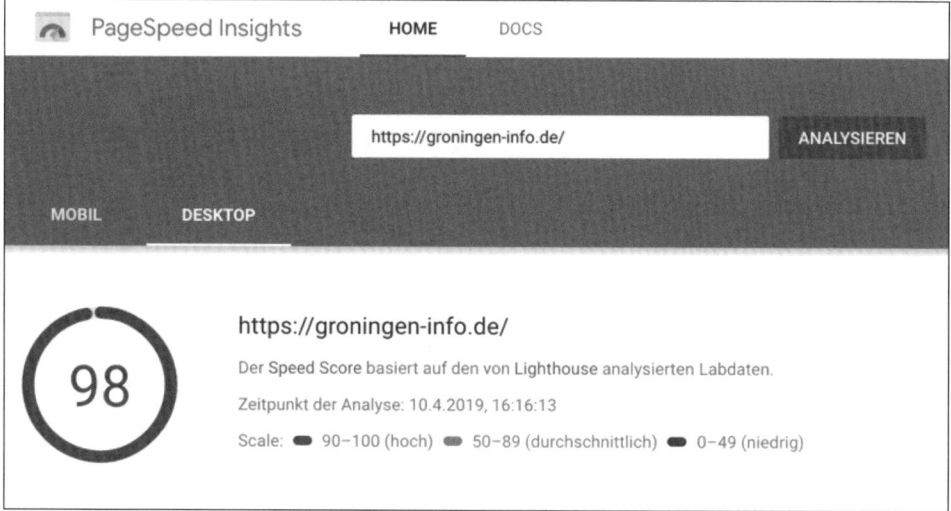

Abbildung 17.6 Google Page Speed Insights in Aktion

Wie Sie Ihre Seiten beschleunigen können, kommt in Kapitel 18

In Abschnitt 18.6, »Seiten beschleunigen: ›Autoptimize‹ und ›Cache Enabler‹«, erfahren Sie mehr über die Optimierung der Performance Ihrer Webseiten.

17.3 Das Plugin »All in One SEO Pack« im Überblick

In diesem Abschnitt geht es um die Optimierung Ihrer Webseiten für Suchmaschinen. WordPress bietet dazu von Haus aus nur wenige Möglichkeiten:

▶ Sie können für Seiten und Beiträge den *Permalink* festlegen.

▶ Suchmaschinen bekommen Bescheid, wenn neue Beiträge veröffentlicht werden. Die Option finden Sie im Menü EINSTELLUNGEN • SCHREIBEN im Bereich UPDATE-SERVICES.

Darüberhinaus bietet WordPress nicht sehr viel. Mit Bordmitteln können Sie z. B. nicht einmal die in Abbildung 17.4 gezeigten Seitentitel und -beschreibungen für Seiten und Beiträge optimieren.

Deshalb möchte ich in diesem Abschnitt das Plugin *All in One SEO Pack* von Michael Tolbert vorstellen, das auf Millionen von Websites im Einsatz ist, für Einsteiger ohne aufwendige Konfiguration seinen Dienst tut und auch in der kostenlosen Version bereits alle wichtigen Tools enthält.

Alternativen zu All in One SEO Pack

Das *All in One SEO Pack* ist ein guter, kostenloser Einstieg, aber es gibt noch weitere hervorragende Plugins, wie z. B.:

▶ *WordPress SEO by Yoast*: de.wordpress.org/plugins/wordpress-seo/
Der Autor stammt aus den Niederlanden, heißt Joost de Valk, und *Yoast* ist die englische Aussprache seines Vornamens. Das Plugin ist auf Millionen von Websites aktiviert, erfordert aber etwas mehr Know-how und Feintuning und ist eher was für Fortgeschrittene.

▶ *wpSEO* von Sergej Müller: *wpseo.de*
wpSEO ist deutschsprachig, ein absolut professionelles Tool und kann dreißig Tage lang kostenlos ausprobiert werden. Nach der Testphase kostet *wpSEO* einmalig ab 39 € für eine Website (Stand: Mai 2019).

Wenn Ihnen das *All in One SEO Pack* also nicht gefallen sollte, haben Sie genügend Auswahl.

17.3.1 Das Plugin »All in One SEO Pack« installieren und aktivieren

Im Plugin-Verzeichnis finden Sie es unter folgender Adresse (siehe Abbildung 17.7):

▶ *de.wordpress.org/plugins/all-in-one-seo-pack/*

Im folgenden ToDo installieren und aktivieren Sie das Plugin.

ToDo: Das Plugin All in One SEO Pack installieren

1. Öffnen Sie im Backend die Seite PLUGINS • INSTALLIEREN.
2. Geben Sie rechts oben bei PLUGINS SUCHEN »All in One SEO Pack« ein.
3. Daraufhin sollte das Plugin *All in One SEO Pack* angezeigt werden.
4. Klicken Sie beim Plugin auf die Schaltfläche INSTALLIEREN.
5. Klicken Sie nach der Installation auf AKTIVIEREN.

Nach der Aktivierung finden Sie oben in der Admin-Leiste den Link SEO und links in der Menüleiste einen neuen Menüpunkt namens ALL IN ONE SEO mit den Untermenüs HAUPTEINSTELLUNGEN, LEISTUNG und FEATURE MANAGER.

17

Abbildung 17.7 All in One SEO Pack im Plugin-Verzeichnis

Die Dokumentation zu All in One SEO Pack

Auf der Website zum Plugin gibt es eine ausführliche (englische) Dokumentation:

▶ Überblick: *semperplugins.com/documentation/*

▶ Quick Start: *semperplugins.com/documentation/quick-start-guide/*

Auf der Seite HAUPTEINSTELLUNGEN finden Sie rechts in der Sidebar im Bereich SUPPORT auch entsprechende Links (siehe Abbildung 17.8).

17.3.2   Die »Haupteinstellungen« für das All in One SEO Pack im Überblick

Zunächst einmal sollten Sie einen kurzen Blick in die allgemeinen Einstellungen des SEO Pack werfen, da die Seite sonst auf den ersten Blick etwas überwältigend wirkt und eher abschreckt als einlädt.

ToDo: Einstellungen für All in One SEO Pack kennenlernen

1. Wechseln Sie in das Menü ALL IN ONE SEO • HAUPTEINSTELLUNGEN.

2. Klappen Sie alle Bereiche mit einem Klick auf das kleine Dreieck rechts neben HILFE ein.

Abbildung 17.8 zeigt die Seite HAUPTEINSTELLUNGEN nach diesem ToDo, wobei ich die Werbeblöcke entfernt habe. Leider gibt es keine Möglichkeit, diese Einstellung zu speichern, aber um einen Überblick zu bekommen, ist sie ideal.

Oben finden Sie eine Einladung zum Abonnieren einer Mailingliste ❶, und darunter sehen Sie links die Bereiche für diverse SEO-Einstellungen ❷ (HAUPTEINSTELLUNGEN, HOMEPAGE EINSTELLUNGEN etc.) und rechts noch ÜBER und SUPPORT ❸. Einige dieser Bereiche lernen Sie in diesem Kapitel noch kennen. Die allermeisten Voreinstellungen sind recht sinnvoll, was gerade für Einsteiger sehr vorteilhaft ist.

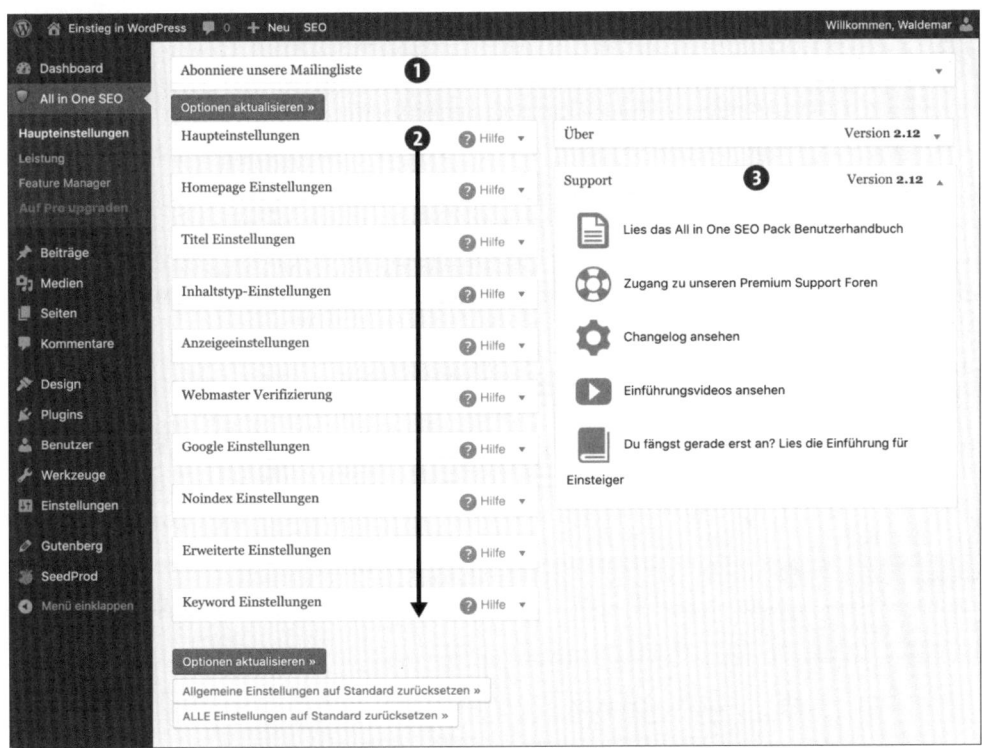

Abbildung 17.8 Die »Haupteinstellungen« für das »All in One SEO Pack«

17.4 SEO: Seitentitel und -beschreibung optimieren

Die eigentliche SEO-Arbeit erwartet Sie beim Schreiben der Beiträge und Seiten. Abbildung 17.9 zeigt, dass es auf der Seite ALLE BEITRÄGE zwei neue Spalten mit den Überschriften SEO TITEL ❶ und SEO BESCHREIBUNG ❷ gibt (falls die Seite zu breit wird, können Sie über ANSICHT ANPASSEN ❸ einzelne Spalten der Tabelle ausblenden).

Darunter sehen Sie deutsch-englische Sprachmischung *Nein title* (*Kein Titel*) und *Nein description* (*Keine Beschreibung*). Gemeint ist damit, dass für die in Abschnitt 17.1.4 vorgestellten Elemente *Seitentitel* und *Seitenbeschreibung* noch keine für Suchmaschinen optimierte Version festgelegt wurde.

Abbildung 17.9 Die Seite »Alle Beiträge« mit zwei neuen Spalten

Bei der Bearbeitung eines Beitrags oder einer Seite erscheint unterhalb des Editors ein neuer Bereich namens ALL IN ONE SEO PACK, in dem Sie unter anderem Seitentitel und Seitenbeschreibung definieren können. Das Pfiffige daran ist das PREVIEW SNIPPET ❹, das Ihnen einen Eindruck davon verschafft, wie TITEL ❺, BESCHREIBUNG ❻ und die URL TITELFORM ❼ auf der Ergebnisseite einer Suchmaschine aussehen würden (siehe Abbildung 17.10).

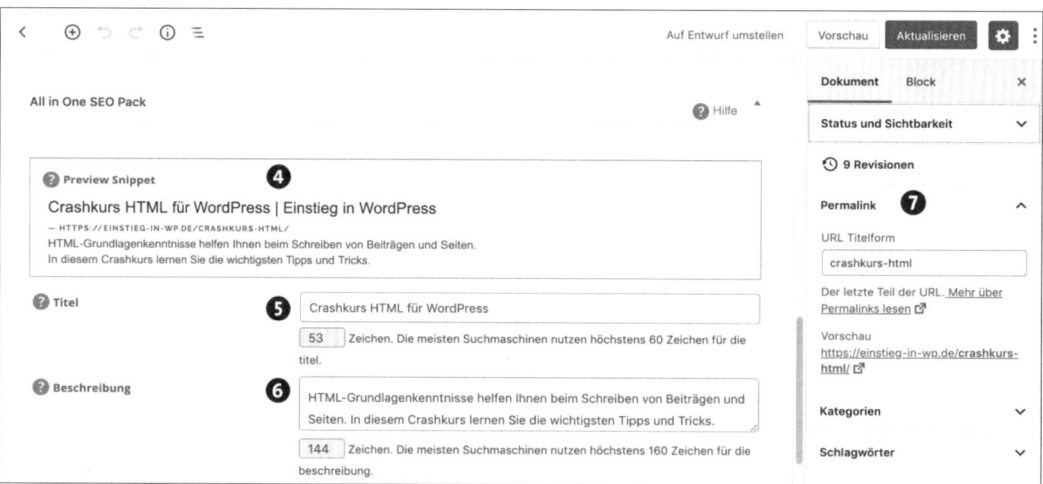

Abbildung 17.10 »Preview Snippet«, Seitentitel und Seitenbeschreibung

Der Rest ist harte Arbeit, wie man so schön sagt, denn ab jetzt können Sie unterhalb des Editors für jede Seite und für jeden Beitrag festlegen, wie sie später auf den Ergebnisseiten der Suchmaschinen aussehen sollen.

Suchmaschinen nehmen den Seitentitel und die Seitenbeschreibung, sofern vorhanden, meist als Grundlage für die Darstellung auf den Ergebnisseiten, können aber durchaus auch davon abweichen. Es gibt also keine Garantie, dass die Seite in Google genauso aussieht wie im PREVIEW SNIPPET im Backend.

> **Details zu »Seitentitel« und »Seitenbeschreibung«**
> Weiter oben in Abschnitt 17.1.4, »Suchergebnis, Seitentitel, URL und Seitenbeschreibung«, finden Sie weitere Details zu Seitentitel und Seitenbeschreibung.

17.5   »Social Meta«: Beiträge für Social Media optimieren

Im letzten Abschnitt haben Sie gesehen, wie Sie das Erscheinungsbild Ihrer Seiten für Suchmaschinen beeinflussen können, in diesem Abschnitt geht es um das Erscheinungsbild der Beiträge beim Weitersagen in Ihren Social-Media-Kanälen.

17.5.1   »OG« steht für »Open Graph«: Metadaten für Facebook, Twitter & Co.

Im Modul SOCIAL META werden Ihnen häufiger die Buchstaben OG begegnen, die in diesem Zusammenhang für *Open Graph* stehen. Gemeint ist damit ein ursprünglich von Facebook entwickeltes Protokoll, das auf einer Webseite Metadaten für die Integration eines Beitrags in Social-Media-Diensten bereitstellt. Das Open-Graph-Protokoll hat sich in den letzten Jahren zum Standard entwickelt und wurde von vielen anderen Diensten übernommen.

Da der Begriff *Metadaten* sehr abstrakt klingt, folgt hier ein konkretes Beispiel:

▶ Facebook möchte beim Teilen eines Beitrags unter anderem wissen,
  welchen Titel der Beitrag bekommen soll und welches Bild dazugehört.

▶ Dazu können Sie im Quelltext Ihrer Webseiten *Meta-Elemente* einfügen,
  die diese Informationen für Facebook bereitstellen:

```
<meta property="og:title" content="Crashkurs HTML" />
<meta property="og:image" content="pfad-zum-bild.jpg" />
```

Das erste Meta-Element teilt Facebook mit, dass der Titel des Beitrags »Crashkurs HTML« lauten soll, das zweite sagt, welches Bild dazugehört.

Das Modul SOCIAL META erleichtert Ihnen das Erstellen dieser Metadaten, damit Sie das Erscheinungsbild Ihrer Beiträge in Facebook & Co. möglichst genau festlegen können und nicht alles von Hand in den Quelltext schreiben müssen.

17.5.2   Das All-in-One-SEO-Modul »Social Meta« aktivieren

Um die Darstellung Ihrer Blogbeiträge beim Weitersagen in den sozialen Netzwerken zu optimieren, gibt es im *All in One SEO Pack* ein Modul namens SOCIAL META, das im Menü ALL IN ONE SEO • FEATURE MANAGER ❶ im Bereich SOCIAL META ❷ aktiviert wird (siehe Abbildung 17.11).

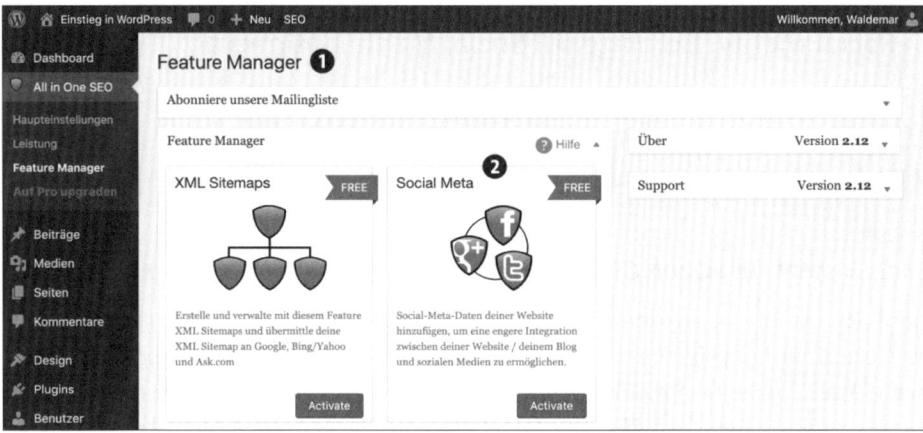

Abbildung 17.11 Der »Feature Manager« von All in One SEO Pack

Im folgenden kurzen ToDo aktivieren Sie das Modul SOCIAL META.

ToDo: »All in One SEO« – das Modul »Social Meta« aktivieren

1. Öffnen Sie das Menü ALL IN ONE SEO • FEATURE MANAGER.
2. Klicken Sie im Bereich SOCIAL META auf die Schaltfläche ACTIVATE.

Nach diesem ToDo erscheint im Menü ALL IN ONE SEO ein neues Untermenü namens SOCIAL META ❸ mit zahlreichen Bereichen ❹ (siehe Abbildung 17.12).

Auf der Seite SOCIAL META finden Sie unter anderem die Einstellungen für die Homepage, für Bilder, Facebook und Twitter. Schauen Sie sich die Einstellungen ruhig an, aber verändern Sie erst einmal nicht so viel. Mit einem Klick auf das umkreiste Fragezeichen bekommen Sie zu jeder Option eine kurze Hilfe, und mit der Schaltfläche SETZE SOCIAL META EINSTELLUNGEN AUF DEN STANDARD ZURÜCK können Sie die Standardeinstellungen notfalls wiederherstellen.

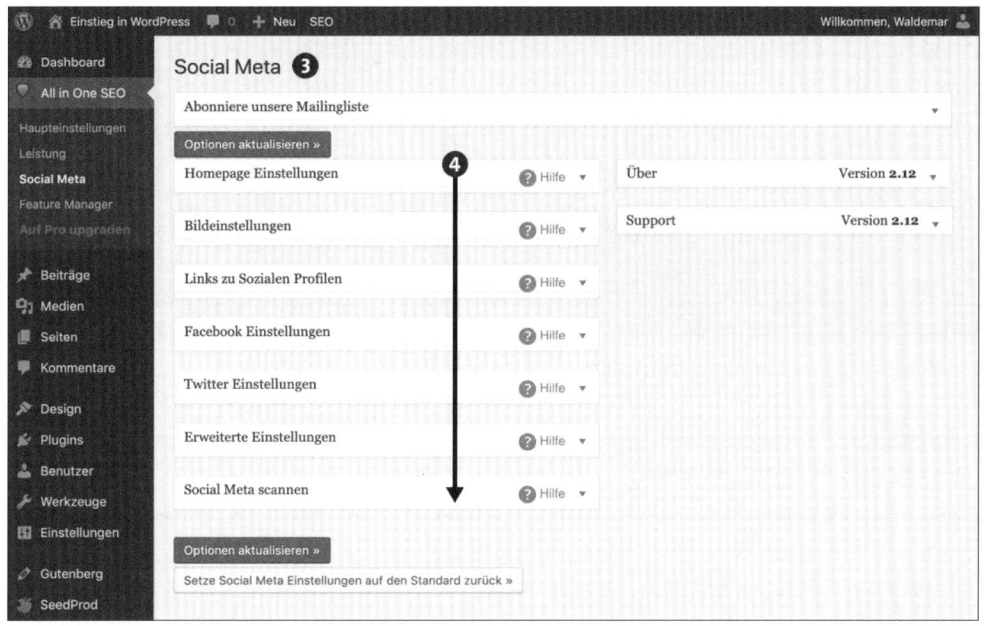

Abbildung 17.12 Die Optionen im Menü »All in One SEO • Social Meta«

Statische Startseite? »Facebook Object Type« kann dann »Website« sein

Wenn Sie in WordPress eine statische Seite als Startseite definiert haben, erhalten Sie unter Umständen eine Meldung, dass der *Facebook Object Type* wahrscheinlich *Website* sei.

Ändern Sie dann im Bereich FACEBOOK EINSTELLUNGEN den FACEBOOK OBJECT TYPE von BLOG auf WEBSITE. Dann betrachtet Facebook Ihre Website beim Weitersagen nicht als Blog, sondern als klassische Website.

17.5.3   »Social Meta • Bildeinstellungen«: Ein Standardbild definieren

Beim Weitersagen und Teilen von Beiträgen oder Seiten in sozialen Netzen ist ein Bild im wahrsten Sinne des Wortes ein guter Blickfang. Da nicht jede Seite und jeder Beitrag ein passendes Bild mitbringt, legen Sie in diesem Abschnitt eine Standardgrafik fest, die immer dann verwendet wird, wenn *All in One SEO Pack* kein spezielles Bild findet.

Das Standardbild sollte mindestens 600 × 315 Pixel groß sein, sich optisch an Ihrer Website orientieren und Betrachtern einen Wiedererkennungswert bieten. In diesem Abschnitt verwende ich dazu den Kopfbereich der Website (siehe Abbildung 17.13).

Abbildung 17.13 Die Standardgrafik zum Weitersagen in sozialen Netzen

Im folgenden ToDo definieren Sie ein Standardbild zum Weitersagen von Seiten und Beiträgen in den sozialen Netzen.

ToDo: »All in One SEO« – Standardbild für Social Media festlegen

1. Wechseln Sie in das Menü ALL IN ONE SEO • SOCIAL META.
2. Suchen Sie den Bereich BILDEINSTELLUNGEN.
3. Prüfen Sie, ob als OG: IMAGE QUELLE die Option DEFAULT IMAGE ausgewählt ist.
4. Kreuzen Sie darunter die Option STANDARDBILD BENUTZEN, FALLS KEIN BILD GEFUNDEN WIRD an.
5. Klicken Sie im Bereich STANDARD OG: IMAGE auf UPLOAD IMAGE.
6. Wählen Sie ein geeignetes Bild (siehe z. B. Abbildung 17.13).
7. Speichern Sie die Änderungen mit der Schaltfläche OPTIONEN AKTUALISIEREN.

Nach diesem ToDo sollte in den BILDEINSTELLUNGEN neben der Option STANDARD OG: IMAGE der Pfad zum Bild erscheinen. Das Bild selbst ist hier leider nicht zu sehen, aber im nächsten Abschnitt testen Sie, ob alles geklappt hat.

17.5.4   Die »Settings für Social Media« für Beiträge und Seiten

Nach der Aktivierung des Moduls SOCIAL META finden Sie bei Beiträgen und Seiten unterhalb des Editors im Bereich ALL IN ONE SEO PACK ein zweites Register namens SETTINGS FÜR SOCIAL MEDIA ❶.

Abbildung 17.14 zeigt den oberen Teil dieses Dialogfeldes im Überblick.

Abbildung 17.14 Die »Settings für Social Media« unter einem Beitrag

In diesen SETTINGS FÜR SOCIAL MEDIA können Sie die Standardeinstellungen aus dem Modul SOCIAL META überschreiben. Die ersten vier Optionen sind im Alltag am wichtigsten (siehe Abbildung 17.14):

▶ TITEL ❷ und BESCHREIBUNG ❸: Wenn Sie das Feld leer lassen, werden die Einträge aus den HAUPTEINSTELLUNGEN übernommen. Sind die Felder dort auch leer, ist der Titel des Beitrags oder der Seite an der Reihe.

▶ BILD ❹: Hier können Sie ein Bild definieren, das Facebook & Co. beim Weitersagen benutzen sollen. Hier erscheint das weiter oben festgelegte STANDARDBILD OG: IMAGE, das Sie mit einem Optionsfeld aktivieren können.

▶ In EIGENES IMAGE ❺ können Sie ein spezielles Bild hochladen, das nur für diesen Beitrag gilt.

Vergessen Sie nach dem Ausfüllen der Felder nicht, den Beitrag zu AKTUALISIEREN. Abbildung 17.15 zeigt, dass Facebook beim Teilen des Beitrags die weiter oben definierten Einstellungen für BILD, TITEL und BESCHREIBUNG übernimmt.

Facebook übernimmt die Einstellungen nicht?

Falls beim Einfügen in Facebook etwas nicht klappen will, probieren Sie mal den Debugger von Facebook aus:

▶ *developers.facebook.com/tools/debug/og/object/*

Dort geben Sie die entsprechende URL ein, lassen sich mit Show existing scrape information die aktuellen Werte anzeigen und können dann bei Bedarf mit Fetch new scrape information Facebook dazu bewegen, die Daten noch einmal neu zu holen.

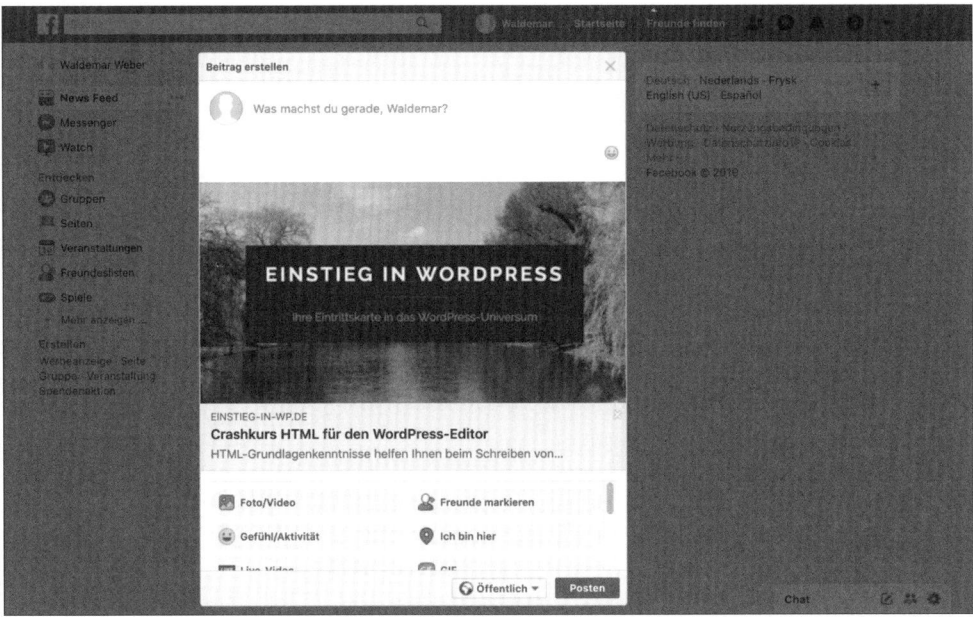

Abbildung 17.15 Der Beitrag in Facebook mit »Settings für Social Media«

17.6   SEO: »XML-Sitemap« als Inhaltsverzeichnis der Website

Mit einer XML-Sitemap geben Sie den Robots der Suchmaschinen ein Inhaltsverzeichnis Ihrer Website mit auf den Weg, sodass sie genau wissen, welche Seiten in die Datenbank der Suchmaschine aufgenommen werden sollen.

17.6.1   Das All-in-One-SEO-Modul »XML Sitemaps« aktivieren

Das Plugin *All in One SEO Pack* hätte seinen Namen nicht verdient, wenn es nicht auch eine Option zur Generierung einer XML-Sitemap bieten würde, die wie das Modul Social Meta erst im Feature Manager aktiviert werden muss.

Im folgenden ToDo aktivieren Sie das Feature XML Sitemaps und erstellen dann damit eine XML-Sitemap.

ToDo: »All in One SEO« – eine XML-Sitemap erstellen

1. Öffnen Sie das Menü All in One SEO • Feature Manager.
2. Klicken Sie im Bereich XML Sitemaps auf die Schaltfläche Activate.

Nach diesem ToDo erscheint im Menü All in One SEO ein neues Untermenü namens XML Sitemap ❶ mit verschiedenen Bereichen ❷ (siehe Abbildung 17.16).

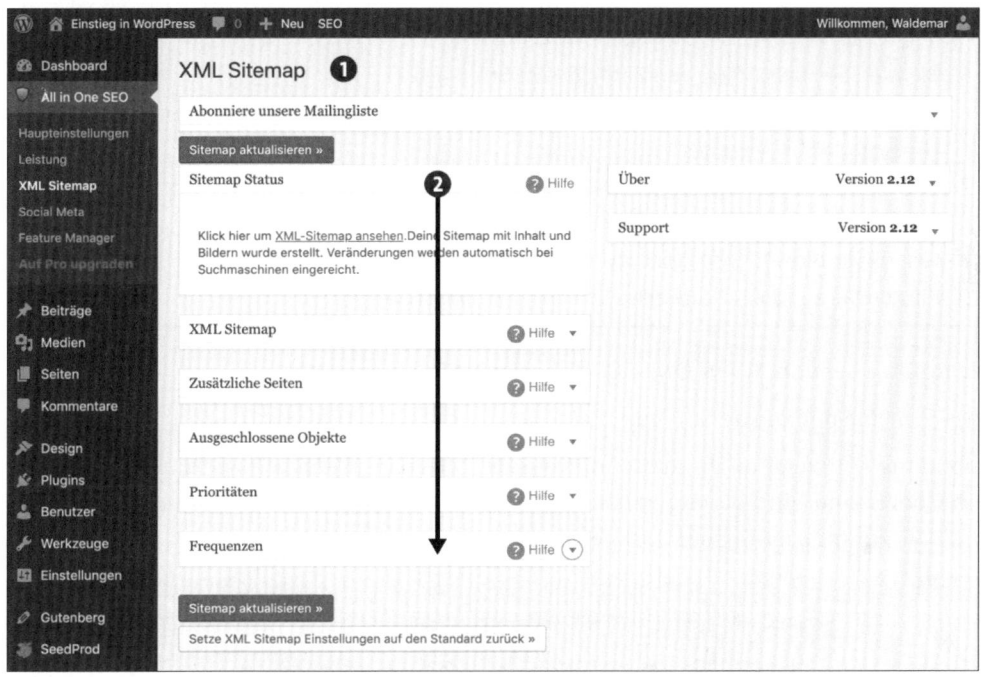

Abbildung 17.16 Die Optionen im Menü »All in One SEO • XML Sitemap«

Schauen Sie sich die Einstellungen ruhig an, aber verändern Sie erst einmal nicht so viel. Mit einem Klick auf das umkreiste Fragezeichen bekommen Sie zu jeder Option eine kurze Hilfe, und mit der Schaltfläche Setze XML Sitemap Einstellungen auf den Standard zurück können Sie notfalls die Standardeinstellungen wiederherstellen.

17.6.2   Eine XML-Sitemap erstellen mit All in One SEO Pack

Im folgenden ToDo erstellen Sie eine XML-Sitemap mit dem entsprechenden Modul des *All in One SEO Packs*.

ToDo: Eine XML-Sitemap erstellen mit »All in One SEO«

1. Wechseln Sie in das Menü ALL IN ONE SEO • XML SITEMAP.
2. Lassen Sie die Standardeinstellungen unverändert, und klicken Sie auf die Schaltfläche SITEMAP AKTUALISIEREN.
3. Klicken Sie auf den Link XML-SITEMAP ANSEHEN, um sich die frisch generierte Sitemap in einem neuen Browsertab anzeigen zu lassen.
4. Wenn in der Sitemap alle gewünschten Ressourcen gelistet sind, wechseln Sie wieder in das Menü ALL IN ONE SEO • XML SITEMAP.
5. Blenden Sie, falls nötig, den Bereich XML SITEMAP ein.
6. Prüfen Sie, ob im Feld PRÄFIX DES DATEINAMENS »sitemap« steht. Die Endung .xml wird automatisch ergänzt.
7. Aktivieren Sie die Kontrollkästchen vor den beiden Optionen GOOGLE BENACHRICHTIGEN und BING BENACHRICHTIGEN.
8. Lassen Sie alle anderen Einstellungen unverändert.
9. Klicken Sie auf die Schaltfläche SITEMAP AKTUALISIEREN.

Die Adresse der von ALL IN ONE SEO generierten Sitemap lautet:

https://meine-domain.de/sitemap.xml

Abbildung 17.17 zeigt einen Ausschnitt aus der Sitemap. Wenn alles geklappt hat, wurden Google und Bing bereits benachrichtigt, dass es eine Sitemap gibt, und schicken ihre Bots zur Indizierung der dort gelisteten Adressen vorbei.

XML Sitemap

Generated by All in One SEO, this is an XML Sitemap, meant to be consumed by search engines like Google or Bing.

You can find more information about XML sitemaps at sitemaps.org.

This sitemap contains 78 URLs

URL	Images	Priority	Change Frequency	Last Change
https://einstieg-in-wp.de/crashkurs-html/	0	90%	Daily	2019-04-10 12:16
https://einstieg-in-wp.de/wiederverwendbare-bloecke/	0	90%	Daily	2019-04-08 19:58
https://einstieg-in-wp.de/uebersicht-alle-archive/	0	70%	Weekly	2019-03-28 14:56
https://einstieg-in-wp.de/block-button/	1	80%	Daily	2019-04-07 18:40
https://einstieg-in-wp.de/block-medien-und-text/	1	90%	Daily	2019-04-08 07:27
https://einstieg-in-wp.de/der-block-pullquote/	0	80%	Daily	2019-04-07 16:40
https://einstieg-in-wp.de/block-zitat/	0	80%	Daily	2019-04-07 13:14
https://einstieg-in-wp.de/block-spalten/	0	80%	Daily	2019-04-07 12:32
https://einstieg-in-wp.de/einen-tweet-zitieren/	0	80%	Daily	2019-04-07 12:54
https://einstieg-in-wp.de/wordpress-upload-limit-erhoehen/	1	60%	Weekly	2019-03-25 11:34

Abbildung 17.17 Die von »All in One SEO« generierte XML-Sitemap

17.6.3   So prüfen Sie Ihre Website bei Google: »site:ihre-domain.de«

Der Google-Bot weiß jetzt, welche Seiten er besuchen und indizieren soll, aber das passiert nicht in einem Wimpernschlag, und es kann schon ein paar Stunden bis Tage dauern, bevor der Google-Bot das erste Mal bei Ihnen vorbeikommt, um die erste Indizierung vorzunehmen.

Mit einer ganz einfachen Google-Suche können Sie sich aber anschauen, ob der Google-Bot schon da war, wie viele Seiten Google von Ihrer Website indiziert hat und wie diese auf der Ergebnisseite aussehen.

Dazu benutzen Sie das Such-Zauberwort `site:` und schreiben ohne Leerstelle den gewünschten Domain-Namen dahinter. Hier ein Beispiel:

`site:pmueller.de`

Abbildung 17.18 zeigt, dass Google von der Domain *pmueller.de* zum Zeitpunkt der Suche 263 Seiten in der Datenbank hatte.

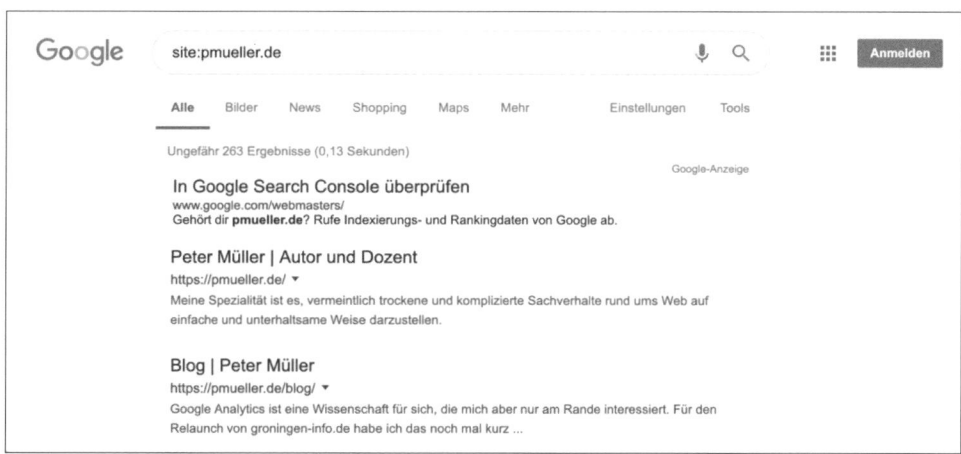

Abbildung 17.18 »site:domain.de« zeigt die bei Google indizierten Seiten.

Sie können eine solche Suche auch mit anderen Suchbegriffen kombinieren und so Websites nach einem bestimmten Suchbegriff durchsuchen, z. B. »site:pmueller.de wordpress optimierung«.

17.6.4   »Google Search Console«: So sieht Google Ihre Website

Die *Google Search Console*, früher bekannt als *Google Webmaster-Tools*, ist ein mächtiges Werkzeug, mit dem Sie sich Ihre Webseiten aus der Sicht von Google anschauen können:

▶ *google.com/webmasters/*

In der Search Console zeigt Google Ihnen, wie es Ihre Website sieht. Sie können hier unter anderem Ihre XML-Sitemap einreichen und anschließend genau sehen, welche Seiten bereits indiziert wurden und ob es dabei irgendwelche Probleme gegeben hat.

Zur Anmeldung bei der Search Console benötigen Sie ein Google-Konto, und bevor Sie Ihre Website hier analysieren können, müssen Sie die Inhaberschaft der Website bestätigen, die hier manchmal auch als *Property* bezeichnet wird.

Die Google Search Console bietet zur Bestätigung der Inhaberschaft mehrere Varianten zur Auswahl an, aber Sie erhalten in jedem Fall einen Verifizierungscode, den Sie auf Ihren Webseiten integrieren müssen. Abbildung 17.19 zeigt den einfachsten Weg im Überblick.

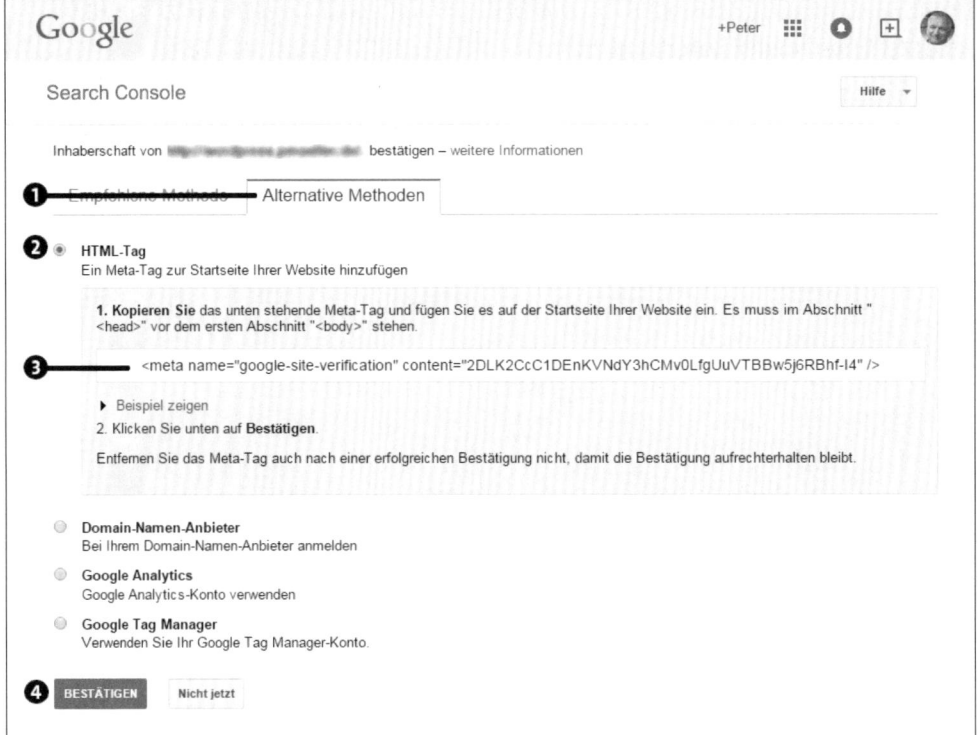

Abbildung 17.19 Inhaberschaft bestätigen in der Google Search Console

Und so bestätigen Sie die Inhaberschaft einer Website:

▶ Wechseln Sie beim Hinzufügen einer Website auf das Register
  ALTERNATIVE METHODEN ❶.

▶ Wählen Sie dort die erste Option, HTML-TAG ❷.

▶ Jetzt wird Ihnen ein META-TAG angezeigt ❸, das den eigentlichen Verifizierungscode enthält:

```
<meta name="google-site-verification" content="2DLK2CcC1DE..." />
```

▶ Fügen Sie den Verifizierungscode, wie unten beschrieben, auf Ihren Webseiten ein.

▶ Klicken Sie nach dem Speichern des Codes auf Ihren Webseiten auf die Schaltfläche
  BESTÄTIGEN ❹.

Im *All in One SEO Pack* gibt es in den HAUPTEINSTELLUNGEN einen Bereich namens
WEBMASTER VERIFIZIERUNG. Dort fügen Sie nur die kryptischen Zeichen ein, die beim
Attribut content zwischen den Anführungszeichen stehen (siehe Abbildung 17.20).

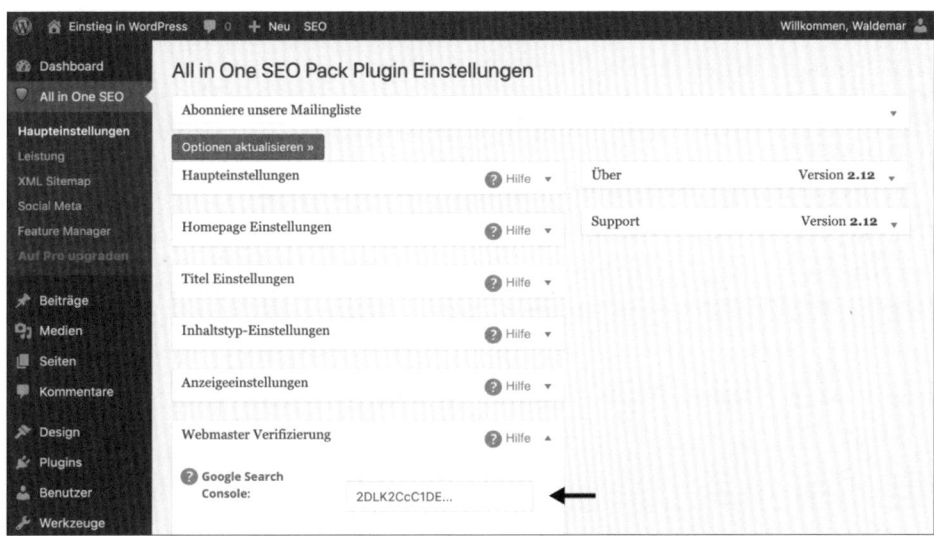

Abbildung 17.20 Die »Webmaster Verifizierung« im All in One SEO Pack

---

Bing hat seine eigene Search Console bzw. eigene Webmastertools

Microsofts Suchmaschine Bing hat ihre eigenen Webmastertools, die Sie unter der folgenden Adresse finden:

▶ *bing.com/toolbox/webmaster*

Dort können Sie ebenfalls die frisch generierte XML-Sitemap einreichen.

17.7   Auf einen Blick

Die wichtigsten Themen noch einmal im Überblick:

▶ Suchmaschinenrobots sammeln den Quelltext der Webseiten ein und kopieren ihn in die Datenbank der Suchmaschine.

▶ Suchmaschinen analysieren den Quelltext und lesen auch den unsichtbaren head-Bereich einer Webseite.

▶ Suchmaschinen benutzen zur Beschreibung eines Suchergebnisses den Seitentitel (<title>), die URL und die Seitenbeschreibung (<meta name="description">). Alle drei Angaben können Sie selbst beeinflussen.

▶ Die Reihenfolge der Suchergebnisse (*Ranking*) wird durch Hunderte von Faktoren festgelegt, aber Suchmaschinen mögen Hyperlinks und Webseiten, die sicher, für Mobilgeräte optimiert und schnell sind.

▶ Mit einem SEO-Plugin können Sie das Erscheinungsbild Ihrer Webseiten in den Suchmaschinen optimieren.

▶ Viele SEO-Plugins bieten Module, um die Darstellung Ihrer Beiträge beim Weitersagen in den sozialen Netzwerken zu optimieren.

▶ Mit einer *XML-Sitemap* geben Sie einer Suchmaschine ein Inhaltsverzeichnis für Ihre Website.

▶ Mit der *Google Search Console* können Sie Ihre Seiten aus der Sicht von Google sehen und entsprechend konfigurieren.

TEIL V
Systemverwaltung und Tipps & Tricks

Kapitel 18
Backups, Updates und Optimierung

Worin Sie Backups erstellen und Ihre Installation mit Updates aktuell halten. Außerdem lernen Sie die Benutzerverwaltung und die Import-/Export-Funktion kennen und optimieren die Beispielsite mit einigen nützlichen Plugins.

Die Themen im Überblick:

- Sicher ist sicher: Backups erstellen mit »UpdraftPlus«, Seite 474

- Im Notfall: Backup wiederherstellen mit »UpdraftPlus«, Seite 480

- Updates: WordPress aktualisieren, Seite 483

- Die Benutzerverwaltung von WordPress, Seite 487

- Import/Export: Inhalte in ein anderes WordPress übertragen, Seite 491

- Seiten beschleunigen: »Autoptimize« und »Cache Enabler«, Seite 494

- Datenbank aufräumen: »WP-Optimize«, Seite 498

- Zusätzliche Sicherheit für WordPress: »WP Security«, Seite 499

- Auf einen Blick, Seite 501

In diesem Kapitel geht es um Backups zur Sicherung Ihrer Dateien und Daten und um Updates für WordPress, Themes und Plugins sowie um Plugins zur Optimierung von Performance und Sicherheit.

18.1 Sicher ist sicher: Backups erstellen mit »UpdraftPlus«

Backups (auf Deutsch auch *Sicherungen* oder *Sicherungskopien* genannt) zu erstellen ist eine verdammt gute Angewohnheit. Bei Daten gilt der Satz »weg ist weg«, und das Gefühl, eine aktuelle Kopie davon zu haben, ist sehr beruhigend.

In diesem Abschnitt möchte ich Ihnen einen kurzen Überblick über mögliche Wege zum Backup geben und Ihnen dann mit *UpdraftPlus* ein Plugin vorstellen, das die Erstellung eines Backups und auch die Wiederherstellung im Ernstfall wesentlich erleichtert.

18.1.1   Backup erstellen: Vom Webhoster, von Hand oder per Plugin

Eine WordPress-Website besteht aus zwei Komponenten:

▶ einer Datenbank mit darin gespeicherten Daten

▶ den Ordnern und Dateien von WordPress auf Ihrem Webspace

Bei einem Backup müssen unbedingt immer beide Komponenten gesichert werden, und in diesem Abschnitt möchte ich Ihnen die verschiedenen Möglichkeiten zur Erstellung eines Backups kurz vorstellen.

Zunächst einmal sollten Sie Ihren Webhoster fragen, ob er Webspace und Datenbank regelmäßig sichert und wie man im Ernstfall darauf zugreifen kann. Dazu können Sie die FAQ des Webhosters lesen oder eine E-Mail an den Support schreiben.

Das Backup des Webhosters entbindet Sie aber nicht von der Pflicht, selbst eines anzulegen. Doppelt hält besser, und außerdem arbeiten auch bei Webhosting-Firmen nur Menschen, und Menschen machen manchmal Fehler.

Zur Erstellung eines eigenen Backups gibt es folgende Möglichkeiten:

▶ Von Hand und ohne Plugin: Sie können die Dateien per FTP auf Ihre Festplatte herunterladen und die Daten aus der Datenbank mit einer Anwendung wie *phpMyAdmin* exportieren (siehe Abschnitt 3.4), aber das ist mühsam, kostet viel Zeit und ist eher etwas für technisch versierte Anwender.

▶ Bezahlte Dienstleistungen wie *BackupBuddy* von iThemes oder *VaultPress* von Automattic vereinfachen ein Backup und bieten bequeme Optionen zur Wiederherstellung.

▶ Plugins wie *UpdraftPlus* sind ein guter Kompromiss: komfortabler als ein Backup per FTP und phpMyAdmin und preisgünstiger als die bezahlten Dienstleistungen.

In den folgenden Abschnitten möchte ich Ihnen das in der Basisversion kostenlose Plugin *UpdraftPlus* vorstellen. Es ermöglicht die Erstellung eines Backups mit wenigen Klicks und bietet dazu im Gegensatz zu vielen anderen kostenlosen Plugins auch eine Funktion zur Wiederherstellung der Daten im Ernstfall (siehe Abbildung 18.1):

▶ de.wordpress.org/plugins/updraftplus/

UpdraftPlus ermöglicht, Backups entweder manuell durchzuführen oder zeitlich zu planen, und kann die Backup-Dateien bei Bedarf auch gleich in der Cloud speichern (Dropbox, Google Drive etc.). In diesem Abschnitt erstellen Sie ein manuelles Backup, das Sie anschließend auf Ihrer eigenen Festplatte speichern.

18

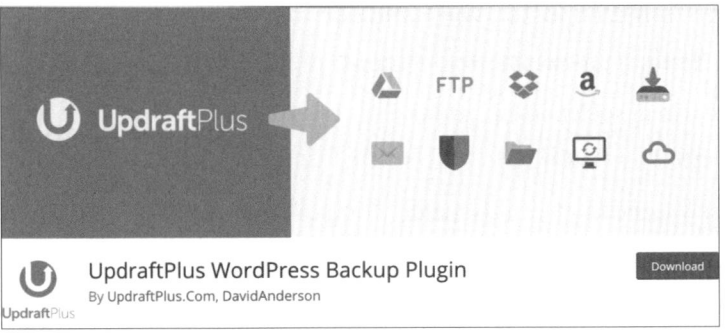

Abbildung 18.1 »UpdraftPlus« für WordPress-Backups

18.1.2   Schritt 1: UpdraftPlus installieren und aktivieren

Im folgenden ToDo installieren und aktivieren Sie zunächst das Plugin.

ToDo: UpdraftPlus installieren und aktivieren

1. Öffnen Sie das Menü PLUGINS • INSTALLIEREN.

2. Geben Sie in das Suchfeld »UpdraftPlus« ein.

3. Wenn das Plugin erscheint, klicken Sie auf INSTALLIEREN.

4. Klicken Sie nach der Installation auf AKTIVIEREN.

Nach diesem ToDo gibt es oben in der Admin-Toolbar einen neuen Menüpunkt namens UPDRAFTPLUS und im Menü EINSTELLUNGEN ein neues Untermenü UPDRAFTPLUS SICHERUNGEN. Abbildung 18.2 zeigt diese Seite mit dem Register BACKUP/RESTORE, in dem es eine wirklich wichtige Schaltfläche gibt: JETZT SICHERN.

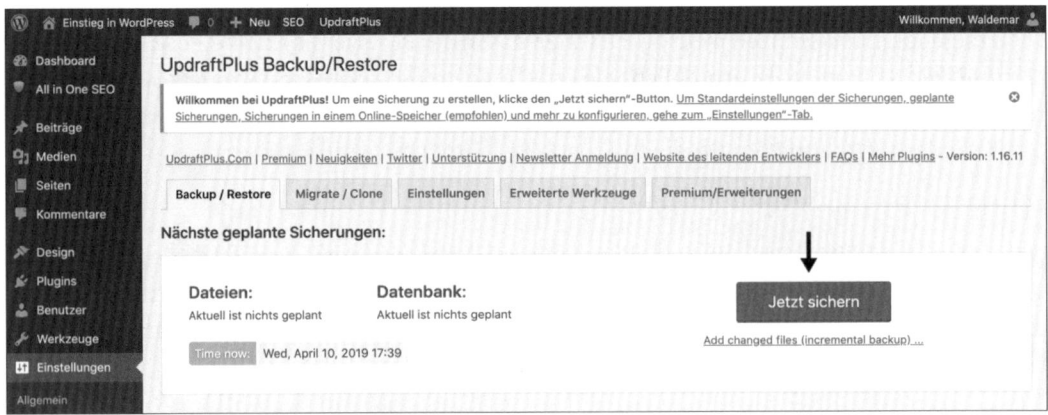

Abbildung 18.2 UpdraftPlus mit dem Button »Jetzt sichern«

18.1.3   Schritt 2: »Jetzt sichern« – ein manuelles Backup erstellen

In diesem Abschnitt erstellen Sie mit wenigen Klicks ein manuelles Backup. *Manuell* bedeutet in diesem Zusammenhang, dass Sie selbst klicken und das Backup nicht automatisiert nach einem Zeitplan erstellt wird.

Nach einem Klick auf JETZT SICHERN erscheint das Dialogfeld aus Abbildung 18.3, in dem die beiden Optionen zur Sicherung von Datenbank und Dateien bereits angekreuzt sind.

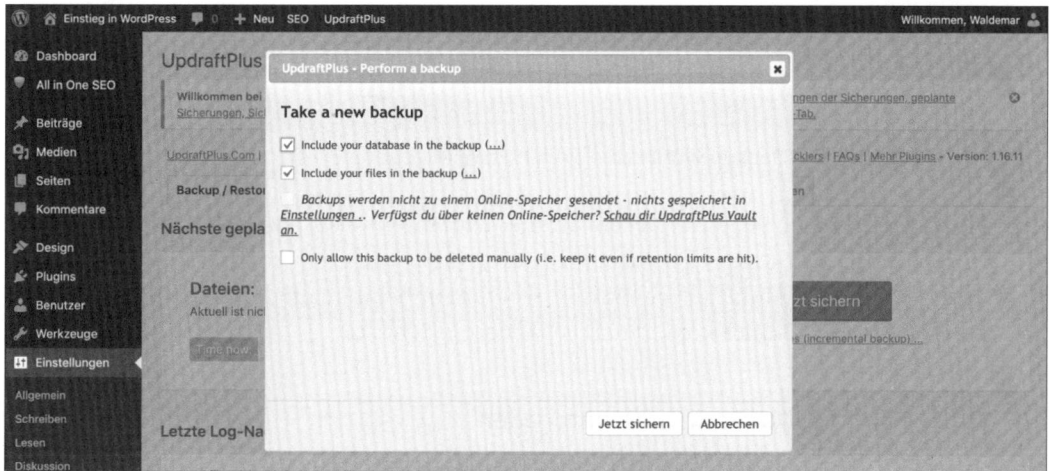

Abbildung 18.3 Optionen zur Auswahl von Datenbank und Dateien

18

Im folgenden ToDo erstellen Sie ein manuelles Backup mit *UpdraftPlus*.

ToDo: Ein manuelles Backup mit UpdraftPlus erstellen

1. Öffnen Sie im Menü EINSTELLUNGEN • UPDRAFTPLUS SICHERUNGEN die Seite BACKUP/ RESTORE.
2. Klicken Sie auf die große blaue Schaltfläche JETZT SICHERN.
3. Prüfen Sie im folgenden Dialogfeld, ob die beiden Optionen zur Sicherung von Datenbank *und* Dateien aktiviert sind (siehe Abbildung 18.3).
4. Klicken Sie im Dialogfeld unten auf die Schaltfläche JETZT SICHERN.

UpdraftPlus zeigt während der Erstellung des Backups einen Fortschrittsbalken. Wenn das Backup fertig ist, erscheint, wie in Abbildung 18.4 zu sehen, die Meldung DIE SICHE-RUNG WAR ANSCHEINEND ERFOLGREICH UND IST NUN VOLLSTÄNDIG.

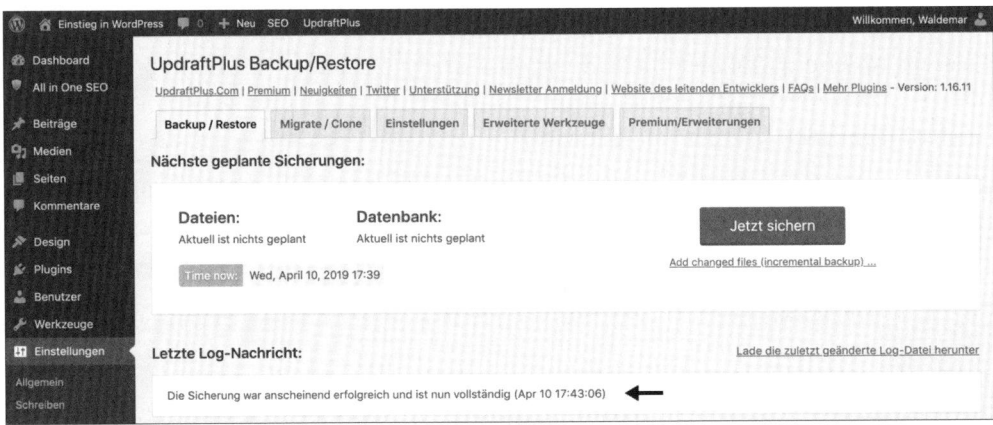

Abbildung 18.4 Das Backup wurde erfolgreich erstellt.

Die Backup-Dateien liegen in diesem Moment auf Ihrem Webspace. Ein Backup auf dem Webspace ist zwar besser als gar kein Backup, aber trotzdem sollten Sie die Backup-Dateien dort nicht einfach liegen lassen, sondern unbedingt auf den eigenen Computer oder auf einen USB-Stick kopieren. Das passiert in Schritt 3.

18.1.4   Schritt 3: Das Backup herunterladen

Unterhalb der Meldung (LOG-NACHRICHT) aus Abbildung 18.4 gibt es den Abschnitt EXISTIERENDE SICHERUNGEN ❶, in dem Sie sich Backups anschauen und die Backup-Dateien auf die eigene Festplatte herunterladen können (siehe Abbildung 18.5).

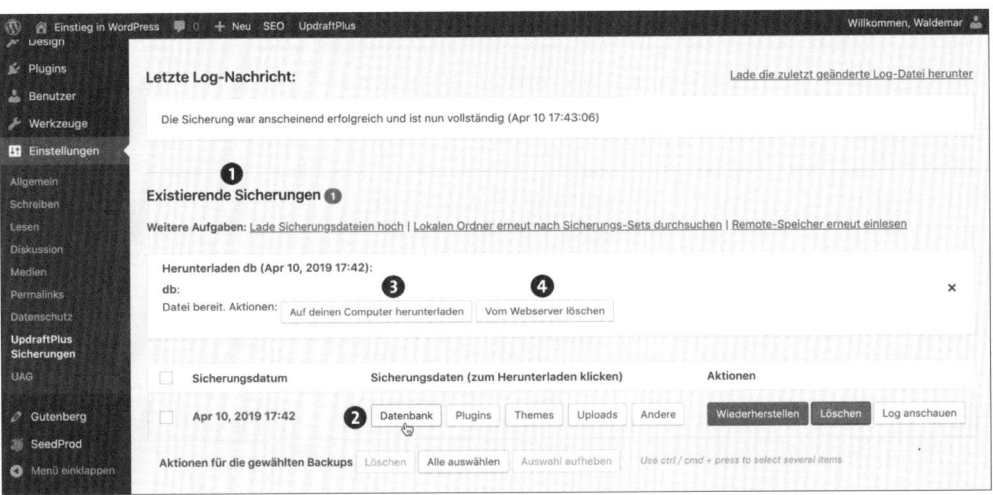

Abbildung 18.5 Der Abschnitt »Existierende Sicherungen« im Überblick

UpdraftPlus hat insgesamt fünf Backup-Dateien erstellt, und für jede Datei gibt es eine Schaltfläche zum Herunterladen ❷: Datenbank, Plugins, Themes, Uploads und Andere.

In Abbildung 18.5 wurde die Schaltfläche Datenbank bereits angeklickt, sodass darüber ein umrahmter Kasten mit Details zur Datei und den zwei Schaltflächen Auf deinen Computer Herunterladen ❸ und Vom Webserver löschen ❹ erscheint.

Im folgenden ToDo laden Sie die fünf Backup-Dateien herunter und speichern sie auf Ihrem eigenen Computer.

ToDo: Die Backup-Dateien herunterladen und speichern

1. Öffnen Sie die Seite Einstellungen • UpdraftPlus Sicherungen.
2. Scrollen Sie im Register Backup/Restore zum Abschnitt Existierende Sicherungen ❶ (siehe Abbildung 18.5).
3. Klicken Sie auf die Schaltfläche Datenbank ❷.
4. Sobald *UpdraftPlus* die Datei bereitgestellt hat, klicken Sie auf die Schaltfläche Auf Deinen Computer Herunterladen ❸.
5. Speichern Sie die Datei in einem geeigneten Ordner auf Ihrer Festplatte.
6. Falls der Speicherplatz auf Ihrem Webspace knapp ist, können Sie die Datei danach Vom Webserver löschen ❹.
7. Wiederholen Sie diesen Vorgang für die anderen vier Dateien Plugins, Themes, Uploads und Andere.

Nach diesem ToDo haben Sie ein Backup der wichtigsten Dateien Ihrer WordPress-Installation erstellt und auf Ihren Computer kopiert. Abbildung 18.6 zeigt fünf komprimierte Dateien.

18

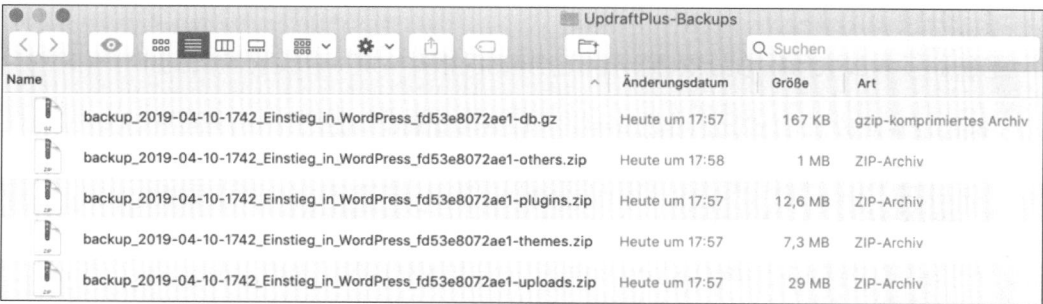

Abbildung 18.6 Die Backup-Dateien nach dem Herunterladen

18.1.5   Überblick: Was UpdraftPlus alles sichert (und was nicht)

UpdraftPlus hat recht sinnvolle Standardeinstellungen und sichert außer der Datenbank nur die vier wirklich wichtigen Bereiche:

- PLUGINS enthält die Dateien und Unterordner der installierten Plugins. Online werden sie im Ordner *wp-content/plugins/* gespeichert.
- DESIGNS enthält die Dateien und Unterordner für die installierten Themes, die online im Ordner *wp-content/themes/* liegen.
- UPLOADS enthält alle hochgeladenen Dateien und Medien. Online sind diese im Ordner *wp-content/uploads/* zu finden.
- ANDERE VERZEICHNISSE enthält alle anderen Ordner, die unterhalb von *wp-content* gespeichert werden, z. B. die Sprachdateien.

UpdraftPlus verzichtet also darauf, den Kern von WordPress zu sichern. Weder der WordPress-Hauptordner mit der Konfigurationsdatei *wp-config.php* noch die Ordner *wp-admin* und *wp-includes* sind in den Backup-Dateien enthalten.

Das klingt auf den ersten Blick seltsam, ist in der Praxis aber durchaus sinnvoll: Das Backup von *UpdraftPlus* enthält alle Daten und Dateien, die Ihre WordPress-Installation von einer Standardinstallation unterscheiden. Dadurch ist ein Backup schnell erledigt und bleibt übersichtlich.

> **Vollautomatisch: Zeitlich geplante Backups in der Cloud speichern**
>
> Sie können mit *UpdraftPlus* auch ein automatisiertes Backup einrichten, das die Backup-Dateien z. B. in der Dropbox oder einem anderen Cloud-Service (*Remote-Speicher*) speichert. Automatisierte Backups richten Sie in *UpdraftPlus* im Register EINSTELLUNGEN ein.

18.2   Im Notfall: Backup wiederherstellen mit »UpdraftPlus«

Bei der Wiederherstellung eines Backups ist es am allerwichtigsten, Ruhe zu bewahren:

- Keine Panik. Sie haben ein Backup!
- Die erfolgreiche Wiederherstellung ist nur eine Frage der Zeit.

Natürlich ist man genervt, wenn etwas so grundlegend schiefläuft, dass man ein Backup wiederherstellen muss. Aber oft entstehen die wirklich schlimmen Fehler erst durch überhastete und unüberlegte Versuche, etwas schnell wieder geradezubiegen.

Okay? Tief durchatmen, und los geht's. Bei der Wiederherstellung eines Backups gibt es zwei mögliche Szenarien:

1. Das Backend von WordPress funktioniert noch.
2. Das Backend ist kaputt oder nicht zugänglich.

Diese beiden Varianten werden im Folgenden beschrieben.

18.2.1   Option 1: Wiederherstellen mit funktionierendem WordPress-Backend

Falls WordPress noch funktioniert und Sie einen oder mehrere der fünf gesicherten Bereiche wiederherstellen möchten:

▶ Lesen Sie den folgenden Artikel gründlich durch:
updraftplus.com/faqs/restore-site-updraftplus/

▶ Öffnen Sie die Seite EINSTELLUNGEN • UPDRAFT SICHERUNGEN.

▶ Scrollen Sie zum Abschnitt EXISTIERENDE SICHERUNGEN.

▶ Prüfen Sie, ob das gewünschte Backup auf dem Webspace liegt. Falls nicht, laden Sie die Backup-Dateien auf den Webspace hoch.

▶ Klicken Sie neben dem gewünschten Backup auf WIEDERHERSTELLEN (siehe oben, Abbildung 18.5).

▶ Im darauffolgenden Dialogfeld können Sie auswählen, welche Dateien wiederhergestellt werden sollen (siehe Abbildung 18.7).

▶ Klicken Sie nach der Auswahl der gewünschten Bereiche unten im Dialogfeld auf die Schaltfläche WIEDERHERSTELLEN.

Probieren Sie ruhig, alle gewünschten Bereiche wiederherzustellen. Falls das nicht klappt und es einen Time-out gibt, lesen Sie den folgenden Hinweiskasten zu Time-outs.

Time-out? Probieren Sie, die Bereiche einzeln wiederherzustellen

Das größte Risiko bei der Wiederherstellung mehrerer Bereiche auf einmal ist ein *Time-out*. Auf den meisten Webservercomputern liegen viele hundert Websites, die sich die Rechenleistung der Hardware teilen. Jede Website hat deshalb nur eine bestimmte Zeit an einem Stück zur Verfügung, bevor die anderen wieder dran sind.

Ist diese Zeit um, gibt es ein *Time-out*, und die Wiederherstellung wird abgebrochen. Sollte es also ein Time-out geben, stellen Sie die Bereiche einzeln wieder her und nicht mehrere auf einmal.

Abbildung 18.7 »Sicherung wiederherstellen« – Bereiche auswählen

18.2.2   Option 2: Wiederherstellen, wenn das Backend nicht mehr funktioniert

Falls der Kern von WordPress kaputt ist und Sie nicht mehr im Backend, auch bekannt als *WP Admin*, arbeiten können, wird die Wiederherstellung etwas aufwendiger, denn Sie müssen zunächst ein neues WordPress installieren:

▶ Lesen Sie den folgenden Artikel gründlich durch:
tinyurl.com/restore-site-without-wp-admin

▶ Installieren Sie ein frisches WordPress auf Ihrem Webspace.

▶ Installieren und aktivieren Sie *UpdraftPlus*.

Der Rest funktioniert dann genau wie bei Option 1:

▶ Öffnen Sie die Seite Einstellungen • Updraft Sicherungen.

▶ Scrollen Sie zum Abschnitt Existierende Sicherungen.

▶ Prüfen Sie, ob das gewünschte Backup auf dem Webspace liegt. Falls nicht, laden Sie die Backup-Dateien hoch auf den Webspace.

▶ Klicken Sie neben dem gewünschten Backup auf Wiederherstellen (siehe oben, Abbildung 18.5).

▶ Im darauffolgenden Dialogfeld können Sie auswählen, welche Dateien wiederhergestellt werden sollen (siehe Abbildung 18.7).

▶ Klicken Sie nach der Auswahl der gewünschten Bereiche unten im Dialogfeld auf die Schaltfläche Wiederherstellen.

Falls das aus welchen Gründen auch immer nicht funktionieren sollte, benötigen Sie wahrscheinlich mehr Hilfe, als ein Buch liefern kann. Falls Sie im Bekannten- oder Freundeskreis niemanden kennen, bleibt Ihnen nur der Weg, über Google oder Word-Press-Foren einen professionellen Dienstleister zu suchen.

Das war die schlechte Nachricht.

Die gute ist, dass die erfolgreiche Wiederherstellung mit einem aktuellen Backup wirklich »nur« eine Frage der Zeit ist. Datenbank, Plugins, Themes, Uploads und Sprachdateien wurden von *UpdraftPlus* gesichert, und damit kann ein Profi eine WordPress-Installation auf jeden Fall wiederherstellen.

18.3   Updates: WordPress aktualisieren

So, wie ein Auto regelmäßig zur Inspektion muss und einen Ölwechsel braucht, benötigt WordPress ab und zu ein Update. In diesem Abschnitt möchte ich Ihnen zeigen, wie Sie das am besten tun können.

18.3.1   Automatische Sicherheitsupdates sind unbedingt empfehlenswert

Wenn Sie in WordPress die Seite DASHBOARD • AKTUALISIERUNGEN aufrufen, bekommen Sie einen Überblick über die anstehenden Updates für WordPress, Plugins, Themes und Übersetzungen. In Abbildung 18.8 stehen keine Updates an.

Abbildung 18.8 Die Seite »Dashboard • Aktualisierungen«

Mit der Schaltfläche Erneut überprüfen ❶ können Sie checken, ob wirklich keine Updates vorliegen. Darunter sehen Sie den Hinweis ❷:

Du benutzt die aktuelle Version von WordPress. Zukünftige Sicherheitsaktualisierungen werden automatisch durchgeführt.

Um diese Meldung zu verstehen, muss man wissen, dass WordPress zwei verschiedene Arten von Updates kennt:

▶ Eine *Sicherheitsaktualisierung* ist ein kleiner Versionssprung von z. B. 5.1.1 auf 5.1.2. Ein solches Update dient nur der Beseitigung von Fehlern und wird auch als *kleines Update* oder *Bugfix-Release* bezeichnet.

▶ Ein *großes Update* von z. B. 5.2 auf 5.3 enthält nicht nur Fehlerbeseitigungen, sondern auch zahlreiche andere Neuerungen und neue Funktionen. Ein großes Update kann es durchaus in sich haben.

WordPress kann Sicherheitsupdates für WordPress und Übersetzungsdateien automatisch im Hintergrund erledigen, und das automatische Ausführen von Sicherheitsupdates für den Kern von WordPress ist eine ziemlich gute Idee, denn darin werden Fehler beseitigt und Sicherheitslöcher gestopft. Themes und Plugins werden dabei nicht automatisch auch aktualisiert, sollten aber nach einem Sicherheitsupdate in der Regel weiterhin problemlos funktionieren.

Ein großes WordPress-Update hingegen wird nicht automatisch im Hintergrund ausgeführt, sondern muss manuell gestartet werden. Große Updates erscheinen alle paar Monate, und davor gibt es Testversionen (*Beta*) sowie fast fertige Vorabversionen (*Release Candidate*), sodass interessierte Anwender die Neuerungen bereits vorab begutachten und ausgiebig testen können.

Automatische Updates per Plugin

Wenn Sie es wie viele WordPress-Anwender auf Dauer eher mühsam finden, regelmäßig alle Plugins und Themes auf Updates hin zu checken, schauen Sie sich einmal folgende Plugins an:

▶ *Easy Updates Manager* (arbeitet mit *UpdraftPlus* zusammen)
de.wordpress.org/plugins/stops-core-theme-and-plugin-updates/

▶ *Companion Auto Update* von Papin Schipper
de.wordpress.org/plugins/companion-auto-update/

Beide Plugins überlassen Ihnen die Kontrolle, was automatisch aktualisiert werden soll, ersparen Ihnen aber wie eine Geschirrspülmaschine den täglichen Abwasch.

18.3.2   Das Ein-Klick-Update: WordPress per Mausklick aktualisieren

Sicherheitsupdates werden von WordPress also automatisch durchgeführt, können aber auch manuell erfolgen. Große Updates für WordPress sowie Updates für Plugins und Themes hingegen müssen Sie von Hand starten.

Wenn ein neues Update bereitsteht, werden Sie im Backend an verschiedenen Stellen darauf hingewiesen, z. B. oben in der Admin-Leiste mit zwei runden Pfeilen und der Anzahl der wartenden Updates.

Abbildung 18.9 zeigt die Seite Dashboard • Aktualisierungen, auf der die aktuelle Update-Situation beschrieben wird:

▶ Es steht ein kleines Update auf die Version 5.1.1 an, das noch nicht automatisch ausgeführt wurde. Die Vorgehensweise ist dabei dieselbe wie bei einem großen Update.

▶ Das Plugin *UpdraftPlus* wartet ebenfalls auf eine Aktualisierung.

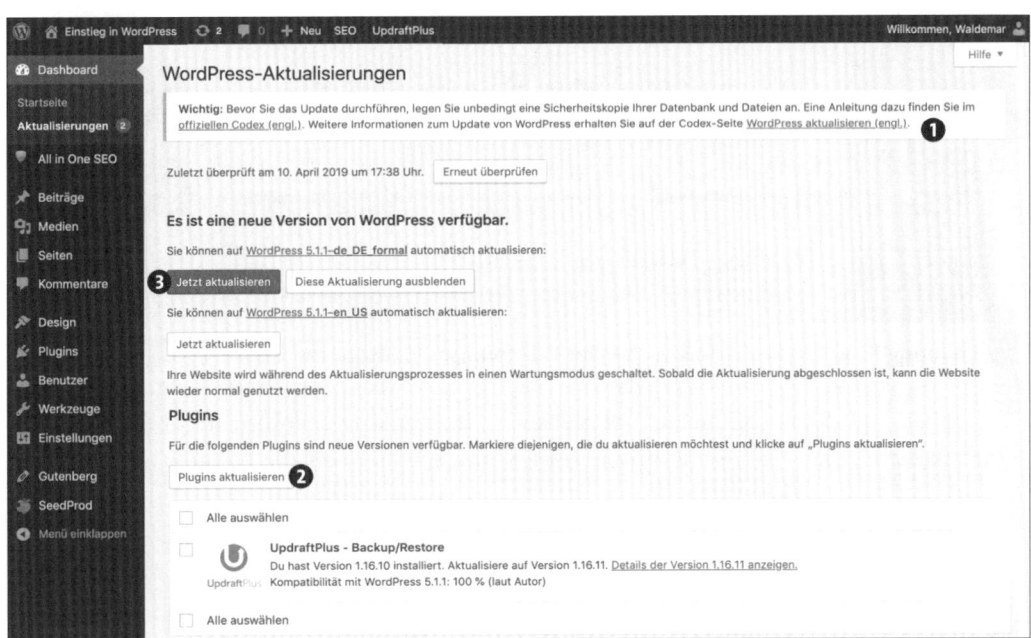

Abbildung 18.9 Die Seite »Aktualisierungen« mit anstehenden Updates

In Abbildung 18.9 wird deutlich darauf hingewiesen, dass vor dem Update *unbedingt eine Sicherheitskopie der Datenbank und der Dateien* erstellt werden sollte ❶. Nehmen Sie diesen Hinweis ernst, und erstellen Sie vor jedem Update ein Backup.

Die Grundregel beim Updaten ist, dass Themes und Plugins vor WordPress aktualisiert werden sollten. Der Ablauf ist insgesamt also wie folgt:

- ▶ Backup gemacht? Gut.

- ▶ Gehen Sie auf die Seite Dashboard • Aktualisierungen.

- ▶ Falls Plugin oder Theme aktualisiert werden möchten, wählen Sie sie aus und klicken dann auf Plugins aktualisieren ❷ bzw. Themes aktualisieren. Am besten eins nach dem anderen, damit es kein Time-out gibt (siehe oben).

- ▶ Eventuell müssen danach noch Übersetzungen aktualisiert werden.

- ▶ Wenn Themes, Plugins und Übersetzungen auf dem neuesten Stand sind, klicken Sie weiter oben auf die farbige Schaltfläche Jetzt aktualisieren ❸ für das Update von WordPress selbst.

WordPress holt die aktuelle Version, entpackt die Datei und nimmt alle notwendigen Änderungen vor. Kurz darauf sehen Sie eine Seite mit einem Hinweis auf die neue Version (siehe Abbildung 18.10).

Abbildung 18.10 Update erfolgreich – der Willkommen-Bildschirm

Nach jedem Update sollten Sie Ihre Webseiten immer kurz checken: an- und abmelden am Backend, die Seiten im Frontend öffnen und schauen, ob alle Widgets und Plugins noch gut funktionieren.

> **Mögliche Probleme und manuelle Updates**
>
> Falls bei einem Update etwas schiefgehen sollte, können Sie im Forum auf *wpde.org* fragen:
>
> - ▶ *forum.wpde.org/forums/installation.21/*
>
> Falls Sie ein manuelles Update bevorzugen oder das automatische Update aus dem Backend heraus nicht funktioniert, finden Sie eine Anleitung z. B. auf der Website von Jens Appelt aus Berlin oder im Codex auf WordPress.org:
>
> - ▶ *tinyurl.com/derappelt-wp-update-manuell* (führt zu *derappelt.de*)
>
> - ▶ *codex.wordpress.org/Updating_WordPress*

18.4   Die Benutzerverwaltung von WordPress

Bis jetzt sind Sie in Ihrem WordPress der einzige Benutzer, aber das muss nicht so bleiben, denn in diesem Abschnitt sehen Sie, wie Sie neue Benutzer hinzufügen können, und erfahren, warum Sie für sich am besten zwei Benutzerkonten einrichten, eines als Administrator und eines als Redakteur.

18.4.1   Die fünf Benutzerrollen von WordPress und ihre Rechte

WordPress hat eine Benutzerverwaltung mit einem einfachen Rollen- und Rechtesystem, das zwischen fünf Rollen unterscheidet. Sie sind im Augenblick Administrator und dürfen alles, die anderen vier Rollen haben jeweils etwas weniger Rechte.

Tabelle 18.1 zeigt die fünf Benutzerrollen und die wichtigsten Rechte im Überblick.

	Admin	Redakteur	Autor	Mitarbeiter	Abonnent
Einstellungen	ja	–	–	–	–
Themes	ja	–	–	–	–
Plugins	ja	–	–	–	–
Updates	ja	–	–	–	–
Seiten	alle	alle	–	–	–
Beiträge	alle	alle	eigene	eigene	–
lesen	alle	alle	alle	alle	alle
erstellen	alle	alle	eigene	eigene	–
bearbeiten	alle	alle	eigene	eigene	–
löschen	alle	alle	eigene	eigene	–
veröffentlichen	alle	alle	eigene	–	–
Profil ändern	alle	eigenes	eigenes	eigenes	eigenes

Tabelle 18.1 Die Benutzerrollen von WordPress und ihre Rechte

Diese fünf Benutzerrollen entsprechen unterschiedlichen Aufgaben:

▶ Der *Administrator* kann alle Funktionen von WordPress uneingeschränkt nutzen, und es gibt für jede Installation oft nur einen »Admin«. Nur Admins können WordPress verwalten und sehen Menüs wie PLUGINS und THEMES.

▶ *Redakteure* sind für die inhaltliche Betreuung der Website zuständig und dürfen mit allen Seiten und allen Beiträgen alles machen.

▶ *Autoren* dürfen Bilder hochladen, Beiträge erstellen und veröffentlichen, können aber nur eigene Bilder und Beiträge bearbeiten und löschen.

▶ *Mitarbeiter* dürfen Beiträge erstellen, aber nicht veröffentlichen, und sie dürfen keine Bilder hochladen.

▶ *Abonnenten* sind registrierte Benutzer der Website und dürfen nur ihr eigenes Benutzerprofil ändern.

Abbildung 18.11 zeigt das Backend aus der Sicht eines Benutzers mit der Benutzerrolle *Autor*. Links in der Menüleiste fehlen z. B. die Menüs für SEITEN, DESIGN und PLUGINS.

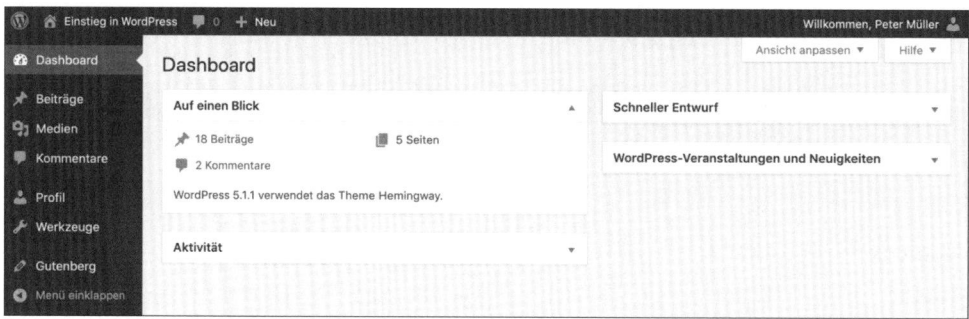

Abbildung 18.11 Das Backend aus Sicht eines Autors – mit weniger Menüs

18.4.2   Sicher ist sicher: Verwaltung als »Admin«, Schreiben als »Redakteur«

Sie haben in den bisherigen Kapiteln alle Seiten und Beiträge als Administrator geschrieben und veröffentlicht. Idealerweise wird das Administratorkonto in einer WordPress-Installation aber nur zur Verwaltung der Website und nicht zur Arbeit mit Inhalten benutzt.

Das liegt daran, dass der Benutzername, mit dem Sie sich am Backend anmelden, im Frontend nach außen sichtbar ist, z. B. in der URL der Autorenseite:

▶ Ein Außenstehender kann im Frontend so leicht eine Liste der Benutzernamen erstellen und muss »nur« noch das entsprechende Passwort herausfinden, um sich am Backend anmelden zu können.

▶ Wenn Sie als Admin keine Seiten oder Beiträge schreiben, taucht der Benutzername des Administrators im Frontend nicht auf.

Daher ist es sinnvoll, dass Sie zwei Benutzerkonten haben, eines als Administrator und eines als Redakteur.

Um das zu erreichen, fügen Sie im folgenden ToDo einen neuen Benutzer als Administrator hinzu, melden sich dann mit diesem Konto an und ändern die Rolle für das bisherige Admin-Konto in *Redakteur*.

ToDo: Neuen Admin hinzufügen und alter Admin wird Redakteur

1. Melden Sie sich als Administrator am Backend an.
2. Wechseln Sie in das Menü BENUTZER • NEU HINZUFÜGEN, und füllen Sie das Formular aus.
3. Geben Sie im Feld BENUTZERNAME einen guten Benutzernamen ein, der nicht leicht zu raten ist. »Admin« ist kein guter Benutzername.
4. Wählen Sie ein wirklich gutes Passwort. Falls Ihnen die von WordPress vorgeschlagenen kryptischen Zeichen nicht geheuer sind, wählen Sie nach dem Motto »Gut zu merken, schlecht zu raten« ein eigenes.
5. Notieren Sie sich Benutzernamen und Passwort, oder speichern Sie sie in Ihrem Passwortmanager.
6. Wählen Sie als ROLLE aus der Dropdown-Liste ADMINISTRATOR.
7. Klicken Sie auf die Schaltfläche NEUEN BENUTZER HINZUFÜGEN.
8. Melden Sie sich am Backend ab und mit dem neu erstellten Admin-Konto gleich wieder an.
9. Wechseln Sie in das Menü BENUTZER • ALLE BENUTZER, und öffnen Sie das Benutzerprofil des alten Administrators zur Bearbeitung.
10. Wählen Sie für die Option ROLLE aus der Dropdown-Liste REDAKTEUR.
11. Speichern Sie die Änderungen mit einem Klick auf die Schaltfläche BENUTZER AKTUALISIEREN.

Nach diesem ToDo gibt es einen neuen Administrator, dessen Benutzernamen nur Sie kennen, und der alte Administrator, der bisher alle Beiträge geschrieben hat, ist nur noch Redakteur (siehe Abbildung 18.12).

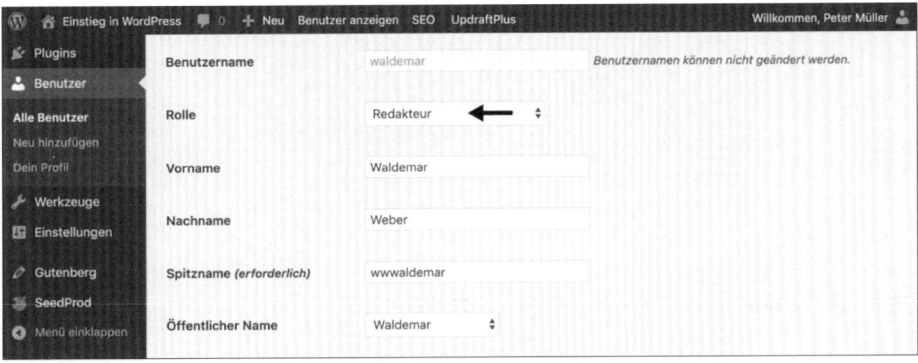

Abbildung 18.12 Der Benutzer »Waldemar« ist nur noch Redakteur.

18.4.3 Praktisch: Beiträge und Seiten einem anderen Benutzer zuweisen

Der traditionelle Gegenspieler von Sicherheit ist Komfort, und eine sichere Lösung ist selten komfortabel. So sind die zwei Benutzerprofile zur Verwaltung als Admin und zum Schreiben als Redakteur zwar aus Sicherheitsgründen empfehlenswert, werden im Alltag aber als unpraktisch empfunden, weil man sich andauernd an- und abmelden muss.

Ein guter Kompromiss zwischen beiden Wegen wäre vielleicht der folgende:

▶ Sie arbeiten und schreiben wie gewohnt als Administrator.

▶ Nach dem Speichern weisen Sie Beitrag oder Seite dem Redakteur zu.

Dann haben Sie den Komfort, als Admin zu arbeiten, und die Sicherheit, dass der Admin-Benutzername im Frontend nicht auftaucht.

Das Zuweisen zu einem anderen Benutzer geht ganz bequem mit der Funktion QUICK-EDIT und ist an sich selbsterklärend, und man kann das sogar für mehrere Beiträge oder Seiten auf einen Streich machen (siehe Abbildung 18.13):

1. Kreuzen Sie die gewünschten Beiträge oder Seiten an.

2. Wählen Sie im Feld AKTION WÄHLEN die Option BEARBEITEN ❶.

3. Bestätigen Sie die Auswahl mit ÜBERNEHMEN ❷.

4. Wählen Sie im Feld AUTOR den Nicht-Admin-Benutzer aus ❸.

Abschließend AKTUALISIEREN Sie die Änderungen und sind fertig.

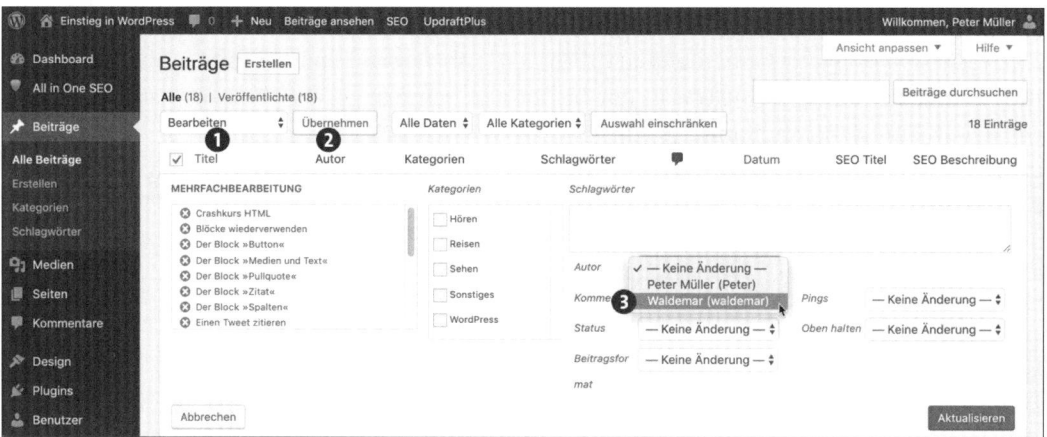

Abbildung 18.13 Ausgewählte Beiträge einem anderen Autor zuweisen

> **Benutzerverwaltung: Neue Rechte und neue Rollen per Plugin**
>
> Falls Sie in Ihrem WordPress andere Rollen oder Rechte benötigen, gibt es dafür natürlich Plugins, z. B. *WPFrontend User Role Editor*:
>
> ▶ *de.wordpress.org/plugins/wpfront-user-role-editor/*
>
> Zur Anpassung der Rechte können Sie sich im WordPress-Codex eine sehr ausführliche Übersicht von Rollen und Rechten anschauen:
>
> ▶ *codex.wordpress.org/Roles_and_Capabilities#Capability_vs._Role_Table*

18.5   Import/Export: Inhalte in ein anderes WordPress übertragen

Im Menü WERKZEUGE gibt es zwei Befehle, mit denen Sie Inhalte zwischen zwei WordPress-Installationen austauschen können:

▶ DATEN IMPORTIEREN

▶ DATEN EXPORTIEREN

Mit dieser Import-/Export-Funktion können Sie bereits geschriebene Seiten und Beiträge exportieren und in einem anderen WordPress wieder importieren. Das ist z. B. sehr praktisch, wenn Sie eine Website zunächst auf WordPress.com erstellt haben und später doch lieber auf ein selbst gehostetes WordPress umsteigen möchten.

> **Import/Export ist kein Ersatz für ein Backup**
>
> Mit der Einstellung DATEN EXPORTIEREN werden nur die Inhalte, also Beiträge, Seiten und gegebenenfalls Medien transferiert. Die WordPress-Einstellungen sowie Themes, Plugins und deren Einstellungen werden *nicht* exportiert, und deshalb ist diese Funktion nur begrenzt sinnvoll, um ein Backup zu erstellen.

18.5.1   Schritt 1: Daten aus WordPress exportieren

Das Exportieren von Beiträgen und Seiten einer WordPress-Installation ist denkbar einfach:

1. Öffnen Sie das Menü WERKZEUGE • DATEN EXPORTIEREN (❶, siehe Abbildung 18.14).

2. Wählen Sie die Option danach aus, was Sie exportieren möchten. In der Regel werden dies ALLE INHALTE sein ❷.

3. Klicken Sie auf die Schaltfläche EXPORT-DATEI HERUNTERLADEN ❸.

18

WordPress erstellt daraufhin eine XML-Datei im Format WordPress eXtended RSS (WXR), die alle Inhalte enthält. Diese Datei mit der Endung *.xml* speichern Sie auf Ihrer Festplatte ab.

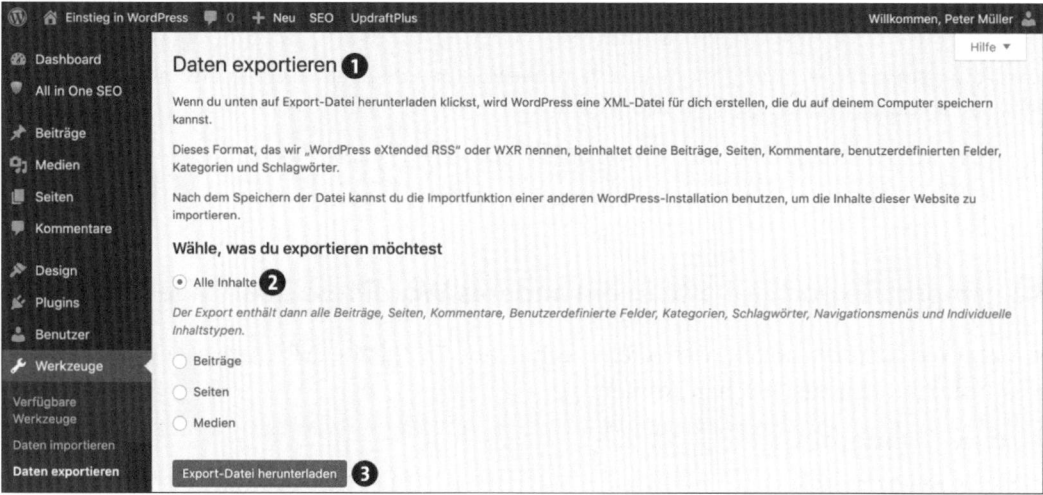

Abbildung 18.14 Die Seite »Werkzeuge • Daten exportieren«

18.5.2   Schritt 2: Daten in einem anderen WordPress importieren

Beim Import der in der XML-Datei gespeicherten Daten in ein anderes WordPress gehen Sie wie folgt vor:

1. Gehen Sie auf die Seite WERKZEUGE • DATEN IMPORTIEREN.
2. Wählen Sie dann aus der Liste der verschiedenen Blogsysteme die Option WORD-PRESS.
3. Auf dem selbst gehosteten WordPress müssen Sie das Plugin *WordPress-Importer* installieren. Abbildung 18.15 zeigt die Seite WERKZEUGE • WORDPRESS IMPORTIEREN, die von dem Plugin WordPress-Importer erzeugt wird.
4. Klicken Sie auf dieser Seite auf die Schaltfläche DATEI AUSWÄHLEN ❶, und wählen Sie die exportierte XML-Datei aus.
5. Klicken Sie auf DATEI AKTUALISIEREN UND IMPORTIEREN ❷.
6. Danach erscheint die in Abbildung 18.16 dargestellte Seite WORDPRESS IMPORTIEREN mit den Bereichen AUTOREN ZUWEISEN und ANHÄNGE IMPORTIEREN.

Abbildung 18.15 Die Seite »Werkzeuge • Daten importieren«

7. Auf der Seite in Abbildung 18.16 müssen Sie noch ein oder zwei Dinge erledigen:

   – Sie müssen entscheiden, ob Sie den Benutzer importieren, einen neuen Benutzer erstellen oder die Beiträge einem existierenden Benutzer zuweisen möchten ❸.

   – In einem selbst gehosteten WordPress müssen Sie zum Importieren der Mediendateien die Option DATEIANHÄNGE HERUNTERLADEN UND IMPORTIEREN ankreuzen ❹.

   In der XML-Datei stehen die Pfadangaben zu allen Bildern, und sofern diese öffentlich zugänglich sind, holt WordPress beim Importieren die Bilder und speichert sie in der Mediathek. Auf WordPress.com werden die Mediendateien übrigens automatisch importiert.

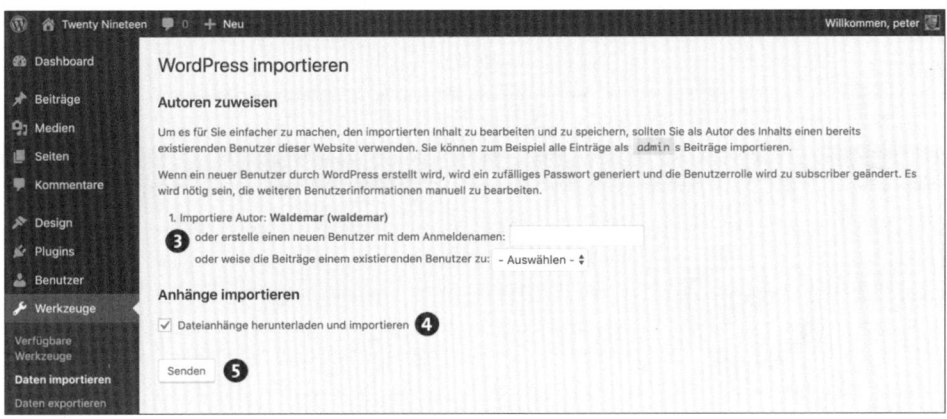

Abbildung 18.16 Autoren zuweisen und Bilder auch importieren

8. Klicken Sie auf die Schaltfläche SENDEN ❺, um den Import der Daten zu beginnen.

Nach diesen Schritten sind alle Seiten und Beiträge aus der ursprünglichen WordPress-Installation in die neue übertragen worden. Die Dateianhänge werden in die Mediathek importiert, aber falls etwas nicht funktioniert, muss man eventuell bei den Links in den Beiträgen noch einige Pfade anpassen.

18.6   Seiten beschleunigen: »Autoptimize« und »Cache Enabler«

Je mehr Besucher Ihre Website hat, desto härter müssen WordPress, der Webserver und die Datenbank arbeiten, denn die Seiten werden ja erst auf Anforderung erstellt. Es gibt diverse Plugins, die die Performance der Webseiten verbessern, und in diesem Abschnitt möchte ich Ihnen *Autoptimize* und *Cache Enabler* vorstellen, die einander perfekt ergänzen.

Abbildung 18.17 zeigt die Ergebnisse des Tools *PageSpeed Insights* von Google für die Startseite der Beispielsite für *Mobil* und *Desktop*. Mal schauen, ob und wie das am Ende dieses Abschnitts aussieht.

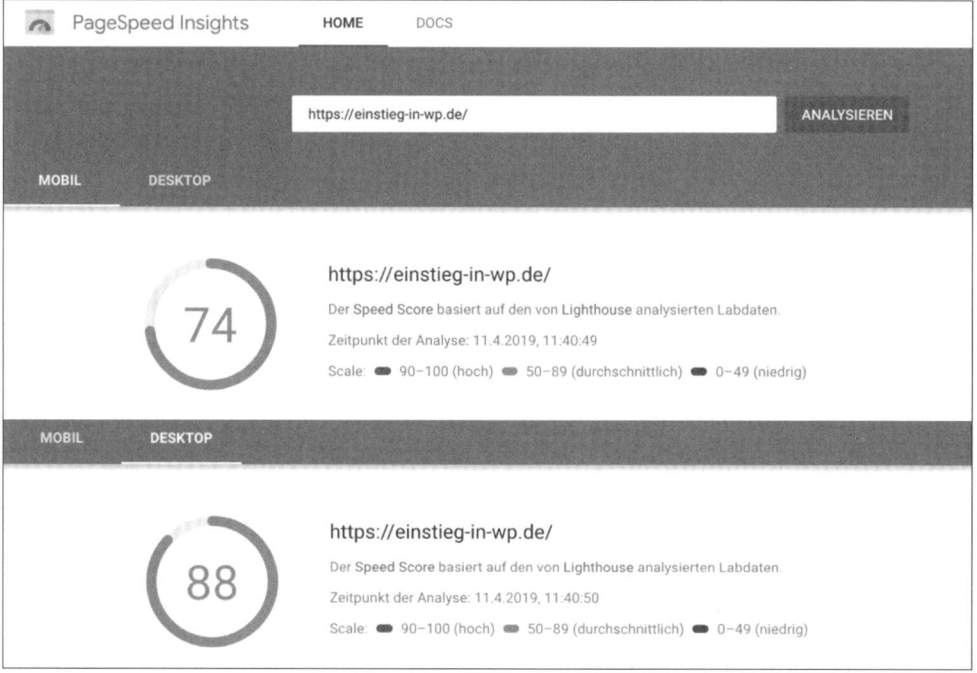

Abbildung 18.17 Die Beispielsite vor der Optimierung – Mobil und Desktop

18.6.1   Das Plugin »Autoptimize« optimiert den Quelltext

Das Plugin *Autoptimize*, kurz für »Auto Optimize«, optimiert den Quelltext vor der Auslieferung der Webseiten und hilft so, die Ladezeit zu reduzieren, sodass die Besucher Ihrer Webseiten buchstäblich schneller surfen können (siehe Abbildung 18.18).

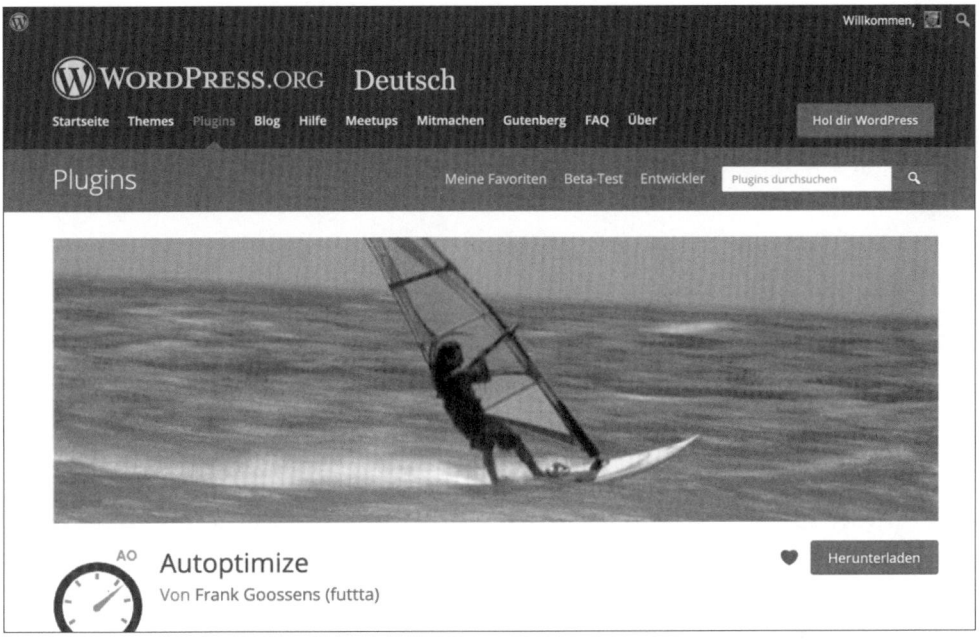

Abbildung 18.18 Das Plugin »Autoptimize«

Nach Installation und Aktivierung gibt es oben in der Admin-Leiste einen Eintrag für AUTOPTIMIZE, über den man den vom Plugin angelegten Cache prüfen und löschen kann.

Im Menü EINSTELLUNGEN gibt es außerdem den Menüpunkt AUTOPTIMIZE, über den sich das Plugin konfigurieren lässt (siehe Abbildung 18.19). Dort können Sie ankreuzen, dass HTML, CSS und JavaScript optimiert werden sollen. Vergessen Sie nicht, die Änderungen zu speichern.

Autoptimize bietet im Register EXTRAS noch weitere nützliche Optionen. Unter anderem können Sie dort die Optionen GOOGLE FONTS ENTFERNEN und EMOJIS ENTFERNEN aktivieren. Beide verhindern, dass WordPress im Hintergrund automatisch CSS- und JavaScript-Dateien von anderen Servern lädt. Abgesehen von der verbesserten Performance ist das auch im Sinne des in der DSGVO definierten Datenschutzes.

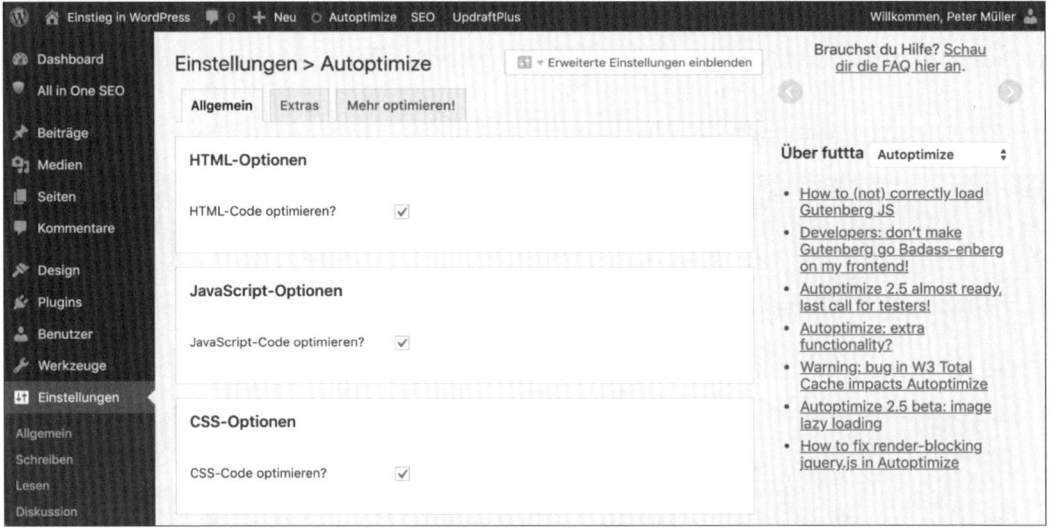

Abbildung 18.19 »Autoptimize« konfigurieren

Prüfen Sie Ihre Seiten nach der Optimierung

Wie bei jeder Optimierung besteht auch mit Autoptimize die Möglichkeit unerwünschter Nebeneffekte. So kann das Entfernen von Google Fonts zum Beispiel bewirken, dass sich die im Frontend vom Theme verwendete Schriftart für Überschriften und Fließtext ändert.

Prüfen Sie nach der Aktivierung von Autoptimize also auf jeden Fall in Ihren Seiten und Beiträgen, ob noch alles gut aussieht und funktioniert. Falls wider Erwarten Probleme auftauchen, deaktivieren Sie alle Optionen und schalten Sie sie dann Schritt für Schritt wieder ein.

18.6.2   »Cache Enabler« als Ergänzung zu »Autoptimize«

Die perfekte Ergänzung zu Autoptimize ist ein Cache-Plugin wie das kostenlose *Cache Enabler*. Cache-Plugins erleichtern WordPress die Arbeit, indem sie z. B. häufig besuchte Seiten vorproduzieren und für Besucher bereitstellen.

Nach Installation und Aktivierung erscheint rechts oben in der Admin-Toolbar der Link CACHE LÖSCHEN, mit dem man den von Cache Enabler erstellten Cache im Bedarfsfall löschen kann. Außerdem gibt es im Menü EINSTELLUNGEN einen Eintrag für CACHE ENABLER, aber in der Regel müssen Sie dort nichts ändern.

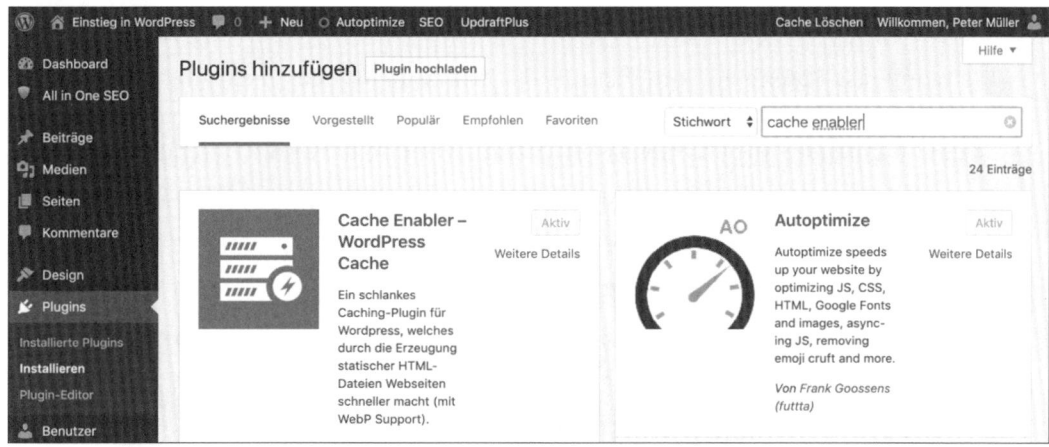

Abbildung 18.20 »Cache Enabler« ergänzt »Autoptimize«

18.6.3   »Autoptimize« und »Cache Enabler« sind eine gute Kombination

Abbildung 18.21 zeigt, dass sich die mit PageSpeed Insights gemessene Performance der Startseite mit Autoptimize und Cache Enabler im Vergleich zu Abbildung 18.17 deutlich verbessert hat.

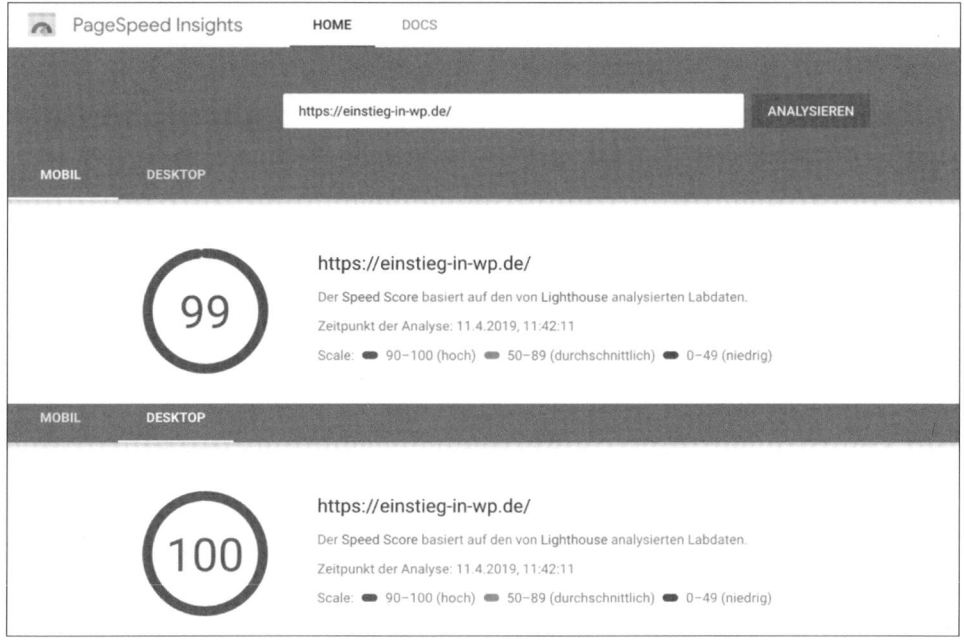

Abbildung 18.21 Die Startseite der Beispielsite nach der Optimierung

18.7   Datenbank aufräumen: »WP-Optimize«

Die WordPress-Datenbank wird im Laufe der Zeit immer größer, nicht zuletzt aufgrund der gespeicherten Revisionen, die Sie in Abschnitt 6.4 kennengelernt haben. Ab und an ist es eine gute Idee, die Datenbank aufzuräumen und so die Größe zu reduzieren.

Das beliebteste Plugin zum Aufräumen der Datenbank ist *WP-Optimize* von den Programmierern, die auch für UpdraftPlus verantwortlich sind (siehe Abbildung 18.22):

▶ *de.wordpress.org/plugins/wp-optimize/*

Abbildung 18.22 Das Plugin »WP-Optimize«

Nach Installation und Aktivierung können Sie in den Einstellungen festlegen, dass beim Aufräumen die Einträge der letzten x Wochen aufbewahrt werden sollen, sodass keine aktuellen Daten gelöscht werden. Auf Wunsch kann man auch einen Zeitraum für eine regelmäßige automatische Aufräumaktion definieren.

Abbildung 18.23 zeigt den Bereich Datenbank, in dem Sie unter anderem folgende Aufräumarbeiten durchführen können:

▶ Beitrags-Revisionen entfernen ❶

▶ Automatisch gespeicherte Beitrags-Entwürfe entfernen ❷

▶ Beiträge aus dem Papierkorb entfernen ❸

▶ Spam und Kommentare aus dem Papierkorb entfernen ❹

Der Clou dabei ist, dass WP-Optimize auf Wunsch vor dem Aufräumen mit UpdraftPlus automatisch ein Backup der Datenbank anfertigt. Sie müssen nur die entsprechende Option aktivieren ❺.

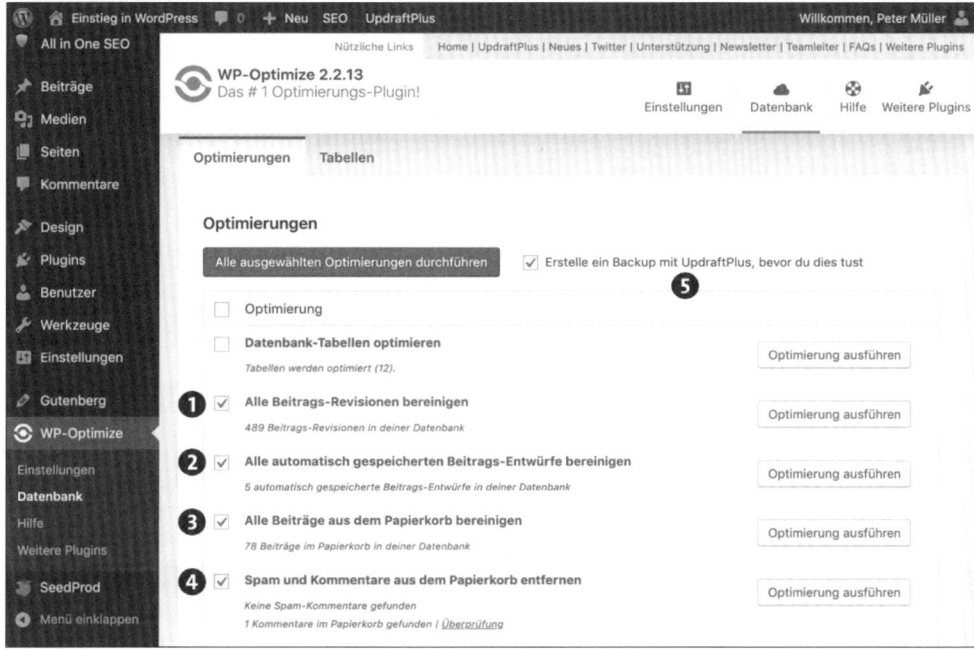

Abbildung 18.23 WP-Optimize erstellt auf Wunsch automatisch ein Backup.

18.8   Zusätzliche Sicherheit für WordPress: »WP Security«

Sie halten WordPress, Plugins und Themes immer auf dem aktuellen Stand, Sie haben für alle Benutzer gute Benutzernamen und sichere Passwörter, und Sie erstellen Inhalte nicht als Administrator, sondern als Redakteur.

Wenn Sie noch mehr für die Sicherheit Ihrer Website tun möchten, schauen Sie sich das kostenlose Plugin *All In One WP Security & Firewall* einmal an, das manchmal auch kurz und bündig *WP Security* genannt wird (siehe Abbildung 18.24):

▶ *de.wordpress.org/plugins/all-in-one-wp-security-and-firewall/*

Nach Installation und Aktivierung des Plugins gibt es ein neues Menü namens WP SECURITY mit diversen Unterpunkten, in denen Sie das Plugin konfigurieren können. Im Dashboard von WP Security gibt es eine Übersicht über den aktuellen Stand der Sicherheit (siehe Abbildung 18.25).

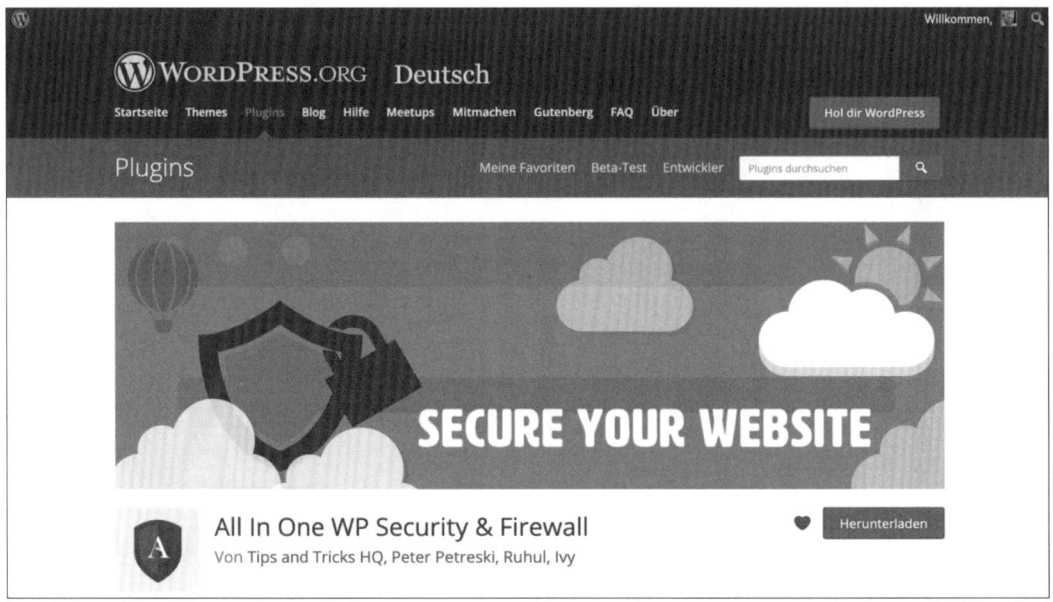

Abbildung 18.24 Das Plugin »All in One WP Security & Firewall«

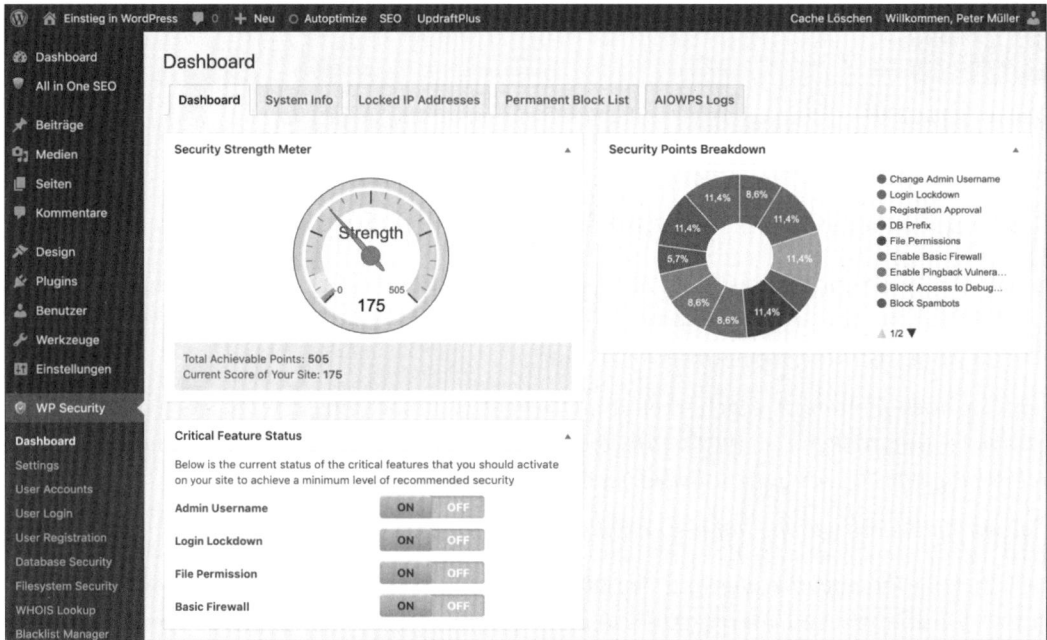

Abbildung 18.25 Die Übersicht im Dashboard von »WP Security«

Bevor Sie mit der Erforschung des Plugins beginnen, sollten Sie im Menü WP SECURITY • SETTINGS eine Kopie der für die Sicherheit Ihrer Site relevanten Dateien *.htaccess* und *wp-config.php* herunterladen, damit Sie diese falls nötig wiederherstellen können. Diese Dateien sind in einem mit UpdraftPlus erstellten Backup nicht enthalten.

In Abbildung 18.25 sehen Sie, dass im Dashboard von WP Security im Abschnitt CRITICAL FEATURE STATUS die wichtigsten Sicherheitsfeatures aktiviert wurden:

▶ ADMIN USERNAME. Ein Klick darauf bringt Sie zum Menü USER ACCOUNTS. Dort wird überprüft, ob Sie einen Admin haben, der als Benutzernamen »Admin« hat.

▶ LOGIN LOCKDOWN springt ins Menü USER LOGIN. Dort können Sie die Zahl der Anmeldeversuche am Backend begrenzen, sodass Unbefugte nicht einfach eine Kombination nach der anderen ausprobieren können.

▶ FILE PERMISSION ruft das Menü FILESYSTEM SECURITY auf. Hier wird überprüft, ob die Lese- und Schreibberechtigungen für Dateien und Ordner auf Ihrem Webspace in Ordnung sind.

▶ BASIC FIREWALL ermöglicht Ihnen die Aktivierung einer FIREWALL, die mithilfe der Datei *.htaccess* den Zugriff auf Ihren Webspace einschränkt. Vor der Aktivierung sollten Sie wie weiter oben beschrieben eine Sicherheitskopie der Datei *.htaccess* erstellen.

Bei Problemen können Sie im Menü WP SECURITY • SETTINGS mit der Schaltfläche DISABLE ALL SECURITY FEATURES alle Sicherheitsfeatures des Plugins deaktivieren oder mit DISABLE ALL FIREWALL RULES nur die Firewall.

18

> **Besuch empfohlen: Das Menü »Werkzeuge • Website-Zustand«**
>
> Seit WordPress 5.2 gibt es im Menü WERKZEUGE den Punkt WEBSITE-ZUSTAND. Hier gibt es zwei Unterseiten:
>
> ▶ STATUS liefert übersichtliche Hinweise mit Tipps zu Verbesserungen.
>
> ▶ INFO gibt einen Bericht zur Konfiguration der Website.
>
> Diesen Bericht können Sie in die Zwischenablage kopieren und z. B. an Ihren Webhoster schicken, falls etwas nicht wie erwartet funktionieren sollte.

18.9   Auf einen Blick

Die wichtigsten Themen noch einmal im Überblick:

▶ Eine WordPress-Site besteht immer aus Datenbank und Dateien auf dem Webspace. Bei einem Backup müssen Sie immer beide Komponenten sichern.

- Ein Plugin wie *UpdraftPlus* kostet zwar etwas Zeit bei der Einrichtung, bietet Ihnen danach aber das beruhigende Gefühl, ein automatisches, immer aktuelles Backup von Datenbank und Dateien zu haben.

- WordPress kennt zwei Arten von Updates:
  - Sicherheitsupdates mit einer dreistelligen Versionsnummer wie 5.2.1.
  - große Updates mit einem Versionssprung von z. B. 5.2 auf 5.3.

- WordPress führt Sicherheitsupdates automatisch durch.

- Ein großes Update muss manuell im Backend angestoßen werden, läuft aber in der Regel automatisch ab.

- WordPress kennt eine einfache Benutzerverwaltung mit fünf verschiedenen Rollen.

- Aus Sicherheitsgründen schreiben Sie Beiträge und Seiten idealerweise nicht als Administrator, sondern als Redakteur oder Autor.

- Mit der Import-/Export-Funktion können Sie Inhalte bequem in eine andere WordPress-Installation übertragen.

- Mit Plugins zur Optimierung des Quelltextes (z. B. *Autoptimize*) und zum Caching (z. B. *Cache Enabler*) können Sie die Performance Ihrer Website beschleunigen.

- Plugins wie *WP-Optimize* helfen, die Datenbank von WordPress aufzuräumen.

- Zusätzliche Sicherheit bekommen Sie unter anderem mit einem Plugin wie dem kostenlosen *WP Security*.

Kapitel 19
Tipps und Tricks

Worin Sie sehen, wie man alte Inhalte in Blöcke umwandelt und eine Datenschutzerklärung erstellt. Außerdem lernen Sie noch ein paar nützliche Plugins und Checklisten für die Freischaltung Ihrer Website kennen.

Die Themen im Überblick:

- ▶ »Classic Block«: Inhalte in Blöcke umwandeln, Seite 503
- ▶ Datenschutzerklärung und DSGVO-Kompatibilität, Seite 506
- ▶ Weitere nützliche Plugins zur Systemverwaltung, Seite 512
- ▶ Know-how: Quelltext von Themes bearbeiten, Seite 515
- ▶ Checkliste für die Freischaltung einer WordPress-Site, Seite 517
- ▶ Sie sind nicht allein: Die WordPress-Community, Seite 520
- ▶ Auf einen Blick, Seite 521

In diesem Kapitel geht es um das Umwandeln von mit dem alten WordPress-Editor erstellten Inhalten, um den Datenschutz, nützliche Plugins und das updatesichere Ändern von Themes.

Am Ende des Kapitels finden Sie noch einige Checklisten für die Freischaltung Ihrer WordPress-Website und ein paar hilfreiche Links zu WordPress-Foren, falls Sie allein einmal nicht mehr weiterkommen.

19.1 »Classic Block«: Inhalte in Blöcke umwandeln

Falls Sie mit WordPress 5 eine neue Site erstellt haben, arbeiten Sie von Anfang an mit dem Block-Editor, falls Sie aber eine ältere WordPress-Site aktualisiert haben, dann haben Sie davor mit dem alten Editor namens TinyMCE gearbeitet, der inzwischen häufig *Classic Editor* genannt wird.

19

19.1.1   Bei einem Update auf WordPress 5 werden Inhalte nicht verändert

Das Wichtigste vorweg:

▶ Bei einem Update auf WordPress 5 werden die Inhalte von Beiträgen
und Seiten nicht automatisch in Blöcke umgewandelt.

▶ Erst wenn Sie einen Beitrag oder eine Seite zur Bearbeitung öffnen,
wird der Block-Editor für diesen Beitrag oder diese Seite aktiv.

Die Inhalte werden dann in einem *Classic Block* gespeichert, der fast genauso funktioniert wie der alte *Classic Editor*.

Der alte TinyMCE-Editor als Plugin: »Classic Editor«

Wenn Sie alte Seiten oder Beiträge haben, die Sie erst einmal nicht mit dem Block-Editor bearbeiten möchten, können Sie den alten Editor unter WordPress 5 als Plugin installieren:

▶ Classic Editor, der alte WordPress-Editor als Plugin:
de.wordpress.org/plugins/classic-editor/

Nach der Aktivierung können Sie dann für jedes Dokument einzeln entscheiden, ob es mit dem Classic Editor oder mit dem Block-Editor bearbeitet werden soll.

19.1.2   Der Block »Classic« als Auffanglager für Inhalte aus dem alten Editor

Abbildung 19.1 zeigt einen mit dem alten Editor geschriebenen Beitrag, der zur Bearbeitung im Block-Editor geöffnet wurde:

▶ Der Inhalt wird in einem Block mit dem Namen *Classic* gespeichert ❶.

▶ Die Symbolleiste über dem Block ❷ sieht so aus wie beim alten Editor.

▶ Der Beitrag enthält neben normalen Absätzen ❸ ein Weiterlesen-Tag ❹ und eine Überschrift ❺.

▶ Im 3-Punkte-Menü ❻ in der Block-Symbolleiste können Sie einen *Classic Block* unter anderem In Blöcke umwandeln ❼ oder Als HTML bearbeiten ❽.

Abbildung 19.1 Mit dem Classic Editor erstellter Beitrag im Block-Editor

19.1.3 »In Blöcke umwandeln«: Der Classic Block wird zerteilt

Um den Inhalt mit dem Block-Editor richtig bearbeiten zu können, muss der Classic Block in normale Blöcke verwandelt werden. Spannend ist bei einem Klick auf den Befehl IN BLÖCKE UMWANDELN, ob der Block-Editor dabei die Elemente im Beitrag korrekt erkennt und ihnen dann die richtigen Blöcke zuweist.

Abbildung 19.2 zeigt den Beitrag nach der Umwandlung in Blöcke, und dort hat alles reibungslos geklappt:

▶ Die Absätze stehen in einem eigenen Absatz-Block ❶.

▶ Das Weiterlesen-Tag ist ein Block MEHR geworden ❷.

▶ Die Überschrift wurde zu einem Block ÜBERSCHRIFT ❸.

Inhalt kaputt? Zurück zur vorherigen Version geht es mit »Revisionen«.

Sollte bei einer Umwandlung in Blöcke wider Erwarten etwas schiefgehen, können Sie mit den Revisionen wieder zurück zu einer vorherigen Version (siehe Abschnitt 6.4, »›Revisionen‹: Unfallhilfe für Beiträge und Seiten«).

Abbildung 19.2 Alles okay – der Beitrag nach der Umwandlung in Blöcke

19.2 Datenschutzerklärung und DSGVO-Kompatibilität

In Abschnitt 5.3, »Eine Seite bearbeiten: ›Beispiel-Seite‹ wird ›Impressum‹«, hatte ich beim Erstellen des Impressums erwähnt, dass eine Website eine Datenschutzerklärung benötigt, und in diesem Abschnitt zeige ich Ihnen, wie Sie eine erstellen können.

Danach lernen Sie noch zwei Plugins kennen, eines für den obligatorischen Cookie-Hinweis und eines für DSGVO-kompatible Kommentarformulare.

19.2.1 Der Entwurf für die Seite »Datenschutzerklärung«

Nach der Installation von WordPress taucht die Datenschutzerklärung bereits an zwei Stellen auf:

▶ Im Menü SEITEN • ALLE SEITEN gibt es einen vom WordPress-Team vorformulierten Entwurf für eine Datenschutzerklärung.

▶ Im Menü EINSTELLUNGEN • DATENSCHUTZ bekommen Sie allgemeine Hinweise zur Datenschutzerklärung ❶ und können dann festlegen, welche Seite die Datenschutzerklärung enthält ❷ (siehe Abbildung 19.3).

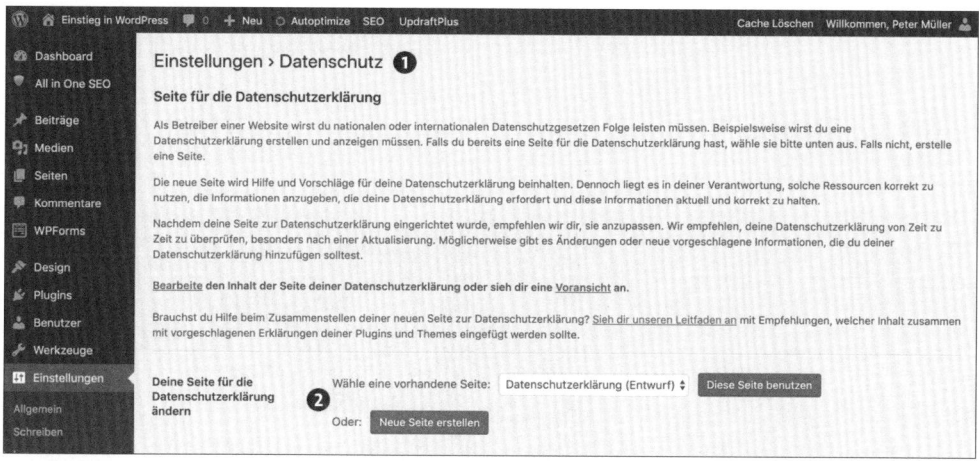

Abbildung 19.3 Das Menü »Einstellungen • Datenschutz«

In dem erklärenden Text auf der Seite EINSTELLUNGEN • DATENSCHUTZ steht, dass der von WordPress vorgegebene Text angepasst werden muss und dass es Ihre Verantwortung ist, dies im Einklang mit der für Ihr Land geltenden Rechtsprechung zu tun.

19.2.2   Hilfe bei der Datenschutzerklärung: »datenschutz-generator.de«

Die Erstellung einer Seite zum Datenschutz und die Zuweisung der Seite im Menü EINSTELLUNGEN • DATENSCHUTZ ist also recht einfach. Etwas schwieriger ist es, den Inhalt für diese Seite korrekt zu formulieren. Dabei helfen Tools wie der *Datenschutz-Generator* von Rechtsanwalt Dr. Thomas Schwenke:

▶ *datenschutz-generator.de*

Die Erstellung einer DSGVO-Datenschutzerklärung ist mit dieser Website für Privatpersonen und Kleinunternehmer gratis, Unternehmen können eine Lizenz erwerben.

Um den Text für die Datenschutzerklärung zu bekommen, folgen Sie einfach den Anweisungen auf der Website:

▶ Beantworten Sie die Fragen, und wählen Sie die passenden Module aus.

▶ Per Klick auf die Plus-Zeichen können Sie weitere Modul-Gruppen öffnen und so die gewünschten Bereiche, z. B. für Kommentare, Gravatare, Kontaktformular etc., hinzufügen.

▶ Danach können Sie sich weiter unten Ihre Datenschutzerklärung generieren lassen, mit einem großen grünen Button auf dem steht *Klicken Sie hier, um Ihre Datenschutzerklärung zu generieren.*

19

Abbildung 19.4 Der Datenschutzgenerator von Dr. Thomas Schwenke

Die von dem Tool erzeugte Datenschutzerklärung können Sie dann als HTML-Code kopieren und auf der Seite für die Datenschutzerklärung in WordPress einfügen.

19.2.3 Die Seite »Datenschutzerklärung«: Text einfügen und Menü erweitern

Wenn Sie den Text für die Datenschutzerklärung erstellt haben, wird es Zeit, die Seite für den Datenschutz zu komplettieren und zu veröffentlichen. Genau das erledigen Sie im folgenden ToDo.

ToDo: Die Datenschutzerklärung erstellen und veröffentlichen

1. Öffnen Sie die Seite *Datenschutzerklärung* zur Bearbeitung im Editor.

2. Löschen Sie den vorhandenen Text. Das geht am einfachsten, wenn Sie mit `Strg` bzw. `cmd` + `A` alle Blöcke markieren und dann mit `←` löschen.

3. Den HTML-Code für die Datenschutzerklärung können Sie mit `Strg` bzw. `cmd` + `V` aus der Zwischenablage auf der Seite einfügen. Am besten rufen Sie dazu vorher im 3-Punkte-Menü den CODE-EDITOR auf und fügen dann den HTML-Code ein.

4. Bearbeiten Sie den Text, entfernen Sie leere Absätze und Zeilenumbrüche, und schauen Sie, ob alles stimmt.

5. Wenn die Seite fertig ist, rufen Sie im 3-Punkte-Menü der Editorleiste den Befehl VISUELLER EDITOR auf.

6. Die Datenschutzerklärung erscheint dann wahrscheinlich in einem Classic Block. Sie können dann wahlweise entweder alles so lassen oder den Classic Block mit dem 3-Punkte-Menü der Block-Symbolleiste in normale Blöcke umwandeln.

---

7. Prüfen Sie den Text noch einmal, und veröffentlichen Sie dann die Seite.

8. Prüfen Sie die Seite im Frontend, und korrigieren Sie sie falls nötig.

9. Öffnen Sie das Menü *Rechtliches* zur Bearbeitung, und fügen Sie die Seite *Datenschutzerklärung* hinzu. Neuere Themes wie *Twenty Nineteen* binden die Seite mit der Datenschutzerklärung im Footer automatisch ein.

Nach diesem ToDo haben Sie im Frontend auf jeder Seite einen Link zur Datenschutzerklärung, der die entsprechende Seite aufruft (siehe Abbildung 19.5).

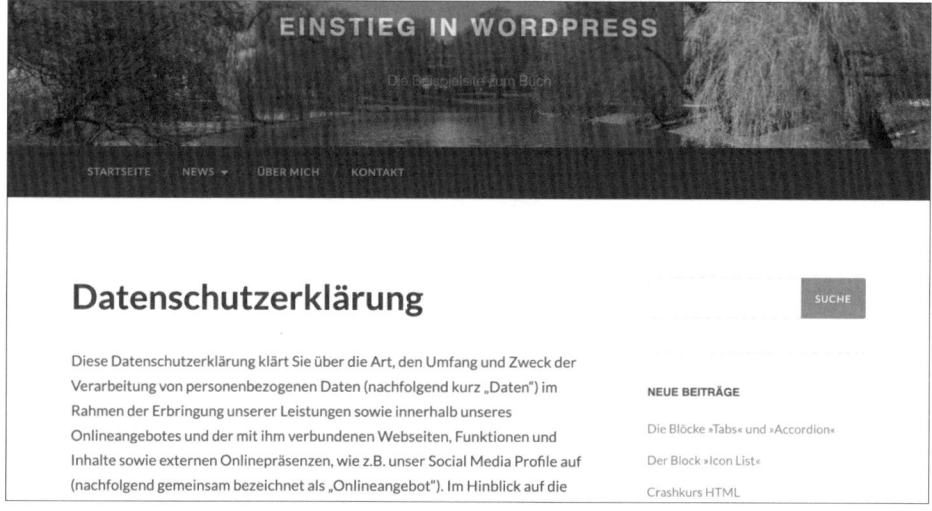

Abbildung 19.5 Die Seite »Datenschutzerklärung« im Frontend

Nach der Veröffentlichung der Datenschutzerklärung fehlen auf der Beispielsite nur noch zwei kleine Dinge:

▶ Sie müssen Ihre Besucher über Cookies informieren.

▶ Sie müssen beim Kommentarformular das Einverständnis der Besucher zum Speichern der übermittelten Daten einholen.

Los geht's mit den Cookies.

19.2.4   »Cookie Notice«: Der Cookie-Hinweis für Besucher

Wenn bei den Besuchern Ihrer Websites in irgendeiner Form Cookies gesetzt werden, müssen Sie sie darauf hinweisen und ihre Zustimmung einholen. Diese in einer EU-Richtlinie formulierte und an sich gut gemeinte Idee führt dazu, dass man auf vielen Websites einen Cookie-Hinweis bekommt, den man lesen und akzeptieren sollte.

Für WordPress gibt es diverse Plugins, die einen solchen Hinweis generieren, unter anderem das Plugin *Cookie Notice for GDPR* (siehe Abbildung 19.6):

▶ *de.wordpress.org/plugins/cookie-notice/*

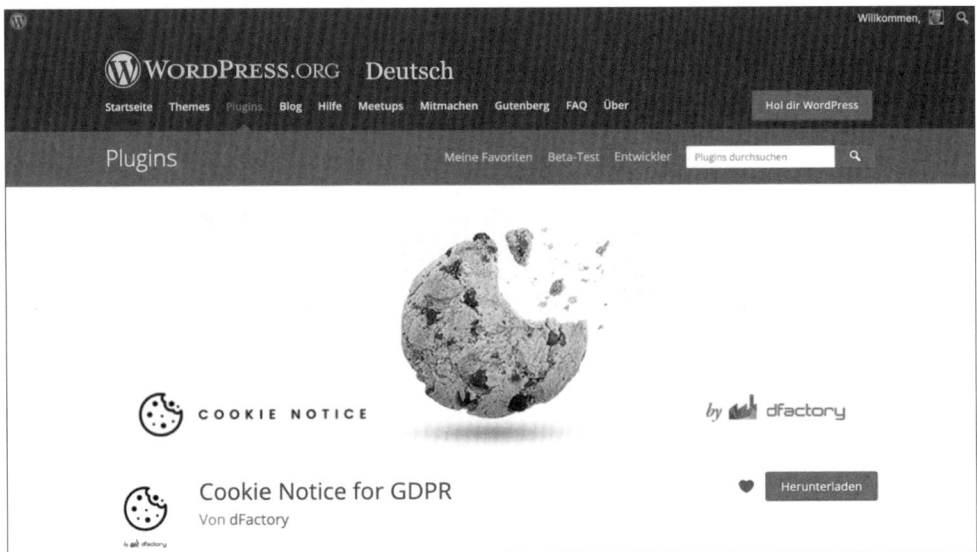

Abbildung 19.6 »Cookie Notice for GDPR« erzeugt einen Cookie-Hinweis.

Cookie Notice ist ein sehr leichtgewichtiges Plugin, und es funktioniert sofort nach der Aktivierung. Im Menü Einstellungen • Cookie Notice können Sie das Plugin konfigurieren, um z. B. den Link zur Datenschutzerklärung in den Hinweis zu integrieren.

Falls Sie mehr Gestaltungs- und Konfigurationsoptionen möchten, schauen Sie sich das ebenfalls sehr beliebte Plugin *GDPR Cookie Consent* an:

▶ *de.wordpress.org/plugins/cookie-law-info/*

Nach der Aktivierung erscheint links in der Menüleiste der Punkt *GDPR Cookie Consent* mit einigen Unterpunkten zur Konfiguration des Plugins.

19.2.5   »WP GDPR Compliance« für DSGVO-kompatible Kommentarformulare

Beim mit WP Forms erstellten Kontaktformular war ein Feld für das DSGVO-Einverständnis gleich im Lieferumfang enthalten, beim Kommentarformular ist das (noch) nicht der Fall.

Abhilfe schafft das Plugin *WP GDPR Compliance*, das hilft, WordPress DSGVO-kompatibel zu machen (siehe Abbildung 19.7).

▶ *de.wordpress.org/plugins/wp-gdpr-compliance/*

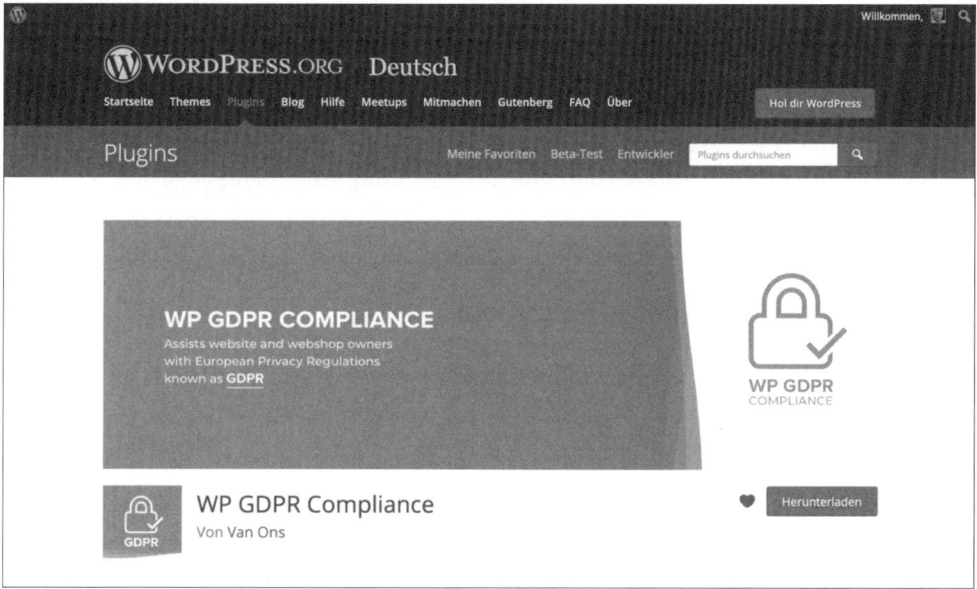

Abbildung 19.7 Das Plugin »WP GDPR Compliance«

Richtig wichtig wird ein solches Plugin erst beim Betreiben von Websites mit registrierten Benutzern wie z. B. Shops. Für die Beispielsite benötigen Sie es lediglich, um das Kommentarformular unter den Beiträgen DSGVO-kompatibel zu machen. Dazu installieren und aktivieren Sie das Plugin und erledigen dann die folgenden Schritte:

▶ Öffnen Sie das Menü WERKZEUGE • WP GDPR COMPLIANCE.

▶ Gehen Sie auf das Register EINBINDUNGEN.

▶ Aktivieren Sie die Option WORDPRESS-KOMMENTARE.

▶ Prüfen und ändern Sie falls gewünscht den Text.

▶ Bestätigen Sie die Änderungen mit ÄNDERUNGEN SPEICHERN.

Prüfen Sie nach diesen Aktionen, ob im Frontend unterhalb des Kommentarformulars eine Checkbox mit dem DSGVO-Einverständnis erscheint.

19.3   Weitere nützliche Plugins zur Systemverwaltung

In diesem Abschnitt möchte ich Ihnen noch kurz drei sehr nützliche Plugins vorstellen, mit denen Sie Links überprüfen, WordPress umziehen und Übersetzungen korrigieren können

19.3.1   Beiträge und Seiten duplizieren und bearbeiten: »Duplicate Post«

Das in Abbildung 19.8 gezeigte Plugin *Duplicate Post* ermöglicht es, im Backend Kopien von Beiträgen und Seiten zu erstellen, die anschließend inhaltlich bearbeitet werden können. Ein Beispiel:

▶ Sie haben mehrere Produkte oder Dienstleistungen, die Sie jeweils auf einer eigenen Seite vorstellen möchten.

▶ Dazu erstellen Sie für das erste Produkt eine Seite mit Slider, Bildern, Shortcodes für mehrspaltige Texte und allem Drum und Dran.

▶ Für das zweite Produkt fangen Sie nicht mit einer leeren Seite an, sondern erstellen mit Duplicate Post eine Kopie der ersten Seite, die Sie anschließend bearbeiten.

Das ist im WordPress-Alltag superpraktisch, und so ist das Plugin mit mehr als einer Million aktiver Installationen auch ziemlich beliebt (siehe Abbildung 19.8).

▶ *de.wordpress.org/plugins/duplicate-post/*

Abbildung 19.8 Das Plugin »Duplicate Post«

Ist das Plugin aktiv, gibt es in den Übersichtstabellen auf ALLE BEITRÄGE und ALLE SEI-TEN zwei neue Befehle, wenn man einen Eintrag mit der Maus berührt:

▶ DUPLIZIEREN speichert eine Kopie als Entwurf und macht sonst nichts.

▶ NEUER ENTWURF erstellt eine Kopie und öffnet diese sofort im Editor.

Abbildung 19.9 zeigt die beiden Befehle auf der Seite ALLE SEITEN.

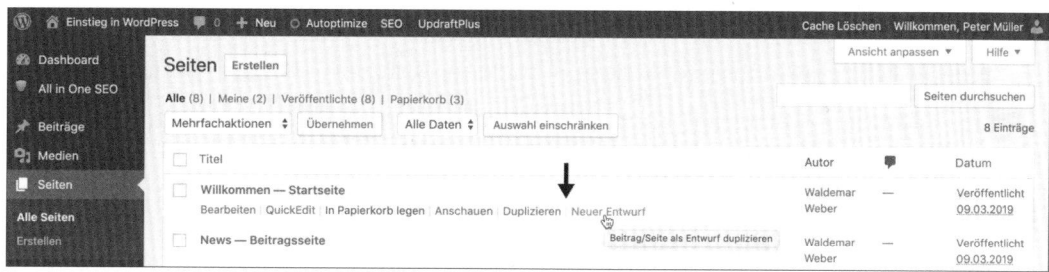

Abbildung 19.9 »Duplicate Post« erstellt zwei neue Befehle.

19.3.2   Links überprüfen: »Broken Link Checker«

Das Plugin *Broken Link Checker* überprüft die Links auf Ihrer Website, schaut, ob irgendwelche Links ins Nichts führen, und sagt bei fehlerhaften Links im Dashboard oder per E-Mail Bescheid, sodass Sie sie überprüfen und korrigieren können (Abbildung 19.10):

▶ *de.wordpress.org/plugins/broken-link-checker/*

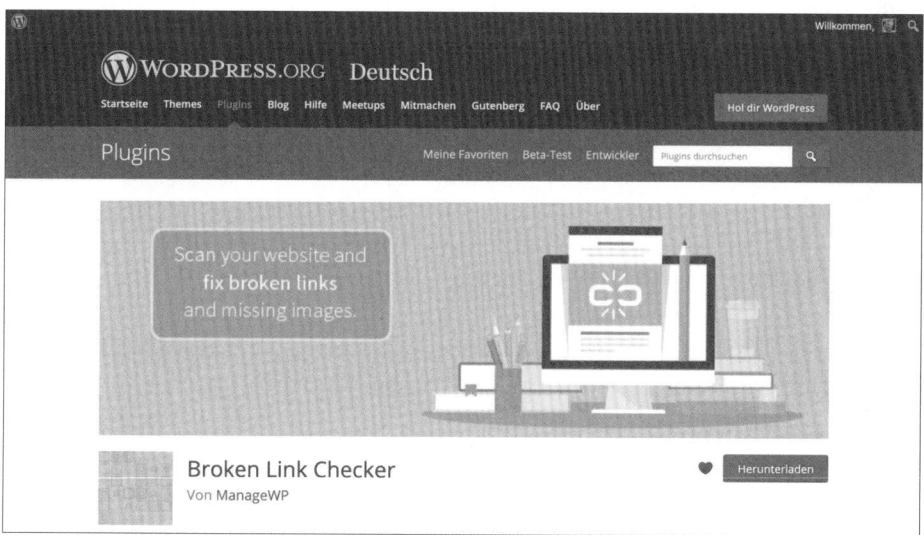

Abbildung 19.10 Das Plugin »Broken Link Checker«

Falls Sie nach der Aktivierung des Plugins bemerken, dass Ihre Webseiten sehr viel langsamer ausgeliefert werden, deaktivieren Sie das Plugin testweise und schauen, ob die Seiten dann wieder schneller sind. Im Menü EINSTELLUNGEN • LINK CHECKER können Sie im Register ERWEITERT genau einstellen, wie sich das Plugin verhalten soll.

19.3.3 Eine WordPress-Installation zieht um: »Duplicator«

Der manuelle Umzug einer WordPress-Installation von einem Webspace zu einem anderen kann eine mühsame Sache sein, und deswegen gibt es Plugins, die dabei helfen.

Sehr beliebt für eine solche Migration ist z. B. das Plugin *Duplicator*, das unter anderem die bei einem Umzug notwendigen Änderungen der Pfadangaben in der Datenbank übernimmt (siehe Abbildung 19.11):

► *de.wordpress.org/plugins/duplicator/*

Abbildung 19.11 Das Plugin »Duplicator«

Auf der Website zum Buch finden Sie einen Beitrag zum Umzug einer WordPress-Installation vom lokalen Computer auf einen Online-Webspace:

► *einstieg-in-wp.de/wordpress-umzug/*

In diesem Beitrag gibt es auch einen Link zu einer ausführlichen Anleitung für den Einsatz von Duplicator. Nach dem erfolgreichen Umzug kann man das Plugin zunächst einmal wieder löschen.

19.4 Know-how: Quelltext von Themes bearbeiten

In Kapitel 12 und Kapitel 13 haben Sie Themes konfiguriert, ohne direkt mit dem Code in Berührung zu kommen, und oft reichen diese Möglichkeiten völlig aus.

Quelltext darstellen mit den Blöcken »Code« und »Vorformatiert«

Falls Sie auf Ihren Seiten und Beiträgen Quelltext darstellen möchten, gibt es speziell dazu zwei Blöcke:

▶ Der Block *Code* stellt den eingegebenen Quelltext in einem Monospace-Font und umgibt ihn mit dem HTML-Element `<code>`.

▶ Der Block *Vorformatiert* sieht auf den ersten Blick ähnlich aus, enthält aber auf der Symbolleiste noch Optionen für fett, kursiv und zur Erstellung von Links.

In beiden Blöcken bleiben manuell eingegebene Leerzeichen und Tabs erhalten.

19.4.1 Der Bereich »Zusätzliches CSS« im Customizer

Um Layoutänderungen via CSS updatesicher vorzunehmen, gibt es im Customizer den Bereich ZUSÄTZLICHES CSS ❶, in dem Sie für das aktive Theme zusätzliches CSS speichern können. Nach der Lektüre können Sie den Hinweis mit dem Link SCHLIESSEN ❷ ausblenden und in das Eingabefeld darunter das zusätzliche CSS eingeben und speichern ❸. Rechts in der Vorschau werden die Auswirkungen der CSS-Regeln sofort angezeigt, *live und in Farbe* sozusagen.

Abbildung 19.12 Der Bereich »Zusätzliches CSS« in »Design • Customizer«

Jeder Block kann eine »Zusätzliche CSS-Klasse« bekommen

In den Block-Einstellungen gibt es für fast jeden Block den Bereich Erweitert mit dem Eingabefeld Zusätzliche CSS-Klasse. Hier können Sie jedem Block einen Namen geben, mit dem Sie ihn per CSS gestalten können, z. B. im Customizer im Bereich Zusätzliches CSS.

19.4.2   Nur für Fortgeschrittene: Themes anpassen in »Design • Editor«

Für Experten gibt es noch zwei weitere Wege, den Quelltext eines Themes zu bearbeiten. Für beide Varianten benötigen Sie allerdings zumindest Grundkenntnisse in HTML und CSS, und Begriffe wie JavaScript oder PHP sollten Sie auch schon mal gehört haben und richtig einordnen können.

Abbildung 19.13 zeigt den Bereich Themes bearbeiten im Backend. Diese Seite erscheint, wenn Sie im Menü Design auf den Befehl Editor klicken.

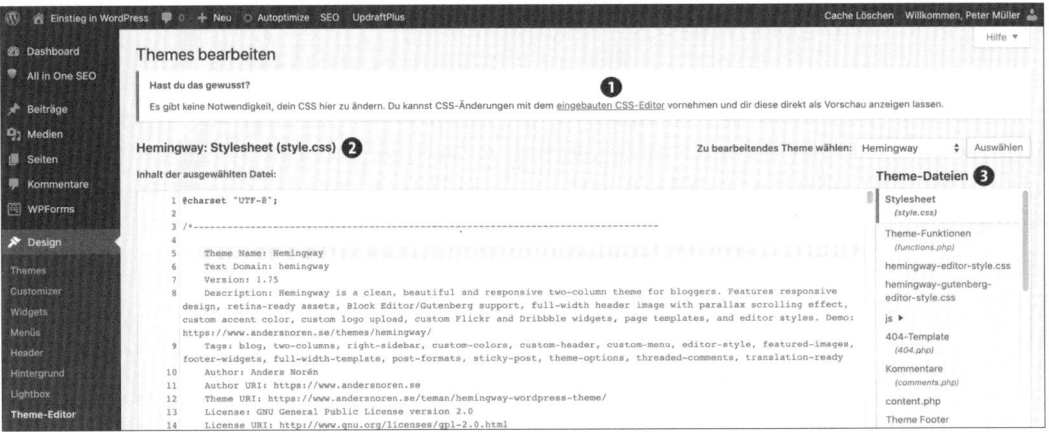

Abbildung 19.13 Der Editor zum Bearbeiten von Theme-Dateien

Wenn Sie die Seite Design • Editor aufrufen, sehen Sie oben einen Hinweis auf den eingebauten CSS-Editor ❶, der weiter oben beschrieben wird. Darunter erscheint das Stylesheet mit dem Namen *style.css* im Editorfenster ❷. Rechts außen zeigt das Auswahlfeld den Namen des gerade aktiven Themes und eine lange Liste von Theme-Dateien ❸. Diese Dateien bilden das Rückgrat Ihres Themes, und eine Änderung daran kann gravierende Auswirkungen haben.

Im Theme-Editor können Sie anders als im Customizer nicht nur das CSS, sondern auch das vom Theme benötigte HTML, PHP und JavaScript bearbeiten. Änderungen an den Dateien werden nach dem Speichern sofort umgesetzt, sodass man hier sehr schnell etwas ausprobieren kann, wenn man weiß, was man tut.

Aber die Sache hat einen Nachteil: Alle im Theme-Editor gemachten Änderungen werden beim nächsten Theme-Update wieder überschrieben. Für dauerhafte Änderungen sollte man daher wie im nächsten Abschnitt beschrieben ein Child-Theme anlegen.

19.4.3   »Child-Themes«: Theme-Anpassungen dauerhaft speichern

Für updatesichere kleine Änderungen am CSS gibt es wie gesehen den Bereich ZUSÄTZLICHES CSS im Customizer, aber für updatesichere Änderungen am HTML, PHP oder JavaScript der Theme-Dateien oder auch für größere Änderungen am CSS erstellt man besser ein sogenanntes *Child-Theme*.

Ein Child-Theme wird auf dem Webspace in einem eigenen Verzeichnis gespeichert, und das Original-Theme (*Parent-Theme*) bleibt dabei unberührt. So können Updates für das Original-Theme installiert werden, und alle im Child-Theme erfolgten Änderungen bleiben erhalten.

Child-Themes sind eine superpraktische Sache zur Individualisierung von vorhandenen Themes, aber sie sind für Einsteiger nur bedingt geeignet. Das Problem ist dabei nicht so sehr die Erstellung eines Child-Themes, sondern dass man nach der Einrichtung des Child-Themes das HTML, CSS, JavaScript und PHP der Dateien im Quelltext bearbeitet.

Mehr zu Child-Themes erfahren Sie auf den folgenden Seiten:

▶ *tinyurl.com/elma-wp-child-theme* (führt zu *elmastudio.de*)

▶ *developer.wordpress.org/themes/advanced-topics/child-themes/*

19

19.5   Checkliste für die Freischaltung einer WordPress-Site

In diesem Abschnitt möchte ich Ihnen eine kurze Checkliste zeigen, die Sie vor dem Freischalten einer Website durchgehen können.

Checklisten sind naturgemäß nie wirklich fertig oder vollständig, und Sie sollten diese Liste nach Ihren Bedürfnissen anpassen, verkürzen oder ergänzen, aber die folgenden Vorschläge sind eine gute Basis.

19.5.1   Checkliste für das Frontend

▶ Titel der Website und Untertitel sind okay.

▶ Website-Symbole funktionieren (*Favicon* und *Touchicon*).

▶ Inhalte checken:

– Inhalte in Beiträgen und Seiten sind aktuell und korrekt.

– Impressum ist vorhanden, okay und korrekt verlinkt.

– Datenschutzerklärung ist vorhanden, okay und korrekt verlinkt.

– Rechte am Bildmaterial sind vorhanden, und Quellen werden genannt.

– Rechtschreibung auf Beiträgen und Seiten stimmt.

▶ Links checken:

– Navigation funktioniert.

– Alle Links in Beiträgen und Seiten sind okay.

▶ Seiten wurden in verschiedenen Browsern getestet (Chrome, Firefox etc.), idealerweise auch unter anderen Betriebssystemen.

▶ Seiten wurden auf verschiedenen Geräten getestet (Tablets, Smartphones etc.), idealerweise unter iOS und Android.

▶ Ladezeiten aller Seiten sind okay.

19.5.2   Checkliste für Interaktionen

▶ Das Kontaktformular ist leicht erreichbar und funktioniert.

▶ Die Suchfunktion funktioniert und ist überall vorhanden.

▶ Kommentarfunktion:

– Kommentarbereiche sind vorhanden und funktionieren.

– Kommentarbereiche auf Seiten wie dem Impressum wurden deaktiviert.

– Die Optionen in EINSTELLUNGEN • DISKUSSION sind okay.

– Spamschutz für die Kommentarfunktion ist aktiviert (*Antispam Bee*).

▶ Social Media: Share-Buttons sind eingebaut und funktionieren (*Shariff Wrapper*).

19.5.3   Checkliste für das Backend

▶ Benutzer:

– Der Administrator hat als Benutzernamen nicht *admin*.

– Beiträge werden nicht als Administrator geschrieben.

– Alle Benutzer haben sichere, wirklich gute Passwörter.

- Aktualisierungen:
  - WordPress ist aktuell.
  - Plugins sind aktuell.
  - Themes sind aktuell.
  - Übersetzungen sind aktuell.
- Themes:
  - Nicht benötigte Themes wurden gelöscht.
  - Menüs sind richtig konfiguriert.
  - Alle Widgets sind an den richtigen Stellen.
  - Nach Theme-Wechsel gegebenenfalls *Regenerate Thumbnails*.
- Plugins:
  - Nicht benötigte Plugins wurden gelöscht.
  - Alle Plugins sind wirklich auf dem neuesten Stand.
- Mediathek:
  - Bilder sind optimiert.
  - Detailinformationen für Bilder sind ausgefüllt.
- Backup:
  - Aktuelles Backup ist erstellt.
  - Optional: Automatisches Backup ist eingerichtet und getestet.
- Die Statistik ist aktiviert (Statify, Google Analytics o. Ä.).
- Empfohlen: Ein Security-Plugin ist installiert und konfiguriert (*WP Security*).

19

19.5.4 Checkliste für SEO

- Suchmaschinen dürfen indizieren (EINSTELLUNGEN • LESEN).
- URLs prüfen:
  - Der Domain-Name stimmt.
  - Die Permalinks sind im gewünschten Format.
- Theme wird von Google als *mobile friendly* eingestuft.
- SEO-Plugin ist installiert und aktiviert (*All in One SEO Pack*).
  - *Preview Snippets* für Beiträge und Seiten sind okay.
  - SETTINGS FÜR SOCIAL MEDIA sind für alle Beiträge und Seiten okay.
  - XML-Sitemap wurde generiert und eingereicht.

▶ Konto für Webmastertools bei Google (Google Search Console) und gegebenenfalls Bing sind eingerichtet.

Ein paar Tage nach der Freischaltung sollten Sie prüfen, ob die Webseiten im Index der Suchmaschinen vorhanden sind (Suche »site:domain.de«).

19.6   Sie sind nicht allein: Die WordPress-Community

In diesem Buch haben Sie die wichtigsten Dinge rund um die Arbeit mit WordPress kennengelernt. Falls im Alltag Fragen oder Probleme auftauchen, ist man meistens nicht der Erste, der damit konfrontiert wird. Eine kurze Google-Suche hilft oft schon weiter, denn WordPress ist nicht nur die erfolgreichste Software zum Veröffentlichen von Inhalten im Web, sondern hat auch eine weltweit sehr aktive Community.

Auf WordPress.org gibt es eine Hilfeseite mit Links zu guten deutschsprachigen WordPress-Foren (siehe Abbildung 19.14):

▶ *de.wordpress.org/hilfe/*

Abbildung 19.14 Deutschsprachiger Support auf »wordpress.org«

Aber die WordPress-Community gibt es nicht nur virtuell. Auf WordCamps treffen sich WordPress-Nutzer offline und tauschen sich untereinander aus. Infos dazu erhalten Sie z. B. auf *wpde.org/wordcamp/*.

Und jetzt wünsche ich Ihnen viel Spaß mit WordPress und Ihrer Website!

19.7   Auf einen Blick

Die wichtigsten Themen noch einmal im Überblick:

▶ Inhalte von alten Beiträgen werden in einem Classic Block geöffnet.
   Von dort aus kann man sie in normale Blöcke umwandeln.

▶ Den alten WordPress-Editor kann man mit dem Plugin *Classic Editor*
   bei Bedarf auch unter WordPress 5 nutzen.

▶ Jede Website braucht eine Datenschutzerklärung. Tools wie *datenschutz-
   generator.de* sind dabei sehr nützlich.

▶ Plugins wie *Cookie Notice* und *WP GDPR Compliance* helfen,
   die Website DSGVO-kompatibel zu machen.

▶ Das Plugin *Duplicate Post* ermöglicht es, einzelne Beiträge oder Seiten
   zu duplizieren und dann zu bearbeiten.

▶ Der *Broken Link Checker* hilft, ins Leere laufende Links in Beiträgen
   und Seiten aufzuspüren.

▶ Das Plugin *Duplicator* hilft beim Umzug einer WordPress-Installation.

▶ Um das CSS von Themes updatesicher zu erweitern, gibt es im
   Customizer den Bereich ZUSÄTZLICHES CSS.

▶ Vor der Freischaltung Ihrer Website schauen Sie sich einmal die Checklisten
   zu Frontend, Interaktionen, Backend und SEO an.

▶ Sie sind nicht allein – die WordPress-Community ist weltweit aktiv.

19

Index

.htaccess 501
1-Klick-Installation 56

A

a (HTML-Element) 294
Admin-Leiste (Backend) 86
Admin-Toolbar 86
All in One SEO
    Allgemeine
        Einstellungen 458
    Dokumentation 458
    Installation 457
    Seitentitel und
        -beschreibung 459
    Social-Meta-Modul 462
Anhang-Seite (Medien) 212
Anreißer (Teaser) 167
Artikelbild → Beitragsbild
Audio
    diverse Formate 239
    MP3 einbinden 235
Audioformate 239
Automattic 38

B

b2 (weblog tool) 33
Backend
    Dashboard 88
    Menüleiste 87
Backlinks 319
Backups
    Übersicht 474
    UpdraftPlus 475
    wiederherstellen 480
Beiträge
    bearbeiten 130
    Beitragsformat 189
    Beitragsseite 111
    Einzelansicht 137
    erstellen 133, 164
    Kategorien 179
    mehrere bearbeiten 490

Beiträge (Forts.)
    nicht ohne Kategorie 181
    post 129
    post format 189
    Revisionen 169
    Startseite zeigt Beiträge 140
    stehen untereinander 111,
        135
    Sticky Post 178
    Teaser erstellen 167
Beiträge (Menü)
    Alle Beiträge 130
    Erstellen 133
    Kategorien 180
    Schlagwörter 186
Beitragsbild 221
    im Editor festlegen 222
    Übersicht 221
Beitragsformat
    (Übersicht) 189
Beitragsseite
    Blogseite 111
    Paginierung 112
Benutzer
    Beiträge zuweisen 490
    Benutzernamen ändern 105
    Benutzerprofil 102
    E-Mail-Adresse 105
    Namensoptionen 104
    Passwort ändern 106
    Passwort vergessen 84
    Seiten zuweisen 490
Bilder
    Alternativtext 210
    Beschreibung 210
    Beschriftung 209
    Bildgröße reduzieren 204
    Bildgrößen festlegen
        (Einstellungen) 194
    Block-Einstellungen
        bearbeiten 198
    Dateigröße reduzieren 204
    Dateinamen
        optimieren 204
    Detailinfos und SEO 208

Bilder (Forts.)
    Fotos optimieren 202
    in Mediathek
        bearbeiten 229
    in Mediathek
        hochladen 206
    in Mediathek skalieren 231
    in Mediathek
        zuschneiden 231
    lizenzfrei (Quellen) 192
    Titel 209
    und Rechtliches 202
    Vorschaubild ändern 232
Block
    Absatz 117
    Abstandshalter 168
    Audio 236
    Bild 195
    Button 268
    Classic 503
    Code 515
    Cover 250
    Datei 270
    Einbettungen 243
    Galerie 223
    Gruppe 270
    Liste 133
    löschen (einzeln) 125
    löschen (mehrere) 126
    Medien und Text 266
    Mehr 167
    Pullquote 265, 372
    Shortcode 434
    Spalten 256
    Tabelle 270
    Trennzeichen 168
    Überschrift 165
    Vers 270
    Video 241
    Vorformatiert 515
    wiederverwendbare
        Blöcke 271
    Zitat 263, 372
Block-Editor
    Block Absatz 117

Block-Editor (Forts.)
   Block Abstandshalter 168
   Block Audio 236
   Block Bild 195
   Block Galerie 223
   Block Liste 133
   Block löschen (einzeln) 125
   Block Mehr 167
   Block Trennzeichen 168
   Block Überschrift 165
   Block Video 241
   Blöcke löschen
     (mehrere) 126
   Blöcke markieren 162
   Blöcke verschieben 162
   Blöcke zum Einbetten 243
   Block-Manager 161
   Code-Editor 158
   Editorleiste 115, 118, 159
   Inserter-Werkzeug 159
   Obere Werkzeugleiste 160
   Permalink 120, 125
   Seitenleiste 118
   Seitenleiste Einstellungen
     ein- und ausblenden 120
   Spotlight-Modus 160
   Symbolleiste (Block) 118
   Tastaturkürzel
     anzeigen 161
   Titel für Seite
     oder Beitrag 115
   Übersicht 115
   visueller Editor 157
   Vollbildmodus 160
   Werkzeugleiste 118
Block-Manager 161
Block-Navigation
   (Editorleiste) 259
   im Block Spalten 259
blockquote
   (HTML-Element) 296
Blog
   aka Weblog 33
   typische Merkmale 33
Blog Main (Seite) 153
Blogseite 153
Blogtool 33
br (HTML-Element) 297

Broken Link Checker
   (Plugin) 513
Browser 27

C

Call to Action (Button) 268
Checkliste
   Backend 518
   Frontend 518
   Interaktionen 518
   SEO 519
   vor Freischaltung 517
Child-Themes 517
Classic Editor (Plugin) 504
Content-Management-System
   (CMS) 32
Cookie-Hinweis (Plugin) 509
Customizer 322, 327
   zusätzliches CSS 515

D

Dashboard
   Aktualisierungen 89
   Startseite 88
   Übersicht 88
Datenschutz (DSGVO) 106,
   242–243
Datenschutzerklärung
   (DSGVO) 506
Design (Menü)
   Anpassen
     (Live-Vorschau) 148
   Menüs (Navigationen) 147,
     333
   Themes 357
   Widgets 367
Domain-Name 29
   Aufbau 47
   ist Teil einer URL 97
   und E-Mail 48
   und Recht 50
   und Umlaute 49
   Verfügbarkeit prüfen 48
DSGVO
   Datenschutzerklärung
     erstellen 506

DSGVO (Forts.)
   Datenschutz-
     Generator.de 507
Duplicate Post (Plugin) 512
Duplicator (Plugin) 514

E

Editor
   A235(visueller) Hyperlinks
     erstellen 171
   Bild bearbeiten 216
Editorleiste
   Block-Editor 115
   Block-Navigation 259
Einstellungen
   Allgemein (Menü) 90–91
   Beiträge pro Blogseite 95
   Diskussion (Menü) 305, 310
   Lesen (Menü) 90, 95, 140
   Medien (Menü) 194
   Menüs im Überblick 90
   Newsfeed 95
   Permalinks (Menü) 90, 99
   Schreiben 181
   Sichtbarkeit für
     Suchmaschinen 95
   Sprache der Seite 94
   Titel der Website 44
   Untertitel 44
   Website-Adresse (URL) 91
   WordPress-Adresse
     (URL) 91
   Zeit- und Datums-
     formate 94
Einzelansicht 137
em (HTML-Element) 288
E-Mail-Adresse 92

F

Facebook
   Beiträge weitersagen 439
   Open Graph 461
Favicon einfügen 330
Featured Image → Beitragsbild
Feed 112

Fehlermeldung
   wp-config.php 67
FileZilla (FTP) 60, 63
Frontend
   Beitragsseite 111
   Einzelansicht 137
FTP (File Transfer
   Protokoll) 60

G

Galerie
   bearbeiten 226
   erstellen 223
   im Frontend 228
   Übersicht 223
Gestaltung (Themes) 45
Google
   Google-Konto 470
   mag Hyperlinks 453
   PageRank 453
   Search Console 469
Google Analytics
   (Statistiken) 445
Google Search Console 469
GPL (Lizenz) 388

H

h1 bis h6
   (HTML-Elemente) 286
Homepage 28
HTML
   die Buchstaben erklärt 279
   Listen erstellen 289
   Sonderzeichen 297
   Text hervorheben 288
   Überschriften benutzen 286
HTML-Elemente
   a 294
   blockquote 296
   br 297
   em 288
   h1 bis h6 286
   img 295
   li 289
   ol 290
   p 287

HTML-Elemente (Forts.)
   strong 288
   ul 289
   verschachteln 288
Hyperlinks
   Anatomie (Aufbau) 294
   erstellen (\) 294
   externe Links 172
   im Editor erstellen 171
   interne und externe 171
   Klicken-Sie-hier-
     Syndrom 174
   Webseiten verknüpfen 27
Hypertext 279

I

Iconfonts 338
img (HTML-Element) 295
Import/Export
   (XML-Datei) 491
Impressumsgenerator 127
Interaktionen
   Pingbacks 319
   Trackbacks 319

K

Kategorien
   erstellen 181
   für die Beispielsite 181
   Standardkategorie 181
   Übersicht 179
   und Schlagwörter 179
   und Unterkategorien 182
   zuweisen 182
Kommentare
   Benachrichtigung im
     Backend 305
   Benachrichtigung per
     E-Mail 304
   deaktivieren 316
   erstellen 301
   Freischaltung
     (Moderation) 303, 312
   genehmigen 307
   Kommentarformular 300
   löschen 307

Kommentare (Menu)
   antworten 307
   bearbeiten 307
   löschen 307
   moderieren 307
   QuickEdit 307
   Spam 307
   Übersicht 306
Kommentarformular 300
Kontaktformular 300

L

li (HTML-Element) 289
LinkedIn, Beiträge
   weitersagen 439
Links → Hyperlinks
Listen
   Aufzählungen (ul) 289
   geordnete Listen (ol) 290
   Nummerierungen (ol) 290
   ungeordnete Listen (ul) 289
   verschachtelte Listen 291
Live-Vorschau
   Aktivieren und
     Veröffentlichen 370
   Customizer 361
   Farbschema ändern 331
   Header-Bild ändern 363
   Hemingway 361
   Übersicht 148, 327
   Widgets anpassen 340, 365

M

MAMP
   Datenbank erstellen 80
   Datenbank löschen 80
   FAQ bei Problemen 75
   installieren 75
   Offline-Webspace 72
   phpMyAdmin starten 79
   spezielle Ports 76
   tabellarische Übersicht 76
Matomo (Statistiken) 445
Mediathek
   Anhang-Seite 212
   Bild skalieren 231

Mediathek (Forts.)
  Bild zuschneiden 231
  Bilder bearbeiten 229
  Bildgröße 194
  Datei bearbeiten 209
  Dateien hochladen 206
  Einstellungen · Medien 194
  Listen- vs. Gridansicht 207
  MP3-Dateien 237
  Vorschaubild (Größe) 194
  Vorschaubild ändern 232
Mehr-Block (Teaser) 167
Mehrspaltige Layouts
  Block Medien und Text 266
  Block Spalten 256
Menüleiste (Backend) 87
Menüs
  Design · Menüs 147, 333
  Design · Widgets 367
  erstellen 149, 334
  im Customizer erstellen 333
  Social Media 336
MP3
  Datei einbinden 235
  in Mediathek 237
Mullenweg, Matt 33

N

Navigation
  erstellen 147, 333
  Paginierung 112
Newsfeed 112

O

ol (HTML-Element) 290
Open Graph 461
Open Source 35

P

p (HTML-Element) 287
Pagebuilder 379
Passwort ändern 106
Passwort vergessen? 84

PDF zum Download
  anbieten 270
Permalink
  für einen Beitrag 137–138
  für Kategorien 100, 181
  für Schlagwörter 100
  ist eine Webadresse 28
  korrigieren 120, 125
  prüfen 120, 125
  Übersicht 97
phpMyAdmin
  Datenbank erstellen 80
  Datenbank löschen 80
  Übersicht 78
Pingbacks 319
Piwik (Statistiken) 445
Plugins
  Akismet 443
  aktivieren 398
  All in One SEO Pack 456
  Antispam Bee 441
  Autoptimize 494
  Broken Link Checker 513
  Cache Enabler 496
  Classic Editor 504
  Coming Soon Page 111, 399
  Cookie Notice 509
  deaktivieren 398
  Duplicate Post 512
  Duplicator 514
  GDPR Cookie Consent 510
  GPL (Lizenz) 388
  Hello Dolly 398
  installieren (Backend) 399
  installieren (manuell) 401
  löschen 398
  Regenerate Thumb-
    nails 195
  SEO-Plugins (Überblick) 457
  Shariff Wrapper 436
  Statify 444
  UpdraftPlus 475
  WP GDPR Compliance 510
  WP Security 499
  WPForms 422
  WPFrontend User Role
    Editor 491
  WP-Optimize 498
  wpSEO 457

Plugins (Forts.)
  Yoast (SEO) 457
Plugins (Funktionen) 46
Plugins (Menü)
  Installieren 399
  Übersicht 397
Plugin-Verzeichnis
  Plugin-Detailseite 395
  Übersicht 395
Plugin-Verzeichnis (Word-
  Press.org) 46
post (Beitrag) 129
Post Thumbnail → Beitragsbild
Provider → Webhoster

Q

Quelltext 29
QuickEdit
  Einstellungen für Seiten
    ändern 144
  Kategorien zuweisen 183
  Schlagwörter zuweisen 188

R

Rechtschreibreform 156
Responsive Layouts 324
Responsive Webseiten 31
Revisionen 169
RSS-Feed 112

S

Schlagwörter
  erstellen 186
  mit QuickEdit 188
  Übersicht 185
  und Kategorien 179
  verwalten 189
Schreiben
  für Menschen 156
  Zwischenüberschriften
    benutzen 165
Seiten
  Archivseiten 152
  Beitragsseite 152

Seiten (Forts.)
Einzelansicht 152
mehrere bearbeiten 490
neue Seite erstellen 114
Startseite 152
statische Seiten 122, 152
Seiten (Menü)
Alle Seiten 122
Erstellen 123
Seiten (statische)
als Startseite 140
bearbeiten 123
Impressum 123, 373
Kontaktseite 422
Revisionen 169
Seiten-Templates 373–374
Übersicht 122
und Beiträge 112
Seiten-Templates
Archiv-Template (Heming-way) 374
keine Seitenleiste 373
SEO 447
Backlinks 454
Detailinfos für Bilder 208
Infos zu Bildern 208
Ranking 453
Social-Meta-Modul 462
XML-Sitemap 466
Sharing (Teilen) 439
Shortcode 434
Sichtbarkeit für Suchmaschinen 96
Social Media
Open Graph 461
Share-Buttons 439
Social-Meta-Modul 462
Social-Media-Menü 336
Spambots 441
SSL (https) 98
Statify (Statistiken) 444
Sticky Posts 178
strong (HTML-Element) 288
Stylesheets (CSS) 516
Suchmaschinen 96
durchsuchen nicht das Web 448
mögen Hyperlinks 453
Robots (Crawler) 448

Suchmaschinen (Forts.)
zeigen Untertitel 92
Suchmaschinenoptimierung
→ SEO
Symbolleiste (Block) 118

T

Tags → Schlagwörter
Teaser (Anreißer) 167
Templates (PHP) 516
Themes
auf mobilen Geräten 324
Child-Themes 517
Customizer 361
Design • Customizer 148, 322, 327
Design • Themes 357
Elegant Themes 390
Elma Studio 389
Genesis Framework 390
GPL (Lizenz) 388
hinzufügen 356
im Backend hinzufügen 356
kostenlos, Freemium oder Premium 379
Live-Vorschau 148, 327, 361
manuell installieren (FTP) 361
responsive 324
Studio Press 390
style.css 516
Theme-Details (Backend) 325
themeforest.net 391
Theme-Verzeichnis (Word-Press.org) 352
Twenty Nineteen (Demo) 323
Twenty Seventeen 381
und Pagebuilder 379
Themes (Gestaltung) 45
Themes-Verzeichnis (Word-Press.org) 45
Theme-Verzeichnis (Word-Press.org)
Theme-Detailseite 353
Übersicht 352

Titel der Website 92
Titel der Website (Einstellungen) 44
Titelform (Permalink) 181
Top Level Domain (TLD) 48
Touchicon A568einfügen 330
Trackbacks 319
Tracking (Aktivitäten-verfolgung) 243
Twitter
Beiträge weitersagen 439
Tweet verlinken 245

U

Überschriften (h1 bis h6) 286
ul (HTML-Element) 289
Untertitel
in allgemeinen Einstellungen 92
in Suchmaschinen 92
Untertitel (Einstellungen) 44
Updates 483
großes Update 484
Sicherheitsupdates 484
URL 28, 97

V

Veröffentlichen
Datum festlegen 177
Optionen 175
Sichtbarkeit 177
Video
Dateien einbinden 240
diverse Formate 241
per URL einbetten 243
Videoformate 241

W

Webhoster 47
Webseite 28
responsive 31
Webserver 29
Website 28

Website planen
  Funktionen 46
  Gestaltung 45
  Inhalt 44
  Rahmenbedingungen 42
  Technik 47
Websites
  blindtextgenerator.de 162
  datenschutz-
    generator.de 507
  imageoptim.com 205
  impressum-
    generator.de 127
  kraken.io 204
  pixabay.com 192
  rechtambild.de 202
  shrinkme.app 204
  themeforest.net 391
  tinypng.com 204
  unsplash.com 192
  vimeo.com 242
  whatwptheme-
    isthat.com 380
  wpthemedetector.com 380
  youtube.com 242
Webspace 29
  Domain und Ordner
    zuweisen 62
  kostenlos ausprobieren 50
  offline 71
Webspace Provider
  → Webhoster
Weitersagen → Sharing
Werkzeuge (Menü)
  Daten exportieren 491
  Daten importieren 491
  Website-Zustand 501
Werkzeugleiste
  (Admin-Leiste) 86
Werkzeugleiste → Symbol-
  leiste
Widgets
  Archive 341
  Definition 340
  in Hemingway 365
  in Twenty Nineteen 340
  Navigationsmenü 369
  Text 343
  Verschieben per Maus 367

Wiederverwendbare Blöcke
  bearbeiten 274
  einfügen 273
  erstellen 271
  in normalen Block
    umwandeln 276
  Übersicht 271
Windows-Kachel
  einfügen 330
WordPress
  Community 520
  deutsche Version 58
  GPL 388
  ist Open Source 35
  lokal installieren 77
  Showcase 34
  Umzug anderer Web-
    space 72
  Updates 483
WordPress installieren
  1-Klick-Installation 56
  Dateien hochladen 60
  Titel der Website
    eingeben 68
  vorinstalliertes
    WordPress 55
  WordPress
    herunterladen 58
  wp-config.php 66–67
  Zugangsdaten
    Datenbank 63, 65
  Zugangsdaten FTP 60
WordPress.com
  Basisversion 38
  Nachteile 39
  und Automattic 38
  und WordPress.org 35
  Vorteile 38
  WordPress als
    Mietwohnung 38
  XML-Datei exportieren 491
  XML-Datei importieren 492
WordPress.org
  Hilfe (Support) 520
  Plugin-Verzeichnis 46, 395
  Themes-Verzeichnis 45, 352
  WordPress
    herunterladen 58
  XML-Datei exportieren 491

WordPress.org (Forts.)
  XML-Datei importieren 492
WP GDPR Compliance
  (Plugin) 510
wp-config.php 66–67, 501

X

XAMPP
  Apache startet nicht 75
  Control Panel 73
  Datenbank erstellen 80
  Datenbank löschen 80
  FAQ bei Problemen 73
  installieren 73
  Offline-Webspace 72
  phpMyAdmin starten 79
  tabellarische Übersicht 76
XML-Sitemap (SEO) 466

Y

YouTube
  datenschutzkonform
    einbinden 246
  einbetten per URL 243
  Video verlinken 245

Einstieg geglückt?
Legen Sie jetzt richtig los!

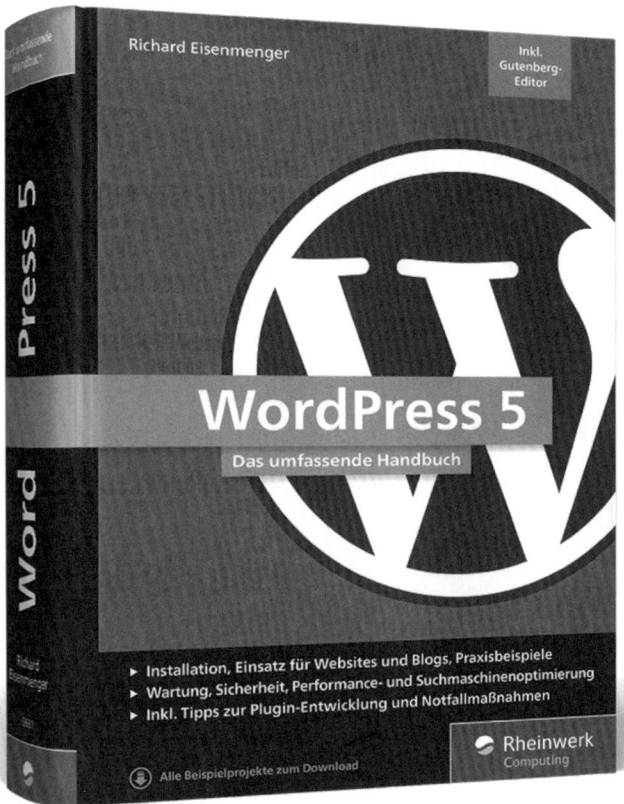

Ihre WordPress-Seite steht, doch es gibt noch viel mehr zu entdecken. Machen Sie sich sattelfest und holen Sie alles aus Ihrem Blog oder Ihrer WordPress-Seite heraus. Richard Eisenmenger zeigt, wie Sie die Funktionen von WordPress 5 effektiv nutzen. Erfahren Sie, wie Sie Themes und Plugins entwickeln und profitieren Sie von zahlreichen Tipps zu fortgeschrittenen Themen wie Custom Post Types, Responsive Design und Performance-Optimierung. Ideal zum Lernen und Nachschlagen.

1.068 Seiten, gebunden, 39,90 Euro, ISBN 978-3-8362-5681-0
www.rheinwerk-verlag.de/4456